Karl Friedrich Philipp von Martius

Glossaria linguarum brasiliensium - Wörtersammlung brasilianischer Sprachen

Karl Friedrich Philipp von Martius

Glossaria linguarum brasiliensium - Wörtersammlung brasilianischer Sprachen

ISBN/EAN: 9783742885890

Hergestellt in Europa, USA, Kanada, Australien, Japan

Cover: Foto ©Thomas Meinert / pixelio.de

Manufactured and distributed by brebook publishing software (www.brebook.com)

Karl Friedrich Philipp von Martius

Glossaria linguarum brasiliensium - Wörtersammlung brasilianischer Sprachen

GLOSSARIA
LINGUARUM BRASILIENSIUM.

GLOSSARIOS
E DIVERSAS LINGOAS E DIALECTOS, QUE ALLAO OS INDIOS NO IMPERIO DO BRAZIL.

Wörtersammlung
brasilianischer Sprachen.

Von

Dr. Carl Friedr. Phil. von Martius.

Linguae unitas et similitudo firmissimum est vinculum societatis humanae et religionis.
S. August. de Civ. Dei. c. 7.

Erlangen.
Druck von Junge & Sohn.
1863.

Beiträge

zur

Ethnographie und Sprachenkunde Brasiliens.

Von

Dr. Carl Friedr. Phil. von Martius.

II.

Zur Sprachenkunde.

Erlangen.
Druck von Junge & Sohn.
1863.

GLOSSARIA
LINGUARUM BRASILIENSIUM.

GLOSSARIOS
DE DIVERSAS LINGOAS E DIALECTOS, QUE FALLAO OS INDIOS NO IMPERIO DO BRAZIL.

Wörtersammlung
brasilianischer Sprachen.

Von

Dr. Carl Friedr. Phil. von Martius.

Linguae unitas et similitudo firmissimum est vinculum societatis humanae et religionis.

S. August. de Civ. Dei. c. 7.

Erlangen.

Druck von Junge & Sohn.

1863.

Vorrede.

Zu der Veröffentlichung gegenwärtiger Vocabularien sah ich mich zunächst durch den Wunsch bestimmt, dasjenige Material der Vergessenheit zu entreissen, welches mein verstorbener Reisegefährte Dr. Spix und ich selbst, in den Jahren 1817 bis 1820, aus dem Munde der Indianer aufgezeichnet hatten. So gering man immerhin den Werth solcher Wörtersammlungen für die Arbeiten der Sprachforscher vom Fache anschlagen mag, so sind sie jedenfalls nicht ohne allen Nutzen, weil sie documentiren, wie zu einer gewissen Zeit die sich stetig verändernden Bezeichnungen gewisser Begriffe bei den rohen Nomadenvölkern gelautet haben. Von den tiefgreifenden Veränderungen, welche die Elemente der indianischen Sprachen fortwährend erleiden, konnte ich mich schon während meiner Reise in Beziehung auf die Lingua geral brazilica überzeugen. Die Vergleichung von Worten anderer Sprachen und Dialekte, welche analoge Veränderungen erfahren, belehrte mich, dass ein gründliches Studium dieser südamerikanischen Sprachen sie alle in ihrer Gemeinsamkeit und inneren Verflechtung ergreifen müsse.

Darum habe ich ausser den von meinem Reisegefährten und mir gesammelten Wörtern noch mehrere aus andern Sprachen und Dialekten hier vereinigt wieder gegeben, und mich hiebei nicht blos auf solche beschränkt, welche gegenwärtig in Brasilien gehört werden.

Als Naturforscher waren Spix und ich besonders darauf angewiesen, die Namen von Thieren und Pflanzen zu sammeln und ihre Synonymik für das System festzustellen. Diese Listen, so wie jene von den Ortsnamen der Tupis dürften vielleicht neben dem sprachlichen auch ein naturhistorisches und geographisches Interesse darbieten.

Auf den grammatikalischen Charakter der Tupi und anderer südamerikanischen Sprachen einzugehn, konnte mir, als einem Laien in Sprachstudien, nicht beifallen; und ich muss mir vielmehr schon für das hier Gebotene die wohlwollende Nachsicht der Fachmänner dringend erbitten. Uebrigens glaube ich, dass sich bei Vertiefung in den Geist dieser Sprachen eine viel grössere Gleichförmigkeit ihres syntaktischen Baues ergeben dürfte, als man gemeiniglich anzunehmen pflegt. Sie haben mit jenen Nordamerika's den polysynthetischen Charakter gemein, und ihre Grammatik lässt sich wahrscheinlich auf wenige allgemein durchgreifende Regeln zurückführen. Als ein Beispiel von der Armuth und Unbehülflichkeit des Ausdrucks kann das hier wiedergegebene Wörterbuch der Galibi gelten.

In diesem Wesen des agglutinirenden Sprachbaues, der gleich den andern amerikanischen Sprachen auch die Tupisprache beherrscht, ist ohne Zweifel der wesentlichste Grund zu suchen, warum sich die Lingua geral Brazilica, unter andern sie überdiess begünstigenden Umständen, so weit und so rasch über Amerika auszudehnen vermocht hat, so dass sie auch jetzt noch in manchen Gegenden sich als das leichteste und sicherste Verkehrsmittel unter vielsprachigen Stämmen und Völkerschaften geltend macht.

Auf dieses Verhältniss gründe ich den Wunsch, dass man sich in Brasilien selbst der, zur Zeit vernachlässigten Tupisprache annehmen, ihren grammatikalischen Bau nach den Grundsätzen der modernen Wissenschaft entwickeln und feststellen und ihren Wortschatz aus dem Munde der sie sprechenden Stämme, so wie aus andern Idiomen bereichern möchte. Der Menschenfreund, welcher mit dem Naturell und den geistigen Eigenschaften des Indianers vertraut ist, wird diesem Wunsche seine Berechtigung um so eher zuerkennen, als er weiss, dass dem rohen Menschen die Segnungen der Civilisation durch seine eigene Sprache am leichtesten zugänglich gemacht werden.

Wegen ihrer allgemeinsten Verständlichkeit habe ich die lateinische Sprache bei allen Wörtersammlungen zu Grund gelegt; die deutsche Sprache ist aber bei einigen derselben desshalb benützt worden, weil sich deutsche Colonisten in einigen Gegenden Brasiliens niedergelassen haben, wo die Lingua geral noch gebraucht wird. Die Männer des Faches werden an der ungleichen Anwendung europäischer Sprachen keinen Anstoss nehmen.

Dass einige der über die Lingua geral und einige brasilianische Dialekte in neuester Zeit veröffentlichten Arbeiten (vergl. Advertencia S. XIII) hier nicht vollständig benützt erscheinen, muss ich damit entschuldigen, dass ich der gegenwärtigen Schrift meine Musse nur mit grossen Unterbrechungen widmen konnte, so dass schon seit dem Jahre 1855 an derselben gedruckt worden ist, zu einer Zeit als mir jene Beiträge noch nicht zugänglich waren.

München, 15. Jan. 1863.

Der Verfasser.

ADVERTENCIA

AOS PHILANTHROPOS BRAZILEIROS QUE LEREM ESTE LIVRO.

Navegando, a mais de 40 annos, pelos grandes rios das provincias do Pará e Alto Amazonas, e entregue aos desertos raras vezes visitados, achei-me rodeado unicamente de Indios. Estes formavam a esquipágem da minha canôa, onde muitas vezes era eu o unico branco, e a cada passo de dia e de noite pude fazer delles objecto de observaçoens, cujo interesse scientifico augmentava-se pela sympathia, que o homem deve ao homem. Uma das impressoens mais profundas, que eu senti nestes momentos de contemplação era, que o caracter da sociedade, em que vivia, mudava totalmente segundo as linguas e dialectos de que ella usava. Em quanto todos fallavam a lingua geral, o gôzo o contentamento e o trabalho reinavam entre elles; sem ordem do piloto pegavam no remo, e se um dos mais moços entoava alguma das suas cantigas, ora burlescas, ora galantes, em breve entrava toda a companhia, e até o velho Jacumaüva (homem do leme) renunciando à sua secca authoridade accompanhava de voz submissa as zombarias da sua mocidade. As vezes o canto tinha o caracter serio ou ecclesiastico, se os Indios tinham sido catequisados em alguma aldêa populosa. Chegado a terra, para prepararem o jantar ou para passarem a noite os Indios ajuntavam-se, mesmo sem para isso haver ordem, para os diversos serviços, estes pescando ou caçando, aquelles trazendo lenha, accendendo o fogo, armando as redes etc. Emfim, poucos dias bastavam para inspirar a esta gente, que fallava uma só lingua, certa organisação de officios; reinava a ordem, o socego e até a alegria nesta grande familia viajante. — Mas, se por acaso nesta confraternidade entravam alguns Indios do mato, logo se escurecia o elemento limpido da nossa sociedade. Estes, que não entendiam a lingua dos outros, obedecendo de má vontade aos signaes por mim feitos, lentos, inertes ou preguiçosos seguiam como arrastados ás acçoens da companhia, morosos, aborrecidos da festa alheia, carrancudos, desprezadores de tudo novo, que a elles se apresentava, taciturnos entre si e desconfiados de todos. E peior ainda se mostrava esta condição do homem bruto e inculto, quando, como as vezes acontecera, quasi todos os remeiros eram de tribus differentes, cada hum ignorando a linguagem dos outros. Não obstante todos esses pobres miseraveis acharem-se no mesmo grão de cultura e de industria, nascidos sob as mesmas circumstancias, e criados na mesma escola do estado natural, governados pelas mesmas paixoens e necessidades, — elles todos não reuniam-se spontaneamente para conseguir as mesmas vanvantagens, e alcançar o mesmo fim de vida. O que haviam feito foi por mando, e obedeciam, acanhados ou ferozes, com a intenção pouco occulta de quebrar á primeira occasião este jugo aborrecido, que o branco lhes tinha imposto pelo encanto das suas dadivas: agoardente e missangas, os estimulantes da gula e de uma vaidade futil e quasi animal. A canôa cheia destes selvagens me parecia gaiôla, que o Européu pelos arames da astucia e corágem tinha tecido sobre uma banda de aves de rapina. E em quanto eu de dia me regosijava deste triumpho da minha supremacia sobre homens por mudeza em dobro temiveis, de noite o pagava por muitas horas sem dormir e pelo susto da sentinella, que se julga exposto a inimigos mortaes. Nestas noites tive occasião de meditar sobre a miseria actual de uma grande raça do genero humano e o sentido daquelle dito veneravel, que Deus por maldição admittiu a confusão dos idiomas.

Chegando depois á uma aldêa, onde Indios de diversas „naçoens" achavamse reunidos e provocando a industria christãa dos Parochos, não era-me difficil observar, quo os esforços saudaveis da Igreja eram quasi sempre menos proficuos á proporção da multiplicidade das linguas ali usadas pelos Catecumenos. E como nestas aldêas reuniamse sempre com maior facilidade hordas frouxas, isoladas e perseguidas pelas naçoens mais valentes, por esta rasão ali devia fallarse multidão de girias. As naçoens mais populosas e bellicosas não querem tratar com os Brancos, antes retiram-se para os sertoens, donde vem a falla sômente em certas paragens, onde os navegantes costumam com elles negociar. Para o commercio de troca ali estabelecido de passagem, muitas vezes só por signaes, não vale a pena ensinar aos Indios nem o portuguez, nem a lingua geral, e até daria isto occasião de se confundirem mais e mais os idiomas pela reunião de gente de tam diversa origem e linguagem. Um exemplo mui saliente deste phenomeno offerecem as hordas da nação Gês nas margens do Rio Tocantins, as quaes, a alguns decennios, entrando em trafico com os Brancos, já não usam um só puro dos dialectos da sua propria linguagem, antes sim fallam uma geringonça corrumpida, profundamente mixturada de elementos muito diversos e sem regra alguma. Maior corrupção ainda observa-se entre os difamados Canoeiros em Goyaz, os Muras e outras hordas sem domicilio certo e erraantes. Estas não sam descendentes de uma sô nação, mas uma mixtura de diversos Indios com Mulatos, Cabras, Negros o Brancos, que foram banidos da communidade dos Christãos, desertores da ley e civilisação. Estas sociedades ferozes, recrutando-se da escoria da humanidade, vivendo sem matrimonio, sem ley e sem peijo algum, do roubo, da pilhagem e do homicidio, flagelo da população pacifica limitrophe aos seus escondrijos, tem formado uma giria de ladroens, voluvel e sem fundamento grammatical, o que symboliza seu estado moral depravado. Não ha duvida, que estes inimigos da ordem já se vem apertados pela expanção do dominio da ley, e em tempo não muito remoto hâode desapparecer, mas mesmo com a extincção delles os sertoens hão de nutrir, como na America do Norte, uma barbaria polyglotta, e aqual o amigo philantropo do Brazil se sentirá instigado de traduzir nos dominios abençoados da civilisação.

Entre os meios de conseguir esse fim desejado, ao meu espirito appresenta-se, como um dos mais valiosos, a difusão da lingua geral Brazilica entre todos os Indios. Nesta intençåo ouso recommendar o presente volume ao benevolo accolhimento dos amigos do Brazil, ajuntando as observaçoens seguintes.

A collecçåo de glossarios aqui offerecidos, em grande parte consiste de palavras, que eu e o meu defunto companheiro de viagem, o Doutor Spix, notámos por escripto da bocca dos Indios; outros tenho extrahido de diversos livros e manuscriptos para facilitar a comparaçåo das linguagens entre si. A mira principal, que tinhamos em vista durante a nossa viagem era ethnografica, julgando, que pela confrontaçåo de materiaes multiplicados se poderia formar um juizo sobre a affinidade de certas tribus; pois entre os muitos problemas, que a populaçåo primitiva da America offerece à Anthropologia e Ethnographia, um dos mais pesados é a innumeravel multidåo de idiomas e dialectos, e a reducçåo delles à certas linguagens principaes e quasi fundamentaes.

Em quanto a forma destes vocabularios parecia conveniente usar-se geralmente do latim, por ser lingua literaria fundamental e bem conhecida entre os Brazileiros. Introduzindo-se tambem o allemåo tinha em consideraçåo, que o livro nåo devia afastar-se da sua origem e que os colonos allemaens residentes no sul do Imperio ou moradores em outros lugares vizinhos aos Indios haviam de tirar proveito da obra com maior facilidade. Em geral lisongeome com a esperança de que o caracter variado destas communicaçoens ha de commover a afeiçåo de alguns para dedicar suas horas vagas á comparaçåo, rectificaçåo e augmento do que aqui se publica.

Estes glossarios nåo offerecem o conhecimento subtil e satisfactorio do caracter grammatical das linguagens, mas sim sómente um aspecto superficial dos primeiros elementos, que as compoem. Quem conhece por propria experiencia as difficuldades de apanhar expressoens isoladas da bocca do Indio e de descrevélas sem equivoco por escripto com as letras do alphabeto europeu, deve persuadirse, que nada mais o viajante pode effectuar, e que careceria de uma residencia de muitos mezes, mesmo de annos entre os Indios para obter uma intelligencia grammatical das linguagens indianas e penetrar no genio dellas. Como toda a vida do selvagem passa-se em movimento e agitação, suas girias estão sugeitas a continua mudança e variação. Este espelho do estado moral com elle não se conserva, nem pela tradição da escriptura, nem pela authoridade de um culto religioso ou politico. As palavras então, que Estacio de Sá e Salvador Corrêa tinham ouvido em 1560 na Bahia do Rio de Janeiro da bocca dos Tamoyos, ou em 1556 o infeliz primeiro Bispo do Brazil na Bahia da Traição dos seus matadores, os ferozes Cahetés, soaram mui differente da linguagem usada pelos Tupis de nosso tempo. Assim se explica tambem pela continuada volubilidade destes idiomas o caracter variado, que a lingua geral appresenta nas provincias do Sul e paizes limitrophes e nas do Norte. E esta mudança teria tido dimensoens ainda mais pronunciadas se não se lhe tivesse posto um termo pelas diligencias de Jos. de Anchieta, Manoel da Vega e outros Jesuitas, que estabeleceram a lingua dos Tupis por escripto, e que fixando as regras grammaticaes, augmentando e modificando-a puzeram os fundamentos daquella „Lingua geral ou franca", que por mais de um seculo servia como o vehiculo mais poderoso da civilisação dos Indios, não só no Brazil, mas tambem em algums dos territorios adjacentes.

Considerando esta grande volubilidade da linguagem dos antigos Tupis e a extenção que ella tinha adquirido, parecia conveniente reunir as diversas listas de vocabulos ou diccionarios della, que pude procurar-me, e sua publicação se recomendou entre outras rasoens pela raridade de escriptos de semelhante assumpto*). Formando um elencho de nomes de plantas, animaes e lugares neste

*) O Diccionario portuguez e brazileiro publicado em Lisboa 1795 está a annos fora de venda. Os livros muito appreciados dos Snrs. A. Gonçalvez Dias e E. Ferreira França: Diccionario da Lingua Tupy e Chrestomathia da Lingua brazilica, Leipc. 1858. 1859. ainda não tinham apparecido, quando eu em 1855 principiei a imprimir o presente volume, cuja conclusão por outras occupaçoens foi retardada. Pesa-me, que os materiaes de semelhante natureza publicados no precioso Periodico do Instituto historico geographico „Revista trimensal" e reimprimidos em parte na Corographia do benemerito Dr. Mello Moraes, chegassem a meu conhecimento depois da impressão das listas correspondentes, rasão porque não pude aproveitar-me delles.

mesmo idioma tupi, em grande parte explicados ou redusidos a Systema espero render serviço não somente aos Naturalistas e Geographos mas tambem a todo Brazileiro, que quizer estudar a condição dos antigos donos do paiz e conhecer os nomes systematicos da sciencia correspondentes aos vulgares, que o povo admittiou da lingua tupi, muitos differentes nas diversas provincias do Imperio.

A comparação destas palavras da linguagem tupi com as de outros Indios tanto do Brazil como de outros paizes da America equatorial demonstra em geral a extraordinaria multiplicidade e confusão destes idiomas, mas as vezes indica vestigios de affinidade, que um observador subtil tem de seguir não somente a respeito de investigaçoens scientificas como tambem em interesse philanthropico ou politico.

Sabe-se, que o Indio apprecia muito as relaçoens de parentesco, estendendo-as da propria familia à todos, que pertencem á mesma tribu, que elle considera como descendente da mesma linhagem. Os antigos Tamoyos tinham este nome por quererem passar por avos dos outros. Uma grande nação, dividida em muitas hordas e dispersa pelos territorios do Norte e Nort-Este do Imperio conservou o nome de Coco ou Guck, que diz tio, como signal da sua mutua affinidade. Por esta rasão nada facilita tanto a confiança do Indio, como o appreço de seu povo, e elle acha-se lisongeiado quando o Branco o appelida por membro de tal ou tal communidade. Elle quer ser reconhecido por tal e nisto achamos a rasão daquelles signaes extravagantes, que muitas naçoens costumam usar no seu corpo pela pintura, pelo corte do cabello ou por certos trajes. Não é pois de pequena monta para aquellas pessoas, que tratam com Indios conhecer ao menos algumas palavras do immenso numero de girias, para com ellas impôr ao Indio pelo acerto, de que se conhece a sua origem. Um digno Missionario que havia passado muitos annos entre os Indios do Rio Madeira, me affirmâra, que ganhava a amizade desses indigenas unicamente fallando bem de sua tribu e mixturando na linguá geral, de que usava, algumas palavras da giria propria a elles. O Indio acceita estes sons familiares, não só como um signal de confiança e cordialidade, mas tambem porque agradam ao seu instincto natural. Qualquer homem, mesmo no estado mais bruto, acha-se governado pelo desejo de fazer valer a sua vontade pelo meio da sua linguagem, e por isso gosta de propagála. O Indio tendo perdido de tempo immemorial a oportunidade de satisfazer aquelle instincto profundo de sociedade é hoje movido pela necessidade igualmente instinctiva de enriquecer a sua giria. Pelo mesmo motivo, que o instiga de mudar com grande facilidade o material de expressoens acostumadas e de variar o seu idioma, elle acceita de boa vontade o alheio, adaptando-o ao cabedal, que já possue. Foi esta a rasão por que a lingua geral tomou tam rapidamente grande desenvolvimento e estendeu-se em todo o Brazil. Os primeiros authores, que deram á esta linguagem uma base segura, tam respeitaveis por seus trabalhos christãos, merecem tambem a nossa admiração como conhecedores profundos do genio do homem e das suas necessidades moraes.

Sabe-se que as linguagens americanas em geral e assim tambem as da America meridional, tem o caracter polysynthetico, ou são linguagens d'agglutinação. As palavras radicaes destes idiomas, muitas vezes mono- ou disyllabicas, combinam-se para exprimir neste connexo um senso mais ou menos complicado. Faltam à estes idiomas aquellas flexoens que reproduzem no espirito do ouvinte com facilidade a clareza do pensamento na sua subtileza e ordem logica. Em lugar destas flexoens usam de certas particulas, que devem representar as categorias grammaticaes e syntaxicas (o que podem só imperfectamente), e por este defeito aquellas linguagens não são susceptiveis daquella belleza e agudeza veridica, que admiramos nas das naçoens mais civilisadas. Se nestas linguas desenvolvidas as palavras, capazes de flexoens graduadas, surgem quasi do espirito como resultado de um processo organico ou de um incremento spontaneo, e se ellas na sua combinação para uma falla deixam entrever as leyes do pensamento, nada disso apresentam as linguas de agglutinação, que antes parecem-se na sua escacez infantil com uma conglomeração de concepçoens obtusas e ligeiramente combinadas.

Participam desta rigida pobreza e grosseira dificuldade de

movimento todas as girias dos Indios do Brazil; e até a tupi e a filha artificial della „a Lingua geral do Brazil" padece dos mesmos defeitos, de sorte que os louvores predicados pelos veneraveis cultivadores desta ultima devem ser referidos principalmente ao caracter phonetico e não á sua estranha construcção, o que parece indicar o mesmo juizo destes benemeritos authores*).

Um exemplo deste caracter pobre e grosseiro das linguas indianas offerece o Diccionario galibi (p. 325—370); e a lista de verbos no tupi austral (p. 101—122) deixa igualmente ver, que mesmo debaixo das influencias da civilisação o tupi não pode desfazer-se do seu natural tosco e immovel.

Guiado pelos principios, que as doctrinas linguisticas modernas tem estabelecido poder-se-ha sem duvida reduzir a grammatica do tupi a uma simplicidade, de que os antigos escriptores não tinham concebido, e esta consideração parecia dissuadirme de publicar nova edição da „Arte" daquelles Antigos. Julgo antes conveniente, que algumas pessoas dedicadas a semelhante estudo e que por sua posição na vizinhança de Indios, que fallam um dialecto puro do tupi (como os Apiacas) podem entranhar-se no genio daquella lingua, e fazerem esforços para fundamentar de novo as regras dominantes della. Os vocabularios tanto do tupi como de outros idiomas que no presente volume offereço à curiosidade, não podem facilitar immediatamente aquelle fim grammatical, mas sim servirão de augmentar o cabedal commun de palavras, que pode entrar na

---

*) Huma lingua, que faltando-lhe quatro letras F, L, S, Z, os verbos auxiliares, a voz passiva dos verbos, os accidentes do nome, que não dobrando consoantes, nem ajuntando mutas e liquidas, que não tendo em tempo algum Grammaticos originaes, que a regulassem, Oradores, Poetas, Historiadores, que a illustrassem, e que a pezar de tudo isto della se predicão pelos doutos a delicadeza, facilidade, suavidade, copia, elegancia, e que ultimamente se compara na perfeição a Grega, merece sem duvida alguma ser conhecida por todos os que estimão os conhecimentos humanos, e que reflectem na gradação dos seus progressos. (Vejão-se as Artes dos dois V. V. P. P. Anchieta e Figueira). Diccionario portuguez e brasiliano. Prologo.

lingua geral (como sem duvida alguma já diversas expressoens se encontram entre os nomes de plantas e animaes, que o tupi de outras linguagens tem recebido). E juntamente a comparação destas palavras dispersas entre tantas girias deve fornecer ao espirito penetrante do linguista certos indicios para descobrir as fontes principaes donde ellas demanavan. Semelhantes investigaçoens não ficarão sem fruto para a philosophia das linguas, indicando as leis organicas, que regem as mutaçoens phoneticas e as condiçoens exteriores sobre ellas influentes. E o valor dos resultados por taes diligencias ganhas sera maior à proporção que estas foram propagadas sobre muitas e diversas girias, pois não ha duvida, que devesse ter em vista a povoação primitiva do novo Continente na sua solidaridade; e principalmente os Indios da America meridional e das Ilhas Antilhas apprcsentam-se sob certos pontos como uma so unidade. Estes homens incultos tem girado, a alguns millenios, em pequena sociedade de uma parte do vasto Continente a outra, mixturando sangue e mudando lingua, como isso se prova até mesmo pelo material linguistico desde os Caraibes até os Guaranis, de sorte que deve-se tomar um ponto de vista bem geral e extensivo para formar ideas correctas da base e do genio da sua lingua.

Bem ve-se, que estas consideraçoens recommendam o estudo dos idiomas indianos em geral e o do tupi em particolar mais por principios especulativos e de sciencia theoretica, do que pelas rasoens de utilidade pratica; porém com quanto já tenha appellado para os sentimentos christãos e á humanidade dos meus bons amigos além do Oceano, os nobres Patriotas do Brazil, todavia ouzo lembrar, que por fim de contas qualquer conhecimento abstracto traz em certo tempo seus frutos uteis. Por essa rasão tambem não receio, que no Brazil faltarão homens sabios para semelhante estudo. Estou antes certo, que entre os literatos curiosos do paiz reconhecer-se-ha como salutar aprofundar o conhecimento desta lingua geral Brazilica, memoravel a tantos respeitos, estabelecer a sua Grammatica segundo os principios da sciencia moderna, estender o cabedal das suas palavras, e enriquecel-o, aonde fôr conveniente, com elementos de outras linguas congeniaes.

***

Desejaria, que nos lugares mais proprios se formassem escolas da lingua geral Brazilica, para o uso daquelles Brazileiros, que tem de tratar com os Indios.

Concebo em fim, que por este meio possa-se alcançar um augmento da civilisação dos indigenas. Pois em quanto a experiencia demonstra que estes selvagens oppoem ao influxo das linguas europeas toda a indolencia refractaria do seu caracter, os successos dos antigos fundadores da lingua geral Brazilica provam o valor de um expediente adequado ao genio dos Indios. É verdade que alguns destes obedecem com presteza às ordens, que lhes forão dadas em portuguez, mas nunca penetram na verdadeira inteligencia desta lingua, não apprendem falla-la correctamente e com facilidade, e forçallos a pensar nesta lingua seria o mesmo, que forçallos a tomar um natural alheio, desfazendo-se do seu proprio. Estabelecendo então centros da instrucção e industria destes povos e atrahindo os successivamente dos seus matos a vizinhança dos Brazileiros com doçura e suavidade, elles devem aprender o bemaventurado „ora et labora", para viver em trabalho, socego e felicidade.

Com estas intençoens de philanthropo entrego o presente volume aos illustrados amigos do Brazil, e concluo fazendo votos os mais ardentes para a prosperidade daquelle bello Imperio, que, conduzido pela sabedoria de um Monarcha constitucional, esclarecido, magnanimo e verdadeiro amigo da sciencia, caminha de passo seguro para seu grande destino.

Munich, 24. Decembro 1862.

Dr. Carlos Fred. Phil. de Martius.

Inhaltsverzeichniss.

GLOSSARIA

LINGUARUM BRASILIENSIUM.

Wörtersammlung

brasilianischer Sprachen.

LINGUA TUPI.
DIALECTI VARIAE.

Verschiedene Dialekte
der
Tupi-Sprache.

TUPI,

verschiedene Dialekte.

Die hier zunächst folgende Liste des vulgären Dialektes ist von Spix und mir entworfen worden, um den nothdürftigsten Verkehr mit den Indianern zu unterhalten, welche bei der Reise auf dem Amazonenstrome als Ruderer und Jäger dienten und fast alle jenes Dialektes kundig waren. Sie entstand in Nächten, da die häufigen Moskiten keinen Schlaf gestatteten, unter Beihülfe des Cap. Francisco Ricardo Zany, unseres Reisegefährten, der sich Fertigkeit in dem vulgären Dialekte gewonnen hatte. Später wurden solche Wörter hinzugefügt, welche sich zur Vergleichung mit den vielen andern Sprachen und Dialekten empfahlen, denen wir bei wilden oder in den brasilianischen Aldeas vereinigten Indianern begegneten. Wir wählten für diesen Zweck vorzugsweise die Namen von Theilen des menschlichen Körpers oder von allgemein nöthigen Gegenständen im Leben der Indianer. Die Schreibung ist die portugiesische, und in gegenwärtiger Redaction schien es zweckmässig, sich an jene anzuschliessen, welche in dem Wörterbuche, Diccionario portuguez e brasiliano, Lisb. 1795, 79 S. gr. 8., gebraucht worden ist*). Verschiedene oder abweichende Ausdrücke sind in manchen Fällen neben einander aufgeführt worden.

An diesen, besonders unter den zahmen Indianern in Pará und Alto Amazonas vielgebrauchten Dialekt schliessen wir jene der freien Apiacás, Cayowás und Bororôs nach Castelnau (französische Schreibung) an. — Hierauf folgen die Wörter, welche wir von den Araguajú und Campeva, unzweifelhaften Tupis, aufgezeichnet haben. Jene, eigentlich Uaraguaçú, grosse Leute, ohne Tätowirung, Lippenscheibe und vergiftete Waffen, sollen nur noch in geringer Zahl am Rio Parú, einem nördlichen Beiflusse des Amazonas, übrig seyn. Die Wörter sind einem Indianer des Stammes, den wir in Gurupá fanden, abgehört. Die Omaguas oder Campevas (Acanga-peva, Plattköpfe), von Topinambarana westlich bis jenseits der Grenzen Brasiliens zerstreut wohnend, haben ihre Mundart so rein erhalten, dass unsere Aufzeichnungen nur wenig Verschiedenheit von den wohl hundert Jahre älteren des Hervas zeigen.

Das Glossar der Mundrucús ist hier angefügt worden, weil es manche Worte mit der Tupisprache gemein zeigt, während die Verwandtschaft der Sprache mit anderen sehr dunkel bleibt.

Dem vielleicht aus vielen Sprachen gemischten Rothwälsch der Muras liegen wohl auch manche, allerdings stark abgewandelte, Tupiworte zu Grunde.

---

*) Genaueres über die Bedeutung der Zeichen, welche für die Schrift der Tupisprache angewendet worden, soll dem allgemeinen Wörterbuche vorangeschickt werden, das wir den Dialekten folgen lassen.

DIALECTUS VULGARIS.

Der gemeine Dialekt,

oder die

LINGUA GERAL BRAZILICA.

Aeger — mbaê acycaba (dolere: çecy)
albus, a, um — ti, tinga.
alligare, munire — pocoar vel jepoti.
amare — çauçub.
amarus, a, um — iroba.
anima — anga.
annus — acajú.
anus — cunha-goaimi.
appellare — cenoi.
aqua — hy.
arbor — yba, ymyrá, imyrá.
arcus — urapára.
ascendo (-dere) — je-upyr (ego: je).
attingere — pucuçú.
audire — cendú.
audio — je-cendú.
auditus — apyçà coára.
auris — namby, inami.
aurum — itá juba.
avia — aryá.
avia mea — se-aryá.
avis — guirá, oerá.
avunculus — tutyra.
avus — tamúya, saramunha.
barba — tinoába.
bellum gerere — maramuniang.
bibo, ere — jau, vú.
bonus, a, um — catú.
braccae — torina.
brachium — jybá, juá.
brevis, e — jatúka.

cacare — caáo, mombôre.
cadere — oár.
caecus, a, um — ceça l. teça-cyma.
caeruleus, a, um — çugui, çuckera.
calcaneus — pyropytá.
calidus, a, um — çacy.
calor — puruá.
cantare — nheengár.
canus, a, um — tuguir.
capillus — ába, jáva.
captivus — japüssickána, meaúba.
caput — acanga, jacanga, canga.
capite dolere — poraraçaba acanga.
carbo — tata-pynha.
caro, nis — çoó, suçquéra.
cataracta — hy-tó.
cavus, a, um — mbaê nitio ipor oaê (res, cui nil inest).
cauda — çobaya.
charta — papéra (papel).
cilium — jandé reça çaba.
cito! (incitando) eré-catú!
clamo, are — çapucai.
clava — tangapema.
clavis — xabi (chave port.).
clericus — pay abaré.
cochlear — poóca.
coelum — owáca, ibáca.
cognatus — tobajara.
collum — jayúra.
color — cepiacàba.

connubo, ere, coire — menari, menu.
conjux — temiricò.
consobrinus — kebyra.
contundo, ere — çoçoca.
considere — oapyca.
coquere — mimói.
cor — pyá.
cornu — acé.
cornu taurinum — tapyra-acé.
corona orbiculorum precatoriorum — moyra curuçá (curuçá, crux).
corpus — cetê, çerelé.
costa — copé.
coxa — ýba, anörumbi.
cras — oirandé.
crus — cetymá, çeretumá.
cubitus — siwa penna sauwa, jyba.
culter — kicê.
currere — nhâne.
cutis — piréra.
cutis taurina — tapyra-ceôpirera.
cymba — ygára.
decumbere — oar.
dens, tis — çainha, tanha.
descendere — goejyb.
desuper — árpe.
deus — tupána.
dextrorsum — pô catû (ad manum bonam).
diabolus — jurupari.
dies — ára.
digitus — pô, ypó.
digitus pedis — py-pó.
do, are — meéng.
dolor — poraraçaba.
domus (tugurium) óca.
dormio, ere — ker, çackörö.
dorsum — anäcoá.
durus, a, um — çantam.
edo, ere — vu.
ego — je, xé.
ensis — traçara.
eo, ire — çô.
equus — cawarú (caballo port.).
esurio, ire — jnmbaaçy.
expectare — çaron.
facies — toba.
fames — jembaaçy.
fatigare — mocaneon.
fatigari — jemocaneon.
fastidium — nitio jurû-cê.
febris — taçuba.
femur — yba, çeigueva.
femina — cunhám.
ferio, ire — japixá.
ferrum — itá.
filum — inimboi.
filia (matris) — memböra.
filia (patris) — tajyra.
filius (matris) — membyra.
filius (patris) — tayra.
fistula fumaria — pytyma-pereba.
flavus, a, um — tauá.
fleo, ere — jaccón.
flos — putúra.
fluvius — paraná.
foedus, a, um — puxi.
folium — caá.
foris — ocara çuî.
frater — simung, cemú, mú.
frigidus a, um — tuy.
frigus, oris — tuy l. tuyçaba.
frons tis — çeruá.
fugere — jabáo.
fulgur — tupan berába.
fur — mondabóra.
furca — jybycába.
garrulus — nheengoára.
gaudere — moryb.
gens, tis — myra.
gigno, ere — membyrar.
gravis e, — moçangab.
gusto, are — jassará.
gubernaculum — jacumá.
guttur — curucaba.
habere — oerico.
hallex (piscis tostus) — pyra-mocaêm.
hepar — pyá.
herba — caá.
hesperus — sässi-tatá-carucka.
hilaris — moryb.
hodie — cuyr.
homo — abegava, apyaba, uara.
homo albus — caryba.
homo niger — tapanhó.
homines multi — abegavetá cetê.

homines pauci — abegavetá merim.
hostis — çobayána, çiruainguiána.
humerus — athiũva, juba-peçanga.
humus — ybý, aegwú.
iaculor, ari — japi.
ignavus, a, um — aleyma-oçú.
ignis — tatá.
ille — aé.
illa — aé.
infirmus, a, um — mbae acycába.
indianus homo — ore (nos).
indusium — camixa (port.) tiboya, tanga.
infans — tayna, mitanga.
inferne — úrpe.
intus (in domo) — oca pypé.
iocor, ari — mororyb.
iuta — sobaké.
juvenis — columi-açú.
labium — çeimbé.
lac — cambý.
lacerta — tejú.
lacertus — juá.
lacus — ybaba, tyjuca-assú.
laevorsum — pô açú.
lapis — itá.
lardum — çába.
largus, a, um — te popyr.
laterculus — ymyra-y.
latus, a, um — te popyr.
lavo, are — cjasúcka.
lavare vestes — jucyb-óba.
levis, e — cimê.
lignum — jepyába.
ligo — pororé.
linea — inimboi.
lingua — japecong.
longus, a, um — puckú.
loquor, i — nheéng.
lucifer, diabolus — jurupari.
lugeo, ere — jemocaneón.
ludo, ere — jemoçarái.
luna — jaçi.
luna crescens — jaçy jematoroçú.
luna nova — jaçi-pũsaçu.
luna plena — jaçi-suá-açu.
macer, a, um — angaigoára.
madeo, ere — jakyme.
magnus, a, um — torussú.
magus — pajé.
mala — çatõibú, sobà pecanga.
malus, a, um — ayba.
mamma — cáma.
manus — ypó, pó.
mare — paraná-uçú.
maris fluxus — paraná-eviké.
maris refluxus — paraná-caryca.
maritus — imena.
mater — maia.
mel — yrá.
mel silvaticum — ymyra-yrá.
membrum vir. — serancunia, taconha.
— foemin. — tamatiá.
mensis — jaçy.
menses mulierum — jemondyára.
mentiri — jereragoaia.
mentum — tinoaba.
mergere — oçoipypé.
meridies — ára-açuipé.
meus, a, um — xe-mbaé (res mea).
mingo, ere — johacarúcki.
mons — oitêra.
morbus, i — acycába.
mordeo, ere — çuú.
morior, mori — jamanú.
mortuus, a, um — manuána.
multus, a, um — çitta, ceiya.
mulier — cuniang, cunhá.
nasus — iting.
nataro — vitábo.
nego, are — jumime.
nepos ex filio — temimino.
nepos ex filia — temiatiron.
nervus, i — çajúca.
nidus avis — sobatim l. guirar-oca.
niger, a, um — pixuna.
— (aethiops) tapanhuna.
non, nequaquam — timá.
nos — oré.
nox — pytúna.
nox media — pyçajé.
numerare — papar.
numerus — papaçaba.
nubes — ybytu-tinga, ybake-tinga.
obscurus, a, um — pytuna-oçú.
occido, ere — jejucá, juca.

oculus, i — teçá, sersá.
odi, isse — jamotareyma.
odium — jamotareyma.
odor (bonus) — çeaquéne.
oleo, ere — cetúna (odorem nancisci.)
oleum — jandy.
omnes — upanjé.
orion — ererapari.
oro, are deum — jarsuejumuéng, tupana supé.
os, oris — jurú.
os, ossis — caungéra.
ostendere — commeeng.
pagus — tába.
palma manus — popitera.
panis — meapé.
a parte antica — sobaixára.
a parte ima — úrpe.
a parte postica — sacaquéra.
patella — serenepũá.
pater — paia.
patera cucurbitina — cuja.
patruelis — mú.
paucus, a, um — miraira.
pecten — kybába.
pectus, oris — putiá, potiá.
pellis — pirera.
percutere, ferire — motáca.
pes, edis — py, çeipü.
pingo, ere — jacoatiára.
pinguis — ickiéra.
piscis — pyra.
piscari — pyra-ityc.
plejades — cejuçú.
pluma — urupépú, guira-pepú.
pluit — amana-okyr.
pluvia — amana.
poples — jenepyám.
profundus, a, um — tapy.
propinque — çobaké.
puella — cunhá-tem.
puer — curumim, columí.
pulcher a, um — poranga.
pulmo — pya-bubui.
pulvis ignifer — moca (motac) cui.
puppis cymbae — ygára ropytá.
radix — cepô, çipó.
ramus — caá-róba.
regulus, capitaneus, dux — tupixaba, tuxaua, morubixaba.
respiro, are — pytucema.
remus — apocui, apecuitaba.
rivus — paraná.
rete (lectus pensilis) — kyçába.
rivulus — ygarapé-merim.
rete piscatorium — pyçá.
ripa (maris, fluvii) — ybycui.
ruber, a, um — piranga.
saccharum — ceem (res dulcis).
saccus — patiguá, petiguá.
sagitta — uüba, hui.
salio, ire — popór.
sal — jukyra, juquera.
saliva — tumutú.
salto, are — jaborasséi, joraceya, popor.
sanguis — juí.
satis (sufficit) — aujé-oane.
scapula — jybá cangoera.
securis — gy.
sedeo, re — oapyca.
semper — ninhê.
senex — tujüá.
serpens — boya, mboya, moya.
sepelio, ire — jajutümá.
sibilo, are — tumunieá.
sic (recte, sane) — eyma, hachae.
sicera vel spiritus vini — jaü cauing.
sicco, are — motining.
siccus, u, um — tining.
sidera, um — jaçi-tatá.
sine — eyma.
sinistrorsum — pô açú (ad manum magnam.)
sitis — yg-jucci.
socius, compater — toaçaba.
— camarada — cuápora.
socer viri — tatuba.
socer mulieris — mendúba.
sol — curassé.
solvo, ere — jorào.
somnio, are — poçauçú.
sonus — tyapú.
sordidus, a, um — puxi.
soror personae femineae — amú.
spuo, ere — motumúne.

stella vel sidera — jaçi-tatá.
sternuo, ere — oçámo.
sto stare, — oicò. stans — puâme oicò.
stultus, u, um — acanga-ayba.
sudor — tyáya.
sum, esse — oicò.
supercilium — seresa-pecanga.
supra — ibag.
sura — cetimâ-roó.
suus, a, um — embaê.
sylva — caâ.
tantum (quantum) — rupivê.
telum pyrium — moçaba.
tempus — ára.
— matutinum — pissaijé.
— aestivum — coaraçy-ára.
— pluvium — amana-ára.
terra — ägwü, yby.
testiculi — çappia.
timor — cekypé.
tonitru — tupâ.
traho, ere — sücki.
tristis (sum) — kyryrim (je).
trulla, ae — peryryçába.
torrens in fluvio — tipa quena.
tu — iné.
tunica mulierum — tanga.
tuus, a, um — nde mbaê (res).
urbs — mairy.
urina — ty-carúca — urinam reddere carùca.
vas apertum — renì.
vallis — ibyty-goáya.
vena — tugui-rapê, vel cagyca.
venari — caâ-mondô.
venter — maricá.
ventus — ybytù.
veritas — çupiçaba.
vertere — jeb'yr.
vespere — caarucka.
vestis — òba.
via — pê.
videre — cepiáca vel: maéni.
vir — apyaba, apegava.
viridis — suckéra, xepiacábaakyra.
vis — jybycaba.
viscera — cigié-mirim.
vivo, ere — sericóü, aicobé.
umbilicus — çupiruá, poruàm.
unguis — poampe.
volo, velle — je-putari.
voluptas — turyba.
Numeri: 1 jepé.
2 mucuing.
3 musapüi.
100 jepé-papasaua.

APIACÁS*).

aeger — icarwara.
alligare, firmare — et-poi-moriwai.
amare — emanhau.
appellare — eapoucay.
aqua — equal-deramau.
arcus — ouwourapara.
auris — ai-nembia.
bibere — oi-ho.
bonus, a, um — iaran.
brachium — a-jiwa.
capilli — ai-ava.
caput — ai-acana.

*) Castelnau Expédition V. 276. Dieser Dialekt der Tupi wird, nach Castelnau, auch von den benachbarten Tapanhunas (Negerflüchtlingen) und den Moutoniways gesprochen.

catarata — e to.
cauda — erouaza.
celer, velox, lactus — apokate.
cerebrum — ai-capitome.
cilia — ai-re-pejaba.
clava — bouava.
collare — ba-heura.
collum — ai-ningaba.
considere — capeugne.
coquere — amboi-peu.
cor — ai-pocosini.
crus, ris — erloum-cana.
culter — ita-su.
cymba — iara.
dentes — ai-ragna.
diabolus — ajanga.
deus — toupa.
dies — ara.
digitus — ai-poi.
dormire — akiera.
edere — samba-ouita.
fames — ini-emboitawa.
fatigare — dji-pueray.
febris — ira-outé.
femina — cogna.
femur — a-ouva.
filia — imem bouera.
filius — djira-hera.
fluvius — paraná.
foedus, a, um — niaray.
frons, tis — ai-re-picana.
fugere — apa-ote.
fur — amoinaraté.
garrulus — ignepoaam.
hodie — djihaha.
homo albus — ijowa.
homo niger (aethiops) — tapagnouna.
humerus — a jasive.
ignis — tatar.
infans — counomi.
labium, et os — a-jourou.
lacerta — atou-paété.
lacus — epeu.
lapis — ita.
lardum — tajaci.
lavare — dja-opa.
levis, er — amoie-tay.
lingua — ai-coua.
luna — jahi.
magus, praestigiator — pagés.
malus, a, um — niaragua.
manus — ai-pore.
mel — ahira.
mentum — ai-reuiwa.
mergere — ai-poussu.
mons — epitera.
multus, a, um — co-eve-tategna.
mordere — djiway.
natare — oi-tava.
nasus — a-signa.
nidus avis — ouaiti.
non, nequaquam — ni-arong.
occidere — amoi-no.
oculus — ai-re-coara.
ovum — ourapia.
pagus — oga.
pectus — ai-joura.
pellis — matepi.
percutere, verberare — adjawana.
pes — arpia.
piger ra, rum — ipara-élité.
piscari — etoutamoubay.
piscis — pira.
plorare — adja-o.
plumae — aca-i-tara.
pluvia — amana.
prata — guoa.
pulcher, a, um — ijova.
regulus — ien-pareroga.
rivulus — equava.
sagittae — o-euva.
saltare — oreur-peu.
sanguis — a-ranca.
satis — cheu.
senex — chavahé.
serpens — boja.
sibilare — tiwaguen.
sic, sane, recte — ai-koi.
sidera — yatatai.
sitis — djiwai.
sternutare — ni-asam.
sylva — ca-ouera
terra — iwia.
tonitru — toupa.
Idem vocabulum significat etiam: Deus et telum pyrium.

tugurium, domus — oga.
venari — caouripé.
venio — apeugne.
venter — a-rivega.
vestimenta — tapacoura.
via — pea.
vir — coui-mahé.
Numeri:
1 majupé.
2 macoué.
3 boa-poui.
4 mocum-cognato.
5 apourava.
6 coivete.
plus quam 6 eporimo.
canis — awara.
cervus — eopouta.
dasypus — tatou.
felis onça — jawara.
nasua — coati.
simia — cahi.
sus — tajaho.
tapirus — tapira.
vespertilio — anerahi.
gallina — enameusey.
psittacus — torina et azourou.
psittacus ara — canidé.
rhamphastos — toucan.
bufo — djo-hi.
crocodilus — jacaré.
crotalus — imarandaiva.
papilio — pau-ama.
cocos, palma — gna.
fabae — comanda.
gossypium — amoui-jo.
musa — pacowa.
tabacum — petema.
zea maïs in aqua decocta — caoui.

CAYOWÂS*).

aeger — soarasou.
albus — wapacaui.
anus — siwa-imi.
auris — inapara-té.
avis — guera.
bibere — a-ou.
bonus, a, um — ipora-tegato.
brachium — ipa-aradi.
calor — kentetoko.
caput et cerebrum — siakan.
capilli — siaweu.
celer, velox — adiai-ailegnto.
cilia — abeu.
cras — co-eram.
clava — iwo.
considere — oapeu.
coquere — amo-i.
cor — ialgano.
culter — kesai.
in aqua demergi — chiridei-oi.
dentes — ioway.
deus — cherou.
dies — ali.
digitus — ipa-agado.
dormire — akie.
edere — akarou.
fames — sia-oupa.
fatigare — chicanay-oi.
femina — coniah.
femur, crus, pes — pai.
filia — chomeubou.
filius — sikeuweu.

*) Castelnau, Expédit. V. 282. — Nach Angabe einer Cayowâ, die seit vielen Jahren als Gefangene bei den Guaycurûs lebte.

frigus — chiro-eu.
frons, tis — ikekowai.
fugere — anian-he.
guttur — iogai-chodi
hodie — dia-hou.
humerus — iba-a.
ignis — tata.
lacerta — tai-jou.
lapis — waili-aka.
lingua — iocaliki.
luna — yaseu.
magus — ibaquoi.
malus, a, um — iposeu-eu.
manus — sipa-a.
mordere — io-way.
nasus — chani.
natare — alo-codi.
niger — cambe.
occidere — iposeu.
oculus — chereisa.
os, oris — inio-ladi.
pagus — io-igue.
pellis — iboolay.
percutere, verberare — ipochieu.
pro me (da mihi) — emeguto.
piscis — pira.
plorare — idiai-o.
pluvia — ok-eu.
prata — gno-assu.
regulus — comadawa-assú.
rivus vel aqua — eu-assa.
rivulus vel lacus — eu-mirim.
sagitta — o-eu.
sanguis — fougue.
senex — chitoya.
serpens — boi.
sidera — yotete.
sol — quara-ou.
sylva — ca-ouoroupi.
terra — eu-we.
tonitru et fulgur — ipo-cheu-etegato.
tugurium — oca.
venari — aecagato.
venter — cheroué.
vestimenta — setupa.
via — pe.
vir — awa.
Numeri
1 ime-ai.
2 mocoi.
3 boa-peu.
canis — iawa.
cervus — oa-supucu.
dasypus — tatou.
dicotyles torquatus — coochi.
felis onza — jagua.
felis onza maxima — jagua-leté vel jugua-assu.
nasua — coati.
simia — cahi.
gallina — eurouasu.
psittacus — paracao.
psittacus (conurus) — toi.
psittacus, ara — gua-a.
rhamphastos — toucan.
crocodilus — jacaré.
papilio — tanabi.
acrocomia, palma — mocaiá.
musa — pacowa.
tabacum — penteu.

BORORÔS*).

aeger — titigoai.
aqua — ikotowai.
arbor — ti.
arcus — botorica.
auris — enahiri.
avis — tirouatai.
bibere — ikotouai.
brachium — tito.

*) Castelnau, Expédition V. 265.

capilli — itai.
caput — ita-wara.
cerebrum — tiratoto.
cilia — itai-zeu.
considere — omakeu.
cor — tiecu.
crus — iito.
culter — catoquai-ai.
cymba — tica.
dentes — ita.
deus — itopa vel toua.
diabolus — jagoreka.
dies — meri.
digitus — tira.
dormire — tounotouai.
edere — omaigo.
femina — cugna.
femur — igora.
filia — ito.
filius — iro.
frigus — cuacou.
frons, tis — temoquai.
fulgur — irato.
guttur — irooka.
homo albus — ti-ra-cocay.
homo niger (aethiops) — sioto.
humerus — icala.
ignis — tolu.
lacus — caronia.
lignum — tagou-ti.
lingua — terou.
luna — ari.
manus — chetara.
mentum — norato.
mons vel lapis — toli.
nasus — kinamalo.
natare — touainoeu.
nox — ochai.
occidere — enogi.
oculus — itai.
os, oris — noiri.
pagus — igololo.
percutere, ferire — itiroquenai.
pes — igoulai.
piscis — aleu.
pluvia — ato-outai.
prata — i-ioulou.
regulus — era.
rivulus — auca.
rivus — au.
sagitta — jula.
saltare — tauraírouai.
sanguis — iho.
sidera — ikai.
serpens — arakeu.
sol — cuerou.
sternutare — techa-ai.
supercilia — temoca-seu.
terra — mo-to.
tugurium, domus — iga.
tonitru — italoulou.
venter — i-ouri.
vestimenta — areta.
vir — cratomé.
Numeri
1 couai.
2 macouai.
3 ouai.
Numerare pergunt digitis, repetendo: ouai.
canis — arao.
capreolus — garo.
cervus — cualo, atou-o.
dasypus — warou.
dicotyles — toui.
equus — mauta.
felis onza — ati vel jaguarete.
nasua — coati.
simia — toua.
simia mycetes — catou.
tapirus — coui.
crax — ouai.
psittacus — kimolo.
psittacus ara — araourai.
penelope — arata.
crocodilus — adiai.
cocos, palma — aco.
musae fructus — aco.

OMAGUAS, CAMPEVAS *).

albus — tinimai.
anima — sava.
annus — u.
aqua — uní.
audio, ire — jenó.
auditus — apusa-coara.
avia — amúy.
auris — nahmy.
avis — huera.
avunculus — tututühla.
avus — aiy.
bibo, ere — ghulàta.
brachium — yüca, iehúa H.
brevis — yatühlo.
caco, are — ghape.
caeruleus — sulghüela.
calcaneus — püeta-jikoahla.
canto, are — geghàla.
capillus — yaua.
caput — yakaih, yacac H.
clamo, are — sasasúma.
clavicula — thalala.
cognatus — tirua.
collum — yasjiuka, yassiucu H.
connubo, ere — menasahla.
cor — uca, ya H.
corpus — suhú, su H.
costa — yapu-kanuahla.
coxa — sutüemasaputa.
cras — ghamutúna.
crus — gháy.
dens — say.
deus — ghùrupy.
diabolus — mai.
dies — qualaje-urüepe, huarassi H.
digitus pedis — püeta-ghüehla.
domus s. tugurium — uca.
dormio, are — yukühly.
edo, ere — eu.
ego — foi.
facies — sise.
femina — huaina.
femur — sutüema, sotemà H.
filia — teme müera-ku nya.
filius — teme müera.
flos — putühla.
folium — gha.
frater — amu-ysaua.
frons — süeapé, cehuape H.
fulgur — piraperata, sapua H.
gusto, are — seghato.
hepar — püea-puhla.
hesperus — oye (hoje).
homo — yapisava, ava H.
homines multi — xitá.
— pauci — luaia xitá.
humerus — yüca-han uahla, yatucupi H.
humus — tuyüka.
ignis — tata.
ille — yna..
infans — uauha-ghüehla.
infra, inferne (a basi) — uerepe.
labium — seme.
lacus — ypàso (aqua magna) epassú H.
lapis — ytakü.
lavo, are — yasuka.
lavare vestes — tut-ûka.
lignum — üghûla.
lingua — ghumüehla, cumuera H.
longus, a, um — ypoko.
luna — yaçü.
— nova — yaçükûsa.
— plena — ayetu ci-yaçü.
magus — payé.
mamma — ghama.
manus — pua.
mater — mama.
mel — mapacavi H.

*) Die mit H bezeichneten Worte sind nach Hervas, Diccionario polyglotto, eingetragen.

membrum virile — alakuay.
— muliebre — tamatya.
mensis — yase.
meridies — awy-anàra-yene.
mingo, ere — ghualuka.
mors — ũevâta.
morior, i — umanu.
multus, a, um — xitá.
nasus — tiy.
niger, a, um — suhny, sunimai H.
non — luayá.
nos — yene.
nox — ũepusa, epuessa H.
nox media — awy-tapiâra-yene.
occiput — atoa.
oculus — sisasay.
orion — yurá.
os, oris — yuru.
palma manus — poa-cóara.
patella — senepũca.
pater — papa.
paucus, a, um — luai-axyta.
pectus, oris — teputya, put. H.
pes pedis — pũeta.
piscis — ipirá.
pluvia — amana.
poples — say-kukoâla.
profundus — yatûlu.
puella — kunya-tai.
puer — uaino.
radix — sapûa.
ramus — ysakâma.
ruber — pũetany, tururucai H.

sanguis — suũe.
scapula — thulu-tulu.
senex — tua.
sol — ghua-lachy, huarassi H.
soror — eisava.
sic, recte, sane — aisy.
sidera (stella) — seso.
sternuo, ere — axya.
supra — chuate.
sylva — ghaa, cava H.
tempus matutinum — awy-kanata-ayêne.
terra — tuyuka.
testiculi — sapiasay.
tonitru — tupá.
tu — yne.
venor, ari — ghamûnu.
venter cehueca H. — syrika.
ventus — chuetú.
vesper — ghaluka.
via — pe.
video, ere — umay.
viridis — uigũehla.
vivo — ghakũehly.
umbilicus — mũe-lua.
unguis — pũe-sâpe.
1 uypy.
2 mukaghay.
3 musapũehlykay.
4 yruakay.
5 peseghaty—pua.
10 upapua.
oryza (planta) — auaty.

A R A Q U A J Ú.

Uara-guaçú, grosse Männer.

aqua — tuna.
arcus coelestis — uaimy uârapâra.*)
auris — ypanare.
avunculus — tutira.

avus — notũe.
capillus — çeaua.
coelum — tupana.
cognatus — yeutũe.

*) i. e. Anus arcus = Voci lusitanicae: arco da velha.

deus — tupána.
diabolus — uitpo.
filius — oméribry.
frater — pya.
fulgur — uitpo.
homo — apŭkaua.
ignis — uapto.
infans — uaua.
lucifer — yasüe-tatau-açú.
luna — yasüe.
— nova — yasüe pŭç-açú.
— plena — yasüe suau-açú.
maritus — üenüo.
mater — mamko.
meridies — yantàra.
mulier — cunha.
nox media — pusaie.
oculus — çeresa.
os, oris — çeuru.
pater — paptko.
sol — xixy.
soror — yacunu.
stellae — yasüe-tata (scintillae lunae.)

tempus matutin — sapukainŭee.
terra — ŭuüe.
vesper — gharuka.
cervus — ghabau.
dicotyles — tupitono.
coelogenys paca — ghuriman.
felis onça — ghaiguschy.
simia coata — arimina.
— barrigudo — ytury.
— de bocca preta — capuschy.
— sahoin preto — ghuschy.
— prego — mécu.
dasypus — tatu.
myrmecophaga — tamanduá.
nasua — coati.
ara vermelho, amarello — ghuyary.
psittacus — paraulé.
anas — urùma.
rhamphastos — yapoko.
penelope — inambu — ynampù.
emys tracaja — ysauarú.
jabuty, (testudo) — purpurú.

MUNDRUCÛS.

aer — cabiá.
albus — juristát.
anima — piongböck.
aqua — hü'.
arbor — pangip.
arcus — tarö'.
audio — utăcaintiú.
avia — athŭáng.
auris — ucinaipó.
avunculus — ututit.
avus — oaguác.
bibo, ere — atŭcaún.
bellum gerere — utöauogagauüp.
brachium — woipá.
brevis — japang.
caeruleus — juremŭsmát.

capillus — jatáp.
capio — nattat.
caput — oijá.
caro — jŏn.
coelum — capi.
collum — ujanápe.
connubo, ere — utaischí'.
corpus — oitäpit.
coxa — woiniepŭtutauú.
crus — woitauá.
cubitus — woipasunató.
cutis — schăă.
dens — woinoi.
deus — gerŭút.
diabolus — causchí.
digitus — woipó.

domus — öcká, (domi: öcká ülö.)
dorsum — woiegeschăbi.
edo, ere — alöcong.
ego — wún (mit halbgeschlossenem Mund.)
femur — woiengpü'.
filia — oraschitt.
filius — ogpótt.
flavus — jüp.
flos — thüt.
foedus, a, um — igätä'.
folium — thöp.
frater — uanunú.
frons — uirupaá.
gusto, are — igö.
habeo, ere — unü.
hesperus — gaböljé.
homo — ogpott.
hostis — wosapgoröoap.
humerus — woaipiá.
ignis — taschá.
juvenis — bägitāt.
labium — woipischäh.
lacertus — woipaigüpi.
latus, a, um — iplätn.
lingua — waicó.
longus, a, um — npäletn.
luna — uaschiát.
— prima — gasütückn.
— nova — jüssó.
luna plena — tubabung.
— descrescens — cabia-üsöpn.
macer — tauböck.
magnus a, um — inpogn.
mala — ojagompü.
manus — woipö'.
mater — maihü'.
membrum virile — taipö.
— mul. — tapi.
meridies — gaschutügn.
meus a, um — upapötn.
mingo, ere — ulätickltúck.
mons — thua.
morior — uäö'.
mortuus — uäö.
mulier — uschit.
multus, a, um — jänjö.
nasus — ueinampö.
niger — jaogogá.
non — gaamnüó.
nox — üschüma.
occido — utuing.
oculus — uietá.
oleo, ere — utujúni.
omnes — janühó.
orion — töngtöngúp.
oro, are — çübát.
os, oris — woipi.
os, ossis — tauú.
patella — woiengá.
pater — paipai.
paucus, a, um — pagniá.
pectus — woicomá.
pes — woicanupütá.
pingo, ere — üschü'n.
pinguis, e — iupém.
pleiades — tauatötja.
pluma — tenjepatap.
pluvia — papaat.
pulcher — itüp.
radix — ganapö.
ruber — ipaepee.
sagitta — pangnié.
salto, are — taijaingieng.
sanguis — tuü'.
senex — aipaát.
sepelio, ire — utüucút.
sibilo, are — ebitauáng.
sic — nlemái.
sic, sane — nlemái.
sol — uäschi.
soror — uëschitt.
spiritus vini — mahli.
stella — cassutá.
supercilium — uietanpietáp.
sylva — auatip.
tempus matutinum — gajatö.
terra — ipü.
testiculi — barhubará.
tonitru — nupanó.
tu — hān.
tuus — muniám.
venor, ari — nauatiplang, nauatö jerui.
venter — woiöck.

vespere — gälputié.
video, ere — nietampeng.
viridis, e — gaüiá.
vivo, ere — üpalá.
umbilicus — woinonüpüá.
unguis — woipaná.
volo, velle — julăisché.
Numeri: 1 pang.
2 tscheptschep.
Numeri: 3 uarätambúlae.
4 tschöpatitscheptschep.
5 tschöpatipang.
6 jatung.
7 jänio.
8 jalaing.
9 jatung.
10 thölätöt.

MURAS*).

audio, ire — ahuäh.
auris — abboä.
avus — joarissä.
bibo, ere — quaisahäng.
brachium — abbäsäh.
brevis, e — tschiuhohä.
coeruleus a, um — iphohärahaeng.
capillus — abbaitai.
caput — abbaih.
coelum — tuparacáe. (domus dei?)
collum — muäthohoäh.
connubo, ere — iuabuäsá.
corpus — oriürä.
coxa — atthoá.
crus — eppoae.
cubitus — abbethüoaeh.
dens — aithoäh.
deus — tupaua.
digitus — uhnahuäh.
domus — cáhaing.
dormio, ire — tahothaaung.
dorsum — itaaï.
edo, ere — icquoahaing.
ego — tschäng.
femur — ahoä.
filia — oähähäh.
filius — oahahäh.
flavus — mchäsaeh.
flos — jiongbai.
foedus, a, um — mübähäng.
folium — äätäi.
frons — itschäh.
fructus — injiaibi.
fulgur — biáëbg.
gusto, are — goábahang.
halex — appoapalbaing.
homo — äthiähäh.
humerus — eböässäbái.
ignis — huaing.
juvenis — thiomag.
labium — abbessäh.
lacertus — ebboae.
lingua — äbboä.
longus, a, um — päahab.
luna — cahaiiaüng.
magnus, a, um — uriathahäh.
mala — auhai.
manus — uhnä.

---

*) In einer fliegenden Niederlassung von Muras westlich von Topinambarana aufgenommen.

mare — cassaarehä-urä.
mater — itohóaeng.
mingo, ere — cutäaingeteaung.
mors — maebaeessé.
multus, a, um — oriari.
mulier — jämaisäb.
nasus — itauhaing.
niger, a, um — meiopaia.
non — gabahäng.
oculus — gossäh.
omnes — aibahang.
os, oris — abbässäh.
patella — aüssä.
pater — itohúaeng.
pectus — äbóä.
pes, pedis — a-ai.
pinguis, e — paiamahah.
pulcher a, um — mahäaiat.
ruber, a, um — mehäsäh.
senex — soathàhäh.
sic, recte, sane — aió.
sicera — pae-tissé.
sidera — cahaiiaäng.
sol — hoaesé.
supercilium — gossoäthahaing.
sylva — uunghae.
terra — mettié.
tonitru — biahotaing.
tu — gahäng.
venter — cohoäh.
video, ere — gobasahäng.
viridis, e — ahäpohoressäh.
umbilicus — tschiahuä.
unguis — ubo-uhngäh.

DICCIONARIO

da

Lingua Geral Brasilica portuguez-alemão.

Wörterbuch

des

gemeinen Dialekts

der

Tupi-Sprache,

portugiesisch und deutsch.

Wörterbuch,

tupi — portugiesisch — deutsch.

Das Verdienst, ein allgemeines Wörterbuch der Tupisprache zusammengestellt zu haben, gebührt den Jesuiten, zumal in den Missionen des ehemaligen Estado do Gran Pará. Es wurde zu gleicher Zeit Tupi-portugiesisch und Portugiesisch-tupi entworfen. Worte, die für den Verkehr nöthig waren, aber fehlten, wurden durch portugiesiche ersetzt, welche man nach dem Genius der Indianersprache umwandelte. Dem Bedürfnisse der Katechetisation wurde durch Zusammensetzung und Neubildung von Phrasen und Worten Rechnung getragen. Dabei hatte der Orden nicht blos die Indianer vom Stamme der Tupi im Auge; er beabsichtigte vielmehr, eine gemeinsame Sprache für alle Indianer zu schaffen, eine Unternehmung, wobei ihm sowohl die Weichheit und Bildbarkeit der Tupi als auch die Verwandtschaft im innern Organismus aller südamerikanischen Sprachen zu Statten kamen. Bei genauerem Eindringen in das Wesen dieser künstlichen Spracherweiterung muss man die richtige Einsicht in das Wesen des indianischen Geistes und seiner Sprache und das Geschick in der Handhabung ärmlicher Mittel zur Bereicherung des sachlichen und abstracten Wortvorrathes bewundern. Auch war, was hier geleistet wurde, nicht das Werk eines Einzelnen und kurzer Zeit, es war das Werk des über ganz Brasilien mächtig und einheitlich gegliederten Ordens in mehr als hundert Jahren. Die ersten Grammatiken und Wörtersammlungen (von Jos. de Anchieta und Manoel da Vega) waren schon zu Ende des sechszehnten Jahrhunderts in den südlicheren Missionen von

S. Vicente und Porto Seguro entworfen und, als Grundlage für weitere Entwickelungen, durch alle Missionen verbreitet worden. Es geschah diess handschriftlich, nicht durch den Druck, nach dem Prinzip des Ordens, den Verkehr der Laien mit den Indianern nicht zu erleichtern und der weltlichen Macht nur die nöthigste Einsicht in die Verwaltung des Ordens zu gestatten, eine Massregel, die durch die Blüthe der abgelegensten Missionen gerechtfertigt erscheint. Gemäss dieses Zusammenflusses des Materials aus verschiedenen Gegenden finden sich dialektische Abweichungen zwischen den südlichen, den ausserbrasilianischen Guaranis näherliegenden, und den nördlichen Tupis, und Verschiedenheiten in der Bezeichnung von Naturgegenständen oder gleiche Benahmung von verschiedenen *). Bei der Abfassung des vorliegenden Wörterbuchs ist jedenfalls der Naturumgebung der Indianer in Pará und ihrer Lebensweise an grossen, fischreichen Strömen und am Meere Rechnung getragen worden, wie sich aus der Aufnahme von Gegenständen ergibt, die diesem Gebiete ausschliesslich eigen sind. Es ist dabei nicht zu verkennen, dass Anklänge aus der caraibischen Sprache der Antillen und des Festlandes nördlich vom Amazonenstrome eben so selten sind, als jene von der Incasprache, deren Worte nur im westlichsten Gebiete Brasiliens sich zwischen die Sprachen von solchen Indianern gleichsam infiltrirt haben, welche den portugiesischen Missionarien damals noch nicht zugänglich waren.

Die Lingua geral brazilica hat, wie kaum zu zweifeln, diejenige Ausbildung und Erweiterung, wie sie sich in gegenwärtigem Wörterbuche darstellt, schon in den ersten Decennien des vorigen Jahrhunderts erhalten. Abschriften des Wörterbuches waren jedoch im Estado do Gran Pará selten und nach der Vertreibung der Jesuiten durch Pombal (1759) verloren sie sich bis zur äussersten Seltenheit. Erst nach der Rückkehr aus Brasilien erhielt ich die Handschrift des „Diccionario da lingua geral do Brazil“ (tupi und portugiesisch) welches, mit mehreren Zusätzen und Berichtigungen, hier wiedergegeben wird. Für die Vermuthung, dass es aus der Feder des

*) Dieser Umstand muss insbesondere rücksichtlich der so verschiedenartigen Nomenclatur von Thieren und Pflanzen in dem weiten Reiche eine Verwirrung veranlassen, welche erst die genaue systematische Kenntniss zu beseitigen vermag.

berühmten Jesuiten João Daniel herstamme, welcher achtzehn Jahre lang unter den Indianern als Missionar wirkte, kann nur die grosse literarische Betriebsamkeit des Mannes angeführt werden, dessen um das Jahr 1767 (wahrscheinlich im Kerker von S. Julião in Lissabon) geschriebene oder ausgearbeitete Nachrichten durch F. A. de Varnhagen an's Licht gebracht worden sind*).

Nicht zu zweifeln ist übrigens, dass die Handschrift des entsprechenden Wörterbuchs, portugiesisch-tupi, derjenigen Druckschrift zu Grunde liegt, welche, ohne Angabe eines Verfassers, zu Lissabon 1795, als „erster Theil" erschienen**), deren zweiter Theil jedoch, tupi-portugiesisch, so viel mir bekannt, niemals gedruckt worden ist. Es mag somit dieses unser Wörterbuch als das erste tupi-portugiesisch-deutsche gelten. Da die nächste Absicht bei der Abfassung für die geistlichen Väter war, sich das nöthige Verkehrsmittel für die Katechese und sittliche Erziehung der Indianer zu bilden, so findet man, wie erwähnt, eine Menge zur Bezeichnung kirchlicher Begriffe zusammengesetzter oder neugeschaffener Worte und Umschreibungen. Viele Worte, die früher nur dem engen, auf das Materielle gerichteten Geiste des Indianerlebens entsprachen, mussten nun eine Ausdehnung auf die abstracte Welt erfahren. Das portugiesisch-brasilianische Diccionario ist zumal für diesen kirchlichen Zweck gedruckt worden; solche Worte nun bei der Bekanntmachung des tupi-portugiesischen Wörterbuches wegzulassen, hielt ich nicht für gerechtfertigt. Denn einerseits kann auch die gegenwärtige Ausgabe in Brasilien gleichem Zwecke der Missionen dienen, anderseits bieten sich dem Sprachforscher darin mancherlei Momente für weiter eingehende Untersuchungen. Doch habe ich solche, auf Doctrin, Katechese und Cultus bezügliche Ausdrücke, als der Sprache ursprünglich fremd, mit einem † bezeichnet; wie auch bei Worten, die aus dem Portugiesischen herübergenommen und dem Genius der Tupisprache gemäss abgewandelt worden sind,

---

*) Thesouro descoberto no maximo Rio Amazonas; in Revista trimensal II. (1840) 319 fll.

**) Diccionario portuguez e brasiliano, obra necessaria aos Ministros do Altar, que emprehenderem a conversão de tantos milhares de almas que ainda se achão dispersas pelos vastos certões do Brasil, sem o lume da Fé e Baptismo etc. Na officina patriarcal. MDCCXCV. gr. 8.

ihr fremder Ursprung durch den Beisatz: („lusit.") oder („portugiesisch") angedeutet worden ist.

Das Verzeichniss von Worten, die Naturproducte, Thiere und Pflanzen bezeichnen, hätte sowohl nach meinen und von Spix's Aufzeichnungen, als durch jene, welche sich bei Marcgrav, Piso, Gaspar Soares und einigen andern Schriftstellern vorfinden, wesentlich vermehrt werden können. Ich habe es jedoch angemessener erachtet, hier nur einiges Wenige zuzusetzen. Der Kreis von naturhistorischen Anschauungen und Bezeichnungen erscheint demnach als ein solcher, wie er sich zunächst dem Missionar im Estado do Gran Pará darbot. Andererseits hatte, wie wir bereits angedeutet haben, die Aufnahme von Namen, welche eine verschiedene Bedeutung in verschiedenen Gegenden haben, also nur provinziell sind, etwas Missliches.

Die Tupi empfiehlt sich vor vielen andern amerikanischen Sprachen durch ihren Wohllaut und die verhältnissmässig grössere Leichtigkeit der Aussprache. Sie besitzt viele und reine Vocale und leidet nicht an jener Anhäufung von gutturalen oder zwischen den Zähnen gesprochenen und in einander überfliessenden, darum schwer aufzufassenden, noch schwerer wiederzugebenden Consonanten, wie so viele andere. Allerdings mag übrigens in dem Zeitraum von mehr als zweihundert Jahren, während dessen sie von Portugiesen und deren Abkömmlingen gesprochen wird, der aus dieser Uebung hervorgegangene sog. vulgäre Dialekt viel von der ursprünglichen Sprachweise abgewandelt, weicher und klangreicher geworden seyn. So wie dieser Dialekt nun lebendig existirt, berechtigt er jedenfalls den unbekannten Herausgeber des angeführten „Diccionario" zu dem Ausspruch, es sey eine der lebendigsten Theilnahme werthe Erscheinung, wenn eine Sprache, welcher vier Consonanten: f, l*), s und z fehlen, die keine Hülfszeitwörter, kein Passivum, keine Abwandlung der Nomina besitze, keine Consonanten verdoppele, nicht mutas und liquidas verbinde, bei all dieser Unbe-

*) F und l kommen in den eigentlichen Tupiworten gar nicht, r am Anfang äusserst selten vor, daher das alte Wort, es sey eine Sprache sem fé, sem ley e sem rey. Das s, welches im Portugiesischen ein Zischlaut ist, und das z erscheinen im Tupi nur in der milden, mit geringer Oeffnung des Mundes gesprochenen Weise, für welche die Missionäre ç eingeführt haben.

hülflichkeit und ohne jemals durch die Schrift fixirt worden zu seyn, sich dennoch zur Bezeichnung von abstracten, dem ursprünglichen Gedankenkreise ihres Volkes fremden Gegenständen bequeme. Wenn dieses so weit geschehen konnte, dass in der Tupi gepredigt wurde, so ist damit jedenfalls bewiesen, wie energisch und eindringlich die Jesuiten, und nach ihnen auch andere, im Missionswerke thätige Ordensgeistliche, dem Studium und der Ausbildung dieser Sprache oblagen.

Demgemäss sind auch in der Schreibung dieser Sprache mehrere Methoden, stets unter Zugrundlegung des Portugiesischen, befolgt worden. In den älteren Schriften wurden namentlich die Puncta diaereseos angewendet, wo zwei Vocale neben einander nicht zum Diphthongen verschmolzen, sondern jeder für sich ausgesprochen werden sollen. Später hat man sich, diese Trennung anzudeuten, begnügt, auf den Einen Vocal den Accent (´) zu setzen, welcher überhaupt dient, den Vocal zu schärfen oder die Sylbe zu betonen. In den folgenden Blättern ist die letztere Methode beibehalten, und zu weiteren Erklärung mögen noch einige Bemerkungen dienen.

Das Zeichen ^ soll dem Vocale, besonders o und u, dumpferen Laut ertheilen, oder ihn breiter dehnen. — C vor a, o, u = k; c vor e, i, y ist weich. — Ç entspricht einem weichen s ohne Zischlaut, und wird besonders vor e, i, y mit wenig geöffnetem Munde gesprochen. — G vor a, o, u ist härter als vor e, i, y, wo es einem milden sch im Deutschen gleicht. — Gh vor e und i lässt sich gk, wo das k sehr weich ist, vergleichen. — I wird zwischen zweien Vocalen meistens gehört oder affizirt den zweiten wie ein leichtes Jota. — J (Jota) wird wie ein mildes sch im Deutschen gesprochen. Der scharfe Hauch dieses Zeichens ist selten, und wird von den portugiesischen Schriftstellern durch x angedeutet. — Mb, mit geschlossenem Munde, hört man oft, weil das Wort mbae, Sache, in vielen Zusammensetzungen erscheint. Auch bei zahlreichen andern Worten bemerkt man einen ähnlichen Zusammenschluss der Lippen, ohne dass jedoch diesem Laute in der Schreibung Rechnung getragen würde. — M am Ende eines Wortes wird mit zusammengezogenen Lippen, n am Ende wird mit geöffneten Lippen gesprochen, so dass es oft wie ng lautet. — Ganz ähnlich lautet das a am Ende eines Worts, auf welches die Virgula (Til) gesetzt wird. (Desshalb die beiden Schreibarten Tupán und Tupã, Gott).

— Nh = ni oder nj. — O nach Consonanten und vor a und e wird manchmal gehört, wo man wohl auch die Trennung durch einen Accent angibt. — O nach a und e mit dem Til-Zeichen (˜ oder ˆ) bildet den Diphthonglaut, wie im Portugiesischen. — Im Munde der zahmen Indianer am oberen Amazonas habe ich oft Worte, die nach der gemeinen Schreibung mit a beginnen, so aussprechen hören, als wenn dem a noch ein hohles o vorausginge. Auch wechselt hier der Laut vielfach zwischen o und u. — P wird vom Tupi-Indianer um so schärfer ausgesprochen, je mehr er in Emphase spricht; bei langsamer, leidenschaftsloser Rede wird es weicher, dem b annähernd. — U, der einfache Vocal, geht bisweilen in b über. — U vor a lautet oft wie g oder gh (Uaçú, Guaçú). — Wo zwei uu geschrieben werden, dient das erste als Consonant, der fast wie ein weiches g lautet. — Y, ein Gutturallaut, zwischen i und u, kommt dem deutschen ü am nächsten, wird jedoch mehr durch die Beugung der Zungenspitze nach Unten, als durch vorgeschobene Lippen gebildet und stets mit einer dumpfen Aspiration ausgesprochen.

DICCIONARIO, Wörterbuch.

Tupi — *Portuguez* — Deutsch.

A.

Aá — *To (voz de que chamão o cão)* Wort, mit dem man den Hund ruft.

aan, aani, aaniá, aaniracó — *não, isso não,* nein, diess nicht.

aagni, aanangai — *de nenhuma, maneira*, auf keine Weise.

aangatutenhé — *absolutamente de nenhuma maneira*, schlechterdings nicht.

aanirea — *negativo dos homens sós*, Negation der Männer.

aaniri — *negativo das mulheres*, Negation der Weiber.

aanumé — *não seja assim*, so sey es nicht.

abá — *creatura,* Geschöpf, *pessoa,* Person, *familia*, Familie, *nação forra,* freie Nation.

— *quem?* wer? *qual?* welcher?

— amó — *alguem*, *outro*, Jemand, Anderer.

— amó nheenga rupí — *da parte d'alguem*, von Jemanden.

— angaipabo oçu eté — *tyranno,* Tyran; *terrivel,* fürchterlich.

abá carimbáboçu — *valentão,* Prahler, tapfer.

— coaúb-eýma — *homem tolo*, Thor, Narr.

— çupe tá — *a quem,* wem.

— çupé-nhóte — *a qualquer*, jedem.

— çupí rupí oaé — *verdadeiro,* wahr.

abaetá okéna rupí tupána putába ojururé† — *pedir de porta em porta,* von Thüre zu Thüre betteln.

abá eté — *abalisado*, wohlhabender, ansehnlicher Mann.

abá eté goaçú—*illustre,* berühmter M.

— ipiá catu oaé — *bemacondicionado,* gut gearteter Mann.

— ipiá meoám oaé — *malacondicionado*, schlechtgearteter Mann.

— itá júba jara — *homem rico,* reicher Mann.

— juruparé oaé — *endemonhado,* teuflischer Mann.

— moacára — *homem nobre*, Edelmann.

— nitio oarobiár — *contumaz,* hartnäckiger Mann.

— nitio onheéng oaé — *pessoa ruida,* ungeschliffen, rauh.

abà opabuihe oerico oaè — *abastado, farto*, wohlhäbig, satt, vollkommen.
— panémo — *negligente, sem, prestimo*, nachlässig, unnütz.
— puxi — *homem velhaco*, Schelm.
— recó aycúba † — *novissimos de homem*, die letzten Dinge des Menschen.
— roonhóte — *homem tropego*, Lahmer.
— tá cabé indé — *quem te disse?* wer sagte dir das?
abà tá indé — *quem es tu*, wer bist du?
— tá jàndé çui goára — *qual de nós*, welcher von uns.
— ta nedmepói — *quem te disse esse mentira*, wer sagte dir diese Lüge?
— ta morandum — *quem te o contou*, wer erzählte es dir?
— taé — *qual sera?* wer wird es seyn?
— teité — *homem humilde*, ein Demüthiger.
— ayba oçu — *abraçador*, Mordbrenner; *destruidor*, Zerstörer.
ába — *cabello*, Haar.
— morotinga — *brancas da cabeça*, mit weissem Haupte.
abaporú (guaranice) *anthropophago*, Menschenfresser.
abatiopé, abatyi — *arroz*, Reis (Frucht).
abatyi antam — *milho*, Mais, (Zea).
abé — *e (conjunção)*, und (Conjunction).
aca, acái — *ai*, Jammergeschrei, ach!
acaiaca — *cedro (arvore)*, Laurus.
acai, acaigui, acaigoé — *ai*, ach!
acajú — *cajú*, Akajubaum.
— *anno*, Jahr.
— cyca — *resina de caju*, Akaju-Harz.
— — etá — *idade*, das Alter.
acamo — *espirro*, das Niesen.
acanga — *cabeça*, der Kopf.
acanga aci — *doer á cabeça*, Kopfschmerz haben.
— catú — *habilidade*, Tauglichkeit; *juizo retentivo*, Gedächtniss.
— cangoera — *cranio*, Hirnschaale.
— etic — *accenar com a cabeça*, mit dem Kopfe winken.
— óca — *descabezar*, enthaupten.
— ayba — *desatinado*, unsinnig; *doudo*, albern; *vadio*, landläuferig; *parvo*, unwissend; *louco*, närrisch; *tresvariar*, albernes Zeug reden.
acánga ayba nongara — *adoudado*, unbedachtsam, toll.
acangatará — *penhasco*, Felsen.
acanguapába — *cabeceira*, der obere Theil einer Sache. *almofada*, *travesseiro*, Kopfkissen.
— reru — *fronha*, Kissenüberzug.
acanhémo — *sobresalto*, Ueberfall, Schrecken.
acará — *garça (ave)*, Reiher (Vogel.)
áce — *corno*, Horn.
aço çoiçé çoiçé — *trasantontem*, vorvorgestern.
acoaub-eyma oçú — *idiota, touto*, ein Blödsinniger.
acoayba — *manto de pennas*, Federdecke; *trofeo*, Siegeszeichen.
açukerí (lusit.) — *assucar*, Zucker.
acyquira — *pedaço*, ein Stück.
aé — *elle*, er; *ella*, sie; *aquelle*, jener; *aqual*, welcher; *he*, ist.
— boé — *muito a proposito*, ganz gelegen.
— çui — *de lá*, von dort; *de la donde tu estas*, *dahi*, von dort, wo du bist — hieher.
— çui ikequity — *de lá para cá*, von dort daher.
— ité — *mesmo, mesma*, selber.
— kety — *para lá*, dahin.
— mánu verico — *la onde tu estas*, da wo du bist.
— nitió — *isso não*, das nicht.
— pé — *ahi lá*, da, dort.

ae pé mamé oerico — *la onde tu estas*, dort, wo du bist.
— pé rupí — *por lá*, darüber, da drüben.
— pé tenhe — *ahi mesmo, nesse lugar*, gerade dort.
— ramé (aêremé) — *então*, damals.
— ramé vé — *então mesmo*, gerade damals.
— ramé vé catú — *no mesmo tempo*, zur nämlichen Zeit.
— recé — *pelo, que*, wodurch.
— riré — *dalli por diante*, von da an; *depois disso*, darnach.
— rire merim — *pouco depois*, kurz hernach.
— tenhé — *o mesmo*, der nämliche.
aguaçá — *manceba*, Concubine.
aguaçabóra — *mancebia, concubinato*, Concubinat.
aguaçára — *concubina*, Concubine.
aicobê — *viver, ha*, leben, es ist.
aixe — *tia*, Tante.
aizó — *sogra de homem*, Schwiegermutter des Mannes.
ajuba — *louro (arvore)*, Lorbeerbaum.
ajubeté — *ao mesmo*, ebenso, dem nämlichen; *embora*, nun denn; *muito embora*, nun da immerhin; *se quer seja muito embora, aindaque*, so sey es nun, wenn auch.
— ára amo pupí — *quando quer que*, wann immer.
— çaci indébo — *ainda que te pese*, wenn es dir auch schwer fällt.
— jabé tenêm — *mas antes isso*, im Gegentheil dessen.
— jabinhote — *seja como for*, es sey wie dem wolle.
— jepé amo — *qualquer*, wer immer.
— mamé — *a qualquer lugar*, wo immer; *aonde*, wo; *quaesquer*, welche immer, jede (plur.)
ajúra — *pescoço*, der Hals.
ajurepy — *cachazo*, das Genick.

akyrár — *abortar*, abortiren, fehlschlagen.
akyre — *verde*, grün.
amána — *chuva*, Regen.
— ára — *dia de chuva*, Regentag.
— okýr — *chover*, regnen.
— opypýc — *choviscar*, tröpfeln.
— rý — *agoa de chuva*, Regenwasser.
amanajé — *alcoviteiro*, Kuppler.
amaniú — *algodão*, Baumwolle.
ambý — *ranho*, Rotz, Unflath.
— óca — *assoar*, sich schneutzen.
ambýra — *morte, defunto*, Todter, Leichnam.
amó — *outro*, ein Anderer.
— abà çupé oetyca cecé — *tornar a culpa a outro*, einem Andern die Schuld zuschieben.
— abà mbaé — *cousa alheia*, fremde Sache, Eigenthum.
— ara pupé — *em outra occasião, em outro dia*, bei anderem Anlass, an einem andern Tag.
— abà retáma goara — *estrangeiro*, Fremder.
— çobai dúba, çobai xúra — *a outra parte*, auf anderer Seite.
— hynhé — *outras vezes*, ein andermal.
— jabé — *outro tanto*, ebensoviel.
— mamé — *em outra parte*, anderntheils.
— ramé — *as vezes, de quando em quando, algũas vezes*, von Zeit zu Zeit, manchmal.
— ramé nhóte — *por maravilha, raramente*, zum Verwundern, selten.
— rupí — *ás vessas, ao travez, ao contrario, differente, de outra maneira; variar*, anders, die Quer, im Gegentheil, verschieden, in anderer Weise, ändern.
— rupí nhóte — *a outro proposito*, zu anderem Zweck.

amó rupi oicó — *estar fora de seu direito*, ausser seinem Rechte seyn.
amó rupi, rupi, onheeng — *mudança no que falla*, Aenderung in dem was man sagt.
— vé — *ainda mais, outro mais*, noch mehr, um so mehr.
— ybý cui — *de outra terra, de fora*, aus anderm Land, aus der Fremde.
amoiné (amuiné) — *algumas vezes*, manchmal.
amongotý — *alem, para alem*, ausser, nebst, jenseits, weiterhin.
amotába — *bigódes*, Knebelbart.
amotareymbára oaé — *mal querente*, übelwollend.
amú — *irmão, prima da mulher*, Schwester, Geschwisterkind weiblicher Seits.
anajé — *gavião, (ave)*, Geier.
anáma — *parente*, Verwandter.
— açú — *indica multidão, basto, causa embastecida*, Ausdruck von Vielheit, von Genüge.
— vé — *razão de parentesco*, Verwandtschafts-Grund.
anamaçába — *parentesco*, Verwandtschaft.
ananá — *ananas*, Ananas-Pflanze, Frucht.
anangái oáne — *jamais*, niemals.
anangaité, anangatutenhé — *de nenhuma maneira*, auf keine Weise.
andirá — *morçego*, Fledermaus.
ané — *nunca*, niemals.
anga — *alma, consciencia*, Seele, Gewissen.
— angaturáma † — *alma justa*, gutes Gewissen.
— poçanong santa madre igreja sacramento pupé † — *sacramentos*, Sacramente.
— cóaýba † — *desconsolado, paixão*, betrübtes Gemüth, Leidenschaft.
— recobeçaba † — *graça*, Gnade.
anga teco, angaipaba monhangára † — *alma peccadora*, sündige Seele.
angaigóara — *magro*, mager.
— goéra — *magreira*, Magerkeit.
angaipába † — *culpa, agastadiço*, Schuld.
angaturáma † — *justo, de boa condição*, ein Gerechter, von guter Art.
angaturáma moanga † — *hypocrita*, Heuchler.
angaturançaba † — *pureza d'alma*, Seelenreinheit.
angaú — *murmurar*, murren.
anhánga — *fantasma*, Gespenst, Schattenbild.
— recu-ýba — *pão de lacre*, ein Baum, Vismia.
anhé (affirmativ.) — *pois, assim he*, gewiss also, so, auf diese Art.
— çupi — *basta que assim he*, genug, so ist es.
— — aquéra — *basta, que assim foi*, genug, so war es.
— roà — *pois não*, gewiss, warum nicht.
— — pecó — *por ventura*, vielleicht, zufälliger Weise.
— te-catú — *a fé, em verdade*, auf Gewissen, in Wahrheit.
anhó — *so, somente*, nur allein.
— ayra oaé — *solitario, só*, einsam, allein.
ani (aani) (negativ.) — *não, nunca*, nein, nicht, niemals.
animhé (neg.) — *não*, nein.
aniracó (neg.) — *não, nunca*, nein, nie.
aniréa — *negativo dos homens*, Verneinung von Männern.
aniri — *neg. das mulheres*, item von Weibern.
anume (prohibitivo) — *não seja assim*, so soll es nicht seyn.
antam — *solido, coalhado*, fest, geronnen.
apé-catú — *longe*, weit, entfernt.

apekéxinga — *calvo*, kahl.
apuam — *globo*, die Kugel
apiába — *homem*, *varão*, *macho*, Mensch, Mann, männlichen Geschlechts.
apicába — *assento*, Sitz, Bank.
apiri (apyri) — *junto de mim*, nahe bei mir.
apoé, apoé-catú — *longe*, weit davon.
aquéipe — *ahi mesmo*, dortselbst.
ar — *nascer*, *queda*, *cahir*, *tropeçar*, geboren werden, Sturz, das Fallen, Straucheln.
ára — *dia*, *hora*, *tempo*, *mundo*, *occasião*, Tag, Stunde, Zeit, Welt, Gelegenheit.
— ára santo renondé goára † — *vespera de santo*, Vesper-Andacht.
— ayba eté — *tempestade*, Sturm.
— çacú — *calma*, Windstille.
— catú — *opportunidade*, *bonança*, schickliche Gelegenheit, heitere Witterung.
— catú pupé — *a bous horas*, *a tempo opportuno*, zu guter Stunde, gelegen.
— çuipé — *meio dia*, Mittag.
— eté oçú † — *dia grande de festa*, grosser Festtag.
— iatúca ayra — *instante*, Moment, dringend, inständig.
— jabé, jabé — *cada dia*, *ordinariamente*, *de dia em dia*, *todos os dias*, täglich, gewöhnlich, von Tag zu Tag, alle Tage.
— kia — *dia brusco*, neblichtes Wetter.
— nitio ojepé oçú † — *accommodar com o tempo* — sich in die Zeit schicken.
— ocýca eýme vé — *cedo*, *antes do tempo*, frühe, vor der Zeit.
— oetépe — *todo o dia*, den ganzen Tag.
— ojemokýa — *offuscar-se o dia*, der Tag verdunkelt.
ára ojemopitúne — *embrulhar-se o tempo*, das Wetter wird trübe.
— ojepirár — *aclarar o dia*, Tag wird helle, Wetter klärt sich.
ará-rangába † — *relogio*, Uhr.
arabé — *barata* (*bicho*), Blatta, (Insect).
aramaçú — *solha* (*peixe*), Scholle, ein Fisch.
aramé — *então*, damals, alsdann.
aramoçára (port.) — *almoçar*, frühstücken.
arapuçó — *pica pão* (*ave*), Specht (Vogel).
arapuá — *abelha de terra*, Biene, die in die Erde baut.
aratára (port.) — *altar*, Altar.
araveri — *sardinha*, (*peixe*), ein Fisch.
arébo — *cada dia*, jeden Tag.
areiré — *após isso*, hierauf.
arfabáca (port.) — *alfavaca* (*erva*), eine Pflanze.
arfabáca rana — *alfavaca de cobra*, Monniera trifolia.
aribo — *acima*, oben.
aroabé (araguaguá) — *espadarte* (*peixe*), Sägefisch, Pristis.
aroaim — *caramujo*, *marisco*, Seekrebs, Schaalfisch.
aroaneýma — *acaso*, *talvez*, zufällig, vielleicht.
arobiaçára — *obediente*, gehorsam.
arobiár †? — *crer*, *accreditar*, *obederer*, glauben, annehmen, gehorsamen.
árpe — *sobre*, *encima*, über, auf, darüber.
arucánga — *costella*, Rippe.
arýa — *avó*, Grossmutter (väterlich und mütterlich).
arýbo — *de dia*, *sobre*, bei Tag, von oben her.
— goára † — *sobre-ceo*, himmelwärts.
arymairý — *arraya grande* (*peixe*), Roche (Fisch).

atangapéma — *espada*, *maza*, Kriegskeule.
até (port.?) — *até que*, bis dass.
— coýr — *até que agora*, bis jetzt.
— mbaé ramé catú tá — *até quando*, bis wann.
— oýme — *até ali*, bis dort.
ateyma — *preguiça*, Faulheit.
— oçú — *preguiçoso*, *mandrião*, ein fauler Tagdieb.
atúcu (jatúca) — *baixo*, *encolhido*, *estreito*, seicht, eingezogen, schmal.
atyatý — *gaivota*, (*ave*), Möwe (Vogel).
atyba (pigoái) — *nuca*, Nacken.
atyr — *rima*, Ritze.
aujé — *basta*, es genügt.
— catú — *folgo muito*, es freut mich sehr.
— ipó — *deve bastar*, es muss genug seyn.
— oáne — *basta já*, *nunca mais*, es genügt schon, nicht mehr.
— ranhé — *basta por ora*, für jetzt genug.
— ramanhé — *subitamente*, *immediatamente*, plötzlich, unmittelbar.
— oaráma — *para sempre*, *eternamente*, für immer, für alle Zeit.
auky — *bulir com alguem*, mit Jemand zusammenstossen.
aunhenhe — *logo*, sogleich.
avará — *raposa*, ein Fuchs.
averána — *tisico*, *asthma*, schwindsüchtig, Engbrüstigkeit.
avoira (galibi) — *espinho*, Stachel,
avi — *agulha*, Nadel.
— coára — *fundo d'agulha*, Nadelöhr.
aý — *preguiça* (*animal*) Faulthier, (Bradypus).
ayayá — *colhereira*, Löffelreiher (Platalea).
aýba — *mão*, Uebel, böse.
— purýb — *peor*, übler, schlimmer.
ayé (ayecatú, ayeracó), *assim he*, so ist's.

axupé — *abelha de terra*, *marimbondo*, Biene, Hummel, die ihr Nest in die Erde baut.

B.

baboca — *circular*, im Kreis bewegen, umringen.
bebé — *voar*, fliegen.
bençam (port.) membore † — *abençoar*, segnen.
berá beráb — *fusilar*, *chamejar*, blitzen, wetterleuchten.
beráb — *vibrar*, schwingen, schleudern.
bo — *per*, *pelo*, *em*, durch, in.
bóya — *cobra*, Schlange.
— nungára † — *cobrela*, Blatter, Muttermal, Finne.
bubui — *aboiar*, *aliviar do peso a canoa*, das Fahrzeug erleichtern.
bubuitába — *boia*, Boye, Ankerboye.

C.

(Consoante muda) einfaches C.

caá — *folhas de erva*, *ramalho*, *mato*, Blätter von Kraut, beblätterter Zweig, Wald.
— mirim — *folhas da arvore mate*, Paraguay-Thee, Ilex paraguayensis.
— kéne rendába † *horta*, Garten.
— mondó — *caçar*, jagen.
— mondoçára — *caçador*, Jäger.
— peno — *mato quebrado*, *signal de caminho*, abgebrochene Zweige im Wald, den Weg zu bezeichnen.
— pixuna (i e. folha escura) — *murta*, dunkles Blatt, Myrte.
— poám — *ilha*, Insel, Waldinsel (Capão).
— póra — *habitador de matos*, *agreste*, *rustico*, Waldbewohner, bäuerlich.

caapyim (caa - pi, capim) — *erva, gruma*, Kraut, Gras.
— pyir — *alimpar o mato por baixo, cortar*, den Wald unten reinigen, abhauen. *)
— pyrçába — *sachador*, Unkrautjäter.
— pyxaba — *rossa*, Waldrodung.
— rerú — *beldroega, Joao Gomes*, (*erva*) *Portulaca*.
— reté — *mata firme*, *virgem*, hoher Urwald, im Festland.
— roá — *talo das arvores*, Stengel, Stamm eines Baums.
— róba — *rama das arvores*, Ast eines Baumes.
caa-ryma — *farinha de manioca fina*, Satzmehl.
caa-tinga — *catinga*, lichter Wald.
— yby — *anil* (*erva*), Indigofera.
caáo — *cagar*, zu Stuhl gehen.
— caáo — *cursos*, *evacuação de ventre*, Diarrhoe.
caapába † — *bacio, secreta*, Nachtstuhl, Becken, Abtritt.
caba — *gordura, sebo, unto, manteiga*, Fett, Schmalz, Schmiere, Butter.
cabaçú (port.) — *cabaço*, Kürbissschale.
cabarú (port.) *cavallo*, Pferd.
cabiyû — *penugem*, Gefieder.
cabóca — *pelar*, *depennar aves*, ausrupfen, abhären, Federn abzupfen (inde derivatum:
caboculo — *pelado*, *calvo*, Indio ein Abgerupfter, Indianer).
cáçá — *ta*, *não bulas*, halt! nicht weiter!
cacoán — *ancião*, ein Alter.
caém — *ferida sanada*, geheilte Wunde.
cainána — *mulher adoudada*, *inquieta*, tolles, unruhiges Weib.

cairara (caiarara) — *espec. de macaco*, Cebus gracilis.
cáma — *peitos de mulher*, Weiberbrust.
— jacuiçaba — *lençol, cobertor*, Halstuch, Bettdecke.
— piréra — *peitos cahidos*, welke Brüste.
— rendába — *leito*, Bett.
camarára (port.) — *amigo*, Freund.
camby (cama-hy aqua mammae) — *leite*, Milch.
— antam — *queijo*, Käs.
— çára — *ama de leite*, Säugamme.
— jóca — *mungir*, *ordenhar*, milchen, melken.
— uçi — *mamar*, an der Mutterbrust saugen.
camerýe — *amassar*, *esmagar*, kneten, zusammentreten.
camixá (port.) — *camisa*, Hemd.
camotim — *pote*, *cantaro*, irdener Topf, Krug, Todtenurne.
— monhangába — *olaria*, Töpferei.
camotim monhangára — *oleiro*, Töpfer.
camotim namby — *aza de pote*, Handhabe eines Krugs.
— rendaba — *cantareira*, Ort für Töpfe.
candirú — *especie de peixe*, Cetopsis candirú.
candúr — *encurvar*, *ser carcunde*, sich krümmen, bucklicht seyn.
candýba (canna-tyba) — *canavial*, Zuckerrohrpflanzung.
canéa rerú † — *lanterna*, Laterne.
caneón — *atribular-se*, sich ängstigen.
— çaba — *abafamento*, *afflicção*, *cançaço*, *fadiga*, *ancia*, Schwüle, Traurigkeit, Müdigkeit, Angst.
— oaé — *estar afflicto*, betrübt seyn.

*) Capueira, Capoeira = mato renascente = nach dem früheren, abgetriebenen erwachsener Wald; ist von den Portugiesen eingeführt (caa-pyr).

cangoéra — *osso, espinho,* Knochen, Gräte.
— póra — *tutano,* Knochenmark (Gehirn).
canhâne — *ajuntar,* verbinden, vereinigen.
canhançara — *ajuntador,* Vereiniger.
canhémo — *desaparecer, perder,* verschwinden, verlieren.
canindé — *arara azul* (*ave*), blauer Arara (Vogel).
canto (port.) pupé enóng † — *pôr alguma causa no canto,* eine Sache in den Winkel stellen.
caparary — *especie de peixe,* Platystoma corruscans.
capivára — (*port. item*) *hydrochoerus,* Wasserschwein.
capýc — *pentear,* kämmen.
capytari — *tartaruga macho,* Schildkröten-Männchen.
cará — *raiz de erva: Dioscorea,* Yamswurzel.
— carái — *gavião,* (*ave*), Geier.
carajurú — *especie de tinta vermelha,* rothe Farbe, Chica (von Bignonia Chica).
caramurú (in Borba) — *peixe,* der Fisch, Lepidosiren paradoxa.
caraná, carandá — *palmeira,* Copernicia.
caránhe — *arranhar, coçar, esgaravatar,* kratzen, jucken, stochern.
caraoá — *especie de pita: planta,* Bromeliacea.
carapaná — *insecto,* Schnacke, Culex.
carapina (port.) — *carpinteiro,* Zimmermann.
carará — *mergulhão* (*ave*), Taucher (Vogel).
caraybabé † — *anjo, arcanjo, serafin,* Engel, Erzengel, Seraphin.
— carunçára † — *anjo de guarda,* Schutzengel.
— quéra † — *anjo máo, diabo,* böser Geist, Teufel.

caribóca — *homem mestiço,* Mestize, Mischling.
carimbábo — *rijo, esfarçodo,* stark, tapfer.
carúaba — *pasto,* die Weide, das Futter.
caruára — *corrimento,* Schnupfen, Fluss.
carúc — *urinar,* pissen.
carúca — *vespera, tarde,* Abend, spät.
— ramé — *à tarde,* am Abend.
carúca — *urina, urinol,* Urin, Nachtgeschirr.
carýba — *homem branco* (*Portuguez*), ein Weisser (Portugiese).
carýca — *vazar,* entleeren.
catáca — *ranger,* schreien, knirschen.
catánha (port.) — *castanha,* Kastanie.
— piréra † — *ouriço,* Schaale der Kastanie.
catimbáo repoty † — *sarro de cachimbo,* Asche der Tabakspfeife.
catinga — *transpiração fetida, bodum,* stinkende Ausdünstung, Bocksgeruch (Negerwort?)
catú — *bom, são,* gut, gesund.
— eté — *cousa rica,* eine prächtige Sache.
— — rupi — *admiravelmente,* zu verwundern.
— ixupé — *conveniente,* geeignet, vortheilhaft.
— rupi — *em boa fé,* im guten Glauben.
— tupana çupé † — *ser grato a Deos,* Gott dankbar seyn.
catuçabá — *bondade, prestimo, honestidade, saude,* Güte, Trefflichkeit, Ehrlichkeit, Gesundheit.
caú — *beber vinho,* Wein trinken.
cauçába — *bebedice,* Trunkenheit.
canugoéra — *beberrão, amigo de vinho,* Trunkenbold.

caüim — *vinho,* Wein (gegohrnes Getränk aus Mais, süsser Mandiocca).
cauim beyuxiçara — *aguardente de beijú,* Branntwein aus Brod von Mandrocca Mehl.
— çai — *vinagre,* Essig.
— nheengába — *taverna,* Wirthshaus.
— piránga — *vinho de videira,* Trauben- (rother) Wein.
caüim tatá — *agua ardente,* Branntwein.
cayçára — *trincheira, arrayal,* Verhau, Pallisade, Dorf.
cê — *ter sabor,* schmecken.
ceaquéme — *cheirar bem,* wohl riechen.
cearáma † ? — *cea,* Abendessen.
— vé — *cear,* zu Abend essen.
cebui — *lombrigas. minhocas,* Würmer, Regenwürmer.
— péba — *sanguexuga,* Blutegel.
ceçá — *olho,* Auge.
— arybo goára — *capella do olho, pálpebra,* Augenlied, Wimpern.
— beryb — *flato, vagado,* Blähung, Kopfschwindel.
— canhémo — *cegar,* blenden, das Gesicht verlieren.
— eté — *agudeza de vista, astucia, acerta,* Schärfe des Gesichts, Schlauheit, Scharfsinn.
— eýma — *cego,* blind.
— eýma nongára oata † — *andar com os olhos fechados,* mit verschlossenen Augen gehen.
— iapára — *torto dos olhos,* schielend.
— iapirarar irúnamo, o máem — *olhar d'esguelha,* von der Seite ansehen.
— morotinga — *alvo d'olho,* das Weisse im Auge.
— pecánga — *sobrancelha,* Augenbrauen.
— pecò — *vista,* das Sehen.
ceçá pecò eté — *vista aguda,* scharf sehen.
— piraroçú — *olhos espugal hados,* mit weit aufgerissenen Augen.
— pomim — *pestanejar,* blinzeln.
— pungá — *terçol do olho,* Bläschen am Augenlid, Gerstenkorn.
— pyçó ojemoaláca — *encurtar-se a vista,* Abnahme des Sehvermögens.
— raýnha — *menina do olho,* Pupille.
— roá † — *oculos,* Brille.
— rý — *lagrima,* Thräne.
— ry cururú tekýr — *lagrimejar,* weinen.
— tepý tepý — *olhos encovados,* eingesunkene Augen.
— túngu — *belida do olho,* weisser Fleck im Auge.
ceçápe catú oicó — *estar bem a vista,* gut sichtbar seyn.
cecarái — *descuidar-se : esquecer-se,* aus der Acht lassen, vergessen.
cecár — *adquirir, buscar, procurar, especular, indagar,* erwerben, suchen, verschaffen, betrachten, untersuchen.
— eté — *rebuscar,* nachsuchen, nachlesen.
cecateýma — *avarento, illiberal,* geizig, engherzig.
— rupi mirim — *poupar,* sparen.
— oçú opabinhé mbaé recé †, *ambiçâo,* Ehrgeiz.
cecé — (praep. dativ.) — *á, ás,* der, dem, denen.
cecó — *compleiçâo,* Leibesbeschaffenheit.
— abinhé — *acostumadamente,* gewohntermassen.
— bebé jebýre † — *resuscitar,* aufwecken.
— bebeçába † — *resurreiçâo,* Auferstehung.
— coáub aráma ojururê † — *pedir concelho,* Rath verlangen.

cecó meoám † — *eiva*, Haar, Faser, Mangel.
— tenhé — *habito, costume*, Gewohnheit.
cecobiára — *resposta*, *substituto*, *penhor*, Antwort, Stellvertreter, Bürge, Pfand.
ceém — *doce*, süss.
— kytá kytá † — *confeitos*, Süssigkeiten.
— oaé — *estar adoçado*, versüsst seyn.
ceembúca — *salgado*, *salobre*, gesalzen, brackisch.
cegý — *carretar*, *carregar*, *mudar*, herbeiführen, tragen, verändern.
cegytába — *carreto*, das Führen.
cegytára — *carretador*, Karrenführer.
ceicoára (teicoára) — *cú*, das Gesäss.
— epungá acémo — *hemorrhoidas*, Hämorrhoiden.
— motáca — *batecu*, auf den Hintern fallen.
— oçú — *bicho*, *corrupção*, (*doença*), Krankheit des Afters.
ceiyá — *rebanho*, *multidão*, Heerde, Schwarm, Vielheit.
cejár — *deixar*, *desamparar*, lassen, verlassen.
cejuçú — *sete estrello*, *as pleiadas*, Siebengestirn.
ceký — *atrahir*, *puxar*, *tirar por força*, an sich ziehen, stossen, mit Kraft ziehen.
— cémo — *cercar*, *dár cerco*, umgeben, umschliessen.
— çolinga — *dár á vela*, absegeln.
cekyjé — *temer*, *medo*, fürchten, Furcht.
— rupí — *com medo*, mit, aus Furcht.
cembýra — *sobros*, *fragmentos*, *restante*, Brocken, Bruchstücke, Ueberrest.
cememboé — *discipulo*, Schüler.
cemeýba — *aba*, *borda*, Rand, Saum.
— mamána — *embainhar*, *bainha da costura*, einsäumen, Saum einer Naht.
cemimotára — *liberdade*, *livre alvedrio*, Freiheit, freier Wille.
— rupí — *consentimento*, *voluntariamente*, *alarga*, *a redea solta*, Zustimmung, freiwillig, frei, mit verhängtem Zügel.
cemimotára rupí oicó — *senhor de si*, sein eigener Herr.
— rupinhóte — *a torto e a direito*, querein, unbedachtsam.
cemericó rauçupára † — *amigo de sua mulher*, Freund seiner Frau.
— potòçába — *desperado*, *roivo*, verzweifelt, rasend.
cemó igára çui — *desembarcar da canoa*, ausschiffen.
— ixupé — *occorrer ao encontro*, entgegenlaufen.
cendápe catú — *no mesmo lugar*, an demselben Orte.
cendú — *escutar*, *ouvir*, *entender*, *perceber*, horchen, hören, verstehen, begreifen.
cendý — *baba*, Geifer, Speichel.
— çururú — *babar-se*, sich begeifern.
cendyi — *arder*, *claridade*, *luz*, brennen, Helle, Licht.
— oáne — *acender-se*, *já arde*, sich entzünden, es brennt schon.
— púca — *luzir*, *reluzir*, *resplandecer*, leuchten, glänzen, widerscheinen.
— — oáne ýg — *aclarar a agua*, das Wasser klären.
cenembý — *camaleão* (*bicho*), Art Eidechse.
cenhei — *rebentar a semente*, *nascer a planta*, Austreiben des Samens, wachsen einer Pflanze.
cenói — *chamar*, rufen.
— céra rupí — *nomear*, nennen.
cenondé eté — *muito antes*, viel früher, eher.

cenondé goára — *antecessor, primogenito*, Vorgänger, Erstgeborener.
— goára (uára) eté — *antepassados*, Vorfahren.
— ketý oçaçáo — *adiantar-se*, voreilen.
— mirim — *adiante mais, pouco antes*, mehr voran, etwas früher.
— omombeú — *pronosticar*, vorher verkünden.
— ranhé enóng — *antepôr, preferir*, vorsetzen, vorziehen.
— eire — *antecipar-se*, zuvorkommen.
cepetú (port.) — *espeto*, Spiess, Bratspiess.
cepetu jebýr — *tornar o espeto*, den Bratspiess umdrehen.
cepiáca (vel maém) — *ver*, sehen.
cepiacába — *apparencia, semblante, cor*, Ansehen, Aeusseres, Schein.
— moánga oçú † — *apparente*, sichtbar, offenbar.
— ocanhémo — *desbotar*, die Farbe, das Ansehen verändern.
cepotý — *tripa, intestinos*, Därme, Eingeweide.
— jóca — *estripar*, ausweiden.
cepoytába — *borrifador, ou aguador*, Giesskanne, Wässerer.
cepý — *preço, valor, resgate*, Preis, Werth, Ranzionirungspreis.
— meéng — *premiar, compensar, pagar*, belohnen, vergüten, zahlen.
— nóng — *avaliar, avaliaçâo*, schätzen, Preisbestimmung.
— oçú cýma, epiriman — *comprar barato*, wohlfeil kaufen.
— quéra ojururé — *pedir a divida*, die Schuld verlangen.
— reçé — *interesse*, Nutzen, Vortheil, Gewinn.
— ýg — *borrifar, aguar*, begiessen, wässern.
cepycéi — *estar dorminhoco*, schläfrig seyn, Langschläfer.
cepycéi minhé nongára — *amodorrado*, schlafsüchtig, lethargisch.
céra — *nome*, Name.
— árpe goára — *sobrenome, apellido*, Zuname.
cerakuéna — *fama*, Ruf.
— catú — *boa fama*, guter Ruf.
cerayma — *pagão, cathecumeno*, Heyde, Christenschüler.
ceréb — *lamber*, lecken.
ceróc — *baptisar*, taufen.
ceryca — *vasar a maré, correr o liquido*, Ebbe des Meeres, Laufen einer Flüssigkeit.
cetá — *muito*, viel.
— ei — *muitas vezes*, oft, vielmals.
— mbaé — *abundancia, riqueza*, Ueberfluss, Reichthum.
— mbaé jára — *abastado, rico*, ein Reicher.
— — oçú oçú — *proezas*, Heldenthaten.
— rupi — *de muitas maneiras*, auf vielerlei Weise.
cetáma — *patria*, Vaterland.
ceté — *corpo, humanidade*, Körper, Menschheit.
— amanó manó — *falhar-se dos membros*, Absterben der Gliedmassen.
cetúna — *cheirar, tomar o cheiro*, riechen, Geruch annehmen.
cetymá — *perna*, das Bein.
— cangóera — *cana da perna*, Röhrknochen im Schienbein.
— capára — *coxo, aleijado*, hinkend, lahm.
— roó — *barriga da perna*, Wade.
cigié mirim — *tripas*, Gedärme.
— oçú — *estomago*, Magen.
cinco ei † (port.) — *cinco vezes*, fünfmal.
cinoába — *barba*, Bart.
— oaé — *barbado*, bärtig.
— ocenhéi — *apontar a barba*, den Bart zustutzen.
cipó ém — *alcaçuz*, Süssholz.

có — *roça, quinta*, abgetriebener Wald, angebauter Ort, Landgut.
coaé — *este, esta, isto*, dieser, diese, dieses.
— aráma — *para isto*, dafür, zu diesem Zweck.
— recé — *por esta razão*, aus diesem Grunde.
— rendápe — *neste lugar*, an diesem Orte.
— riré — *depois disto*, nach diesem.
coa meéng — *mostrar, apresentar, declarar, dar a saber, inculcar, expôr, offerecer, representar*, zeigen, vergegenwärtigen, vorstellen, zu wissen thun, erklären.
coára — *buraco, furo*, Loch, Oeffnung, Aufenthaltsort.
coaracý — *sol*, Sonne.
— amanó — *eclipse do sol*, Sonnenfinsterniss.
— ára — *verão, estio, tempo de sol*, Frühling, Sommer, Sonnenzeit.
— berába — *raio de sol*, Sonnenstrahl.
— piaçába — *chapéo de sol*, Sonnenhut, Sonnenschirm.
— rangaba † — *relogio de sol*, Sonnenuhr.
— rendýa — *restia de sol*, Sonnenstrahl zwischen Wolken.
coatiaçába — *pintura, letra*, Malerei, Zeichnung, Buchstabe.
coatiaçára — *pintor, escrivão*, Maler, Schreiber.
coatiár — *pintar, escrever*, malen, schreiben.
coáub — *conhecer, reconhecer, saber*, kennen, erkennen, wissen.
— cepiaçába rupi — *conhecer de vista*, von Weitem erkennen.
— morándúba — *saber novidades*, Neuigkeiten wissen.
— ucár — *fazér sabedor*, kund geben.
— — morandúba — *descobrir a segredo*, das Geheimniss entdecken.

cocenói — *eis-aqui*, siehe da.
cocinhéimc çui vi — *desde muito tempo*, seit langer Zeit.
— — — goára — *antiquissimo*, sehr alt.
cocói — *cahir a fruta*, das Abfallen einer Frucht.
coéma — *manhã*, Morgen.
— eté — *manhã clara*, früher Morgen.
— ẹýme vé poáme — *madrugar*, früh aufstehen.
— pýra piráng — *clarão da manhã, aurora*, Morgenröthe, Morgendämmerung.
— pyránga — *madrugada*, Morgenfrühe.
coicé — *hontem*, gestern.
— coicé — *antehontem*, vorgestern.
coipé — *cú*, der Hintere, Gesäss.
coité — *finalmente*, endlich.
comeengába — *indicio*, Anzeichen.
comendá — *feijão*, Hülsenfrucht.
— oçú — *fava*, Bohne.
conapú — *mero (peixe)*, ein Fisch (Cujubú guaçú Marcgrav.)
conhára (port.) — *cunhado*, Schwager.
coóm — *arder, latejar a ferida*, brennen, klopfen; von der Wunde gebraucht.
copé — *côstas*, Rippe.
— cangoéra — *espinhaço*, Rückgrat.
— rupi — *por traz, á falsa fé; ausencia*, nach rückwärts; mit Arg; Abwesenheit.
copiára — *alpendre*, Oberdach, tragbares Vordach.
copixába — *roça, quinta*, abgehauter Wald, Hof, Bauerngut.
— çui — *da roça*, auf dem Hof.
copýr — *cortar mato, ou roçar*, den Wald umhauen, um bepflanzt zu werden.
coquéra — *roça velha ou capoeira*, verlassener Anbau.
corai oáne ixui — *aborrecer-se de algũa cousa*, etwas verabscheuen.

coréra — *aparas*, *farelo*, *rebotalho*, *argueiro*, Abfall, Kleien, Ausschuss, Hälmchen.
cori — *logo*, sogleich.
— mirim — *logo*, *daqui a pouco*, sogleich, nach einer kleinen Weile.
coromó cori — *pelo tempo adiante*, später, mit der Zeit.
cororóng — *gargarejar*, *roncar dormindo*, ausgurgeln, im Schlafe schnarchen.
cotú-cotuc-nongára — *pontada*, Seitenstich, Pleuresia.
cotúca — *picar*, stechen.
cotuçàba — *picadura*, *estocada*, *facada*, *aguilhão*, Stich, Stoss, Wunde mit einem Messer, Stachelspitze.
cotúc — *alimpar*, *lavando*, reinigen, durch Waschen.
coyabé — *assim*, *assim mesmo*, *a modo*, so, ebenso, nach Art.
coýr — *agora*, *hoje*, jetzt, heute.
— amó — *ainda agora*, noch jetzt.
— nitio — *agora não*, jetzt nicht.
— riré — *daqui por diante*, *desde agora*, von nun an, von jetzt.
— teném — *agora sim*, gerade, eben jetzt.
— vé — *ao presente*, *ja agora*, *ja logo*, gegenwärtig, nun schon, sogleich.
cruçá (corucá) † — *cruz*, Kreuz.
cuá — *cintura*, *cadeiras do corpo*, *meio de qualquer cousa*, die Hüften, Mitte des Leibes oder einer Sache, Gürtel.
— cánga — *quadril*, Hüftbein.
— peçoaçába, — *cingidouro*, Gürtelband.
cuacú — *encobrir*, *atabafar*, bedecken, zudecken.
cuandú — *ouriço cacheiro* (*bicho*) Hystrix prehensilis, Stachelschwein mit Wickelschwanz.
cuapába — *sabedoria*, Weisheit, Wissenschaft.
cuapára — *discreto*, *sabedor*, *familiar*, *conhecido*, gescheit, verständig, vertraut, bekannt.
cubé catú — *agradecimento*, *parabens*, Danksagung, Glückwunsch.
— catuçába — *galardão*, Belohnung.
— catuçára — *gratificador*, Vergelter.
cunhám — *mulher*, *femea*, Frau, Weib.
— cacoáre — *mulher anciâ*, altes Weib.
— capixára meengara — *alcoviteira*, Kupplerin.
— coar-cýma — *mulher donzella* (i. e. *sem buraco*), Jungfrau.
— inéma momoxicára — *mulher adultera*, Ehebrecherin.
— goaimim — *mulher velha*, altes Weib.
— membýra — *sobrinho*, *sobrinha do homem*, Neffe, Nichte des Mannes.
— méma — *parente por afinidade*, verschwägert.
— mendaçára — *mulher casada*, Ehefrau.
— mendaçár-cýma — *mulher solteira*, lediges Weib.
— moçú (port.?) — *moça*, *donzella*, Mädchen, Jungfrau.
— pária — *saia de mulher*, Weiberschürze.
— rapixára — *effeminado*, weibisch.
— rupiára — *amigo de mulheres*, Weiberfreund..
cunhatém — *rapariga*, Mädchen.
curá curáo — *chamar nomes injuriosos*, beleidigende Worte sagen.
curié curi — *depois e não agora hoje* (*fallando da hora futura*), dann und jetzt nicht; Heute (von künftig gesprochen.)
curucurutém — *acada passo*, *a miudo*, jeden Augenblick, oft.

curúba — *sarna*, *borbulha*, *brotoeja*, Krätze, Blatter, Ausschlag.
curucába — *garganta*, *papo*, *guela*, *guelras*, Kehle, Kropf, Rachen, Kiemendeckel, Kiemen.
— epungá oçú — *esquinencia*, Kehlsucht, Halsbräune.
— ipoi oàe — *gorgomilho*, Magenschlund.
— ojekendáo — *cerrazão do peito*, *pigarro*, kurzer Athem, Engbrüstigkeit.
curumatá — *especie de peixe*, Schizodon.
curumim (columim) — *rapaz*, Bursche, Junge.
— oçú — *moço*, Knabe, Jüngling.
— oçuçába — *mocidade*, Jugendalter.
cururú — *sapo*, Kröte.
cururúc — *fallar por entre os dentes*, *remungar*, *rosnar*; *rugido das tripas*, zwischen den Zähnen sprechen, nachtönen, zwischen Zähnen murmeln, schnarchen; Gurren in den Gedärmen.
curutém! (incitando) — *cedo*, *depressa*, *brevemente*, bald, schnell, kurz!
— oaráma — *a pressa*, *para logo*, *dentro de poucos dias*, *de passagem*, *de pressa*, in Eile, sogleich, in wenig Tagen, vorübergehend, schnell.
— oatá — *accelerar os passos*, den Schritt beschleunigen.
— ramó — *ha pouco tempo*, vor wenig Zeit.

Ç.

(Consoante semivogal. sibilante = S vel inter S et Z.)

çaang — *arremedar*, *imitar*, *aventurar*, *provar*, *gosto*, nachahmen, versuchen, wagen; Sinn des Geschmackes.
çaangába — *balança*, die Wage.
çabá — *peludo*, haarig.
çabaá — *enseada do rio*, *do mar*, Bucht des Flusses, des Meeres.
çabaipós — *bebado*, betrunken, Trunkenbold.
çabé — *bolor*, Schimmel, Moder.
— oaé — *cousa bolorecida*, verschimmelte Sache.
— oáne — *estar com bolor*, verschimmelt seyn.
çabecóm — *cavar*, graben, aushöhlen.
çaberéc l. çapéc — *chamuscar*, *crestar ao fogo*, absengen.
çaça-çaçáo † — *repassar*, trocknen, bügeln.
caçáo — *atravessar*, *passar*, *penetrar*, durchkreuzen, durchgehen, durchbohren.
çaçáo eté çangába — *sahir de foz em fora*, aus der Mündung in's hohe Meer fahren.
çaçáo rupi iacánga † — *passar pelo entendimento*, verstanden werden, verstehen.
çaçáo nhóte, apecatú rupi — *passar de largo*, weitaus durch-, öfter übergehen.
çaçabóra — *trasfegar*, *vasar*, *desfechar*, über- ausgiessen, loslassen.
çacucánga — *ralo*, *não tapado*, locker, ohne Deckel.
çacai — *lenha de S. João*, *muida*, *chamizos*, Holzspähne zum Anzünden.
çacambý — *virilha*, Schaamleiste.
çacambý péne — *rotura de virilha*, Leistenbruch.
çacapém — *ventrecha*, Nabelbruch.
çacapira — *bico*, *ponta*, Schnabel, Spitze.
— çantim — *ponta aguda*, scharfe Spitze.
çacé, çacéme — *algasarras*, Lärm, Geschrei.

çacéme — *bramir, bramar, gemer, gritar*, brüllen, heulen, weinen, schreien.
çaçóca — *gurgulho*, Wurm im Getreide, Made.
çacý — *dóer, importar, ter pena*, schmerzen, stark wirken, Verdruss haben.
— rupi — *asperamente*, scharf, schmerzlich.
çaé — *se*, wenn.
çagicá — *nervo, veia*, Nerve, Blutader.
— oçu — *arteria*, Schlagader.
çái — *azedo*, sauer, herbe.
— oaé — *cousa azeda, agra*, eine sauere, herbe Sache.
çaibó — *agourar*, wahrsagen.
çabonçára — *agoureiro*, Wahrsager.
çaibýra — *gengiva*, Zahnfleisch.
çaiçába — *giz*, Kreide.
çaimbé — *aspero, quina, game*, rauh, holpericht, die Ecke.
— timá-oaé — *cousa amolada, afiada*, eine geschliffene, feine Sache.
çayíba — *queixada, queixo*, Kinnbacken.
çakaquéra — *ausencia, consequencia, apoz, atraz*, Abwesenheit, Folge, hinterdrein.
— goára — *ultimo*, der letzte Mann.
— jebýr — *tornar para traz, recuar*, umwenden, zurückweichen.
— kelý maém — *olhar para traz, olhar d'esguelha*, zurück-, von der Seite ansehen.
— vé — *consequentemente*, folglich, schliesslich.
çakybóne — *arder o corpo*, Hitze haben.
çainha — *dente*, Zahn.
— çocói — *cahir os dentes*, Ausfallen der Zähne.
çanhé — *a pressa, repentinamente; pressa, impeto*, schnell, plötzlich; die Eile, das Ungestüm.
çantám — *rijo, duro*, fest, hart.
çantám iacanga — *cabeçudo, rude*, Hartkopf.
— rupi — *de força*, mit Gewalt.
çantím — *bico*, Schnabel.
— peeú — *esporão*, Sporn.
çapée — *tostar*, rösten.
çapirón — *carpir, prantear, lamentar*, weinen, heulen, klagen.
çapirón-ambýra — *pranto de defunto*, Todtenklage.
çapixára — *proximo*, der nächste.
çapó (çepó, çipó) — *raiz*, Wurzel, Schlingpflanze, Liane.
çapoinim — *dar d'olho, fechar os olhos a miudo*, blinzeln.
çapuá — *de pressa*, schnell.
çapucái — *clamar, apregoar, apupar, gritar por alguem, bradar*, rufen, ausrufen, verspotten, Jemand rufen, schreien.
çapucáya — *gallinha*, das Huhn, die Henne.
— çopiá oáne — *gallinha poedeira*, Leghenne.
— mirim — *pinto*, Hähnchen.
— nheénga ramé — *de madrugada*, Henne, die am Morgen kräht.
— polýra — *exito do gallo*, Hühnersteige.
— róca — *gallinheiro, casa de gallinhas*, Hühnerhof, Hühnerhaus.
çapý — *escaldar, queimar, cauterisar*, brühen, absieden, mit Brenneisen brennen.
— çapý — *afoguear*, entzünden.
— reté — *abrasar*, verbrennen.
— tatá — *accender, atear fogo*, anzünden, Feuer machen.
çapyá — *testiculos*, Hoden.
— jóca — *copar*, verschneiden.
çapycón — *ponta de terra*, Landspitze.
çarón — *esperar*, warten.
çaronçába — *espectação, esperança*, Erwartung, Hoffnung.
çaronçara — *espectador, esperador*, der Erwartende, Hoffende.
çarýba — *cacho*, Traube, Rispe.

çaryba-bacová — *cacho de banana*, Traube von Bananen.

çatykoéra — *bagaço, borra*, Trester, Salz, Hefe.

— rendába — *monturo*, Misthaufen.

çatypý — *bochecha, faces de rosto*, Wangenhöhle, Wangen.

çauçúb — *amar, estimar*, lieben, schätzen.

— catuçába-rupi — *afeiçoadamente*, zärtlich.

— eté — *ter em muyta estimação*, sehr hoch schätzen.

çauçupára — *amador, estimador, amante, querido*, Liebhaber, Verehrer, Geliebter.

çaýnba — *grão, sementes*, Samen, Körner.

— jóca — *debulhar*, Körner auslösen, dreschen.

çaýr — *gisar, riscar*, zeichnen, Striche machen.

çayçába — *risca, giz*, Zeichnung.

çó — *in*, in.

çoán-hyra — *junco tenro, talo de planta*, zarte Binsen, Trieb einer Pflanze.

çoán mitera — *cerne da madeira*, Herz vom Holze.

çobá (tzobá) — *rosto, cara*, Antlitz, Gesicht.

— cy — *carrancudo, malencarado, soturno, tristonho, trambudo*, mürrisch, hässlichen Gesichtes, melancholisch, traurig, verlegen aussehend.

— cy irunamo maém, *olhar com meios olhos*, schief ansehen.

— cý oicó — *estar triste*, traurig seyn.

— juba — *rosto pallido, desmaiado*, blasses Antlitz, ohnmächtig.

— juba oçú — *cara de morto*, Todtenantlitz.

— kytám — *sinal, verruga de rosto*, Zeichen, Warze im Gesicht.

çobá mongatironçába — *enfeite de rosto*, Zierde im Gesicht.

— oçú — *caraça, severidade*, wildes Gesicht, Strenge.

— pecanga — *mação de rosto*, volles Gesicht, Backen.

— pecilýca — *lançar em rosto*, ins Gesicht werfen, tadeln.

— pokéc — *rebuçar-se*, sich verbergen, verhüllen.

— pytéca — *esbofetear*, Ohrfeige geben.

— rangába — *mascara*, Larve, Maske.

çobaindá-çui — *da outra parte, dalem*, von der andern Seite, jenseits.

çobaindápe — *banda d'alem*, jenseitiges Ufer.

çobaitim — *atalhar, impedir, sahir ão encontro, encontrar alguem*, abschneiden, verhindern, entgegenkommen, begegnen.

çobaixára — *oppôr, de fronte, obstaculo, metade, banda, lado*, entgegensetzen, gegenüber; Hinderniss, Hälfte, Seite.

— inheénga — *replicar*, antworten.

— jabé jabé çui — *de cada parte*, von jeder Seite.

— kety — *para a outra banda*, auf die andere Seite.

— turuçu poryb — *a maior parte da causa repartida*, der grössere Antheil einer abgetheilten Sache.

çobaké — *ácerca, ao pé, junto, ao perto, perto, rente a ilharga; presença*, bei, nahe, daneben, dicht an der Seite; Gegenwart.

— catú — *diante, em presença*, vor, in Gegenwart.

— çui — *de perto*, ganz nahe.

— goára — *visinho*, Nachbar.

— rupi — *ao redor*, ringsherum.

çobay — *terra dalem do mar* (*Portugal*), das Land jenseits des Meeres.

çobáya — *rabo*, Schwanz, Schweif.

çobáya açýca — *derribado*, niedergeworfen, umgestürzt.
çobayána — *contrario*, *inimigo*, Gegner, Feind.
çobaygoára — *homem dalem do mar* (*Portuguez*), ein Mann von jenseits des Meeres (Portugiese).
çoc (v. poc) — *rebentar a corda*, Springen der Sehne, Saite.
çocánga *soffrer*, *soffrido*; *paciencia*, *paciente*, leiden, dulden; Geduld, der Geduldige.
çoçóen — *pisar com as mãos*, mit Händen nieder-, zer-, fest-drücken.
çokendá — *cerrar*, *tapar*, zuschliessen, verstopfen.
çokendáb-ybý óca pepé † — *murar*, mauern (am Haus).
çokendabóca — *desafferolhar*, aufschliessen, aufriegeln.
çokendapába — *rolha*, *tapadoura*, Stöpsel, Propfen, Deckel.
çoó — *carne*, *caça*, *animal*, Fleisch, Wildpret, ein Thier.
— miléra — *amargo*, bitter.
çóo oçú — *alimaria*, grosses, wildes Thier.
— papáo † — *quinta feira*, Donnerstag.
— piréra — *couro*, Fell, Leder.
çopár — *perder o caminho*, *empaneirar*, den Weg verlieren.
çopiá — *ovo*, Ei.
— rerú — *oveiro*, Eierstock.
— tacáca — *clara d'ovo*, Eiweiss.
— tagoá — *gemma d'ovo*, Eigelb, Dotter.
çopiára — *achague*, Krankheitsanfall.
çopir — *levantar*, *arregacar*, *carregar levándo*, aufheben, aufschürzen, tragen.
çoróca — *romper*, brechen.
çoryb — *alegre*, lustig.
— oiçó — *estar alegre*, lustig seyn.
çotyngýba — *mastro de canoa*, Mast eines Fahrzeuges.
çuaçú — *veado*, Reh.
çuaçú ápara — *veado de cornos*, Hirsch.
çuaçume — *cobra*, Schlange.
— apiába (i. e. cobra homen) — *bodo*, Lamantin, Kuhfisch.
çucurejú — *cobre d'agua*, Wasser-(Riesen-) Schlange.
çuguí — *asul*, blau.
çuí (partic.) — *da*, *de*, *do*, deren, dessen.
— vé (praep.) — *desde*, seit, bis.
çupé (partic.) — *ào*, *aos*, *ás*, *a*, dem, der, denen.
çupí — *de veras*, *he verdade*, gewiss, es ist Wahrheit.
— çába ocomeéngoaé † — *testimunho*, Zeuge.
— catú — *a fé*, *certamente de certo*, *po verdade*, auf Gewissen, sicherlich, nach Wahrheit.
— catú ipó — *provavelmente*, wahrscheinlicherweise.
— — rupi — *he possivel q'fosse assim*, es ist möglich, dass dem so sey.
— jabé — *assim-he*, so ist es.
— — acquéra — *assim foi na verdade*, so war's in Wahrheit.
— onhéeng — *ter raçâo*, Recht haben.
— rupi — *infallivelmente*, *na verdade*, unfehlbarerweise, in Wahrheit.
— tu quác — *he isto*, *assim*, es ist so, wirklich.
— titeú — *assim he na verdade*, so ist es in Wahrheit.
çupiçába — *verdade*, *certeza*, Wahrheit, Gewissheit.
çururú — *mexilhâo*, Wassermuschel.
çuú — *morder*, *mastigar*, beissen, kauen.
çuuçába — *dentada*, *mordedura*, ein Biss.
— çára — *mordedor*, *roedor*, Beisser, Nager.
— çuú — *roer*, *abocanhar*, nagen, anbeissen.

E.

eacanhémo — *esmorecer*, ohnmächtig, muthlos werden.
eárpe enóng — *sobrepôr*, darauf setzen.
eauký — *entender com alguem*, mit einem Händel suchen, Verdruss machen.
ecarimbábo rupí — *á força*, mit Gewalt.
— rupóeraço — *levar á força*, mit Gewalt wegnehmen.
ecatú — *bem*, *bom*, wohl, gut.
— rupi — *em boa fé*, *licitamente*, in gutem Glauben, zulässiger Weise.
ecatúpe — *nu*, nackt, unbedeckt.
ecoéma piranga eýme oé — *antemanhã*, vor Tag, sehr frühe.
— ramé — *pela manhã*, am Morgen.
ecopé — *traiçâo*, Verrath.
— rupi — *á traiçâo*, mit Verrath.
eém (affirmat.) — *sim*, Ja.
eiké — *entrar*, eintreten.
emaaci — *doença*, Krankheit.
— aýba — *contagio*, *doença má*, ansteckende, schlimme Krankheit.
embaé — *seu*, sein.
embiára — *caça*, *pesca*, Jagd, Fischfang.
embira — *casca*, *fio*, Rinde, Faser.
emoeté — *adorar*, *santificar*, *reverenciar*, anbeten, heiligen, verehren.
emoeteçába † — *culto*, *adoraçâo*, Cultus, Anbetung.
emoeteçára † — *adorador*, Anbeter.
emombaé — *acordar a outrem*, einem zugestehen.
emongetá — *conselho*, Rath.
— aýba rupi — *aconselhar mal*, übel rathen.
— catú rupi — *aconselhar bem*, wohl rathen.
enduapé — *tanga de plumas d'Ema*, Schürze von Straussenfedern.
ene-caarúca — *boas tardes*, guten Abend.
ene-coéma — *bons dias*, guten Tag.
enéme — *feder*, stinken.
ene-pytúna catú — *boas noites*, gute Nacht.
enganáne (port.) — *enganar*, *tentar*, *defraudar*, betrügen, versuchen, berauben.
enóng ába pópe — *entregar*, übergeben.
— çangába — *sinalar*, *sellar*, bezeichnen, mit Siegel bedrucken.
enongatú — *guardar*, verwahren.
epéba — *pus*, *materia*, Eiter.
— antám — *carnegâo*, Granulation der Wunde.
epó peeýca — *apertar a mâo*, die Hand drücken.
epó úrpe enóng — *sugeitar*, unterwerfen.
epópe vé — *com tudo*, dennoch, nichts desto weniger.
eporóe mirim oáne — *aliviar do peso a canoa*, das Fahrzeug erleichtern.
epolopáo irunámo onheéng — *fallar aspero*, hart reden.
epungá oçu *opilaçâo*, Verstopfung.
epý — *alicerce*, *principio*, Grundlage, Grund.
— çui goára † — *original*, Urbild.
— rupi — *pegado*, *junto*; *ir a pé*, anhängend, nahe; zu Fuss gehen.
— catú — *ao longo*, von weitem.
epyá — *coraçâo*, das Herz.
— çui catú ojururé † — *pedir com efficacia*, mit Erfolg bitten.
— oçú — *valeroso*, tapfer.
— popóre — *palpitar o coraçâo*, Klopfen des Herzens.
— rojebir — *penitencia*, Reue.
— — oáne oicó † — *estar compungido*, Gewissensbisse haben.
— ýba goére — *frenetico*, wahnsinnig, toll.
equém (imperat.) — *vai*, gehe.

eraçó — *levar*, wegtragen.
eré catú (exclam.) — *ei lo vai, olá, alto*, immer zu, heda, halt.
ereicó aýba — *maltratar*, misshandeln.
erimbaé — *antigamente*, vor alter Zeit.
— eté — *mais antigamente*, vor sehr langer Zeit.
— oánc — *já ha muito tempo*, es ist schon lange her.
— vé — *ha muito tempo*, es ist lange her.
erúre — *trazer*, ziehen.
etapúa — *prego*, Nagel.
eté (affirm. augmentat.) — *em muito*, viel, sehr viel.
eý — *vez*, Wechsel, Gelegenheit.
eýma — *sem*, ohne.
eymé ve — *antes que*, bevor dass, eher.

F.

funira (port.) — *funil*, Trichter.

G.

(G he aspero ferindo A, O, U; brando sobre E, J, Y. G ist scharf vor A, O, U; weich, fast Sch oder J, vor E, J, Y.)

gereragoay — *pataratear*, Lügen erzählen.
gereragoýa — *patarata*, Lüge.
gereragoáya ayba monhangára — *aleivoso*, verrätherisch, lügenhaft.
gelýca — *batata*. Knollenwurzel.
gigui — *naza, couo*, Fischreuse.
goabirú — *pato*, Ente.
goaçú (açú, oçú) — *grande*, gross.
goacapú — *páo de giráo*, Holz zu einem Gerüste oder einer Bank.
goaimim — *velha*, altes Weib.
— etá nheénga-moánga quéra — *adagio*, Sprüchwort (was alle Weiber sprechen).

goaimim uirapára † (port.) — *arco da velha, Iris*, Regenbogen.
goananá — *marrecão (ave)*, wilde Ente.
goarabá — *peixe-boi (animal)*, Lamantin.
goara-piránga — *barreiro*, Thongrube (rectius: coara-piranga: rothes Loch).
goatá — *caminhar*, gehen, wandern.
goataçába — *jornada, viagem, passo pereyrinação*, Tagemarsch, Reise, Schritt, Wanderung.
goataçára — *caminhante, passeador, peregrino*, Reisender, Spaziergänger, Fremder.
guá — *variado de cores*, bunt; deriv.: *campo de flores*, bunte Flur*).
guabijú — *arbusto de myrta*, Myrtaceae variae.
guaçuçába — *valia, alteza, pompa, dignidade*, Grösse, Werth, Hoheit, Pomp, Würde.
guara-péba † — *vióla* i. e. *arco (Uira-para) chato*, Guitarre.
guariba — *especie de macaco*, Brüllaffe, (Mycetes).
guarina † — *vestia*, Weste, Rock.
guéne — *vomitar*, speien, erbrechen.
guirý júba (gurujuba) — *especie de peixe*, ein Fisch.
— tinga — *bagre branco (peixe)*,
guirá — *ave, passaro*, Vogel.
— júba — *papagaio amarello*, gelber Papagay.
— jýba — *aza de passaro*, Flügel eines Vogels.
— megoám — *mergulhão (ave)*, Taucher.
— oçú — *ave de rapina, gavião*, Raubvogel, Geier.
— ponga (Araponga) — *ave ferreiro*, Chasmarhynchus nudicollis.

*) Inde derivantur nomina Guána, Goyaz: Indi campestres, prov. Goyaz.

guirá reiýa — *bando de passaros*, ein Flug Vögel.
— repotý (i. e. stercus avium) — *erva de passarinho*, plantae parasiticae in arboribus: Loranthaceae.
gý — *machado*, Beil, Axt.
— gý — *arredar, affastar-se alguem*, entfernen, sich Jemand entfremden.
gytaýcýca — *resina de jutaý*, Copal, Harz des Baumes Hymenaea.

H.

hojí (port.) — *hoje (fallando d'hora preterita)*, heute, wenn von vergangener Zeit sprechend.
— ramó — *ainda hoje*, noch heute.
— vé — *hoje mesmo*, noch heute selbst.
— vé mirím — *ha pouco*, heute vor Kurzem.

I.

(Vogal; auch vor dem Vocal hörbar.)

iabá eté — *arrogante*, anmassend.
— eléçába — *arrogancia*, Anmassung.
iacánga çantám çui — *rude de memoria*, harter Kopf, von schwachem Gedächtniss.
iakýme — *humedecer; cousa lenta*, befeuchten, feucht werden; feuchte, zähe Sache.
iapár (contract.: juba-apar) — *aleijado dos braços*, Händelahm.
iapára — *torto*, krumm, schief.
iapáre — *vergar*, biegen, krümmen.
iapúm pungá oçú yg çui — *opilação*, Verstopfung im Unterleibe.
iapúna — *forno, taboa para grelhar o beijú*, Ofen, Platte zum Rösten der Mandioccabrödchen.
iapycón — *lingua*, Zunge, Sprache.
iatúca — *baixo, curto*, seicht, kurz.
iatýr atýr — *abundantemente*, im Ueberfluss.
ibáca — *ceo*, Himmel.
— póra † — *habitador de ceo, celestial, glorioso*, Himmelsbewohner, himmlisch, in Herrlichkeit.
ibaképe oçú † — *salvação*, Erlösung.
— turýba † — *gloria, paraizo celestial*, Glorie, Himmelsparadies.
ibý (aegwü) — *terra*, Erde.
— antám — *torrão*, Erdscholle.
— apába — *terra talhada*, aufgestochenes, blosses Erdreich.
— apytérpe — *centro da terra* Mittelpunkt der Erde.
— coára — *cova, sepultura, mina*, Grube, Grab, Mine.
— coára oçú ibý apytérpe máme pituna oçú oicó ninhé taýna etá ánga cetaýma pupé ománe etá rendába † — *limbo, ou seio de Abrahão*, der Schoos Abrahams, Vorhölle.
— cui — *praia, aréa*, Gestade, Sand, Düne.
— — oçú — *banco ou coroa de areia*, Sandbank.
— — týba — *areal*, Ort voll Sand.
— kety — *para baixo*, nach unten, in den Grund.
— kelý cacánga oçó — *de cabeça abaixo*, kopflings nach unten.
— máme monhang catú opabinhé mbaé † — *fertilidade*, Fruchtbarkeit.
— óca — *muro ou parede de terra*, Mauer oder Wand von Erde.
— péba — *planice, terra plana*, Fläche, ebenes Land.
— póra — *habitador da terra*, Landbewohner.
— reté — *terra firme*, Festland.
— rupý-oçó — *ir a pe*, zu Fuss gehen.

ibý-ryrý — *terremoto*, Erdbeben.

— lýra — *monte, serra, outeiro*, Berg, Gebirg, Hügel.

— ùrpe goára — *subterraneo*, unterirdisch.

ibyeéi (ybucéi) — *ralador*, Reibeisen, Raspel.

ibyceiráne — *quilha da embarcaçào*, Kiel des Fahrzeuges.

ibýpe — *na chào, embaixo*, auf dem Boden, unten.

ibýra çui — *de baixo*, von unten.

ibytú — *vento, ar, viraçào, arroto*, Wind, Luft, Luftzug, Rölps.

— aýba — *vento de trovoada*, Sturmwind, Windsbraut.

— babóca — *redomoinho de vento*, Wirbelwind.

— náne — *nevoa, nuvem*, Nebel, Wolke.

— oçú — *pé de vento*, Staubwirbel.

— peá peá — *vento de lufador*, Orcan.

— rána — *nevoeiro*, dicker Nebel.

— tinga — *nuvem*, weisse Wolke.

ibytý goaia — *valle*, Thal.

icába — *gordura*, Fett.

icatú — *bom*, gut.

— eté — *muito bom*, sehr gut.

icémo ocárpe — *sahir fora*, herausgehen.

icuré — *anta* (*animal*), Tapirus.

icurui — *delido*, aufgelöst, zerflossen.

icyrançába — *fileira*, eine lange Reihe.

igaçaba — *vaso de barro, de largo bojo, urna funebre*, Thongefäss mit breiter Mündung, Todtenurne.

igoaçú — *custar, ser difficultoso*, kosten, schwer, mühsam sein.

igoaçuçába — *nobreza*, Adel.

iiçába — *palavra*, Wort.

iké — *aqui, cá; ilharga*, hier, dort, an der Seite.

— cecoi — *aqui está*, hier ist es.

iké çui — *daqui*, von dort.

— — amongetý — *decá paralá*, von hier nach dort.

— ketý — *para aqui*, hierher.

— nhóte — *aqui perto*, hier nahe bei.

— rupý — *para aqui*, hier Orts.

imboé — *ensino*, Unterricht, Lehre.

— aýba — *máo ensino*, schlechte Lehre.

iména — *marido*, Gatte.

— potoçába — *desposada, noiva*, Verlobte, Braut.

imirá — *arvore, páo, madeira*, Baum, Holz, Nutzholz.

— áca — *pernada d'arvore, esgalho*, Baumast, Wasserreis.

— acýquéra — *esgalho, pedaço de páo*, Reis, Stück Holz.

— bóca — *roda de fiar. Engenho de farinha ou assucar etc.*, Spinnrad, Maschine, Fabrik.

— cambú — *forquilha*, Gabel.

— coréra — *gravetos, cavacos, acendalhas*, Schnitzel, Späne von Holz, zum Feueranmachen.

— i — *páo delgado, vara*, glattes Holz, Stock.

— kiýnha (Quiynba, i. e. lignum Capsici) — *páo cravo*, Nelkenzimmt, Dicypellium caryophyll.

— péba — *taboa*, ein Brett.

— rabyjú — *musgo das arvores*, Moos, Flechte an Bäumen.

— racánga — *ramo, esgalho d'arvore*, Ast, Zweig eines Baumes.

— rerecoára † — *meirinho*, Gerichtsdiener.

— — oçú † — *ouvidor*, Oberrichter.

— ýra — *mel d'abelhas* (*dito aqui mel de páo*), Wald-Honig.

imoáe çupi — *isso he assim*, es ist so.

— ipó? — *isso por ventura?* etwa diess oder so?

— recé — *e por isso*, und desshalb.

imoáe rupí? — *pela qual razão*, wesshalb?
— tenhé — *isso mesmo*, gerade diess, diess selbst.
imombeú-catú — *desenganar*, aufklären, enttäuschen.
inanbý (Inambú) — *perdiz*, Rebhuhn, Crypturus.
indé — *tu*, Du.
indoá — *pilão*, grosser (hölzerner) Mörser.
— ména — *mão de pilão*, Mörserkeule.
— mirim — *almofariz*, *gral*, kleiner Mörser.
— — ména — *mão de gral ou almofariz*, kleine Mörserkeule.
inéme — *fedor*, *agua corrupta*, Gestank, faules Wasser.
inhúma — *unicorne* (*ave*), Vogel Kamischi (Palamedea cornuta).
inimbó — *fio*, Faden.
— apuám — *novello*, Knäuel.
— i — *linhas*, Angelschnur.
— ipoí — *fio delgado*, feiner Faden.
— poaçú — *fio grosso*, grober Faden.
ioauçaba — *affeicção mutua*, gegenseitige Anhänglichkeit.
ipéba (peba) — *chato*, flach.
ipéca — *pato*, ein Ganser.
ipó — *por ventura*, vielleicht.
— rycé rycéme pupé — *as mãos cheias*, mit vollen Händen.
ipotába mondó mondó — *presentear*, Geschenke machen.
ipupé — *ainda com tudo isso*; *interiormente*, noch über diess; innerlich.
— oicó — *incluir*, einschliessen.
ipý — *cabeça de geração*; *principio*, *primeira origem*, Haupt der Nachkommenschaft, Ursprung.
ipýpe oçó — *ir ao fundo*, auf den Grund gehen, untergehen.
iraxó (exclamatio) — *xopra!* He! (im Schrecken).

irati — *abelha*, *cujo mel faz tetano*, Biene, deren Honig Tetanus verursacht.
irón — *pois não o tinha eu dito*, (läugnend): ich sagte es nicht.
irunámo goára — *companheiro*, *praceiro*, Gefährte.
— oçó — *acompanhar*, begleiten.
— vé — *juntamente*, gemeinschaftlich.
itá — *pedra*, *ferro*, Stein, Eisen.
— babóca † — *mó*, *moinho*, *rebolo*, Mühlstein, Mühle, Schleifstein.
— bubuí — *pedra pomes*, Bimsstein (fluctuirender Stein).
— çantím † — *chuço*, Bratspies.
— coréra † — *limalha*, Feilspäne.
— ém — *pedra hume*, Alaun.
— goaçú — *penedo*, Fels, Felsstück.
— jiça † — *estanho*, Zinn.
— júba † — *dinheiro*, *moeda*, *ouro*, *prata*, Geld, Münze, Gold, Silber.
— júba jára † — *homem rico*, reicher Mann.
— júba monhangára † — *ourives*, Goldschmied.
— — rána † — *alquime*, Weisskupfer.
— — rerú — *thesouro*, Schatz.
— juráo — *grelhas*, Rost.
— ký — *pedra d'afiar*, Schleifstein.
— nimbó — *arame*, Erz, Drath.
— óca — *parede de pedra*, Steinmauerwand.
— péba — *chapa de ferro*, Eisenplatte.
— pecú — *barra de ferro*, *alavanca*, Eisenstange, Brechstange.
— pó mondé † — *algemas*, eiserne Fessel.
— pupé japý — *apedrejar*, steinigen.
— reté — *aço*, Stahl.
— rupiára — *alavanca*, Brechstange.

itá tupán çui océmo oaé † — *corisco*, *rayo*, Donnerstein, Blitz.
— týba — *pedregal*, *rochedo*, steinigter Ort, Klippe.
— ugui † — *verdete*, Grünspan.
— xáma — *cadeia de ferro*, eiserne Kette.
— yriri — *concha*, Muschelschale.
itui tui — *maçarico pequeno*, kleiner Eisvogel.
itýc — *arrancar*, *deitar no chão*, *derribar*; *imputar* — ausreissen, auf den Boden, niederwerfen; Schuld geben.
— ixupé — *imputar culpa*, Schuld zurechnen.
itycára — *pescador*, Fischer.
itykéra — *lixo*, Schmutz, Hefe.
— rendába — *monturo*, Schmutzhaufen.
ixé (jé) — *eu*, ich.
— aé — *eu sou*, *estou*, ich bin.
ixébo — *a mim*, mir.
ixupé — *a elle*, *a ella*, ihm, ihr.

J.

(Consonante, Jota.)

jababóra — *amotinado*, *fugitivo*, Rebelle, Flüchtling.
jababýra — *arraia* (*peixe*), Roche (Fisch).
jabáo — *ausentar*, *fugir*, *escapar*, entfernen, fliehen, entwischen.
jabé (aujé) — *basta*, es genügt.
— catú — *assim mesmo*, gerade so.
jabuticaba — *arvore*, *especie de murta*, Myrtaceae.
jabý — *errar*, *faltar*, irren, fehlen.
— tecó — *quebrantar a ley*, sich gegen das Gesetz verfehlen.
jabyçába — *desigualdade*, Ungleichheit.
— rupi — *inadvertidamente*, unbedachtsamer Weise.
jacá jacáo — *arresoar*, vernünftig urtheilen.
jacacáca — *lontra*, Fischotter.
jacanhémo — *terror*, *espanto*; *pasmar*, *titubar*, *perturbar*, *maravilhar-se*, Schreck, Entsetzen; schwankend seyn, verwirren, sich wundern.
jacáo — *pelejar*, *reprehensão*, mit sich im Streit liegen; Tadel.
jacaré — *crocodilo*, Kaiman.
— arú — *especie de lagarto*, Art Eidechse.
jacaroá — *poço*, *olho*, *d'agua*, Brunnen, Wasserquell.
— mirim — *charco*, Sumpf, Morast.
— oçú — *lago*, *lagoa*, See, Teich.
jaca-tupé — *raiz de batata*, *comestivel*, *papilionacea*, *radice tuberosa eduli*, ein essbares Knollengewächs.
jaceón — *chorar*, weinen.
jacoáub eté — *agudeza*, *industria*; *sagaz*, *ladino*, Scharfsinn, Betriebsamkeit; klug, abgerichtet.
— cýma — *rustico*, *nescio*, tölpisch, unwissend.
jacú oaé — *canhoto*, Einer, der links ist.
jaçuí — *cobrir*, *abafar*, *embrulhar*, *abastar*, zudecken, warmhalten, einwickeln; atzen.
— çába — *coberto*, *testo*, Deckel.
— óca — *telhar*, *cubrir a casa*, bedachen, das Haus eindecken.
jacumá — *leme*, Steuerruder.
jacumaýba — *piloto*, *arraez*, Steuermann, Führer.
jacý — *lua*, *mez*, Mond, Monat.
— çóba oçú — *lua cheia*, Vollmond.
— jearóca — *lua mingoante*, letztes Viertel.
— jemoturuçú — *lua crescente*, erstes Viertel.
— peçaçú — *lua nova*, Neumond.
— randý — *luar*, Mondschein.
— tatá — *estrella*, Stern, Gestirne.
jagoa jira — *rabo torto* (*lacrão*), gekrümmter Schwanz (Scorpion).

jagoára — *cão*, Hund.
— eté — *onça ou panthéra*, Unze oder Panther.
— keýba — *pulga*, Floh (Laus des Hundes).
— oatá ceniára — *andar o cão rastejando*, wenn der Hund der Fährte folgt.
— pyruçú — *rabugem de são*, Räude des Hundes.
jajumáne — *arcar na luta*, beim Ringen umfassen.
jajúra mondóca — *degolar*, erwürgen, abschlachten.
jakyrána — *cigarra*, Heuschrecke, Cicade, Laternträger.
jami jamí-marica — *puxos de cameras*, Stuhlzwang, Diarrhoe.
jamim — *espremer*, auspressen.
jambóre ixui † — *divorcio*, Ehescheidung.
jamotareýma — *odio*, *ter odio*, *aborrecer*, Hass, hassen, verabscheuen.
— tupí — *odiosamente*, gehässig.
— ucarubá † — *metter discordias*, Unfrieden stiften.
jamotinga † — *entrudo*, fetter Sonntag, vor dem Karneval.
jamurú catú — *ainda bem que assim succedesse*, *muito bem empregado*, selbst wenn es so geschähe, sehr gut angewendet.
jandára (port.) — *jantar*, zu Mittag essen.
jandé — *nós todos*, wir Alle (opposto à orê: nos outros); im Gegensatze von: wir Andere, unsere Leute.)
jandébo — *a nós todos*, uns Allen.
jánde arobaké — *ante nós*, vor uns.
— jára Jesú Christo ybý aiquéra etá † — *discipulos de J. Christo*, Schüler J. Christi.
— mbaé — *cousa nossa*, unsere Sache.
jánde paýa ipý, paya Adám † — *Adão*, Adam.
jánde paýa ipý rendaba quéra † — *paraiso terreal*, irdisches Paradies.
— tamuýa — *antigos*, die Urväter.
— teça-çába — *pestanas dos olhos*, Augenwimpern.
jandí — *azeite*, Oel.
jandiá — *especie de peixe*, Platystoma spatula.
— caraýba † — *crysma*, *Santos Oleos*, *extrema unção*, heiliges Oel, letzte Oelung.
— — rerú † — *ambula dos Santos Oleos*, Phiole für das h. Oel.
— çobay goára † — *azeite* (*de oliveira*) *do Reino*, Olivenöl.
— iróba — *azeite amargoso*, bitteres Oel (*da arvore Andiroba*, von Carapa gujanensis).
jandú — *aranha*, Spinne.
— kiçába — *téa d'aranha*, Spinngewebe.
— oçú — *aranha caranguejeira*, Krebsspinne (Mygale, Phoneutria.)
janéra (port.) — *janella*, Fenster.
japabóca — *partida*, *ida*, Abreise, das Gehen.
japatucá — *baralhar*, mischen.
japegoá — *centopea* (*insecto*), Tausendfuss (Scolopendra etc.)
japí — *atirar; topada*, auf etwas werfen, zielen; das Anstossen.
— apixába — *pedrada*, Steinwurf.
— cecé — *dar encontro*, zusammentreffen.
— japi — *apedrejar*, steinigen.
— mocába † — *disparar a espingarda*, die Flinte abschiessen.
japýcá — *estabelecer; geração*, *linha*, aufstellen; Geschlecht, Nachkommenschaft.
japinong — *onda*, Welle.
— oçú — *marezia*, Sturmwoge, hohles Meer.
japixá — *ferir*, schlagen, treffen.
japixába — *golpe*, *cortadura*, *ferida*, Stoss, Schnitt, Wunde.
japixáo — *acutilar*, mit Hieben verwunden.

japotý — *atar*, *amarrar*, binden, anbinden.
japotyçába — *laçada*, *vinculo*, Schlinge, Band.
japurú (japurúxitá) — *caracol*, (*bicho*), Schnecke, Muschelschnecke.
japyçá canhémo — *ensurdecer*, taub-machen, werden.
jar — *aceitar*, *receber*, *tomar*, annehmen, empfangen, nehmen.
jára — *dono*, *amo*, *ama*, *senhor*, *senhora*, Herr, Herrin, Besitzer.
jaticá — *fincar*, *pregar*, nageln, einrammen.
jatimá timám — *andar ao redor*, *ás voltas*, rings herum gehen, hin und her.
jatimána — *rodeamento*, das Herumgehen, Umkreissen.
jatimbór — *balançar-se*, sich im Gleichgewicht halten.
jatiúca — *carapato* (*insecto*), Zecke (Ixodes).
jatiý — *leicenço*, kleines Blutgeschwür.
— aýba — *carbuncúlo*, *anthrax*, Furunkel, Carbunkel.
javé aýba tenhé — *cada vez peor*, immer schlimmer.
— catú — *ao vivo*, *á maneira*, *apropriadamente*, *assim como*, *propriamente*, *assim he bom*, nach dem Leben, nach Art, genau nach, eben so als wenn, eigentlich, so recht.
— ipó — *assim deve ser*, so muss es wohl seyn.
— javé — *cada hum*, Jeder, Jede für sich.
— nhóte — *de balde*, *absolutamente*, *simplesmente*, *a gurnél*, vergeblich, unbedingter Massen, einfach, lose (unverpackt) geladen.
— tenhé — *nem mais nem menos*, nicht mehr und weniger.
jeacapic — *pentear-se*, sich kämmen.
jeambý óca — *assoar-se*, sich schneutzen.
jeapiçacár — *atenção no ouvir*, aufmerksames Zuhören.
jearóca — *mingoar*, *desinchar-se*, *estar diminuido*, vermindern, die Geschwulst verlieren, verringert seyn.
jeauçupába — *amor honesto*, ehrbare Liebe.
jeaybýc — *baixar a cabeça*, *afocinhar*, den Kopf neigen, auf's Gesicht fallen.
jebýc — *afogar*, *esganar*, *apertar*, erdrosseln, die Kehle zudrücken, zusammendrücken.
jebý jebýre — *passeio da porta*, Thorgang.
jebýca — *enforcar*, aufhängen.
jebycába — *forca*, Galgen.
jebyr — *repetir*, *tornar*, *voltar*, *resolver o apostema*, wiederholen, wieder-um-kehren; vom Geschwür: sich zertheilen.
jecaneón — *atribular-se*, sich ängstigen.
jecoáu ucár — *dar-se a conhecer*, sich zu erkennen geben.
jecoáub — *apparecer o perdido*, wenn das Verlorene wieder erscheint.
jecoacú oçú † — *quaresma*, die Fasten.
jecoacúba † — *jejum*, *sexta feira*, das Fasten, Freitag.
jecobiár — *alternar*, abwechseln.
jecoéma — *amanhecer*, Tag werden.
jecomeéng — *apparecer*, *expor-se*, *mostrar-se*, erscheinen, sich zeigen, sich vorstellen.
jecutúca — *picar-se*, sich stechen.
jecyrón — *em fileira*, in einer Reihe.
jegavár (port.) — *gabar*, rühmen.
jegoarú — *asco*; *enjoar*, Eckel; Eckel haben, erregen.
jejebúca — *enforcar-se*, sich aufhängen.

jejucá — *consumir-se*, sich abzehren.
jejucéne — *derramar-se*, sich ausdehnen, Leckwerden (v. Fahrzeug).
jejumíne — *emboscar-se*, *encobrir-se*, *esconder-se*, *agachar-se*, sich in Hinterhalt legen, verbergen, verstecken, niederkauern.
jekeri — *planta Mimosa*, *malicia, de mulher*, sensitive Pflanzen.
jekyci — *caldo*, *molho*, Fleischbrühe, Sauçe.
jekyi — *estar morrendo*, im Verscheiden seyn.
jemaácy — *fome*, *ter fome*, Hunger; hungern.
jemaenduár — *lembrar-se*, sich erinnern.
jemáne — *cousa velha*, alte Sache.
jemeéng — *dar-se*, *entregar-se*, sich hin- übergeben.
jememotár — *ter apetite torpe*, *vontade*, schändliche Neigung, Willen haben.
jememotára — *concupiscencia*, *vontade*, unordentliche Leidenschaft.
jemoá mondé — *vestir*, *trajar*, *revestir-se*, sich kleiden, wieder anziehen.
jemoacánga ýba — *endoudecer*, toll werden.
jemocanhémo — *assustar-se*, erschrecken.
jemoaçúca — *lavar-se todo*, sich baden, waschen.
jemoacý — *enternecer-se*, *estimular-se*, gerührt, weich, angefeuert werden.
jemoagoaçába † *amancebar-se*, im Concubinat leben.
jemoakýr — *enverdecer*, grün werden.
jemoanáma — *apparentar-se*, sich anvettern.
jemoangaigoára — *emmagrecer*, mager werden.
jemoantám — *coalhar-se*, gerinnen.
jemoapár — *entortar-se*, sich krümmen.
jemoapecýca — *deleitar-se*, sich ergötzen.
— oicó — *estar satisfeito*, zufrieden seyn.
jemoapúng — *tratar-se*, mit einander umgehen, zusammenhalten.
jemoatýr — *amontoar-se*, anhäufen.
jemoáub — *recear-se*, sich fürchten.
jemoaýba — *corromper-se*, *derrancar-se*, verderben.
— porýb — *peorar*, schlimmer werden.
jemoaçác — *arrancar-se*, sich ausreissen.
jemoaçacém — *divulgar-se*, sich bekannt machen, ausbreiten.
jemoçacuí — *guardar-se*, *precatar-se*, sich in Acht nehmen, sich vorsehen.
jemoçaimbé — *amolar-se*, sich abschleifen.
jemoçainàne — *aperceber-se*, *buscar o necessario*, gewahr werden, das Nöthige suchen.
jemocamarár (port.) — *amigar-se*, sich befreunden.
— jebýr — *reconciliar-se*, *fazer amizade*, sich aussöhnen.
jemocaneón — *afadigar-se*, *affligir-se*, *desarranjar-se*, sich ermüden, sich betrüben, in Unordnung kommen.
jemo çapó oáne — *criar-raizes*, Wurzeln treiben.
jemoçarái — *brincar*, *jogar*, scherzen, spielen.
jemoçaraitába — *jogo*, das Spiel.
jemoçaráne — *abster-se*, sich enthalten.
jemoçaraia — *galhofa*, Freude, Lustbarkeit.
— rupi — *por zombaria*, aus Scherz, zum Spott.
jemocarimbibo — *forcejar*, Gewalt anwenden.

jemocoár — *ter conta com algũa cousa*, eine Sache auf sich nehmen.
jemocoáub eýma — *disfarçar*, verhüllen, sich verstellen.
jemococáo — *desperdiçar-se*, vergeuden.
jemocoruí — *delir-se*, zerschmelzen, sich auflösen.
jemocruçá † — *benzer-se*, *persignar-se*, sich bekreuzen.
jemoeiké — *fazer entrar*, eintreten lassen.
jemoeté — *estimar-se*, sich schätzen, geachtet werden.
jemoirón — *desconfiar*, *amuado*, misstrauen; verdrüsslich.
jemokiá — *borrar-se*, *sujar-se*, sich beschmutzen.
jemomaraár — *definhar-se*, mager werden.
jemombeú †—*confessar-se*, beichten.
— aýba — *queixar-se*, sich beklagen.
jemombeuçába † — *confissão*, *penitencia*, Beichte, Busse.
jemombeuçára † — *penitente ou confessado*, Beichtender, Bussfertiger.
jemomembéca — *debilitar-se*, *enfraquecer-se*, schwach werden.
jemomendár — *casar-se*, sich verheirathen.
jemomenduár — *refrescar a memoria*, das Gedächtniss auffrischen.
jemomoriauçúba — *empobrecer*, verarmen.
jemomoxí — *envergonhar-se*, sich schämen.
jemondiára — *mez*, *ou menstruo das mulheres*, Monat, oder Reinigung der Weiber.
jemongetá — *conversar*, *praticar*, Freundschaft pflegen, umgehen, üben.
jemonháng — *medrar*, gedeihen.
jemonharón — *embravecer-se*, wild werden.

jemopéba — *criar materia*, eitern.
jemopering — *gabar-se*, *mentindo*, sich rühmen, mit Lüge.
jemoperic — *frigir-se*, brodeln, (in der Pfanne).
jemopirantám — *alentar-se*, *animar-se*, *convalecer*, sich ermuntern, beleben, gesund werden.
jemopitúne — *anoitecer*, *nublar*, *escurecer o ar*, Nacht werden, sich bewölken, verdunkeln.
jemopoí — *adelgaçar-se*, dünn, mager werden.
jemoporáng — *enfeitar-se*, sich schmücken.
— eté — *caprichar*, mit Eigensinn, grillenhaft handeln.
jemopotupáo — *agastar-se*, *indignar-se*, zornig, aufgebracht werden.
jemopotýr — *florecer*, blühen.
jemopuáme — *erguer-se*, *lavantar-se*, sich erheben, aufstehen.
jemoputuú — *apaziguar-se*, sich besänftigen.
jemopyá ýba — *apaixonar-se*, *enfadar-se*, in Leidenschaft gerathen, verdrüsslich werden.
jemoroiçáng — *esfriar-se*, sich erkälten.
jemoroó — *nutrir*, ernähren.
jemotaçába — *pancada*, Schlag, Stoss.
jemotágoá — *amarellecer-se a fruta*, Gelbwerden einer Frucht.
jemotaigoára — *alforriar-se*, *libertar-se*, sich ranzioniren, befreien.
jemotim — *envergonhar-se*, sich schämen.
jemotimbóre — *defumar-se*, sich parfümiren, durchräuchern.
jemoturuçú — *crescer*, wachsen.
jemotycám — *enxugar-se*, trocken werden, sich abtrocknen.
jemotyjobaé — *envelhecer-se*, altern.
jemotypipýr — *alargar-se*, breiter werden.

jemú — *frechar*, mit dem Pfeil schiessen.
jemuçára — *frecheiro*, Pfeilschütze.
jenepyám — *joelho, ajoelhar*, Knie, niederknien.
jenóng — *deitar-se, jazer*, sich niederlegen, liegen.
— ceráne — *reclinar-se*, sich zurückbeugen.
jenopán — *disciplinar-se*, sich einschulen.
jepára parábo — *diversidade de cousas, cores diversas*, Mannigfaltigkeit von Sachen, von Farben.
jepé — *hum, hùa*, Einer, e, es.
— jepé — *de hum em hum, hum e hum*, von Eins zu Eins, Eins um das Andere.
— oçú — *todos juntos em hum corpo*, alle vereinigt.
jepeába — *lenha*, Brennholz.
jepenhó — *unico*, der Einzige.
jepoçanóng — *curar-se*, sich heilen, curirt werden.
jepocoaçába — *junto*, verbunden, vereint.
jepocoáub — *affeiçoar-se, acostumar-se, familiaridade*, Zuneigung haben, sich angewöhnen; Vertraulichkeit.
jepoi — *alimentar, sustentar, cevar*, ernähren, unterhalten, mästen.
jepôóc — *arrancar-se*, sich ausreissen, enthaaren.
jeporocár — *mariscar*, Seemuscheln auflesen.
jepotár — *chegar*, ankommen.
jepotuú — *aliviar-se*, sich erleichtern.
jepyá mongetá — *considerar, cuidar, discorrer, imaginar, meditar, resolver-se, intentar*, betrachten, besorgen, überlegen, einbilden, sich entschliessen, beabsichtigen.
— mongetaçába — *meditaçâo, consideraçâo*, Nachdenken, Erwägung.
— rojebýr — *arrepender-se*, bereuen.

jepýca — *desafrontar, vingar*, Rache nehmen.
jepycýca — *abraçar-se*, sich umarmen.
jepycyrón — *apadrinhar-se, defender-se*, sich beschützen, vertheidigen.
jepypúca, jepypýca — *naufragio*, Schiffbruch.
jepyrón — *começar, principiar, ordir*, beginnen, anfangen, anzetteln.
jepyrypáne — *negociar*, Handel treiben.
jepytaçóca — *resistir*, widerstehen.
jeraragoaýa — *mentir, mentira, falsidade*, lügen; Lüge, Falschheit.
— oaé — *falsario*, Verfälscher.
— pupé acémo — *convencer*, beweisen.
— tupán réra ocenói — *jurar falso*, falsch schwören.
jerocekyjé — *resentido*, aufgebracht.
jerotim — *ignominia*, Schmach, Beleidigung.
jerubiaçába — *fidelidade*, Treue.
jerubiár — *confiar em alguem, jactar-se; soberba, presumpçâo*, Jemanden vertrauen, sich rühmen; Stolz, Dünkel.
— eté cecé — *vangloriar-se*, prahlen.
jesus christo jerubiaçába † — *fé catholica*, katholischer Glauben.
jeupir — *subir, trepar*, aufsteigen, klettern.
jeupirçába — *subida; costa acima*, das Aufsteigen; Anhöhe, bergan.
jicá — *quebrado*, ge- zerbrochen.
— jicá — *fender*, spalten.
jicaçába — *fenda, greta, abertura, racha, quebradura*, Spalte, Ritze, Oeffnung, Riss, Bruch.
jiceí — *entorpecer o pé, mâo etc.*, Einschlafen des Fusses, der Hand etc.
jimboé — *estudar, resar, aprender, ensinar, doutrinar; ensino*, studieren, beten, lernen, lehren; die Lehre.

jimboé papéra pupé † — *ler*, lesen.
jimboeçába † — *doutrina, estudo, lição, oração, reza*, Glaubenslehre, Unterricht, das Beten.
jimboeçára — *mestre*, Meister.
jiráo (giráo) — *especie de caniço. Sobrado de casa formada sobre forcados em sitios alagadiço*; Gestelle, Lattengerüste. Auch ein Haus auf Pfosten, an überschwemmtem Orte.
jóca — *tirar, desentupir*, herausziehen, entpfropfen.
jocoái — *occupar*, einnehmen.
jocoaiçára — *occupador*, Besitznehmer.
jocýb — *limpar, esfregando*, reinigen, scheuern.
jojabé — *parelha*, ein Paar.
jojóca — *soluçar*, schluchzen.
jokoc — *encontrar-se*, sich begegnen.
jomána — *abraço*, Umarmung.
jománe — *abraçar*, umarmen.
jombyá — *bosina*, Horn zum Blasen.
jomine — *esconder, agachar*, verbergen.
— rupí — *secretamente*, heimlich.
jomineçába — *segredo*, Geheimniss.
jopáne — *falquear, desbastar com enxó*, behauen, abhobeln.
jopine — *rapar, tosquiar*, scheeren.
joráo — *soltar, desamarrar, descoser, desfiar, destorcer, desembaraçar*, loslassen, losbinden, auftrennen, aufzasern, aufdrehen, entwirren.
jóre — *chamar*, rufen.
jotoím — *acotovellar*, mit dem Ellbogen stossen.
jotýme — *dispor, plantar, semear, enterrar, sepultar*, mit Erde decken, begraben.
— jebýre — *replantar*, wiederpflanzen, versetzen.
jú — *espinho*, Stachel, Dorn.
— týba — *espinhal*, Ort voll Dornen.

juba — *amarello, pallido*, gelb, blass.
jucá (ajuca) — *matar*, tödten.
— cý — *amofinar, aperrear, pirraça*, verdrüsslich, wüthend machen.
jucaçára — *matador*, Tödter.
juçára — *comichão, coçeira; frieiras*, Jucken; Geschwulst.
jucéi — *appetecer comer ou beber*, Verlangen nach Speise oder Trank.
juçéne — *derramar, despejar, escoar, trasbordar, vasar deitando fora*, aus- ab- giessen, einräumen, über- umladen, entleeren.
jucýb — *lavar, limpar*, waschen, reinigen.
— ánga † — *descarregar a conciencia*, das Gewissen reinigen.
jui (yuí) — *rã*, Frosch.
jukýra — *sal*, Salz.
— tyba — *salinas*, Saline.
jumíne — *negar, occultar*, läugnen, verbergen.
— rupí — *occultamente*, heimlicher Weise.
junçána — *ratoeira*, Mäusefalle.
jundiá — *peixe*, ein Fisch.
juraré — *cagado, tartaruga*, Schildkröte.
jurú — *boca*, Mund.
— aýba — *maldizente*, Verläumder.
— canhémo — *emmudecer*, verstummen.
— cé oaé — *affavel*, gesprächig, leutselig.
— çui — *fallador*, Sprecher.
— goére — *bacharelices*, Schwäzereien.
— jái — *admirar, pasmar*, bewundern, erstaunen.
— jái oicó — *estar pasmado*, erstaunt seyn.
— jeragoaía rupi oaé — *adulador*, Schmeichler.
— jýb — *cortezia*, Höflichkeit.

jurú néme — *boca fedorente*, übler Geruch aus dem Munde.
— oçú — *desbocado*, zügellos.
— pitucéme — *bafo*, Hauch, Lüftchen.
— pixuna — *Indios com malha preta na cara*, Ind. mit schwarztatowirtem Gesicht.
— puxi — *maldizente*, Verläumder.
jurupari ou jerupari — *especie de macaco, diabo, demonio, anjo máo*, Art Affe (Paniscus), Teufel, Dämon, böser Engel.
— eugananeçába † — *tentaçáo*, Versuchung.
— kybába (pecten Diaboli) — *centopea*, Tausendfuss (Scolopendra.)
— ratá † — *inferno*, Hölle.
— — póra † — *habitador do inferno, infernal*, Höllenbewohner, höllisch.
— remimonhánga † — *diabrura*, Teufelei.
— repotý † — *enxofre*, Schwefel, verbo: Unrath des Teufels.
jururé — *pedir, mendigar, requerer; suplicaçáo*, verlangen, betteln; die Bitte.
— catú — *rogar*, bitten.
— ceeé — *interceder*, fürbitten.
— ruré — *instar*, darauf dringen, bestehen.
jurureçába † — *deprecaçáo*, demüthiges Bitten.
jurureçára † — *pedintáo, valia*, Bitte, Fürbitte, Gunst.
jybá — *braço, manga do vestido*, Arm, Aermel.
— apára — *aleijado dos braços*, in den Armen gelähmt.
— babáca boé — *bodos, danças dos Tapúyos*, Fest, Tanz der wilden Indianer.
— cangoéra — *espadoa*, Schulter.
— goabirú — *lagarto do braço*, der grosse Muskel (biceps) am Oberarm.
— moapireçába — *cotovelo*, Ellenbogen.
jybá peçanga — *hombro*, Schulter.
— rajica — *pulso, vea*, Puls, Ader.
— ropitá — *cotovelo*, Ellenbogen.

K.

katá katác — *bulir por si*, in Bewegung seyn, baumeln.
kebýra — *irmáo, primo da mulher*, Bruder, Geschwisterkind weiblicher Seits.
kendára — *cerca, quintal*, Zaun, Hof.
kér — *dormir*, schlafen.
— aýba — *pesadêlo*, Alp im Schlaf.
kezemé (adv. incitat.) — *depressa fazei*, mach' geschwind.
kerirím — *calar, estar sereno; silencioso, triste*, still, klar seyn; schweigsam, traurig.
ketýc — *ralar, serrar, brunir, polir*, schaben, sägen, glätten, poliren.
keýba (cuba) — *piolho*, Laus.
— rána — *piolho ladro*, Filzlaus.
— ropiá (rupiara) — *lendea*, Haarnisse.
kyá quéra — *borra*, Satz, Hefen.
kyaçába — *nodoa*, Flecken.
kybába — *pente*, Kamm.
kyçába — *rede de dormir*, Schlafnetz.
— cemeýba — *guarniçáo, ou varandas da rede*, Besatz am Schlafnetz.
kycé — *faca*, Messer.
— apara — *fouce*, Sichel, Waldmesser.
— oçú — *facáo, cutello*, grosses Messer.
kyinha (quiya) — *pimenta*, Pfeffer.
— ají — *pimenta malagueta*, spanischer Pfeffer, Capsicum.
— çobaigoára † — *pimenta do Reino*, indischer Pfeffer.
kyrá — *gordo*, feist, fett.
kytám — *verruga*, Warze.

kytingóca — *limpar, desenferrujar, arear*, scheuern, von Rost reinigen.
— ánga † — *limpar a alma*, die Seele entlasten.

L.

librú (port.) † — *livro*, Buch.
— rendába † — *livraria*, Bibliothek.

M.

má (interrog.) — *significa desejo*, drückt einen Wunsch oder Frage aus.
— ára çui vé eatú — *desde quando?* seit wann?
— — pupé — *a que horas?* zu welcher Zeit?
— çui — *donde, donde vem?* woher?
— mbaé — *que cousa?* welche Sache?
— rupi — *por onde?* wohin?
macáca — *macaco, bugio*, Affe.
maçarica — *maçarico real* (*ave*), ein Wasservogel.
maém — *attentar, olhar*, ansehen, erwägen.
— çobaké rupi — *olhar ao redor*, herumsehen.
— été — *encarar*, scharf ins Gesicht sehen.
maenduaçába — *lembrança, sinal, pensamento*, Erinnerung, Zeichen, Gedanke.
maenduár — *lembrar, occorrer*, sich erinnern, begegnen.
— jebýr — *recordar*, in Erinnerung bringen.
maĉtepe (maĉtaco, maĉteranhe) — *hora vede agora*, die Stunde ist ungünstig.
majoi — *andorinha*, Schwalbe.
mairý — *cidade*, Stadt.
mairygoára — *cidadão*, Stadtbürger.
malloca — *aldea*, Dorf.
mamána — *dobra, embrulho, feixe, molho*, Falte, Stoff zum Einwickeln, ein Bund von Dingen.
mamáne — *dobrar, embrulhar, enrolar*, falten, einwickeln, einrollen.
máme — *aonde, onde?* wo? wohin?
— coaracý ocanhémo — *occidente*, Westen, Abend.
— nhóte — *algures*, irgendwo, irgend wohin.
— tá — *aonde?* wo immer? wohin nur?
mamópe (adv. loci) — *para onde?* wohin?
mamoçuipe — *donde vem?* woher?
mandú (port.) — *manoel*, Emanuel.
mandubava — *arbor* Cinchonae.
mangaratayá — *gengibre*, Ingwer.
manhána — *guarda, vigia, custodia, ronda*, Wache, Wachsamkeit, die Ronde.
— goára — *sentinela, vigia*, Schildwache, Spähe.
manketý — *para onde?* wohin?
manó — *morrer*, sterben.
manobi (mundubi) — *Arachis hypogaea*, eine Hülsenpflanze.
manó aýba — *occidente; desmaiar*, West; untergehn, ohnmächtig werden.
— manó aýba — *gota coral*, fallende Sucht.
mantéca (port.) retikéra — *torresmos, rojoês*, Schnitt gebratenen Speckes.
mapareýba (rectius guaparaiba) — *mangue vermelho*, Arbor: Rhizophora.
maraár — *desfalecer, finar-se, estar morrendo*, schwach werden, sich verzehren, sterben.
maracá — *cascavel*, Klapper (von Kürbiss) Zauberinstrument.
— boýa — *cobra de cascavel*, Klapperschlange.
maracaimbára — *feiticeiro, bruxa*, Klapper-Schwinger, Hexe.

maracatim*) — *navio, embarcação grande*, Kriegsfahrzeug der Indianer, grosses Schiff.
marám — *despropositos*, Ungereimtheit.
maramonháng — *batalhar, guerrear, brigar, pelejar; pendencia, guerra*, Schlacht liefern, Krieg führen, streiten, zanken; Hader, Krieg.
maramonhangára — *pendenciador, guerreiro*, Streiter, Krieger.
marandé — *mal, como não devia*, schlimm, wie es nicht seyn sollte.
marápe — *que vai? que queres?* was kommt, was willst du?
maránamope — *por que cousa?* aus welcher Ursache?
maránemepe — *em que tempo?* wann?
marica — *barriga, ventrecha*, Bauch, Fleisch um den Nabel.
martéra (port.) — *martello*, Hammer.
matapý — *covas de pescar peixe miudo*, Gruben zum Fischfang kleiner Fische.
maýa — *mãi*, Mutter.
— angába † — *madrinha*, Taufpathe.
mayabé — *como, que*, wie, dass.
— catú — *notavelmente*, beträchtlich.
— — çupí rupí — *ah como he verdade!* wie wahr es ist!
— ipó corí — *não sei o que sera*, ich weiss nicht, was es seyn mag.
— tá — *que vai de novo?* was giebt's Neues.
— — penhémo — *que vos parece?* wie dünkt es dir?
maytinga — *ama, senhora*, Gebieterin, Frau (weisse Mutter.)
mbaacý — *adoecer*, erkranken.
— aci oaé — *doença, contagio*, Krankheit, Ansteckung.
— aýba oçú — *peste*, Pest.
— jebýre — *recahir na doença*, Rückfall in der Krankheit machen.
mbaacybóra — *doente*, krank.
mbaacyçába — *doença*, Krankheit.
mbaé — *cousa*, Sache.
— amó — *algùa, cousa*, irgend eine Sache.
— aýba — *cousa terrivel, travesseira, veneno, cousa nociva, maleficio, agravo*, schreckliche, üble, schädliche Sache; Gift, Uebelthat, Unrecht.
— aýba eté — *cousa barbara*, sehr schlechte, barbarische Sache.
— — monhangára — *malfazejo, travesso*, Uebelthat, Feindseligkeit.
— — poçánga † — *triaga*, Theriak.
— — rupiára — *contraveneno*, Gegengift.
— çacý oaé — *peçonho, veno*, Gift.
— catú — *cousa boa, honesta, real*, gute, edle, wirkliche Sache.
— cé catú — *cousa saborosa*, wohlschmeckende Sache.
— cenipúca oaé — *cousa clara*, helle, einleuchtende Sache.
— epéba oaé — *cousa plana*, ebene, flache Sache.
— epooçú — *cousa romba, tosca*, stumpfe, grobe Sache.
— etá — *bens*, Besitzthümer.
— meoám — *cousa roim*, schlimme Sache.
— mogoáb oaé — *cousa coada*, durchgeseihte, geläuterte Sache.
— monhangára † — *feitor, oficial*, Factor, Handwerksmann.

*) Die Tupi hatten am Schnabel (Cantim) ihrer Kriegsfahrzeuge eine Klapperbüchse (Maracá), das Zauber-Instrument der Pajé und Anführer, angebracht, und schüttelten es beim Angriff; daher gaben sie europäischen grossen Schiffen den gleichen Namen.

mbaé nitío ipór oaé — *cousa oca*, hohle Sache.
—. oçú eté Tupána remimonhangára tenhé † — *prodigio*, Wunder.
— peçaçú — *cousa nova*, neue Sache.
— pecú — *cousa comprida*, lange Sache.
— piráng oaé — *cousa corada*, farbige Sache.
— pói oaé — *cousa delgada*, zarte, dünne Sache.
— poráng — *cousa formosa*, schöne Sache.
— puám — *cousa roliça*, runde Sache.
— puxi — *torpeza*, *adulterio*, *velhacaria*, (moralisch) schlechte Sache.
— — recé onheéng — *fallar leviandade, com máo fim*, leichtfertig, in übler Absicht reden.
— ráma recé tá — *aque fim? paraque fim?* wozu? zu welchem Ende.
— ráma tá — *paraque? a que?* warum doch? wofür?
— ramé — *quando? paraque? aque?* wann? wozu? wofür?
— rána — *vil e baixamente*, niedrig, niederträchtig, fälschlich.
— rangába — *painel*, Gemälde.
— recé — *porque? porque razão?* warum? aus welcher Ursache?
— repiáca — *visão*, eine Erscheinung.
— retúna — *olfacto*, der Geruch.
— uçába — *pasto, comida*, Speise, Essen.
— — rendába † — *refeitorio*, Speisezimmer.
— uú — *refeição*, Etwas zu sich nehmen.
— — eté — *gula*, Gefrässigkeit.
mboi boi — *jarretar*, Kniekehle durchschneiden, schwächen.
— — opáo — *abraçar, destruir*, verbrennen, vernichten.
mboî boi lanceta (port.) pupé — *sarjar*, mit der Lanzette einschneiden, schröpfen.
mé praepos. — *na*, in.
meapé — *pão*, Brod.
— antám — *biscouto*, (festes Brod), Zwieback.
meauçúba — *cativo, escravo, servo*, Gefangener, Sclave, Diener.
meauçubóra — *escravidão*, Sklaverei.
meéng — *dar, conceder*, geben, gestatten.
meengába — *dadiva, prezente*, Gabe, Geschenk.
megoé — *pouco*, wenig.
— megoé — *pouco e pouco, de vagar*, nach und nach, ohne Eile.
— — rupí — *vagarosamente*, langsam.
— rupi onheéng — *fallar baixo*, leise reden.
membéca — *fraco, tenro, molle*, schwach, zart, weich.
— ira rupí — *amorosamente*, liebevoll.
membý — *gaita, bozina, flauta, trombeta*, Pfeife, Horn, Flöte, Trompete.
— apára † — *clarim*, Zinke, Clarinett.
— jupiçára — *trombeteiro*, Trompeter.
— pejuçára — *gaiteiro, bozinador*, Sackpfeifer, Hornbläser.
membýra — *filho, filha da mulher*, Sohn, Tochter der Frau.
— angába † — *afilhado, afilhada da mulher*, Taufpathe der Frau.
— rerú — *madre*, Mutter der Frau.
— ty — *nova*, mannbar geworden.
membyrár — *parir*, gebähren.
memé — *sempre da mesma maneira*, immer in gleicher Weise.
— meméte ipó, memétene — *principalmente, quanto mais*, vorzüglich, um so mehr.

mendaçába — *casamento*, Verehelichung.
mendaçára — *casado, casada*, verehelicht.
— roçapoçailába † — *bando de casamento*, Aufgebot zur Hochzeit.
mendaçareýma — *solteiro, solteira*, unverehelicht.
mendár — *casar*, heirathen.
mendára — *matrimonio*, Ehe.
mendúba — *sogro*, Schwiegervater,
mendý — *sogra*, Schwiegermutter, *da mulher*, der Frau.
meoám — *lesão*, *macula*, *nota*, *defeito*, *taxa*, *mal*, *maleficio*, Verletzung, Schandfleck, Gebrechen, Tadel, Uebel, Uebelthat.
meoançába — *maldade*, Bosheit.
meré — *bazo*, die Milz.
meréba — *chaga*, Wunde.
— aýba — *lepra, bexigas*, Aussatz, Blattern.
— piréra — *bostella*, Blatter, Hitzblatter.
merendára (port.) — *merendar*, Vesperbrodessen.
merú — *mosca*, Mücke.
meruim — Stechfliege (Simulium).
— rupiára — *vareja*, Made (verbo: origo muscae.)
mikýra — *nádegas*, Hinterbacken.
mimbábo*) — *criação*, *gado*, Zucht von Thieren, Rindvieh.
minó — *fornicar*, huren.
minói — *cosinhar*, kochen.
minonçára — *fornicario*, Hurer.
mirá (myrá) — *gente, vulgo*, Volk, Leute.
mirá reapú — *tropel de gente*, Haufen Leute.
— reçabé — *publicamente*, vor den Leuten.
mirá recó rupi — *vulgarmente*, öffentlich.
— reýa — *acompanhamento, ajuntamento de gente*, *tropa*, Begleitung von Leuten, Truppen.
— reýa opuáme — *reboliço*, *alvoroço*, Aufstand, Lärm, Geschrei vieler Leute.
mirim (merim, miri) — *pouco, pequeno*, wenig, klein.
— aýra — *muito pequeno, pequeninho*, sehr klein, winzig.
— nhóte — *hum quasi nada, porhum nada quasi*, unscheinbar klein, fast um Nichts.
— purýb — *menos, pouco menos*, weniger.
mirýba † — *Barbara* (*nome de mulher*), Barbara (weiblicher Name).
missa monháng † — *celebrar, dizer miza*, die Messe feiern, lesen.
— pytúna † — *dia de Natal*, Weihnachtstag.
— pytybonçára † — *ministro, ajudante da missa*, Ministrant.
mitánga — *criança*, Kind.
— jeruçába rerú † — *pia baptismal*, Taufstein.
— recó — *meninice*, Kindheit.
mitýma — *planta*, Gewächs, Pflanze.
mixica rána (Bexigas, port.) — *sarampão*, Masern.
mixíra — *assadura*, gebratenes Fleisch (Wurst aus Lamantinfleisch).
mixíre — *assar*, braten.
mo (propos.) — *em, em lugar*, in, statt; *acolá*, hierher.
moabýc — *coser com agulha*, nähen.
— jabe nhóte — *alinhavar*, nähen mit grossen Stichen.

---

*) Xerimbábo oder Xerimbábo ist ein oft gehörter Ausdruck für irgend ein gezähmtes Thier, und wird auch von Menschen gebraucht.

moacang-aybá † — *constranger*, *desencabeçar*, *fazer endoudecer induzir para mal*, *melancolizar*, *persuadir*, nöthigen, Etwas ausreden, einen dumm reden, zum Bösen verführen, traurig machen, überreden.

moacanhémo — *desanimar*, *turbar*, *perturbar*, *fazer sobresaltar*, *soverter*, entmuthigen, verwirren, erschrecken, umstürzen.

moacára — *fidalgo*, *fidalga*, ein (oder eine) Adeliger.

— etá — *principaes*, *grandes*, *nobres*, vornehme, grosse, edle Leute.

moacú — *aquentar*, erhitzen.

moaçúc — *banhar alguem*, Jemanden baden.

moacýc — *magoar*, *doer-se*, *sentir-se*, trauern, Schmerz haben, bedauern.

moacyçába — *magoa*, *sentimento*, *contriçâo*, Leidwesen, Kummer, Reue.

moacyçába oxipiaca recé mbaé catú mira çupé † — *inveja*, Neid.

moacyçára † — *penitente*, *magoado*, büssend, traurig.

moagica — *engrossar o liquido*, eine Flüssigkeit verdicken.

moagoaçába — *amancebar-se*, im Concubinat leben.

moakýme — *regar*, *molhar*, *humedecer*, befeuchten, nass werden.

moamanajé — *alcovitar*, kuppeln.

moáme — *armar*, bewaffnen.

moanáma oçú — *embastecer*, verdicken.

moáng — *cuidar*, *fingir*, *affligir*, sorgen, sich verstellen, betrüben.

moánga — *fingimento*, Erdichtung.

moantám — *apertar*, *atarracar*, *entesar*, *fechar trancando*, verengen, festbinden, spannen, verriegeln.

— tatápe — *entesar âo fogo*, über dem Feuer anspannen.

moantançába — *parapeito*, Brustwehr, Wall.

moapár — *entortar*, *arquear*, *derribar*, *aleijar*, krümmen, biegen, niederwerfen, lähmen.

moapecýca — *animar*, *deleitar*, *contentar*, *satisfazer*, *consolar*, liebkosen, vergnügen, zufrieden stellen, trösten.

moapecyçába — *deleitaçâo*, Vergnügen.

moapopóc — *afrouxar a corda*, *soltar*, *afrouxar*, die Saite abspannen, lösen, erschlaffen.

moapúng — *fartar*, voll füllen.

moapungába — *abastanza*, *fartura*, Ueberfluss, Menge.

moapý — *tanger*, *tocar*, berühren, angreifen.

moapýca — *fazer alguem assentar*, Jemand sitzen machen.

— papéra (port.) pupé — *assentar ou apontar em papel*, *rol*, auf das Papier, in die Liste setzen.

moapyçára — *tangedor*, *tocador*, Berührer, Spieler eines Instrumentes.

moapýr — *augmentar*, *acrescentar*, *accumular*, vermehren, anwachsen, anhäufen.

moapyreçúba — *acrescentamento*, *augmento*, Zunahme, Wachsthum.

moapureçára — *acrescentador*, Vermehrer.

moapyxaim — *encrespar*, kräuseln.

moár tatá — *fazer fogo*, Feuer machen.

moatúca — *encolher*, *estreitar*, *encurtar*, *abreviar*, *resumir*, einziehen, verengen, ver- ab-kürzen, kurz wiederholen.

moatýr — *amontoar*, aufhäufen.

moáub — *attribuir*, *presumir*, *recear*, *suspeitar*, *notar*, zuschreiben, voraussetzen, fürchten, argwohnen, anmerken.

— aýba — *deitar a má parte*, übel auslegen.

moaugé — *consumir*, *inteirar*, verzehren, vollständig machen.
moaugoéra aýba — *malicioso*, boshaft.
moaýb — *arruinar*, *corromper*, *derrancar*, *damnificar*, *desconcertar*, *estragar*, *offender*, *deflorar*, zu Grund richten, verderben, verwirren, beschädigen, beleidigen.
— çainha — *botar os dentes*, Zähne ausziehen.
mobabóc † — *moer cana d'assucar*, Zuckerrohr mahlen.
mobóc — *escalar peixe*, *rachar*, einen Fisch ausweiden, spalten.
— cúnha (port.) pupé — *fender com cunhas*, mit Keilen spalten.
mobýr — *quantos*, wie viele?
— eý — *quantas vezes*, wie vielmal?
— hóra (port.) — *que horas são?* welche Zeit ist's?
— nhóte — *alguns somente*, nur Einige.
mobyrú birú — *rugir*, roth werden.
moçabé — *abolorecer*, schimmlicht werden.
moçabaipór — *embebedar totalmente*, gänzlich berauschen.
moçác — *arrancar*, *despregar*, ausreissen, entnageln.
moçação — *atravessar*, *passar*, durchbohren, durchgehen.
moçacém — *espalhar*, *divulgar*, verbreiten, bekannt machen.
moçái — *azedar*, sauer machen.
moçaimbé — *afiar*, *aguçar instrumento cortante*, wetzen, schmieden, das Instrument schärfen.
moçangáb — *assinalar*, *debuxar*, *afigurar*, *medir*, *demarcar*, *pesar*; *idear*, bezeichnen, zeichnen, vorstellen, messen, ausmessen, wägen; Vorstellung fassen.
moçantim — *aguçar*, *fazer bico*, schleifen, eine Spitze machen.
moçapýr — *trez*, die Zahl drei.
moçatambúca — *endireitar*, richten.
moçaray — *escarnecer*, *zombar*, *folgar*, *brincar*, *galantear*, *triumfar*, verspotten, sich freuen, spielen, liebkosen, triumphiren.
— goéra — *bobo*, ein Verspotteter, ein Dummkopf.
moçaráya rupi — *de zombaria*, aus Spott.
— rupinhóte onheéng † — *fallar leviandades*, leichtfertige Reden führen.
mocaraytára — *dançador*, Tänzer.
mocá cui — *polvora*, Schiesspulver.
mocába † — *espingarda*, Flinte.
— membýra mirim † — *pistola*, Pistole (Flinten-Tochter).
— oçú — *peça d'Artilharia*, Kanone.
— raýna † — *munição*, *chumbo*, Munition, Blei.
— reapú — *tiro*, Flintenschuss.
mocaém *) — *assar na lavareda*, am offenen Feuer braten.
mocambý — *dar de mamar*, die Brust geben.
mocaneón — *afadigar*, *affligir*, *atribular*, *desarranjar*, *estufar*, ermüden, betrüben, quälen, auseinander bringen, in Schweiss versetzen.
mocanhémo — *assolar*, *assustar alguem*, *desperdiçar*, verwüsten, Jemanden erschrecken; verschwenden.
mocaóca mirim † — *presidio*, befestigter Wachtposten.

---

*) Die Brasilianer gebrauchen jetzt die Ausdrücke: moquecár, fazer moquem, fazer de moquém, welche alle dasselbe bedeuten, wie Boucan der Caraiben, woher: Boucaniers.

mocaóca oçú † — *castello*, *fortaleza*, Castell, Festung.
mocatú — *lavar a outrem*, Jemanden waschen.
mocaú — *embebedar*, berauschen.
moceaquéne — *perfumar*, durchräuchern.
mocekyjé — *espantar*, *assustar*, *atemorisar*, erschrecken, in Furcht und Schrecken setzen.
— çába † — *espantalho*, Vogelscheue.
— kyjé — *ameaçar*, drohen.
mocem — *estender*, ausbreiten.
mocéme — *remir*, lösen.
mocémo — *privar*, *pronunciar*, berauben, verkündigen.
— cecó quéra çui † — *absolver d'algùa obrigaçào*, von einer Verpflichtung lösen.
— ybý coára çui — *desencovar*, das Wild aus seinem Lager jagen.
mocendý — *alumear*, erleuchten.
— púca — *fazer luzir*, leuchten machen.
mocerakuéne aýba — *infamar*, verleumden.
— catú — *acreditar*, *honrar*, *afamar*, beglaubigen, ehren, Ruf geben.
moceráne — *abater*, *fazer pouco caso*, *vencer*, abschlagen, gering achten, besiegen.
mocimbába † — *plaina de carpinteiro*, Hobel des Zimmermanns.
mococába — *gasto*, Aufwand.
mococáo — *desperdiçar*, verschwenden.
mococáo-çára — *desperdiçador*, Verschwender.
moçocobiár — *compensar*, *remunerar*, *substituir*, ausgleichen, belohnen, an die Stelle setzen.
mococói — *derribar a fructa*, die Frucht herunterwerfen.
mocoéne — *dar os bons dias*, guten Tag wünschen.
mocói — *dois*, die Zahl zwei.
mocói rupi — *de duas maneiras*, auf zweierlei Weise.
— vé — *ambos*, *ambas*, *hum e outro*, Beide, der Eine und Andere.
mocóne — *engulir*, verschlingen.
moçororó — *chá*, *bebida*, Thee, Trank.
mocorui — *delir*, *esmigalhar*, *ralar*, auflösen, schmelzen, schaben.
moçorýb — *repicar*, anpicken.
— tamaracá † — *repicar o sino*, die Glocke läuten.
mocuruçá † — *cruzar*, sich kreuzigen.
mocubé catú — *agradecer*, *dar lembranças*, danken.
mocui — *moer*, zermalmen, mahlen.
mocuim (mucuim) — *insecto*, *que faz comixào*: Trombidium.
mocui-çára † — *moedor*, Müller.
moçupí — *affirmar*, *assegurar*, *certificar*, *ratificar*, *justicar*, bestärken, versichern, vergewissern, genehmigen, richten.
— onheéng — *cumprir a palavra*, sein Wort halten.
mocýme — *alizar*, *aplainar*, *polir*, *raspar*, glätten, hobeln, poliren, raspeln.
mo-ecýca — *grudar*, *soldar*, *engomar*, leimen, löthen, steifen.
mo-eém — *salgar*, salzen.
mo-eté — *acatar*, *respectar*, *venerar*, *honrar*, *reverenciar*, *festejar*, *solemnizar*, schätzen, achten, verehren, feiern.
mo-eteçába — *estimaçào*, *honra*, *respeito*, *veneraçào*, Schätzung, Ehre, Achtung, Verehrung.
mo-eteçára — *devoto*, *venerador*, andächtig, Verehrer.
mogejýb — *fazer descer alguem*, Jemanden herabsteigen lassen.
mogoáb — *coar*, *crivar*, *peneirar*, durch-seihen, -sieben.
mogoaçú — *difficultar*; *encare-*

cer ou subir de preço, erschweren; steigern, Preis erhöhen.
mogoaçuçába — *encarecimento, exageração*, Steigerung, Uebertreibung.
mogoapába — *coador*, Seiher.
mogýb — *abaixar*, niederdrücken, erniedrigen.
moingé — *recolher*, zusammenbringen.
moira cruçá † — *rosario*, Rosenkranz.
mojabáo — *afugentar*, *espantar*, verscheuchen, erschrecken.
mojabý — *fazer errar*, irre machen.
mojaceón — *fazer chorar*, weinen machen.
mojaóca — *apartar*, *separar*, *dividir*, *partir*, *repartir*, *distribuir; exceptuar*, trennen, theilen, ab-wieder-vertheilen; ausnehmen.
mojaocaçába — *apartamento*, Abscheidung.
mojapixaim — *encrespar*, kräuseln.
mojár — *chegar hùa cousa á outra*, eine Sache der andern nähern.
— cecé — *unir a cousa cortada*, vereinigen, zusammenbringen.
— curuça recé † — *crucificar*, kreuzigen.
mojarú — *gracejar*, *afagar*, *acariciar*, *ameigar*, *contentar*, scherzen, schmeicheln, liebkosen, zärtlich behandeln, zufrieden stellen.
mojaticó — *pendurar*, hängen.
mojaticoçába — *pendura*, das Hängen.
mojatinóng — *embalançar*, die Wage gleich stellen.
mojearóca — *diminuir*, vermindern.
mojebýr — *tornar*, *fazer voltar*, *restituir*, drehen, umkehren, wiederherstellen.
mojeciar — *acamar hùa cousa sobre outra*, eine Sache auf die andere schichten.
mojecirón — *mandar pôr em fileira*, in Reih und Glied stellen.
mojecoabába † — *revelação*, Offenbarung.
mojecoáub — *declarar*, *manifestar*, *revelar*, erklären, kund geben; offenbaren.
— çupi çába — *averiguar*, *a verdade*, die Wahrheit darthun.
mojegoarú — *asco; causar nojo*, Eckel; Widerwille erregen.
mojemoirón — *amuar*, *fazer desconfiar*, verdrüsslich, misstrauisch machen.
mojemombeú † — *confessar*, beichten.
mojemonbeuçára † — *confessor*, Beichtvater.
mojemonháng — *gerar*, zeugen.
mojenhóng — *deitar*, niederlegen.
mojepó oçú † — *ajustar em hum corpo*, *encorporar*, *unir*, vereinigen in Einem Körper, incorporiren.
mojepocoáub — *amansar*, *domar*, *habituar*, *acostumar*, zähmen, bändigen; gewöhnen, angewöhnen.
mojepypýca — *alagar*, überschwemmen.
mojeré — *virar*, wenden, drehen.
— jebýr — *revirar*, umwenden.
mojereragoáy — *desmentir alguem*, einen Lügen strafen.
mojenpýr — *subir*, *fazer trepar*, hinauf steigen, klettern machen.
mojojabé — *ajustar*, *igualar*, *emparelhar*, *assemelhar*, *arresoar*, herstellen, gleichmachen, vergleichen, vernünftig urtheilen.
mojokóc — *arrimar*, *encostar*, nähern, anlegen.
mokatac — *abalar*, *abanar*, *fazer bolir*, bewegen, schütteln, schwenken.
mokéca — *embrulho*, Wrappert.
mokóçóc — *enxagoar*, *vascolejar*, waschen, ausspühlen, umrühren.

mokýa — *borrar*, *ofuscar*, auslöschen, verdunkeln.
mokyrá — *engordar*, mästen.
mokylám — *dar nó*, Knoten, Schleife machen.
momaenduár — *fazer lembrar*, in Erinnerung bringen.
momaraár — *ajoujar*, *fazer desfalecer*, zusammenkoppeln; schwach machen.
momarendúb — *notificar*, benachrichtigen.
— mombaé — *despertar do somno a alguem*, jemand vom Schlaf aufwecken.
mombáo — *gastar*, *acabar*, *finalizar*, aufbrauchen, zu Ende bringen.
— catú — *aperfeiçoar*, verbessern.
mombeú — *dizer*, *referir*, *relatar*, sagen, erzählen.
— aýba — *maldizer*, *accusar*, *culpar*, übel nachreden, anklagen, beschuldigen.
— catú — *admoestar*, *explicar*, *recommendar*, ermahnen, erklären, empfehlen.
— catú cecé — *louvar*, *inculcar*, loben, einschärfen.
— tupána nheénga † — *evangelizar*, das Evangelium predigen.
mombóre — *botar*, *lançar*, *deitar fóra*, *repudiar*, hinausstossen, werfen; verstossen.
— çobápe — *dar em rosto*, vorwerfen, in den Bart reiben.
mombúc — *furar*, *deflorar*, stehlen, schänden.
momembée — *abrandar*, *amollecer*, erweichen.
momembéca — *enfraquecer*, *debilitar*, *quebrantar*, schwächen, zerbrechen.
— cerána — *afrouxar*, loslassen, schlaff werden.
momendár † — *fazer casar*, heirathen machen.
momoráng — *saudar*, grüssen.
momoriauçúba — *empobrecer*, verarmen.
momorotínga — *branquear*, weissen, weiss machen.
momoxi — *injuriar*, *viciar*, *descompor*, *affear*, *enxovalhar*, *envergonhar*; *adulterar*, beleidigen, beschädigen, beschimpfen, entstellen, besudeln, beschämen; Ehe brechen.
— onheénga pupé — *affrontar com palavras*, mit Worten beleidigen.
momoxiçába — *injuria*, *descompostura*, Beleidigung, Unbescheidenheit.
momoxiçára — *enxovalhador*, *injuriador*, *profanador*, Beschimpfer, Beleidiger; Entheiliger.
monáne — *misturar*, mischen.
monaxi — *irmãos gemeos*, Zwillinge.
mondá — *furtar*, *pilhar*, stehlen.
mondaçába — *pilhagem*, *furto*, Diebstahl.
mondaçára — *ladrão*, Dieb.
mondar — *levantar falso testemunho*, lügen, falsch Zeugniss geben.
mondé — *metter*, *recolher*; *alçapão (armadilha)*; *tronco*; *prisão*, setzen, einschliessen; Schlinge, Vögel zu fangen; Fesselklotz; Gefängniss.
— motóa — *abotoar*, zufallen, verknüpfen (von der Schlinge.)
— póra — *preso*, Gefangener.
— tinta (port.) pupé — *tingir*, Farbe auftragen.
mondó — *despedir*, *despachar*, *impor*, *mandar*, *ordenar*, schleudern, werfen, ausfertigen, darauf setzen; befehlen.
mondóc — *cortar*, *partir*, schneiden, theilen.
mondoçára — *mandante*, der Befehlende.
mondoçóca — *despedaçar*, *cortar*,

partir, *retalhar*, *rasgar*, zerstücken, schneiden, trennen, abschneiden, zerreissen.

mongaraýb † — *abençoar*, *benzer*, *sagrar*, segnen, heiligen.

mongatirón — *assear*, *ornar*, *armar*, *adornar*, *compor*, *concertar*, *remendar*, putzen, zieren, herrichten, zusammenstellen, ausbessern.

— tembiú — *temperar o comer*, die Speise würzen.

mongatironçába — *ornamento*, *adorno*, *armaçâo*, *compostura*, Zierde, Zierrath, Herstellung, Einrichtung.

mongatironçára — *armador*, *compositor*, Einrichter, Hersteller.

mongér — *adormecer a outrem*, jemanden einschläfern.

— aýba — *maldiçâo*, Verwünschung.

mongetá — *conferir*, berathschlagen.

— catú ixupé — *dar bom concelho*, guten Rath ertheilen.

mongetaçába — *pratica*, Uebung.

mongui — *desfazer*, *destruir*, *derribar*, zu Nichte machen, zerstören.

monháne — *empurrar*, *fazer correr*, in die Seite stossen, laufen machen.

monháng — *fazer*, *obrar*, *operar*, *fabricar*, *tirar do nada*, thun, arbeiten, in's Werk richten, verfertigen, erschaffen.

monhangába — *fabrica*, Fabrik.

monhangára — *artifice*, *creador*, *operario*, Künstler, Schöpfer, Meister.

monharón — *afilar*, *assanhar*, *esbravejar*, hetzen, zornig, wild machen.

mooicó cecé — *applicar alguem a algüa cousa*, Jemand zu etwas verwenden.

— pecú — *fazer durar*, *retardar*, Dauer geben, verzögern.

mooiconhóte — *accommodar*, *aquietar*, *socegar*, *suspender*, einrichten, beruhigen, besänftigen, verschieben.

mopanémo — *frustrar*, betrügen, täuschen.

mopé — *aplanar o caminho*, den Weg ebnen.

mopeçacú — *renovar*, erneuern.

— jebýre — *reformar*, umbilden, verbessern.

mopecú — *alargar*, *prolongar*, breiter, länger machen.

mopéne — *quebrar pâo*, Holz zerbrechen.

— çupé cangoéra — *derrear*, Bein brechen.

moperé — *embaçar*, *ou endurecer-se o baço*, Milzverhärtung. Bildung von s. g. Fieberkuchen.

moperébe — *chagar*, verwunden.

mopexib caraýba pupé † — *crismar*, mit heil. Oel salben.

mopebúre — *mexer*, mischen.

mopóc (popóc) — *arrombar*, *rebentar a outrem*, *fazer estalar*, *rachar*, einbrechen, aufreissen, bersten, krachen machen.

mopoi — *adelgaçar*, *desengrossar*, verdünnen, verfeinern.

mopokerýc — *fazer cocegas*, kitzeln.

mopopecýca — *pegar na mâo a alguem*, Jemanden bei der Hand nehmen.

moporacé, moporaceyma — *fazer dançar*, tanzen machen.

moporáng — *adornar*, *enfeitar*, *afformosear*, schmücken, zieren, verschönern.

— moánga oçú — *affectar*, etwas mit Leidenschaft suchen.

moporará — *atormentar*, *fazer padecer*, quälen, leiden machen.

mopotopáo — *accelerar*, *agastar*, beschleunigen, aufbrauchen.

mopotuú — *aliviar*, *fazer descançar*, *fazer aplacar*, *apaziguar*,

erleichtern, ausruhen lassen, stillen, besänftigen.
mopoluú tugui — *estancar o sangue*, das Blut stillen.
mopú — *enxotar*, trocken.
— cetáma çui — *degradar*, herabsetzen.
— reté tamaraca † — *dobrar o sino*, das Glockengeläute verdoppeln.
mopuáme — *levantar a quem está sentado*, *fazer erguer*, *desencostar; arguir*, aufstehen (vom Sitze), auf- in die Höhe richten, gegen Einen auftreten, tadeln.
mopucá — *fazer rir*, lachen machen.
mopuir — *fazer desapegar*, *desviar a outrem*, losmachen, losreissen, ablenken.
mopyá catú — *consolar*, trösten.
— catú abá pupé † — *grangear a vontade de alguem*, eines guten Willen erlangen.
— catú aýba † — *agravar*, *desgostar*, *enfadar*, *angustiar*, *entristecer*, *importunar*, beschweren, Verdruss, Eckel machen, ängstigen, traurig machen, beschwerlich fallen.
— catú taýna mirim — *acalentar a criança*, den Säugling besänftigen.
— catuçába — *cunsolação*, Tröstung, Trost.
— catuçára — *consolador*, Tröster.
— oçú — *afoutar*, dreist machen.
mopýpýc — *remar miudamente*, in kleinen Schlägen rudern.
mopyrantám — *alentar*, *animar*, *esforçar*, *confortar*, *reforçar*, aufmuntern, beleben, stärken.
— oaé — *cousa substancial*, wesentliche Sache.
mopytá — *agasalhar*, *deter*, liebkosen, zurückhalten.
mopytúba — *acanhar*, *acobardar*, furchtsam machen.
mopytúne — *dar as boas noites*, gute Nacht wünschen.
mopyxúne — *tinger de preto*, schwarz färben.
— cerâne — *offuscar*, *enfuscar*, dunkel machen.
mora (mura, bora) — *guerreiro*, *inimigo*, Krieger, Feind.
moraçába — *maço*, Klöpfel, Keule.
moramonháng — *guerrear*, *brigar*, Krieg führen, streiten.
moramonhangába — *guerra*, *briga*, Krieg, Streit.
morandú guére — *chocalheiro*, schwatzhaft.
morandúb — *avizar*, benachrichtigen.
morandúba — *avizo*, *recado*, *noticia*, *embaixada*, Nachricht, Antwort, Kundgabe, Botschaft.
— aýba — *queixa*, *querella*, Klage, Anklage.
morauçúb — *apiedar-se*, *ter compaixão*, Mitleid haben.
— eýma — *impiedade*, Gottlosigkeit.
morauçúba — *caridade*, *misericordia*, *piedade*, Liebe, Barmherzigkeit, Frömmigkeit.
moraukýý — *occupação*, *serviço*, *trabalho*, Beschäftigung, Dienst, Arbeit.
— mocapýr † — *quarta feira*, Donnerstag.
— mocói † — *terça feira*, Mittwoch.
— oçú — *trafego*, Tumult, Unruhe.
— py † — *segunda feira*, Dienstag.
moraukyçába róca † — *officina*, Werkstatt.
moraukyçárá — *trabalhador*, *jornaleiro*, *servente*, Arbeiter, Taglöhner, Diener.
moreauçúba — *pobreza; tyrania*, *tratar mal*, Armuth; Tyrannei, üble Behandlung.
moreauçubóra — *pobre*, arm.

morepotára — *luxuria*, Ueppigkeit.
morepý — *salario*, *paga*, Sold, Zahlung.
morerú — *deitar de molho*, einweichen.
mororýb — *alegrar*, erfreuen.
morotinga — *cousa branca*, *alvara*, eine weisse Sache; Amtsschreiben.
— ceráne — *alvacento*, weisslich.
— nongára ojecoáub — *alvejar ao longe*, von weiten weiss, hell werden.
moroyçáng — *refrescar*, *esfriar*, abkühlen, erkälten.
moroxába oçú † — *general*, General.
morýb — *afagar*, *ameigar*, *acariciar*, *contentar*, *lisonjear*; *lisonja*, liebkosen, verzärteln, zufrieden stellen, loben; Lob.
moryçába — *caricias*, Liebkosungen.
motác — *bater*, *rebater*, schlagen, zurückschlagen.
motaçába — *maço de bater*, Klöpfel, Keule.
motatác — *anazar*, klopfen, durch einander rühren.
motecó coáub — *ensinar*, *doutrinar*, *encaminhar*, lehren, belehren, Weg zeigen.
moteité — *apoucar*, verringern.
motekýr † — *fazer destilar*, distilliren lassen.
motekyreçába † — *alambique*, Destillirblase.
motemúng — *sacudir*, schütteln, stossen.
motening — *seccar*, *torrar*, trocknen, rösten.
motepypý — *alargar*, verbreitern.
motepytýng — *turbar a aqua*, Wasser trüben.
moteryc — *apartar*, *afastar*, *desviar*, *arrastar*; *azedar*, trennen, entfernen, ablenken, schleifen; sauer werden.
moterycémo — *abarrotar*, voll laden.
moticúm — *enxugar*, abtrocknen.
motim — *envergonhar*, beschämen.
motimbóre — *incensar*, *defumar*, mit Weihrauch beräuchern, schwärzen durch Rauch.
motumúne — *escarrar*, ausspucken.
moturuçú — *crear*, *fazer grande*, erschaffen, gross machen.
motuti — *cortiça*, Rinde, Kork.
motuú † — *Domingo*, *Dia santo* Sonntag, Feiertag.
— oçú † — *Domingo de Pascoa*, Oster-Sonntag.
motuúne — *enlabusar*, *besuntar*, *tisnar*, mit Fett, Oel bestreichen, beschmutzen.
motyapú — *fazer estrondo*, Geräusch machen.
motycú — *fazer liquido*, flüssig machen.
motyjubaé — *envelhecer*, altern.
motypú — *fundar*, *fazer fundo*, gründen, tief machen.
moveó † — *absolver de peccados*, *apagar*, von den Sünden lossprechen.
moxovi (port.) — *fechar com chave*, *aferrolhar*, mit Schlüssel verschliessen.
moxi (puxi) — *nas más horas*, zu übler Stunde.
moye-oçú — *arco da velha*, Regenbogen.
mú — *irmão ou primo do homem*, Bruder oder Geschwisterkind des Mannes.
mungá (pungá) — *alporcas*, Kropf.
múnga — *nascida*, Beule, Geschwür.
muratú (port.) — *mulato*, Mulatte.
mussurana*) — *cordel*, *corda*, Strick, Schnur.

*) Mit der Mussurana (Moro-ceráne) um dem Leib wurden von den Tupis die Gefangenen zum Tode geführt.

mutá mutá — *escada*, Leiter, Treppe.
mutúca — *moscardo ou tavão*, Bremse.

N.

naçaûbi — *não sem causa*, nicht ohne Ursache.
nambý — *orelha, argola, aza de vaso*, Ohr; Ring, Handhabe eines Gefässes.
— oçú — *orelhudo*, Grossohr.
— póra — *arrecadas, brincos*, Ohrgehänge.
náneme — *a estas horas*, zu dieser Stunde.
nanho (nanhoranhé) — *basta*, genug.
napóei — *não longe*, nicht weit.
naranda (port.) — *laranja*, Orange.
narandýba (port. tyba = locus) *laranjal*, Orangengarten.
navaýa (port.) — *navalha*, Rasiermesser.
ndaerojaî — *e nem por isso*, selbst darum nicht.
nde — *tu*, du.
nbaé — *teu, tua*, deine (Sache).
néi (plural: péi, penéi) — *horasus!* macht schnell!
neibe — *outravez, tornai a fazer*, thu' es noch einmal!
nei, aujebéte — *seja embora*, sey's immerhin.
nhaém — *alguidar*, Schüssel, Trog.
ne — *he nota de futuro*, Ausdruck des Zukunft.
nhaém pepó — *panella*, Pfanne.
nháne — *correr*, laufen.
nheém nheéng — *arrezoar, palrar, porfiar*, vernünftig reden, schwätzen, streiten.
nheéng — *fallar, responder*, reden, antworten.
— aýba — *fallar mal*, übel reden.
— çantám — *fallar alto*, laut reden.
nheéng catú — *intimar*, vertraulich reden, einreden.
— cecé — *apalavrar*, abreden.
— eté — *fallar com imperio*, befehlend reden.
— pitá pitá — *cioso no fallar, fallar gagi*, hitzig im Reden, stottern.
nheénga — *falla, palavra, voz, lingoagem, preceito*, Rede, Wort, Stimme, Sprache, Gebot.
— aýba eté — *amaldiçoar, rogar pragas*, verwünschen, Böses wünschen.
— nheénga jára — *interprete*, Dolmetscher.
— ojemeéng — *dar palavra*, das Wort geben.
— póra poráng — *galanteria, graça no fallar*, Artigkeit, Anmuth im Sprechen.
— pupé nhóte — *de palavra*, durch das Wort.
— puxi — *palavra deshonesta*, unanständige Worte.
— rupi nhóte — *verbalmente*, wörtlich.
— robaixára — *dar razões, replicar*, Gründe geben, antworten.
nheengár — *cantar*, singen.
nheengaçára — *cantor*, Sänger.
nheengára — *cantiga*, Gesang.
nheengoére — *fallador*, Sprecher.
nhemó abaré † — *ordem (Sacramento)*, geistlicher Orden (Sacrament).
nhemoinbeuçába † (port.) — *confissão*, Beichte.
nhemoinolaçába — *golodice*, Näscherei, Gefrässigkeit.
nheronçába — *braveza, ferocidade, ira*, Tapferkeit, Wildheit, Zorn.
nhinhé — *actualmente, a cada passo, quotidianamente, de continuo, sempre; continuação; frequentar*, gegenwärtig, bei jedem Schritt, täglich, fortwährend, immer; Fortsetzung; wiederholen.

nhinhíng — *arrugar; ruga*, sich runzeln; Runzel.
nhiróm — *perdoar*, verzeihen.
nhironçába † — *remissão, perdão*, Verzeihung, Nachlass.
nhirongoére † — *passa-culpas*, Ablass.
nhote — *somente, não mais*, nur, nicht mehr.
nhum-çui — *do campo*, von oder auf der Flur.
niá — *confirmativo, então*, also.
nitío — *não*, nein.
— abá — *ninguem*, Niemand.
— arobiár oaé — *incredulo, pertinaz, teimoso*, ungläubig, verstockt, halsstarrig.
— çangába oaé † — *immensidade*, Unendlichkeit.
— capyá oaé — *capado, castrado*, verschnitten, castrirt.
— cecatéyma oaé — *liberal*, freigebig.
— epýa oaé — *orfão*, Waise.
— evecendú — *não ouvez?* hörst du nicht?
— goaçú — *facil*, leicht.
— goatá oaé — *immovel*, unbeweglich.
— jabé — *não he assim*, es ist nicht so.
— iapyçá oaé — *surdo*, taub.
— ipór oaé — *cousa vasia*, leere Sache.
— jurú cé — *fastio*, Eckel.
— mbaé — *nada, não ha nada*, nichts, es ist nichts.
— ocýca — *caber, não cabe*, nicht fassen.
— ojabý — *nao errar, acertar*, nicht irren, Recht haben.
— oicó catú — *portar-se mal*, sich nicht wohl befinden.
— ojucá coáub — *incorrupto*, unverdorben.
— poçánga — *não tem remedio*, es giebt kein Mittel.
— pocý — *leve*, leicht.
nitio ramé — *senão*, wenn nicht.
— xacoáub — *não posso, não sei*, ich kann nicht, ich weiss nicht.
noaiár mbaé — *abundantemente, nada falta*, genügend, es fehlt nicht.
nongár — *parecer*, schämen.
nongára — *semelhança, maneira*, Aehnlichkeit, Art und Weise.
nongatú — *guardar, reservar*, bewahren, aufheben.
nupán — *açoutar, dar pancadas, castigar, disciplinar, varejar*, peitschen, züchtigen, einen schlagen, unterrichten, strafen.
nupançába — *acoute, azorrague; disciplina*, Peitschenhieb; Zucht, Unterricht.
nupançára — *castigador, disciplinador*, Strafer, Züchtiger.

O.

ocanhémo — *estar espantado*, erschrocken sein.
oacéme — *atinar*, richtig treffen.
oacémo — *achar*, finden.
oacýpe oericó — *violentar, forçar a mulher*, Gewalt anthun.
oám — *caga-lume (insecto)*, Feuer-Wurm, -Käfer (Lampyris, Elater).
oáne — *ja*, schon.
oapixaim — *franzido*, voll Falten.
oapoám — *arredondar*, einen Platz rund umgeben, ausreuten.
oapúng oáne — *abastado, farto*, wohlversehen, gesättiget.
oapýca — *assentar-se, pousar a ave*, sich niedersetzen (auch vom Vogel).
oapycába — *assento*, Sitz.
— oçú † — *cadeira*, Stuhl.
oár (ār) — *cahir, nascer*, fallen, geboren werden.
— catú — *ao pé da letra*, ganz genau.

oaracapá — *rodella da canoa,* Wellbaum des Fahrzeuges.

oaruá — *espelho*, Spiegel.

oatá (goatá) — andar, gehen.

— atá nhóte — *vaguear*, herumschweifen.

oatapú oçú — *buzio, (concha),* Horn zum Blasen (eine Muschel).

oatár — *faltar*, mangeln (von einer Sache).

oatucupá — *pescada (peixe),* Kabliau, Stockfisch (Gadus morrhua).

oaxime mirim — *malvaisco (planta),* Urena lobata, Lebretonia etc.

óba — *vestido, roupa*, Gewand, Kleid.

— monhangára † — *alfaiate,* Schneider.

— moluú recé goára † — *gala,* Staatskleid.

— mündepába † — *guarda-roupa,* Kammerdiener.

— tupán óca goára † — *ornamentos da Ireja,* Kirchenschmuck.

obóc — *fender-se por si*, von selbst zerspringen.

oçá — *caranguejo*, Seekrabbe (Cancer Uca L. rel.)

oçác — *despregar-se,* sich ablösen, die Nägel verlieren.

oçaçao-purýb — *exceder*, zu weit gehen, übertreffen.

oçacibo — *enfiar*, einfädeln.

óca — *casa*, Haus, Hütte.

— arýbo goára — *cumieira da casa*, First, Gipfel des Hauses.

— çui — *de casa,* in, zu Hause.

— epý — *canto da casa*, Ecke, Winkel des Hauses.

— jára — *patrão, morador,* Haus-Herr-, Bewohner.

— mbaé meengába † — *loge de negocio*, Laden mit Waaren.

— monhangára — *pedreiro,* Maurer, Steinhauer.

óca póra — *creado, creada, familia, morador, escravo,* Diener, Familie, Sclave, überhaupt Hausangehörige.

— rocára — *pateo*, Hof.

ocái — *queimar-se, abrasar-se,* sich brennen, verbrennen.

— oaé — *cousa queimada*, verbrannte Sache.

ocanhémo — *dar á costa,* stranden.

ocára — *rua, terreiro,* Gasse, Platz vor dem Hause (des Principal.)

— çui — *de fóra*, von Aussen.

— ketý — *para fóra*, nach Aussen.

ocárpe — *fóra de casa*, ausser dem Hause.

ocoabeýma oçú — *selvagem,* wild.

ocoaubucár — *promulgar,* verkündigen.

ocekў oçú iába — *arrepellar os cabellos*, die Haare ausreissen.

ocemo ixuí — *desencarregar*, die Last ab- wegnehmen.

ocepý meéng oçú — *premiar,* belohnen.

ocýca cecé — *abordar; copula,* entern; die Verbindung.

— oáne — *basta*, es genügt.

oçó — *ir, ausentar*, gehen, sich entfernen.

— áne — *foi-se,* er (es) ist fort.

— cecé — *acommetter,* angreifen.

— ipýpe — *afundar, afundir-se; estar carregada a canoa; mergulhar*, tiefer machen, auf den Grund gehen, vom Fahrzeug: geladen seyn; tauchen.

— ipýpe tijúca pupé — *atolar,* in Sumpf gerathen.

— ixuí — *desacompanhar*, weggehen, Gesellschaft verlassen.

oçobaixára eté abá nheéng — *profiar,* hartnäckig auf seinem Wort bestehen.

— enheénga — *disputar,* streiten.

oçóc — *rebentar a corda*, springen der Saite.

oçú*) (assú) — *grande*, gross.
oericó — *possuir*, *ter*, *gozar*, *lograr*, *tratar*, haben, besitzen, geniessen, behandeln.
— aýba — *vexar*, *perseguir*, *tratar mal*, plagen, verfolgen, übel behandeln.
— catú — *bom trato*, gute Behandlung.
— coáub tecó — *saber governar*, zu befehlen wissen.
— imoryçáb rupi — *alcançar com afagos*, erschmeicheln.
— tecó cecé — *dominar*, herrschen.
oetépe — *todo*, *toda*, *inteiro*, Alles, ganz.
oicó — *ser*, *estar*, *jazer*, *residir*, seyn, liegen, wohnen.
— aýba — *estar mal*, sich übel befinden.
— bebé — *estar vivo*, lebendig sein.
— catú — *proceder bem*, gut handeln, gut fortkommen.
— cecé — *aplicar-se*, *pretender*, sich befleissigen, beanspruchen.
— çocópe — *hospede*, Gast.
— eté cecé — *profiadamente*, mit Ernst, fleissig.
— eté morauký recé — *lidar*, mit Ernst sich bemühen, schaffen.
— ninhé — *habitar*, *assistir*, wohnen, anwohnen.
— pecú — *deter-se*, *entreter-se*, *tardar*, *durar*, sich auf- unterhalten; säumen; andauern.
— tembém — *haver mister*, *carecer*, *ter necessidade*, nöthig haben.
— tenhé cecé oaráma — *promptidão*, Schnelligkeit.
oicobé catú — *estar bom*, *são*, *valente*, wohl, gesund, stark seyn.
oiconhóte — *aquietar*, *parar*, *soccegar*; *deixa*; *não bulas!* ruhen, stille stehen, ruhen; lass ab!
oiké oçú — *preamar*, Fluth des Meeres.
oime — *acolá*, *alli*, hier, dort.
oimoaé — *aquillo*, jenes.
oirá vel oirandé — *amanhã*, am Morgen, morgens.
ojáb — *abrir naturalmente*, sich aufthun, öffnen (von selbst).
ojabý eté çangába — *disforme*, unförmlich.
ojaçui oaé — *abafado*, *coberto*, gewärmt, zugedeckt.
ojapý iacánga pupé — *cabeçada*, Stoss mit dem Kopf.
ojar — *acostar*, *chegar a terra*, an einander legen, an's Land kommen.
— curuçá recé † — *estar crucificado*, gekreuzigt seyn.
— ybý recé — *acostar-se a terra*, anländen, am Ufer anlegen.
ojeaibýe — *baixar-se*, *inclinar-se*, sich verbeugen, senken.
ojeapixá pixáo — *as cutiladas*, mit Hieben.
ojeaugé — *estar feito*, *e acabado*, fertig, vollendet seyn.
ojeaýb — *estar acabado*, *deflorado*, abgeblüht, geschändet seyn.
ojebýr — *arribar*, ankommen.
ojecoáub — *aclarar a cousa*, *avistar*; *verdadeiro*, die Sache aufhellen, untersuchen; wahrhaft.
— nhóte — *estar patente*, offen stehen.
ojeitýca — *prostrar-se*, sich niederwerfen.
ojejeký — *espreguiçar-se*, aufwachen.
ojejepýca — *desafrautar-se*, Rache nehmen.
ojejumine — *occulto*, verborgen.
ojekendáo — *tapar*, zustopfen.
ojekyi oáne — *morrendo*, sterbend.

---

*) Hoje assú, usado ainda muitas vezes; assú wird jetzt mehr gehört.

ojekyi potár oáne — *agonisar*, im Sterben liegen.

ojemamáne — *embrulhar-se*, sich verwirren.

— oicó — *dobrado*, *estar embrulhado*, gefaltet, eingewickelt seyn.

ojemoaçára — *afidalgar-se*, sich adeln.

ojemoába eté — *abalisar-se*; *altivo*, sich auszeichnen; stolz, hochmüthig.

ojemoaçúca — *banhar-se*, sich baden.

ojemoakýme — *humedecer-se*, nasswerden, sich nass machen.

ojemoapár — *dobrar-se*, *encostar-se*, sich winden, anlegen, fügen.

ojemoaýb — *apostemar-se*, *deitar a perder*, in Geschwür übergehen, verderben.

ojemoçabé — *abolorecer-se*, schimmeln, schimmlicht werden.

ojemoçacui oaé — *acautelado*, vorsichtig.

ojemocamarár (port.) — *travar amizade*, Freundschaft schliessen.

ojemoçapó oáne — *crear raizes*, *arreigar*, Wurzel treiben, bewurzeln.

ojemogýb — *baixar-se*, sich bücken.

ojemoirón — *arrufar-se*, sich erzürnen.

ojemojepé oçú † — *encorporar-se*, sich verkörpern, verbinden.

ojemojepotý — *enferrujar-se*, rosten.

ojemokatác — *mover-se*, sich bewegen.

ojemonháng — *produzir*, *succeder*, *acontecer*, hervorbringen, sich begeben, erfolgen.

ojemopiráng — *bizarrear*, tapfer, freimüthig seyn, prahlen.

ojemopiránga peréba — *encarnar a ferida*, die Wunde verheilt, granulirt.

ojemopyaýba — *aggravar-se*, *entristecer-se*, sich beschwert fühlen, traurig seyn.

ojemotapejár — *situar*, stellen, setzen, legen.

ojemoteité — *ter-se em pouco* sich gering achten.

ojemotiryeémo — *encher-se*, sich füllen.

ojenipiá oicó — *estar de joelhos*, knieen, auf den Knien liegen.

ojepakée oaé — *embrulhado*, *abafado*, eingewickelt, beschützt.

ojepé (jepé) — *hum*, Ein, eins.

— jandé çui — *hum de nós*, Einer von uns.

— oçú — *todos juntos*, Alle mit einander.

— peçui — *hum de vós*, Einer von Euch.

ojepenhó — *hum somente*, Einer nur.

ojepicýca oaé — *agarrar-se*, *estar agarrado*, sich ein- an- hängen, angehängt seyn.

ojepocoáub — *acostumar-se*, sich gewöhnen.

— oaé — *acostumado*, gewöhnt.

ojepotár — *aportar*, herbeitragen.

ojepypýca — *afogar-se*, *alagar-se*, ertrinken.

ojeré jeréo — *espojar-se*, *trambolhões*, ausrinnen.

ojé oáne — *cosido*, *estar assado*, gesotten, gebraten seyn.

ojóca iacánga` çui — *dissuadir*, abrathen.

ojoecé — *copula*, Verbindung, Band.

ojojabé oáne — *ajustado*, *estar igualado*, zugerihctet; im Gleichgewicht seyn.

ojokóc — *encostar-se*, sich anlehnen.

ojururé — *pedir*, bitten.

okéna — *porta*, Thor, Thüre.

— piaçába — *guarda-porta*, Thürriegel, Thürschlinge.

okéna rupitá — *couce da porta*, Schlag an die Thüre.
okér — *dormir*, schlafen.
— mirim mirim — *toscanejar*, einschlummern.
okyjú — *grillo*, Grille, Heimchen.
okytá — *esteio*, Stütze, Schutz, Beistand.
omocémo ybytú ejurú rupí — *arrotar*, rülpsen.
omoéng epópe — *encarregar*, aufladen.
omoingé çocópe — *admittir, recolher em casa*, zulassen, in's Haus aufnehmen.
omondá aquéra — *furto*, Diebstahl.
onherôm — *embravecido*, wild, schlimm.
— eté oicó — *encarniçar-se*, sich erhitzen.
ooçú rupí — *trabalhosamente*, mit Mühe, mit Arbeit.
opabinhé — *todos*, *tudo*, Alle, Alles.
— catú — *geralmente*, überhaupt, im Allgemeinen.
opabinhé mbaé monhangára — *omnipotente*, der Schöpfer, allmächtig.
opác — *acordar do somno*, vom Schlaf aufwecken.
opeluú ybytú — *amainou o vento*, der Wind hat nachgelassen.
opicýc itaýra ráına — *adoptar, perfilhar*, adoptiren, an Kindes Statt annehmen.
opipýne — *depenicar*, *picar a ave na fruta*, vom Vogel, der an die Frucht pickt.
opó opóre — *a pulos*, sprungweise.
opópór — *andar de galope*, im Galopp gehen.
opoc — *fender-se por si*, von selbst aufreissen, aufspringen.
opojár — *apontar com o dedo*, mit dem Finger anzeigen.
opóre — *pular*, springen.
opúc oáne — *cousa furada*, eine durchbohrte Sache.

oré — *nós outros*, Wir andre.
orébo — *a nós sem vós*, Wir ohne Euch.
orocorica (port.?) — *coruja*, Eule.
oroiçáng oaé — *cousa esfriada*, eine kalt gewordene Sache.
oterica — *andar de gatinhas*, auf allen Vieren schleichen.
oterýc — *afastar-se, arredar-se*, sich entfernen.
ouacarý — *especie de Macaco*, Brachyurus Ouacaris Spix.
ovéo — *apagar-se*, auslöschen.
oynumý — *beija-flor (ave)*, Colibri.

P.

pabé (propos.) — *junto*, *com*, neben, mit (Personen).
pabóca — *partir do porto*, aus dem Hafen auslaufen.
pác — *despertar*, *despertar do somno por si*, aufwecken, von selbst aufwachen.
pacú — *especie de peixe*, Prochilodus.
paé — *diz*, er sagt, nämlich.
pajé — *feiticeiro*, Zauberer, Beschwörer, Arzt.
— reminonháng aýba moropiára *feitiços*, Zauberei.
pána (port.) — *panno*, Tuch.
— amanejú çuí goara — *panno d'algodão*, Baumwollen-Zeug.
— aýba — *rodilha, trapo*, Wischlappen, Lumpen.
— çobaigoára — *panno de linho*, Leinen-Zeug.
— monhangába — *tecer*, weben.
— monhangára — *tecelão*, *tecedeira*, Weber, Weberin.
— pacoára — *peça ou rolo de panno*, ein Stück oder Rolle Zeug.
— pecangoéra — *retalho de panno*, Abschnitt vom Zeug.

páua petéca — *lavar roupa*, Wäsche waschen.
— poaçú — *panno grosso*, grobes Tuch.
— poí — *panno fino*, feines Tuch.
— rangába — *vara de medir*, Elle.
panacú — *carro*, Wagen (Korb).
— oára çopá — *roda de carro*, Wagenrad.
panamá — *borboleta*, Schmetterling.
panémo — *debalde*, vergeblich, umsonst.
panéra — *panella*, Schüssel.
— monhangába — *oleria*, Töpferei.
— monhangára — *oleiro*, Töpfer.
— rendába — *sempre*, immer.
papaçába — *conta, numero*, Rechnung, Zahl.
— ára † — *dia do juizo universal*, Tag des Weltgerichts.
papár — *contar, numerar*, zählen.
papéra (port.) — *papel*, Papier.
— coatiaçára † — *escrivão*, Schreiber.
— ianámo oçú † — *papelão*, Pappe.
— jimboecára † — *letrado*, Schriftkundiger.
papéra mbaé papaçába † — *rol*, Rolle, Lage Papiers.
— mocyçába † — *obreia*, Oblate.
pará (guaranice) — *coiza variada de cores*, buntfärbig.
parabóca — *escolher, limpar*, auswählen, reinigen.
para-cua — *coroa de varias cores*, vielfarbiger Kranz (nome do Rio Paraguay: Benennung des Paraguay-Stromes: Dobrizhofer.)
paragoá — *papagayo*, Papagei.
paraná — *mar*, Meer.
— oçú — *bahia, mar largo*, Meerbucht, offenes Meer.
paraná oiké — *enchente de maré*, Fluth des Meeres.
— pytérpe — *pégo*, Mitte der Fluthzeit (?).
— reméyba — *beira, ou fim da terra sobre o mar*, Ufer, Landspitze am Meer.
paraouá — *especie de Macaco*, Pithecia hirsuta.
paratý — *especie de tainha*, eine Art Fisch.
pari parim — *coxear*, hinken.
patakéra — *meretriz*, Freudenmädchen.
— recó rupí — *o officio da meretriz*, Hurerei.
patuá — *caixa, arca, canastrinha quasi da feição de bahú*, Kasten, Kiste, Koffer.
paurú † — *Paulo (nome d'homem)*, Paul (männlicher Name).
paý — *padre, frade (mais propriamente), senhor*, Vater, Ordensbruder (vorzugsweise *) Herr.
— abaré guaçú † — *bispo*, Bischoff.
— abaré oçú eté † — *papa, pontifice*, Papst.
— abúna **) † — *jesuita*, Jesuit.
— apina † — *frade, leigo*, Laienbruder.
— apytéra † — *coroa de padre*, Tonsur des Geistlichen.
— bispo † (port.) — *bispo*, Bischof.
— clerigo † (port.) — *clerigo*, Cleriker, Priester.
— etá róca † — *convento*, Kloster.
— abitú † (port.) — *habito de frade*, Ordenskleid.
— missa monhangára † — *sacerdote, padre de missa*, Priester.
— móro rerecoára † — *paroco*, Pfarrer.

---

*) Pay = frade: Pará; Abaré, Uáre: Mission. austral.
**) Oba-úna: Vestido preto, schwarzes Kleid.

paý póro mongeleçába † — *estação da missa*, Zeit der Messe.
— tinga — *amo, senhor*, (weisser) Herr.
— tucúra *) — *frade capucho*, Kapuziner.
paýa — *pay*, Vater.
— angába † — *padrinho*, *padreira*, *valia*, Taufpathe, Zeuge.
payuarú — *bebida espirituosa da Mandiocca*, gegohrenes Getränk aus der Mandiocca.
pe (pron.) — *delles*, ihr.
— (propos. cum accus.) — *em*, *a*, *no*, in, zu, nach.
— (interrogat.) — *quem?* wer?
pé — *caminho*, *via*, Weg.
— coameéng — *guiar pelo caminho*, auf den Weg bringen, geleiten.
— jára — *guia do caminho*, Wegweiser.
— oçú — *estrada*, Strasse, Weg.
— rupi — *pelo caminho*, auf dem Wege.
peçaçú — *fresco, moderno*, frisch, neu.
peçangoéra — *pedaço*, *amostra*, *migalha*, *posta*, Stück, Muster, Brosame.
— pupé — *em pedaços*, in Stücken.
pecoaçába — *atadura*, das Binden, Verband.
pecoár — *atar*, *prender*, binden, festigen.
pecuçába — *comprimento*, die Länge.
— rupi — *ao comprido*, der Länge nach.
pejecém — *compassar*, abmessen.
pejú — *soprar*, *abanar*, *bafejar*, blasen, anhauchen.
pejuçába — *sopro*, das Blasen, der Hauch.
péne — *cousa quebrada*, zerbrochene Sache.
pénga — *sobrinho da mulher*, Geschwisterkind der Frau.
penhém — *vós*, *a vós*; *vontade*, Ihr, Euch; der Wille.
penhémo — *a vós outros*, Euch andern.
peré — *baço*, Leber.
peréba — *chaga*, *fistola*, Wunde, Eitergang.
— piránga — *chaga viva*, rothe Wunde.
pereirú (port.) — *ferreiro*, der Schmid.
pereric — *fregir*, *faiscar*, braten, Funken sprühen.
pereriçába — *fregideira*, Bratpfanne.
perim perim — *calote*, Betrug, Schelmerei.
peripán — *comprar*, kaufen.
periquita — *periquito (ave)*, kleiner Papagai.
peró — *Pedro (nome d'homem)*, Peter (männl. Name).
peteume (petepeume plur.) — *não façais vos*, thut es nicht.
petupáb goére — *arrebatado da colera*, *serrispido*, zornwüthig.
petupába — *alteração*, Aufregung.
petupáo — *indignado*, empört.
peúma — *genro da mulher*, Schwager der Frau.
piaçába — *laqueo*, *feixadura*, *aparamento* **), Schlinge, Schloss, Abwehr.
piár — *aparar com a mão*, mit der Hand abwehren.
— numpaçába — *aparar os golpes*, die Streiche abwehren.
picaçú — *pomba*, Taube.
piçajé — *meia noite*, Mitternacht.
picú (rectius apicu — *coroas de terra*, *Dunas*, Dünen.

---

*) Tucura: Gafanhote, Heuschrecke.
**) Stricke zum Thürverschluss aus den Fasern der Palmen Piaçaba (Attalea funifera und Leopoldinia Piaçaba).

piçajé catú — *alta noite*, tief in der Nacht.
piçarebo — *cada noite*, *toda a noite*, jede Nacht, die ganze Nacht.
picú (rectius apicú, apicúm) — *coroas de arêa*, *que cobre a maré*, *dunas*, Sanddünen.
picýc — *apanhar*, *pegar no que foge*, erwischen, ergreifen, was flieht.
picýca — *pegar em alguem*, Jemanden ergreifen.
— catú — *segurar para que não fuja*, Jemanden festhalten.
— cecé — *alcançar a quem foge*, den Fliehenden erreichen.
picyrón — *acudir*, *alcançar por força*, *amparar*, *apadrinhar*, *asaltar*, *defender*, *livrar*, *reunir*, *roubar*, *saquear*, *usurpar*, beispringen, mit Gewalt erreichen, sich bemächtigen, anfallen, vereinen, angreifen, vertheidigen, übergeben, berauben, usurpiren.
picyronçába — *abrigo*, *protecção*, *refugio*, Unterkunft, Schutz, Zuflucht.
picyronçára — *protector*, *defensor*, *libertador*, *salvador*, Beschützer, Vertheidiger, Befreier, Retter.
pim — *picar a abelha*, das Stechen der Biene.
pindá — *anzol*, Angel v. Pyndá.
pindóba — *palmeira*, (Cocos etc.) Palmenarten.
pindóba caraýba† — *palmas para Domingo de ramos*, Palmenwedel für Palm-Sonntag.
— mopýc — *rachar palmeira*, die Palme spalten.
pinhoám — *artelho*, Gelenk am Finger oder Zehe.
pinó — *peido*, Wind, Furz.
— pinó — *peidar; urtiga*, farzen; Art Nessel.
— pinó pupé jopím — *urtigar*, brennen (von, mit der Nessel).
pirá — *peixe*, Fisch.
pirá apitáma — *cambada de peixes*, eine Schnure von Fischen.
— arara — *peixe*, der Fisch Phractocephalus bicolor.
— éın — *peixe secco*, trockener Fisch.
— inampú — *pimelodus*, Pirinampú.
— jagoára — *boto (peixe)*, Delphinus.
— jukýra póra — *peixe de salmoura*, gesalzener Fisch.
— miúna — *dourado (peixe)*, Fisch.
— mixire — *peixe assado*, gebratener Fisch.
— monhangába — *pescaria*, Fischerei.
— oçú paraná oçú póra — *baleia*, Wallfisch.
— oçú repotý — *ambar*, (Unrath des Wallfisches) Ambra.
— octépe — *cardume de peixe*, ein Schwarm Fische.
— pererýc — *peixe frito*, gebratener Fisch.
— pipó — *barbatana de peixe*, Wallfisch-Barden.
— quiroa — *peixe cheio d'espinhas*, ein Fisch mit Stacheln.
— ropiá — *ovos de peixe*, Fisch-Eier.
pira-rucú — *especie de peixe*, Sudis gigas.
— týba — *pesqueira*, Ort, wo gefischt wird.
— uaca (Pira-yapeàni) — *platystoma*, Planiceps.
— úna — *mèro (peixe)*, Fisch-Art.
— ycýca — *grude de peixe*, Fischleim.
pira (pirera-) oçú — *gafeira de cão*, Hundsräude.
piránga — *vermelho*, roth.
— cerâne — *cor ruiva*, röthlich.
piránha — *especie de peixe; tisoura*, Art Fisch (Myletes, Serrasalmo); Scheere.
pirár — *abrir*, *descobrir*, öffnen, entdecken.

pirêra — *casca, pelle, escama, ostreira*, Rinde, Haut, Schuppe, Ort, wo Austerschalen liegen.
pirikytyim — *rim*, die Nieren.
piróc — *saltar a casca*, Aufspringen der Rinde oder Haut.
piróca — *esfolar, descascar, escamar*, abziehen der Haut, Rinde, der Schuppen.
perý — *junco, esteira*, Binse, Binsengeflecht.
perýs, port. plur. peryzes — *campo alagadisso*, Sumpfwiesen.
perypáne — *resgatar*, auslösen, freimachen durch Tausch oder Kauf.
pitá — *ficar, parar, sobrar*, bleiben, warten, übrig seyn.
pita (port.) — *fita*, das Band.
pitér (pytér) — *beijar, chupar, sorver, embeber o liquido*, küssen, saugen, einziehen der Flüssigkeit, rauchen.
pitiú — *bafio, fortúm*, übler Athem, Gestank.
pitú pitúna — *á boca de noite*, mit Einbruch der Nacht.
pitúba — *acanhado, cobarde, mofino*, ermüdet, feig, träg, unlustig.
pitucéme — *evaporar, respirar, suspirar*, ausdünsten, athmen, seufzen.
pitucémo — *respiraçáo*, das Athmen.
pitúna — *noite*, Nacht.
— ipý — *á boca de noite*, mit Einbruch der Nacht.
— jabé jabé — *cada noite*, jede Nacht.
— oçú — *escuro*, dunkel.
— oçú rupi — *as escuras*, in der Dunkelheit.
— ramé rupí — *de noite*, bei Nacht, nächtlich.
pitunume — *de noite*, Nachts.
pitybáo — *cachimbo*, Tabakpfeife.
pitybón — *ajudar, auxiliar, favorecer, soccorrer, concorrer*, unterstützen, helfen, begünstigen, beistehen.
pitybonçaba — *auxilio, ajuda*, Hilfe, Unterstützung.
pitybonçára — *auxiliador, ajudante, favorecedor*, Beistand, Gönner.
pium — *mosca de dia*, kleine Stechmücke (Simulium).
pixá pixáme — *depenicar a galinha*, das Huhn (den Vogel) abfedern.
pixáme — *beliscar*, mit den Nägeln kneifen, zwacken.
pixána — *gato*, Katze.
pixé — *cheiro de peixe, mofo*, Fischgeruch, Gestank, Schimmel.
pixúna — *cousa negra*, schwarze Sache.
— cerána — *amulatado, fusco, moreno, cor roxa*, braun, dunkelfärbig, röthlich.
pó — *dedo, máo*, Finger, Hand.
— acánga oçú — *dedo polegar*, Daumen.
— ái — *acenar com a máo*, mit der Hand winken.
— ám — *dedo polegar*, Daumen.
— apár — *aleijado das máos*, an den Händen gelähmt.
— apém — *unha*, Kralle, Klaue.
— apém pungá — *unheiro*, Wunde, Riss von einer Kralle.
— çangába — *palmo*, das Maass eines Palmo.
— catú — *máo direita*, rechte Hand.
— etýc — *acenar com o dedo*, mit dem Finger deuten.
— jabáo — *ligeireza de máo*, Leichtigkeit der Hand, Fertigkeit.
— kerýc — *cocegas*, Kitzel, Reiz zum Lachen.
— kóc — *apalpar, apolegar; tacto*, tasten, anfassen; Tastsinn.
— máne — *fiar*, nähen.
— mombýca — *torcer*, drillen.
— nhé — *de gatinhas*, auf allen Vieren (gehen).
— óc — *apanhar ou colher fruta*, Früchte abnehmen.

pó oçú — *mão esquerda; grosso*, linke Hand; dick.
— oçuçába — *grossura*, die Dicke.
— petéc — *dar palmadas*, *palmatoada*, mit den Händen klatschen, auf die Finger schlagen.
— petéca ýpe - *patinhar*, schwatzen.
— pupé ketýca — *poir*, glätten.
— pýc — *calcar com as mãos*, mit den Händen stossen, kneten.
— pytéra — *palma da mão*, Handfläche.
— repý — *ganhar soldo, jornal*, Sold, Taglohn gewinnen, einnehmen.
— ricéme — *mão cheia*, volle Hand.
— úrpe oicó oaé — *sujeito*, *subdito*, unterworfen, untergeben.
poaya — *erva*, Ipecacuanha.
pobúra — *angelim (arvore)*, ein Baum (Andira).
pobureçába — *mexedor*, Mischer.
póc — *rebentar*, *estalar*, aufbrechen, aufplatzen.
poçánga — *medecina*, *remedio purga*, Medicin, Heilmittel, Abführmittel.
— etá rendába † — *botica*, Apotheke.
poçanóng — *curar*, heilen.
poçanongára — *medico*, *cirurgião*, Arzt, Wundarzt.
poçauçúb — *sonhar*, träumen.
pocoár — *atar*, *amarrar*, binden, anbinden.
poce — *comigo no mesmo lugar*, neben mir, zu meiner Hand.
pococába — *bordão*, *bastão*, Stock, Stab.
pocoçú — *alcançar*, *apanhar*, *colher de repente*, erreichen, erwischen, schnell aufgreifen.
pocoçú rupi — *de repente*, *subitamente*, plötzlich, schnell.
pocý — (port.?) *peso*, die Last.
pocycába — *carga*, Belastung.
poiçába — *delgadeza*, die Glätte.
poité — *patarata*, Lüge, Erdichtung, albernes Geschwätz.
— monháng — *pataratear*, Lügen schwätzen.
pokéc — *abafar*, *embrulhar*, zudecken, einhüllen, einwickeln.
pokéca — *embrulho; amortalhar*, Stoff zum Einwickeln, Todtenkleid anziehen.
popór — *saltar*, springen.
popóre — *de galope*, im Sprung, im Galopp.
póra — *habitador*, *habitante*, Bewohner, Einwohner.
poracár — *encher*, *carregar*, *cumprir*, *observar*, *provar*, füllen, beladen, erfüllen; beobachten, beweisen.
— eté — *acugular*, bis zum Rand füllen.
poracé — *dançar*, tanzen.
poraceýa — *dançar*, *dança*, der Tanz.
porandú — *perguntar*, fragen.
— randú — *tirar informação*, sich erkundigen.
porandúb — *preguntar; conto*, *historia*, fragen; Erzählung, Geschichte.
porandúba — *relação*, *historia*, *pregunta*, Erzählung, Geschichte, Frage.
poráng — *bonito*, *formoso*, hübsch, schön.
— eté — *cousa bella*, *formosissima*, schöne Sache.
porangába — *formosura*, *belleza*, Schönheit.
porangatú — *bizarria*, Aufputz.
porará — *padecer*, *supportar*, leiden, ertragen.
— ucár — *tratear*, Einem die Tortur geben.
poraraçába — *tormento*, die Qual.
poraraçára — *padecente*, leidend.
porauký (morauký) — *trabalhar*, arbeiten.
poraukyçába — *trabalho*, die Arbeit.
póre — *salto*, der Sprung.
póro imboeçára † — *doutrinador*, der Lehrer, Beichtvater.
— jubyçára — *algoz*, Scharfrichter.
— jucaçára — *homicida*, Mörder.

póro mongetá — *consultar*, berathen.
— monháng † — *crear*, *propagar da especie humana*; *geração*, *multiplicação*, Schaffen, Fortpflanzung des Menschengeschlechts, Nachkommenschaft, Vervielfältigung.
— picyronçára † — *redemptor*, Erlöser.
— potára — *amor deshonesto*, *sensualidade*, unziemliche Liebe, Sinnlichkeit.
poróc — *abrir a flor ou fructo*, *brotar*, *despejar*; *descarregar a canoa*, die Blüthe oder Frucht öffnen, aussprossen, entwickeln; das Fahrzeug entladen.
pororé — *enxada*, *enxó*, Hacke, Deisel.
— mirim — *sacho*, Reuthaue.
poruám — *embigo*, Nabel.
porupi — *ao longo de alguem*, weit von Jemand.
potába — *dadiva*, *presente*, *mimo*, *offerta*; *parte*, *quinhao*, *ração*, Geschenk, Darbringung, Anerbieten; Theil, Antheil.
potába meéng — *peitar*, Bestechung.
potaçára — *consentidor*, der Nachsicht hat, zustimmt.
potár — *querer*, *dezejar*, wollen, verlangen.
potáre — *consentir*, zustimmen.
poterý — *marreca*, wilde Ente.
potupába — *agostamento*, Zorn, Unwille.
potupáo — *agastar*, erzürnen, verdrüsslich machen.
potý — *camarão*, Krabbe, Seekrebs.
potyá — *peito*, Brust.
potýra — *flor*, *bonina*, Blume.
potýra pacoára — *ramalhete*, Blumenstrauss.
— rendúba — *jardim*, Garten.
pouçú (port.?) — *respeitar com algum pejo*, *pejo*, verehren mit Beschämung, Scham.
pouçuçába — *acatamento*, Ehrerbietung.

pratú (port.) — *prato*, Teller, Schüssel.
— oçú typý oaé † — *almofia*, Leibbecken.
puámé — *em pé*, stehend.
puám (poam, apoam) — *coisa circumscrita*, *ilha*, eine ringsbegrenzte Sache, Insel.
pubúre — *revolver*, umdrehen, wenden.
puçá — *rede de pescar*, Fischernetz.
pucá — *rir*, *rir-se*, lachen.
— goére — *risonho*, lachend, freundlich.
— moáng oçú — *sorrir-se*, lächeln.
pucéi — *somno*, Schlaf.
pucuçába — *extenção*, *comprimento*, Ausdehnung, Länge.
pucurú (port.) — *pucaro*, Trinkschale.
pungá — *pobnão*, *inchaço*, *bubão venereo*, Geschwulst, bubo venereus.
pupé (propos. c. ablat.) — *na*, *a*, *em*, in.
— xe-r-oca pupé — *em minha casa*, in meinem Hause.
pupúre — *ferver*, sieden.
pupureçába — *fervura*, das Sieden.
purú — *alugar*, *emprestar*, miethen, leihen.
puruá — *prenhe*, *pejada*, schwanger, trächtig.
purúc — *deconjuntar*, *deslocar*, zerlegen, versetzen.
purýb — *vantagem*, Vortheil.
putuú — *descançar*, *cessar*, *parar*, *pausar*, *aplacar*, ausruhen, aufhören, pausiren, besänftigen.
putuuçába — *alivio*, *pausa*, Erleichterung, Stillstand.
puýr — *afastar-se*, *largar*, *retirar*, *tirar-se*, *abster-se*, *desabituar-se*, *despejar-se*, *emendar-se*, *refrear-se*, sich entfernen, loslassen, zurückziehen, sich enthalten, entwöhnen, sich erleichtern, verbessern, im Zaum halten.

puýr mirim — *moderar*, mässigen.
pý — *pé, avesso (não com a mão)*, Fuss, umgekehrt (nicht mit der Hand).
— apár — *aleijado dos pés*, am Fuss gelähmt.
— ceryca (port.?) — *escorregar, cahir*, ausschlüpfen, fallen.
— copi — *peito do pé*, Fuss-Reihen.
— jicéi — *pé dormente*, der Fuss ist eingeschlafen.
— póra — *pegada, rasto*, Spur, Fusstapfe.
— póra rupi oatá — *rastejar*, der Fährte folgen.
— pytéra — *planta do pé*, Sohle des Fusses.
— racapýra — *ponta de pé*, Spitze des Fusses.
— ropitá — *calcanhar*, Ferse.
pyá — *coração, figado; tenção*, Herz, Leber; das Vorhaben.
— bubui — *böfe*, Lunge.
— çai — *azia do estomago*, Schwäche des Magens.
— çantám oaé — *constante*, beständig.
— catú — *agrado; pacifico, simples*, Wohlgefallen; friedlich, einfach.
— catú rupi — *affabilidade, a vontade, de boa mente*, Leutseligkeit; gutwillig, gerne.
— catuçába — *singeleza*, Einfachheit, Reinheit des Herzens.
— membéca — *brandura, movidão; mover o coracão*, Zärtlichkeit, Beweglichkeit; das Herz rühren.
— meoám — *malicia*, Bosheit.
— oçú — *animo, audacia*, Muth, Kühnheit.
— póra — *fel*, Galle.
— aýba — *angustia, raivar*, Traurigkeit, zornig seyn.
— aýba oicó — *apaixonado, anojado, estar enfadado*, leidenschaftlich, verdrüsslich; ärgerlich seyn.
pyá aýba rupi — *apaixonadamente*, mit Leidenschaft.
py-goá — *tornozelo*, Knöchel am Fuss.
pyir — *varrer*, kehren, fegen.
pyire — *limpar varrendo*, mit dem Besen reinigen.
pyireçába — *limpeza*, Reinheit.
pyireçára — *limpador*, Reiniger.
pyndá — *anzol*, Fischangel.
pyndaçama — *linha de pescar*, Angel-Leine.
pyndaçapoy — *linha delgada*, dünne Leine.
pyndaçamucu — *linha grossa do alto*, dicke Leine.
pynda itycára — *pescador d'anzol*, Angel-Fischer.
— potába — *isca do anzol*, Köder an der Angel.
— tinga — *anzol de Portugal*, portugiesische Angel.
— uú — *picar ou pegar o peixe na isca*, das Anbeissen oder Haften des Fisches an der Angel.
— xáma — *linha do anzol*, Angel-Schnur.
pynhoam — *bouba*, Beule.
pypó — *pennas d'aves*, Vogelfedern.
pýr — *mais; vizitar*, mehr, öfter; besuchen.
pyri (propos. cum accusat. personae) — *á*, zu.
pyrantaçába — *alento, força, vigor*, Muth, Stärke, Tapferkeit.
pyrantaçára — *alentador*, Aufmunterer.
pyring — *arripiar-se o corpo com medo*, vor Furcht zittern.
pytaçóc — *segurar para não cahir*, sichern, um nicht zu fallen.
pytéra, pytérpe — *meyo*, Mitte, in der Mitte.
pytýma — *tabaco (erva)*, Tabak (Pflanze).

pytýma antám — *molho de tabaco*, Rolle, Bund Tabak.
— çui — *tabaco de pó*, Schnupftabak.
— çui reru — *caixa de tabaco*, Tabaksdose.
— týba — *tabacal, ou fumal*, Tabaks-Pflanzung.
pyxib — *untar*, schmieren.
— jandý caraýba pupé † — *ungir*, salben, letzte Oelung geben.

Q.

quá pupé — *nisto*, in diesem, darin.
— robaixára çui — *d'aquem*, diesseits.
que (ygue) — *aqui*, hier.
quiabé ramé iké — *a estas horas*, zu dieser Stunde.
quecoti — *mais para a outra banda*, mehr auf die andre Seite.
quepé — *em alguma parte*, auf (irgend) einer Seite.
que çui — *daqui*, von hier.
quibomgotyg — *para cá*, hierher.
quig (das mulheres) — *resolução de fazer*, wohlan! *)

R.

ramei (beramei, berametei) — *semelhantemente*, *significa*, ähnlicher Weise.
ranhé — *de pressa*, *d'antemão*, schnell, voraus.
rana — *additamento para dizer: espurio, bastardo*, Endigung um anzudeuten: falsch, unächt.
ré — *despois*, nach.
recé (propos.) — *ja que*, *por amor, por causa com*, weil. wegen, mit.
recó ayba — *opprimir*, unterdrücken.
reiré — *depois*, nach, nachher.
reiya — *bando*, *multidão*, Bande, Trupp, Vielheit.

repotý (tepotý) — *sterco*,, Koth.
rerecoára — *ajo*, *capataz*, *regedor, pastor*, Hofmeister, Führer, Leiter, Hirte.
rerú — *vasilha*, Gefäss, Geschirr.
reté — *totalmente*, gänzlich.
reýa (port.) — *rey*, König.
ri (propos.) — *vide* recé.
rimáo (port.) — *limão*, Citrone.
riré — *vide* reire.
rô — *então*, also.
roár ygára pupé — *embarcar alguã cousa na canoa*, Etwas in das Fahrzeug laden.
robiaçába — *credito*, Credit, Glaube.
roçapocái — *publicar*, veröffentlichen.
roirón — *aborrecer*, *desprezar*, *arrenegar*, *recusar*, *vituperar*, *zelar*, verabscheuen, verachten, vom Glauben abfallen, verweigern, tadeln, eifern.
roironçába — *aborrecimento*, Hass, Abscheu.
roironçára — *aborrecedor*, Verabscheuer.
rojebýr — *desandar*, *reduzir*, zurückweichen, zurückziehen.
rojerón jerón — *reconciliar*, *fazer amizade*, aussöhnen, Freundschaft machen.
rung (rung-a, rung-eme) — *principiar*, *ordenar*, anfangen, einrichten.
rupi — *pelo*, *pela*, durch.
rupiára — *causa, razão d'origem*, Grund, Ursache.
— vé — *tanto que*, in so fern als.
ryrý — *tremer*, zittern.
— tui çui — *tiritar*, vor Kälte zittern.

S. vide Ç.

sabarú (port.) — *sabado*, Samstag, Sabbath.

*) Os homens uzão da particola cá; die Männer sagen dafür cá.

sáca (port.) — *alforge*, Reisesack, Quersack.
saé (conjunct.) — *se*, wenn.
— oaraneýma — *se a caso*, wenn etwa.
— nitio — *se não*, wenn nicht.
saguim (sagoin) — *esp. de macaco*, Callithrix.
santo rerú (port. †) — *andor*, Tragbahre.
sàya (port.) — *saya*, Unterrock, Schürze der Weiber.
— membýra — *refego da saya*, Faltennaht am Unterrock.
sorára (port.) — *soldado*, Soldat.
— etá pycyronçára — *assalto dos soldados*, Angriff, Ueberfall der Soldaten.

T.

tába — *aldea*, Dorf, Ortschaft.
— póra — *forro*, *livre*, *tapúyo senhor de si*, ein freier, selbstständiger Mann, ein freier Indianer.
tabatinga — *barro branco*, weisser Thon.
— çobaigoára — *alvayade*, mit weissem Thon oder Bleiweiss übertüncht.
tabóca — *cana (planta) graminea arborescente*, Bambusrohr.
tacapura — *ligas d'algodãs abaixo do joelho*, Kniebänder aus Baumwolle.
tacanó — *bubão venereo*, syphilitische Beule.
tacoca — *carunсho*, Holzwurm.
tacónha — *membro viril*, männliches Glied.
tacónha óba (tacanhoba) — *vestido ou atadura do membro viril*, Bekleidung oder Suspensorium des m. G.*).

tacúba — *febre*, *sezão*, Fieber, Fieberanfall.
— aýba — *febre maligna*, bösartiges Fieber.
— opororá — *ter febre*, Fieber haben.
— ryrý — *maleitas*, dreitägiges Fieber.
tacýba — *formiga*, Ameise.
— cacý oaé — *formiga de fogo*, Ameise, deren Biss brennt.
tacýra — *ferro de canoas*, Anker.
— ybý rupiára — *ferro de covas*, *ou alavanca*, Hebe-, Brech-Stange.
tagoá (tauá) — *amarello*, gelb.
— ceráne — *cor loura; sarda do rosto*, gelbe, blonde Farbe. Sommerfleck im Gesicht.
tái — *arder a boca com a pimenta*, Gefühl von Brennen im Munde durch spanischen Pfeffer.
taiaçú — *porco*, Schwein.
— aýa — *porco domestico*, Hausschwein, zahmes Schwein.
— aýa mirim — *leitão*, Ferkel.
taiaçú eté (taiçuiété) — *porco montez*, grosses wildes Schwein, Dicotyles labiatus.
taiatytú (taitetú v. caitetú) — *pequeno porco montez*, Dicotyles torquatus.
taigoára — *forro*, *livre*, *tapúyo senhor de si*, frei, eigen, ein Indianer, der sein eigner Herr.
— etá tupán óca † — *parochia*, Pfarrei.
taipára (port.) — *parede*, Wand.
taitatý — *nora*, Schnur, Schwiegertochter des Mannes.
tajuména — *genro*, Schwiegersohn des Mannes.
tajýra — *filha do pae*, Tochter des Vaters.
— angába † — *afilhado*, Taufpathe, *do homem*, des Mannes.

*) Bei verschiedenen indianischen Völkern an Form und Stoff verschieden. Die Tupis tragen ein einfaches zusammengerolltes Stück Palmblatt.

tamacarica — *tolda da canoa*, Zelt, Vordach im Fahrzeug.
tamaracá *) † — *sino*, Glocke.
— mirim — *campainha*, kleine Glocke.
— racónha — *badalo*, Klöppel in der Glocke.
tamaraca rendába — *campanario*, *torre*, Glockenhaus, Thurm.
tamarana — *remo*, *clava chata*, Ruder, flache Keule.
tambora (port.) — *tambor*, Trommel.
tamoatá — *peixe pequeno*, ein kleiner Fisch.
tamuýa (tamoyo) — *avó*, Grossvater (väterlich und mütterlich.)
tanga — *avental*, Schürze.
tanimbúca — *cinza*, *borralho*, Asche, glühende Asche.
— ára † — *dia de cinza*, Aschermittwoch.
— caeý oaé — *rescaldo*, Aschengluth.
taóca — *correição (especie de formiga)*, eine Art Ameise.
tapanhúna — *preto*, *preta*, *cafuz*, *cafuza*, Neger, Negerin, Abkömmling von Neger und Indianer.
tapecoára — *abanador*, Feuerwedel.
tapejára — *useiro e viseiro*, gewöhnlich, gebräuchlich.
tapéra — *aldea velha ou erma*, *sitio ermo*, verlassenes Dorf oder Gehöfte.
taperú — *bicho*, Thier.
— pána mbiçára — *traça*, Motte, Schabe.
tapixába — *vassoura*, Besen.
tapuýa **) (tapuyja) — *gentio*, ein Wilder, im Gegensatz vom zahmen Indianer oder vom Tupi.
— táma — *certão*, Wildniss.
tapaytinga — *francez*, ein Franzose. In Maranhão. nach dem Einfall der Franzosen gebräuchlich. (Ein heller Tapujo).
tapyira — *boi*, Ochs.
— caapóra, wörtlich: Ochs im Walde, *anta*, Tapirus americanus.
— cunhám moçú — *novilha*, junge Kuh.
— curumim oçú — *novilho*, *touro*, junger Stier, Ochse.
taraira — *especie de peixe*, Erythrinus.
tarauýra — *especie de lagartiza*, *quatro-olhos (peixe)*, kleine Eidechse, ein Fisch.
tatá — *fogo*, *lume*, Feuer, Licht.
tata-ira — *abelha caca fogo*, Biene, genannt Caca fogo.
— berába — *chama de fogo*, Feuerflamme.
— moacába — *fuzil*, Feuergewehr.
— mirim — *faisca*, Funken.
— mondýca — *accender fogo*, Feuer anzünden.
— oçú — *fogueira*, Holzhaufen zum Brennen.
— potába — *isca para fogo*, Zunder.
— pýnha — *braza*, *carvão*, glühende Kohlen.
— — oçú — *tição*, Feuerbrand.
— — rerú — *fogareiro*, *brazeiro*, kleiner Feuerheerd, Kohlenbecken.
— rendába — *lar do fogo*, *brazeiro*, Feuerheerd, Feuerstube.
— rendý — *luminaria*, Lichter, Illumination.
— ting — *fumo*, Rauch.
— tinga monháng — *fumegar*, rauchen.
— tinga repotý — *fuligem*, Russ.

*) Id est Itá maracá; Ita, Stein, Metall und Maracá, die Zauberklapper.
**) Hoje diz-se Tapúyo e significa homem gentio, barbaro ou selvagem: Tapúya significa mulher gentia. Man sagt jetzt gewöhnlich: Tapúyo: ein wilder, barbarischer Mann, tapuya ein wildes Weib. Die ursprüngliche Bedeutung war: Hostis, barbarus.

taiáca — *especie de rã*, eine Art Frosch.
taia-yra — *abelha: caca mel*, die Biene, genannt Caca mel.
tatúba — *sogro de homem*, Schwiegervater des Mannes.
tatú — *animal: Dasypus*, Gürtelthier.
tatui — *rallo (bicho)*, ein Insekt im Boden.
taujé — *está feito*, es ist geschehen, fertig.
taya — *o queimar da pimenta*, das Brennen des span. Pfeffers.
té (adv. demonstr.) — *eis que; se não quando; mas antes* — sieh' hier; wenn dann nicht.
teapú — *patear, retumbar, soar, zunir; rumor, estrondo, som, estalo*, mit den Füssen stampfen, widerhallen, tönen; Getöse, Lärm, Ton, Knall.
tearón — *fruta madura*, reife Frucht.
teçá (ceçá) — *olho*, Auge.
tecatunhé — *sobre maneira*, übermässig.
tecó — *indole, poder, estilo, ley, modo, obrigação, natureza, siso, preceito*, Art und Weise, Vermögen, Gesetz, Verpflichtung, Naturell, Einsicht, Vorschrift.
— acý — *rigor, rigoridade*, Strenge.
— angaipába † — *peccado*, Sünde.
— — monhangára † — *peccador*, Sünder.
— — oçú † — *peccado mortal*, Todsünde.
— — — eté tecatunhé † — *sacrilegio*, Entheiligung, Kirchenraub.
— aýba † — *tormento, prisão, crime, desastre, risco, perigo*, Marter, Gefängniss, Verbrechen, Ungemach, Gefahr.
— — goára † — *culpado*, schuldig.
tecó aýba póra — *condemnado ao castigo, justiçado*, zur Strafe verurtheilt.
tecó catú — *paz*, Frieden.
— coáub — *entendimento, intelligencia*, Erkenntniss, Einsicht.
— coáub catú — *prudente*, klug.
— — oaé — *racional*, verständig.
— monháng — *constituir, dar occasião*, herstellen, Gelegenheit geben.
— monhangába — *mandamento da ley*, Gebot des Gesetzes.
— poráng — *fortuna*, Glück.
— puxí — *vicio*, Laster.
— rána — *ley falsa*, falsch Gesetz.
— tembém — *ancia, afflicção, aperto, necessidade*, Angst, Kummer, Bedrängniss, Nothwendigkeit.
— vé — (tecòbe) — *vida*, das Leben.
teém — *de balde*, vergeblich.
— nhóte — *injustamente*, ungerechter Weise.
teicoára — *cú, ilhó*, der Hintere, das Gesäss.
teipo — *finalmente*, endlich.
teité — *coitado*, arm, elend (Ausruf des Mitleids.)
— aýra — *acanhado*, kleinmüthig.
— indé — *ai de ti*, weh dir!
— ixé — *ai de mim*, weh mir!
— raá — *ó coitadinho*, o Jammer!
tejú — *lagarto*, Eidechse, Tupinambis Monitor.
tejupába — *cabana*, Hütte, Stall.
tembé — *beiço*, Lippe.
tembiú — *sustento, mantimento, iguaria, alimento, comida*, Unterhalt, Nahrung, Gericht, Speise.
— coréra — *migalhas da mesa*, Brosamen.
— monbáng — *cosinhar*, kochen.
— oçú — *banquete, convite*, Bankett, Gastmahl.
temetára — *pedra que alguns gentios trazem no beiço*, Stein,

den gewisse Indianer in der Lippe tragen *).
temiarirón — *neto ou neta da mulher*, Enkel oder Enkelin der Frau.
temimbaê (timimboê) — *estudante*, Schüler, Student.
temiminó — *neto ou neta do homem*, Enkel oder Enkelin des Mannes.
temimonhánga — *obra*, das Werk.
temiricó — *mulher casada*, verheirathetes Weib.
temo, temone! — *oh, se acontesse!* wenn es doch geschähe!
tendába — *lugar, paragem, posto, sitio*, Ort, Gegend, Stellung, Lage.
tendý — *baba*, Geifer, Speichel.
tendýra — *irmâ ou prima da mulher*, Schwester oder Geschwisterkind der Frau.
tene — *finalmente*, endlich.
tenhé — *deixa, deixai!* lass ab! lasset ab!
— umé — *desvia-te*, geh' aus dem Wege.
tening — *seccar*, trocknen.
— ceráne — *murchar*, welken.
tenondé — *adiante, diante, antecedente*, vor, vorwärts, vorhero. (xerenondé — *diante de mim*, vor mir.)
— ketý — *avante*, vor, vorwärts.
— oçó — *proseguir*, verfolgen.
tenondeçába — *adiantamento, dianteira*, Näherung, Fortschritt.
teón — *morte*, Tod.
— goére — *corpo morte, defunto*, Leichnam, Verstorbener.
teongoéra rerú rijitába † — *tumba, esquife*, Sarg.
tepopýr — *largo*, breit.
tepopyrçába — *largura*, Breite.
tepoty — *esterco, excremento, bosta, sarro, ferrugem*, Unrath, Excremente, Hefe, Rost.
tepotý pyránga — *cursos de sangue*, rothe Ruhr, Diarrhoe.
theine (dasselbe wie tenhe) — *deixa isso*, lass das seyn! hör auf!
tianha (port.) — *gadanho*, Kralle, Klaue.
tibi (tyba) — *jazigo*, Begräbnissplatz.
tim — *nariz, focinho, vergonha, proa de embarcação, bico d'ave*, Nase, Schnautze, Scham, Schnabel am Schiff, am Vogel.
— goére — *vergonhoso*, verschämt.
— oçú — *focinhudo, narigudo*, mit langer Nase oder Schnautze.
tinoába — *barba*, Bart.
— monhangára † — *barbeiro*, Barbier.
tinta rerú (port.) — *tinteiro*, Dintenfass.
tipao — *baixa mar*, niedrigste Ebbe.
tipi — *hum Vegetal:* Piso L. IV. 115. Aristolochia?
tipoy, tipoia — *camiza sem manga*, Hemd ohne Aermel **).
titubé — *sem duvida, certamente*, ohne Zweifel, gewiss.
tiviro — *máo, nefando*, böse, schändlich.
toacába † — *compadre, comadre*, Gevatter, Gevatterin.
tobá — *cara, rosto*, Angesicht, Miene.
— catú — *graça no rosto*, angenehme, gute Gesichtsbildung.
— corúba † — *espinha carnal*, Fleischeslust.
tobajára — *cunhado do homem*, Schwager des Mannes.
tobaqué — *em presença*, in Gegenwart.
toirón — *ciar, ou ter ciumes*, eifern, beneiden.

*) Auch Harz, Holz, Horn, Muschel-Stücke.
**) Vocabulo alheio, Fremdwort, aus Moxos oder Chiquitos aufgenommen.

tomaramó — *óxalá, praza a Deos*, wenn doch! wollte Gott!
tomunhéng — *assobiar*, pfeifen.
tomunhengoére — *assobiador*, Pfeifer.
torica — *cursos de sangue*, blutige Stühle.
torína — *calções*, Beinkleider.
torý — *facho*, Fackel, Leuchtthurm.
torýba — *alegria*, Lustigkeit.
torotó — *vesgo*, der die Augen verdreht, schielt.
toúma — *remela*, was aus den Augen trieft.
touneranhe — *esperemos mais*, warten wir noch.
tracajá — *tartaruga redonda*, runde Schildkröte (Emys T.)
traçára — *alfange*, Säbel, Hieber.
trahira v. taraira — *especie de peixe*, Erythrinus trahira = Maturaque: Marcgr.
trapopéba — *osga (bicho)*, Eidechse.
tucá tucá — *dar murros*, Faustschläge geben.
tucucúr — *beber a tragos*, auf einen Zug austrinken.
tucúra — *gafanhoto*, Heuschrecke.
tuguí — *sangue*, Blut.
tugui aýba — *humores*, schlechte Säfte.
tugui-joca — *sangrar*, Blutlassen.
— rapé — *vêa*, Blutader.
tuguir — *cor parda*, braune, graue Farbe.
tujubaé — *velho*, alt.
— çába — *velhice*, das Alter.
— reté — *decrepito*, abgelebt.
tumbýra — *bicho dos pes*, Sandfloh (Pulex penetrans).
tumú tumúne — *cuspinhar*, oft ausspucken.
tumúne — *cuspir*, spucken.
tupán, tupána — *Deos, hostia consagrada; trovão*, Gott, geweihte Hostie; Donner.
— beráb — *relampejar, relampago*, blitzen, Blitz.
tupána igoaçuçába † — *divindade*, Gottheit.
— janderecó bebé mengára † — *Deos verificador*, Gott, der sich bestätiget.
— jimboeçába † — *louvor divino*, Lobpreisung Gottes.
— moeteçára † — *temente a Deos*, gottesfürchtig.
— nheénga † — *evangelho*, Evangelium.
— — coatiçára † — *evangelista*, Evangelist.
— — omocéme oaé † — *pregador evangelico*, Prediger des Evangeliums.
— oatá † — *procissão*, Prozession, kirchlicher Umgang.
— óca † — *igreja*, Kirche.
— óca rocára † — *adro, cemiterio*, Kirchhof.
— potába † — *dezimo, esmolla*, Zehnten, Almosen.
— puám † — *hostia*, Hostie.
— ratá † — *purgatorio*, Fegfeuer.
— raýra † — *christão, catholico*, christlich, katholisch.
— recé † — *pelo amor de Deos*, um Gottes Willen.
— recó † — *religião*, Religion.
— — jabyçába † — *irreverencia, superstição*, Unehrerbietigkeit, Aberglaube.
— — monhangára † — *bemaventurado*, glückselig.
— — poraçába † — *virtude*, Tugend.
— — poraçára † — *virtuoso*, tugendhaft.
— — roironçára † — *arrenegar da fé*, den Glauben abschwören.
— — rupi † — *christãmente*, christlich.
— recobeçába † — *bemaventurança*, Glückseligkeit.
— rendába † — *sacrario*, Tabernakel für die Hostie.
— réra cenói † — *jurar*, schwören.

tupána robaýana † — *hereje*, Ketzer.
— róca † — *templo*, Tempel, Kirche.
— taýra † — *Christo*, Christus.
— — rangába † — *crucifixo*, Crucifix.
— yg † — *agoa benta*, Weihwasser.
— — rerú † — *caldeirinha, ou pia d'agua benta*, Weihwasser-Kessel.
tupanár † — *commungár*, communiciren.
tupanára † — *communhão*, Communion.
turuçú (toruçú) — *grande*, gross.
— mirim porýb — *pouco mais*, etwas mehr.
— porýb — *a maior parte*, zum grössern Theil.
— pýr — *maior*, grösser.
turuçuçába — *grandeza*, Grösse.
tutira (tutyra) — *tio*, Oheim.
tuúma — *massa ou miolo de fruta*, Fleisch oder Mark einer Frucht.
tuý — *arrepiamento antes da febre, frio*, Frost vor Eintritt des Fiebers.
tý — *sumo, succo, liquor, môlho*, Saft, Flüssigkeit, Brühe.
tyap-ýra — *favo de mel*, Honig-Waben.
tyára oçú — *alarve, comilão, guloso*, grober Mensch, Fresser, gefrässig.
tyáya — *suor*, Schweiss.
týba (tiva) — *sitio abundante, d'algũa cousa, feitoria*, Ort, wo irgend Etwas häufig ist, Factorei.
tybuýra — *pó*, Staub, Pulver.
tybyróca — *espanar*, den Staub abschütteln.
tycarúca — *ourina*, Harn.
— rerú — *ourinol, bexiga*, Pisstopf, Blase.
tycoár — *misturar com agua*, mit Wasser vermischen.
tycoára — *bebida d'agua fria com farinha de pão (e rapadura)*, Getränk aus kaltem Wasser mit Mandioccamehl (und braunem Zucker.)
tycú — *liquido*, flüssig.
tycupý (tucupim) — *succo de mandiocca*, Saft der Mandiocca (*inspissado serve de molho*, eingedickt als Braten-Sauçe dienend.)
tyjepói ára † — *dia de finados*, Aller-Seelen-Tag.)
tyjú — *escuma*, Schaum.
— óca — *escumar*, schäumen.
tyjúca*) — *apodrecer; podre; lama, barro*, faulen, faul seyn; Schlamm, Lehm, Thon.
tyjucopába**) — *atoleiro*, *terra lamacenta*, Schlamm-Loch.
tyjucopáo — *baixos do rio, lamaçal*, Untiefen des Flusses, Schlammort.
tykýr — *manar*, *distillar*, *derreter*, fliessen, tröpfeln, abschmelzen.
tykýra — *agoa ardente de farinha de pão*, Branntwein aus Mandiocca-Mehl.
typakuéna — *correnteza*, Strömung.
typý — *ser fundo*, tief seyn.
— eté — *cousa profunda*, eine tiefe Sache.
typyçába — *profundeza*, *concavidade*, Tiefe, Höhlung.
typyóca (tapioca) — *a farinha mais subtil da mandiocca*, Satzmehl aus dem Mandiocca-Mehl.

---

*) Hoje diz-se tijúco e tejuco, tijuca, e só significa: lama. Daqui vem o verbo entijucár, que significa: enlamear. Jetzt sagt man auch tijuco, tijuca, tejuco und gebraucht es für: Schlamm, daher entijucar = im Schlamm stecken bleiben. Viele Orte tragen diesen Namen.

**) Hoje tijucál; dafür das neue Wort: tijucal.

typyti (tipiti) — *manga d'esteira para fazer farinha de páo*, Schlauch aus Flechtwerk, um die frisch geriebene Mandiocca-Wurzel auszupressen.

typyting — *cousa turva*, eine eine trübe Sache.

týra — *conduto*, Geleite.

tyrýc — *desviar*, abweichen, sich entfernen.

tyrycéme — *cheio*, voll.

— oáne — *abastado, abarrotado, estar cheio, latejar u arteria temporal, palpitar, tremer*, angefüllt, überfüllt seyn; das Klopfen der Arteria temporalis, klopfen, zittern.

U.

uatapy — *buzio*, Kriegshorn aus Kürbiss.

uapy (oapy) — *tambor*, Trommel.

uára — *homem, naçâo*, Mensch, Nation.

ubá — *canoa de huma sò peza*, Einbaum.

uba-ti, uba-tiim vel uba-tim, idem quod aba-ti vel abatyi, vel:

uba-ti-antam — *milho*, türkisches Korn.

uba-ti-apé (auch merim) — *arroz do paiz bravo*, wilder Reis.

ubati-boboca (mococa) — *milho moido*, gemahlener Mais.

ubati-çaçoca — *pilar (socar) o milho para tirarlhe a casca subtil do grâo*, den Mais stossen, um den Körnern die Oberhaut zu nehmen.

ubati-cam-pukyra — *grello de milho* (ubati caa-pokek-kyra i. e.: *milho, folha, embrulho, gordo*), Maisschössling.

uba-ti cateité — *(catète) milho humilde, de 3 mezes*, Sorte von 3 Monat.

ubati-catu-guaçú — *milho de conta*, grosse, in 6 Monaten reifende Sorte.

ubati-çaynha — *grâo do milho*, Maiskorn.

— — oca — *espiga do milho*, Maiskolben.

ubati-cui v. Ubati-vú v. ui — *farinha de milho*, Maismehl.

ubati-kirera — *as pequenas pontas, que restâo, quando se soca o milho posto de molho para fazer a farinha*, die Stücke der Maiskörner, die bei der Bereitung des Mehls zurückbleiben. (Sie werden wie Reis gekocht, als Canjica fina.)

ubati-mapyra — *milho d'espigâo grande e por pezado inclinado*, Sorte mit grosser gekrümmter Aehre.

ubati-mapyra-inhamuai — *milho de espica aberta*, Mais mit offner Aehre.

ubati meapé — *páo de milho, broa*, Maisbrod.

— — antàm — *biscoito*, Maisbisquit.

ubati-michué (machavére) — *milho de espica fechada grande*, Mais mit grosser, geschlossener Aehre.

ubati-mimoia — *milho decorticado cosido, prato conhecido pelo nome (do indico canja) canjica*, geschälte Maiskörner gekocht (die s. g. Canjica.).

ubati-mindy-piron — *pirâo, farinha escaldada no caldo*, mit Fleischbrühe aufgebrühtes Maismehl.

ubati-mingau — *papas ralas*, Mais-Brei.

ubati-mixira — *milho assado*, gebackener Mais.

ubati-moqueca vel poqueca — *milho assado nas palhas*, Maiskolben, in den Deckblättern geröstet.

ubati-oba — *folha de milho*, Maisblatt.

ubati-peçoca — *farinha cozida e socada segunda vez com carne, com sal e. pimenta, ou amaçado à mão com alguã fruta (p. e. Banana)*, Maismehl gekocht, zum zweiten Male gestampft und mit Fleisch, Salz und Pimenta zusammengekocht oder in der Hand mit irgend einer Frucht (z. B. Banana) zusammengeballt.

ubati-pirera — *palhas da espiga*, die Hüllen- oder Deckblätter der Mais-Aehre.

ubati-popirera — *descascar, debulhar, tirar o milho da espiga*, den Mais enthülsen und von der Aehre abnehmen.

ubati popóca — *milho arrebentado com o fogo*, am Feuer aufgesprungener Mais.

ubati-pororóca — *milho que estalla ao fogo („que faz pepóca")*, Sorte, deren Körner am Feuer aufknallen.

ubati-potyra — *flor ou pendão do milho*, Maisblüthenrispe.

ubati-roca — *paiol*, Scheuer für die Maisernte.

ubati-ryry — *milho de molho, pilado e posto de infusão*, eingeweichter, zerstossener Mais.

ubati-tyba, ubati-tyma — *milhoral*, Maispflanzung.

ubati (-tyba) coquera — *roça velha (capoeira)*, verlassene Maispflanzung.

ubati-tyba-moçaynha (moçaynhaba) — *fez fruta*, sie setzt Frucht an (Fruchtansatz).

ubati-tyba-mopotyra (mopotyraba) — *apendua (apenduamento)*, sie blüht (Stand in Blüthe).

ubati-tyba-moturuçú (moturuçaba) — *cresce (crescimento)*, sie wächst (das Wachsthum).

ubati-tyba-panèmo — *milhoral malogrado*, missrathene Maispflanzung.

ubati-tyba pooca (poocaba) — *quebrar, colher o milho*, das Maisfeld brechen, abernten.

ubati-tyba-poroca — *o milhoral brota, arrebenta*, die Maispflanzung treibt aus.

ubati-tyba-tininga (tiningába) — *murcha*, die Blätter verwelken, verdorren (werden gelb).

uba-xi-i vide ubá-ti-apé, wilder Reis.

ui (uý) — *farinha*, Mehl (von Mandiocca).

— atá — *farinha cozida de todo*, gar gekochtes Mehl.

— caa-rymá (carimá) — *farinha fina da raiz de molho ao depois de secca*, feines Satzmehl aus der ausgelaugten, dann getrockneten Wurzel.

— catú — *farinha d'agoa, de guerra*, (durch leichte Gährung) härteres und dauerhafteres Mehl.

— eça coatinga — *farinha mais de meio cozida*, mehr als halb gekochtes Mehl.

— moyipába — *farinha espremida*, ausgepresstes Mehl.

— puba — *farinha fresca por estar de molho*, eingeweichtes Mehl.

— tinga — *farinha meio moida*, halbgemahlenes Mehl.

— typyrati — *farinha crua de mandiocca cortada em rodas e secca ao sol*, rohes Mandioccamehl, aus der in Scheiben geschnittenen, an der Sonne getrockneten Wurzel.

uirapára — *arco d'atirar flechas*, Bogen, von dem Pfeile geschossen werden.

uitábo — *nadar*, schwimmen.

— oaé — *nadador*, Schwimmer.

— açação — *passar a vão*, durchwaden.

ukéi — *cunhada da mulher*, Schwägerin der Frau.
umán — (umoàn) — *já*, schon.
umaçuipé — *donde vem?* woher?
umápe (umamépe) adv. loci — *aonde?* wo?
úmarupipé — *por onde?* wohin?
úr — *vir*, kommen, anlangen.
— oaráma oaé età † — *vindouros*, die Nachkommen.
uramasa — *peixe no limo do mar*, Fisch im Meerschlamm.
urapéma (grupéma) — *crivo, peneira*, Sieb.
úrpe — *de baixo*, unten.
urú — *cofo*, ein Schild.
urubú — *ave*, der Aasgeier, Vultur aura.
urucú — *tinta vermelha*, rothe Farbe vom Orlean (Bixa Orellana.)
urupé — *tortulho*, Blätterschwamm (Agaricus.)
uú — *comer, beber; catarro, tosse*, essen, trinken; Katarrh, Husten.
uuçába — *beberagem*, Getränke.
uýba (viba) — *frecha*, Pfeil.
uýba acý — *frecha ervada, ou envenenada*, vergifteter Pfeil.

V.

varaýa (port.) — *balaio*, ein kleiner Korb.
vauràna — *impigem*, Flechte, Mal auf der Haut.
vé — *ainda, tambem*, überdiess, gleichfalls.
vi vide ui — *farinha*, Mehl.
vidro cendypúca eté oaé † (port.) — *cristal*, Krystall, Glas.

X.

xaví (port.) — *chave, fechadura*, Schlüssel, Schloss.
— monhangára (port.) — *serralheiro*, Schlosser.
— rerecoára — *chaveiro*, Schlüsselloch.
xe (je) — *eu*, ich.
xeembaé — *meu*, meine Sache.
xemocanbémo — *enfeitar*, putzen.
xepiáca akýra — *cor verde*, grüne Farbe.
— aúb — *saudades*, Verlangen, Sehnsucht.
xerimbábo — *animal domestico, ou domesticado*, Hausthier oder gezähmtes Thier.
xering — *logro*, Vortheil, Nutzen.
xó — *ápre, ápage, irra!* Heyssa! Voran!
xoer (xoára) — *significativo de frequencia*, Anzeige von Häufigkeit oder Gewohnheit*).
xupára — *animal, kinkajou*, Cercoleptes caudivolvulus.

Y.

y — *seu*, sein.
ya (yamurú) — *ainda bem (por vingança)*, sey's drum (wohl bekomm's, mit Hohn).
yanondé (propos.) — *antes*, bevor.
yandé — *nosso*, unser.
yapecuí — *remar*, rudern.
yapecuitába — *remo*, Ruder.
yapecuitára — *remeiro*, Ruderer.
yapixaim — *crespo*, kraus.

*) Derselbe Gedanke wird auch durch Çoer, Çoara und Ndoer, Ndoára ausgedrückt; je nach der Folge der Buchstaben.

yaramé (yarametê, yaçoaramonaé, yaçoaramonaemo) — *não sendo assim*, da es nicht so ist.
yárpe — *alemdisso*, ausserdem.
ýba — *cabo de qualquer instrumento*, Kopf, Griff irgend eines Werkzeugs.
ybá (jbá) — *fruta*, Frucht.
— bacú — *coco*, Schale der Frucht.
— çaýnha — *grão*, *caroço da fruta*, Kern der Frucht, Same.
— réma † — *alho*, Lauch.
— — acánga † — *cabeça d'alhos*, Zwiebel-Brut.
— — oçú † — *cebola*, Zwiebel.
— týba — *pomar*, Obstgarten.
ybaté — *a cima; ar, região ethera*, oben; Luftkreis, ätherische Region.
— çuí — *de cima*, von oben.
— ketý — *para cima*, nach oben.
ybateçába — *altura*, *tecto*, *exaltação*, Höhe, das Dach, Erhebung.
ybý v. jbý.
ybytú — *vento*, der Wind.
yçaçóca — *bicho da madeira*, Wurm im Holz.
yçaýba — *especie de formiga*, Art Ameise.
ycic-antám — *breu*, Pech.
yçóca — *bicho da madeira*, Wurm im Holz.
ycýca — *goma*, *resina*, *grude*, *solda*, Schleim, Harz, Leim, Löthe.
— antám coaquene — *almecega*, Harz.
— membéca — *almecega*, Harz.
yenonde vide yanondé.
yepé — *seja mas de balde*, es sey, aber vergeblich.
yg (hy) — *agua*, Wasser.
yg ába — *limo*, Morast.
— acúb — *agua quente*, warmes Wasser.
— apó — *lugar alagadiço*, sumpfiger Ort.
— apó oçú — *aguas vivas*, lebendiges Wasser.
— apó páo — *aguas mortas*, stehendes Wasser.
— apý — *orvalho*, Thau.
— bybýra — *borbulhão ou cachão d'agua*, Wasserblasen.
— capuitára — *agoador*, Wassertopf, Giesskanne.
— caraýba pupé nhemoaçúca † — *baptismo*, Taufe.
— catú — *agua boa ou doce*, gutes oder süsses Wasser.
— ceembúca — *agua salgada*, salziges Wasser.
— ceryca — *agua corrente, fonte que corre*, laufendes Wasser, Quellwasser.
— coára — *fonte*, Quelle.
— coarána — *sorvedouro do rio*, Strudel im Fluss.
— jebýr — *redomoinho d'agua, remanso ou sorvedouro do rio*, Wasserwirbel.
— jucéi — *sede; sequioso*, Durst, Trockenheit; durstig.
— roiçáng — *agua fria*, kaltes Wasser.
— tekýr — *gota d'agua*, Wassertropfen.
— tú (hy-tú) — *cachoeira*, Wasserfall.
yg-açapába — *ponte*, Brücke.
ygára — *canoa*, Kahn.
— ropitá — *popa da canoa*, Hintertheil des Fahrzeugs.
— rotinga — *vela da canoa*, Segel.
ygarapé*) — *rio*, Fluss (Kahnweg).

---

*) Hoje da-se este nome só aos esteiros ou rios pequenos, especialmente á quelles, que só são volumosos com a subida da maré. Jetzt besonders von Nebenkanälen gebräuchlich.

ygarapé jatimá timá — *rio de muitas voltas*, Fluss mit vielen Windungen.
— mirim — *riacho, regato, ribeiro*, Bach, Canal.
— reapýra — *cabeceira ou origem do rio*, Quelle, Ursprung eines Flusses.
— remoçápe — *boca ou foz do rio*, Mündung eines Flusses.
ygarité — *canoinha*, kleines Fahrzeug.
ygaropába — *porto*, Hafen.
ygatim — *proa da canoa*, Schiffs-Schnabel.
ygatiýba — *proeiro da canoa*, Ruderknecht am Vordertheil.
yba — *especie de macaco*, Nyctipithecus.
yiçába — *palavra*, das Wort.
ymirá (imirá, ymyrá, moirá) — *arvore*, Baum, Holz.
ypó (ypú) — *por ventura*, *na verdade*, vielleicht, in Wahrheit *).
yque (adv. loci) — *aqui*, hier.
ýra — *mel*, Honig.
— máya — *abelha*, Biene (Honigmutter.)
yrati — *abelha cujo mel faz tetano*, Biene, deren Honig Starrkrampf macht.
yraitim — *cera*, Wachs.
— canéa (port. candea) — *vela de cera*, Wachskerze.
— canéa rendába — *castiçal*, Leuchter.
yrób — *amargar*, bitter seyn.
— oaé marica póra — *colera*, Zorn.
yroiçáng — *frescura*, *viração*, frisches Lüftchen.
yryrí — *ostra*, Auster.
— çuí † — *cal*, Kalk.
ytá (vide itá) — *pedra*, *ferro*, Stein, Eisen.
— beraba — *brilhante*, Diamant.
— cepú — *ouro*, Gold, i. e. lapis multi pretii (cepy).
— — mirim — *latão*, Messing.
— jinga (xinga) — *prata*, Silber.
— — cepu mirim — *estanho*, Zinn.
— membeca — *chumbo*, Blei (ferrum molle.)
— una anga (unga) — *aço*, Stahl (anima ferri nigri). **)
ytan — *concha*, Muschel.

*) Diess Ypó hört man auf jede Frage, die der Indianer nicht beantworten kann oder will.

**) Nomenclatura dos antigos Paulistas mineiros. — Von den ehemaligen Goldsuchern aus S. Paulo gebrauchte Benennungen.

DICCIONARIO
de
Verbos. Zeitwörter.

Portuguez — *Tupi-austral* — Deutsch.

Gegenwärtige Liste verdanke ich meinem Freunde, dem rühmlichst bekannten Literaten, Hrn. Ferd. Denis, Beamten an der Bibliothek de S. Geneviève zu Paris, welchem sie von Hrn. Emile Adêt aus Brasilien mitgebracht worden ist. Das zum Theil von Würmern angefressene und schwer leserliche Manuscript nennt keinen Verfasser. Es scheint in den letzten Decennien des vorigen Jahrhunderts, wenn nicht früher, zusammengestellt worden zu seyn. Einige Gründe sprechen für die Annahme, dass es dem durch seine Flora Fluminensis und andere wissenschaftliche Arbeiten um Brasilien hochverdienten Fr. Joseph Mariano de Conceição Vellozo vorgelegen habe.

Die hier wiedergegebenen Zeitwörter gehören dem Tupi-Dialekte an, wie er vom gemeinen Volke in den südlichen Provinzen Brasiliens, namentlich in S. Paulo, Cujabá und Rio Grande do Sul gesprochen wurde. Sie weichen von der durch die Jesuiten literarisch festgestellten Lingua geral brazilica vielfach ab. Viele Worte beurkunden durch Verkürzung, Zusammenziehung und andere Verstümmelungen, dass sie dem Munde des gemeinen Volkes entnommen sind. In manchen ist der Einfluss der portugiesischen Sprache nicht zu verkennen; wie denn überhaupt der Dialekt, welchem sie angehören, nicht sowohl von Tupi-Indianern im Zustande der Freiheit, sondern von solchen gesprochen wurde, und hie und da noch gesprochen wird, welche unter portugiesischen Einwanderern leben. Daher finden sich hier viele Worte, welche einen durch den erweiterten Gedankenkreis, besonders für den täglichen Verkehr, nöthig gewordenen Begriff wieder geben sollen, während jene, welche sich auf die christliche Lehre beziehen, vorzugsweise in der reineren Lingua geral, wie sie zumal aus Figueira's Feder stammt, gefunden werden. Gemäss dieser Quelle trägt auch dieser südliche Dialekt mehr den Charakter eines Rothwälsch, in ähnlicher Weise wie jene Sprachweisen gebildet, welche sich die bunt durch einander gemischten Indianerhaufen von anderen Nationalitäten aneignen. — Der Verfasser der Liste hat manche dieser Zeitworte in ihrer, oft sehr unbehülflichen und rohen Zusammensetzung durch Angabe des Sinnes der einzelnen Bestandtheile des Ausdrucks erläutert.

Wie die feiner ausgebildete Lingua geral in den nördlichsten Provinzen Brasiliens immer seltener im Munde des gemeinen Volkes wird und immer grösseren Ausartungen unterliegt, ist diess auch mit dieser Sprachweise im Süden der Fall. Doch hört man noch immer in der niedrigsten Volksklasse, und namentlich bei den im Innern des Landes mit Viehzucht beschäftigten Sertanejos viele aus dieser Mundart stammende Worte, mit dem sich mehr und mehr ausbreitenden Portugiesisch vermischt. Solche Individuen aber, welche vorzugsweise mit Indianern verkehren, benützen diesen Dialekt oft ausschliesslich auf ihren Reisen durch den Sertão nach Westen. Solche Reisen wurden ehemals hauptsächlich unternommen, um nach Gold zu suchen, die besten Verbindungswege nach Cujabá aufzuspüren und nomadisirende Indianer zu Niederlassung und Feldbau herbeizuziehen. Bei der schnellen Abnahme der indianischen Bevölkerung in jenen Gegenden wird die Mundart ihre praktische Bedeutung immer mehr verlieren. Je näher den Grenzen der argentinischen Landschaften und Paraguay, um so häufiger mischen sich spanische Ausdrücke ein und nähert sich der Dialekt dem eigentlichen Guarani, wie es ehemals in den Reductionen der Jesuiten gesprochen wurde, und in den Schriften von Ant. Ruiz de Montoya (Tesoro de la Lingua Guarani, Madr. 1639. kl. 4°. u. s. w.) fixirt worden war.

Verbos. Zeitwörter.

Portuguez — *Tupi-austral* — Deutsch.

A.

abaixar — *ioboeû*, niederdrücken.

abalar — *omongoé*, bewegen.

abanar com abano — *vutuapô*, fächeln, abkühlen.

abominar — *ndaroviar-neg*, verwünschen.

aborrecer — *nboyarabo*, verabscheuen.

abraçar — *onhemamà*, umarmen.

abrandar (id est bolir) — *onbocuè*, nachlassen, lindern, wegrücken.

absolver — *yòvacà*, lossprechen.

abster — *tenhè*, zurückhalten.

abuzar — *ndoxereroviai*, missbrauchen.

acabar — *amombâ*, endigen.

acabou-se — *opâ* (*nda-coa-copape*), es ist vorbei.

acautellar — *ndequakòrupe*, Vorsicht anwenden. — naó passe porahi-pormedo — *xemundui*, geh' nicht hieher aus Furcht. — por vergonha — *xeâxem*, geh' nicht hieher aus Schaam.

accomodar-se — *okoerâ*, sich fügen.

accuzar — *amombeù*, anklagen.

aceitar — *aboike-xi-pù-a*, empfangen, (*deixo entrar no coraçâo*, ich lasse eingehen in's Herz).

acertar no alvo — *ayapicua*, in's Weisse treffen (*atirar sei*, ich weiss zu treffen).

achar — *añacè*, finden.

accometer o inimigo — *ambo-yeni*, den Feind angreifen, (*chego a outro vez*, ich komme zum andern Mal).

acompanhar — *irûnamo oço*, begleiten.

aconselhar — *ameem xe acanga*, rathen, (*dou minha cabeca*, ich gebe meinen Kopf).

acrescentar — *ambo-guassù*, vermehren (*fez grande*, machte gross).

acudir — *ayopuque*, beistehen.

açular o câo (estumar) — *amboyai-ya guâra*, den Hund hetzen. (*meti raiva o caxorro*, ich gab Wuth dem Hund).

adiantar — *tenondè-recui*, fördern, (*para diante puxa*, nach vorwärts stossen).

adivinhar — *oieua mbae oye juraèno*, vorher sagen.

administrar — *nhande-boycuà-rama*, verwalten, handbaben, (*nos acostumar para*, uns gewöhnen daran).

admirar — *yuruvà*, sich wundern.
admirado — *xe putupâ*, ich blieb mit offenem Mund, verwundert.
admittir — *ayà*, zulassen.
adoecer — *nbaraà*, erkranken.
adoro — *acemo-merim*, ich bete an, (*fazer-se mais pequeno*, sich kleiner machen).
adormecer — *kerai ai parâ*, einschläfern, (*nâo dorme bem*, er schläft nicht gut).
adubar — *ceem*, würzen, versüssen.
advertir — *anhe mômanduà*, Acht geben.
affagar — *oeboecuâ*, schmeicheln, beruhigen.
affligir — *xe monday*, betrüben.
afogar n'agua — *oyopuk*, ertrinken.
afoutar — *iangaçu*, dreist machen.
afugentar — *onbonhemi*, verjagen.
affundir — *anboyki*, versenken.
agarrar — *opua*, haschen.
aggravar — *onheem-ai*, beleidigen, beschweren, (*falou mal*, er sprach böse).
aguardar (esperar) — *osáron*, hoffen.
agradar — *oboecua*, gefällig seyn.
agoniar — *daxerorù*, Kummer machen.
agradecer — *amborù*, danken. (*fazer alegrar*, erfreuen).
amolar — *oipixu*, wetzen, schleifen.
aguilhar — *aicutuque*, stechen, antreiben.
ajudar — *patumômo*, helfen.
alargar — *emboasu*, verlängern.
alcançar — *amboyepùca*, erlangen, erreichen.
alegrar — *anborora*, erheitern.
alimpar — *yoki* (*cotuc*, *lavar*), reinigen (waschen).
aliviar — *ambocuera*, erleichtern.
almoçar — *coe-rire-au*, frühstücken, (*amanhecer*, *despois comer*, erwachen, dann essen).
alterar — *nboquà*, verändern.
alugar — *toi cô oin rùramo*, miethen.
alumear — *omonendù*, erleuchten.
amaldiçoar — *boyay*, verwünschen.
amanhecer — *coen*, erwachen.
amansar — *nbo yepotâ*, zähmen.
amar — *acauçub*, lieben.
amargar — *xeyrôb*, bitter seyn, verbittern.
amarrar — *apunxy*, festbinden.
ameaçar — *nondui*, drohen.
amofinar — *oguere co-ay*, böse machen.
amolecer — *amomembeca*, weich werden.
amontoar — *ambopitay*, aufhäufen.
amparar — *anbo yesoque*, schützen.
andar — *guatâ*, gehen.
animar — *bounguerù*, beleben.
anoitecer — *putùmani*, Nacht werden.
apalpar — *ypopôque*, betasten.
apanhar — *amononehom*, fangen.
— a quem foge — *aypusuque*, den Fliehenden ergreifen.
apedrejar — *eyapi-ita*, steinigen (*atirar pedras*, Steine werfen).
aperfeiçoar — *amoporaein*, verbessern.
apertar — *apoxinverà*, zusammenziehen.
apoderar-se — *oin xe pope*, sich bemächtigen. (*esta nas minhas mâos*, es ist in meinen Händen).
apontar com o dedo — *xecoveem*, mit dem Finger zeigen.
apostar — *iamboyova*, wetten.
apparecer — *aguacem*, erscheinen.
applaudir — *xe po-anbo-nheen*, beklatschen, (*minha mâo fez cantar*, meine Hand machte singen).
approvar — *arovià*, billigen.
aprender — *amboi que acanga*, lernen, (*meto aquelle na cabeza*, ich thue es in meinen Kopf).
aprezentar — *umboepa*, vorstellen.
apressar — *anho tagai*, antreiben, beschleunigen.

aproveitar — *na-monboi ocâra*, nützen, (*nâo boto fora*, ich werfe es nicht weg).
aquecer — *omboacu*, heiss werden.
aquentar — *omboacuretê*, erhitzen.
arder — *ocui, acai*, brennen.
argumentar, aleimar — *omocoin-onhanga-ô*, disputiren, streiten, (*os dois ralharaô*, die Zwei haben gestritten).
armar — *aipoçuca xe pope anga*, bewaffnen, (*peguei de minha mâo arma*, ich habe gegriffen mit meiner Hand Waffen).
arraigar — *umbôjecuà ovu*, einwurzeln, (*esta se acostumando na terra*, es gewöhnt sich an die Erde).
arrancar — *boyucâ*, ausreissen.
arrazar — *buape*, eben machen, zerstören.
arrebatar — *oyoca puatan*, entreissen (mit Gewalt.)
arrebentar — *ambopoque*, aufspringen.
arrecadar — *amboeique-ôca*, empfangen, einnehmen, (*recolher em caza*, sammeln in's Haus).
arredar — *aciciii côkete*, zurückziehen, (*puxar para cá*, hieher ziehen).
arrefecer — *boroù*, erkälten.
arremedar — *bocurâ*, nachmachen.
arrepender — *sasùi*, bereuen.
arrezoar — *anhe poran*, vernünftig reden, (*falo bem*, ich spreche gut).
arrumar — *amoin*, ordnen.
arripiar — *musanxin*, schaudern machen.
arrombar — *sorôca*, einbrechen, aufbrechen.
arrotar — *oncen-vutù-yrupe*, rülpsen, (*sahio vento boca*, es ging Wind aus dem Munde).
arrufar — *puay*, unwillig machen.
arruinar — *boyai*, zerstören.
aspirar — *aipotà*, athmen.
assar — *cecui*, braten.
assentar — *oapùca*, sitzen.
assistir (estar presente) — *oicomimi*, da seyn, gegenwärtig seyn.
assistir (morar) — *oicovê*, wohnen.
assoar-se — *ambùva*, sich schneuzen.
assobiar — *boicenim*, pfeifen.
assoprar — *ypeù*, blasen.
assustar — *mondùi*, erschrecken.
atacar — *maramonhain*, angreifen.
atirar com frexas — *arapi-ura-xirica*, mit Pfeilen schiessen, (*atirei com vara fina*, ich habe geschossen mit dünnem Stock).
atormentar — *amboçacù*, quälen.
atroar — *amuçançein*, donnern, erschrecken.
attender — *aroviai*, aufmerken.
attrahir — *amboique xeirù ramo*, an sich ziehen.
attribuir — *amonbae oyeçu ixupê*, zueignen, zuschreiben, (*alguma coiza soccedeu a elle*, irgend eine Sache ist ihm zugefallen).
avaliar — *ambu cepù*, schätzen, Werth geben.
averiguar — *aceca inheeretê*, untersuchen, (*procurar a sua fala direita*, seine gerade Sprache verschaffen).
augmentar — *bo asù*, vermehren.
aviar — *ipavoca*, absenden.
auzentar-se — *ocanhe, acanhem*, sich entfernen.
azedar — *sai*, sauer machen, werden.

B.

banhar — *yasùca*, baden.
baptizar — *seroca*, taufen.
barbear — *oipey jovà*, barbieren, (*limpou a cara*, er hat gereinigt das Gesicht).
bastar — *osuca, açuc*, genügen.
batalhar — *emaramunhe*, kämpfen.

bater a porta — *oinumpan okena*, an die Thüre klopfen.
beber — *cayg, cay*, trinken.
beijar — *ombusuque yurù*, küssen.
berrar — *tapira cemcem*, brüllen, (*boi goita*, der Ochs schreit).
blasfemar — *anheemg-ay-tupa recé*, lästern, (*falar mal de Deos*, sprechen schlecht von Gott).
bordar — *bopinim*, sticken, verbrämen, (*pintar*, malen).
brincar — *boçarae*, spielen.
brotar — *oyecameen*, aussprossen, (*está se mostrando*, es zeigt sich).
buscar — *cecù, acecar*, suchen.

C.

caber — *do suque*, in sich fassen, (*nâo chega*, nicht reicht es).
caçar — *yporacâ*, jagen.
cahir — *aû*, fallen.
calcar (pizar) — *puru*, mit Füssen treten.
calçar — *monde*, beschuhen.
callejar — *bocuntan*, hart machen, Schwielen machen.
caminhar — *coatà, guatâ*, gehen.
cançar — *caneon*, ermüden.
cantar — *nheengá*, singen.
capar — *mondôca* (*tapira*), kastriren (den Stier).
carecer — *ypotâ*, bedürfen.
çarregar — *supi*, aufladen.
cazar — *mendâ*, heirathen.
castigar — *inumpan*, strafen.
cativar — *mbiguaya*, gefangen nehmen.
cavar — *mbocoâ*, aushöhlen.
cear — *aü-putuma*, zu Abend, zu Nacht essen.
ceder — *umeein*, weichen, nachgeben.
cegar — *do-sapoçae*, blenden, (*nâo vejo*, nicht sehe ich).
cercar — *nhoquendâ-urù*, einschliessen.
cerrar — *nhoquendù-pà*, verschliessen.
cessar — *oyepâ*, aufhören.
cevar — *monbiù*, nähren, mästen.
chamar — *cenôin, acenoi*, rufen.
chamuscar — *oyecài-parâ*, sengen, (*queimou-mal*, brannte schlecht).
chegar — *osuque, açuc*, ankommen.
cheirar — *centun*, riechen.
chiar — *xirique*, piepen.
chocar — *ambôpitan gora ropia, supupe* (pôr galinha ovo ao pe de sua mae), der Henne Eier unterlegen.
chorar — *yacioi*, weinen.
chover — *okù, acoy*, regnen.
coalhar — *amboçai*, gerinnen, (*fazer azedar*, sauer werden).
coar — *boçararan*, durchseihen.
cobrar — *jururé*, einnehmen.
cobrir — *yacui*, bedecken.
colher — *amboique*, sammeln.
colligir — *monoon*, versammeln.
combater — *omaramonhu' - etè*, streiten.
começar — *cavuroque*, beginnen.
comer — *aü*, essen.
cometter — *nhamundá*, begehen, vollführen.
comungar — *ayan tupan*, communiciren (tomo N. Senhor, ich nehme unsern Herrn).
comunicar — *nhanderaurú*, mittheilen.
compadecer-se — *cueimbo asû*, Mitleid haben.
comparar — *muchoin*, vergleichen.
compensar — *jovay, acya-ve*, ersetzen.
competir — *dipory-avá-ché*, sich mitbewerben.
compôr — *ayapó*, ordnen, machen.
comprar — *yoguá, peripán?*, kaufen.
comprehender — *aycuáb*, begreifen, (eu sei, ich weiss).

compungir — *puaraçij*, Gewissensbisse haben, (*coraçaó dóe*, das Herz thut weh).
conceder — *yapó ypuá*, gewähren, (*fazer a vontade*, thun den Willen).
concertar — *po catú*, anordnen, (*maó boa*, Hand die gute).
concluir — *mombá*, vollenden, schliessen.
concordar — *ya-ypotá*, übereinstimmen, (*nos queremos*, wir wollen).
condemnar — *boahijmeuá*, verurtheilen.
condescender — *yapo ypuá*, einwilligen.
condizer — *yavé-nheén*, übereinstimmen.
conduzir — *guerasó*, leiten, führen.
confessar — *mon-beú*, bekennen.
confiar — *asaron*, anvertrauen.
confirmar — *enboeté*, bestätigen.
confiscar — *oyá*, wegnehmen.
confortar — *angaçú*, stärken.
confrontar — *muchoin.*
confundir — *nhe-manan*, verwirren.
congelar — *broij*, gefrieren, gerinnen.
conhecer — *ycuan*, *aycuab*, wissen.
conjecturar — *seran*, vermuthen.
conjurar-se — *púan*, sich verschwören.
conluiar-se com alguem — *nhembosúque*, sich mit Jemanden verstehen.
conquistar — *ayá*, erobern, unterjochen.
conseguir — *omeén-chébu*, erlangen.
consentir — *ipotá*, übereinstimmen.
conservar — *moin catú*, aufbewahren.
considerar — *seran*, erwägen.
consolar — *nhâguerú*, trösten.
conspirar — *puan*, sich verschwören.
constituir — *yapô*, einrichten, anordnen.
constranger — *guerasô-puátan*, nöthigen, zwingen.
consultar — *oia-avúnheen*, berathen.
consumir — *mucanhé*, verzehren, verbrauchen.
consummar — *mombá*, vollenden, vollziehen.
contar — *mombeú*, *mongueb*, zählen.
— por numero — *ipa-ppá*, rechnen.
contemplar — *cheánga oicó mamu*, betrachten, (*meu sentido anda virando*, mein Sinn geht hin und her).
contemporizar — *saró ara*, sich in die Zeit schicken, (*esperar tempo*, erwarten die Zeit).
contender — *yorai nheenga*, streiten, zanken, (*trocar palavra*, wechseln Reden).
contentar — *xipuarepe oicó*, befriedigen, (*de meu coraçáo está*, es steht nach meinem Herzen).
conter — *do yapó revé*, enthalten, fassen, (*náo fazer mais*, nicht machen mehr).
continuar — *nhemondé*, fortsetzen.
contradizer — *daicô-enheenga*, widersprechen, (*naó estou no que me diz*, ich stehe nicht in dem, was er sagt).
contrariar — *naanni*, entgegenhandeln.
contratar (negociar) — *che evú ipocóca*, handeltreiben, (*minha vida encostar*, mein Leben anlehnen).
— ou fazer hum ajuste — *che ijo vái*, Vertrag schliessen.
contribuir — *opá catu yaipota*, beitragen, (*todos nos queremos*, wir alle wollen).
convencer — *yopúque amboaé nheen*, überzeugen, (*affoguei do outro a falla*, ich habe erstickt vom Andern das Wort).

conversar — *nhe monguètá*, sich unterhalten.
convidar — *anheé tojü che püri*, einladen, (*fallei que venha co'migo*, ich habe gesagt, er möge zu mir kommen).
convir — *ya-ypotá*, übereinkommen.
convocar — *acenoijn*, zusammenrufen.
copiar — *yó óca*, copiren.
corar — *mopiran yapó* (*fazer vermelho*), färben, roth machen — *ovú yapó* (*fazer azul*), blau machen — *úna yapó* (*fazer prèto*), schwarz machen.
coroar — *oyá corôa* (port.), krönen.
correr — *unhan etê*, laufen; (*correr muyto*, viel gehen).
correr o rio — *uaindú unhan etè*, der Fluss läuft.
corresponder-se por carta — *onboyovai papéra* (port.), correspondiren durch Briefe.
corrigir — *yapó vera*, verbessern, (*fazer bem*, machen gut).
corroborar — *ambô púatan*, verstärken, (*fazer ter força*, machen Stärke haben).
cortar o cabello — *aba mondóca*, *omoyn*, das Haupthaar abschneiden.
cortar — *mondóca*, abhauen.
— hum páo — *mondoca nhepein vurá*, einen Baum abhauen.
cortejar — *ayoóque che xapeo* (port.), den Hof machen, grüssen, (*tirei meu chapeo*, ich habe gezogen meinen Hut).
coser com agulha — *boquá ita mirim avá ovą*, mit der Nadel nähen, (*fiz passar hum ferro pequenino no vestido de gente*, ich habe durchgehen lassen ein kleines Eisen durch die Kleider der Leute).
costumar — *ye púcua*, angewöhnen.
coxear — *parin nhepein retumá*, hinken.
cozer — *boijü*, kochen.
cravar — *botaque*, nageln, anheften.
crear — *oyevú*, erschaffen.
crer — *roviá*, glauben.
crescer — *boturuçú*, wachsen.
crestar — *ócay irá*, Bienen schneiden.
criminar — *monhé gaij*, anklagen.
criticar — *curá*, kritisiren.
crucificar — *ombotaque nhandeijára vurá vira*, kreuzigen, (*pregar Nosso Senhor na cruz*, heften unsern Herrn an's Kreuz).
culpar — *monhé gaij*, beschuldigen.
cultivar — *cavuróca*, Land bauen.
cumprir com os seus officios — *aiapô baè che mondóra*, seine Pflichten erfüllen, (*faço as coizas*, *q'me manddo*, ich thue die Sachen, die man mir befiehlt).
curar — *ipoçaná*, heilen.
cursar — *caá*, zu Stuhl gehen.
cuspir — *puá ymoneen*, speien, (*faço sahir agoa do meu estomago*, ich mache ausgehen Wasser aus meinem Bauche).
custar — *iavai éte*, kosten.
çujar — *ic'á*, verunreinigen.

D.

danar-se — *puai-etê*, zornig werden.
dançar — *poraceï*, tanzen.
dar — *meen*, geben.
declarar — *nehengatú*, erklären.
declarar guerra — *onheen-guátomáromunhaa*, Krieg erklären.
decorar — *ycuá che acanga*, zieren.
dedicar — *ameen-botá*, widmen.
defender — *amaen cècè*, vertheidigen, (*olhar por elle*, sehen auf ihn).

defumar — *motá chim*, räuchern.
degollar — *mondóc acanga*, köpfen, (*cortar a cabeça*, abschneiden den Kopf).
desterrar — *mombó iletarae* (?), verbannen, (*botou fora de sua terra*, er vertrieb aus seinem Lande).
deitar-se — *nhee nó*, sich niederlegen.
deixar — *ceyá*, lassen.
deleitar-se — *aymo morán*, sich vergnügen.
deliberar — *açopotá*, überlegen.
demaziar-se — *uete cátú*, das Maass überschreiten.
denunciar a alguem — *anheen gai*, Einen anzeigen.
depender d'alguem — *cuèvá ipocó que giu yû*, von Einem abhängen.
depenar huma ave — *yo óque ya aba*, einen Vogel abfedern.
depor a alguem d'algum officio — *mombó ocára ypravucúra*, Jemanden seines Amtes entsetzen.
depositar — *mongatú*, in Verwahrung geben.
derramar — *monçaen*, ausschütten, ausgiessen.
derreter — *botucuévu*, schmelzen.
derrotar — *mombáua*, vom Weg ab (in Unordnung) bringen.
derrubar — *boitiica*, niederreissen.
desabonar — *nhee' ay amboáè*, Jemanden verschreien, schlecht reden.
desacommodar a alguem — *mombó yrupaba*, Jemanden Unbequemlichkeiten machen.
desacostumar — *daypócuái*, entwöhnen.
desacreditar — *anheen ievü*, verschreien, (*fallei mal de sua vida*, ich sprach schlecht von seinem Leben).
desafiar — *acenoi maromonha rama*, herausfordern. (*chamei brigar para*, ich rief zu streiten um).
desamparar — *ceya ainhó*, verlassen.
desagradar — *doiapôi hipüá*, missfallen.
desanimar — *monduy*, entmuthigen.
desapparecer — *ocanhé*, *acanhé*, verschwinden.
desarreigar — *yoóque itúa*, entwurzeln.
desatar — *aypoque nhapo poxim* losbinden.
desbastar — *bomirin vè*, abhobeln.
descalçar a alguem — *oyóc çapatú* (port.), Jemanden die Schuhe ausziehen.
descançar — *putuú*, ausruhen.
descarregar — *yoóc baè yupira*, entladen.
descender d'alguem — *chèúva*, von Jemanden abstammen.
descer — *üèjü*, herabsteigen.
descingir — *yoc yaçoÿ*, entgürten.
descompor a alguem com palavras — *nheen áÿ*, Jemanden mit Worten beleidigen.
desconfiar — *che yai*, misstrauen, (*eu estou desconfiado*, ich bin misstrauisch).
desconhecer — *daycuavé*, nicht erkennen.
desconjuntar-se — *yemocé icanguéra*, aus der Stelle verrückt werden.
descontar — *doyè papá*, abziehen.
descontentar — *doiapô ipuá*, missfallen.
descozer — *yoóc enimbó*, die Naht auflösen.
descuidar-se d'alguma coiza — *nomanduái*, etwas vernachlässigen.
desculpar — *onhominheen*, entschuldigen.
desdizer-se — *danheen-verá*, sich widersprechen.

desejar — *ypotá baè ujúva*, wünschen.
desembainhar a espada — *yoóc cucè uasú ova*, den Degen (d. grosse Messer) aus der Scheide nehmen.
desembaraçar — *boÿè mamá*, aus dem Wege räumen.
desembarcar — *ancen gará pupe*, ausschiffen, (*sahir de dentro da embarcaçaó*, aus dem Fahrzeug gehen).
desembrulhar — *cepaputá*, entwickeln, entwirren.
desembuçar-se — *coveén*, sich das Gesicht entblössen.
desempedir — *doipocuçú*, das Hinderniss wegnehmen.
desencaminhar — *boé aÿ*, irre führen.
desencontrar-se — *norovaÿ chim*, sich (auf dem Weg) verfehlen, sich nicht begegnen.
desenganar — *anheé verá*, Irrthum benehmen.
desenterrar — *ayoóc uvú púpe*, ausgraben, (*tirar de dentro da terra*, aus dem Innern der Erde nehmen).
desentoar — *nônhengá catúve*, aus dem rechten Ton kommen.
desertar — *acanhé*, verlassen.
desesperar — *nasaró vè*, verzweifeln.
desestimar — *doçou súvé*, gering schätzen.
desflorar huá donzelha — *ey*, entjungfern.
desfolhar huma arvore — *yoóc ya óva*, einen Baum entblättern.
desonrar a alguem com palavras — *môochim*, Jemanden beschimpfen (mit Worten).
desinchar — *dirurú*, die Geschwulst vertreiben, vergehen.
desistir — *boceyá combaé*, eine Sache aufgeben.
desmaiar — *mocanhé ituvú*, entkräften, ohnmächtig werden.
desmontar-se do cavalho — *aguepi cavarú ára*, vom Pferd steigen.
dosobedecer — *doyapôy baè imimondóra*, nicht gehorchen, (*naó fazer as cousas que se mandaó*, nicht thun das, was geheissen wird).
despachar — *mondó amômamó*, ausfertigen.
despedaçar — *boÿocá*, zerstücken.
despedir — *mondó ômame ypotá* werfen, fortschicken.
despedir-se d'alguem — *anhee aè chaçú moá*, Abschied nehmen von Jemanden.
despegar — *bopohÿ*, ablösen.
despejar — *moçaingó*, räumen.
desperdiçar — *mombo ocára*, verschwenden.
despertar do sono — *bopáque*, vom Schlaf aufwecken.
despicar-se com a espada — *inúpá cucè uaçú*, sich rächen mit dem Schwert.
despir — *yóoc yá óva*, die Kleider ausziehen.
desposar — *momendára*, zur Ehe versprechen.
despovoar — *oceyá te táme*, entvölkern.
despregar — *momom botáque*, Nägel ausziehen.
desprezar — *opôÿ xúhy*, verachten, verschmähen, (*largar d'elle*, von ihm lassen).
desquitar-se — *doÿpotári vei simpirèçó?*, sich scheiden.
destinar — *omboyècúá cuè maè rama*, bestimmen.
destruir — *mocanheé*, zerstören.
desunir — *bôpôhy*, trennen.
deter — *mombô saron*, abhalten.
determinar — *mondó mombaè apó*, bestimmen, (*mandar fazer alguma couza*, befehlen zu thun eine Sache).
devassar — *oicúa potá nheengatú*, untersuchen, (*querer saber a*

verdade, wollen wissen die Wahrheit).
dever — *avai tayù*, müssen, schuldig seyn.
diffamar — *nheè òpácatu*, verläumden, in üblen Ruf bringen.
differençar — *doi yavè*, Unterschied machen.
diligenciar — *acècà ipépe*, Fleiss anwenden.
diminuir — *bomirim*, vermindern.
disfarçar — *nacendùi nheenga*, verstellen, maskiren.
dispôr — *oicuà amo óca boe ràma*, anordnen.
disputar — *onharà*, disputiren.
dissuadir — *oycô momburù*, abrathen.
distribuir — *boyôóc*, vertheilen.
divertir-se — *bossaròi*, sich vergnügen.
dividir — *bôvóca*, theilen.
dizer — *nheeng*, sagen.
dobrar hum pánno — *boÿmamà*, ein Tuch verdoppeln.
doer — *bosasù*, schmerzen.
domar — *boyècuà*, zähmen.
dormir — *querà*, schlafen.
dotar — *omeem amombaè imendàràma*, ausstatten.
dourar — *boy-jú*, vergolden.
duvidar — *dorovè catù*, zweifeln.

E.

ecclipsar-se o sol — *oarasu jaguaretè vù*, die Sonne verfinstert sich, (*sol onça comeu*, Sonne hat Tiger gefressen).
— a lua — *yasu-ave ayeouyauaretè*, der Mond verfinstert sich, (*a lua comeu a onça*, Mond hat Tiger gefressen).
edificar — *yapó oca*, bauen.
eleger — *uamonheem*, erwählen.
embaçar — *nocanhem ytuva*, betäuben, (*perdi o sangue*, ich habe verloren das Blut).
embaraçar — *doipotar-yapô*, hindern, verwickeln, (*naô querer-que faça*, nicht wollen was machen).
embarcar — *eique ugàra* (*entrar canoa*), sich einschiffen.
embebedar — *sesa vurù*, berauschen.
embolsar — *mongatu tayù*, Geld in den Beutel stecken.
embotar — *einome*, stumpf machen.
embrulhar — *ymamâ*, einwickeln.
emagrecer — *inhangaivâ*, mager werden.
empenhar — *ameen-ytayu-repuraaiaiyeva*, verpfänden, (*dar-dinheiro a troco para tornar a tomar*, geben Geld in Tausch, um es wieder zu nehmen).
empobrecer — *mocanhem bâ baè*, arm werden, (*perdeu todas coizas*, hat alle Sachen verloren).
empolar — *rurù*, aufblasen.
empregar denheiro em alguma coiza — *yoguâ*, Geld verwenden für eine Sache.
emprender — *yapopota mombae*, unternehmen.
emprenhar — *bopuruâ*, schwängern.
emprestar — *yururè tomeèn-yevu*, borgen, (*pedi para dar outra vez*, ich habe gebeten, um zurückzugeben).
encaminhar — *boepepe*, auf den rechten Weg bringen.
encarecer — *nhee oassu*, theuer werden.
— *yogua tayù-etè*, theuer kaufen, (*comprar muyto denheiro*, kaufen viel Geld).
encarregar — *tuyapô oamon dô*, beauftragen, (*fazer o que se manda*, thun das, was man befiehlt).
encerrar — *onhokenda-bae*, einschliessen.

encher — *moapon*, voll machen.
encobrir — *onhomin*, verbergen.
encolerizar-se — *ypuay*, in Zorn gerathen.
encomendar — *tuyapò oamondo*, anbefehlen.
encontrar — *rovainxin*, begegnen.
encostar — *pokoka*, eine Sache an die andere anlegen.
encurtar — *bomerim*, einkürzen.
endoudecer — *nhemongâ ygay*, toll werden, (*perdeu o juizo*, hat den Verstand verloren).
endurecer — *boantan*, hart machen.
enfardar — *eimannaa bae i saco*, (port.) einpacken, (*embrulhar coizas saco*, einwickeln Sachen in den Sack).
enfarinhar-se — *mondè-uy*, sich mit Mehl bestreuen.
enfastiar — *da cei*, Eckel verursachen, (*não gosta*, es schmeckt nicht).
enforcar — *apuxin-ace oca*, aufhängen, (*atar a gargante*, die Kehle binden).
enfraquecer — *ni puatan*, schwach werden.
enganar — *do yapoi bae nheem*, betrügen, (*não fazer coiza que fala*, nicht thun die Sache, die er sagt).
engeitar — *mondé ytaura*, aussetzen (das Kind), wegwerfen.
engodar — *boicuâ*, mit Liebkosungen an sich locken.
engordar — *bokyrâ*, fett werden.
engrandecer — *boasù*, gross werden.
engrossar — *boturusù*, dick werden.
engulir — *boueya*, verschlingen, (*fazer descer*, machen hinabgehen).
enjoar — *pua iguaru*, Uebligkeit machen.
elevar-se — *momoran*, sich erheben.

ennevoar — *nhoquenda ara*, einnebeln, (*feixar o dia*, den Tag zumachen).
ennobrecer — *yupi abácatú*, adeln.
enregelar-se — *oreco-etê-rou*, zufrieren.
enriquecer — *tayû-etê*, sich bereichern.
enrouquecer — *nhoquenda ceoca*, heiser werden, (*feixar a gargande*, schliessen die Kehle).
ensayar — *cepiáca* (*ceya*) *oicoara*, versuchen, (*ver se sabe*, sehen, ob man es weiss).
ensanguentar-se — *xebocúa tuvu*, sich blutig machen, (*estou sujo sangue*, ich bin verunreinigt Blut).
ensebar — *boi-yca*, mit Talg beschmieren.
ensinar — *poromboe*, unterrichten.
entender — *oicuâ acuab*, verstehen.
enterrar — *nhotum*, eingraben.
entezar — *cecui etê*, anspannen.
entristecer — *dorurui*, betrüben.
envelhecer — *bota nhoaem*, alt werden.
enverdecer — *ykura*, grün werden.
envergonhar — *moonxin*, beschämen.
enviar — *omondo*, schicken.
enxugar — *bopirù*, trocknen.
equivocar-se — *nanheein gatu*, sich versprechen, sich irren, (*não falei bem*, ich habe nicht gut gesprochen.)
erguer — *boyupi*, aufrichten, auf die Füsse stellen).
errar — *yavui*, irren.
esbofetear — *einumpan sovâ*, beohrfeigen.
escamar — *mukarain*, abschuppen.
escapar — *çaime*, entwischen.
escarrar — *acecui poxia ambu*, ausspucken.
escolher — *cexa-bae oipota opuâ*, auswählen, (*ver coiza querer do seu peito*, sehen Sache wollen nach seinem Herzen).

esconder — *johomi* (*jomime*), verbergen.
escorar — *aipusuque toa men*, sich stützen, (*peguei para não cahir*, ich habe gefasst, um nicht zu fallen).
escorregar — *triuruca*, glitschen, ausgleiten.
escorrer — *butupá*, ganz auslaufen.
escrever — *aipini*, schreiben.
esculpir — *yapô tupá rová*, ausbauen (ein Bild in Stein).
escumar — *orúu xinga*, abschäumen.
escurecer — *nhiputúm*, verdunkeln.
escutar — *assendú*, anhören.
esfalfar com trabalho — *icaneó etè*, ermüden von Arbeit.
esforçar — *môpôatán*, ermuntern, beleben, stark machen.
esfregar — *pixú*, abreiben.
esfriar — *bôrôu*, abkühlen.
esgotar — *butupá*, ganz auslaufen.
esmorecer — *mucanhèm nhanguerá*, den Muth verlieren.
esperar — *ôsárâ*, hoffen. (*oxalá* port.?)
espirar — *manó*, ausathmen.
espreitar — *icuá potá*, lauern, lauschen.
esquecer-se — *nonhè mandúái*, vergessen.
esquentar — *bôssácú*, erhitzen.
estalar — *bôpáque*, krachen, aufplatzen.
estar — *oim*, seyn.
estender — *bôninán*, ausbreiten.
estimar — *bôsáusú*, schätzen.
estorvar — *doypôtári tôya pó*, verhindern.
estourar — *bopóca*, aufknallen.
estragar a sua fazenda — *omonga hij pá imbai*, sein Vermögen durchbringen.
estreitar — *ôtá quètè*, verengen.
estremecer — *imondúi*, zittern machen, erschrecken.
estudar — *nhé bôé*, studieren.
evitar — *acanhé*, vermeiden.
exaltar com louvores — *mopôrá etè*, über die Maassen loben.
examinar — *bôsá ami*, untersuchen, prüfen.
excomungar — *muángaè*, in Kirchenbann thun.
exercitar — *nhe bôé túcúá verú*, einüben, (*aprender para saber bem*, lernen um gut zu wissen).
experimentar — *ce xá*, versuchen, Probe machen.
explicar — *anheé vèrá*, erklären.
expulsar — *mômbó ócára*, austreiben.
extinguir — *bóuguè*, vertilgen.

F.

fabricar — *yapó*, verfertigen.
fallar — *nhèén*, sprechen.
falecer — *mano*, sterben.
faltar — *doyapó nhèè*, fehlen.
fartar — *uerècó bai ipotá*, sättigen, (*ter tudo quanto quer*, haben alles, was man will).
fatigar — *canèóm*, ermüden.
fazer — *yapó*, machen.
fechar — *nhoquendá*, verschliessen.
feder — *iné*, stinken.
ferir — *imbó pèré*, verwunden.
ferver — *púpú*, sieden.
fiar — *yapó inembó*, spinnen, (*fazer fio*, machen Faden).
fiar-se de alguem — *rôviái cècè*, sich auf Jemanden verlassen.
ficar — *ôpútá*, bleiben.
findar — *omombá*, beschliessen, endigen.
fingir — *aè yá vè*, sich verstellen, (*fazer como elle*, thun wie er).
florecer — *nhe moporá-im*, blühen, (*esta se fazendo bonito*, es macht sich schön).
folgar — *nhèm bôçarái*, sich über Etwas freuen.
forzar — *ôiapô púatán*, Gewalt brauchen.

fortalecer — *nhèpúatán*, stärken, befestigen.
frigir — *bôxérique*, braten.
furar — *bôpúque*, bohren, durchbohren.
furtar — *mondá*, stehlen.

G.

gaguejar — *púcúçú nhèèn*, stottern.
ganhar — *ocecá ièvú*, gewinnen.
gastar dinheiro — *móçáe itóyú*, Geld verbrauchen.
gavar — *imômôré*, rühmen, loben.
gemer — *onhèé acèóc*, seufzen, (*fallar na garganta*, im Rachen reden).
gerar — *bôtáyra*, erzeugen.
gloriar-se — *rórú*, sich rühmen.
gostar — *cè*, kosten, schmecken.
governar — *mondó*, regieren, befehlen.
gozar-se — *aycô catú*, sich ergötzen.
grangear — *acècá*, erwerben.
gritar — *sançén*, schreien.
grudar — *bôtáque*, leimen.
guardar — *moi gatú*, verwahren.
guarnecer — *mó pôrain*, umgeben, einfassen.
guerrear — *yayîmônhan*, kriegen.
guiar — *omómbôé*, leiten.

H.

haver — *icôvé*, haben.
herdar — *oyá baè ianáma cèyá*, erben, (*tomar as coizas que seo parente deixa*, nehmen das, was der Verwandte lässt).
honrar — *ôyapô ová ambôaè*, ehren.
hospedar — *boiquèóc*, bewirthen.
huivar — *oyáçeóyaguára*, heulen.
humedecer — *môácúm*, befeuchten.
humelhar-se — *boèyúi*, sich demüthigen.

I.

içar — *buyúpi*, aufhissen.
ignorar — *dôijcúai*, nicht wissen.
igualar — *bôijávè*, gleich machen.
imitar — *icuá áciavè*, nachahmen.
impedir — *tèmèyapó*, verhindern.
imperar — *mondóca*, befehlen.
importar — *baèterècóaipôba*, betragen, von Wichtigkeit seyn.
importunar a alguem — *ôcáijtúvú*, Jemanden belästigen.
inchar — *yrúrú*, schwellen, aufblasen.
incitar — *bopôáij*, anreizen.
inclinar — *ôè ipi acanga*, neigen, senken.
incommodar — *ôerècóaij*, belästigen.
indicar — *côvèém*, anzeigen.
indignar-se — *iáij*, ungehalten werden.
inducir — *bôyéré acanga*, bereden, verleiten, (*virar a cabeça*, den Kopf drehen).
infamar — *nheé aý ambôaé*, verleumden.
inflamar-se — *ipótá ètè*, sich entzünden.
informar-se d'alguma couza — *aundúránhé*, sich über eine Sache informiren.
inimistar — *mutaré yú*, in Feindschaft setzen.
injuriar a alguem — *nhégaó*, Jemanden beleidigen.
inquietar — *nombô putúi ambôáé*, beunruhigen, (*não deixar zangar ao outro*, nicht aufhören den Andern zu plagen).
inquirir — *acenduranhé amboaé nheé*, untersuchen, (*quero ouvir por o que os outros falão*, ich will hören, was die Andern sagen).
instruir — *amômbôé*, unterrichten.

intentar — *aypòtá yapò omombaè*, vorhaben, (*querer fazer alguma couza*, eine Sache thun wollen).

interceder para alguem — *ayirùrè amò avá ricé*, fürbitten für Jemanden.

inteiriçar-se de frio — *oèruò etè rôu*, steif gefrieren.

intimidar — *mòmondúy*, Furcht einjagen.

introduzir — *bòiquiè ypúpe*, einführen.

invejar — *ayputá amboèavá baé*, beneiden.

inventar — *acanga nhó òyápó*, erfinden, (*cabeça só foi que fez*, der Kopf nur hat es gegemacht).

investir — *oçò ypúpé to marámunhaá*, anfallen, überfallen.

invocar a Deos — *acenoi tupan*, Gott anrufen.

ir — *cò*, *acò*, gehen.

irar-se — *oipúai*, sich erzürnen.

irritar — *bopòay*, aufreizen.

J.

jactar-se d'alguma couza — *anheè reybaàrecé*, sich einer Sache rühmen.

jantar — *baèara cuárupe*, zu Mittag sagen.

jejuar — *yècuácu*, fasten.

jurar — *òcenòin tupá réra*, schwören.

justificar — *nhèen rètè*, rechtfertigen.

L.

ladrar — *yáuára nhèèn*, bellen, (*caxorro está fallando*, der Hund redet).

lançar — *iápij*, werfen.

lançar fóra — *mombò ocára*, hinaus (aus dem Hause) werfen.

largar alguma couza da mão — *epòij*, Etwas aus der Hand lassen.

latejar — *òporúm puá*, klopfen.

lavar — *yacuia*, waschen.

lavrar a terra — *ipixú uvú*, den Boden bauen, (*carpir a terra*, zerreissen).

lembrar-se — *mandúà*, sich erinnern.

levantar — *púám*, erheben.

levar — *guèràçó*, tragen, wegtragen.

livrar — *mai cècè*, befreien, erretten, (*olhar para elle*, auf ihn sehen).

louvar — *anheé catú*, loben.

lucrar — *òmeé-ypravúcúra*, Gewinn machen.

lutar — *marámònhaá*, kämpfen, ringen.

luzir — *oendúai*, glänzen, leuchten.

M.

madrugar — *docòé retè*, früh aufstehen.

madurecer — *bòcyú*, reifen.

magoar-se — *bosaçú*, bekümmert seyn.

malquistar-se com todos — *òpacatu amotarèú*, sich Allen verhasst machen.

maltratar a alguem — *aguè rècò ay*, Jemanden misshandeln.

mamar — *òcambú*, an der Mutterbrust saugen; — dar de mamar — *omeé ycáma*, die Brust geben.

manchar — *bòcúá*, beflecken.

mandar — *mondó*, befehlen.

manifestar — *áyoóc puchiá açòi*, kund thun.

manquejar — *nhèparim*, hinken.

maravilhar-se — *ypútupá*, sich verwundern.

marchar — *ôguatá*, marschieren.
martellar — *ôinúpá*, hämmern.
matar — *yucá*, tödten.
medir — *sáá*, messen.
medrar — *nhè bôtúrúçú*, gedeihen.
melhorar da doença — *ocuè rá*, sich bessern (in Krankheit).
mentir — *temôc*, lügen.
mergulhar — *nhè pômim*, tauchen.
meter huma couza dentro d'outra — *bôique baè ambôáè*, eine Sache in die andere stecken.
meter a espada na bainha — *bôiquè cucè açú yúóva*, das Schwert in die Scheide (*na sua ropa*, in sein Kleid) stecken.
meter o comer na bôca d'hum menino — *ômèè bijú mitánga*, ein Kind füttern.
minar — *inbómirim*, eine Mine führen.
moer — *bôcúý*, mahlen, zerreiben.
molestar a alguem — *mombáraá*, Jemanden belästigen.
molhar — *móácú*, benetzen.
montar a cavalho — *oyúpè cabarúara*, auf dem Pferde reiten.
morar — *ôycô*, wohnen, bewohnen.
morder — *súú*, beissen.
morrer — *manó*, sterben.
mortificar — *boyecá itúrú*, dämpfen, kasteien, (*queimar o sangue*, das Blut brennen).
mostrar — *cècôrèem*, zeigen.
mover — *mongúè*, bewegen.
mudar — *bôaçá*, ändern.
murar — *buijúpy urú*, mauern, (*levantar terra*, Erde erheben).
murchar — *ômanó bócá*, welken.
murmurar d'alguem — *bucurá*, einen verläumden.

N.

nascer — *oncém*, geboren werden.
nadar — *bôvèvui u ára*, schwimmen, (*fazer se leve em cima d'agoa*, sich leicht machen auf dem Wasser).
— para a terra — *yaçá*, an's Land schwimmen.
— de baixo d'agoa — *ôguatá uguèyú*, unter dem Wasser schwimmen.
negocear — *pravúcú itayúva rama*, Handel treiben.
negrejar — *bóúna*, schwarz werden.
nevar — *ôatá u chinga*, schneien (es geht weisses Wasser).
notar — *anhcè xupè*, bezeichnen.
noticiar — *mômbéú*, Nachricht geben.

O.

obedecer — *oyápô baè oýmondóra*, gehorchen, (*fazer o que se lhe manda*, thun, was man befiehlt).
obrar — *oyapó*, arbeiten, machen.
obrigar — *chè mó puátan cècè tuyapó omóbaè*, nöthigen, (*fazer duro com elle para fazer alguma couza*, hart machen mit Jemanden, dass er etwas thue).
observar — *móy gatú*, beobachten.
occasionar — *ôyèpúra*, veranlassen.
occorrer — *ácem içôrá enchim*, entgegenkommen.
occultar — *bônhômim*, verbergen.
occupar-se em alguma couza — *á párá vucú etè*, sich mit etwas beschäftigen.
offender — *móchim*, beleidigen.
offerecer — *ômèem*, darbieten.
olhar — *ômáè*, sehen.
omittir — *tènhè tôquá*, unterlassen.
opprimir — *xurúbirique*, unterdrücken.
ordinar (pôr em ordem) — *amôyn verá*, ordnen.

ordir — *nha púchim pá inibó çaça rama*, anzetteln, (*amarrar todo o fio para tecer*, alle Fäden anbinden um zu weben).
ornar — *bôpôranhi'*, schmücken.
orvalhar — *nhácún*, bethauen.
ostentar — *boasù yapo quera*, womit prahlen, gern sehen lassen.
ourinar — *carúque*,
ousar — *apoá eté*, wagen, (*homem demaziado*, verwegener Mensch),
ouvir — *acendúb*, hören.

P.

padecer — *nhemborá oçù*, leiden.
pagar — *omecin amboaè tayuba*, zahlen.
parar — *teme*, stehen bleiben, stillstehen.
parir — *moncem táyúra*, gebären.
participar — *amombèú amombaé*, mittheilen.
partir (ir-se) — *acô*, davon gehen.
pasmar — *cèsápàrá*, betäuben.
passar para algum lugar — *ô quá amóm mamom*, von einem Ort zum andern gehn.
— (coar) — *boquá cuij*, durchseihen.
passear — *ôatá*, spazieren gehn.
pastar — *ôú*, weiden.
patentear — *nheém ambôaé*, eröffnen.
peccar — *oèmbóyái*, sündigen.
pedir — *yúrúré*, bitten.
pegar com grude — *bopuçúque*, zusammenleimen, — no somno — *poçuque tupèçùij*, einschlafen.
— em alguma couza — *poçúque amobaè*, etwas erfassen.
pelar — *pèi yába*, hären, abhären.
pelejar — *maramunhán buyúrai*, streiten.
penar — *nhèmèara?* (*pórará*), leiden, Qual ausstehen.
pender — *nhá puxutiara (?)*, hängen, (*amarrado em cima*, oben angebunden).
penetrar — *icuá sapòá*, eindringen.
pentear — *icumbôára*, kämmen.
perceber — *acendú verá*, einnehmen, empfangen.
perder — *mocanheé*, verlieren.
perdoar — *cèyá tuquá*, verzeihen.
perecer — *manó*, umkommen.
peregrinar — *ôatá eté ambôé avá retáme*, reisen, wandern, (*andar pelas terras dos outros*, gehen in die Länder von Andern).
perfumar — *mutaxim verá*, durchräuchern.
perguntar — *purádú*, fragen.
perigar — *acé xá manóm*, in Gefahr seyn, (*estou vendo minha morte*, ich sehe meinen Tod).
permanecer — *ôputá*, verbleiben.
permittir — *óceyá*, *ypocuá*, erlauben, zulassen.
pernoitar — *ôqué mámurupe*, übernachten, (*dormir n'alguma parte*, schlafen irgendwo).
perseguir a alguem — *áicô itacuquéra*, Jemanden verfolgen, (*andar atraz delle*, gehen nach ihm).
pertencer — *ocèyáchévo*, gehören, (*deixar para mim*, lassen für mich).
perturbar — *mongáhý*, verstören.
perverter — *yápô-áhý*, zerstören, (*fazer máo*, machen schlimm).
pesar — *iepôçùi*, schwer seyn.
pescar — *pindaitúca*, fischen.
pesquizar — *upúrandú*, nachfragen.
piar — *acenoi cyg*, piepen, (*chamar sua maen*, rufen seine Mutter).
picar (cortar em pequenos pedaços) — *mondóca ipóy*, zerhacken.
— (ferir com a ponta d'algum instrumento) — *ycútúca*, stechen.

picar com palavras injuriosas — *ypúáhy*, mit scharfen Worten stechen.
pingar — *ytucú*, tröpfeln.
pintar — *bópinim*, malen.
piscar com os olhos — *imbô cahy cèçá*, mit den Augen blinzeln, winken.
pizar com os péz — *púrú*, mit den Füssen stampfen.
plantar — *nhótú*, pflanzen.
pleitear — *maramonhaá ambóáeriu*, vor Gericht streiten.
podar — *mondóca yúra tonhó vaen*, ausästen, beschneiden, (*cortar o páo velho*, das alte Holz wegschneiden).
poder — *catúbae*, können, vermögen.
pôr — *moim*, setzen, legen; — por cima — *yára*, oben auf setzen; — por baixo — *ygueyú*, unten hin stellen; — as costas — *moim itúcúpé*, auf den Rücken nehmen; — a róda — *óyô yéri*, rings herum legen; — pôr-se o sol — *óiquè oaraçú*, Sonnenuntergang; — pôr a galinha — *ômóim gurá irúpiá*, Eierlegen des Huhns; — o passarinho — *omôim yurá mirim*, eines kleinen Vogels.
possuir — *oguèrecó*, besitzen.
povoar — *botêtáme*, bevölkern.
poupar — *nhá puchim ey taiúva*, ersparen, (*amarrar o seu dinheiro*, sein Geld anbinden).
pouzar em caza d'alguem — *óquèrá avâ róca*, bei Jemanden Wohnung nehmen.
— em alguma arvore, fallando de aves — *gúrá mirim oycôré uvá, têco*, sitzen: von einem Vogel auf dem Baum, (*o passarinho esta em cima d'arvore*, der Vogel ist oben im Baum).
prantear — *ijácèóc*, klagen, heulen.
pratear — *boita xinga*, übersilbern.
praticar — *nheé monguètá*, ausüben.
precipitar (cahir de cima) — *óá uvatêco*, stürzen, herabfallen.
precisar — *ipótá amombaê nóguácem*, nöthig haben.
preferir — *chè momôrá vè ambôaé*, vorziehen, (*ser melhor do que o outro*, besser als das Andre seyn).
pregar hum prégo — *ombôtáque támiri*, einen Nagel einschlagen.
pregar (v. g. do pulpito) — *avaré onhêè nhadè upácatu*, predigen, (*está o Padre fallando com todos*, der Geistliche redet mit Allen).
premiar — *bôcêcôviá*, belohnen.
prender — *ypuçúque*, ergreifen, nehmen; — (para atar a hum páo — *boçúque nha poxim gurá*, ergreifen, um an einen Baum zu binden).
preparar — *ômôym*, vorbereiten.
presenciar — *cê xá yápó*, gegenwärtig seyn.
presentar-se — *acyquerú irôváquè*, sich vorstellen, (*mostrar-se diante d'elle*, zeigen sich vor ihm).
presidir — *mondó-rama ôpácatú*, vorgesetzt seyn, präsidiren.
presumir — *cêracô*, wähnen, meinen.
pretender alguma couza — *chè acanga oipótá omombáé*, nach etwas trachten, (*minha cabeça intenta fazer alguma couza*, mein Kopf will thun eine Sache).
prever o futuro — *acánga uprávúcú ámombaè ièçú rama*, das Künftige vorhersehen, (*minha cabeça trabalha alguma couza que há de soceder*, mein Kopf arbeitet eine Sache, die sich zutragen wird).
prezar-se d'alguma couza — *chè rèrú etè amombáè rècè*, sich einer Sache rühmen, (*me alegro de alguma côuza*, ich erfreue mich über eine Sache).

principiar — *icaúróca*, beginnen.
prizionar (ser prizioneiro) — *ópulá ambuáė retáme*, gefangen seyn, (*ficar na terra do outro*, bleiben im Lande des Andern).
privar — *cėeúma*, berauben.
procurar por alguem — *cėcá amóáváa*, nach Jemanden fragen.
produzir — *ómeė porá*, hervorbringen.
profanar hum templo — *óijápó mbae ahy tupáróea*, Kirche entweihen, (*fazer couzas malfeitas em casa de Deos*, machen böse Dinge im Gotteshaus).
proferir huma palavra — *nhėpėi nheinhó*, ein Wort aussprechen.
prohibir — *dóipótári*, verhindern.
prometter — *amėė cúri acuab mbae uorama*, versprechen.
pronosticar — *óicuá mbaė uyėçú ráma*, voraussagen, (*saber oque ha de soceder*, wissen, was geschehen wird).
pronunciar huma palavra — vide: proferir.
propagar — *bopucú chė anámaėta*, fortpflanzen, (*estender minha parentage*, ausbreiten meine Verwandtschaft).
prophentisar vide pronosticar.
proseguir o seu caminho — *óguatá tenondė*, seinen Weg fortsetzen, (*andar para diante*, vorwärts gehn).
prostrar-se — *nhėnó ipurungape*, sich niederwerfen vor Einem).
proteger — *boiquė yúvá ipúpe*, beschützen, (*meter o braçó no meio*, legen den Arm in die Mitte).
provocar — *bó púái*, hervorrufen.
publicar — *ómóym ópácatu róváquė*, veröffentlichen, (*pór na presenza de todos*, setzen in die Gegenwart Aller).
pulverizar — *omóçáė pócúhi yára*, einpudern, (*espalhar polvilhos para cima*, Staub aufstreuen).
purificar — *ipėy*, reinigen.
puteár — *oijimenó*, huren.
puxar — *ocicúi*, stossen, reissen.
— para si — *acecui chėbo*, an sich ziehen.
— pela espada — *acecúi guasú*, den Degen ziehen.
— pela voz — *ó'bóceciii*, die Stimme anstrengen.

Q.

quebrar — *moópė*, zerbrechen.
queimar — *bócái*, verbrennen.
queixar-se — *ambóácy baė ava oyápó*, sich beklagen, (*sinto as couzas que outro me faz*, ich fühle, was ein Andrer mir thut).
querelar — *iapó ay ambóae*, klagen, zanken.
querer — *eipótá*, wollen.

R.

rachar — *bóvóque*, zerspringen, aufplatzen.
ralear — *bóúvė*, dünn werden, sein Versprechen hinausschieben.
ranger com os dentes — *bó nheém içánha*, mit den Zähnen knirschen, (*fazer fallar os dentes*, die Zähne reden lassen).
rapar — *icáráė*, scheeren, abschneiden.
rasgar — *sóróque*, zerreissen.
rebellar-se — *ópúá*, sich empören.
rebocar huma parede — *bó pétéque*, eine Wand übertünchen.
rebuzar-se — *óyáçoi rėtė*, sich das Gesicht (mit Schleier, Mantel) verhüllen.
recahir — *ááyėvú*, zurückfallen, (*cahiou outra vėz*, er ist wieder gefallen).

recear — *mondúi baèapó*, argwohnen, befürchten.
receitar huin remedio a hum doente — *bóè ipôçánó rama*, ein Mittel einem Kranken verschreiben.
rechear — *cèçúy vèrá*, füllen, anfüllen.
recobrar — *acêcóviá ivú*, wieder erlangen.
recolher o trigo no celeiro — *ambòijque aváxi tay roca pupé*, den Weizen einheimsen, (*meter o trigo dentro da caza*, den Weizen in's Haus bringen).
recomendar — *ômómanduá yvú*, empfehlen.
recompensar — *boié cóviá òyá pòquéra*, vergüten, (*corresponder o que me fèz*, erwiedern was man mir that).
reconciliar — *nhèèm tóyè vaúçú*, aussöhnen, (*falar que se tornem a querer bem*, sprechen, dass sie sich wieder wohl wollen).
reconhecer — *aicúá ivú*, wiedererkennen.
reconquistar — *ayá ivú*, wiedererobern.
recrear-se — *bòcéicté*, sich vergnügen.
recuar — *canhé itacúquéra*, zuzückweichen.
recuperar — *aya ivù*, wiedererwerben.
recuzar — *dói pótári*, verweigern.
redondear — *bóápúá*, zurunden.
refazer — *ambó-ycpo ièvu*, wieder machen.
referver — *upúpú ièvú*, wieder aufsieden.
refinar — *òyápó cui-eté*, verfeinern, läutern.
reflorecer — *ômócé ipórá iévú*, wieder blühen, (*sahir outra vez a sua flor*, wiederum die Blüthe herauskommen).
reforçar — *nhè pòatá ivú*, verstärken.
refrescar — *bòròú*, erfrischen.
refugiar-se — *bònhômim*, sich flüchten.
regalar — *òcuá pòrá*, köstlich bewirthen.
regar — *ùbònhèné uvú*, wässern, die Erde begiessen.
regeitar — *dói pótári*, weigern, verwerfen.
reger — *mondó*, regieren.
relaxar (para destemperar o ventre) — *rué iáy*, zu Stuhl gehen.
relevar — *dòiái ácanga*, erlassen, freisprechen, entschuldigen.
reluzir — *cèçorù*, glänzen, Wiederschein geben.
remar — *òcècúi úrápé*, rudern.
rematar — *mombá*, vollenden.
remediar algum mal — *mèé pòçánó iáy*, ein Uebel heilen.
remedir — *jáá ivú*, nachmessen.
remetter — *mondó ucá yèvú*, wieder hinlegen, hinsetzen.
remexer — *boyéré*, von neuem umrühren.
remir — *aioóc xembáè*, lösen, auslösen, (*tirei minhas couzas*, ich habe meine Sachen weggezogen).
remoèr — *juú ièvú ièvú*, wiederkäuen.
remolhar — *móácú ièvú*, wieder anfeuchten.
remover — *moçá çáen*, wegschaffen.
remunerar — *amèé cècóviá*, vergelten.
renascer — *oyé vú ièvú*, wieder entstehen, wachsen.
render (vencer) — *ôpútá yára*, unterwerfen.
render se (dar se por vencido) — *òyá chè angácú*, sich überwunden geben, (*tomou meu animo*, er hat meinen Muth genommen).
renovar — *amoí irécóquéra*, erneuern, (*pòr como estáva d'antes*, stellen wie es sonst war).

renunciar o officio — *apôi iprárúcúra,* Geschäft aufgeben, (*largar o seu trabalho*, seine Arbeit verlassen); — por huá véz — *ôpôi retè,* ein für allemal aufgeben.

reparar (concertar) — *ômondé,* wieder herstellen.

repartir — *bôyó óca*, eintheilen, vertheilen.

repetir — *búyèrú*, wiederholen.

repizar — *icúbirique ièvú*, wieder auspressen.

repór — *môi ièrú*, wieder hinsetzen.

reprezar — *pútuú*, den Lauf des Wassers hemmen, aufhalten.

reprehender — *doij potaritò yápô cóiavè*, tadeln.

reprovar — *dôi potári*, missbilligen.

repudiar sua mulher — *dôi pôtári ré cembirècó*, sein Weib verstossen, (*não querer mais sua mulher*, nicht mehr wollen seine Frau).

requentar — *bóácú ièvú*, aufwärmen.

requerer pelo seo direito — *acècá chè rètè*, als sein Recht verlangen.

resarcir — *amèé ièvú ambúaé baè*, ersetzen, (*dar outra vèz as couzas dos outros*, wiedergeben die Sachen der Andern).

reservar — *inógatú*, aufbewahren.

resfriar — *ôèrecò rôú etè*, abkühlen.

resgatar — *aioóe xembaè*, loskaufen, ranzioniren.

residir — *bicóvè qui*, wohnen, sich aufhalten.

resguardar se do alguem — *nhemi ambôai rècè*, vor Jemand auf der Hut seyn, (*esconder se do outro*, sich vor ihm verstecken).

rezistir — *da chè mondúi cècè*, widerstehen, (*naó tenho medo d'ello*, ich fürchte ihn nicht).

respeitar — *chè momiri iròráquè*, in Ehren halten, (*façome pequeno em sua prezença*, ich mache mich klein in seiner Gegenwart).

respirar — *anguérú*, athmen; — naó respirar — *nónháguèrú*, nicht athmen.

resplandecer — *cèçórú*, glänzen.

responder — *bócèróriáe ambôaé nhèenga*, antworten.

restar — *ôguátá*, abziehen, übrig seyn.

restaurar vide remir.

restituir — *mèé yerú ambôáé baè*, wieder her-zu-stellen.

ressuscitar hum morto — *oyèvú ièrú*, einen Todten aufwecken.

retalhar — *ômondóc pá*, zerreissen, zerstücken.

reter — *bôçárô*, zurückhalten.

retirar a alguem d'alguma couza — *omoncém omombaèrecè*, Jemanden von einer Sache abziehen.

— d'algum lugar — *encé mimi*, Jemanden von einem Ort wegziehen.

retorcer — *bôçurúca*, krümmen, drillen.

retratar — *ômoncém aráiá iávè*, abbilden.

revelar — *uyóóc iá cúi*, offenbaren.

— hum segredo — *unheém baè yáçôi quéra*, ein Geheimniss, (*falar as couzas que estavão encobertas*, sagen, was verborgen war.)

revirar — *bôyéré*, umwenden, umkehren.

revolver vide revirar.

rezar — *ôçáá tupá nheém*, beten.

rir — *púcá*, lachen.

roçar — *mondóque ôpácatu caá*, Land für Anbau abräumen, (*cortar todas as hervas*, alle Gewächse abhauen).

rodear — *ôyéré*, umkreisen, umzingeln.

roer — *càràï içànha*, nagen.
rogar — *uyùru rè ièrù ièvù*, anflehen, (*pedir muytas vezes*, oft bitten).
romper vide rasgar — ao romper de dia — *òçòrògue manï àrà*, mit Tagesanbruch.
roncar — *coròrón*, schnarchen.
rosnar — *curùcùrùca*, murmeln.
roubar — *òmundà ambòaè bàè*, rauben.

S.

saber — *oycuà, acuab*, wissen.
sachar — *bopuantan mitùa*, umharken, (*dar força a planta*, geben Stärke der Pflanze).
sacrificar — *ameein xipuà tupan*, opfern, (*dar o coração a deos*, geben Gott das Herz).
sacudir — *ipisù*, schütteln, erschüttern.
sahir — *acem*, weggehen, sich entfernen.
salgar — *amondè yucura cecè*, salzen, (*botar sal nelle*, Salz hinzuthun).
salpicar — *bopitaè*, besudeln.
saltar — *opò*, tanzen; — de alegria — *irorù rèce*, aus Fröhlichkeit; — de cima para baixo — *opò àrape uvù*, von oben nach unten; — para traz — *opò tacocoèra*, rückwärts; — para hum lado — *opò ypotera*, auf eine Seite; — para diante — *opo tenondè*, nach vorwärts; — para fora — *opo okàra*, hinaus.
saltear — *omonda pèpe*, Strassenraub begehen.
salvar, livrar — *boaçà*, erretten, befreien.
sangrar — *tuvù yooca*, zur Ader lassen.
sarar, dar saúde — *bòquèrà avà ibàra àra*, heilen, gesund machen.
satisfazer — *iapò ipuàrape*, genugthun.
satyrizar — *nhèem aiambòaè*, spotten, (*fallar mal d'outro*, übel von Andern sprechen).
saudar a alguem — *màrà tèym èrèicò*, Jemand grüssen, (*como andais?* wie gehts?).
seccar — *bòpirù*, trocknen.
secar-se — *ipirùmani*, trocken werden.
segar — *mondòca*, mähen, erndten.
seguir — *òçò itacùquèra*, folgen, nachfolgen.
segundar — *bòyèvù*, erneuern, beistehen.
segurar — *òpùà*, versichern, (huma couza para que não caia — *ypuçùque tòàùme*, eine Sache, damit sie nicht falle).
sellar hum cavallo — *òmondè àva apucà cavarù ara*, ein Pferd satteln, (*botar o assento da gente em cima do cavallo*, legen den Sitz für Leute auf das Pferd).
semear — *òmòcàin*, säen.
sentar-se — *òapùque*, sich niedersetzen; — com outros — *òapuque ambòaè irùnàmò*, mit Andern; — junto d'alguem — *òapùque avà sobàque*, neben Jemand.
sentir — *acendù*, wahrnehmen, (sinto gente — *acendù avà*, ich höre Leute).
— (por ter pena) — *amboaçù*, ein schmerzhaftes Gefühl haben.
— muyto — *pùa raçù ètè*, sehr leiden.
sepultar — *nhòtù avà tèò*, begraben.
socegar — *quinini*, beruhigen.
— para fazer callar huma criança — *bò quinini mitanga*, ein Kind zum Schweigen bringen.
serrar — *ijcùtùque urà ità pèva*, sägen, (*esfregar opão com o ferro chato*, reiben das Holz mit dem flachen Eisen).

servir — *cembó rèmi á çúa*, dienen.
servir a meza — *biú rèrúrama*, den Tisch bedienen, (*trazer o comer*, das Essen bringen).
significar — *òmèè cepú inhèenga*, bedeuten, (*dar valor à palavra*, geben Werth dem Worte).
soar — *nheéngára*, tönen.
sobejar — *òicò èlè aera mae òputa*, übrig bleiben.
sobrar — *oguatú*, blasen.
sobrepôr — *bòyòá*, darauf legen.
sobresaltar — *ópó puá módúi*, überfallen, erschrecken, (*salta o coração de medo*, es springt das Herz vor Furcht).
sobrevestir — *bòyòá yóva*, ein Kleid über das andere anziehen.
sobreviver á alguem — *tonhó váè rè ambòaè*, Jemanden überleben, (*ser mais velho do que outro*, älter als der andere seyn).
soccorrer — *uyúvái puxim*, beistehen.
soffrer — *puá púca*, leiden, Kummer haben, (*coração está oprimido*, Herz ist gedrückt).
soldar — *nhé mondè*, Freundschaft stiften, löthen.
solicitar — *òcicá*, einem anliegen.
soltar — *yòòc nhapuxim*, loslassen.
soluçar — *puá èpúque*, schluchzen, (*o coração está puxádo*, das Herz ist gestossen).
someter — *môyngui bai uèyú*, unterwerfen.
sonhar — *quèráij*, träumen.
soportar vide soffrer.
sordir da agoa — *oncé ú ueijú*, sich wieder sehen lassen.
sorrir-se — *pucá*, lächeln.
suar — *rúái*, schwitzen.
suavizar — *nhèmò membeca*, lieblich, angenehm machen.
subir — *yúpi*, hinausgehen, sich erheben.
subir com trabalho — *yávái ávai upij*, mit Mühe.
substituir — *òim ombòère coviára*, an die Stelle setzen, (*estar em lugar d'outro*, seyn am Ort eines andern).
suffocar — *hipuçúque aceóca*, ersticken, (*apertar a gargante*, zusammenschnüren den Schlund).
sujar — *búicuá*, verunreinigen.
sujeitar — *yè biuai*, unterwerfen.
submergir — *oypomim relè*, untertauchen.
sumir-se — *nhèmim*, verschwinden.
supplicar — *yurure-relè*, flehen.
suppôr alguma coiza — *cèrácç*, etwas voraussetzen.
suspender — *bòyúpi*, aufhängen.
suspirar — *ipòtá relè*, seufzen.
sustentar (comer) — *òmombaèú*, Nahrung geben.

T.

talhar (cortar) — *mondóca*, schneiden.
tanger (tocar) — *pocóque* berühren.
tapar (cobrir) — *acoi*, *yaçúi*, *acokenda*, bedecken, zuschliessen.
tardar — *ereputá*, zögern.
tecer — *ombóçaçá inimbó*, weben.
temer — *cèmondúi*, fürchten.
— muyto — *oyèmondúi èlè*, sehr fürchten.
temperar o comer — *òambô cé*, Speise würzen.
tentar — *ximbôay*, versuchen.
ter — *bòçápú*, haben, halten.
— mão nos cavallos — *ipuçúque*, Pferde festhalten.
testemunhar — *chèrenôin bonhèenga*, bezeugen, (*chamar para fallar*, rufen um zu reden).
tingir — *bô óvú*, färben.
tinnir — *òsinim*, klingen.

tirar do lugar — *oyôóque irupaba*, vom Orte wegziehen.
— para fóra — *yôóque ôcára*, herausziehen.
tocar — *pocóque*, berühren.
tocar rebate — *ipocóque poçúque anga*, Lärm schlagen.
tolher — *dôi potari tuiápó*, verhindern, verbieten.
tomar — *ôyá*, nehmen.
tornar a tomar — *ôyá êvú*, wieder nehmen.
topar — *inúpä' hipurugáva amôôvú*, aneinander - zusammen - stossen.
topar-se com alguem — *açôvanxim amôáváreci*, mit Jemandem zusammenstossen.
torcer — *po membec*, drillen.
tornar para voltar — *ôyéré*, wieder umkehren.
torrar — *bôpirú tátá ara*, rösten.
tosquiar — *abá mondóca*, scheeren.
toucar — *môpôraim*, den Kopf (die Haare) putzen.
tourear — *ômônhaá tápiýra*, Stiergefecht halten.
tragar — *hisúú*, verschlingen.
trajar bem — *nhêmôpôrá êté*, wohlgekleidet gehen.
trancar huma porta — *nhôquendá rêtê*, eine Thüre verriegeln.
transferir — *nheen bôquá*, wegschaffen.
trasbordar — *jucéne*, austreten (v. Fluss).
tratar d'alguem — *oericô*, behandeln; — bem — *ôêricô catú*, Jemanden gut; — mal — *ôericô iay*, schlecht.
travar — *apocoá*, zusammenbinden.
trazer — *eruré*, bringen, holen.
tremer — *ryry*, zittern.
trepar — *ypyr*, klettern.
tresvarear — *acang-ay*, närrisch reden.
turvar a agoa — *motyp ygh*, das Wasser trüben.

U.

unir — *mojepe-oçu*, vereinigen.
untar — *pyxyb*, salben.

V.

vaguear — *goatá atá nhoté*, herumstreifen.
vasar-se — *jepocoaúb*, auslaufen.
vedar — *oericô ay*, verbieten.
vencer — *mocerané*, besiegen.
ver — *ceçá*, *cepijaca*, sehen.
vir — *yr*, *ur*, kommen.
viver — *aicové*, leben.
voar — *bebé*, fliegen.
voltar — *oyeré*, umkehren.

GLOSSARIA
ALIARUM ALIQUOT LINGUARUM ET DIALECTORUM EX DIVERSIS BRASILIAE REGIONIBUS.

Wörtersammlung

von

einigen anderen Sprachen und Dialekten aus verschiedenen Gegenden Brasiliens.

Die Sprachen, Dialekte und davon abgewandelte Mundarten, aus welchen wir in den folgenden Blättern Wörtersammlungen mittheilen, sind von sehr verschiedener Natur und Bedeutung. Während manche derselben von einer zahlreichen Gemeinschaft geredet werden, sind andere fast bis zu einem Familienbesitz zusammengeschwunden. Die einen haben sich schon seit längerer Zeit in einer gewissen Selbstständigkeit erhalten, andere durch Mischung oder durch den Einfluss der Europäer in Handel und Katechese ihren unabhängigen Charakter mehr oder weniger eingebüsst. Insbesondere die Tupisprache finden wir in diese Idiome gleichsam infiltrirt durch mehr oder minder häufige Wörter, Zusammensetzungen und Umbildungen gemäss ihrem Genius; aber auch die Kechua und mehrere andere Sprachen, namentlich solche, die von kriegerischen, weit umherziehenden Horden, wie die Aymorés oder manche Stämme der Guyana, gesprochen wurden oder werden, haben Einfluss auf den Bestand oder vielmehr Unbestand der übrigen ausgeübt.

Wenn Sprachen, die in Schrift und Literatur festgestellt sind, sich nur langsam, in säcularen Perioden, umgestalten und den gleichzeitigen Culturgang spiegeln, ist dieser Process im Munde südamerikanischer Wilden sehr beschleunigt, und, weil ohne parallel eintretende Bildungs-Epochen, auch ohne irgend einen erkennbaren Abschnitt. Dafür zeugen nicht blos die verschiedenen Phasen, welche die Tupisprache — seit Lery bis auf den heutigen Tag — und in verschiedenen Gegenden — durchlaufen hat, sondern auch die Vergleichung der Vocabularien, welche etwa vor hundert Jahren von

Missionären aufgezeichnet worden, mit denen aus dem Munde der lebenden Generationen. Eine derartige Auffassung rechtfertigt den Zweifel, ob es möglich sey, verlassen von Geschichte, Tradition und und geschichtlichen Denkmälern, die zahlreichen, fortwährend volubilen Mundarten mit Sicherheit auf ihre Stammsprachen zurückzuführen, und ob selbst da, wo sich dafür ein reicheres und wissenschaftlich gesammeltes Material vorfände, die Frucht der Bemühung auch dieser entspräche. Wo solche Untersuchungen unternommen werden, um den ursprünglichen Sitzen und den Bewegungen südamerikanischer Völkerschaften auf die Spur zu kommen, da ist es von Wichtigkeit, zu welcher Zeit das sprachliche Material gesammelt worden; und wir haben hierin einen Beweggrund gefunden, die fast gleichzeitig, während der letzten vier Decennien, in Brasilien gesammelten Wörterlisten, welche uns zugänglich waren, gemeinsam zu veröffentlichen. Hiezu fanden wir uns überdiess durch den Gedanken bestimmt, dass eine solche Zusammenstellung auch von praktischem Nutzen seyn könnte, indem sie ein weiteres Studium der Idiome anregte und für die Ausbreitung Einer Sprache, der Lingua geral, unter allen Indianern vorarbeitete. Ob endlich in so mangelhaften Aufzeichnungen, wie die vorliegenden sind, irgend ein Material für die Physiologie der Sprache, der allgemeinen Laut- und Wortbildung enthalten sey, müssen wir den Gelehrten vom Fache überlassen, welche sich diese schwierigen Forschungen zur Aufgabe machen.

Wo wir es gewagt haben, gewissen Sprach-Elementen eine gemeinsame Quelle zuzuschreiben, da haben wir uns stets auch durch die übrigen Züge aus der Sittengeschichte leiten lassen.

GUAYCURÛS*).

acus — illacado.
albus, a, m — lapacaga.
ambulare — aidjiko-djacaliguibai.
amicus — imai.
anima — niguigo H.
animal — niguicadi H.
aqua — niogo, niogodi H.
annus — lotabi H.
armilla argentea — laitcocodji.
avis — ilagagi H.
auris — conapagoti.
barba — codacca.
bibere — jakipa.
brachium — codapalitai, nibaagadi H.
cubitus — canalaigoa.
calcaneus — coditlchioai.
caput — nakilo H.
capilli — codoamo, namodi H.
capistrum — oaccra.
cilia et supercilia — codadai, nigile H.
clarus, a, um — ligélege H.
clava — anebane.
clavis — nacaboquenonera.
coelum — dibididibimaidi, ili tipigime H.
collum — coddotoïina, niguiyodi H.
coquere — aidjik-jooniciocna.
corpus — niboledi H.
cras — niagaioli.
cor — naleguena H.
coxa — nomacayo H.
crus — coditli.
culter — noud-djaaou.
dentes — codoai, nogue H.
deus — corö-enalagodi H., canoouainalagodil.
diabolus — itainianaigodjigodo, agupelguagi H.
dies — noco, nocco H.
digitus — nibaagaledi H.
dormire — djotai.
dormitum ire — aidjiko-djotai.
dulcis, e — lũdigĩ H.
eamus — miniaca.
edere — djinion.
facies — natocoló H.
femina — ivuavo, igualo H.
femur — codomacaido.
filius — coultamo.
foedus, a, um — lebeiaque.
forfex — alaicagati.
frons, tis — natocolo H.
fulgur — nachacago, nagadi H.
funis, laqueus — noont.
guttur — nagũilagũi H.
hasta — apoquenica.
herbae — nialo.
hodie — nlaguinoco.
homo — uneleigua H.

---

*) Vergl. diese Beiträge I. S. 226—236. Die Wörter sind aus Castelnau Expédition V. S. 280, und andere (H) aus Hervas Idea del Univ. XX., Vocabulario polyglotto, S. 163 genommen.

ignis — noola, inuledi H.
illico, statim — tchagadgiko.
indusium — noaicratchi.
infans — niaani.
infra — icatinedi H.
inaures — ligaiaikidi.
invisere amicum — aidjiko-mimia-guimri.
labium — conatchibi, nachibi H.
lac — ouaialoli.
lacerta — codicocono.
lacus — idelogole H., lametti.
limus — docoagani.
lignum — ivocco.
lingua — codocaili, nokelipi H.
luna — aipainahi, epenai H.
magnus, a, um — elliodi.
manus — cobahaga, nibaagadi H.
mater — eiodo H.
mel — napigo H.
membrum vir. — ailliogo.
membrum femin. — loliana.
mensis — epenai H.
mentum — ouatchakoks, coddacca (barba).
monstrare — liganolaitta.
nasus — codeimie, nimigo H.
nere, acu nectere — djiditiconerai.
niger, a, um — napidigi H.
nolle — aicca-djaimanai.
non — aicca.
nox — encalai, enuale H.
obscurus, a, um — nechogigi H.
occisum eo — aidjia-djailo.
oculus — cogaicogo, nigüecogüe H.
odorus, a, um — lanigigi H.
olla — nacraatchi.
os, oris — coniola, joladi H.
ovum — ligai-teck.
patella — codocco.
pater — iodi H.
parvus, a, um — aicca-ellio.
pecten — ellocailo.
pectus — natescogodi H.
pes — codohoua, nogonagüi H.
pileus — codamacaladi.
piscis — nagoyegi H.
plumbum — lamook.
pluvia — epikime H.
porta — aidoaki, eppoua.
pulcher, a, um — lebinène.
pulvis — latopailinamo.
rete dormitorium — naiaila.
rivus — natoufa
ruber, a, um — lichagolegi H.
sapo — caamon.
saxum — gueliga H.
sella — coniroualatai.
serpens — lacquai.
sic, sane, ita — djai.
sicera — noud-daki.
sidus — eottai, cotedi H.
silva — nialigi H.
sinus — couaiailaitai.
sol — alijega H.
stapes — nipodratchi.
sternutare — djacatti.
stragula — naalatti.
supra — ititipigimedi H.
terra — jiogo, ñogodi H.
tibia — nitile H.
tugurium — dimi, dimigi H.
tussire — djoolokai.
umbilicus — jodolo.
unguis — codatchapo.
venari — aidjicodjiquidoca.
venter — nee H.
ventus — niguocodi H.
via — naigi H.
vir — conailaigo.
vale — djai-jaao.
quando abis? — igagia-nigaiaimo.
quid agis? — tamai-abaquaidi.
quo vadis? — egamopili.
unde venis? — egamicoguai.
finitum est, actum est — djai-igonai.
vacca — wacca (portug.).
vitulus — ouaca-ioni (portug).
canis — naikainiko.
capra — ouatchiguida.
cervus — alecane.
cervus — otticanigo-nabiouana.
dasypus — attobitchai.
equus — appolicrena.
equa — joualo.
pullus equinus — lionic.

felis — prichaiainai.
felis onça — nigaidjiogo.
hydrochaeres — evagaxa.
lepus — aittakimai, etaquima.
nasua — couttaicho.
simia — aigaia.
— hapale penicillatus, Rosalia — naaladiitcho.
sus — niguidaguiouai.
vespertilio — aidjikidi.
ciconia — capocolo.
columba — jutibe.
crax — naginequina.
gallina — ocoroco.
penelope aracuam — cutivine.
penelope jacu — cutivine cuaca.
parra jacana — exogotane.
psittacus — naxocone.
— ara — nakilaigaina, naquiliquena.
grus — aleta, allaita.
crocodilus — niogoxe.
cocos, palma — namocoliti.
genipa (arbor) — nottikai.
gossypium — cottamo.
canna saccharifera — naaho.
manihot — ahinaiodi.
tabacum — naaloda.
tubuli tabacini — aijotitiri.
zea mais — ittacoli.

GUANÁS*).

aeger, a, um — karinai vel karinaiti.
alligare, munire — tininika.
amare — gotchikooti.
amplecti — djihoukoati.
anus — ovenotji.
appellare — kinakavoonon.
aqua — houna.
arbor — ticoti.
auris — guaihaino.
avis parva — haobeinon.
bibere — hainonmondi.
bonus, a, um — hounati.
braccae, femoralia — gueit-jo.
brachium — dahaki.
calor — kotouti.
cantare — otchohai.
capilli — dooti.
capitaneus — calinahati.
captivus — hangaha.
caput — kombaipoi.
cataracta — kaihaive.
cerebrum — ouahou.
cilia — djoo.
clava — bolahivi.
coelum — wanokey.
collum — guaivainou.
considere — ondponckai.
cor — djaihainao.
crus — gooa.
crux — crohoo.
culter — perita.
cymba — wataiki.
— magna — hanahiti.
dentes — onhai.
deus — mandiera.
diabolus — ochiboe.
dies — katchai.
digitus — cavaouaou.
dormire — kimongoti.
domus, tugurium — maihaino.

*) Aus Castelnau Expédit. V. 274. S. oben I. 236.

edere — nigoati.
ensis, gladius — annahiti.
excrementa — caioaiti.
expectare — aavo.
fames — haipaiganen-imagiti.
fatigare — maonmi v. momaini.
febris — tchikiiti.
femur — gouhouno.
femina — zeeno.
filia — alivohanon.
— mea — djaiha.
filius — calcihouno.
fluvius — hannahi.
foedus, a, um — madjati.
frons — inongo.
frigus — katchāti.
fugere — omaitchoai.
fulgur — tchoulouvoukati.
fur — homaioti.
garrulus — ioaiaiti.
guttur — anou.
heri — ponaiogoti.
hilaris, e — imokoaiti.
— — coumaha.
hodie — cohiainam.
homo albus — hapohitai.
— niger — haboholi.
humerus — bohoho.
labium, os — baaho.
lac — djorikoati.
lacerta — tchaimon.
lacus — haitadomodai.
lapis — marihipa.
lardum — kimiho.
lavare — kipokooti.
levis, e — jamapa.
lingua — nahainai.
loqui — djakohikouro.
luna — kohaivai.
malus, a, um — pohadjo.
manus — no.
mentum — noyo.
mergere — indookoati.
mons — mopopoi.
mordere — amondjoukoa.
mori — ouagoboti.
nasus — agueiri.
natare — alaongoati.
neptis — caliitiko.
nidus avis — olokou obonon.
non, nequaquam — accoho.
oculus — onguei.
occidere — ondjoukoakti.
pagus — irimitikoua.
palliolum — nebedno.
partum edere — calivohonon.
pectus — djahaha.
pellis — nimboukonon.
— meraiaga.
percutere, verberare — dahobkoati.
perizoma — deripauna.
pes — djahaivai.
pileus — djahohi.
piscari — nomaikosodi.
piscis — haiheo.
— magnus — hatapava.
plorare — jahoti.
plumae — kipahi v. kipai.
pluvia — ouko.
podex — andotchekiko.
post, postea — emnipotchinaon.
prata, campus — maihaiho.
pulcher, a, um — ounati.
regulus — nahati.
rivulus — kaihoaiti.
rivus — calihaijo.
sane, recte, ita — ainomenai.
sapere nosse — ejohanan.
saltare — immongonkoati.
sanguis — dina.
satis — apeman.
semiaethiops — haraboholi.
senex — kaikolainon.
serpens — kotchohai.
siffler sibilare sibilus — imichati.
silva — hohoi.
sitis — hoinomoidi.
sol — kat-hai.
speculum — mojaivooti.
stella. sidera — ickerai.
sternutare — andiikoti.
stragula dormitoria — tchooiti.
supercilia — djaipeki.
telum pyrium — koboat-inbokai.
terra — marihipa.
timor — bicahati.

tonitru — ounoboti.
tristis, e — poia.
urina — isaheanozounai.
urbs — prtimoko.
venari — hiongohali.
venter — djouhouva.
vestimenta — nabaidno.
vir — tahanan.
Numeri
1 poikoja.
2 pid-djaho.
3 mopoa.
4 honaton.
5 houakoo.
bos — waca (portug.)
dasypus — copohai.
equus — kamon.
felis onça — bouihini vel fouini.
— nigra — hahaoti.
— ocelot — keboqui.

nasua — colaijou.
simia — hahahi.
sus — nipeko.
tapirus — maionoikamon.
psittacus — kirikiri.
— ara — balahouri.
rhamphastos — janchai.
vespertilio — ni-go-hoti.
vulpis — curtejo.
gallina — tapii.
crotalus — hipoko.
bufo — javooo.
papilio — poloohi.
fabae — kaihouki.
cocos, palma — haitchatai.
musa (banana) — ouata.
tabacum — tchabi.
malum citreum — ikipaai.
gossypium — naiwai.

GUACHÍS *).

aeger — oa-kata.
alligare, munire — aiokau.
amare — atecheu-ai.

appellare — neeuka.
aqua — euak.
arbor — weeg-pai.

*) Castelnau Expédit. V. 278. — Vergl. oben I. 243. — Es unterliegt keinem Zweifel, dass die Sprache der Guachis demselben Stamme mit jener der Mbocobi oder Toba angehört; und überhaupt finden sich Anklänge aus mehreren Sprachen des Gran-Chaco (Mbocobi, Lulé, Abipon), seltener aber auch aus der Moxa und Chiquito. Besonders merkwürdig jedoch sind die Bezüge zu Sprachen in der Guyana. Als Vergleichungspunkte mögen folgende Worte dienen:

	Guachí	Mbocobi
Zahn	iava	yobe.
Stirne	iatapole	yatau.
Indianer	(ma) euleuc	youle (auch Abipon).
Haus	poecha	poos, bei den Chiquitos.
Mund	ispe	ajap, bei den Yarura am Rio Meta: yabbi.
Fuss	iacalep	capiate.
Fisch	aney	noay (ebenso bei Abipon).
Honig	mopo heisst in der Moxa: mopomo, in der Maypure: mapa.	
Nase	ianote bei Tamanaco: jonnari.	
Auge	iatayu „ Abipon: natoele.	
Regen	foué „ Vilela: loué.	
Gestirne	aati „ Mbaya: eotedi, Zamuco: hedoi, Saliva: aipodi.	

avis — niscarega.
auris — irtanmété.
bibere — memichon qui tchai.
bonus, a, um — tanra.
brachium — iolai.
dentes — iava.
deus — yathlein.
diabolus — oetcho.
dies — tamaklaiau.
digitus — lolai-le-eu.
dormire — amma.
edere — iik.
gladius, ensis — nasakanate.
equus — ometok.
expectare — ounet-égapan.
fames — yawookta.
fatigare — ya-weul.
femina — outié.
femur — iakamnan.
filia — unajen.
filius — inna.
fluvius — ta-we-sipaba.
foedus a, um — ka-estak-tak.
frigus — catate.
frons — iatapole.
fulgur — oala.
fur — oayen.
gravis, e — maateta.
guttur — iracheu.
heri — naaulawau.
hilaris, e — iloen.
hodie — aanaukeuné.
homo albus — maksit.
— niger — mam-ké.
— indianus — maculeuk.
humerus — iolai-eu.
juxta, prope — pe-lekeu.
labium os — iapé.
lac — lachou-way.
lacerta — kaliske.
lacus — tawicha.
lapis — sitrat.
lardum — lewich-ké.
lavare — tapae.
levis, e — agmatelé.
lignum — tool.
lingua — iteche.
loqui — ieuech.
luna — o-alete.
malus, a, um — ka-estak.
manus — iolaimason.
mel — mopo.
mentum — irak.
mergere — oue-aupan.
mons — tegecloan.
mordere — apa-eu.
mori — outai.
multus, a, um — hoho.
nasus — ianolé.
natare — outachou.
nidus avis — lolait.
non, nequaquam — an.
oculus — iataya.
occidere — outei.
pagus — po-e-chi (domus forma intensiva).
pectus — ieu.
pellis — latré.
percutere, verberare — sapak.
pes — iacalep.
piger, a, um — yawoul.
piscari — amailay.
piscis — aney.
plorare — taan.
plumae — nicha-alai.
pluvia — fou-é.
post, postea — aanankeunay.
prata, campus — peugai.
pulcher, a, um — tanrogue.
regulus — oui-euré.
rivus — ta we-chac.
saltare — achouan.
sane, recte, sic — aolegen.
sanguis — pelit.
sapere, nosse — alai-eu.
satis — euaite.
semiaethiops — mam-ké-tok.
senex vel anus — seera.
serpens — chaac-ché.
stellee s. sidera — aati.
sitis — etamoke.
sol — o-es (ô longum).
speculum — natapieeta.
stragula — iten.
telum pyrium — ta-ai.
terra — leek.

timor — aweu-eu.
tonitru — sinte-akulum.
tugurium, domus — poecha.
venter — iet.
venari — aelay.
vestimentum — narieg.
vir — chacup (jacob).
Numeri
1 tamak.
2 eu-echo.
3 eu-echo-kailau.
4 eu-echo-way.
5 localau.
Non ultra numerant.
bos — toway.
dasypus — tatae-sia.
equus — ometok.
felis onça — neet-pei.
nasua — anat-kaech.
simia — equalatak.
sus — analostawa.
tapirus — keulay.
vespertilio — apenlate.
gallina — wokaaké.
psittacus — calicheechee.
— ara — caga.
rhamphastos — iacat.
crocodilus — aité.
crotalus — oche-chegenoc.
papilio — kaleutagan.
cocos, palma — latai.
gossypium — meclaala.
musa (banana) — wiithra.
tabacum — ouchete.

GENTIS GÊS *)

DIALECTI VARIAE.

CAYAPÓS **)

aestus — krenkio.
aethiops — tapanió.
aetheopissa — tapanio-cuá.
albus, a, um — macácá.
aqua — incó.
arcus — itsché, itsé.
auris — chiccré H.
aurum — cupajotú.
avis — itchune H.
bonus a, um — impëimpäré.
brachium — ipa H.
capillus — iquim H.
caput — icrian (r, ore clauso, subsurdo l).
caro, rnis — jóbo.
— bovina — potina-schain.
charta — piankákianká.
clericus — kientóm.
coelum — putkuá.
collum — impudé H.
comere — lempánia.
corbis — piápa.
crus — ité H.
culter — káaschá (kycé: tupi).
dentes — chua H.
deus — pujanka (puhancá H).
digitus — lenkré.
domus — uncuá.
dormire — schotine.
ensis — capité.
fabae — tetaschú.
falx — caitpopó.
farina zeae — panatá.
femina — intiera H.
femur — icria H.
ferrum — kitesi.
fluvius — pupti.
foedus, a, um — intomarca.

---

*) Vergl. I. 256.
**) Vergl. I. 264. Die Liste rührt von Pohl (Reise) her und ist in deutscher Schreibung abgefasst; andere Worte, die wir durch H bezeichnen, sind aus S. Hilaire's Voyage aux sources du Rio de S. Francisco II. 108 entnommen. Es wird von den Cayapós vorzugsweise bemerkt, dass sie mit geschlossenem Munde, aus dem Kehlkopf sprechen.

folium — parachó H.
frigor — kiúti.
fructus — patso H.
globus — antoaáschú.
homo — impuaria H.
— albus — itpe, cacatéca H.
ignis — itschiú.
indianus — panaria H.
infans lactans — nhontuára H.
infans — pintue.
laborare — schampua.
lapis — keni.
lectus — tschúnquantú.
ligni frustum — por(l)é H.
ligo — caitpoze.
luna — putúa, puturuá H.
manus — chicria H.
mater — unisi.
mons — sucomú.
mori — itú.
nasus — chacaré H.
niger, a, um — cotú.
oculus — intó H.
os, oris — chapé H.
panis — póli.
parvus, a, um, — ipñnré.
pater — usúm.
pectus — chucóto H.
pes — ipaá H.
piscis — tepo, topú.
pileus — kiapio.
pluma — impantsa H.
pluvia — intá.
puella — itpentié, iprontuaria H.
puer — itpe-pri, inprintué H.
pulcher, a, um — intompéipñré.
ruber, a, um — ampiampio.
sagitta — cajone, caschoné.
saltare — pinató, incréti H.
sicera — incoja (caxassa: port.)
silva — inromú.
sol — itputi, imputé H.
stella — amschiti, amsiti H.
telum pyrium — atoná.
templum — pujanka-unkua.
terra — cupa (ciupa).
uxorem ducere — zápio.
venari — cubupapa.
venter — itú H.
vestes — schapu.
canis — robú.
capreolus — inpó.
cervus — inpoti.
equus — iquitacho H.
gallina — schuninsi.
gallus — schaninsischumá.
mulus — kitascha.
ovis — inpóazo schú kriti.
pulex penetrans — paté H.
tapirus — iciritė H.
vacca — potinaschá.
herba nicotianae — arená.
zea mays — muschiú.

CHAVANTES*).

aeger — aeujeaki.
aegrotat num ille — odieaki.
amare — aoncki.
amo — waimek.
ambulemus — cron a neman.
amplecti — ouatchiteleba.
ante — iwaptoman-iri.
anus — ouawai.

---

*) Vergl. I. 269. Die Mehrzahl der Wörter aus Castelnau Expédit. V. 264, andere (P) aus Pohls Reise II. 33.

appellare — aeuroeucondi.
apportare — wemakeuri.
aqua — keu P.
arbor — wédé.
arcus — comunika P.
— coelestis, iris — tau-kou-wapo.
assare — matajebré.
aurora — motaiam-minawai.
aurum — tapredou, teprascbu P.
avis parva — chicrai.
baculus — dehu P.
bibere — eukrané.
bibere — keuimakanripacrenida.
bonus, a, um — seendi, gouaniakeu.
braccae — daniereadeu.
brachium — dapas.
cadere in aquam — keumato-waptanran.
caedere — dekajeudi.
caespes gramineus — wa-crou-condi.
calor — roacra-ki.
cantare — moacrewakbakeu.
cantus primus avis crax — matojamnawai.
capilli — desahï.
captivus — imijaman.
caro — cruptoni.
caro bovina — kuteni P.
cataracta — teucaia.
cauda — amanan.
cerebrum — doianou.
cilia — datoi-eu-sahi.
clarus a, um — roa-kadé.
clava — koumero.
coecus, a, um — chicrau.
coelum — heuva P.
collum — daboudou.
comprimere — petit-taconau.
concedas aliquantulum mihi — souröuri-ijoucrétaré.
considere — assen moran, assamran-talmi.
contundere — sau-mau.
coquere — imisai manwamo andi.
cor — dapekyanyé.
crux — decrejekidi.
culter — sinkejai, schinkasche P.
cum — crené.
cutis — couaeu.
cymba — coubacré.
— magna — couba-jowéreé.
dare — tamasomri.
deus — oana P., wamamou.
diabolus — michopoiri P.
dies — tomaja-ounawai.
dividere — i-iouri.
dormiamus — wachau-ton.
dormire — wanioton, asson-ton.
ebrius — simijacre-secou.
ecce — tomaso-mri.
edam — te-crené.
edamus — crenan.
edere — vosanaka P., akoa-chandai (jantar: port.)
ego — toro-an.
ensis — schinkascheu P. bacanai.
excrementa — dejanaa.
exspectare — acouja-samran.
extraordinarius, a, um (singularis, e) — sakitende.
fatigare — manoaoationastendi.
febris — wacroe.
femina pulchra — piconemptiadi.
femur — dasdajountė.
ferrum — soumekijé, hetura P.
filia — acouati.
— mea — acoutai-masombli.
flos — chiran-ran.
fluvius — keujawerei.
foedissimus est — wecondi.
foedus — ouachodi.
fortis, e — asiti-krouti.
frater — jihtba P.
frigidus, a, um — euki.
frons — dacaisoudou.
fugere — tomo-monan.
— manuabeaupré-anchouchi.
fulgur — tanwansa.
fumus — saumoudajé.
fur — tjanko.
galaxia — dakoisa.
garrulus — roascoucro.
— ai-wemre-pred.
grando — ouniolo P.
gratias ago — cluto.
gravis, e — simirédé.

herbae magnae — tautomdi.
heri — acum-eu.
hilaris, e — dapreraeusilimonon.
hodie — douré-ai.
homo albus — kraschauka P. quarajourika (vel moa-jourika).
— laboriosus — ambeu-sinukeudi.
— niger — oraschukra P. couajoucran (vel cerajoucran).
humeri — danissai.
humidus, a, um — prowampatikidi.
ignotus, a, um — intauwacocondi.
ille, illa — wa-an-con-di.
implere — comasissi.
incendium — homodi.
ignis — kusché P.
indusium — dacousa (camiza port.)
infans — ekteti P.
infra — incro-owi-iri.
intelligere — dioja-so.
iter breve — romautouré.
— longum (via diuturna) — romeudi.
longitudo itineris significatur repetito: o — rom-o-o-o-o-wodi.
longinque vado — rom-o-wodi.
juxta, prope — matéterum-outan.
labium et os — dasadoa.
laborare dorso — imanowacher.
lac — teu-oua-cou.
— — owa-kau.
lacus — poucouwa.
lardum — couboua.
latus, a, um — rom-dia-weredi.
lavare, abluere — sasaeu coupehon.
levis — wapoureké.
lignum — moran-wawan.
ligo — turoune P.
lingua — dageuto.
loqui — ai-wemré.
— awemelin maniwa — deprearkouia chamlan.
luna — ouá, heva P.
macer, a, um — eou-wahi.
magnus, a, um — payron-non.
malus, a, um — seon-condi.
manus — dai-iperai.
masculus — ambo.
mater — inadkeu, mama P.
mederi — i-coman.
mel — ké.
mentum — desacrada.
mergere — acranjeubrekekraoui.
miles fortis — sa-impiramam.
mons — sianau, utschu P.
mordere — woari.
morsus serpentis — woaria matissa.
mori — eitika P., mantiwabopraitikeu.
multum — tosakctay.
multi sunt homines — tosacotéacaway.
natare — ouajeulibi.
nebula, vapor — ououmdi.
negare, abnuere — toma-somri.
nepos (fem.) — acoutai-pré.
nihil comedi — ito-crene-nomajé.
nihil (nihil habeo) — nema-jé.
nil habeo edendum — imasomiitocréné.
nihil valere, nil prodesse — wacondi.
non, nequaquam — tomé-matisso.
notus, a, um — watouwaoucon.
nox — tomanmara.
nunquam — intoawoa-cocondi.
obscurus, a, um — rom-jan-cran.
occidamus omnes — moto-couboutay-tipan.
occidere — aqueuwatedawivi.
os, ossis — to-i.
pagus — darowa.
palma manus — danipkrahi.
parvus, a, um — crou-toulé.
pater — juma P.
paucus, a, um — sourouci.
pectus — dagoucoudo.
perdere — toa-coutan.
perficere — coucré.
persona — simissi.
pes — dapra-canou.
pessum dari, corrumpi — croit.
pileus — schuanpo P. sapey (chapeo: port.).
pinguis, e — waamdi.
piscari — keutébé oaté kaouini.

piscatum eamus — lébé-caniou.
piscatus bonus — sourale-caniou.
piscis — lébé, tibé P.
— magnus — lébé ouanouan.
pluet — lan-louan-chineré.
pluma — sijirawibi.
pluvia — ta P.
post, postea — liadailé.
prata, campus — papsejawerai.
pro, ad — co-masisi.
proprius, a, um — ajeu-rorondi.
puella — pico P., baclonlei.
puer — kalumebri P.
pulcher, a, um — oueki.
pulcher est — ouenki.
quid agitur? — ali-a.
quis est? — ali-a-djeu.
piger a, — wakadi.
plenus, a, um — wa-icou.
plorare — kétéprémanliwa-oiwa-monon.
plumae ad ornandum — ouambou.
praebere, credere — lomas omri.
putrescere — lauari.
reddere — mi-na-pa-mori.
ridere — si-si-roucu-piran.
rigidus, a, um — mataladi.
rivus — keu chourou (aqua juvenis.)
rotundus, a, um — sapotoredi.
sal — tagua P.
salire — sarou-nou.
saltare — ouachicrenebra, vasincrene P.
sanguis — apkoujaki.
sanguinem millere — ewaprou.
sagitta — li.
sapere, nosse — cimeracressedi, wolo-a-oucou.
sarmentum, funis — kaba-crou.
satis — sacoutan-acouway.
scindere — chigo-eureu.
secare, scindere — bacrena-si-iori.
semiaethiops — ouara jouprè (vel cera jeucran).
senex — oanvé.
serpens — ouahi.
sibilare — ai-ouorau.
siccus, a, um — noticré.
sicera — cucusche P. coucoujai.
sidera magna (planetae) — qua P., wachi-waway.
— parva — chirourou.
simia — crocoré.
sol — sidacro, slukro P.
solus, a, um — simisi.
immundus, sordidus — acoubou-domdi.
spuere — asidaré-menan.
stans — tadsamni.
stellae — ouachidé.
stragula dormitoria — ouasdenia-medi.
submergi — keu male-douro.
supercilia — dasahi.
supra — isissiwi-iri.
surdus — poclipan.
sylva — anta P.
surge — assam.
tabacum da mihi — waari-macanau (tabac-waari).
— pro mea fistula — paawi-waari-itaconeri.
telum pyrium — ouna P., ouanou.
tempus l. menses pluvii — lencrowi.
— l. menses sicci — ouamshi
terra — teia, tika P.
timor — pai-cro.
tollere — menan.
tonitru — tourouran.
tristis, e — manua arcanacrochmo-nonoman.
unguis — dagnipo.
urbs — daroja ouwerei.
urina — asinjai.
vecors — pain-crote.
venari — tagua P. wateakcucreusa-sasari (eamus in sylvam occisum.)
venter — dadau.
vulnerare — aquoi-creu.
vestimenta — schaschahue P. dse-saheu-comptoli.
Numeri: 1 simisi.
2 aouapranai.
3 scoudaton.
5 mononpchai.
4 monontonan.

plus quam 5 — ka-o(o...o...o..)ki.
canis — oapsa P.
capreolus — pole P.
ovis — ponkere P.
sus — cuhé P.
gallina — schika P.
gallus — roacro P.
mulus — quaru P.
bos — tocou.
vacca — toccu P.
equus — apraisoudou, quuripo-kripo P.
tapirus — cauendeu.
felis onça — acouchéré.
— — nigra — oucoucran.
dasypus — ouaranli.
— gigas — asipocoawan.
simia hapale, penicillatus, Rosalia — crocoli.
nasua — abeucudeu.
tapirus — kuhude P.
crypturus — amtorolis.
psittacus — creen-lé.
psittacus ara — somerara.
rhamphastos — moroada.
crocodilus — aconjoucu.
lacerta — cri-jaie-oen-cré.
crotalus — siscu.
papilio — piro.
musca — kou-kou.
culex — mram-mré.
fabae — pawenjeu, panschu P.
cocos, palma — kokodo-wédé.
musa (banana) — baco.
farina zeae — copaschu.
zea mays — nosche P.
herba tabaci — oali P., ouani.
oryza — cotsche.

CHERENTES*).

aeger — osaké.
alligare, firmare — ouassisi.
anus — ouastedi.
amplecti — canion-aouenki.
aqua — cou.
gutta aquae, scaturigo — keu-wacou.
arbor — couba.
arcus — comicran *.
auris — da-inporé *.
avis parva — chi.
— magna — chi-baca.
bibere — jaucrene.
bonus, a, um — chiendi.
braccae — decouja-dajai.
brachium — dapai-nau.
calor — roacro.
cantare — aca.
capilli — layahi.
caput — dieran *.
captivus — oajo-cra.
caro — ctence *.
cataracta — tencaca-criarondi.
cauda — crou.
cerebrum — dacranocrsu.
cilia — datoi-mean.
clava — coupera.
— minor — cauro.
cullare — aketcali.
collum — dabe dau.
considere — toi-nia-moram.
coquere, assare — briaribau.
cor — daen *.
crystallus — kitaira.
culter — semecajai, sinikajai.

*) Vergl. I. 275. Aus Casteln. Expédit. V. 262. Die mit * bezeichneten Wörter gehören auch dem Dialekte der Chavantes an.

currere — empraba.
crus — daté.
crux — chedaicouacha.
cymba magna — couba-rai.
— parva — couba-ri.
dentes — daguoi*.
deus —
diabolus — eupanri.
dies — mangra.
digitus — danikiba.
dormire — aboukidi-toniantan.
edere — ounchada.
ensis, gladius — couboucanai.
excrementa — couptondi.
fames — maramedi*.
fatigatus — ouacoctoudi.
femina — picon*.
femur — daja.
filius — acoutai*.
filia — bacanon.
— mea — dacra.
fluvius — keu-an-wai.
foedus, a, um — ouachendai.
frigidus a, um — cucudi.
frons — dacaniacran.
fugere — matomoui.
fulgur — eaubouji.
fur — ame-me-precidi.
garrulus — pi-chaidi.
gaudere — romou-kesai-achiour-rimjiouti.
gravis, e — pleapodi.
guttur — daniou-in-cré.
homo albus — coaji-oupré.
— niger — coaji ara.
— semiaethiops — coa-joui-ca.
humerus — danichai.
ignis — coujeu*.
inauris — teuprejeu.
labium — dagedoua.
lac — coto-oua-cou.
lacerta — crijou.
lacus — keu wawai.
lapis — kanai.
lardum, pinguis, e — oua.
lavare, abluere — ouamronda.
levis, e — ouapoliké*.
lingua — danin-tou.

loqui — ameonai.
luna — oua*.
malus, a, um — chiencondi.
manus — danicra.
mentum — daida pouda.
mergere — dacouabi.
mons — manian-a-aurai.
mordere — ansari.
mori — dadeu.
nasus — danescri*.
natare — darbi.
nepos (fem.) — dacra-pré.
niger, a, um — cran.
nox — omea-crancri.
occidere — dourini.
oculus — datoi*.
ornamenta plumarum avium — acran-achidi.
os, oris — dageau.
pagus — ouarowa.
pectus — dajoucoudou.
pellis, cutis — kenai.
percutere — ankajouri.
pes — dapra.
piger — ouacaerodi*.
pileus — cayamitro.
piscis — tobiai.
— magnus — picra-y-po.
piscari — tebeweni.
plorare — ourioouak.
pluma — ibaka.
pluvia — tan.
podex — dajahan.
pratum — choguim.
premere — keuri.
puella — dackrada.
pulcher, a, um — psichiendi.
regulus, capitaneus — quatrebrucrada.
— — couma-nan-chai.
— oua-ca-motai.
rivus — keuri-aurai.
sagittae — ti.
saltare — aencrene.
sanguis — da-oua-prou.
senex — oaweké.
serpens — amakai.
sicera — coucoujai.
stellae — chouachi.

sitis — croboudi *.
sol — beudeu.
stragula dormitoria — criamli.
supercilia — daconisn.
sylva — acoubouni.
telum pyrium — tou-a-nou.
terra — choupra.
testudo — koucan *.
timor — pai.
tonitru — tanyringrin.
tristis, e — silicroudi.
domus, tugurium — cri *.
urina — itoni.
urbs — criran.
venari — coucaujai.
venator — juja.
venter — dadou-da-di.
vestimenta — chicou-jajai.
vestis — chicou jagran.
via — boudiaudi *.
vir — ambeu *.
Numeri: 1 chimichi.
2 poucouanai.
3 maipranai.
4 chicou-anaibichi.
5 nicrapeu.
(non ultra.)
bos — coutican, tocau.
vacca — coutican-picon.
equa — espicon.
canis — ouapchon *.
cervus — po *.
equus — chombiari.
felis onca — ou.
— — nigra — ou-acran.
lupus — couja.
nasua — kouacong.
simia — cro.
— hapale, penicillatus, Rosalia — il-hic.
sus — coucu *.
vespertilio — arbo.
tapirus — coudieu.
dasypus — couan-riai.
dasypus gigas — orewawa.
gallina — ohika *.
perdrix (crypturus) — ouiki.
psittacus — oua-cha.
psittacus ara — chouara.
rhamphastos — nononouda.
rhea americana — man *.
mycteria — jibaca.
crocodilus — cauieu.
crotalus — ouari.
boa — ouaniankou.
cocos, palma — noron.
dioscorea — coupa *.
fabae — ouajimjo.
gossypium — cabaji.
musa (banana) — chou-poiran.
batatas — coundi *.
canna saccharifera — doujée *.
tabacum — oaanijeu.
zea mays — nojeu *.

CHICRIABÁS *).

aqua — kû, ku, kü.
arbor — odé, oté.
arcus — comecané.
auris — daïpocri.
avus, avia — angrata.
bonum est — intsché.

---

*) S. I. 278. — Das reichere, hier benützte Wörterverzeichniss ist von Eschwege, die neue Welt I. 95. Die nach S. Hilaire (Voy. Sourc. R. de S. Francisco II. 289) hinzugefügten Wörter sind mit H bezeichnet.

brachium — dapá.
cantare — tonigri.
capillus — d'ahaschi, dajabi H.
caput — d'agrang, dacran H.
caro, carnis — ponnhi (pongni).
coelum — acoà.
collum — d'aputú.
corbis — schikitong.
cortex arboris — odéu.
culter — tagrá.
da mihi — ui.
digitus — d'aschipigrá.
farina — kupaschú.
femina — picon H.
femur — d'atéà.
filia — debá.
— mea — pacolong, picong.
filius — ingrá.
folium — deçu H.
fructus — decran H.
homo — ambá (a surdum) H.
— albus — ora-djoïca H.
— niger — ora-djura H.*)
indianus — oïpredé.
i! — imtuschaimúrim.
ignis — kutsché.
indusium — tacuschá (camiza: port.)
infans — aïcuté H.
luna — oà, ua H.
magnus, a, um — aïmoapté H.
manus — d'aschipigrá, dajipera H.
mater — nchatakï.
membrum ♂ — d'apahng.
membrum ♀ — d'agrí.
nepos — inschiutú.
nasus — d'asigri, dasci H.
non — aainschâ.
oculus — d'aipogri, datoman H.
olla — nitschá.
os, oris — d'atohá, daïdaua H.
parvus, a, um — aicuté H.
pater — mamang.
pectus — d'anhocutú, daputú H.
pes — d'aprá, daprá H.
pileus — scraipahng.
pluma — sidarpi H.
puer — aimaman H.
pulcher, a, um — dapside H.
ruber, a, um — oïpredé H.
sagitta — etiké.
sic, sane — impà.
sicera — kúkusé.
sidera — oaitomorin, uaïtemuri H.
sol — estagro, stacró H.
supparus — schiggran cusupischi.
terra — tica.
tugurium — gri.
tunica muliebris — tacuraté.
veni huc — uiktu.
venter — d'atomong, dadu H.
ventus — kuteté.
Numeri: 1 hemerotong.
2 prané.
3 escumtatong.
4 moropoé.
bos — kuptakú.
canis — goabsang.
cervus — pó H.
equus — sumschari, soujari H.
felis onça — ukú.
tapirus — cutó.
gallina — schiká.
gallus — teorá.
piscis — tupe H.
pulex penetrans — craculi H.
musae fructus — amiotsché.
zeae maydis grana — notsché.

*) Das Ora in diesem Compositum scheint das Uára (Mensch, Nation) der Tupi, das gleichbedeutende Ore der Manao, das Ere der Cayriri, das Yoale der Abipon und Mbocobi.

G E I C Ó*).

aethiopissa — tacayo.
asso, are — tiloschung.
audio, ire — uschiegkó.
auris — aischeroh.
avunculus — iquaté.
brachium — aepang.
brevis, e — nohtutudãng.
calidus, a, um — ijahú.
capillus — grangsché.
caput — grangblá.
coelum — maecó.
collum — aepurgó.
costa — aemantaelã.
dens — ayanté.
diabolus — pocklaeschũ aqãlé.
dies — tipiaco.
digitus — aenaenongklang.
domus — y(l)rouró.
dormio, ire — uhliong.
edo, ere — tiqua.
femur — aecroh.
filia — scharrepiú.
filius — scharrété.
foedus, a, um — nohmĕlĕniheh.
folium — arandische.
frigidus a, um — ohntũ(hl).
homo albus — tipiaeung.
— niger — tickah.
ignis — ping.
juvenis — oopáung.
lavo, are — namblú.
lingua — aenettá.
longus, a, um — nohriãhniheng.
luna — paang.
macer, a, um — nohnpütũ(hl).
mamma — aejussi.
manus — aenaenong.
mater — nú.
membr. vir. — aereng.
membr. mul. — acoaénũ.
morior — nong(e)roh.
nasus — aenecopiõh.
nox — coco.
occido — tiuing.
oculus — alepuh.
os, oris — aingko.
pater — já.
patera cucurbitina — ae(e)rú.
pectus — aejussi.
pes — aepähno.
pinguis, e — nohtõniheh.
puella — juckqué.
pulcher, a, um — nohr(l)ãniheh.
ramus — arandische.
semiaethiops — mandattú (mulatto).
sol — chũgkrá.
soror — nempiaepiú.
stella — brăcklüh.
sylva — oütü.
tabacum — pâeih.
terra — chgkü.
trulla — cărá.
venter — aepu.
ventus — ongkthũ.
video, ere — u(l)epú.
umbilicus — aequakrüng.
unguis — aenaenongsiné.

*) Vergl. I. 279. Die ( ) eingeschlossenen Buchstaben werden stumm mitgehört.

MASACARÁ*).

aethiopissa — gachtalózo.
asso, are — jhamani.
audio, ire — chighkó.
auris — chü(e)chgoh.
avunculus — küania.
barba — thüohgthöh.
bibo, ere — niameng mung quamu.
brachium — kümghüáng.
brevis, e — atschigero.
cado, ere — airini.
canto, are — aggreamú.
capillus, a, um — chöh.
caput — acharoh.
capite dolere — aroiuhuing.
caro — kòhō aija.
clamo, are — aggungtschiamu.
clericus — ampari.
collum — thüngkoh.
connubere — arani.
contundo, ere — intauüngning.
coquo, ere — muini.
corpus — colló.
coxa — küungiring.
cras — zorü arü.
culter — tschiachttá.
dens — thüoh.
diabolus — agtz(i)aggeröh.
dies — zoirih.
digitus — kumbüóh.
domus — pá.
edo, ere — inthug krüng.
esurio, ire — aming cuing.
farina — cija.
femur — schüökuh.
filia — thziagterá.
filius — kügerá.
fistula fumaria — cuuni.
foedus, a, um — imböitzuning.
foris — kauoá.
frater — thiagtqua.
frons — küh.
fulgur — zingoriany.
herba — coatgüo.
hodie — zoiirü.
homo — ingniuh.
— albus — garé.
— niger — gachthá.
homines multi — anggagkang.
ignis — gucháh M., hugha S.
indianus — agkuschuo aijo.
infans — ihngabich.
intus — pacó.
juvenis — uihnzänüh.
latus, a, um — tzürogzö.
lavo, are — achar namú.
lingua — cung(u)ring.
longus, a, um — atschirogzö.
luna — gachang.
macer, a, um — inca(ng)rá.
manus — kümbüoh.
mater — schoöh.
mel — khuúng.
membr. vir. — krü.
— mul. — inghirang.
meus — ingniung.
mingo, ere — ajach cumung.
morior, i — hianghoni.
mortuus, a, um — honí.
multus, a, um — pautzöh M., erooang S.
mulier — ihntá.
nasus — tchüchgoh.
niger — oeichtá.
nox — ambüch.
occido, ere — intangniamú.
oculus — göchtch.
odor — ihaicka.
oro, are — retzani (rezar: port.).

---

*) Vergl. I. 279. Der Name Masacarà bedeutet in mehreren Tupi-Dialecten: die Hähne. — M = von Martius, S = von Spix aufgenommen.

os, oris — t(chiatta.
os, ossis — ingje.
pater — ghüingniang.
patera cucurbitina — crö.
paucus — atschükkro.
pectus — jumbischtüh.
pes — huachtöh.
pinguis, e — hiangzö.
pluma — oera chtgingtgö.
pluvia — tzü.
puella — ihnta hiuötchió.
pulcher, a, um — ochhuangöikcro.
ruber, a, um — hingürá.
saccharum — azucrü (assucar: port.)
salto, are — oequiuamú.
sanguis — höh.
semiaethiops — muratto (port.)
senex — kaichthüóh.
socius, compater — tschiüüú, tchübächiro.
sol — tzoi(c)nih.
spuo, ere — mungkianí.
stella — pinnatzö.

sylva — anthó.
terra — och.
trulla — camando (Camotim: tupi).
venor, ari — hnamai aü küamú.
venter — tschinggrüng.
ventus — aungachhüh.
viridis, e — imbachtzü.
viscera — tsiuzzüri.
vivo — impuigning.
umbilicus — tchiungáh.
unguis — künthukah.
volo, velle — hauungnihuh.
imbú (spondias, fructus) — zigöh.
imbuzeiro (spondias, arbor) — zigöh-ku.
faba — kunung.
oryza — pingnio.
cucurbita — kochhoá.
zea mays — mutgkú.
zizyphus joazeiro (arbor) — ambi.
tabacum — hingza.
mandiocca — cachüh.

A C R O A M I R I M *).

asso, are — iguakrorú.
audio, ire — thewatonbá.
avia — jiná.
auris — aspocklü.
avunculus — jungamá.
avus — ingerata.
barba — assüthassú.
bibo — tschoicklönö.
braccae — aikutschatö.
brachium — aipáckü.
brevis, e — uttudü.
caeruleus — schikutzacráng.
calcaneus — aipürüertade.
calceus — baracutschá.
calidus — rowacroké.

capillus — asaih.
caput — aicrán.
coelum — höuate(i).
collum — aimbuttúde.
contundo, ere — ihnsumölö.
coquo, ere — pisaühül(r)í.
corpus — aihoimbá.
coxa — aicküpetáde.
cubitus — assümüacktóde.
culter — cubcannä.
dens — aiquá.
diabolus — höipanide(i).
digitus — assiperaií.
— pedis — aipürüiki.
domus — kli.

*) Oben I. 281.

dormio, ire — lonemöuaingniong, lhoroguaingniong.
edo, ere — wassattá.
ego — wá.
eo, ire — kloroguanä.
esurio, ire — maraumblesäte.
farina — cuũt-patschú.
femur — ainschadi.
filia — dewakonó.
filius — ingera.
fistula fumaria — welecklö
flavus, a, um — schicutschawablöide.
foedus, a, um — sibiraing.
folium — uölhésu.
frater — jino.
frigidus, a, um — itöde(i).
frons — aickuáh.
fulgur — lhainkïquĕbũsi.
homo albus — ihöikate.
— niger — uratschuará.
homines multi — tharilhasúru.
ignis — kutschiopdé(i).
indusium — tschikusa (camisa).
infans — aikutä.
juvenis — quatöbrä.
lacus — puckúte.
lapis — quetädc(i).
lavo, are — acööwamörong.
lignum — mi.
lingua — assointhó.
longus, a, um — packüséde.
luna — uali.
manus — assubckrá.
maritus — tamororhä.
mater — injatekũ.
membr. vir. — assiuhulú.
— femin. — tacklũ.
meridies — amtschiumaerä.
meus, a, um — in c.
mingo, ere — aikthóni.
morior, i — aicklol(r)ö.
mortuus — mathakthölö.
multus, a, um — uarorütel(i).
nasus — aszũcklö.
niger, a, um — schikutzacrang.
non — aroba.
nox — macráũi.
occido, ere — ualöuinita.
oculus — ainlhó.
oro, are — wameremãúliohõ.
os, oris — assötauá.
os, ossis — lbahické.
patella — aikraitüde.
pater — injungama.
paucus — saucóte.
pectus — assockthúdũ.
pluma — tschitarpile(i).
pluvia — lhaite(i).
puella — tabba.
pulcher, a, um — aimbõseti.
ruber, a, um — schikutzabrõ.
sagitta — tikkite.
sanguis — tauabrú.
semiaethiops — ihoipré.
senex — uaungä.
sic, sane — impa.
socius, compater — ingcamó.
sol — puldöli.
soror — aitiba.
stella — uiainieto.
sura — aithé.
tempus matutinum — aungõeckũ.
terra — tickáiti.
tonitru — thauawabscádi.
tu — pöckü.
venor — kröwatzasari (eamus venatum).
venter — aintúbdü.
ventus — ukututödé(i).
vesper — hõjuwahö.
video, ere — gebtoblüzũmbú.
viridis, e — kuutschö.
umbilicus — assünocqua.
unguis — assickbódũ.
volo, elle — ibtsche.
gossypium — gebatsi.
tabacum — uari.
faba — baungä.
mandiocca — cuipá.
zea mays — nootschiö.
cocos (palma) — noronitöde.

APINAGÉS*).

aeger — o-eu.
alligare, firmare — ipré.
amicus — cramalo (camarada: port.)
amplecti — acoua-ca-eu.
anus — diipeukaitsi.
aqua — inko, paicom.
arbor — pi*.
arcus — coulay.
aures — jampaka*.
avis magna — ogorati.
— parva — couvenray.
bibere — ïtcou.
bonus, a, um — paiti, abesdi.
brachium — istpa.
braccae — itkratko*.
calor — is-can-creuo.
cantare — main-créré.
capilli — itki.
capitaneus — paï.
captivus — kamapeithoé.
caput — iscran.
caro — bregni*.
cataracta — incan-pououtou.
cauda — ampeu.
cerebrum — it-cran-ka-nini.
cilia et supercilia — into-ou*.
clava — rou-cran-ati*.
collum — iktaheu.
colores — ico-ya-cay, i-co-tou-cou.
considere — panieu.
coquere — aga-to.
cor — itan-tholo.
crus — itai-i*.
crux — pini-pra (vox recens.)
crystallus — crourou-ran.
culter — oapo, wapo*.
currere — promangati-ré.
cymba magna — pari-rati.
cymba parva — pari-créré.
dentes — djoua.
deus — vase-may-aprana.
diabolus — vaenga.
dies — i-on-kaman.
digitus — gnou-cran.
domus, tugurium — icray*.
dormire — paumorou.
edere — pagou-cray.
ensis — wapo-tiré*, anguinem.
falx — oaticouro*.
fames — prau-mau.
farina — ituch*.
fatigatus — itougouchoné.
febris — meteretelay.
femina — menteja, iprom*.
— gravida — oui*.
femur — itkijé*.
filius — icra*.
filia (vel f. mea) — icrantii.
foedus, a, um, — omtourais.
frigidus, a, um — kreu*, macri.
frons — gno-cran.
fugere — agounto*.
fulgur — no-atkem.
garrulus — capré-praman.
gaudere — natai-kini.
gravis, e — outi-i*.
guttur — in-poudou.
homo albus — coopai-congrangran.
— semiaethiops — coopai-coateran-tigré.
— niger — coopai-tigré.
humerus — nisicray*.
ignis — couveu, coucouvou*.
infans — ipriré.
labium — iscoue-co.
lac — omche-cauko.

*) Castelnau Expédit. V. 270. Die mit * bezeichneten Wörter gehören auch dem Dialekte der Carahós an. — Vergl. I. 285.

lacerta — crai-ko.
lacus — impo.
lavare — ika-ou.
lapis — kéné.
lardum — ankouritoine *.
levis, e — kacridlé.
ligo — cocromonem.
lingua — gnuto.
loqui — megaperey.
luna — boudouvreu, burua.
malus, a, um — punlourin *.
— a, um — omlou-i.
manus — gnou-cra *.
mentum — iama *.
mergere — pal-cran-morou.
mons — keni-cran-mango-ti.
mordere — koóuntha.
mori — nalon.
nasus — ninthou.
natare — pamro-nimou.
nequaquam, non — couari.
nidus avis — couvja-hé.
nox — kampatos.
occidere — megoupi.
oculus — into *.
os, oris — jacoa.
pagus — cli.
pastinum — oanipom *.
patera cucurbitina (cuja) — gocrata.
pellis — iko *.
percutere, ferire — patoca.
pes — it-pari *.
piger, a, um — cancané.
pileus — scran-pabo.
piscari — o-keen-tchira ?
piscis — tebai.
plorare — nampoura.
plumbum — ihié *.
pluma — ogopreu.
pluvia — inta.
pecten — jampon.
prata, campi — capo-to.
longius procedere — pa ma mou.
pulcher, a, um — baati, peti.
pulvis pyrius — parem.
regulus — païti.
rivus — inko-magati.
rivus — cogau.
rivulus — inko.
sagittae — croua *.
saltare — main-creré.
sanguis — kampro *.
senex — ipou-peuketi.
serpens — kanon *.
sibilare — maigno-i.
sic, recte, sane — tamau.
sicera — kanga-cheu-ti *.
sidera — pleu.
sitis — idmancoro.
socius — coupé.
sol — buré, kathoa.
speculum — amniboboita.
sternutare — meiia-ia.
stragula dormitoria — cou-pipi.
sylva — pà.
telum pyrium — coutes, oujacoro.
terra — peu-ka.
timor — amanpa.
tonitru — ida.
tristis — ismanigauka.
tugurium — cricam.
urbs — crimacrati.
venari — brouaman.
venter — guon-eu.
ventus — cocondo.
vestis forensis — i-pointo-ka-jam-ponti.
vestimenta — thée.
via — kreu-ou.
vir — papay, iprié.

Numeri:

1	pouchi.
2	at croudou.
3	at croudi-pshi.
4	agoutad-acroudo.

bos — ompreuray.
vacca — preuentiji.
cervus — impo.
dasypus — tono *.
— gigas — tono-ti.
canis — robo *.
equus — corotourourai.
felis onça — robocrori.
felis — nigra — robotique.
hydrochoerus capybara — burity.
lupus — pou.
nasua — vacon *.

simia — koko-i.
sus — ancro.
tapirus — kocreuti *.
vespertilio — onchepé.
crypturus (tinamu) — alo-to.
gallina — cran-ouray.
pullus — cramhonré *.
psittacus — keleray.
ara — impaneu vel imbone.
rhamphastos — mouron.
mycteria — campriti.
rhea americana — mati *.
bufo — prety.
crocodilus — mi.
crotalus — paidsi-soupari.
python — roti *.
testudo — capro-noti *, capran *.
— emys — tapran.
cocos, palma — roro-pari *.
radix batatae — jolo *.
radix dioscoreae — impobo.
fabae — bencoutey.
gossypium — kateroni.
musae fructus — tereu-ti.
zea mays — couecacrainki.
tabacum — kariniaco.

APONEGICRANS.

Timbirá de Canella fina *.

aër — goicoá.
albus, a, um — haccñhti.
ambulo, are — gaghumó.
amita — ithocatui.
aqua — có.
arbor — baliaká.
ascendo, ere — guamãcoibipaba.
audio, ire — bajabacucrã.
auris — schabáca.
avunculus — gerethi.
avis — guwendi.
avus — ithocatui.
barba — schamagho.
bibo. ere — comekó.
brachium — ippá.
brevis, e — hacknottolá.
calamus — pocahaccatü.
calcaneus — babári.
calidus — gakrodi.
capillus — ickäng.
caput — icra.
carnem assare — thaunaschätte.
— secare — tohühielé.
clamo — gacuamäkia.
collum — ibúrtho.
contundere grana mays — bohuchtöa.
corpus — iguhá.
costa — baráreckechhüh.
cutis taurina — brurika.
crus — bathã.
dens — itzoa.
descendere — gumãorö.
deus — mepanquereschéh.
diabolus — ahumpaculöh.
dies — amcró.
digitus — baingnio cópo.
— pedis — babalncrahüh.

---

*) Man vergl. oben I. 285. Diese Liste wurde durch mich i J. 1819 erhoben, von einem Haufen, der die Stadt Maranhão besuchte.

dormio, ire — baignotto.
edo, ere — comegokrä.
eo, ire — gutcrumapó.
farina — guoretschóm.
femur — backschä.
filia — icrarä.
filius — icrá.
fistula fumaria — borahó.
flavus, a, um — hithätätte.
foedus, a, um — inkhätni.
folium — ahi.
frater — ithong (hon: Purecamecrans: Pohl).
frigidus, a, um — krüdi.
frons — icóca.
fructus — pitschó.
fulgur — ailá.
gusto — guamähpugh.
herba (gramen) — attú.
homo — mechhumora.
— albus — baschi.
— niger — cupäthúem.
homines multi — metathewüüthnü.
ibo in sylvam venatum — wamonahaunjahö.
ignis — cochhó.
lac — mecocaco.
lacerta — amgo.
lacus — hipó.
lapis — khänä.
lavo, are — gatchagahó.
lignum — pi.
lingua — ignoto.
longus, a. um — ithätüitü.
ludo, ere — gabacrú.
luna — putt-urhagh.
macer, a, um — jhüilöh.
magnus, a, um — gatthiamutschó.
mamma — bacojaló.
mandiocca — gwoara.
manus — ingniucrahy.
mater — inzä.
membr. vir. — bahlietschotto.
— femin. — ichhä.
meridies — amcró.
mingo, ere — cuitú.
mons — acramcoïna.
mulier — bucjä.
multus, a, um — hithewüthna.
nasus — ingniakrä.
niger, a, um — itugönná.
nox — agapóte.
nocte — raagapotte.
occido — icurá.
oculus — inthó.
oleo, ere — guamaöpá.
os, oris — scharicoá.
— ossis — bahi.
parvus, a, um — inclühihülä.
patella — baccóno.
pater — inzu.
patera cucurbitina — cocónno.
paucus, a, um — incläle.
pectus — ingniacurto.
pinguis, e — hügordonáh.
piscis — thäpé.
pluma — hará.
— anatina — hará guschuiti.
pluvia — ta.
pulcher, a, um — tmphähüti.
radix — piniatschácki.
ruber, a, um — gabriketi.
sanguis — bacabro.
simiaethiops — mecattlöcläle.
senex — ippréque.
sentire — mäcquoa.
serpens — caugná.
socius — mecootno, hoopinni.
sol — púttu.
soror — ithonghi.
stella — gatschöeräh.
sura — bathaschacóto.
sylva — ackiete.
tempus matutinum — haucati.
terra — piä.
tonitru — abaguelä.
veni — amne té.
venter — jittú.
ventus — coquo.
vesper — püttun.
video, ere — itthohó.
viridis, e — itatetätte.
vivo, ere — mäpathingti.
umbilicus — baiantotto.
unguis — baiguiucrahy.
volo, velle — namanthaagnó.

Numeri: 1 haputschitti.
2 ipiacauttu.
3 ingeré.
4 ipiacnitu pähu.
5 igachrützo.
6 itawuna.
7 itawuúna.
8 = multum.

bos — blüttü.
cervus — póh (sono obscuro).
coelogenys paca — krá.
dasyprocta aguti — kuokén.
felis onça — orópa.
simia — cucói.
vacca — blüttü-gahoitú.
columba — hathorothí.
crax — macarantschá.
falco — hhoccotí.
penelope (jacú) — burruthéngo.
psittacus — curaiti
rhamphastos — orrógh.
crocodilus — pingó.
crotalus horridus — barratí.
serpens schiraraca — hocá.
— sucuriú — rothí.
— caninána — caungá routhí.
— culmus gramineus (canna) — pocabaicatü.
manihot, radix — gwoára.
musae fructus — bububärä.
oryza — babaeti.
tabaci herba — borahó.
zea mays — bohngü.

CARAHÔS *).

aeger — meo-ti.
alligare, firmare — tanapré.
anus — iprai-gai.
aqua — ko.
arcus — cou-hai.
bonus, a, um — impaité.
brachium — pa-pa.
calor — ca-cro-ti.
capilli — ikei.
capitaneus — i-cai-i-codo.
captivus — ba-touc-rai.
caput — icran.
cataracta — cou-ai-raropti.
cauda — rabiapcu.
cerebrum — cre-ka-nini.
collum — pampoutou.
considere — mac-mequan.
cor — toto-croy.
coquere — taoukenoro.
cymba magna — pi-crai.
cymba parva — pi-crai-rai.
dentes — itchoua.
deus — mecanou-ré.
diabolus — amouté.
dies — agouati.
digitus — gnou-cra-i.
dormire — megnoro.
edere — cou-cray.
fames — rimapranti.
fatigatus — patou-crilhote.
febris — megacro.
femina — meca-ouairé.
filia — mac-pronourai.
filius — cochourai.
foedus, a, um — kai-ougrai.
frons — ikouka.

*) Aus Castelnau Expédit. V. 273. — Vergl. was wir oben I. 286. angeführt haben.

fulgur — kautchai.
garrulus — mecaco.
gaudere, laetari — magamai-pantchoue.
guttur — iocray.
homo albus — coupai-impai.
— — niger — coupai-toucou-rai.
— semiaethiops — coupai-toucrai-impai.
labium — alvaco.
lac — proudo-ko-ka-ko.
lacerta — piancoti.
lacus — impoti.
lavare — makout-choua.
levis, e — i-ca-i-cocray.
lingua — ioto.
luna — putt-oure-rai.
malus, a, um — pena.
membrum femin. — ni-ai.
— virile — nichoto.
mergere — mac-merou.
mons — kenkati.
nasus — iacray.
natare — mac-meray.
nequaquam, non — recta.
nox — acopot.
occidere — i-cou-ra.
os, oris — alcoua.
pagus — icrai.
pellis — makoutcha.
piger, a, um — thouacacaty.
plorare — ma-me-ameura.
pluma — ara.
pluvia — tati.
prata, campi — pou.
pulcher, a, um — itapaité.
recte, sane — ma.
rivulus — kocati-rai.
rivus — kocati.
saltare — mac-mecray.
sidera — kathe-rai.
sitis — imacourdi.
sol — putt.

stragula dormitoria — ca-tou.
sylva — irom.
telum pyrium — catoucou.
terra — pié.
timor — couti-pa-rai.
tonitru — taca-cro-cocti.
tristis — iapachoti.
venari — kakaviai.
venter — itou.
vestimenta — kaparetche.
vestis, amiculum — it-che-ai.
via — poureu.

Numeri:		
	1	ita.
	2	ai-croud.
	3	in-crai.
	4	ipacroutpai.

vacca — pougacaoti.
equus — cavaronti.
bos — pougaoca.
felis onça — robo.
— — nigra — roblouti.
cervus — pô.
lupus — robo-rai.
simia — ko-o-rai.
sus — cro.
dasypus gigas — aou-tcheti.
vespertilio — chebrai.
avis — couventai.
psittacus — creeu-rai.
— ara — pone.
rhamphastos — orou.
gallina — oo-cuchangray.
crypturus — ato-roti.
mycteria americana — capri.
piscis — tep-rai.
crocodilus — miti.
crotalus — pati-ti.
dioscoreae radix — crai-ro.
fabae — pation-atonili.
gossypium — kathodnié.
musae fructus — poupout-chito.
tabacum — paro.
zea mays — po-outi.

CAMACAN*).

abire volo — hamach haeng.
adfer aquam — zan guni.
albus, a, um — kekörröh.
ambulare — tako emang.
amita — sacraalan.
anus — estuhiöh.
aqua — za(n).
aqua fervida — zan kishay.
aquam bibere — zanqua.
arbor — hui.
arcus coelestis — gähörah.
asso, are — icki(e)haschih.
audiamus missam — kignemi saloih.
auris — aenköhni kokah.
avunculus — gköong.
barba — guangëh.
bibo, ere — inqua.
bonus, a, um — schitz(o)köh.
brachium — guangähni uma.
brevis, e — ucrianang.
canto, are — minghiah.
capillus — a(e)n köh.
caput — hérroh.
caro, nis — köa.
clamo, are — niangkö-ëh.
clericus — rokketoh.
coelum — tuitsche.
coelebs — geietscheniho.
collum — guan kakoh.
calor — grangkah.
concumbere volo cum uxore mea — geröck schö ara hamachhang hondong.
contundo, ere — inghinühi.
coquo, ere — aschikiah.
corpus humanum — schahatoh.
coxa — guaeng geschuru.
cras — theru(a)gh.
culter — ghajahadóh.
culter magnus — (e)keschahöh.
dentes — anköh tchoh.
diabolus — schih-hiá.
dies — ahnri.
digitus — guangähni tschoh.
digitus pedis — guang wati.
dormio, ire — montong.
edo, edere — giniong-qua tancri.
eamus — kignemam.
ego — itchgong v. micam.
evigilare — gunning.
farina — cahatschieihih.
femur — guang getsu.
filia — krani(n)g.
filius — kraning.
flavus, a, um — ghköthöhoch.
foedus, a, um — schihiochk, schiohöh.
folium — erreh.
frater — kejackguanang.
frons, tis — acküh.
fugere — mainschepá.
hodie — theönáh.
ignis — tiäköh, hiöghköh.
ille — hicamhi.
infans — guaning.
juvenis — nihiettang.
latus, a, um — jüani.
lavo, are — ohorong.
lingua — an(e)köh tschiale.
longus, a, um — iroro.
loquor, i — schackrih moni.
luna — häthie.
macer, a, um — cobbi.

*) Von mir in der Mission von S. Pedro d'Alcantara aufgenommen. Vergl. oben I. 344. Die eingeschlossenen Buchstaben werden dumpf gehört.

magnus, a, um — tau(n)gòhoh.
mamma — guangähn iugärä.
manus — guangähni kreschi nighör.
mare — zan hieh.
maritus, conjux — geitscheni.
mater — deuzeuhda, totzöhntan.
mendacium — guaioningki.
mendax — jooghüh.
meridies — zotzho ronnicona.
mingo, ere — jack.
multus, a, um — hi (arrectis digitis).
mutus, a, um — schackrih-hŏ.
nasus — aenköh ninikoh.
non — ho.
nox — coptagerih.
obscurus, a, um — kloada.
oculus — aenköh-toh.
os, oris — aenköh-tciokah.
patella — guanggänih.
pater — göhrntan.
patera cucurbitina — kejacoh.
paucus, a, um, — tanfang.
pectus — guaeentoh.
perendie — tharuagh-thong.
pingo, ere — etitz.
pinguis, e — joghi.
pluvia — zan ranca.
propinque — sciami.
pulcher, a, um — schiohoh, schioijeh.
puella — nihiranggua.
ramus — erreh.
rivus — hedoiehedan.
ruber, a, um — huenichitoh.
sacerdos — camagraram rokketoh.
sal — eschiki.
saliva — jaschŏ.
salto, are — jcko(e)ng-ni.
sanguis — schoh.
satis — koikih.
securis — keschakĕ dokoh.
sede! — one.
senex — estahiŏh, eschetahajeh.
sic, sane — hm.
socius, compater — kotakröh.
sol — jotze.
somnio, are — scha(u)ntóh.
soror — sacraatan, jacrahada.
spuo, ere — ningkaöh.
stella — piong.
sura — guang gathié.
tempus matutinum — higgiohoh, heggionöh.
tenere — danko dereh.
terra — eh.
tonitru — zangorai.
tuguria multa — töah-hi.
tugurium meum — ocköah tŏah.
— suum — kook kiuh.
venor, ari — toemaung.
venter — anganiukoh.
ventus — schikkih.
vesper — ua-huana.
viridis, e — hittoh.
vivo, ere — iphuih.
umbilicus — guaĕng kă.
unguis — guangäh nitscho.
mandiocca planta — casch.
tabacum — hiah.
palma buri (Diplothemium caudescens) — schekorroh.
palma batioba (Cocos botryophora) — arrosch.
Numeri: 1 uhaetoh.
2 ingu.
3 ingu-tahueté.
4 ing-hŭé.
5 uch-hié.

---

*) Die Bedeutung der verschiedenen Praefixa bei Theilen des menschlichen Körpers: guang, aenköh u. s. w. (mein, dein, sein?) ist nicht sicher.

MENIENS*).

aqua — sin.
arbor — hi.
arcus — huáa.
auris — incogá.
avis — salá.
barba — jogé.
brachium — ighia.
calor — aniunggú.
capillus — iningé.
caput — inro.
caro, nis — kioná.
collum — inkió.
cor — niroschi.
culter — keaio.
dentes — jo.
domus — tuwaá.
dormio, ire — jundum.
edo, edere — jucuá.
eo, is, ire (cito!) — ni.
farina mandioccae — kaiú.
femur — aschi.
filius — camajó.
foedus, a, um — sau.
frater — aló.
herba — assó.
hodie — inu.
homo albus — paï.
— niger — coatá.
homines multi — tuji.
ignis — jarú(i).
infans — canaiu.
lac — anjú.
lignum — mintá.
longus, a, um — insché.
luna — té.
manus — inerú.
maritus, conjux — cahé.
mordeo, ere — imbró.
morior, i — juni.
mortuus, a, um — scha-uia.
mulier — aschun.
nasus — inschiwó.
niger, a, um — cuatá.
nox — utá.
oculus — imgutó.
os, oris — iniatagó.
ovum — sacré.
pluma — ingé.
pluvia — si.
pulcher, a, um — ingóte.
radix — kiaji.
rivus — sin.
sagitta — haim.
sanguis — isó.
senex — schoeo.
sic, sane — inu.
sol — schioji.
stella — pinia.
sylva — antó.
terra — é.
venter — jundú.
ventus — juá.
dasypus — pá.
dasyprocta aguti — onschó.
didelphis — canschê.
felis onça — kukiamú.
gallina — saschá.
banana — inerú.
mandiocca — kaiú.
zea mays — kschó.

---

*) Aus Neuwied Reise II. 324. Dieses Rothwälsch hat wahrscheinlich auch Worte aus den Idiomen der Neger, mit denen vermischt die Meniens leben, aufgenommen. Vergl. oben I. 345.

COTOXÓ*).

albus, a, um — kohoro, inkohero N.
altus, a, um — hoinia.
adferre, adfer — ihanã N.
aër — anchoro N.
amita — schacrata.
annus — sankina.
aqua — sã.
arbor — sahié, hauué N.
arcus — goùn v. cuan.
auris — nico, nichco.
avis — schaná N.
avunculus — gitiakoc.
bonus, a, um — koiki.
brachium — nichuá v. niohãn.
brevis, e — crinahala.
cado, ere — kogerachká.
calcaneus (calx) — hoak.
calor — schahadio N.
canus, a, um — gelakalim.
canto, are — hekegnahekuechkã N.
capillus — kã N., qué.
caput — heró.
cerevisia e granis maydis (chica) — inkeyuá.
cinis — acchkeia N.
cochlear — cohljua (port.)
cognatus, a, um — gamakin.
collum — ninkhedió N.
corpus — huy.
coxa — zé.
crescere — hakegnähäroachka N.
crus — tié.
culter — kediahado N., kihlihata.
currere — niani N.
cymba — hoinaká.
dare — adehó N.
da mihi — nechó N.
dentes — dió.
deus — githiao.
diabolus — gorrhy.
dies — helioshama v. ari N. (tupice).
digitus v. digitorum articuli — nyhitiocrin.
— primus — inhindio N.
— secundus — ndiachhiä N.
— tertius — ndioëno N.
— quartus — ndioëgra N.
do, dare — adehó.
dominus — hoay.
— meus — my hoay.
dormio, ire — hakegnohodokkó N.
edo, ere — niukuá.
ego — echchá.
eo, is, ire — man.
femina — krochediorá N.
filia — kiachkrará.
filius — kediäkrá v. getiecrá.
flare — sekki N.
flavus, a, um — htuy.
flos — huänhindó.
flumen — kedochhiä N.
folium — ĕrĕ.

---

*) Vergl. diese Beiträge I. 344. 346. Die Horde wurde uns mit verschiedenen Namen: Cotoxó, Cutachó, Catachó bezeichnet. Sie soll am nächsten mit den Catathoys zusammenhängen, deren Rothwälsch dasselbe ist. Das gegebene Wörterverzeichniss wurde in S. Pedro d'Alcantara aus dem Munde eines Indianers aufgenommen, der sich selbst Cotoxó nannte. Es stimmt am meisten mit demjenigen, welches der Hr. Prinz v. Neuwied (Reise II. 325) von Mongoyos oder Camacans aufgezeichnet hat. Viele Wörter in beiden sind identisch; die aus der Sammlung des Prinzen allein herrührenden sind durch N. unterschieden. Diese Banden, welche am Rio Pardo wohnen, sind in erklärtem Kriegstande mit den Pataxós und Botocudos.

foramen — ackó N.
frater — kiachkoadan v. chiton.
frigus — schahhadioin N.
frons, tis — aké.
fructus — keränä.
fulgur — tsahochkó.
furca — kihalotse.
gramen — kai N.
hamus — kediahåie N.
hebdomas — niohaku.
herba — kai.
homo albus — hoá y, v. huuikoró.
— aethiops in Brasilia natus (criolo) — khohadá.
— niger ex Africa (da costa) — khohadá hejé.
— aethiopissa — khohada cuje.
— semiaethiops — kediachka N.
ignis — diachké N. tiakihl.
infans — karetjú, koinin N.
insula — kahoi N.
jacēre — koinuï N.
juvenis — crenän N.
labi — kogerachka N.
lac — hitiji.
lapis — keá N. v. kiång.
lignum — huy v. hoindá N.
lingua — diacherä.
longus, a, um — nirrotho.
loquor, i — schakréré N.
lumbus — kedse N.
luna — hidié v. hädiä' N.
lux — ichke N.
mala — diahaiä N.
mamma — niuera.
magnus, a, um — irõ-oro, iro-oró N.
manus — nihitió v. ninkre N.
mare — sonhiii-sonhiä N.
maritus, conjux — hiiemá.
mater — tizil.
membrum vir. — hinke.
— fem. — creca.
mendacium — nechionän N.
mentum — nichkaran N.
mons — kĕrĕ N. v. kri.
mons altus — kirö.
morior, mori — endiäná.
mortuus, a, um — endiene N.
multus, a, um — hiehie v. cuhiähiä N.
mulier — krochedierá.
nasus — nihicko N., niika.
necare — hendechedau N.
niger, a, um — koachedá N. tah.
nihil — hatschhoho N.
non (negatio) — maschi v. moschi N.
nox — huacotin v. huerá v. huerachka N.
occido, ere — hendechedan.
oculus — kitho, kedó N.
occasus solis — hiozora.
os, oris — häräko.
— ossis — tächketsé N.
papilio — schakrere N.
parvus, a, um — krahado N.
pater — kihetá v. keandá N.
patera cucurbitina — keräckka, kerächka N.
paucus, a, um — muitiauhatá.
pectus — nihuy, v. kniochhere N.
pes — hoatc v. uadä N.
pingo, ere — indära.
piscis — huan, huá N.
pluvia — tsorachka.
pollex — nede N.
pons — hondiá N.
puella — nihietá.
puer — kroketira.
pulcher, a, um — schohó.
radix — kåse.
ramus — hanikren.
rete — huerachkachká.
rivus — canhoá N.
ruber, a, um — hyroh v. kohira N.
sabulum — aedäengaranä N.
saccharum — schicagra (assucar port.)
sal — eschké N.
sagitta — huún, hoag, hoay N.
— cum uncis (periaque) hoahiä N.
— — acumine (taboca) — kneniäuä N.
— pro aviculis (virote) — huagrä N.

saltо, are — ecoin.
sanguis — kedió.
securis — jakedochkó.
semiaethiops — kyakakaketira v. kediachká.
semiaethiopissa — kyakakaketirahue.
serpens — ti.
senex, vetus — stahié N.
sicera — schikakakati.
sol — hiosö v. hiozé.
sic (affirm.) — toho, koki N.
soror — ichedora N.
spina — hohiä N.
stella — péo N., piào.
supra — hoéchoá N.
sylva — toko v. dochodiä N.
telum pyrium — kiakó N.
tempus matutinum — hidione.
terra — é.
tonitru — sankoray.
tussis — cogerä N.
tugurium — deá N. v. tuáh.
umbilicus — nióha.
unguis — nihitioca.
urere — undsedó N.
uxor — hiagra.
— mea — my-ahiagrá.
venter — knioptech.
vadere — man N.
ventus — hedjeckke N. v. schiky.
veru — ohindiö N.
vesper — hoalja.
via — hyá N.
vir — hiiemá N.
viridis, e — itihl.
volare — hohindochko N.
Numeri: 1 yhueto.
2 izé.
3 ize-te-hueto.
4 ize-té-schezé.
5 ize-te-schezé-hue.

tapirus (anta) — here, herä N.
bos — heripoh, hereró N.
vacca — heripra.
dasyprocta aguti — hohion N.
equus — cavaró (port.)
dasypus gigas — panka-hiä N.
— tricinctus — fedará N.
cervus rufus — haringuára.
— simplicifrons — henä.
felis onça — tiuke-hié; jake-déré N.
— — nigra — jaké-hyä N.
— pardalis — kypohen; kuichhua N.
— concolor (susuarana) — jakokoará N.
canis — tiaké.
myrmecophaga jubata — perá N.
simia (cebus) — cão, caun N.
— mycetes — hiké.
sus domesticus — küa-hirochdá N.
nasua — pitakó.
dicotyles labiatus — kuga, hüahiä N.
crax alector — schachedá N.
psittacus araraunа — gangaje.
— macao — schoke, tschokä N.
— ara (generice) — nirräoh.
penelope jacutinga — schanensü N.
— jacupemba — schaheiä N.
crotalus — tikaihe.
elaps — diderä N.
sucuriuh (boa scytale) — ktahihé, kta-hiä N.
schiraraca (bothrops) — tigitan, dkahiä N.
giboja boa cenchria — kiny.
papilio — jaquiré (tupice).
zea mays — kethió.
musa (banana) — taio.
fabae — ginjá v. kegná N.

TECUNA*).

albus, a, um — tcho-un.
aqua — aaai-tchu.
arbor — nahi.
arcus — ouria.
audio, ire — ninainu S.
auditus — tasioemo S.
auris — nachi-nai, tasinú S.
avia — nooeyte S.
avunculus — ooe S.
avus — nooe S.
bibo, ere — ae S.
brachium — nacha-qui, sausaküü S.
brevis — nu-u-y S.
caco, are — pohra S.
calcaneus (calx) — sausyneküluS.
canto, are — tschüe S.
capilli — naiai.
capillus — tayaoe S.
caput — nahairou, taeru S.
cilia — nahi-tcho-natai.
clamo, are — hyka oekoeü S.
clavicula — tomu S.
coelum — dahon, naane S.
coeruleus, a, um — schaün S., ia-un.
cognatus — sauene S.
collum — narai-mon, tana-a S.
connubo, ere — hya-bosama S.
cor — man-hi, maune S.
corpus — sauunegu S.
cortex — nai-cha-mon.
costa — sauka S.
coxa — aua S.
cras — pahma S.
crus — tapai-rai-mon, sapara S.
cymba — ho-hai.
dens — tapута S.
deus — tupana, tupan S.
diabolus — hoho, ho-o S.
dies — hunoeün S.
digitus — tamai, schunaa S.
— pedis — sausüpate S.
domus (tugurium) — y S.
dormio, ire — ypé S.
edo, ere — sibu S.
ego — schama-pokii S.
femina — niai.
femur — saparemago S.
filia — temaakan S.
filius — temaakan S.
flavus, a, um — nda-hun.
flos — nacha-cou, atupan S.
fluvius — ta-ti.
folium — tri, naiatu S.
frater — sauenoene S.
frons — naka-tai, tacate S.
fructus — na-rai-ho.
fulgur — hahaimakai, aemakü S.
genae — namatai.
gusto, are — yaka S.
hasta — na-ni.
hepar — saukanaka S.
herba — mahai.

*) Die Tecunas (Ticunas, Tucunas), am Solimões bei Olivenza, Tabatinga und jenseits der Westgrenze Brasiliens bis Pebas zerstreut ansässig und mit den europäischen Ansiedlern in Verkehr, sind auch mit andern benachbarten Horden vielfach gemischt. Irrthümlich werden sie von den Spaniern in Maynas (Mithridates III. 612) mit den Chumànas zusammengeworfen (Martius, Reise III. 1206). Sie haben ihre Stammsprache mit vielen fremden Elementen versetzt, und wandeln sie fortwährend ab. Diess geht auch aus der Vergleichung der Wörter hervor, die von Spix und von Castelnau (Expédit. V. 293) an denselben Orten notirt wurden. Die von Ersterem aufgezeichneten haben wir, wenn sie nicht mit jenen Castelnau's überein- oder nur bei Spix vorkommen durch S. bezeichnet.

hesperus — neamauneu S.
homo — yatu S.
homines multi — muuschy tuuna S.
— pauci — noepu tuuna S.
humerus — sautschunan S.
humus — nane S.
ignis — heu-heu, ocü S.
infans — bua, poan S.
lac arboris — nagai.
labium — tabera S.
lacus — nata, nataa S.
lapis — notá S.
lavo, are — aya S.
lavare vestes — yausiketay S.
lignum — ninaikai, nay S.
lingua — kohny S.
longus, a, um — mahū S.
lumen — ho-mun.
luna — tahuaimakai, taua makü S. (blasse Sonne).
luna nova — oeane S.
— plena — toeu S.
magus — yuita S.
mamma — saunyii S.
manus — tapamai, same S.
mater — temahe S.
membrum virile — zaperema S.
— mul. — hocatūū S.
mentum — natchinago.
mingo, ere — guayakóe S.
mons — mapani.
mors — napuh S.
morior, i — koyschu S.
multus, a, um — muischima S. (port.?)
nasus — naran, taran S.
nidus avis — huairian.
niger, a, um — hua-huai, guy-yy S.
non — tahun, tau-u S.
nos — schū-ema S.
nox — zitaū S.
nubes — guaani.
occiput — taschipakure S.
oculus — nehaai, tactu S.
orion — palle toc ean S.
os, oris — naha, taa S.
palma manus — same S.
pater — anatu S.

paucus, a, um — noepū S.
pectus — tarai-mon, tataniki S.
pes — nacou-tai, saparema S.
piscis — chota.
pluvia — pokai.
profundus, a, um — nunéü S.
puella — pána S.
puer — hoetüta S.
radix — nai-ja-quai, naimau S.
ramus — schakae S.
rivus — natu.
ruber, a, um — ina-ha, taúu S.
sabulum — nanaikai.
sagitta — dai-nai.
sane, sic, recte — un, ema-kü S.
sanguis — saukū S.
scapula — teru S.
senex — yaquóe S.
serpens — ada-pai.
sidera — enta.
sol — iakai, yakū S.
soror — saüegan S.
stella — oetá S.
sternuo, ere — haitschu S.
supercilia — nanga-tai.
sylva — nuimakatü S.
tempus matutinum — hunoetuin S.
terra — uaaima, noame S.
testiculi — sauzare S.
tonitru — nanai, aemakū S.
tu — ku-uma-pokū S.
tugurium — hi.
tubus explodendis sagittis — hi-hai.
umbilicus — saua petunaa S.
unguis — tapa-tai, sapatū S.
venenum — go-rai.
venor, ari — hyaquenü S.
venter — tugai.
vesper — yauanoe S.
via — nama.
video, ere — neone S.
vir — iaté.
viscera — saunita S.
vivo, ere — mahü S.
Numeri: 1 huia, wuū S.
2 tarai-haipeu, tahre-pū S.
3 tamai - haipeu, tahme - pū S.

Numeri: 4 agai - makai, agümu - ghü S.
5 huia - mai - hai - poi, uy - me - he - epu S.
6 nahai - mai - hai - pai.
7 nahai - mai - huai - hai - poi.
8 nahi - mai - huai - tarai.
9 nahi-mai-huai-mai-quai.
10 go - mai - huai - hai - poi, dhameghu S.

canis et tigris — haü.
simia — nau-hai.
tapirus — naki.
crax — hua-lio.
psittacus — uai-hu.
psittacus ara — no-hi.
crocodilus — coya.
musae fructus — pohi.
radix mandioccae — tihai.
oryza — auatiy.

CATOQUINA*).

albus, a, um — parany.
altus, a, um — gothio.
amita — ynay.
anima — hatschapa.
anus — huaitė.
aqua — uata-hy.
arbor — oma.
avia — hoa.
avis — ghuan yu-nany.
avicula — ghyochghong.
auditus — mỳ.
auris — masachta.
avunculus — mú.
avus — paich-ghita.
axilla — puritaky.
bibo, ere — uataiyhu.
brachium — pang.
brevis — ghuruchtüè.
caco — toh.
calcaneus — yta ghung.
canto — uaigpa.
capillus — ghytai.
caput — ghy.
cilium — yghorapai.
clamo — ghonity-yuka M., ghony-he S.
clavicula — urughu-ang.
coelum — ghotó.
coeruleus, a, um — anubitikny.
crus — haischaua-ghu.
collum — ghyùan.
connubo — yrà.
contundo — utchaghtsak.
cor — tynghanpu.
corpus — nya-há.
coxa — ataghаro-an.
cras — tüu hang.
crus — kaischaua-ghu.
cubitus — pangàghy.
dens — ỳ.
deus — tamakory.
diabolus — atschapa.
dies — upàra.
digitus — paghoun-upüe.
digitorum articuli — paghy-ghon ghaghy.
— intervallum — paghou-püera.
digiti pedis — yghung-pury.

*) Das Vocabular dieser stark gemischten Horde ist von Spix an einem Beiflusse des Juruá ohne Namen (mit schwarzem Wasser) notirt worden.

dormio — ghitaeg.
edo (edere) — tschaśachampui.
faux — hurighu.
femur — lepòlo.
filia — opazin-ya.
filius — ghubatzy.
flavus — ghitapa-pariny.
flos — ghiipong.
folium — haghpapany.
frater — y-uly.
frons, tis — tomuluku.
fructus — uarapy.
hebdomas — toiny-huiny.
hepar — tza.
hodie — anitong miny.
homo — eu.
humerus — pangmá.
ignis — ychta.
infans — upasintelo.
labium — nusutà.
lapis — ghalirù.
lavo — gholy.
lavare vestes — tschupa-pàma.
lingua — noghò.
longus — zainy.
ludo — opuy.
lumbus — mytaighy.
luna — wahlyá.
— prima — uakuiky.
— nova — puaùa.
— plena — nuang.
magus — baüê.
mamma — nya.
manus — paghy.
maritus — oby.
mater — nayu.
membrum vir. — tsachpua.
— mul. — püerà.
meridies — schataha.
mingo — titzik.
mons — hongtukùba.
morior — tsikü.
mulier — ainà.
multus — ghoy.
nasus — opaghpó.
niger — tekniny.
non — pag.
nox — tyâny.
nox media — ghumity.
occiput — ghitatà.
oculus — yghó.
orion — ghoiny.
ovum — bó.
os, oris — nunaghy.
palma, manus — paghimu.
patella — aghy-tschoroaghù.
pater — payú.
paucus — püery.
pectus — tschamàna-ghyta.
pes totus — achman.
pleiades — tschiriko-hoiny.
podex — atata.
poples — aghy-mutá.
profundus — turù.
puella — ainapazy.
puer — aporhány.
ramus — opina.
ruber — puichny.
sanguis — mimy.
scapula — puritaku.
senex — horang pany.
sic, recte, sane — hang.
sol — tscha.
soror — hyoiny.
stella — tchiriko.
supercilium — ghoatà.
sylva — haghpà.
tempus matut. — upàra-potàny.
terra — houng.
testiculi — paraghonpu.
venor — tsang.
venter — mỳ.
ventus — huany.
vesper — utyai-any.
vespere — uty-athy.
vivo — uang.
umbilicus — tschuru-taghmy.
unguis — paghou-ghira.
volo — yukwũ.
Numeri: 1 heghykty.
2 upaùa.
3 tupaua.
4 hoyhan.
tapirus — mù.
bos — mu ghyàny.
cervus — pachsý.

caelogenys paca — ghyúa.
dasyprocla aguli — tsumú.
nasua — ualzú.
hydrochoerus capibara — uarighcâina.
dicolyles labiatus (taiaçu) — uriry̌.
— lorquatus (taitetu) — hūtschang.
ateles paniscus (coata) — huitzú.
lagothrix Humboldti (barrigudo) — ghumutscha.
callithrix cuprea (oyapuça) — nurry.
cebus gracilis (caiara) — uayu-ponary.
brachyurus ouacary (uacary) — hororu-panary.
mycetes fuscus (guariba) — caighná.
callithrix sciureus (de bocca preta) — ghatsyghaly.
gallictis vittata (xupara) — huatzy.
felis onça — pūtha.
— — preta — pūtha-techana.
— concolor (susuarana) — pūthapūma.
manatus (goarabá) — tschupúna.
delphinus (bodo) — mapikaly.
anas (silvestris) — uamura, uangping.
gallina — taughara.
gallus — taugharaupy.
psittacus — uâru.
psittaculus — tiritiry.
ara vermelho (macao) — ghaúap.
— amarello (aracanga) — ghauaparary.
— saracura (araraura) — ghong-tâly.
penelope marail (jacu) — teby̌.
— cumanensis (cujuby) — ghusuy̌.
crax urumutum — uru mutum.
— tuberosa (de vargem) — pinghŷby.
— globulosa (mutum de faba) — ghiauyuchnany.
mareca (anas) — unaragha.
ardea egretta (garça branca) — tanuy-ghany.
falco brasil. caracará — tâtha.

falco urubútinga — puaúa.
colymbus (mergulhão) — ghatoa.
ciconia americana (magoary) — yanurana.
cathartes aura (urubu) — ghutapatscha.
cathartes papa (gavião real) — pauary.
psophia crepitans (jacami) — maghory.
emys amazonica — ghauū.
— jabuty — ghaughuritan.
— tracaxá — ghauschigha.
— fimbriata — munú.
bufo — hyayá.
serpens: araramboya — hychpang.
— paranamboya — tsiktsikang.
— jiraraca (bothrops) — surughuchgu.
— sucuruhy (eunectes murinus) — mapyry.
— surucucu — ghabughabú.
elaps corallinus — notoruru.
crocodilus niger — ghatschú.
— jacare-tinga — ghayuchpasany.
cameleon (cenemby) — matzú.
piscis: tampake — ghomapurūê.
— sorubim — ururiny.
— acará — maghunata.
— pirarucú (sudis gigas) — uūa.
— pirarara (phractocepaalus) — ghauangghutung.
— sardinha — surupy-pyang.
— piranha (serrasalmo) — yng.
— pescado — bahma.
— solea — ymá.
— tucunaré — nuahurana.
— xaragy — yatikong.
— candirú (cetopsis) — ghanyrú.
— pira catinga — toó.
— raia — hychna.
concha (ytanga) — tschirú.
culex (carapaná) — nang.
tabanus (mutúca) — pochná.
simulium (pium) — pitiky.
musca (maruim) — uapyzy.
scarabaeus — piri-ghuto.

C O R E T Ú*).

aër — namulöghöre.
albus, a, um — póorurö.
anima — schiaackö.
animal — iihrig.
aqua — cóolabu.
arbor — toockö.
arcus — bálologh.
audio, ire — ucköamutuschihä.
auris — giamuhänalagh.
avia — siingo.
avis — ovaihia.
avunculus — siregiaeĕcke.
avus — siingo.
bibo, ere — tóngoha.
bellum gerere — lapóaïní.
brachium — rikiaepó.
brevis — cunürückö.
capillus — rohoré.
captivus — tanagüniáschi.
caput — sirohó.
caro — tschigkiaihri.
coelum — momólögörö.
coeruleus — tauapürürö.
collum — oahückö.
connubo, ere — menkiängeauini (te volo).
corpus — sihüri.
coxa — sirülothohärö.
crus — sinagöbö.
cubitus — ligäätóndö.
cutis, pellis — tschihiri.
dens — cóohürö.
deus — nümúpalüghlărĕ.
digitus — mámuiá.
digitus pedis minimus — sicko-hoiohoiagö.
domus (tugurium) — uühri.
dormio, ire — — tacköahäh.
dorsum — aetahührö.
edo, ere — tapaköhäh.
ego — júĕhü.
farina — auütühri.
femina — noomi.
femur — sirütho.
filia — simagö.
filius — simagö.
flavus, a um — aeoagörö.
flos — terühgörö.
fluvius — hoogorö.
foedus, a, um — láoaro.
folium — joogörö.
frater — poothü (engl. th).
frons — sickuarúrisärö.
fructus — telúgórö.
fulgur — uächhá.
genu — siócuiahó.
gusto, are — tirirúuschituähä.
guttur — oahütórö.
hallus — cohagió.
hesperus — öharuhă.
homo — láaáe.
hostis — sihähjü.
humerus — giacomeló.
ignis — ae-gacaé.
juvenis — uánoghäingŏ.
labium — liserássa.
lac — úhäre.
lacerta — guetata(o)han.
lacertus — ligäcoámbü.
latus, a, um — joohö.
lavo, are — tageniáha.
lingua — hiamöteckó.
longus, a, um — jäürürö.

*) Von Martius aus dem Munde des Principals Pachicú aufgenommen, in S. João do Principe am Yupura, Reise III. 1221.

lucifer — gololólü.
luna — ahüá, baiapúckü.
— nova (interlunium) — ahüá-mamaquõ.
— plena — ahüá-hannagü.
magnus, a, um — aanarõ.
mala — lisõbatúrõ.
manus — simáhapo.
mare — ógohónarõ.
mater — tsaacko.
membrum vir. — nuurüri.
— mul. — janárõ.
meridies — giätühätári.
meus, a, um — silürĕ.
mingo, ere — ickaunõnü.
mons — õnumachntmaĕthõ.
mors — onumachntmaĕthö.
morior, i — guúriühmi.
mortuus, a, um — tagüghólützé.
multus, a, um — áhnĕ.
mulier — noómi.
nasus — cauméa.
niger, a, um — tauapückgõ.
non — mánīhrī.
nox — tanéitschi.
occido, ere — giliani.
oculus — siackockö.
olfacio, ere — uizihä.
omnes — tó(a)ote.
orion — guatschüó.
oro, are — tahá thüáguri tubana (Gott schmeicheln).
os, oris — liissäpó.
—, ossis — gúáhri.
patella — siócuüahó.
pater — tsáackõ. *)
paucus, a, um — jó(a)hĕ.
pectus — jamõcõcolorõ.
pes — coholó.
pingo, ere — jáconi.
pinguis, e — laaisõürä.
plantare — tiüpáhani.
pleiades — güauaguári.
pluma — gkiäjári.
pulcher, a, um — jöhangõ.
radix — talaánre.
ruber, a, um — siarürõ.
sagitta — güá necké.
salto, are — oepaijõháina.
sanguis — liähri.
sapio, ere — tirirú usahituähä.
senex — poückgõ.
serpens — hahijá.
sepelio, ire — guahóini.
sibilo, are — auwióháina.
sic, sane — ühü (dentibus clausis).
sicera — tiriräjungcuni (desidero siceram).
sol — há-ië.
stella — jockohöh.
supercilia — jiackonõckela(u).
sylva — joogõre.
tempus matutinum — bolürügärogári.
terra — gaíra.
testiculi — taiána.
tonitru — uchhalalachali.
traho, ere — naguniuini waáschi.
tu — múeghú (engl. gh).
tuus — mählurĕ.
venor, ari — tatonüäh (eamus venatum — tama tonüähä).
venter — sihágäcke.
vesper — lärúri.
video, ere — tackõäáhä.
viridis, e — taumanürü.
vivo, ere — uwachückú.
umbilicus — tóomuckõ.
unguis — mamorásso.
volo, velle — ickiangcauini.
Numeri: 1 námacgõ.
2 lághaga.
3 matschira giamácke.
4 namalické ninické.
5 mahapújohe.
6 ahare ale namaijé.

*) Die Brasilianer finden hier Isak oder Jacob und eine Andeutung jüdischer Abstammung.

Numeri: 7 nahárегaió.
8 maschirágalo-ahareale.
9 inamaio-luntúri.
10 mamu gaghũã.
100 namamacumulairi.
felis onça — já-l.
tapirus — uwäqui.
bos — uwãqui eockũha (tapirus cicur).
cervus — já-ma.
dicotyles — záesĕ.
hydrochoerus capivara — giälo.
coelogenys paca — záme.
dasyprocta aguti — po(a)otó.
nasua — wihi.
crocodilus — gũhckia.
bufo — tangiaecko.
rana — tohniacó.
scarabaeus — jäickia.
musa (banana) — ojógüári.

GENTIS GOYATACAS*)

DIALECTI VARIAE.

COROPÔ*).

abi! — gá-mu.
aer, ventus — naran djota.
aethiops — tchsaktabn Sch.
albus, a, um — quattá, guathámaSch.
altus, a, um — pe-eóá.
amare — neka-ni-teu.
anima — oitame.
animal — orug.
aqua — teign.
arbor — mai-man-kroá, mebn Sch.
arcus — ocsoy, kokschaign Sch.
avis — tignam.
auris — cólim, kohrign Sch.
bibere — sóme.
bibo — eigna-schópta Sch.
bonus, a, um — terankâ (poranga: tupi).
brachium — tschambrim.
cantare — gangré.
capilli — itsché.
caput — pitao, ibdaign Sch.
cera — bakidsäi Sch.
caro, rnis — egneine.
chorda arcus — kokschaid-sehidn Sch.
cito — ga-hoy-pà.
cor, dis — ekké.
cornu — koli.
cras — herinante.
culter — tschitschayng.
da mihi — ga pù.
dentes — schorim, schorign Sch.
deus — tupan, tophún Sch.
diabolus, daemon — injaüran Sch.
digitus — nhatschárn.
dolor — cctschuman.
dormire — mamnom.
edere — mankschina.
edamus! — mugnadschi Sch.
ego — eign.
esurio — mak-bagn-chruan Sch.
falsus, a, um (non verus) — schitá.
filia — ectó-boëmm.
filius meus est — ectogn-hún Sch.
— ecton, ectogn Sch.

---

*) Vergl. diese Beiträge I. S. 307.
**) Sch. = Schott in Nachrichten v. d. Oestr. Naturforsch. in Brasil. II. 48.

flavus, a, um — tchailakúma Sch.
fluvius — cuang.
folium — tschuptsché Sch.
frater — eschatai.
frigidus a, um — ischekláme.
frons, tis — polé.
fructus — memptà.
fulmen, tonitru — te-pu-po-ne.
habeo — papa.
habesne sagittam? — nek, pad padn pa? Sch.
non habeo — brok pa Sch.
herba — schapuco.
heri — kaya.
hodie — hohra.
homo albus — chraiobn Sch.
femina alba — chraiobn-bai Sch.
sum homo albus — ekta chraiob-hún Sch.
ignis — ké.
illi, hi — uamtschone.
is, ille — mam.
infans — schapò-ma.
infra — auwé.
jugulum — tschitá-ne.
lac — endjoctane.
lapis — nam.
lignum — ké.
lingua — tupé.
loquor — eigna hignbá Sch.
luna — nascè.
lux — posèem.
mamma muliebris — tschoktadn Sch.
— viri — puará Sch.
manus — schambri, tschambrim. schambrign Sch.
mater — ectan, aián Sch.
meus, a, um — eign-junhún Sch.
mons — pré-hereu.
mori — ninguim.
mulier — boēman.
multum — anguim, ipaignje Sch.
nasus — schirong.
niger, a, um — nanán Sch.
nihil — tschi.
nos — eig-mam-eign-mun Sch.
nox — merindan.

oculus — uálim, chuarign Sch.
os, oris — tschoré.
ovum — téme.
parvus, a, um — tugnapà.
pater — ecta, cktagn Sch.
patera cucurbitina — tutschay.
pellis — tschamnakdsai Sch.
pes — tschambrim.
piscis — herang.
pluma — mam, tip-tsché Sch.
pluvia — teign.
pollex — tschambrin chriúna Sch.
profundus, a, um — doè-papa.
radix — mempschinta.
ruber, a, um — mukerurú, aluchru-ruma Sch.
sabulum — cūi-fūi.
sagitta — pahn, padn Sch.
sane, recte — ja.
sanguis — icu.
securis — kfuin, gchuagn Sch.
serpens — kanján Sch.
serra — chmebkanditschina Sch.
sicera — uanitim.
sidera — djuri.
sol — nascéun.
supra — pêwa.
sylva — mebndai Sch.
tarde — pam-me-pà.
terra — hàme.
tu — nime-nen Sch.
tuus — nen-junhún Sch.
domus, tugurium — schéh-me.
veni huc — gá-nam.
verus, a, um — pserunhun Sch.
venter — itschin.
vestis — mebdschidn Sch.
vir — goaï-man.
vos — jang-yaúme.
Numeri: 1 mam, ipáign Sch.
2 gringrim, alinkrin Sch.
3 patepakon, patapakun Sch.
4 pate-pe-mesché, patapa-masé Sch.
5 schambri-tschitta.
10? tschambrindaine Sch.
canis — tsoktóme.

felis — schapé.
gallus — tschefuame.
sus — tekenam.
blatta orientalis — ngrinngrin Sch.
psittacus ara — kakágn Sch.
mandiocca — kön.
potio fermentata e mandiocca vel zea: kotkusscháuuid Sch.
tabacum — aptschign.
zea mays — tschumnam.

MACHACULÍ, MACHACALI*).

aethiops — tapagnon N.
arbor — abaai.
arcus — tsayhä N.
aqua — conaham, cunaan N.
aurum — tagnibá N.
bibere aquam — conatchum.
brachium — nhimnoi, nipnoi N.
capillus — imde, inten N.
caput — imtonhom.
caro — tiungin N.
cor, dis — idkegná N.
crus — kené.
cymba — abascoi N.
dentes — tsooi.
deus — tupan, tupa N.
digiti — nhimcoton.
digitus — egnipketakam N.
dormio, ire — monon.
eamus — niamamú N.
edere — tomon, tigman N.
facies — nicagnin N.
fames — tomamin.
femina — atitiom, etiatün N.
femur — tchecnoi.
fluvius — itacoy N.
frater — idnooy N.
fructus arboris sapucaia (Lecythis) — caiai.
fulgur — tänjanam N.
genu — cupaché.
gramen — schiui N.
homo albus — creban N.
ignis — kó (o surdum), keschmam N.
lignum — ke.
luna — puá.
magnus — tacotchum.
mamma — tsictan.
manus — nhimcotoi, agnibktän N.
mons — agniná.
nasus — nitsicoe.
oculus — ingué, ideay N.
os, oris — nhicoi.
ovum — niptim N.
pectus — itkematan N.
permagnus — miptsotoi.
pes — patá, idpatá N.
piscis — maam N.
pulcher, a, um — epai N.
sagitta — pahan.
sanguis — idkäng N.
securis — püm N.
simia — kĕschniong N.
sol — apocai.
spina — minniam N.
stellae — achi.
telum pyrium — bibcoy N.
tonitru — tätiná N.
tugurium — beür N.
vir — idpin N.

*) Aus S. Hilaire Voy. dans les prov. de Rio de Janeiro et de Minas Geraës. II. 213 und Prinz v. Neuwied Reise II. 318 (N.)

CAPOXÔ, CUMANACHÔ, PANHÁME *).

abscondere — schalome.
accendere — nucai.
acumen — coikan.
aegrotus, a, um — alpay.
aethiopissa — tabagniuh tih.
aethiops infans — tabagniuh attòh.
semiaethiops — tupping.
alligare — icus-uim.
ambulare — mamú.
amita — ataj.
anima — njajmi.
aqua — cona-an-cunaan.
arbor — abany.
arcus — paninhame-tsayhã.
argilla — canacou.
ascendere — pevanió.
audire — coptapán.
auris — nipicoi.
aurum — taiubá-tagnibá.
avus — acainan.
barba — njidaú.
bibere — ascheau.
bonus, a, um — painan.
brachium — inminoan nipoi.
brevis, e — ingam.
caecus, a, um — caindán.
calor — amegpó.
capillus — indan.
caput — patanjon.
cavus, a, um — copischoj.
caro — schonjinan-tiungin.
cochlear — codaschaj.
coctus, a, um — vamá.
coelum — pecoj.
coire — njasquaam.
cor — idkegná.
coxa — inscheinon.
crassus, a, um — truschú (torussú: tupi).
crus — icáne.
culter — putitaj.
cymba — abascoï.
decumbere — moinjanam.
cupido — chimiain.
dentes — schuoj.
deorsum — cúp.
deus — topá, tupá.
diabolus — ninjavo-o.
digitus — egnipketakam.
dolere — nipischaj.
dolor — aschimin.
dominus — njum.
domus — beär.
dormire — monó.
dulce — schuipei.
durus, a, um — caung.
edere — vemán tigman.
ego — iman.
eo, ire — manjamó njamon coitmú.
fames — mihimim.
farina mandioccae — cón.
facere — imá.
farrago — naconuschaj.
fastidium — vanime.
ferrum — pib.
filum — vakebim.
flere — coitischacanon.
flumen — itacoy N.
foris — veta cuvá.
frater — idnooy.
frigidus, a, um — schaeme.
fugere — mainschepá.
fulgur — ithóg tũnjanam.
furor, ari — aschipehe.

*) Vergl. oben I. 309. — Diese Liste, mit portugiesischer Schreibung, ist in Minas Novas von Personen, welche sich um die Civilisation der Indianer bemühten, aufgenommen worden. Wo nur Ein Wort steht, wird es von den drei Banden gemeinsam gebraucht, wo zwei, gehört das zweite den Cumanachós oder Panhámes an.

gemere — schasch.
gignere — ilognam.
gravidus — iloman.
herba — schiũi.
homo — colomi idpin.
— albus — topi creban.
— niger — lapagnon.
ignis — ká keschaın.
incoctus, a, um — inim.
infirmus, a, um — njinja pau.
intus — velaschoj.
judex — ape humán.
labor — mapischá.
lac — paischame.
laetitia — nica-lonu.
laevorsum — nipisché.
lapis — culaj.
largus, a, um — paló.
lavare — vatischó.
lignum — itan, cá abucaj, ké.
lingua — schapelan.
longus, a, um — iloila.
loqui — alai.
lucifer — aschojinam.
luna — pua.
madidus — kevi.
magnus, a, um — aputá, schej.
mamma — schetá.
manus — nipcoto, agnibktän.
mare — conaschcė.
marita — aschetan.
mater — aschem.
membrum virile — schucaj.
mendacium — schemain.
meus, a, um — on.
mingere — inschan.
mixtus, a, um — njonain.
mons — agniná.
mons veneris — jevi.
morbus — pacon.
mortuus, a, um — nja njami.
mulier — conján alition.
multus, a, um — njunaj.
nasus — nischicoj.
negare — pui.
nervus — coschaj.
niger, a, um — taú.
non — aplou pinjavoj.

nox — oque.
oculus — jevi idcay.
olere — coplavame.
os, oris — nicoi.
ostendo, ere — schipiman.
palma manus — nimacoj mipatoj.
patera — vin.
parvus, a, um — capino.
pectus — itkemalan.
pellis — nischaj.
pes — patá idpatá.
piger — njaain.
piscor, ari — mapéame.
pluvia — vui.
pulcher, a, um — epai.
puella — antschó.
rivus — coitischicanon, itacoy.
rivulus — coinan.
sagitta — cúan.
sanguis — kan idkäng.
sanitas — initam.
securis — piim.
sedere — moinjam.
senex — mapipaj.
sentire — coplaman.
siccus, a, um — indó.
sol — apucoj.
solvere — icua.
sordidus, a, um — itame.
stella — aschim.
stare — muschi.
sudor — inguepa.
sum, esse — putemó.
sylva — patavó.
surgere — pevanjeme.
sursum — mavá.
tantum — pohanam.
telum pyrium — pipicoe bibcoy N.
terra — aam.
tonitru — diinan tãliná.
trulla — conacon.
vas apertum — voicuschaj.
venari — inquivi.
venire — meinjanaung.
venter — njon inion.
ventus — abû.
veritas — amisché.
videre — vapavi.

vis — njapischon.
viscera — innjon.
vivere — vagim.
vulnus — copischaj vame.
vox — aman.
velle — comiptame.
voluptas — matemá.
patella — copaschoi.
abi — schapoinan.
da mihi — apaminjame.
do tibi — nitaschimion.
de die — mopischo.
eamus! — minjamoschim.
exi! — aá.
ille flet — opó.
flumen niger — kohktapecoi.
ille loquitur multum — schatij toi.
loquere! — schatij!
quod in me dio est — schecá.
quid quaeris? — apcho-movauen.
sede — moinjan.
tam magnum est — schecanon.
vende mihi — im bémápog.
veni — abuj, atischen main, nainam.
venit huc — aumaué, schemainipuscha.
tergum manus — nimatoi.
non mihi — z'.
i accessitum! — schemainipuscha.
da mihi edendum, nam magnam famem habeo — apaenjame piman, patame misimim njunai.
deus benignus est — topa painan.
diabolus malus est — niniavoo panaung.
deambulemus in silvam — njamamu pateeevua.
fructus lagenariae — njanam, conat.
sarmentosa planta (çipo) — coschon.
cortex medicinalis — vaschivib.
gemma palmae — coitan.
farina mandioccae — corjon.
cucurbita citrullus — conatschuipei.
dioscoreae (cara) radix — coschió.
tabacum, herba nicotianae — apuschaj-minjon.

PATACHÔ*).

aqua — tiäng.
arbor — mniomipticajo.
arcus — poitang.
bonus, a, um — nomaisom.
brachium — agnipcaton.
brevis, e — nionham-ketom.
canto, are — summiatá.
capillus — epatoy.
caput — atpatoy.
caro, nis — uniin.
collum — may.
cornu — niotschokaptschoi.
culter — amanoy.
curro, ere — dopakantschi.
cymba — mibcoy.
deus — kamissum.
digitus — gnipkető.
dormio, ire — somnagmohon.
edo, edere — oknikenang.
farina mandioccae — cohomm
femur — tschahepketon.
filius — nivaactschum.
flumen — kekatá.
frater — eketannay.
frigidus, a, um — nuptschaaptangmang.
hepar — akiopkanoy.
homines multi — canan-patashi.

*) Vergl. I. 309. Die Liste ist aus Pr. v. Neuwied Reise II. 319 entlehnt.

hostis — nionaikikepá.
ignis — cöa.
imo (sic sane) — man.
infans — tschauaum.
lapis — micay.
longus, a, um — miploy.
magnus, a, um — niokctoiná.
maritus conjux — nionnatim.
mater — atön (ö zwisch. ō u. e).
mons — egnetopne.
mordeo — kaangtschaha.
morior, iri — nokschoon.
nasus — insicap.
non — tapetapocpay.
nox — temenieypetan.
oculus — anguá.
os, ossis — patá.
pectus — ekäp.
piger — noktiopetan.
pingo, ere — noytanatschā.
pinguis — tomaisom.
pluma — potoitan.
puella — nactamanian.
rivus — kekatá.
ruber, a, um — eoató.
sagitta — pohoy.
sanguis — enghäm.
securis — cachü.
senex — mitap.
socius, compater — jüoy.
sol — mayon.
soror — ehā.
telum pyrium — kebekui.
terra — aham.
venter — etā.
unguis — nionmenon.

MACUNI*).

accendere ignem — mo(u)ko(u)ih.
aër — pachpih.
albus, a, um — embtò.
altus, a, um — ecuptan.
anima — etkotschieschium.
annus — absi(tch)bno(u)ih.
aqua — cunaang, conahan H.
arbor — abooi N.
arcus — paniam.
arere — omniahi(ng).
ascendere — bebimuing.
assare — kaetaigniam.
audire — kuptabang.
auris — anifcoib, inipcoi.
aurum — taiua N.
avunculus — niaingniah.
barba — anietu(e)ng, agnodhürn (undeutlich) N.
bibere — gunatschiuum, amasch(u)-oohm.
bonus, a, um — ibai.
brachium — agnim N., nhim H.
brevis, e — ihiumnàh.
cadere — omnan (an fr.)
calidus, a, um — ischischabeng.
calor — abkoiku(e)ll, abcoican N.
cantare — kaetaing, niamungkätā.
capillus — itohr, endaen (kurz).
caput — e(i)mtoï, epotoi, himpotoi H.
carbo — caisubame.
caro — schtuming, tiungin.

*) Vergl. I. 310. — Die hier gegebene Liste ist aus unseren eigenen Aufzeichnungen, denen des Hrn. Pr. v. Neuwied (Reise II. 322, mit N. bezeichnet, des Hrn. St. Hilaire, Voy. Rio de Jan. et Minas, II. 47 (H.) und den Mittheilungen des Hrn. v. Eschwege zusammengestellt.

clamare — ischatar.
clerus — amattéih.
coelum — baeköih, becoy, beteoi H.
cognatus — ingnang.
collum — isaikinih, incatakay.
contundere — amiang.
cor — iniasah, inkicha (ch deutsch.)
cornu — ecüm (ü zw. ü u. ö).
corpus humanum — enieng, anictikohi.
costa — ieba(a)ht.
coxa — icanaihl.
culter — patitai.
currere — aschichma.
cutis — itotschai.
— taurina — manai totschai.
dare — amatschiabua.
dentes — ascoih, etiöy, itsioi H.
descendere — abtenaing.
deus — tobàh, tupà.
diabolus — ainangusega.
dies — psioitèh, aptioité H.
digitus — agnipcutó, nhimcotó H.
domus — pehro, baan.
dormire — mognung, niamounon.
edere — amaschilll, uptumang, amatikmah.
ego — ai.
eo, ire — anicmamung, gamón.
esurire — bodeimimi(ng).
femina — ati H.
feminae — conhan H.
femur — ikascheh, incajhé (j franz.).
ferire — gottéh.
filia — ittsheh, atinang.
filius — ittshehll, incutó.
flavus, a, um — anitschiul.
flos — millar(una).
flumen — cunaang.
foedus, a, um — niachng, niaam N.
foetidus, a, um — ithoi.
folium — mischuill.
frater — sinang, tchinan (an fr.) N.
frigidus — ischiohm.
frons — icooih, incüy.
fructus — millah milla?
fugere — ischibmaung.
fulgur — teobtheting, agnamam N.
fumare — abtschiabcoih.
gustare — tschattschaitbeng aschiuming.
hebdomas — semàna.
herba — tschiuih, scheüy (e kurz).
hodie — ohnan (n am Ende undeutlich).
homo — columins, icübtan, etpór H.
— albus — cattaipàh.
— niger — tacagniòh, tapagnon.
homines multi — enim naithan.
ignis — gill, coen (durch die Nase), keu (kö) H.
imo, sane, recte — heh (mit geschlossenen Zähnen).
indusium — tupickchay, topitschai H.
infans — ideuto.
— mascul. — etcotó H.
— fem. — atinán H.
intus — beteobèh.
jugulum — itcatecai H.
jusculum — tepi H.
labium — anixai.
lac — manai(ch)tel tschi(u)thakill.
laetitia — amianang.
lapis — comtai.
lavare — abbi.
lignum — co(ü) (e Kehllaut zw. o u. u).
lingua — asabotah.
longus, a, um — ithoitha, etoitam.
luna — puyàl, puaan.
macer, a, um — igciknòh.
madere — ik(qu)eu(ng)biba.
malus, a, um — ingnaahm.
mamma — aschietah.
manus — aniihm, inhimancoi, nhimanacei H.
maritus — i(e)tpen.
mater — akai(ng)ahain (franz.), hahaim H.
mel — paug H.
membrum virile — atschieta(o)sam.
— muliebre — ekoih.
mensa — awaibèh.
meridies — abcaai ingnicatch, apu-

caaïnhaicalénhia cubapa (sol in medio coelo) H.
mingere — ischiuh (Nase).
missa — lobaloehr.
mons — aischikgim.
mori — jaiming, umniangming.
mulier — atteh, ati.
mulieres mullae — athi-niunaithan.
multus, a, um — anviailam, agnunailam.
nasus — inschicoi, ainsicoih.
niger, a, um — eimning, imnilam.
non — abloh, poé.
nos — mamai ailschohm.
nox — ablamma, aplamnan.
— media — cubatele H.
nubes — aüschenh(ga), autché? H.
obscurus, a, um — eblamm.
oculus — icaaih, idcaai N., càai H.
odor — i(h)ai.
olere — kteibbui(h)b.
os, oris — inicoi, anicoih, nicoi H.
— ossis — itkaeptschioi, ecobjoi (e kurz).
ovum — amnientin N.
panis — pao.
a parte antica — amiotabah.
— — postica — natschatiebah.
patella — icupa.
pater — thatang, tatá, tatan H.
paucus, a, um — capimguang.
pectus — ikematahhi(r), inkematan (an franz.)
pes — ingalá.
piger — colhai.
pingere — cajapiah.
pinguis, e — ita(o)uum.
piscis — nam H.
— magnus — mam psié H.
pluma — podoiningmang, potegnemang, angemang.
pluvia — thek, taeng, te H.
pulcher, a, um — bainang, epoinan (an franz.)
puer — ettognang.
quaerere — tatiearing.
radix — animtschat-till(g).
angnibtschten (en lang).
rivulus — ecoinan (an franz.)
ruber, a, um — atschiutar, upkängehäng.
sagitta — paan.
saltare — niatschill.
sanguis — übküm, inkö N,
scire — aschiomang.
secare — an(ch)ang).
securis — biim N., pim H.
sedere — muingniam.
senex — idkatoen, icatén.
siccare — emptemang.
socius, compater — ktiktah.
sol — abühaàih, abcaay.
soror major natu — abimy.
— minor natu — conaihenah.
stella — asih, sai (thsai) H.
stirps — abaasahuh.
stultus — tschebtschatschoi.
sura — iniotah.
sylva — mingpatah.
telum pyrium — bibeoi N.
templum — tupabén H.
tempus — abtschibnüüing.
— matutinum — ablacuwah.
— aestivum — amiangtschátabüing.
— pluvium — thaetschekah.
terra — aam, haám H.
testiculi — aniemstin.
tonitru — uptatiná, teoptatinan H.
tu — tschai.
velle — abiuaiugnih.
venari — pehrn.
veni huc! — abuih.
venter — aniohng, agnion.
ventus — ab(r)ill, thiam.
verum est — amit tsenah.
vesper — abcaaimuang.
vestes — tubitschaih.
videre — dababih.
viscera — aniohng.
vivere — thoith.
umbilicus — aniemasài.
voluptas, cupido — ichtiill.
vos — nos-schium.
vox — itchapaih.
urina — assiohih.
uxor — sasérité H.

Numeri: 1 po(i)echaenäng.
2 ha(th)ihg.
3 ha(th)igunhgnill.
4 ha(th)ihgtschating.
5 ha(th)ihgtschihating, tschicungniuh.
6 hathihg-stchihathing,
7 hathink-tschihathing, tschihathing-tschicunpniuh.
8 hathink-tschihating, tschihathing, thitschihating.

fructus — mittah.
farina mandioccae — kobth, coon.
carica papaya — amieng-tscheh.
radix — capoimim.
cocos — passcham.
caladium — mintschatterl.
planta nicotianae — abtschiahm.
ambauva cecropia — tenniothàh.
lagena — cunsta N.
fructus musae sapientum — atemptah, atemta N.
oryza — ponassam(i)nang.
phaseolus — ketschiethah.
zea maïs — menaschahm, punadhiam.
ab aai bitá popi amabá poaté poteice anari — dum feminae mingunt, adspiciunt arbores et silent.

GENTIS CREN V. GUERÉN

DIALECTI VARIAE.

BOTOCUDO*).

I.

Botocudo-Encreckmung, Crecmun oder Cracmun.

accendere — numprúck.
acuere — ampe-ät.
aculatus — meräp.
aeger — maun-maun.
ala — bacann-gnimaak.
albus, a, um — nniom s. niómm.
altus, a, um — orónn.
amarus, a um — niángcorock.
aranea — angcorf.
arbor — tchoon.

---

*) Aus dem Idiome der Botocudos oder Aimorés liegen mir nicht weniger als sieben Wörterlisten, alle unter sich, besonders in der Schreibung, mehr oder weniger abweichend, vor. Die älteste hat Cap. Thomas Guido Marlière aus dem Munde der südlich vom Rio Doce herumschweifenden Indianer aufgezeichnet. Ich verdanke sie dem Hrn. Theod. Peckolt in Canta Gallo, welcher sie von dem Sohne jenes würdigen Officiers erhalten hatte. Sie stimmt mit denjenigen überein, welche v. Eschwege uns mitgetheilt, der Prinz Maximilian v. Neuwied (Reise II. S. 340) oder wir selbst, Spix und ich, gesammelt haben, und stammt von jener Bande (Lote), welche sich selbst Encreckmung, Crecmun, Cracmun, Craicmun nennt. Diese Wörter sind daher hier in Einer Liste (I) vereinigt worden. Die zweite (II) hat mein verehrter Freund Hr. Jomard aus dem Munde der zwei von Marcus Porte nach Paris geführten Botocudos dort aufgenommen (Bullet. de la Soc. de Géograph. Nov. et Debr. 1846). Zwei andere (III. IV.) entlehnen wir dem Werke von Castelnau (Expéd. V. S. 249—259), welcher sie von Vict. Renault erhalten. — Der Schreibung hat besonders Pr. v. Wied grosse Sorgfalt gewidmet. Sie folgt in der ersten Liste der deutschen, in den übrigen der französischen Sprache. In der vierten Liste scheint Renault Wörter von verschiedenen Banden, darunter auch Creckmun (ihm Craikmoüses), aufgenommen zu haben.

arcus — neem.
argilla — (n)haak.
aqua — magnán.
— fervida — magnan-igitiá.
— frigida — magnan-niimtiak.
aquam affer! — magnan-ah.
ascendere — mukiäp.
assare — op.
auris — kniaknon.
— apertura — kniaknot-mah.
— lignum (ornamentum) — nu-mä.
avarus, a, um — king.
balbutire — te-óng-ton-tonn.
barba — giáküöt.
bellum, lis — kiakuem s. taküam.
bibere — joop, jiop.
bonus, a, um — ae-rehä.
bonum est — ae-rehä.
brachium — kgi poróck.
brunneus, a, um — npurúek, npruk.
bullit — hä-mot s. aemot.
bulbus oculi — ketom-him.
cadaver (putens) uwam.
cadaver — kuém.
cadere — gna-rak.
caedere — nut-näh.
calamus — comm.
calcare — tang.
calidus, a, um — kigitiá.
calvus, a, um — kränn-nionm.
candela (cerea) — karanläm.
canere — ong-ong.
capillus — kerän-kä.
— flavus — kerän-kä-niomm.
— fulvus — kerän-npuruck.
— niger — kerän-kä-him.
capillum tondere — kerän-mang.
caput — keräng-cat.
capitis dolor — keräng-ingerung.
caro — bacan-gnick.
caro assa — op.
cauda avis — jokä.
— mammalis — jiúck.
cera — pökekat.
cerebrum — manjáck.
— palmarum — pontiäck-atá.
chorda arcus — neem-gitá.
cilia — ketom-kä.
cinis — tiáco.
clamare — ong-merong.
clarus, a, um — amtchiú.
clericus — paë-tupan.
coecus, oculus coecus — ketom-entjágemeng.
collare, globuli precatorii — póit s. pó-uit.
collum — kgipuck.
connivere — meräh.
connubere — kjiem-ah.
considere, conquiniscere — njép.
construere (tugurium) — kjiém-tarát.
cor — hätung.
cornu (cervi) — kränn-tiouémm.
cortex — tchoon-cat.
cos — caratúng.
costa — tö.
coxa — keprotám.
cranium (human.) — kerünn-bong.
crassus (est) — ae-räck.
crescere — mäknot-knot.
crudus, a, um — tiip.
cubitus — ningereniot-nomm.
culter peracutus est — karake-me-räp-gicarám.
currere — emporóck.
— velociter — emporóck-uruhú.
— in distant. long. — emporóck-morong.
culter — karake.
cutis brunnea — cat-npruck.
cutis alba — cat-niómm.
— nigra — cat-him.
cymba — tioncat.
da! — up.
debilis, e — engéniok.
decumbere — niëp.
dens — küun.
— molaris — küunn-arákc.
— dolens — küunn-ingerumg.
dentes multi — küunn-uruhú.
diabolus — jantchong.
digitus (pes) — po.
— pedis — pó.
— primus, pollex — pó-ä-räck.
— secundus, index — pó-ipú.

digitus medius — pó-cupa-niem.
— quartus — pó-cupa-curúck.
— minimus — po-cudgi s. pó-cruck.
domus, tugurium — kjiémm.
dolet — hä-ingerung.
dormire — kúckjunn.
dorsum — núkniah.
duellum — giacacuá.
dulcis, e — cuï.
durus, a, um — meróng.
edere — nongcút.
ego — hgick s. kigick.
emere — comprä (port.)
espuere — kniákerit.
evellere — amaük.
eventrare — cuang-awó.
excrementa — gniing-kú.
expergefacere — merat.
exstinguere — nucú.
fames — tu.
fatigatus — nümperáng.
femina, puella — jócknang, jokunang.
femina alba — pa-i-ickunáng.
femur — makn-dehopok.
flabellum (e plumis) — nucangeann s. jakeräriun-ioka.
flavus (capillo) — kerän-kä-nióm.
flere — puck.
flumen — taiäck.
— repletum — taiäck-ngimpung.
— valde profundum est — taiäckmol-gikaram.
— non profundum — taiäk-mahgikaram.
fodere — naak-atä-häck.
foedus, a, um — ton-ton.
folium (plantae) — jiäm.
foramen — mah.
forfex — keprotám.
fortis, fortissimus — jakjiam-gikarám.
fossa sepulcralis — naák mah.
frater — kgiparak.
fremere (canis) — mporom-pong.
fremit (crax) — cóntchang-hä-hing.
frons, tis — can.
frigidus, a, um — ampurú.

fulgur — tarúte-meräin.
fumus (ligni) — tchoon-gikaka.
furtum committere — ningkäk.
furtum commisit et abiit — njínpkaëk-kigik.
fustis — tchoon.
gemere — nohón.
genao — njímpong.
genu — nakerinjam.
gravidus, a — cuáng-ä-räk (venter crassus).
gravis, e — mökarang.
hamus — mutung.
herba nicotiana fumatoria — gninnang.
homo — gnuck, nuck.
— albus — pa-i.
— aethiops — engora.
horrere (frigore) — ae-rä.
hostis — coron.
humerus — corón.
humidus, a, um — kniót.
ictus — núp-maun.
ignis — chompack.
ignis suscitabulum — nom-nan.
incurvus — ntang.
indumentum penis — giúcan.
infans — curuck-nin.
innuere, vocare — kia-kelit.
intestina i. e. res longa in abdom.
— cuáng-orón.
ire, abire — mung.
— lente — múng-negnóck.
is, ea, id — hä s. ä.
jaculari (lapidem) — caratungang-gring.
jejunus (venter vacuus) — cuenge-mah.
lac — po-cling-parack.
lacerare — nungniong.
lacryma (oculi aqua) — ketommagnán.
lacrymat — hä-puck.
lapis, saxum — carátung, caratú.
largus, liberalis — kan.
latus (est) — aeräck.
lavare — kiium.
levis, e — mah.

liber arboris — tshoon-cat.
lignum, arbor — tchoon.
— oris (ornamentum) — gnima, bigaak.
— ardens — tchoon-keróng.
lingere — númerang.
lingua — kigitiock.
longus, a, um — oron.
loqui — ong.
luna — tarú.
— plena — tarú-gipakiú.
— prima — tarú-carapóck-cudgi.
— dimidia — tarú-carapóck.
— obscura, nova — tarú-him.
luteus, a, um — nuiáck.
macer, cra, crum — kniãn.
madere — kniot.
magnus, a, um — gipakjú.
malus, sordidus, a, um — tonn-tonn.
manus — pó.
malleolus — pó-nimh-nong.
mare — magnanã-räck.
maritus — uahá.
masticare — miah.
mater — kiopú.
medulla ossium — kjiack-iotom.
mel — mah-rã.
membrum virile — kjuk.
mentiri — jepũinn.
mentum — kugip-mah.
mergere — mukarak.
mollis, e — gneniok.
mordere — coróp.
mori — kuém.
mortuus, a, um — kuém.
morsus anguis — engcarang-coróp.
multum — uruhú.
mulier — jokunang.
mungere — kigin-gnoreng.
mutare — up.
mutus, a, um — ong-nuck.
nares — kiginn-mah.
nasus — kiginn.
— curvus — kiginn-nhaag.
— rectus — kiginn-täh-töh.
natare — küumm.
nebula — tarú-niomm.
nidus — bacan-tiemm.
niger, ra, rum — him.
nolo — amnup s. amnuck.
non, nequaquam — amnup s. amnuk.
non est bonum — tonn-tonn.
nox — tarú-te-tú.
nubes — parú-niomm.
nubere, in matrimonium ducere — kjiem-ah.
nuere (capite) — cann-apmah.
oculus — ketom.
oculum aperire — ketomm-amang.
olecranon — ningcreniot-nomm.
olere — cui.
os, oris — gnima, ketom-ma.
—, ossis — maak, kjiäck.
— tibiae — küäck.
oscitari — mpähäck.
ovum — bacann-ningcú.
palpebra — ketóm-kat.
parvus, a, um — cudgí s. pmäck.
patella — nakerinjan.
pater — kgikann.
patera cucurbitina — pokn-djiwin.
paucus, a, um — amnúp.
pectus — mim.
pectoris aegritudo — mim-ingerung.
pes (digitus) — pó.
pedis planta — pó-paim.
pedes aegri, dolentes — maak-gitia-gikaram.
pellis s. cutis — cat.
pellis avis — bacann-cat.
pluma (avis) — gni-mack.
petere (sclopeto) — pung-apúng.
petere telo — jagintehi.
piger, ra, rum — cammnúck.
pingere, linire — nowúng.
piscis — impock.
piscari — impock-awuck.
pisces sagittá petere — impock-atä.
piscium, ova — impock-giping.
plaudere — pó-ampáng.
plenus, a, um — mat.
plorare, deplorare — puck.
pluvia — magnanipö.
profundus, a, um — mat.
porro! (cito ire) — mung-merong.

propinquus, a, um — nahräng.
prurire — ncurúh.
pulsare — haug.
pudet, se — hă-raag.
pulcher, ra, rum — ae-rehă.
pulvis ignifer — pung-gningcu.
pungere — nungcoró.
purus, mundus, a, um — kuring.
putamen — jiamm.
radere pedibus (terram) — naak-awit.
radix — kigitang.
rectus, a, um — täh-töh.
remotus — amorón.
ridere — hang.
rostrum — jiunn.
— longum — jiunn-oron.
ruber, ra, rum — tiongrän.
rugire (ut felis onça) — hú.
rugit (felis onça) — cuparack hā-hú.
saccus — tang.
sagitta pro aviculis — uagike-bacan-numók.
— (pro bello) — uagike-comm.
— cum uncis — uagike-nigmerang.
— petere — uagike-nung-griog.
— occidere — uagike-autä.
salire — nahang.
saliva — gnima-knioi.
saltare — ntäck.
sane, recte — he-e.
sanguis — comtjäck.
scabere — kiagan-tjep.
securis — carapóck, carapó.
senex — macmiam.
sepelire — merámm.
sibilare — uah.
siccus, a, um — nümtchā.
silva (arbores multae) — tchoon-uruhú.
sol — tarú-di-po vel taru chompäck.
— oriens — tarú-te-ning.
— meridies — tarú-njép.
— occidens — tarú-te mung.
solidungulus (digitus unus) — po-mokenam.
solus — mökenam.
soror — kgi-cutä.
sordidus, a, um — ton-ton.
spina — tacánn.
spiritus vini — magnan-coróck.
spuere — nnpiú.
spuma — körop.
stella, sidera — niore-ät.
stillare — magnan-knin.
strabere — kelóm-iojäk.
sternutare — nakgning.
stomachus — cuang-mniack.
subtus — pawin.
sudor — cucang-eui.
sugere — kiaká-äck.
supercilia — kán-kä.
sura — maak-egnick.
telum pyrium — pung.
— duplex — pung-uruhú.
tempus matutinum — parú-(tarú)-tening.
tendere arcum — neem-gila me-rong-ong.
tenuis, e — nnin.
tergere, abstergere — numaun.
terra, solum — naak.
tibia — u-äh.
tonitru — taru-de-coung (cuwong).
trahere — nunchorot.
trulla (olla) — nát-neck.
trullae contentum bullit — nát-neck-hämot s. himot.
tundere — nútick.
tuber — gnióng.
tussis — ohúm.
umbilicus — gnick-nu-gnick.
unguis — pó-kräng-kenat.
unus, a, um — mokenam.
urere, uri — jiöt, j-öt.
urina — mim-kiiang.
vacuus, a, um — mah.
vadere (per vadum ire) — nnong-magnan-mah.
valde — gicaram.
variola — nnichmangkuck.
vas aquae e calamo — käkrock.
vehere — nuntchorot.
vena — pónim-gnit.
venaesectio — kiakatong.

venari — nio-kná.
— in magnam distantiam — nio-kná-amoróng.
veni (huc)! — ning.
venter — cuáng.
venter valde plenus est (satur) — cuáng-gipakiú-gi-karán.
— dolens (colica) — cuang-ingerung.
ventus — tarú-te-cuhu.
— vehemens — tarú-te-cuhú-pmeróng.
— absens — tarú-te-cuhú-amnúp.
verber ad aurem — núp-maun.
verruca — ki-áng.
verus, veritas (non mendacium est) — japüim-amnup.
veru i. e. lignum acutum — tchoonmeräp.
vesper, occidens — tarú-te mung.
vestigium — pó-niep.
vetus — makniam.
vicus (rancharia) barbarorum — kiemm-uruhú.
via — emporong.
videre — piep.
vir — uahá.
viscera — cuang-oron.
vis, validus, a, um — meróng.
vitellus (gilvum ovi) — nnáck.niák.
volare — mung.
volvere — nurat.
bos — bocling-gipakiú.
bovis cornu — krän-tiuémm.
cavia aguti (dasyprocta) — ranikenung.
cervus — pó-cling.
coelogenys paca — acoron.
dicotyles labiatus — curähk-nipliacu niómm.
dicotyles torquatus (taitetú) — hókuäng.
dasypus (tatu) — kuntschung.
dasypus gigas — kuntschung-cocann.
bradypus — ihó.
equus — bacan-niangcorok s. pomokenám.
canis — encóng.
felis concolor — kuparack-mmpucuk.
— onça nigra — kuparack-him.
— onça — kuparack-gipakiú.
— pardalis — kuparack-nig-mäck.
— macrura — kuparack-cuntiack.
— yaguarundi — pockorienn.
hystrix — acoró-io.
hydrochoerus (capybara) — njimpon.
myrmecophaga (tamandua) — cuián.
— species minor — cuián cudgi.
ovis — pó-cling-cudgi.
simia — hieräng.
— miriki — kupó.
— myceles (guariba) — cupilick.
sus domesticus — curäck-gipakiu.
tapirus americanus — bóchmereng.
didelphis — ntjúntju.
vespertilio — niákenat.
avis magna — bacan-ä-räck.
— parva — bacan-cudgi.
anas moschata — catapmúng.
trochilus — morócckniung.
caprimulgus — niim-päntiunn.
cassicus cristatus (japu) — takeräiunn.
crax — contschang.
gallina — capucá.
columba — köüemm.
tinamus brasiliensis (macuca) — ancowok-gipakiú.
tinamus noctivagus (sabelé) — ancowok-cudgi.
palamedea exulans (anioma) — chi.
penelope — pó-coling.
perdix dentata (capuera) — hárarat.
picus — aeng-äng.
psittacus — hátarat.
anacan (psittacus) — hátarat-cudgi.
larus — nack-naak.
jacaré (crocodilus) — aehä.
strix parva — nu-kuung.
falco — ámpö.
anguis — engcarang.
boa scytale — ketomeniop.
boa constrictor — cuong-cuong-gipakiú.

rana, bufo — nuang.
testudo — corotiok.
culex — pötang.
formica — pelick-näck-näck.
papilio — kiaku-käck-käck.
vespa (marimbondo) — paugnonion.
helix — gnocuäck.
ananassa sativa — manan.
carica (papaya) — pattaring-gipakiú.
cocos nucifera — pöntiäck.
cocos — ororó.
capsicum — tom-chäck.
convolvulus batatas — gnúnana.
cucurbita — amiaknon.
fabae (nigrae) — crá-him.
gossypium — angnowúng.
oryza — sapkénin.
urtica — giacu-täck-täck.
zea mays — jadnirun.

II.

Botocudo - Crecmun.

abire — champann.
aeger — kouanengron.
ala — kignima, kignikmakpokié.
amare — morou.
ambulare, ire — moungoun.
aqua — mignann.
aquam bibere — mignan prom.
arcus — nem.
auris — gnongon.
barba — djakiéké.
— in malis — iokonké.
bibere — proum.
bonus, a, um — polaïn.
brachium — inchopok.
sub brachio — ingnoun, inhoun.
caedere (abscidere), abscisus, curtus — tonton.
caedere — coutou.
calor — chompaik.
calefacere sese — kontin mope.
cantare, canere — grinn.
canere bene — tangriun.
capillus — kreinké.
capilli abscisi — kreintonton?
caput — krénė, courou.
cauda avium — djiaké.
cera — pang quékonka.
chorda arcus — nem djitak.
cilia — kétonké.
collum — kikrek.
contentus — tankacha.
cortex arboris funibus torquendis serviens — ninkta.
cras, tempore matutino — tempran.
cras, dies — torou.
crassus, multum — rouou.
crudus — teïp.
cubitus, antibrachium — ingré.
culmus ad conficiendas sagittas — krokodji.
currere — teignin.
decumbere — kouïnkouïn.
delectari — taik.
dens — kidjiounn.
digitus index — nipo djik.
dolor — gnokmoukmoua, kotkot.
dormire — kokioum.
dorsum — nikon tignak.
edere — nikoré.
edere — achin, achirenei.
execrari — chonra.
femina — choroun.
femur — nikmak, nikmak ioupok.
— macrum — nikmakioupok djik.
ferire — djakmoun.
filius — krouk.
foedus, a, um — eipipakaret, pipakrek.

folium palmarum — djioukran.
frater — enckak.
frigidus — ambonrou.
frons, tis — koonn.
genitalia — kiou.
genu — nikoukii.
hallux — po djopou.
homo — gniok s. kgnok.
humerus — kinaon, nikmaknok-gniak, niknokgniak.
ignis — chompek.
— extinctus — chompekouan.
ilia — kinkou, kouaen?
jacĕre — naktan.
jus, jusculum — pompon.
juvenis, parvus — coudji.
labium — ni makak.
laborare — chingouran.
lamina — niouk.
lignum, silva — prak.
— ad perforandas auriculas — mougougnak.
lignum siccum — chonkouen.
lingua — kichok.
lumbus — gnioknian.
luna — mougniak, torou guenkel?, torou guenkek.
magnus, a, um, crassus, foedus — tourouloun.
mala — iokonmel.
mulus, a, um — ouenn.
manere — anchenn.
manus, digitus — ni po.
— dorsum — ni pokutigna.
— palma — ni pokmé.
mater — djiopou.
mel — pang.
mentum — djakié.
mordere — kiporon.
mori, mortuus, a, um — kouenpen s. pouen.
multus, a, um — djïpakiou gnorou.
mystax — nimakakké.
nares — kidjin ma.
nasus — kidjin.
— magnus — kidjin courou.
nates — gnaknik.
non — kichou.
nox — torou angri, toroulu' ampkouin.
occiput — nigregnaon.
oculus (videre) — kélon, nketon.
ornamentum aurium virorum — gnemetok.
— labiorum — gnimoua.
oscitari — pekeikounn.
ovum — enkou.
partum edere — kidjoupouen naktan.
parvus — koudji.
pater — kidjikann.
paucus, a, um — gnioun.
pes — po.
pedis digiti — pokroum.
— dorsum — poté nikignan.
— planta — po pouïn (kouïn?)
— unguis — pokram.
pili corporis — kein.
pinguis, adeps — kouaen.
piscis — empok.
plorare — aouin.
pluma alarum — kignikmak.
plumulae, pili — ké.
plus, amplius — djeketon.
pluvia — mignan pa.
pollex — ni po djiopou.
postridie — torouou.
prehendere — nipopouïn.
pubes — kiouké.
pulcher — prat.
putēre — djitan ous.
relinquere, — empann.
repellere, pugnare — djakmaounn.
restare, manere — gnekmen.
ridere — han.
saccus, quem feminae portant — tank giokan tang, giokann.
— quo viri utuntur — coupenn.
sagitta — djik.
saltare — naïk.
sane, sic — rik.
sanguis — nikonchek, nikonchen.
sidera — torou chogré?
sinus — parok.
sol — torou chompeck (luna calida).
somnolentum esse — noumeignem.

soror — kidjak.
speculari — niketon mouïn.
sternutari — akignim.
supercilium — koonnké.
terra — nak, torou chompek.
tondere caput — krekmun.
tonitru — torou djipaniou?
tristis, e — nikmougni.
trulla — taknei s. djaknei.
tumor — apougniou.
tussire — kekrek s. aoum.
umbilicus — kuriabok s. gniknakgnik.
unguis — niporcignak.
uxor, mulier — tontan.
venter — chimbran.
ventus — ourou.
videre — nikéton, nketon.
videre nihil — nikétonton, nketonton.
vidisse — niketon moua.
vocare, clamare — temeï.
felis onça — noukgouara.
simia macaco — inraï, indraï.
simia auistiti — djaniknik.
dicotyles torquatus — chongouïn.
tapirus — chonanton, coupran.
cervus — impokri.
anas — empakann.
gallus, gallina — ha-ha-ha.
psittacus — guéran guéra.
— ara — kataran.
rhamphastos (tucan) — djouan.
boa constrictor — grak nipokioum.
crotalus — grak niporaïn.
apis — eingran.
musca — kook.
pulex — acnon.
bambusa — kékrok.
simia myceles — koupiri.

III.

Botocudo Nac-nanouc vel Nac-kgnuck, i. e. homines terrae (monticolae).

adscendere — kouine.
aeger — maôn-maôn.
ascendere arborem — kmou-hême
albus — jirou, gnaume, ounack.
alii — nankrême.
animal — kitomareck l. tchine.
apportare — parani.
aqua — mignangue s. mugnan.
aquaticus — mignan-djème.
arbor — tchonne.
— parva — tchonne-krouknüne.
arboris basis — tchonne-iia.
articuli — pò-kèkri.
arcus — naime.
aures — kiignok-jaune.
avis — bakanne, bakanne.
bonus — ladgi.
— non — ladgi-berebon.
brachium — mnounne kiijinknounne.
cadere in terram — knan-crak.
calceus — pò-katte.
capilli — kraine-ké.
caput — kraîne.
caro — tchine.
cauda canis — inkan-jouck.
cilia — kétomme-ké.
cineres — tchon-inkakon.

coeruleus — jinetchoungue.
collare — pootte.
— dentibus constans — imponoujoùmme.
collum — kiijipouk.
concubitus actio — tchok-tchok, tchok-tchokiajik.
considere — heppe vel gneppe.
corda arcus — jita.
cortex arboris, ex quo fiunt restes — koujoune.
crassus — jüipaküiiou.
crus — proumme-iak.
cubitus — kiijink-krai.
culter — krack-gningnine.
cur, quare — kokonine.
da mihi aquam — mugnan-ha.
dare — prâimme.
dentes — kiijounne.
deus — kupan.
diabolus — nanchon.
dies — ampehounne.
digiti pedis — pò-jiinne.
diligens — koutippe-mnouk.
dormire — kokijoune.
dux — kraine-tone.
eamus — ouamou, iakin.
— velociter — ouamou maiiprette, nanknanan.
ego, me — ati.
errare, falli — gintchick.
exspectare — nung-era.
facies, figura — impao.
— barbata — impon-kê.
— imberbis — impon-kê-mnuk vel impon-jeuk.
falx — kack-entangue.
farina maïdis — aminkaki.
— praeparata — pori amêki.
fauces montium — nak-noung.
faux canis — inkan-japiki.
femina — ijikonan.
femur — kmak-iopok.
ferire, percutere — noukouan.
ferrum — kack.
filius — kourouk.
flare, spirare — hou.
flando ignem suscitare — houtchon-peuck.
flavus — jiroun.
fluvius — ouatou-ijiipaküijou.
folia — jamme.
foedus, a, um — tontòne.
foetidus — jotang-ouame.
fortis, durus — kmaran, nankmaran.
frater — kiijack.
genitalia virilia — kiiiouck.
— feminea — kiiiò.
genua — kèkri.
gingiva — kiijounne-jouik.
habere — ankou-i-amenoick.
hallus — pò jiinne-jikanne.
haurire aquam — kitte.
hic loci — krài.
hocce — tokonne.
humeri — knào (knaung).
ignis — tchon-peuck.
imitari — nahang (h asp.).
implere — intchek.
i — tang.
interficere serpentem — grau-ampok.
— tapirum — moupran-quouàime.
i cito — nank-nank-ti, ankmeron outi.
ira — taarang.
jacere, jaculari — nangri.
labia — kiijink-ma-katte.
lacertus — kiijink-nounne-jiopok.
liberos habere — kijaimù.
ligna quae uri possunt — tchonnequouàime.
lignum, arbor — tchonne-iipaküiou.
lingua — iichoque.
loqui — angueppe-merà.
loquuntur reliqui nec silent — nankranne rèrè nuk ankupahan.
luctari — nangmène.
luctatio — nojutti-nangri.
lumbus — kmoussiguia.
luna — kmouniak.
macer — kignainne.
magnus, a, um — ijipakijiou, nanûkanne.
malus, a, um — ijack-jaimes.

malus, a, um, non — ijackjalmes-menuck.
manus — pò.
mare — oualou-iijipakijou-ou-ou-ou-ou-ou.
mater — iopou.
materfamilias — jokanne.
mel — pangue.
— depromere — pang-jame.
mentum — kiijac—jac.
meus — gnak.
mons — crack.
monticulus — ijopique.
montium tractus — krack.
mori — quouàime.
mullum — ouroujou.
murmurare, fremere — iiikouri.
nares — kiijink-ma.
nasus — kiijink.
nepos — korouk-katainan.
nescio — mamme.
niger — kéréhimme (h asp.)
nihil — anguo-i vel ankou-i.
non sane, minime — amenuck.
nonne? — nok?
nox — ampimme = obscurus D.
oculi — kétomme.
palpebrae — ketomme-katte.
parvus — nankrouknine.
pastinum — pururai.
pater — jikanne.
pectus — mimme.
pellis — katte.
pes — pò.
piger — koutippe vel tehò (h asp.)
pili — ké.
pinguis — iakoukanne.
piscis — immpock.
planities — amperique.
plenus, a, um — kuang.
pluvia — mignan-peu.
pone hic — geu-era.
precari, adorare deum — kupan nahang (h asp.)
prehendas hoc — tokone-pè.
pro me — pramme.
pulcher, a, um — kitomme-éréhé, hérché.
quid petis? — hokonine antschouck akkorunne?
radix — tchonne-iitak.
rami — tchonne-mak.
rivulus — mignan-gouiou-gouting.
rivus — oualou.
rixari — ouhinhik (h asp.)
ruber — broucoucou.
sagitta — ouajik.
saltatio — tarungri.
sane imo — hemhem.
sarmentum — koujoune-jikaramme.
scaturigo — tairo.
scire, sapere — iaji.
scindere aliquid — kone-ampime.
securis — krak-ma.
semper — empang.
serpens — gran.
sidera — tom-hette-hette (h asp.)
sinus feminae — parak.
sol — torotèpò.
solus, parum — potchique.
succidere arborem — tchone-mang.
supercilia — kan-ké.
sura — proumme.
talus — pò-kêkri.
tantum — tarin.
terra, sabulum — nak.
testiculi — jamme.
tibia — kèkri-iak.
torris ardens — soupé.
totus — panteu.
trahere — anouique.
tristis — pompeu-takrek.
truncus arboris — tchone-tuò.
tu, tui — oti, vel antchuk.
tugurium, domus — kijaime.
unus — potchique.
unguis — moraine-katte.
venire — ni, ato.
veni huc — mou-era, ni-kouani.
ventus — tik.
vir — koteu.
viridis, e — kraine-kré vel himme.
vis — nojutte.
vivere — koa-ahangue (h asp.)
vos, tu — oti.
vulnus — nak.

vulnus stillans pus — pantchik-joujou.
— pure plenum — motmotte-pantchik.
iratus — joujik-joujik.
bos — pò-kèkri.
vacca — pò-kèkri-joponne.
vitulus — pò-kèkri-krouknine.
coelogenys paca — ekran.
dasyprocta aguti — magnace-gouick.
equus — kraine-joumme.
hydrochoerus capivara — kiüne-ponne.
lutra — moumerick.
myrmecophaga jubata — koujanne.
— tetradactyla — koujanne-chèque.
sciurus aestuans — jouckneck.
hystrix insidiosa — kreugouò.
dasypus — groun-chon.
mustela barbara (irara) — hupi-jounne.
canis — inkan.
cervus — mokri.
tigris — kouparak.
cebus — irahe.
mycetes ursinus — coupirik.
hapale penicillatus — angouike-gouik.
ateles hypoxanthus (miriki) — coupò.
dicotyles — kouraik.
tapirus — moupran.
anas — ketapmounne.
gallina — ha-ha-ha (h asp.)
gallus — ha-ha-ha-jiikanne.
pullus — ha-ha-ha-krouknine.
penelope superciliaris (avis jacu) — han-han (h asp.)
— leucoptera (jacutinga) — po-kori.
psittacus — kouakoua.
— conurus — erek-nette.
— macao — kasaranne.
rhamphastos — kourak-sa.
apis — pangue-jakoupé.
uruou — biakan.
— mumbuca — poté.
— timirim — marè.
aranea — kattmerak.
lampyris — ampeu.
formica — pourick.
tabanus — kapp-koukoune.
crotalus — ouan-kouan.
cophias jararaca — gran-jibras.
astrocarisum ayri — djaheu.
banane — iüpokan, iüpokanne.
aurantium — rara, kranneiüboumme.
sacchari panis — kamurine-kitomnik.
tabacum — anguinang, anganan.
fabae — joanta.
ipecacuanha — aracuã.
ananassa — roucon.
palmae cerebrum — graume.
lecythis sapocaia (fruct.) — ha (h asp.)

IV.

Botocudo - Djiopouroca (Jiiporocas) Boutourounas et Craikmous.

abire — oti-mène vel makim amou-katignan.
abscessus, ulcus — mojón.
absolutus — nojòme.
accendere ignem — henè.
acidus — koui.
accumulare — ari.
acuere — angreuk.

aculatus — kmereppe-iukarame.
acutus — gdoune.
adeps — tchine-ma.
adducas huc — tasse-ne.
adducere — tasse.
aeger — moumou.
aequilibrium — koujoume apoc
aër — paovi.
afflictio — a-neine.
alligare, affigere — tokonne-apoc.
ala — kmak.
albus, a, um — journnne (gnôme).
alligare — aguik-aratte.
altus, a, um — arône.
altissimus, a, um — ingrak-arone.
amare (pro me) — pramme.
amarus, a, um — mugnan-krok.
amplecti — amèrck.
animal — tchine.
animatus — kouangue.
ante, prae — gnanri.
antrum, cisterna — nakmà.
appellare — poro anorône.
apportare — tatte-ni.
apud, ad, prope — gouarè.
aqua — mougnang.
arbor — tchône gdente.
arbores caedere — maprim vel kraine-teia.
articuli — kekri.
assare — haoppo.
attenuare — tchon-gdoune.
attingere, capere — anti-mène.
atramentum — kouanou.
auscultare — amerché-jem.
baculus — tchon.
balneum — kigeoume.
bellicosus, fortissimus — gnimaio-kôme.
bibere — geoppe.
brachium — iiporok.
brevis — mek-mek.
cacumen — ankoupeu.
cadere — rak.
caespes — jaume.
castra ponere — atné.
calvus, a, um — kraine-tno.
cantare — taroungri.
capere, deprehendere — gouêpe.
captus — mène.
caput — kraine.
carbo candens — tchone-peuk-prôme.
cataracta — mignan-aiiou.
celer, velox — nank-nank vel nannank-nank v. maiipretto.
cerebrum — hou-hou-hou.
— palmae — jamme-jepimme.
cilia — ketomme-kê.
circumdare — tchick-guera.
clamare — kouang.
coecus, a, um — ketomme-touò.
coelum — taru.
cognoscere — dgeagé.
collare — po-hotto.
— e dentibus — po-hotte-jounne-apok.
colloqui — ni-tchaon.
collum — iipouk.
comitari — indgiorè-mou intchó-mou.
congregari — teknó-krê.
connubere — tchock-tchock.
considere — nok-heppe.
consedit (avis) — mène.
contundere — kougnang.
coquere — kitote kilotte.
cor — pompeu.
cortex — katte.
costa — jek-orône.
crassus, a, um — ankupeu-iipa-kiiou.
credo — mantscheu.
cribrum — bacanne-tontône.
crista, spina — ampok-djèk.
crus — mak.
cum — intchó.
currere — antchi.
cubitus — kekri.
cymba — tchône-katte.
dare — iiock-gènes.
de (praep.) — gouik.
decumbere cubare — komè-te-kouippe.
deficere — jintchik, tchine-tehak.

deglutire — noum-kousse.
delectari — intcho-antchu-mène.
demittere, deprimere — jejoek.
dentes — jounne.
dentitio — jounta.
descendere — chik.
desquamare — ampok-angreuk.
deus — tupanne vel kupan.
dexter, promptus — alcheu.
diabolus — nantchon, nanchon.
dicere — po-jaonne.
digito tangere — gouik vel toppe.
digitus — jekke.
disputatio — jouhik-iouhik.
dividere — intchak-houme.
dolor — iojok.
dormire — koukijoume, kokijoune.
dorsum — joukou.
durus, a, um — pmeran.
ecce, hic — ouib-amme.
edere — nomkoutte.
ego — ati.
egredi — jamme.
eligere — jekat-jikatte.
emollire — teu-ignock.
erectus, stans — moujim.
esca — tchine-atchuc-gningnine.
etiam — kuang, nakati.
evadere — anti-ji vel intar-anini.
eventrare — inkouang-joutang-avuò.
excitare — amposse-iiak-jemès.
expectare — mou-hin-krê-noughêra, nungera.
exstinctus — nojomme.
extra — eratte.
extendere — apongue.
extrahere, exstirpare — antik.
extraordinarius, a, um — tokonne-nouk-gname.
extricare — antikke.
evacuare — nojòme.
facere — atcha-houme.
facies — impong-katte, impori kè.
familia — krouck.
fatigatus — araratte vel imprang.
febris — gitcha.
femina — jopou.
femur — mak, kmak-iopok.
finire — no-jamme, jome.
findere — amping.
fissura — amping.
flexus — tang-tang.
flos — mouroune.
fluere — jempatte-opó.
foramen — nak-ma vel kro.
fortis — maiokòme.
fragmentum — kinne.
frigidus, a, um — amporouk vel taru-amporouk.
fructus — tchone-kone.
fugere — inta-niri.
fulcrum, arbor plantata — tchon-api.
fumus — tchon-peuk-keukeu.
funis — nème-gitak.
furtari — inquiek.
genua — kekri.
genuflexus — kekri-üock.
gibbus — mojoa.
gradi, obambulare — tupò.
granum — joati-ketomme.
guttur — takrek-entchamme.
habeo — nakasi.
hamus — mokouang.
herba — jamme.
heri — tompran-crá.
hic — kerè.
hic, haec, hoc — mingamme.
hodie — tompran.
homo — ouaja.
homicida — nampeuk-djadji.
humerus — ghenunne.
ictus — apmon.
in, ad — oti.
inde, deinde — indjoré.
ignavus, a, um — kouking vel takreuk.
ignis — tchon-peuk.
ignotus — tokonne.
illuminare — tokon-amprouk.
implere — intcheuk, intchek.
in — pompa.
incendium — tchon-peuk (ignis).
incubare — kruk-enta-kuang.
infans — krouknine.

insidiae — guïonne.
insula — mouynany-teono vel nak-migrany-pompeu.
intelligere — ampong.
intrare — ni-grè.
intrudere — nak-atau-tchone.
intestina — jotang.
involvere — arcutte.
ira — jiak-jèmes.
ire — mou.
is, ea, id — antchuk.
jacĕre — angrin, nangri.
jaculari — angrin, gintchi.
jejune — tchine-nuk-kuany.
jocus — ne jutte.
jubere — inkan-kan.
jugum montium — krack-joune, jupik.
jumentum — intchak-kruk.
juvare — aotoumme.
labes, lapsus — arak.
labia intromisso ligno fissa — ketompmakasse.
laboriosus, a, um — kutippe-mnuk.
lac — perak.
lacryma — puk-puk.
lacus — bitak.
lapis — takrouk.
latrare — incan-jouanne.
latus, a, um — ankoupa iipakijon.
lavare — kurin-kijoumme.
levis, e — compe.
lignum siccum (mortuum) — tchon kouème, tchonne gounaime.
— quo aures ornant — betò-apoc.
— — labia ornant — betò.
limus — nak-atchok.
— lutum — patak.
lingua — iojokke, iichoque.
liquefacere — tchè-rè-tchè.
locus — gnagnikke.
longe — amarône.
longus, a, um — orône.
loqui — hao.
luna — mounthniac.
lux — amotte.
macer, a, um — gouène.
macrescere — kienne-oü.
magnus, a, um — iipakūion, ijipakijiou.
male contentus — takrek.
malus, a, um — tontône vel tône vel mberan, idadji.
mamillae — kupà, pectons.
manus — pó.
— vacua — antchouck-bokouri.
mare — ouatou-ou-ou-ou.
masticare — napiguik.
mater — kūiopou iopou.
mederi — noumpatte.
mel — pang, pougue.
mentum — epichе.
meridies, sol in medio suspensus — taru-pompeu-pompeu-tcheppe.
meus possessor — gnouk gnak.
mingere — ampiang.
mitra, pileus triumphalis — kontá.
mille — ketomme.
molestum esse — kignik-empang.
mors, mortuus, a, um — quouème
mori — quouàime.
mordere — gro-inkroppe.
muscus — toconê.
mutire — memé-ouangue.
mutilatus — po-tikke po-moumou.
mutuo dare — houp moûne.
mundare — kurin.
multum — ourouhou (h asp.)
musca — kappe.
nanus, a, um — erek-rek.
nares — gintma kiijink-ma.
nasus — ginne.
nasci — enta.
natare — okinne-jagi.
nebula, sol extinctus — tarumot-mot.
nectere — noukatatte.
nemo — mâme.
niger, a, um — himme (h asp.), kerchimme.
nihil — mame, anquo-i.
non — mnenouk.
nubere, in matrimonium dare — kijeme.
nunquam — mamme.
nuntiare — hao.

obscurus, a, um — ampimme = nox.
odi, non velle — pramme, amenuk.
os, oris — ketom-má.
os, ossis — jak.
parum — potchique.
parvus, a, um — mek-mek vel ereck-reck v. tontône.
partum edere — krouknine-inta.
pati — chik.
pellem detrahere, excoriare — katte apone.
pellis — katte.
perdere, praecipitem ire — jijône.
perforare — atuppe, angro.
persona ignota — krain-toine-nuk-kouang.
pes — pò.
pes animalis — pò.
pede labi, aberrare — po-jack.
petere — jok-jenes.
pinguis, e — jokokanne, jokou-kanne.
piscari — ampock-ũojieck, piscis = immpock.
plenus, a, um — motte-motte.
plorare — pouk-pouk.
pluma — bakanne-kmak vel ba-kanne-ke.
plus, nimis — ourоujou.
pondus — tang.
— grave — tang-makran.
ponere — gen-era, geu-era = po-ne hic.
porro! — gnari vel mou-katìan v. mou-koutignan.
post, postea — inedyorè.
post meridiem — taru gningnine.
praeterire — gnarin-mou.
premere — menè apmerar.
pro, ad — houanne.
progrediamur — gnaori.
projicere se — poui.
prope, apud — gnarè.
pugnare, pugna, (frangere arcum ante tentorium) — kigème-atang-naime.
pulcher, a, um — erehè (h asp.) hérchè.

pulvis — tantiji-vari-koua.
putere — ampou.
putrescere — houamme.
reddere — hoppe-mou ijiokonne.
rectus, a, um — chè.
relinquere — apóne.
reliquum — potchique = solus, parum.
remittere, laxare — apõne.
repudiare — konne-auki.
respondere — hao.
retentus, impeditus — mou-him.
retro, a tergo — djorè.
ridere — hang.
rigidus, a, um — apmeran.
rixam vitare (non movere) — am-pangue-mou-ieppe.
rotundus, a, um — mounthgniac.
rotundum reddere — kon-tou.
rostrum — djige-bakanne.
rugire, vociferare — angroni.
rudis, e — tippe.
sabulum — nak.
saltare — tarou-intek.
saltar — ankoupa-tchoune.
sarmentum — koujonnne (liana).
sanguis — kamptchek.
sanguinem emittere — kamptchek-joujou.
sapere, nosse — jadji, iaji.
sarmentum — kujounne-nokoua-gnamme, koujoune-jikaramme.
satis — benamú.
scabies — mankouk.
senex — makignamme.
sentire — ouappe.
sero — taru-gningnine vel taru-tompe.
serpens — gro gran.
sibilare — nujoppe.
sibilo — ati nujoppe.
siccus, a, um — gitcheuk.
sidera — hette-hette tom-hette-hette.
signum — pò-hette.
sinus pectoris — kupa.
sitiens — muniangue-pramme.
situs — djème.
sociatim — panteu.

sol — taru-tèpò.
solus, a, um — potchique vel bokourin.
spica — pokke.
spina — hakaune.
spuere — kignang-keritte, atouk.
spurius, falsus, a, um — amptcha-ginouk.
sternum — auang
stomachus — pompeu.
aeger stomachus — pompeu anhourung.
stramen — inkanne.
sub, infra — iojok.
suffocare aqua — mignan arak.
sugere — hou-hou-hou-gitcha.
sumere, auferre — pè.
supra — pok.
surdus, a, um — impao-mnout.
surgere — mou-him.
tempestas — taru-irakjèmes.
terere — angreuk.
a tergo, post — indjorè.
terra — nak.
tibia, fistula — tecrok-noujao.
timeo non — koukine-ameruk.
tonat — tupan-djème, taru-iugri.
torrere — takrouk.
tranquillus, a, um — agouik-nouheppe.
tugurium — kijème, kijaime.
tumor, abscessus — mojon.
tutela — gionne.
ubi — akrè, akou.
unguibus vellere — kijiak-antscheuppe.
vale! — amerèk.
venari — tchine-pma.
ventus — taru catak.
vermis — angra-po.
verrere — nak-ari.
vertere — not-not.
vester — ajouk-gnime.
via, semita — brom.
victoria capere omnia, finem facere — iipanne-nojômo-nagiti.
videre — pôme.
vidi — ati-pônne.
vulnus — nak.
vulnerare — ingrò, imprippe.
asinus (animal magnis auribus) — mgnojonne-grak-orône.
bos — po-kekri (pes fissus).
canis — inbaon.
bradypus — kèjò.
corvus, capreulos — bokourin.
dicotyles labiatus — kourek.
— torquatus — hok-kuène.
equus — kraine-joune, krainejoumme (caput dentosum).
felis — kupack-huji.
hydrochoerus capivara — ampône.
myrmecophaga — kujonne.
nasua — hak-jek, hakiek.
sciurus — jouknek.
simia cebus robustus (mico) — tcherengue.
ateles hypoxanthus (mono) — kepokke.
lutra brasiliensis — amkoummemerik moumerik.
mycetes ursinus (guariba) — koupirik.
callithrix melanochir (gigo) — bourouk-cäk.
hapale penicillatus (sahuim) — haha-gnik-gnik.
sus — kurek.
tapirus — gupmaran, moupran.
vulpes — apijoune.
anas — kurutte.
aquila — hoho (h asp.)
corvus — ampeu.
crax — poutcheuk.
gallina — hahan (h asp.)
penelope superciliaris — haha-ha.
psittacus macao — katarâne.
ulula — jokokanne.
crocodilus — jakare.
testudo terrestris — krotchock.
apis — pang.
cancer — katte-merak.
culex — kappe.
ananassa silvestris — pusse.
canna saccharifera — kumerine.

bixae orellanae pigmentum — tcho-ne-kraine.
carica papaya — krotte.
cocos nucifera — tchône-katoune.
dioscoreae radix — amaon.
fructus musae — iipokanne.

P U R I*).

accendere — pothèh-gaichin.
albus, a, um — beorona.
amare — tammathih.
aqua — mniamá(ng), mniamà.
arcus — mirining.
ascendere — bogoüàh.
attingere — galing.
auris — bipilina.
aurum — nmaranapèhna.
bibere — gambâ.
bellum — guaschch.
bonus, a, um — thammatih, gamung.
brachium — cocòhra.
cadere — duthàna.
caeruleus, a, um — beroròh.
caput — guèh.
coelum — ocòra (das o dunkel).
collum — thong.
connubere — geieh.
corpus humanum — immih.
crus — tschàra-aüra.
culter — morandèh.
dentes — tchèh.
deus — tupang.
diabolus — tlong-ah.
dies — vera.
digitus — schabrera.
domus (tugurium) — guàra vel cuari.
dormire — thàra.
edere — paschè, machi.
fames — taïm bòna.
femur — cathèra.
ferire — capòh.
ferrum — guamaratèh.
filia — mbaima.
flagellum — tapira-pèh.
flavus, a, um — bethlûauna.
flos — pou-baina.
frater — schemaung.
frons — porèh.
herba — spanguèh.
homo — guaèma.
— albus — araijo beorona, rayon.
humerus — tabbàh.
ignis — pothèh, pottach.
jaculari — camaring.
juvenis — guaèma.
lacertus — tlacàhra.
lardum — nmnimi.
lignum — umbòh.
luctari — tlegapeh.
luna — phethania.
malus, a, um — taschitangeli.
mamma — mniatà.
mater — titschèng (e Nasenlaut).
membrum virile — seheng.
— muliebre — taccòh.
meridies — guaratirucàh.
mordere — tschimurung.
mulier — mbaima
nasus — ingni.
niger, a, um — beungàna.
nox — mirribauana.
nubes — haèragga.
obscurus, a, um — arena.
occidere — schambòhna.
oculus — mirih.
odisse — schtengeli.
os, oris — schorèh.
os, ossis — ammi.
pater — attèh.
pectus — puittha.

---

*) Puri heisst bei den Coroados ein Räuber.

pes — schabrera.
pluma — schibubch.
podex — utang.
pulvis pyrius — alkeh.
ramus — po-tihlica.
respirare — tathèh.
ruber, a, um — bethlàro.
sagitta — ŏbouug.
saltare — guaschantleh.
secare — lintschih.
senex — schatàma.
stella magna — thiùhli.
— parva — miricòdha.
stirps — pou-rèna.
silva — montay.
telum pyrium — baũàh.
tempus matutinum — tuschàra.
terra — guaschèh.
testiculi — schimbacci.
venari — uiragach.
venter — tiquing.
vesper — tuschahih.
vestes — pakeh.
viridis, e — tòngonna.

umbilicus — cahira.
unguis — schabrèra peh.
velle — gabloh.
quo nomine mater tua nominatur? — titscheng nianitschoh?
da mihi! — ung-pu.
alacersum — thamathih.
vir alacer — guaima thamathih.
moereo — thamaring thong.
dormire, dormitare — gamung, thara.
bibere volo — barumbaùa.
fructus musae sapientum — bahòh.
phaseolus — tlambèna.
zea mays — maky.
cortex fructus musae — bahòh-pòh.
fructus citri — cahiramnuna.
fructus citri acidi — tariniàna.
fructus — mor-keh.
canna saccharifera — tubanna.
farina mandioccae — bibuh.
fructus lecythidis — tornkaèh.
tabacum — pókĕ.

COROADO*).

I.

Coroado am Rio Xipotó.

abscindere — cangró.
accendere — cahúanma.
aethiops — tabagniuh.
albus, a, um — crayó.

amare — tima.
anima — tanguéta.
annus — potéta.
aqua — mniamà, mhaman.

---

*) Von dieser Horde finden sich mehrere Vocabularien aufgezeichnet: bei Schott (Nachrichten von den k. östreich. Naturforschern II., Tagebuch S. 41) bei Aug. de S. Hilaire (Voy. dans les prov. de Rio de Janeiro et Minas I. p. 46) und bei Eschwege (Brasilien, die neue Welt I. S. 232). Wir selbst haben eine Wörtersammlung aus dem Munde der Coroados am Rio Xipotó aufgenommen, welche wir hier (I) wiedergeben. Eine viel reichere, welche

arcus — mirinang, merinde.
argilla — nachè greta (greda: port.).
ascendere — macawan.
atramentum — leguà schimang.
avia — nahmantschitay.
avis — chippú.
auris — pèuti, pepehna.
barba — sipròota.
bibo, ere — bá.
bellum — garapé.
bonus, a, um — tanne.
braccae — rieapama.
brachium — cácorre, cacora.
brevis, e — corouàma.
caeruleus a, um — nahna.
calidus, a, um — préton-ma.
canus, a, um — pé, come, cama.
capillus — gué.
caput — gueh.
carbo — polé, sicrém.
caro — sorinckong, hanikē.
cavus, a, um — dobré.
cerevisia maydis — virú (evira).
charta — tapèra, tapērra (port.).
clamare — quaré, nakan.
clavis — sèvi (port.).
clericus — uahre.
cochlear — tachetschina.
coelum — taguèng.
collum — tong.
cor — tokera.
corona orbiculorum precatoriorum — coroàni.
cornu taurinum — tapira pènti.
cortex — pe.
costa — guari.
cras — herinanta.
crus — intschara.
culter — tina.
curramus! — brieang.
cutis taurina — tapira pèh.
cymba — gará, pirsge.
dentes — scheh, tzèh, tsché.
descendere — guàgú.
deus — tupàng.
diabolus — niuiraung.
digitus — chaperré.
dare — mayàme gayudo.
domus — guàra.
dormire — capacari, tehré greme.
dorsum — nera buhme.
edere — puyú gescheu-pa.
ego — mahé, maiaké.
eo, ire — gàvumung.
esurio, ire — areteur bónum.
fames — areteur bonum.
femur — sùbrych.
ferire — ti mopó.
ferrum — gàmang, camaran.
filum — calenyawéna.
filia — chambé.
filius — chapoma.
fistula fumaria — boceh, ombóh.
flavus, a, um — tshàtecana.
flos — poponaim.
foedus, a, um — crotchma.

---

wir (II) folgen lassen, ist durch die vereinten Bemühungen der italienischen Capuziner, welche die Coroados in der Aldea da Pedra oder S. Jozé de Leonissa katechisirten und des Cap. Marlière entstanden, dem wir sie, eben so wie v. Eschwege die seinige, verdanken. Die Schreibung der ersten ist deutsch, die der zweiten ungleich, meistens portugiesisch, und es ist nicht zu verkennen, dass die italienische Auffassung jener geistlichen Väter den Härten gehäufter Consonanten nicht Rechnung getragen hat. Manche Worte sind von ihnen aus der Lingua geral für den Zweck der Katechetisation herüber genommen worden; andere dürften ursprünglich dem Idiome der Coropós, Puris und Aymorés angehören. Grammatikalisch konnte dieses bunte Sprachgemisch von den Missionarien schon desshalb nicht festgestellt werden, weil ihre Katechumenen nicht lange bei ihnen aushielten und beständig wechselten. So mögen denn diese Listen zumal als Maasstab von dem Grade der Vermischung und gegenseitiger Umänderung mehrerer benachbarter Idiome dienen.

folium — tchopé.
foris — te mam.
frigidus, a, um — uhamantá.
frons, tis — pohré.
fulgur — paté-tacuem.
herba — sapacoh.
homo — guaima, cuciman.
— albus — laiya.
— niger — tabagniúh.
hostis — arem grantshira.
humerus — carin-tà.
ignavus, a, um — meritoncòn-ha.
ignis — botèh, potè, pulapé.
infirmus, a, um — tchotáma.
indus — tshiméon.
indusium — guimisài (camiza: port.)
infans — chapóma.
juvenis — nimuihma, knaynha-mona.
labium — tshoré-pé.
lacus — poporta.
lapis — úcah.
lardum — sorobem, d'joran-pé.
laterculus — bopeh.
lignum — ambòh, bonday.
ligo — catasena.
linea — catibèma.
lingua — tobeh.
longus, a, um — suquenuáma, heréma.
loqui — cuayá.
luna — pitarang, petáhra.
— prima — grilepa.
— plena — tagleman.
— nova — ovon.
macer, a um — aricubacòma, harinkē pakon.
madeo — mniam-pe.
magnus, a, um — herenma.
magus — bamonotòma.
mamma — mniamétta, rhamanta.
manus — cocorre.
mater — nhaman, batschána.
mel silvestre — patàng.
membrum virile — seng.
— muliebre — locòh.
mensa — boropàma.
mentum — chaperronta.
meridies — hopè prétui granam.
missa — màngwipang.
mons — prò.
morior — tagranhon.
multus, a, um — pourica.
mulier — aye, boyman, baiman.
nasus — nhieng.
non — candgé.
nox — miribuang, mari pawanta.
obscurus, a, um — marim ponwan.
oculus — mereng, merim.
os, oris — schòry, tzòry, tchoré.
os, ossis — d'jarra.
ovum — paki.
ostendere — pomanwy.
panis — tarúna.
a parte antica — merichó.
a parte ima — bombay.
a parte postica — ùera-vé.
pectus — pũira.
pes — scharu, t'chaperré.
pingere — pirirehma.
pinguis — teshama nheme.
pluma — schàru peh, chippu pē.
pluvia — mniamâ.
pluit — mniang.
pulcher, a, um — butehma.
praedator — puri.
puella — cambé.
puer — sibòhma.
ramus — bó-d'jarta.
respirare — maté-ùan.
ruber, a, um — tchoga ingró.
saccharum — cuan-rim.
saccus — sacombé.
sagitta — abòng, aphòn.
securis — gàmarang, baretana.
semiaethiops — bruttúh.
senex — cajacama.
sic, sane — yá-mocni.
sidera — jurlh.
sol — obèh.
soror — yécuen.
spiritus vini — aàntan cor.
stare — preohá.
sylva — montch-hercuma.
tempus — itschi cáya.
— matutinum — ariná.

terra — osch.
testiculi — cibáki.
tunica muliebris — gattih.
vena — premhé.
venari — chipúróna.
veni huc — gavena.
venter — tengike.
vesper — tatusáih, tashare.
vestes — atih.
vis — tépán-mo.
viscera — tekin.
umbilicus — sabry-pũita.
Numeri: 1 tschambiũan.
2 tschiri.
3 pa-tapacun.
4 pa-pamdé.
10 tschabrandáitsche (digitis alatis).
arundo bambusae — graúng oamrinra (Schott).
aurantium pomum — lareng (laranja: port.)
citreum pomum — limang (lima: port.).
lagena, fructus cucurbitae — ripich.
fructus musae sapientum — bacombùni.
fructus musae paradisiacae — bacoẽng.
oryza — urussù (arróz: port.)
phaseolus — fischong (feijão: port.)
psidium — bohrucèh.
tabacum — abtschign.
bambusa — oamriora.
musa — bacóba.
filix — premprem.
sacchar. officin. — taupanna.
zea mays — maheky.

II.

Coroado von Aldea da Pedra.

abire, discedere — denma pahan.
abscondere — upolatshá.
accessus (aditus) — doy-mom.
acuere — camaca-beu.
adolescens (juvenis) — mache cónha.
adspectus — mawuy recon.
adulator — gue walenna.
aedificare — guira puy.
aemulatio (zelotypia) — aya que tecon.
aemulus, a, um — araya hin.
aeternitas — dá gá cónha.
aeternus, a, um — kú úúé páma.
affinis — maconkéna.
albus, a, um — crayó.
agere (facere) — arebopayá-pa.
amare (diligere) — tima.
ambitio — herrolohé-hin.
amor — timtani-ti-hé.
amplexus — ré-ráca.
anima — tanguéta.
animal — tshamma carocon.
— mansuetum — nanatshé-tohy.

animus fortis — tipimo-tèn-han.
animum intendere — créya téka.
annulus (orbis) — chaperré-pàna.
annus — botéta.
aperire — bratú.
— manum — chaperré pewé.
— portam — ambo-bratú.
— riscum — caica-bratú (port. caixa).
— suos sensus — tocáta grébo-candja.
aqua — nhaman.
aquae inundatio (diluvium) — nhaman garénon daigran.
arbores desectae — amcó nayman.
arcus — merinde, mrinhi.
ardere (fervere) — coaré ponhy.
arma (telum) — tanquetai.
arma deponere — nicajike mica-ticran.
arundo saccharifera — tupána crim.
asperitas (inclementia) — tshété-gakà.
auctus (amplificatus, a, um) — ca-pahón metshy.
auris — pepehna, penta.
auribus pronis aliquid accipere — catshoté.
auscultare — cachaté.
auxilium — cabritór (port.).
avia — nhamantshitag.
aviditas — tekchin-ten.
balbutire — tekin d'jokon.
balneum — yamticahé.
balsamum — baerim-bó.
baptismus † — kó pòma payoya.
baptismi sponsor — mayayané.
baptizare — yatati ayà hé.
barbam tondere — chapronra te-pingua.
bene, recte — tenne cà on.
beneficium — tanne cahy.
bibere — mnmbá, bà.
blandiri —
bonum, benignitas — detan-ticà.
bonus, a, um — tanne.
— vir — tanne cuoiman.
bona mulier — boiaman tanne.

boreas — nanetschorehy.
brachiale, armilla — gacola.
brachium — cacora, nhat.
caducus, a, um (infirmus) — tscho-táma.
caecare — meriba tona.
caecus, a, um — mereréca.
calceamentum — tschama pécha perré pom.
calefacere — coaré, ponhy tenóma.
calefieri — poté guotén.
calidus, a, um — préton-ma.
callidus, a, um — tekind'jakon.
calvaria, cranium — gué-chúma.
campana — clomantótschina.
campus — dota-pá-muhun.
cancer (morbus) — daschuetschina.
candelabrum — pretónma.
canus, a, um — pé come cama.
capilli — gué.
— albi — gué-cattahma.
— cani — bosáhma.
capsa — schàta (port.).
caput — gué.
carbo — tepá ibretóma.
— ardens — poté sicrém.
carmen (cantus) — gangu.
carmen amatorium — boyman gangre.
cauiicum potatorium — gangre.
caro, nis — haniké.
— ferina — pépáhme.
caseus — topira nhamanta.
castigare — yata pêtochi.
castigatio — yatayá po.
castus, pudicus, a, um — caima anachicóma.
catechismus — tarisártshina.
cauda — chésa.
— simiae — tanguá chésa.
caudes arboris — ambo cicrin.
causa (ratio) — hincáten.
cavare — cuchétan.
cavea — chippu gúara.
cavus, a, um (concavus) — dohré.
cemeterium — tshaméma.
centurio — capitam (port).
cerebrum — guê mún muy.

certus, a, um — tshĕtenchám.
charta — tapérra (port. papel.)
chorda arcus — merinde paké.
— tetrachordi — viola (port.) paké.
non multi cibi, minime edacem esse — crischen.
cibum capere, comedere — sheuma.
— suppeditare — puyù gesheupa.
cicatrix — craponlóma.
circulus — craumà.
circumire — cr'n dòlemà.
arbor citri aurantii — lané ambó.
citreum pomum — cadgéne, lima (port.) cadgena.
citrus, arbor — ambò.
clamare — quaré nokan.
clamor — quatshóhón.
clarus, lucidus, a, um — porschemna.
claudere, (occludere) — capoem.
claudiacare — pemé âó-ke pàma.
claudus, a, am (debilis, e) — d'jarra pèn-ma d'giarce dé comen.
cochlear (ligula) — tachetschina.
coci nux indica — paton.
cocos nucifera — potan ambò.
coelum — takùem.
coeruleus — nahna.
cogitare de aliqua re — macotshotéon.
cognatus — xataécuen.
collare, monile — cróane.
collare canis — tapiropé cróane.
collis, tumulus — báhra.
colores — gauneke.
comes, socia — na-ten.
cominus, eminus — preimpá-cuipá.
complicare — guindé.
comprobare — cuaite muhij.
concidere, dissecare — cangró.
concoquere, digerere — téraushéuen.
concordia — arekin-te-hé.
concursare — guarandgenò guin guana.
concutere — schickenbráte.
confabulatio, colloquium — regone ben.
confessarius — charé teregambó.
confirmare — teporren tisché.
confiteri — perembó.
confusio — coay-tapaby.
confusio mentis, perturbatio — mare pangrame.
consicere — hokitshé coisa pewi pa.
conscientia — téco-ca-con.
conspiratio — cayan-promgran.
convivium, festum — héta paï-pa.
cor, dis — tokera.
corium — tshama-pé.
cortex arboris — pé.
cras — herinanta.
crepitaculum — kia-krina.
crepitus ligni — ambó me sà-tu.
cribrum — ondé.
crudelis, e; immanis, e — ponnecká mehy.
crudelitas — shama cohen.
crudeliter — takind'jokonta páma.
crus — intschara.
crus — aripanhan.
cryta, specus — cambay.
crystallum - nhanré.
cucurbita — ripopú.
cusus! — anschon.
culter — tinan.
cupidus, avidus, a, um — shama cohen.
curare — nacatshát.
daemon — nhawucra.
dare — mayáme gayúdo.
da mihi — ga pu.
decem — saperré day.
deligere, eligere — gahny.
demere, deonorare — uahy, rhaüa.
dens — tché.
dentes frangere — tsché candé.
dentium dolor — catuté.
deorsum flectere — tité.
deplorare — gréke pation.
deportare — oei-man.
depravatus, a, um — hekahin timohion.
deprimere, mergere — cambo.
descendere — guà gù.
deserere signa — macran.
desertor, perfuga — hetà-cran-om.
despicere — andó-há.

deversorium — crà-mon.
devorare — roelin ambonehéhon.
digitus — chaperre.
dimidius, a, um — crápà.
discessus — gamo-mù-pa.
discindere, rumpere — lawné-o.
dissimulare — moly-kon.
distribuere — rebo gandjá.
diu, longum tempus — yatá-oyon.
dives, opulentus — hére-pahma.
docere — cahin d'jote.
docilis — tabritonté.
domicilium, sedes — saten metchá.
donum, munus — mayáme gayù.
dormiens — tale arena.
dormire — téra, tebré greme.
dubitare — pensa maüe.
ducere, praeesse — ohindé.
ductor — chéné préte-nion.
duo — tshéré.
dux — tschemier gate gatschino.
edere — masché.
— multum — heren shen.
effodere, excidere — móne cronhon.
effugere inimicos — manots hàhon.
ego — maiake, maké.
elabi, effugere — héta-céan.
elatio, sublatio — shim wayon.
emungere — nberon.
epilepsiae morbus — aràn-graom.
epistolae, litterae — tapera (papel port.)
equus — cawaru (caballo port.)
errare, deesse — tiken, d'johan.
esurire — areteur bónum.
evanescere — condge han.
eviscerare — marké teghen botú.
examinare — mogakin d'jaham.
excedere via — duréshu.
excubiae — caya prán.
ex quo tempore — inné.
exspecta paulisper — cré cawa.
exspectare — cawá.
extendere — pay-ùe.
extinguere — gram.
extra — andara.
extrinsecus, foris — te mam.

fabrica ferraria — ambó cangré.
facere — brotshéu.
facies, vultus — morim bàrra.
factum — tanda cam.
fames — areteur bónum.
farina — maké.
— mandioccae — bifú.
fascinare, incantare — ambó gayúma.
febris — pé-bri-tam.
fel, bilis — dalatá-ta
felis — chapi, pembé.
femina, mulier — boyman.
feminae pulchritudo — boyman bati.
ferire — ti mopó.
ferrum — camaran.
festinare, properare — gamù.
festinatio, properatio — bnemée.
fides — teleneká.
— credita — réte mapúpa.
figmentum, commentum — aretshi cuitshy.
filia — chambé.
filius — chapoma.
— soceri — chambé cuéra.
filix — preprém.
filum — calenyawéna.
— per acum trajicere — cahú-éma.
finire, finem facere — tandá còm.
firmare, munire — ga wà.
fissus, a, um — arimbo-mo.
fistula — bróh-ma.
flamma, ardor — peté garenre.
flavis crinibus — gué marandarni.
flavus, a, um — tschaitacama, tschà-te-cána.
florere — ita ta monhlon.
flos — poponaim.
fluminis ex adverso — nhauran tochéta.
trans fluvium — nhaman-tochéta.
focus — deri-táta.
folium — tschopé, tschupan gué.
fons, scaturigo — nhaman purerenim.
formosa mater — meka cunke.
— soror — meka yé cuen.
— virgo — meka cambé.

fornax — nahen pámo.
fortuna — tenne cà-mehon.
fossa — dobré-ereuma.
frater — tschatay coain.
fraus — konta pahy.
frigus — nhamantá.
frumentum — arron ercuna.
fruticetum — ukanma.
fulgur — paté-tacuem.
funda, crumena — ticani shúna.
funis, laqueus — namá.
fuscus, a, um — gué-patahma.
fusus — técaté.
galerus — gué panchina.
garrulus, a, um — charanque koma.
genu — thorin.
gestus ineptus — tshorécon páma.
gibbus — ura.
gibbosus — uraban búma.
gladius — tshá karri-na.
globosus, rotundus — arund'euma.
globus, sphaera — crá-m-nake.
gradatim — patah-mon.
gratus, a, um — ténu a hy.
gutta, stilla — d'giocon topà.
hic, ecce — grà.
— est — màn gràna.
—, is — tehon.
—, haec — imahon.
hi, illi — newahon.
hoc — mánetehon.
— omne, haec cuncta — manéte erekéma.
hiems — nhaman opericá.
hilaritas — reticaniten.
hirundo — tenke parcuma.
hominis — tshuméma.
hostis — arem grantshira.
humanitas — d'yataïma.
humanus, a, um — hesakin d'jó.
humerus — cariu-tá.
humidus, a, um — taron.
humor — taronya.
icterus morbus — chécorta.
ignavia — meritoncòn.
ignavus, a, um — meritoncòn-hà, ocré.
ignis — poté.
ignis carbonarius — poté sacretumi.
ignem accendere — poté caten.
ignominia — tscho-lé-tamleime (oicom).
illi, ei (pronom.) — machicana.
illinc venit — mankin guàna.
illuc vadit — man-cuè-man.
illuminare, illustrare — merinate té-na.
immo, utique — yà-moeni.
impedire — tangrim-ké.
impensa — tshamanhiá.
implicare — catain-to.
improvidus, a, um — legin d'jocon.
in. — day.
inconsolabilis — cuten grin.
indecens — chambé hintérra.
indianus — tshiméon.
inebriare — onté ma.
infans — chapóma.
inficiari — yotama.
inflare, sufflare — cué tá móma.
infodere — andò-riom.
infra, subter — bombay.
ingratus, a, um — tochité cahon.
inhumanus, a, um — ponecáhon.
initium, principium — andjò-ikáhne.
injuria, injustitia — napó-takind jokon.
injustus — tane mon pokahy.
innocens — reviléo.
inobedientia — tshimi-caha-còn.
inopia cibi — tare tamo ya hinhon.
insanabilis — intika watshe.
insidiae — canha-prám.
inspicere — dáern tschó.
intellectus, mens — gué pure garo.
intelligere — cuaiton pùvéon.
interula — camisa (port.)
intestina, ilia — tékin.
intrare — dahin mamon.
intueri, adspicere — teycho cawá.
invalidus, lingui animo — cajote conham.
invidia — cagin-hom.
ire — gamun.
jacere, cubare — cransanron.
— humi — cheren manron.

jacere puerpera — pembé lay hon.
— in silva — bonday momaca.
jentaculum — linacà pachenpà.
jesus — tupea mataleka.
juba — carune gué.
labi — cracranbe.
labia — tshoré-pé.
labor — petshine.
laborare — tapétshin hi.
labrum — cuan-rim.
lacryma — nhaman meripa.
laqueus — potoke puy.
laqueos avibus tendere — chippu puy.
lardum — d'joran pé.
latibulum ferae — matshema 'gua, oatsha-ma-hémo.
laudare — ténéca-hon.
laus, laudes — tencá-hon.
lectus — canamtshina.
— pensilis — pita.
in lecto cubare — crananatsháran.
lenire, mitigare — congré-tin-day.
leniter procedere — patáh uáteu.
liberalitas — tekotima úihan.
libertas, potestas — takin d'jèhon.
libra, pondus — boshita pocahin.
libra — na-tu-te-kin tahin.
lignum — bonday.
lingua — topé.
longus, a, um — herėma.
longa via — china greyan.
loqui, dicere — cuaya.
colloqui — tsheyà pen.
loqui frustra — aretshi-cuits-hy.
loqui clara voce — cuatshú.
loqui submissa voce — patá cuaya, chatue gaya.
lusitanice loqui — portuy cuaya.
lotum, sordes — okapopay.
lucrum, i — loya muyá.
luna — petáhra.
— intermestris — orón.
— dividua, redux — grilepa.
plenilunium — tagleman.
lunae lumine — petáhra hé saima.
luna fugiens, decrescens — tacoyacon.
luscus — meri pocomone.
lutum — naché greta.
lux, lumen — putapé.
— coeli stellati — tacuen d'juripa.
luxare — koran bona.
macer — harinké pacon.
madefacere — aróma.
magnus, a, um — herenma.
major, jus — cayá cama.
maximus, a, um — duva pericàm.
maledicus in deum — ti-goyà hicoimon.
maledictum in deum, blasphemia — tigoyà-hy.
mancipium, servus — jai-man.
mandioccae radix — bichú.
mane hodie — arina him-ha.
mane, multo mane — pahin kina.
mantica — sacó (port.) pembé.
mare — poporta.
— magnum, oceanus — poporta hereune.
margo, ora — arinta.
maria, sancta — tupan maria onatshona.
mater — nhaman batschána.
— familias — ayan.
in matrimonium ducere — hripaia.
matrona — naben.
medicamentum — baytshina.
medimnus, modius — bókinandàtsame.
melior, potior — teka shy.
meliorem fieri — tatshahin hon.
melius est — patenó pateké.
mensura, modus — curuwin dotshina.
mentum — chaperronta.
meridies — hopé pretui granam.
tempus antemeridianum — grite prepá.
— pomeridianum — tamamon, tuschàre.
merx — tschàma.
metallum, aes — copry (port.)
meus, a, um — bihuàn.
melo, cucurbita citrullus — melanua (port. melancia).
metiri — bucayú dà.

miseria — andgéricà.
mittere — d'solé yá monbá.
moeror, dolor — kantshéna icla.
moerore confici — remocá gùn.
moliri, ad aliquid animum intendere — capòn.
monachus capucinus cucullatus — choperron tólina.
mons, collis — prè.
montem eniti — prê ùan.
monstrare mox, modo — tschimbidschi powanwy.
mori, obire — heta gram, tagra nhon.
mors, obitus — tagranhon.
mortis dies — tagranhi-hon.
mortuus — heta grâon.
muccinium, sudarium — lemo.
multitudo, vis — tshémé apuri cahon.
multus, a, um — pourica.
murmurare — tshile ben.
murus — cuatshéca tshúma.
musae fructus — pokó.
muscus ad arbores — ambó güè.
musica — musica hépuy (port.)
mutare locum — crómuchá pandi.
— consuetudinem — nhoti tshá.
— mores — nholi-tshóeré.
mutuari — aréten-moyá-ma.
mutus, elinguis — d'gi contapa.
mutum esse — pente puri gacon.
narratio — petáhna.
nasum percutere talitro — capan-tú.
natare — nhamen gré.
natio, gens — antshicaré.
nebula — meri tshéma.
necessitas, indigentia — malé ubion.
nepos — chá-uem.
nequam — ténécamexe.
nequaquam — ale pnm pan.
ne unus quidem — caimon.
nidus — pay gnetay.
niger, a, um — uanán.
nihil — d'je-o.
— scit — tricon-a.
nomen — mandgira.
non, minime — condjé.
notio species — ticà gicà.
notionem rei habere — anga o'goimbi.
novus, a, um — sapulen.
nox, ctis — mari pawanta.
noctem sub dio transigere — pité tica tanhy.
nudius tertius — andjó-tshari.
nudus, a, um — caten bakon.
nullus, a, um — condgé-hi.
nuper — pahy-há.
nusquam — cuinómawitéon.
obdormire — tate arena kon.
obedientia — tegind'jo.
obedire — patoxó.
obscuratio solis — hopé-gramma.
obscuritas — marim ponwan.
obscurus, a, um — marim ponwan.
observare — tego shy.
obsidere, oppugnare — merishé grand'jé.
obstetrix — pé-pám.
obstruere — gaque pùen.
occaecare — meriba kóna.
occasio — hépahra paia.
occupare — matabriton.
oculus — merim, mereng, hmrim.
oculi bulbus — merim gri-ré.
oculos circumferre, spectare — tshore netshó.
oculis limis spectare — mericúas.
offendere — chete nowá.
offensio — norò gicón.
offerre — yan ny.
olla, urceus — nhamen-mutly, popan.
onerare animal — tacayà cama.
— currum — tapira ambó.
— telum glande plumbea — arankè grépu.
oriens — hopé nhiram.
ortus solis — hopetacuen mahon.
os — tshorè.
— parvum — tshore pembé.
— rubrum — mucherura.
— ossis — d'jarra.
oscitari — nicadshore tiwémam.
osculari — pursoré-membó.
ostium fluvii — nhaman tshore.

ovum — arinha poké.
pacare — tenum cahon.
pallidus, a, um — cucuente-taipáma.
palpitatio cordis — chametipó.
panis — tarúna.
pannus — ste roróna.
paradisus — tacúen.
partus, us — chambé-lay.
parvus, a, um — pembé.
pater — hale, uaré.
— familias — guar ategatshma.
ad paupertatem redigi — audgéni mecáon.
depauperatus — hér-pá-maché.
pavidus, a, um — caple-ricá.
pavo — cusnnanna.
pax — tecuarashy.
pacem componere — tecua cahon.
pecten — guérena.
pectus — puará.
per — ganden nemo.
percunctari — canyá pnám.
perendie — hinó herinanta.
perferre, pati — té-can-nam.
perforare — ganden çondé.
permutare, commutare — regaya.
pes, dis — t'chaperré.
pedestre iter — t'chaperré uhra.
pedis planta — t'chaperré bay.
pes felis onzae — pana chaperré.
— felis — chappé chaperré.
— canis — d'joara chaperré.
— simiae — tanguá chaperré.
pedibus ire — préüa mou.
petere, poscere — mópúya.
pinguis, e — teshama nheme.
piscari — manaké mondé, manaké mapui.
planities, campus — nochezenna.
pluma, penna — pé, chippu pé, schipé.
plus — cohan-nón.
ponderosus, a, um — bokin, yandá.
pondus, moles — gahá imú.
porcus — schoran.
potens, pollens — thama gray.
potus — nhaman bápan.
praeceptum, jussum — coaisa tenekáta (port. coisa denegada).
praecinctorium e plumis — práragaméneina.
praecipitatio, lapsus — tahatshé.
praefectus — capitam beú.
preces, benedictio — chaperré tinshu.
prehendere, apprehendere — móno bóne.
pretiosus, a, um — tagrán mehan.
pretio magno — moya te pohon.
pridem, ex multis annis — tiatátá-pana.
primum — merichora-gré.
princeps — aleuna.
— gentis — tshemim d'yáuna.
proavus — tahay-etta, tschi-bay.
probitas — temapú-pahon.
projicere, sternere — cawaça.
puer — knay nhamona.
puella — nhatama.
pugna, certamen — garapé.
— luctatio — aram pan huma.
quaerere, scrutari — craca panhuy.
quies, requies — tatend'já.
e lassitudine acquiescas — icratshà tatend'já.
quinque dierum — parepekon.
quinquies — chaprétshiaudobshi.
ramus — bó-d'jarta.
rapere, vi abducere — payóne-pa.
raptor, praedator — tschami grenteuma.
rectus, a, um — préte.
recta via ire — préte motschen.
rectum esse — taperé-tú wü.
reditus — andó denmú.
refugium, praesidium — cahúa.
requiescere — ietan d'já.
res — gasshima.
res nova, novum — cuaita, mawnya.
retro — andó de-hon.
ripa — nhamen arinta.
rosa — bopóném.
rostrum — tshay.
rubeolae morbus — sarampo (port.)

ruber, a, um — muohrurumma, tshega ingró.
rubinus — hoká ruruna.
ruga — lepó nombri léma.
sagilla — pun, aphon.
— acie serrata — scholitscha.
sagittam extrahere — anga-hy.
— frangere — candú.
sagitta pro aviculis — paori.
— militaris — sopa.
sal — guenra.
saliva, sputum — tshoré-tiqual scheinhy.
saltus — erérebòne shina.
salutatio — puay te-ne.
scalpellum — arégambótitshina.
scandere — macawan.
adscendere equum — cawarutská.
— scapham — gará pirsge.
sciurus — pohé.
scolopax — kain créna camhon.
securis — cramman baretuna.
sed, autem — agáhon.
semel — gré.
semihora — ere conhan.
semianimis — tagranhim.
semper — pahin hà.
senectute confectus — aruna gagacrin.
septem — popauhan.
sermo, lingua — knaitikind'jó.
serpens — schanmun.
serta florum — bopo ném.
sicera, vinum adustum — kri (aantan cor).
sileas! — capa kuan-sche.
silex — arande ú-ma dorelchi.
similitudo — tshupran nha cahé.
sinus — nhamanta, njamanta.
societas, consortium — opéri càre.
socrus — aranke.
sol — obéh, opeh.
dies solis — tupan paya.
solis lumen (dies clarus) — obeh he saima.
solvas mihi — y para tagranmahy.
solvere — tagran mahý.
somnium — arécatehra.
species — tshóranrú.
spectrum, phantasma — hopé granma.
speculum — gréka rutschina.
— inspicere — d merim brekarits kina.
spirare, animam ducere — matéùan.
spoliare — peccata bombay.
spondere, fidem interponere — tiké cuoyman tanachú.
spuma — nhaman papan.
stare — prèoha.
sternere, prosternere — bongró.
stipes — chato-chona.
strangulatus, a, um — panré camerim grahon.
strenuus, egregius — tipamo.
succensere, irasci — arégácbéon chespoguol.
succus plantae — bonwé sumocrin.
suffocatus, a, um — taràm granhim.
superstitio — areshi-cuitshé.
supplodere pedem — ché cacham.
sylva — betá, hercuma.
tabacum, herba nicotiana — boké.
tabaci pulvis — tabaco (port.)
tabaci fumus — boke tshé.
tabacum fumare — boké motshe.
tabellarius — tapera yamon.
tabula — ambb détima.
talus — t'chaperré tohny.
tapirus americanus (anta) — painá.
tartarus, inferi — tartara nhawnéra.
tegmen — catea regand'giti.
telum pyrium — bocawa.
teli pyrii ictus — (port.) espin gardad'giá.
templum — tupan guára.
tempus — itshicáya.
— matutinum — ariná.
tener, mollis, subtilis — aranshaná.
terere, fricare — te-ten.
a tergo — ùcra-vé.
— conspicere — hinguira tschó.
terrere, perterrere — gùé-tamon.
tibia, fistula musica — térára.

timidus, a, um — djadamopren.
timor, metus — mapreù.
tollere — caingra.
trajicere fluvium — niaman tshita.
tranquillus, contentus — treguin-ten.
transferre — nan-mù, tetù garan bóna.
transfigere — ambò-ti.
truncus — ambò carúa.
tuber, bubo — crán-nicom.
tuus, a, um — tijuanhum.
tympanum — borarà.
ultimus, a, um — pahinha.
umbra — tangüétá.
sub umbra — hopé granyam.
uncinulus, hamulus — muchenda puca yanda.
uncus, hamus — paten dóna.
undecim — paùan.
urere — cahùanma.
vacillare, nutare — boitinu-téma.
vasta terra — coaiman hercuma hon.
vates, hariolus — bamonotòma.
vena — prembé.
venari aves — chipúróna.
— feras — tsháma le ne.
venator — tayàr coaiman.
venenatus — retahé-ma.
veni huc! — gavéna.
verberare — timopo.
verbum, vocabulum — cuaità.
veru — bóta-tschina.
vesper — teshare.
vestigium — tohny djarraca.
via, iter — chiuna, cheuna.
de via aberrare — tshaimon.
vir — coaima.
viri pulchritudo — coaiman bati.
vis, potestas — tépán-mo.
vitium, mendum — d'jàshikáon.
volvere, devolvere — araprà-mo.
vorago — daréheren-ma.
vulgo sermone quod constat — chambé bacon.
vulnerare — pere-tè-ma.
vulneratus — crim pà-ma.
asinus — arune.
bos ferus — perra-te-ma.
canis — d'zoàra.
— mordax — d'zoàra timeron.
— vertugus — d'zoàra parisena.
capra, capella — catera (port.)
cerva — yarumeaé-bué.
mulus — paké ararenné.
simia — tangná.
taurus — tapira cuéne.
vulpes — patebonday meaino.
avis — chippù.
aquila — cóan negrene.
psittacus — crona, canron.
rana — taurina.
testudo — pécràn-té.
piscis — manaké.
formica — putù.
— rubra — tapàna.

MALALI*).

altus, a, um — amsettoi.
aqua — keché cheche.
arbor — me.
arcus — soihé.
auris — ajepcó epcó.
aurum — toica.

*) Nur wenige Worte konnte ich in Minas Novas aus dem Munde eines Malali (mit deutscher Schreibung) aufzeichnen; andere (mit portugiesischer), welche St. Hilaire (Voy. de Rio de Janeiro et Minas Geraës I. 428) mittheilt, sind hier (H) beigefügt worden.

barba — esekö.
bibamus — ia mococcioc.
brachium — niem nhimnoi.
cadere — omée.
calor — ejé.
canto, are — niamokäe.
capillus — aõ.
caput — akö, cai H.
caro, nis — junié.
coelum — jamepäoime.
collum — ajemio.
cor — akeschõ.
cornu — manaitke.
crus — ennhiola H.
culter — haak (k lenis).
dentes — aió, ajo H.
desuper — jamemauem.
deus — amietó (tupan H.)
digitus — aniemkó, anhemcó H.
domus — jcó.
dormio, ire — niemähonó.
dormiamus — ia mihoeno H.
edo, edere — pomemenmeng.
edamus — ia nasit H.
eo, is, ire — akebege.
femina — nioplanpitecnan H.
femur — ekemno, ennhé H.
farina mandiocca — cuniã.
filia — ekokahá.
filius — hakó.
foedus, a, um — evuurn.
frater — hagno.
frigidus, a, um — kapägnoming-ming.
frons — baké.
herba — achená.
homo — niopoa H.
— niger — tapagnon.
ignis — cuiá, coia H.
indusium (camiza lusit.) — agäschike, camisán H.
infans — akó, jopnan H.
jugulum — aon H.
lac — pojó.
lapis — haak.
lignum — me.
lingua — nhocnho H.
longus, a, um — escheem vel seek.
luna — ajé.
manus — ajimkẽ.
maritus, conjux — atcapiep.
mater — ate, ita H.
mel — tón H.
mordeo — niamanomá.
morior, i — hepohó.
multus, a, um — akgnohachã.
mulier — ajente.
nasus — asejé, cegi H.
niger, a, um — echeemtom.
non — atepomnok.
nox — aptom.
oculus — keto, achetó H.
os, oris — ajatocó, jataco H.
os, ossis — akem.
pater — tanatämon, manaiamcá H.
pectus — ajoche.
pes, edis — apaó, impatá H.
pluma — põe.
pluvia — chaab.
pulcher, a, um — epoi.
pulex penetrans — amhai H.
radix — mimimiaĕ.
ruber, a, um — pocatá.
sagitta — poĩ.
sanguis — akemje.
securis — pe.
serpens — háhim H.
sol — hapem.
telum pyrium — poó.
templum — tupan hué H.
terra — am.
tonitru — scape.
venter — aigno.
ventus — aoché.
unguis — nhmiatchai H.

GUATO*).

aeger — akouai.
alligare — aoutchai.
aqua — maguen.
arbor — mador.
arcus — magalea.
auris — mavi.
avis — madjabé.
bibere — noukeu.
bonus — iloa.
brachium — ma po.
calor — apeu.
cantare — maho.
capilli — ma-eu.
capitaneus — madjioo.
caput — do-keu.
caro — madeu.
cataracta — apowakou.
cauda — ipana.
cerebrum — injaque.
clava — maragueu.
cor — acogo.
considere — naguagueu.
crus — mucupana.
culter — motepougouai.
currere — niguouai.
cymba magna — moutonouu.
— parva — moudinouu.
dentes — maqua.
deus — ochewekin.
diabolus — monkelengui.
dies — machuo.
digitus — tijaque.
dormire — kouni.
edere — aroeuguen.
ensis, gladius — nickeewai.
fatigare — acoura.
febris — apouja.
femina — mouhaja.
femur — uvi.
filia — moudiohaja.
— mea — jio.

filius — alora.
frigus — maraquai.
frons — toori.
fulgur — ito.
gaudere — atarijou.
gravis — itavo.
guttur — yotorito.
homo albus — akua-ichou.
— niger — mibaia-chou.
— ruber — magueu.
— semiaethiops — noupirego-chou.
humerus — chawapo.
ignis — mata.
labium — iguai-o.
lacerta — miperei.
lacus — mouriquen.
lapis — macou.
lardum — magunpo.
lavare — waafé.
levis — nitaan.
lignum, sylva — modj-ao.
lingua — chagi.
loqui — mouteu.
luna — upina.
malus vel foedus — mifau.
manus — ida.
mentum — ebo.
mergere — afeugua.
mons — marapo.
mordere — eta.
nasus — taga.
natare — afeaeuni.
non — mau.
nox — mafi.
occidere — wadoubegou.
oculus — marei.
os, oris — djio.
pagus — thajou.
pectus — daapé.
pellis — ifai.
percutere — negoun.

*) Nach Castelnau (Expédit. V. 283.) Vergl. oben I. 245.

pes — apoo.
piger — eiguaoraea.
piscis — megenu.
plorare — aouni.
pluvia — mavei.
prata, campus — madjo-ougeu.
pulcher — nitou.
rivulus — moudieque.
rivus — malogiquen.
sagittae — machil.
saltare — agacha.
sanguis — mougua-a.
senex vel anus — meou.
serpens — mojijipao.
sic — ii.
sicera — mapoqueue.
sidera — mabeu.
sol — nouveai.
sternutare — atchian.
supercilia — mokeu-oudi.
telum pyrium — makeu.
terra — mafo.
timor — noulaguaio.
tonitru — malariaa.
tugurium — moueu.
venari — yavarou.
venter — ipo.
vestimenta — maré.
via, semita — maouvi.
vir — matai.
Numeri: 1 tchenai.
2 dou-ouni.
3 tchoum.
4 dekai.
5 toera.
6 tchenai-caicaira.
7 dououni-caicaira.
8 tchoum-cairaira.
9 dekai-caicaira.
10 quinoida.
11 thenai-ai-caibo.
12 dououndi-ai-caibo.
13 tchoum-ai-caibo.
14 dekai-ai-caibo.
15 quinoibo.
16 tchenai-ai-quachoibo.
17 dououndi-ai-quachoibo.
18 tchoum-ai-quachoibo.
19 dekai-ai-quachoibo.
20 quinoui-quachoibo.
21 tchenai-jiga.
26 deckagiga.
30 tchenai-jiga-caicaira.
bos — waca (port.).
canis — mavii.
cervus — mejiavi.
equus — tojepago.
dasypus — mipi.
felis onza — apaco.
hydrochoerus — makeuen.
lupus — mougouteu.
nasua — maajaho.
simia — macpo.
sus — mapo.
tapirus — maou.
vespertilio — mapo.
gallina — magari-jahé.
mycteria (jabiru) — nicko.
psittacus — mitada.
— ara — machada.
rhamphastos — malogouini.
rhea americ. — maatou.
crocodilus — miko.
crotalus — mijii.
python — miquari.
palma (cocos) — midjii.
batatas edulis — mouka.
fabae — moupariroca.
gossypium — moutchai.
musae fructus — maquajaha.
tabacum — maboo.
zea maïs — majei.

PATAGON*).

accipe — ché.
aqua — karra.
avis — guerrio.
auris — shene.
barba — mâ.
bibo, ere — kara.
canto, are — kaguen.
caput — guil.
cincinnus capillorum — korgegue.
cingulum — cheldá.
clavis — gunkeraxue.
cutis — zog.
cymba — guakemjaro.
da mihi — mama.
dens — curr.
deus — kakenga.
domus — cocha.
dormio, ire — o-koten.
dux — agá.
edo, ere — catonocho.
eo, ire — alguen.
faux — omer.
fibula — kochel kegular.
frango, ere — kaken.
frater — chen.
frenum — can.
frigidus — azussem.
frons — cauliken.
fumum ducere (tabaci) — hangui.
funiculus (filum) — cacha.
globulos cornibus taurorum imponere (embolar: hisp.) — korsaken.
habenae — shum.
herba — ottá.
homo — nuken.
jaculor, ari — selbak.
ignis — hamonaka.
infans — calum (tupi: columi = parvus.)
labium — shum.
laborare — ashul.
lacrymo, are — jacangui.
lapis — chana.
lingua — del.
loquor, i — heaken.
luna — amania.
magnus, a, um — mazi.
mala — capank.
manus — ore, fan.
maritus — chagua.
mater — yaman.
mendacium — zauen.
mulier — zunum.
multus — azum.
mystax — machen.
nasus — oo.
navis — carro.
nix — maygga.
non amplius — a-shoko.
nux — apula.
oculus — gottel.
omnis — keuken.
parvus, a, um — tudem.
pater — yecamesh.
pes — keal.
pileus — koja.
pluma — aujar.
puella — zunum-kekalum.
puer — nukenke-kaleb.
relinquo, ere — kut-kut.
salio, ire — aljekuen.
salto, are — andiam.
scribo, ere — ore.
sedeo, ere — pee.
sic, sane — chea.
socius — kemparkem.
sol — shwim.
surgo, ere — kean.
supra — zonguen.
telum pyrium — sembak.
tempus matutinum — kenio.
totum — chá.

*) Von D. Fel. Bauzá, spanische Schreibung.

ventus — koskil.
venter — guim.
vestis — kakoesen.
vigilo, are — anguenguen.
volo, velle — sokey.
Numeri: 1 cheuquen.
2 xeukay.
3 keash.
4 kekaguy.
5 keytzum.
6 wenecash.
7 kuka.
8 wenckekague.
9 kekaxetzum.
10 xaken.
20 keukum-xaken.
30 ashunu-xaken.
60 kukunu-xaken.
100 kagunu-xogena.
canis — ejeguen.
dasypus — vriji.
rhea americana — eluc.
cicer arietinum — kekuretareguen.
lentes — sella.

C A M É*).

accendere ignem — pin arna, pingungrá.
albus, a, um — ouprei, cupri.
alligare — xé-xé.
amare — maké l. loké.
amicus — mavi.
amplecti — quimi.
aqua — goió.
arbor — caico.
audire — mé.
auris — nigré.
barba — jo vé.
bibere — cron.
bonus, a, um — ke.
brachium — pen, ipennunbac.
cacare — jafaia.
cantare — jen.
capillus — guem.
caput — yerim l. crim.
caro — tini.
caro cocta — nhendaia.
caro assa — tini cuxiré, gremgrem.
cataracta — goio cané.
cauda — pu, bu.
cerebrum — crimemio.
coelum — caiqué.
coeruleus — taim.
collare — jenca.
collum — ndui.
considere — nin.
coquere — endai-mó.
cor — yfé.
corbes — cren.
culter — jaque (faca: lusit.)
cymba — quiquein.
deus — tupen.
diabolus — vai-man (ens malum.)
dies — guniá.

*) Diese Camés, den Ansiedlern im Innern von S. Paulo unter dem Namen der Bugre oder als Indios do Mato bekannt, nennen sich selbst Caing-ang und wenn sie sich unter den Weissen, als gezähmt, niederlassen, Cai-qui. Auch ihre Sprache, in der sich Anklänge an die der Gès, Crens, der Goyatacás mit Wörtern aus der Tupi und aus Neger-Idiomen verquickt finden, weisst sie als eine Colluvies gentium nach, deren Wurzeln vergeblich in Einer Richtung zu suchen wären. — Die Schreibung ist portugiesisch. — Vergl. I. 301.

digitus — ningue.
— pedis — epen-fayé.
dormire — inorom.
durus, a, um — taratá.
edere — — coiá.
ego — in, ünh, ixom.
excrementa — jáfaia.
falx — rongorô.
fames — coquerim.
fatigatus — queretim.
femina — fu, tata.
ferire — guié.
ferox — yo.
filius — coxim.
flavus — oingueré.
flos — cáfeié.
fluvius — goió.
— magnus — goioxim.
foetidus — faingu.
folium — cafaie.
frater — javu-kei-kei.
frigus — cuxá, cuxaté.
fugere — guaipaintim.
gens — ang.
— nostra — rangre.
— silvestris — caing-ang.
genu — jacrino.
gravis — cufi, enfuié.
homo — caia, pahy, auy.
— semiaethiops — cuxam.
ignis — pin.
indusium — xupoin.
— tipoy — crenini.
inimicus — tocri.
infans — pahy-xim, coianxi.
labium — jenforó.
lacus — cape, capi l. oré.
lavare — cupe.
lignum, baculum — ca.
ligna pro igne — pimn.
lingua — noné.
macer — hoió.
magnus — banc, be, beve.
malus, a, um — yo l. yon.
manus — ningue.
— dextra — ipenyá.
— manus sinistra — jaquem.
mare — goio ü.
masculus, vir. — gré.
mater — yaâ.
mel (apis) — mangué.
membrum fem. — fu.
— virile — engrá.
mergere — put, putquyá.
mons — crim.
mordere — yprara.
mori — teré.
mulier — coianfang.
multum — ii.
nasus — ninhé.
natare — brombó.
nequaquam, non — tom.
niger, a, um — xiu.
nos omnes — em.
occidere — ajainc.
oculus — cané.
os, oris — yencu, sané.
os, ossis — cucá.
ovum — crem.
pagus — jamé.
pecten — vaicuruyá.
pellis — coqui.
perizoma muliebre — cuecreié.
pes — ypen.
piger — nhemnheré.
pileus — crimeri-taoka.
pinguis — taimbe.
piscari — ienefé.
piscis magnus — pirem.
piscis parvus — cricromfari.
plorare — fuam.
pluma — feré.
plumbum teli pyrii — boque cané.
podex — dagne.
prata l. campus — heré.
pulcher, a, um — xetavin, chetavine.
pulex — quempó.
putamen fructus — fui.
radix — ca-hieré.
ramus — ca-pen.
rivus — goio baue.
ruber — cuxam.
saltare — angrá.
sanguis — quenai.
sapere, nosse — caiaró.

senex — cofá.
sibilus — nuin.
sicera — goio fá.
silva magna — nembain.
sol — cri, heri.
sol ardens — crekriri.
spina — xoin.
stragula dormitoria — queré.
sylva — nen.
— alta — nenetaia.
telum pyrium — boqué.
timor — méde.
tugurium — in.
unguis — rengou.
umbilicus — nonguin.
valens — taramani.
vecors — camé.
venari — javain.
venter — dune.
vociferare — aprere.
Numeri: 1
2 rangre.
3 tactom.
bos — boin (lusit.).
canis — okong.
equus — queveru (lusit.)
felis — mim-xi.
simia myceles — gong.
simia cebus — cayerem.
tapirus — ajoron.
vespertilio — criefaia.
anas (avis) — peimbé.
anser — pumbé.
corvus — jongong.
gallus — gari (lusit.)
perdrix (crypturus) — tandu.
psittacus ara — queag.
psittacus — jongjó.
rhamphastos — ngró.
culex — xiim.
papilio — tatá.
araucaria, arbor — fuene.
cucurbita — pakon.
gossypium — yxomtom.
malum aurantium — nerinhé (naranjá: port.)
zeae maidis semen — nbere.

GENTIS GÜCK V. COCO.

DIALECTI VARIAE.

CAYRIRI*).

adscendere — woierae.
amare — uca.
acus — awi.
albus, a, um — cu.
amita — anha dede, nhé.
assa carnem — loppo gratzöna.
arbor — bewò.
auris — benjen, benjé.
aqua — dzú.
avunculus — cuccuh (Sabuja).
avus — nhiké, tó.
anima — anhi.
animal — enki.
baculum — baeló.
barba — enathũ.
bellum — cropobó.
bibo — toclura(e)n.
brachium — aenũ, bò.
brevis — arantuncteschn.
calor — buignicoh.
calx — baerú.
campus — merù.
canto — doca cammarà (Sab.)
capillus — fazambu di kiechi.
captivus — boronumú.
caput — tzambú, zam v. pucroih.
cauda — cru.
caro, carnis — cradzò.
cinis — bydi.
clamo — khüleh.
circumspicere — bemè.
clericus — uahre (Sab.).
coelum — arantscheh, arakie.
cognatus — jatsammuh (Sab.)
collum — ne v. cannacah (Sab.)
colus — poponghi.
contundere grana maydis — tatumussiggi.
cor — si.
corbes — bará, selú.
corpus — boingnihoh, buyewoho, ibuyewoho.
cortex — buró.
costa — woro, missih (Sab.).
cribrum — erú.
crus — uvó, wò.
culter — utzàh.
currere — bŷ.

---

*) Nach eigener Aufzeichnung und nach einem in Pedra Branca mitgetheilten Vocabular, das grösstentheils mit Mamiani's Grammatik übereinstimmt. Vergl. I. 346. 349. Die auch dem Sabuja gehörigen Worte sind (Sab.) bezeichnet.

cutis — iroh (Sab.)
— taurina — iro gratzoni (Sab.)
dens — zah, dza (Sab.)
deus — tubang l. tupá.
diabolus — niu(ng)oh, nhewò (Sab.)
dies — cajablih, cayaprj (Sab.)
digitus — mussambugi.
dux — dubé.
eamus in sylvam venatum — bucumi(ng) thezch paingoküh.
eo, ire — wi.
edo, edere — ammih.
esurire — eibarü.
farina mandioccae — muiccuh.
femur — uh(n)äh.
femina — ruté.
ferrum — meratä.
filia — ingniutzüzü (s. Sab.)
— fatris — baeké.
— sororis — yaeké.
filius — ingniurang, nhuanhá.
— fratris — dzó.
fistula fumaria — paungüh, pacwi.
flos — purú.
foedus, a, um — tuturäbujch.
frater — burän.
— major natu — popó.
frigus — cuignih.
frons — pobckroik, ampri, cobé, tidzehehobó.
fulgur — zutzschepotlitaklüh.
fumus — badzú.
fur — tikoatschülülüh.
furari — cotó.
fusus — burubú.
gener — myté.
genu — cudú.
gossypium — endi.
gusto — tuhaeboijin.
hamus — yacroró.
hepar — prenhe.
herba — phüh (Sab.)
homo — klöh, tsohó (Sab.)
— bonus — cannigüh.
— niger — goh (Sab.)
homines multi — puoyhyh zochohüh.
hostis — mará.
humerus — nebarú.
infans — nhú.
ignis — issüh l. iuú (Sab.)
intestina — hé.
jaculum — cotó.
jocor — caratzitschihin.
jugum textorium — woncuró.
lac — cummamang.
lacus — zulig(h)üh, dzuriú.
lavo — taboigneràh.
lapis — cro.
lectus (scamnum) — pycá.
lignum — tsi.
lingua — nunuh (Sab.)
longus — arantschibujan.
luna — gajacüh, cayacú (Sab.)
macer — c(a)ratibuja.
mamma — mamma.
manus — mussang, buanghe-mysa.
maritus — renghé.
mater — higgäh, idé (Sab.)
membrum virile — ingnieng.
— mul. — zahaëb.
mensis — cayacú.
mingo — isacóh, tzacoh.
mons — bonto.
— altus — bonto hutsüh.
mori — nhá.
mortuus — iküburüb.
mortuum esse — pá.
filius (frater?) meus mortuus est — igniaklübürüh.
multus — puoiyhüh.
mulier — kütsi (Sab.)
natare — woicrä bahn (in aqua adscendere).
nebula — crayoté.
nasus — nambih.
nepos — té, nimbi.
neptis — teké.
niger — gostotheheh, cotzo.
nox — mocàja vel kajà vel kajade
obscurus, a, um — sincki.
occido — pa(h)crihüh.
oculus — ponubí l. pó.
olere bene — tuhae(r)ia(o)ing.
— male — cahae(r)ia(o)ing.
oro — doraschüh.

os, oris — oriza, warizza (Sab.)
os, ossis — mĕ.
oscitari — bidzonerá.
patella — cuttuh (Sab.)
pater — laikoh, padzú.
patruus — paidenhè, payé.
paucus — pujumbūhūh.
pecten — bakiribû.
pectus — piccoh l. crabú.
percolare — bydzú.
persona — ibichó.
pes — bouih, by (Sab.)
piscis — mudzé.
pinguis — isa còba.
pluma — ickuh.
— anataria — ickypatohūh (Sab.)
puer — tschibarinang.
pulcher — buttschèry.
radix — imūtzi, mu.
rete piscatorium — muhé.
renes — sebý.
ridere — haehae.
ripa — be.
ruber — gutschutheheh, rone he cutzu.
sagitta — yarú.
sanguis — plū, pri.
securis — bodzó.
senex — urunoiáh.
socius, compater — it and aeh! irandaèh.
sol — utschih, uche (Sab.)
soror — buccàh (Sab.)
— minor natu — byké.
— major natu — dzodzé.
sororis maritus — uwó.
stella — batthhūh (Sab.)
surgere — ibuò.
sylva — lettzeh l. bebi.
tangere — baciwi.
tempus matutinum — carantzi.
timere — bê.
terra — rattàh, rada (Sab.)
trulla — runhú.
tugurium — erá, baté.

tonitru — tschoăklūhūh (Sab.)
veni! — cacazi-ho.
venter — muttuh l. byro.
ventus — suo.
veru — babasité.
via — wó.
video — nastotenieng.
viridis — ora aranthcheh.
vivo — izohorūhūh.
umbilicus — mucri.
unguis — ebajá.
via — wo.
vulnus — beheté.
palma cocos — coniah.
bixa orellana — bucrenké.
zeae mays fructus — bucupý.
— —, — tostus — madzó.
— — — panicula — sombý.

Numeri:
1 liauigăboh.
2 liaui-thikanihūh.
3 liaui-thikani hūhke.
4 ibichó.
5 ibichó.

Mamiani und Hervas (Idea dell Universo XX. p. 237) geben folgende Zahlen:

1 bihè.
2 wachani.
3 wachani-dikié.
4 sumarà-oróbae.
5 my bihe misā sai (eine Hand) misa = manus.
6 myrepri bubihé misā sai (eins über die Hand).
7 myrepri wachani misā sai (2 u. d. Hand.)
8 myrepri wachanidikie misā sai (3 u. d. Hand.)
9 myrepri sumarà.
10 micribae misa sai (alle Hände).
20 micribae misa ideho ibŷ sai (beide Hände und Füsse.)

teoho oder buyo; multi.
eribae, eribune, wohoye — omnes.

SABUJA*).

assa carnem — thabunch gratzo.
ascendo — thoigobochgemuih.
audio — natzothelzicaignab.
auris — penich.
avunculus — cuccùh (Kiriri).
barba — zanatih.
bibo — mitschätzufazicujeng.
brachium — tzaneh.
brevis — hanjeheh.
caeruleus — cracullihūh.
calor — buicobehüh.
canto — docacammaraūleh (Kiriri).
capillus — hotsebuh.
caput — zabùh nukibmú maip.
clamo — cacatzicòh.
clericus — uahre (Kiriri).
coelum — legge.
cognatus — jatsammuh (Kiriri).
collum — canecah (cungá: Aimara).
contundere grana maydis tota — musikinang.
corpus — hijöwagoh, ibuyewoho kiriri.
costa — missih (s. Kir.).
cutis — iroh (s. Kir.).
— taurina — irogratzo (s. Kir.).
dens — zah (s. Kir.).
descendo — hitschüb(o)athōh.
deus — tubbuih.
diabolus — niu(ng)oh (s. Kir.).
dies — cajabluih (s. Kir.)
doleo, ere — unūbet thathayaih.
dormio — tacuinihùh.
edo — buitocuingnulch.
eo, ire — tacuihillöh.
femur — uoch.
filia — iniutkütsih (s. Kir.).
filius — giniulch.
fistula fumaria — poiuh-poiüh.
flavus — cruhellihüh.
foedus, a, um — lelebohih.
frater — g'ibulèh.
frigus — giniacunih.
frons — cobèh.
fulgur — kitschebotschühih.
gusto — tuchegkihühileh.
herba — phüh (s. K.).
homo — (g)löh (s. K.).
— albus — carai.
— niger — goh (s. K.).
homines multi — zoghenihoh.
ignis — essùh (s. K.).
jocor — curazikhülèh.
lac — guma moneh.
lavo — latibögiroanah.
lingua — nunüh (s. K.).
longus — sorotsethaheh.
luna — gajacùh (s. K.)
macer — gratzebaheh.
mamma — mamoèh.
manus — mussoèh.
mater — hikgàeh (s. K.).
membrum virile — niu(r)leh.
— mul. — sinueh.
mingo — sinseccoh.
missa — wanga, missa.
multus — pujachük.
mulier — gkütstih (s. K.).
nasus — nabitzeh.
niger — cotzolihūh.
nox — mucajä (s. K.).
oculus — poh.
olere bene — tuchegtschihüh.
os, oris — orizeh (s. K.).
os, ossis — gimmeh.
patella — guttuh (s. K.).
pater — poitzuh.
paucus — pupū tupischū.
pectus — crabuh.
pes — puih (s. K.).
pinguis — huinjataheh.
pluma — icküh (s. K.).

*) Nach eigener Aufzeichnung. — Vergl. I. 348. Es scheinen sich hier auch Anklänge an die Quiteña und die Aymará zu finden.

pluma anataria — ickypatohüh (s. Kir.).
puer — miukòh.
pulcher — canglitschuih.
ruber — crohellihüh.
sanguis — hibblüh.
scinde carnem ad assandum — thabo(r)hehgratzo hülleh a cobotoh.
senex — nlanch.
socius, compater — anülléh! schiletleh.
sol — utschèh (s. K.).
soror — puccöch (s. K.).
stella — bathüh (s. K.).
sylva — litsi.
terra — rattah (s. K.).
tonitru — tzoklühlih (s. K.).
venter — mutluh (s. K.)
video — natzothehhinjoh.
umbilicus — muclih.
unguis — tschibajah.
veni! — cacazihoh.
volo — zucailitòh.

PIMENTEIRA*).

asso, are — taratschiuh.
audio — ujetanteh.
avia — cojabó.
auris — baeuängcunüh.
avunculus — kuckú.
avus — tschiaungāh.
barba — tschamötü.
bibo — ungkulü.
braccae — pülambutubrü.
brachium — söbaröh tamanaco japari.
brevis — nicobābó.
caeruleus — nütüke.
calcaneus — stamurü.
calceus — anampūtu.
calidus — iramugkquä.
capillus — baburi.
caput — baburi.
coelum — jacang.
collum — müblurü.
contundo — ebaung.
coquo — oráh.
corpus — pitubrü.
coxa — oekumangöh.
cubitus — brasüruh.
culter — flötöwübong.
dens — jari tamanaco: jeri.
diabolus — cadiabonicabó.
digitus — mandöröh.
— pedis — pupulü.
domus — panazé, aninih.
dormio — inigza.
edo — wuitti.
ego — ja.
eo, ire — tüchüsatzé.
esurio — anüchtschiuh.
farina — ungküomú.
femur — petti.
filia — gotsiong.
filius — muniúng.
fistula fumaria — tamitzé.
flavus — wertacumüng.
foedus, a, um — embombléáng.
folium — umá.
frater — accōb.
frigidus — kămĕka.
frons — oeungcamōröh.
fulgur — gruandi.

---

*) Vergl. I. 348. — Dieses von uns in Piauhy aufgenommene Verzeichniss weisst Verwandtschaft mit den Cayriris und den Tamanacos nach.

gusto — santüerü.
homo — tschä, tschäho.
— albus — tschiatarü.
— niger — purümarehö.
homines multi — tschäning.
ignis — waff-undi.
indusium — inggi.
infans — mulörü.
juvenis — janing.
lacus — oeruang.
lapis — tappu, pückarüh.
lavo — kürütéh.
lignum — jéjé.
lingua — nuri.
longus — gütschangong.
luna — nullú.
manus — mandöröh.
maritus — apüngniangnäh.
mater — niaingja.
membrum vir. — gico aring.
— mul. — pütze maung.
meridies — atschürügueng-a.
meus — üjú.
mingo — troser.
morior — naborü.
mortuus — naborü-amang.
multus — tinängkowä.
nasus — hubarü.
niger — meccauiong.
non — atigotzängnoblaina.
nox — gonggong.
occido — ultüaltöh.
oculus — oeungthuburüh.
oro — cantah.
os, oris — üthubürin.
os, ossis — gotzürüng.
patella — socomurü.
pater — juju.
paucus — nönbobó.
pectus — maianturü.
pluma — uiu parü.
pluvia — tujang.
puella — mutschiamu.
pulcher — bomeckaung.
ruber — umparü.
sagitta — pürarüh.
sanguis — müngrü.
semiaethiops — oeröpiugh.
senex — marabú.
socius, compater — panarini.
sol — titti.
soror — boingje.
stella — simathonschong.
sura — puittüring.
tempus matutinum — gungcláungabu.
terra — nunu.
tonitru — mörurü.
tu — manna.
tuus — uja.
venor — apaientzé.
venter — jangmunü.
ventus — siccöh.
vesper — gong gonggmungbainga.
video — ujanteh.
viridis — küntö.
umbilicus — ingquitü.
unguis — imbuairü.
volo — tigotzä.
bombyx — buta-tschengquö.
piscis (sorubim) — ung-quaunyung-gaung.
tabacum — tschiaming.
faba — gömung-tambaré.
mandiocca — uütschörö.
zea mays — thauatöh.
cocos (palma) — tutumó.

MANAO, ORE-MANAO*)

albus — palyhaly.
altus — ghelükoloc.
amita — naküeru.
anima — hamary code.
annus — ehaua.
aqua — unüa.
arbor — ata panumàry.
arcus coelestis — ghenaiy.
avia — atukunyüro.
audio — pikimülapa nughala.
auris — nutéky.
avunculus — ghooko.
avus — akeghuny.
axilla — nuaparkota.
bibo — notüira.
brachium — nutàna maipures nuanà.
brevis — ghüahuisigho.
caco — notýa.
calcaneus — nukutoky.
capillus — nuküüna itschy.
caput — nuküúna, nukibucu mayp, nuchuti moxo.
cilium — nukonika itschy, numozi moxa.
clamo — uahoha.
clavicula — noba.
coelum — ghinauigota.
cognatus — nuneemána.
collum — nunoby.
connubo — ghairùta.
cor — nunèghy.
corpus — nukàty.
coxa — nooky tàleky.
cras — narikohly.
crus — nutaiity.
cubitus — sokysoky.
cymba — ytscha.
dens — nay, nuoc moxa, nati mayp.
deus — mauary (s. Cariays).
diabolus — gamainha.
dies — tzamàko.
digitorum articuli — nukaita teréta.
domus — nuanu.
— mea — nuàng.
— tua — poèany.
— sua — püiro.
— nostra — uaána.
dormio — uatümaka.
eamus — huena.
edo — uena aitscha.
ego — no.
femur — nuoky.
filia — notairu.
filius — notany.
flavus — tauàty.
flos — ataiby.
foedus — palaitala.
folium — ata-àna.
frater — neyery.
frons — teoata.
fructus — ataüko.
fulgur — epenüly.
gusto — ghonaulununüma.
guttur — — nukanaghüta.
hodie — ghaigut.
homo — yrinàly.
humerus — nutána.
ignis — ghügaty.
ille — erouty.
illi, ae — nèla.
imo — numèta.
infans — ghorencka.
labium — nunumatapy.
lacus — ghaliau.
lapis — ghüa.
lavo — uakaua.
lavare vestes — uènu wakipa M. watùry S.
lignum — ata (s. Bare).
lingua — nunéta.

*) Aufzeichnung durch Spix am Rio Negro.

luna — ghairy.
— prima — rhitàky.
— plena — ghairy-poaleta.
magnus — panumàla.
magus — maly.
mamma — nutüna.
manus — nukaitá.
marita — rauty ghaimirita.
maritus — noimiry.
mater — enakony.
membrum virile — nupüia.
— mul. — ykũma.
mensis — ghairy.
mingo — natèka.
mons — mapapâna.
morior — uamatüka.
mulier — ytunàlo.
— mea — noero.
multus — ulila.
nasus — nukiria.
niger — püghüly.
non — mée numèta.
nos — huène.
nox — yetila.
occiput — nupighüky.
oculus — nukurika.
orion — maucky.
os, oris — nunúma (v. Bare und Cariays).
parvus — tajamohoyuka.
patella — nutau apèrü.
pater — apakony.
paucus — tayamála.
pectus — nutukune.
pedis articulus — noky soky.
pes — nukiy, nutaa.
planta — nukü-ita.
pleiades — ynaua.
podex — nupúry.
profundus — enegota.
pulcher — saoïla.
radix — ataüety.
ramus — ata-akúra.
rivus — ghiigàly.
ruber — pòty.
salto — uaçara.
sanguis — yràty.
scapula — nuparotere.
sol — gamuy (v. Cariays).
soror — nunyàru.
stella — boibàly.
supercilium — natoraitschy.
tempus matutinum — pamyeriko.
terra — etée.
testiculi — nuyekü.
tu — pi.
veni! — natzy ghailitschy.
ventus — yauàly.
venor — huena pakuta.
venter — nutúla (s. Bare).
vesper — pekelapa.
video — pipata paraúty.
vivo — mee unatüka.
umbilicus — nuzoo.
unguis — nunyupàta.
vos — yna.

Numeri: 1 panimu.
2 piarukúma.
3 pialuky paulo.

crax — uiú.
psophia (jacami) — lolitschamy.
cercoleptes caudivolvulus (jupara) — huitscha.
tabanus (mutuca) — crekùry.

MARAUHA *).

aër — parumi.
albus — uauy.
altus — atuku.
amita — ohuy.
anima — unamò, mande tamanae.
anus — azeuno.
aqua — uny, une moxa mayp luna: taman.
arbor — uguaschukuna.
audio — nekemisahé.
auditus — nesebiro.
avia — azuu.
avis — ghimpú.
auris — netaky.
avunculus — oky.
avus — atuyu.
bibo — pitò.
brachium — nesché.
brevis — turuberu.
caco — napaiza.
caeruleus — puray.
calcaneus — nobatala.
canto — nikyschakiun.
capillus — hoty, nu-hutisi moxa.
caput — nisiuy.
cilium — nakuschu.
clamo — pohárra.
clavicula — notossapu.
coelum — yhischakote (das ganze Blau).
cognatus — numapaka.
collum — neoto.
connubo — noanoruno.
cor — napana, javani tamanae.
corpus — nian, nuuaná maip.
costa — noara.
coxa — nobarare.
cras — atitay.
cubitus — nukuyuné.
cymba — yschaly.
dens — natú.
diabolus — mapù.
dies — ary.
digitus pedis — nokuty.
domus — kakoaka.
dormio — netemeka.
edo — peziuia.
ego — nya.
femur — nobekü·
filia — nitay.
filius — nitisy.
flavus — alohy.
flos — urimy.
fluvius — uny.
folium — atasiby.
frater — mamaschu.
frons — nokobo.
gusto — amugnubitty.
hodie — paihübe.
homo — teuun?
— albus — karaiua.
homines multi — kabeary teuun.
— pauci — yakahoe teuun.
humerus — nesekeré.
ignis — yrisy.
ille — latza.
imo — ylainopity.
infans — otay.
labium — neschumascho.
lacertus — nokabé.
lapis — ghoeba.
lavo — nakia.
lavare vestes — nisipaikoi.
lingua — niaya.
longus — uitacúru.
lucifer — oaloloary.
lumbus — nekeleberu.
luna — ualiauan.
— nova — ytolene.
— plena — utoloakana.
magus — marionu.
mamma — noty.
manus — nokabesuy.
maritus (conjux) — nirimety.
mater — amirù.
membrum virile — nisy.

*) Von Spix am Rio Jatahy aufgenommen.

membrum muliebre — akuhr.
mentum — noepatóna.
[illegible]o — nataka.
[illegible] — atuku.
morior — yukuna.
mortuus — yukunahary.
mulier — nuruno.
multus — Kabiary.
nasus — nisiry.
niger — kuryhy.
non — yakahoe.
nos — uya.
nox — atỳ.
occiput — noloquasi.
oculus — nakosy.
oleo — nurranhé.
orion — bekũru.
os, oris — neomako.
pater — auatshu.
paucus — yrebeta yakahe.
pectus — nopataire.
pes — nitaba.
piscis — emé.
pleiades — selé.
poples — noboturu.
profundus — kateku.
puella — hyuno.
puer — itino miry.
pulmo — nesoabara.
radix — utebá.
ramus — batiberu.
respiro — nasiryú.
ruber — atokana.
sanguis — nisá.
senex — atuyuno.
sol — kumetú.
soror — napaua.
stella — ybiru.
sternuo — nasiryú.
supercilium — nakiby.
sura — nitapaty.
sylva — atanykana.
tempus matutinum — kitschakobe.
terra — katoĕ.
testiculi — nikelesy.
tu — pya.
tugurium — kakoaka.
venor — napurata nekana.

venter — natỳ.
vespere — atiuma.
video — ghauunia.
viscera — utỳ.
umbilicus — natibiku.
unguis — nopara.
Numeri: 1 uquaschumu.
2 muschamu.
3 gheben.
4 uschanamak.
5 korodacapo?
6 ukutadacapo?
7 auintadacapo?
tapirus — gama.
cervus — kauýare.
felis onça — ytuery.
— — nigra — kuriana.
— pardalis — uryury.
canis — nunira.
manatus — abiàn.
delphinus (tucuschy, bodo) — uayuary.
— minor nigricans (ruffeo) — amano.
cebus apella (macaco) — uirika.
— fatuellus (prego) — poeté.
— gracilis (caiarara) — arary.
ateles paniscus (coatá) — uamona.
lagothrix olivaceus (barrigudo) — kaparú.
mycetes (guariba vermelho — ytúry.
callithrix cuprea (oyapussa) — yuá.
nyctipithecus felinus (üa) — mehua.
pithecia ouacary (ouacary) — oakará.
dasypus — yeschý.
nasua — ghibery.
dicotyles labiatus (porco do matto) — arúa.
— torquatus (taitetu) — abia.
myrmecophaga — behetschury.
bradypus — umaua.
crax globulosa (mutum de fava) — yresepary.
— tuberosa (mutum de vargem) — piury.
— urumutum (urumutum) — piury.

psittacus macao — ubtá.
— araraunа — parauary.
penelope aracuan (aracuão) — gharakatschi.
penelope marail (jacu) — unaura.
penelope cumanensis (cuxubi) — mauryauu?
gallinula plumbea (saracura) — kisoeré.
anas viduata (pato) — uruma.
— brasiliensis (marreca) — uanana.
gallus — matauary.
gallina — yuno.
psittacus — apuru.
— perikito — siriry.
ardea egretta — alary.
ciconia maguari — ghickaraukary.
colymbus ludovicianus (mergulhão) — uanary.
palamedea cornuta — semury.
falco urubutinga — emeruanna.
cathartes papa (gavião real) — gukuya.
emys amazonica Sp. (expansa Schw.) — kãnyohá.
emys dumeriliana (tracaxa) — kamairalion.
testudo tabulata (jabuti) — auasary.
chelys fimbriata (matamata) — ykury.
agama (cameleon) — guana.
crocodilus — xuorona.
jacyruaru — yanu
pipa cururu — utã.
elaps corallinus (cobra vermelha) — juby.
boa scytale (sucurihu) — jubitoby.
lachesis mutus (surucucu) — uibanu.
piscis tampake — alaua.
platystoma (sorubim) — kolesy.
phractocephalus bicolor (pirarara) — uramana.
serrasalmo (piranha) — sebicama.
loricaria (acara) — ghehery.
adeps ovorum testudinum — euerê.
concha (ytan) — tahlu.
tabanus (mutuca) — eremé.
scarabaeus — uty.
culex (carapana) — aniu.
simulium (pium) — teschero.
ixodes (carabato) — pebêra.
smilax papyracea (salsa) — salsa.
theobroma cacao — yueru.
mandioeca — queu.
zea maïs — naty.
urary (venenum sagittarum) — ukaitena.
oassacu (hura brasil.) — atá.

MACUSÍ, MACUSCHÍ*).

affinis — lakó.
amita — wuà neu.
aqua — duná.
arcus — olá pà.
auris — upana.
avia — köko.
avunculus — koko.
avus — amon gò.
capilli — untsé.
caput — jubaé.
caro, nis — wuaikın.
clava — taikhé.
collare e dentibus — poingere.
— e buprestis elytris — khitji, kitschi.
— e seminibus — tschilitschiri.
corbes — tsumbà.
— major — rutė.

*) Von Natterer am Rio Negro aufgezeichnet.

corbes parva — ja madú.
crepitaculum — malà.
crus — utschi, hu-tschi.
culter — taurá.
cymba — guli alá.
dentes — uijé.
deus (pi-aa) — macú naimá.
dies — eléma pōu.
digitus — oentsa mungatschi.
femur — upé.
filia — jen tsi.
filius — ommú.
fistula fumaria — utschinalí.
fluvius — duná.
frater — u-i.
frons — jemèlá.
fulgur — esensima.
genu — je tsé mú.
gramen — wuaná.
ignis — apó.
infans — mulé.
lac — imanatū.
lapis — tō.
lectus pensilis — jōutsé.
lignum — jeí.
— quo accendunt ignem — tschimalé.
lingua — onnú.
lucifer — kaivono.
luna — kapoi.
manus — oentsa.
mater — màma.
membrum virile — melé-umélé.
— fem. — moné (paré).
mons — o-ō.
nasus — uièunà.
nox — komannoū.
oculus — ienú tamanae.
olecranum — uperé tschi.
os, oris — undà.
os, ossis — tschèba.
pater — pàpa.
perizoma muliebre — montsá.
pes — obú.
piscis — molo.
plumae pro ornatu — alo.
pluvia — cono taman.
sagitta — polōu.
sagittula — kungá.
sanguis — mōng.
securis — vuagá.
senex — indongon.
septentrio — tamōngàn.
sicera — blandinà.
stella — tschōlōkö.
sol — wé i.
soror natu — olitschi.
sylva — jú.
telum pyrium — arca buzá.
tonitru — olà napi.
trulla — dumarin.
tympanum — zambolá.
tubus explodendis sagittis — korá.
venenum sagittarum — urâli.
venter — tulin-lótá.
ventus — seman.
bos — pacca.
canis — alimalagá.
cervus — waikin.
dasypus — moulú.
— major — kaikān.
dicotyles — placa, pengōu, paingöu.
delphinus — katsàli.
coelogenys paca — schippale.
manatus (apinjá) — appinnà.
felis onça picta — kaikuschi.
— — nigra — vai galimàn.
— — rubra — salivarà.
tapirus — wuailá.
anas — mai nà.
crax — paui.
columba — vacúcà.
gallus — kalivinà.
psittacus — oro ké.
— ara — kalabavà.
penelope — malá mangà.
vultur — kà tsanà.
— aura — kolum-eré valunemporto.
crocodilus jacari — kolatù.
testudo tartaruga — wuararà.
testudo tabuti — alamoli.
piràūba — paschesché.
sorobim — kolodú.
mandioccae radix — küpé.

amylum mandioccae — eimú.
farina tosta — bejú, ekéi.
dioscoreae radix — tsipoiá.
batatas (convolv.) radix — tsà.
musae fructus — balurú.
zea maïs — anai, anain.

PARAVILHANA*).

abeas — muiá amessé.
albus — domúnané taman.
aqua — dóná, dunà tamana.
arbor — réré.
arcus — ulapá, urapá.
auris — apanálõ.
avus — vischi ká.
bibam — vokulú.
hoc bonum est — elenpé.
calidus — toco põu.
capilli — elérõlõ tamana.
caput — ipupáe.
caro — walalü, walali.
celer — amanpé.
clava — tai kápõu.
coeruleus, a, um — kuelipé.
cras — kó palé.
crus — eschili.
culter — maliá.
cymba — kanau á.
dentes — elelö.
deus — mau a röüba.
diabolus — mau a lü.
dies — auvánialü.
digiti — rampuliu, ialanöü.
edam — enneké.
femina — je moen tö.
femur — epérö.
filius — mei moen.
filia — je moen é ü.
fistula fumaria — kau vái nalubú.
flavus, a, um — donulané.
fluvius — dóná, duná.
frater — ópeli.
frigidus — enné meschunnén.
frons, tis — eppélõ, taman.
fructus — oló men-oló mé.
fulgur — karã peli.
gramen — vuanapú.
heri — kopanjolú, sselekõ.
hodie — kó emená lanõu.
homo albus — tomunáõu.
ignis — vuatú, tamanaco.
infans — koméschikischú.
juvenis — peli kischú.
lac — manatschukulú.
lapis — topú.
lectus pensilis — arà vàrõu, arà varé.
lignum — uévé, taman.
lingua — anúlu, taman.
luna — nóné.
magnus — kei palassú.
mamma — imana tölü.
manus — lampulú, taman.
mater — ma mai.
membrum virile — alá lö öu.
— femin. — övödé dalü.
mori — tauvará menessé.
moribundus sum — varánenė penöu.
mordere — orökalü.
hic canis me momordit — alümalaká dökajul.
multus — adialé.
nasus — cuné nialõ, taman.
niger, a, um — dõlömané, taman.
nil praestat — tschikapé.
non, nequaquam — uassé.
nox — evá elà mamõlü.

*) Von Natterer im Forte do Rio Branco am 26. Jan. 1832 aufgezeichnet. — Scheinen die Areveriana bei Gily 204.

oculus — eré nia lö.
os, oris — antàlö, taman.
os, ossis — jepelü.
ovum — peijé mulelé.
parvus — kaschuma pé.
pater — papai.
pes — atálöu.
— et ejus digiti — atalö ialanö.
pluma — ampulú.
pluvia — conupó, tamana.
piscis — kaná.
praestigiator — wau ala pöü.
quo vadis? — adia melö.
radix — reré monú.
remus — emuekü.
ruber, a, um — donulö.
sabulum — nié rumené.
sagitta — uaràunöu.
sanguis — imó lopolú.
securis — uö uö (noü noïe).
senex — nqpussá.
septentrio — enni mapoelü.
sic, recte, sane — ijöe.
sicera — tschupi.
sidera — serikoró, tamanaco.
sol — uéjü, tamana.
soror — paiká.
sylva — jurá.
tardus — amessé, amambé ipalá.
telum pyrium — araeabuzá.
tonitru — kará pedi, karapeli.
trulla — dum mani.
tuba e cornu — tué.
tubus explodendis sagittis — eunekhö bolé.
tugurium — evötlé.
unde venis? — eré uienhe emelo.
ungues — lampulélé rampureré.
vas pro aqua — muholá.
venenum sagittarum — urari.
veni — eré kéi.
venter — elövönö, taman.
ventus — pepessé, taman.
vir — mei moeu.

viridis, e — kuelipané.
volo fumam tabaci ducere — alulökö kau väi natubú.
Numeri: 1 teuenjé (te ueuén).
2 akoünien.
3 olaulé.
4 olaulá avainjanlö.
5 adöu avainjanlö.
6 enepü náci.
7 olau lei.
bos — uhälei.
vacca — ueli.
canis — alimalaká.
cervus sylvestris — uai köné.
— campestris — horó.
dasypus — kapassi.
dicotyles — poinké, paköla.
felis onça — ekölé.
— — rubra — ekölé, tumúnané.
tapirus — vualali.
anas — lóponó.
columba — valámin.
crax — pau-ijú.
penelope (inambu) — mami.
gallina — uelé.
gallus — kölökö.
psittacus — orú hué.
psittacus macao — (kolonú) konorú.
— — ararauna — alákaliiné.
vultur aura (urubu) kolomun.
— albus — kolomun ssó.
radices batatae — máporú.
— dioscoreae — ma pörú.
fabae — iuma ssassa.
mandiocca — kölé.
farina mandioccae — tolú pané.
mandioccae panis — kéi.
— amylum — emé ramú.
fructus musae — palurú.
— palmae — vacaba kómu.
tabacum — kau väi.
zea maïs — aihniain.

UIRINA*).

aqua — uune.
arcus — collapà.
aures — litaque.
brachium — litanaàbc.
capilli — lioque.
caput — xixicaba.
clava — annacui.
corbes — actura.
coxa — looque.
crura — lizaraque.
culter — maria.
cymba — idà.
dentes — làdi.
deus — tupana.
diabolus — mâpa.
dies — calua.
digiti — licauexitica.
femina — inau.
fluvius — uune.
frons — lacuzabe.
fulgur — mauá.
ignis — jixè.
lacus — coicsá.
lapis — cuibà.
lectus pensilis — aminà.
lignum — adà.
lingua — linene.
luna — ucquenà.
manus — licaue.
mater — àmama.
nasus — liquê.
nox — màaballe.
oculi — nacuque.
os, oris — luluina.
pater — ápa.
pes — locauque.
plumbum — liqué.
pulvis pyrius — balixi.
remus — iniquniacue.
sagitta — magiqué.
securis — hè ti.
sidera — biballe.
sol — camoê.
telum pyrium — mocaua.
trulla — hájuaque.
tubus explodendis sagittulis — dá amanà.
tugurium — bacué.
ungues — bibatá.
vas — camoti.
venenum — maucurri.
venter — ladi.
ventus — mauà.
vir — atinàre.
canis — dataue.
cervus — mati.
dicotyles — abiaxe.
felis onça picta — acurano.
— — rubra — jaue.
manatus — jabinà.
tapirus — camâ.
anas — ouaé.
crax — itite.
gallina — caraca.
psittacus ara — dadarró.
penelope — dulixame, mami uru mutum axire.
psittacus — cararri.
— major — abizo.
vultur aura — bicurò.
crocodilus — aturre.
testudo — ocollé, metà.
mandioccae radix — ximiole.
mandiocca plantula — canicade.
farina mandioccae — ui.
amylum mandioccae — calli.
panis mandioccae — jabolli.
fructus musae — panala.
zea maïs — auati.

*) Die Horde der Uirina oder Uarira, deren von Natterer notirtes Vocabular wir hier mittheilen, haust am Rio Marari, der in den Marau-ia, einen Arm des Rio Negro, fällt.

BARE*).

albus — yaranauy, marekini maip.
altus — hakuly.
amita — nako.
anima — ynahcmeny amitamine maip.
annus — ghamepukuly comoti maip.
aqua — ony, uni moxa, luna tamanaco.
arbor — yminha.
arcus coelestis — kubioku.
avia — natoi.
avunculus — nokoty.
avus — natiu.
axilla — nuaka.
bibo — nutŷa.
brevis — hapukuty.
caco — nukùna.
coeruleus — ghuling.
calcaneus — nokotukuly.
canto — nupiana.
capillus — notha.
caput — nototia.
cilium — notaiaupy.
clamo — nutomamako.
clavicula — nopa.
coelum — enu, eno mayp.
cognatus — nauakana.
collum — nunu nuinu mayp.
cor — nahakany nunichini mayp.
corpus — numinalina, nuuanà maip.
coxa — nosòna.
crus — nukâty.
cubitus — nuaria paina notana.
cymba — yscha.
dens — noy nati mayp.
deus — oaiyaba.
diabolus — yche.
domus — pany pamti mayp.
— nostra — uapâna.
dormio — nutimaka.
camus — ubauana.
edo — nunika.
ego — teka.
femur — nusuy.
filia — nischu.
filius — nothy.
flavus — hytony.
flos — ychiby.
folium — atabana.
frater — noalaha.
frons — notauiapy, nuaukipa mayp.
fructus — atabuku.
guttur — nukuratcka.
homo — enape.
humerus — nutanaüba.
ignis — ghamèny nujucune moxa.
ille — ischama.
illi, ae, a — ischamânu.
infans — hanatinape.
labium — nunùma tapiita.
lacus — ghalia caviá mayp.
lapis — tiba.
lignum — àta (s. Manao).
lingua — nuneny, nunene moxa, nuare maip.
luna — ky,cohe moxo, kejapi mayp.
— prima — hamakyhataky.
— nova — apilanatanaky.
— plena — habezaky.
magnus — ghumâlehe.
magus — ghatschygaliny.
manus — nukâby, nuboupe moxa, nucapi mayp.
marita — kanaly talipe.
maritus — nomy.
mater — meghau.
membrum virile — nuyâla.
— mulieb. — tünahy.
mensis — kiy.
mingo — nuschiaka.
mons — tiàba.
morior — yaucheny.
mulier — hinanupe.
multus — haschikaly.

*) Von Spix am Rio Negro aufgezeichnet.

nasus — noty.
niger — tapaiuna.
nos — auiny.
occiput — nolupauy.
oculus — nauity.
omnis — hamaky.
orion — ghasoihyaty.
os, oris — nunuma, nunumacú maip (s. Manao u. Cariay).
parvus — paiiny.
patella — nusupukuy.
pater — meghaly.
pes — noschy, nucsi mayp, nukàty.
planta — noschituku.
pleiades — ghamepokuly.
podex — nuschituky.
profundus — hapukuty.
radix — ytúly.
ramus — ymîna.
rivus — ytàly.
ruber — ghyany, cajumeni mayp.
salto — nuaiaka.
sanguis — hy.
sol — ghamu.
soror — noaloa.
stella — oinaty.
supercilium — nauitipu.
sylva — tama-karuku, dama mayp.
terra — raty, kiriri rada.
testiculi — nukaoty.
tu — apiny.
veni! — ghanehe.
ventus — hauîschy, kipucú mayp.
venor — paiky.
venter — nutúla, nuurra mayp (s. Manao).
viridis — ypôtc
vivo — uakany.
umbilicus — nomuso.
unguis — napa.
vos — apinyu.
Numeri: 1 makuty.
2 pikûna.
3 kilikunama.
4 kasalymacaka.

CARIAŶ*).

albus — ghūpulury.
altus — ghūiku.
amita — ghamitzu.
anima — lūkaihly.
annus — aurêma-auynoa.
arbor — atamîna.
avia — hünitêno.
auris — nukŷa.
avunculus — nurey.
avus — apii.
axilla — nutau-ruita.
bibo — nurukua.
brachium — nutanu.
brevis — amatschyàny.
caco — paitakîny.
caeruleus — ghūghelercany.
calcaneus — nutschyghituita.
canto — uamâra patu.
capillus — nukūuy.
caput — nukūuy-sata.
cilium — nukuniky-yi.
clamo — nutauaka.
clavicula — nutity-pata.
coelum — ghey.
cognatus — nukyanukii.
collum — nupū-aiúra.
connūbo — nuneschuta.
cor — nunekiny.
corpus — nuthaina.
coxa — nutukunêta.
cras — netzeghy.
crus — nurapa.
cubitus — nutanakū parūlene.
cymba — ytzá.
dens — naū.
deus — mauary (s. Manao).

*) Von Spix in Carvociro, am Rio Negro, aufgezeichnet.

diabolus — maihinauy.
dies — neschrutauy.
digitorum articuli — nuaipitsche-pakitena.
digitorum intervalla — nuaiteba.
domus — nuàna.
dormio — nutinaa.
edo — nuyakáta.
ego — niuai.
femur — nuy-ghüta.
filia — nuyuky.
filius — nuturüky.
flavus — ghütyany.
flos — ghochii.
foedus — ybe-ane.
folium — ataua.
frater — nuüauury.
frons, tis — nukunüky.
fulgur — mehlo.
guttur — nunuiky.
hebdomas — paihizumany euny.
hodie — niapinai.
homo — hamàly.
humerus — nutanaky.
imo — choey.
infans — emetakü-tauika.
labium — nunumerapü.
lacus — ghabitscha.
lapis — ghüpai.
lava — nukauakiny.
lavare vestes — piza-guta-nuàny.
lingua — nunène.
luna — ghaizy.
— prima — yapainazy.
— nova — aupete gaizy.
— plena — ghanauy takazy.
magus — marinauy.
manus — nughai.
— articul. — nuaitschipakatèna.
maritus — thuchü-müry.
mater — ghimitzu.
membrum virile — nughü.
— mulieb. — lukima.
mensis — pamima ghaizéuny.
mons — ghüughinaizy.
morior — numaiyakata.
mulier — henitaky.
— mea — nunetschu.

multus — ghe-ena.
nasus — nuküty.
niger — hamuty tanika.
non — makauu.
nos — woiwoi.
nox — püküťauy.
occiput — nutauy.
oculus — nukuniky.
omnis — paiapàmu.
rion — mauàky.
os, oris — nunùma (s. Manao und Bare).
palma manus — nughairu.
parvus — nüghüghuritsche.
pater — nury.
paucus — nüghüghutèka.
pedis articuli — nura-patŷna.
planta — nutschyitshughunina.
pleiades — coünaua.
podex — nukita.
poples — nukituita.
profundus — paapu.
puer — ymùky.
pulcher — tschume-any.
radix — yiko.
ramus — ychuata.
rivus — nuauna.
ruber — uruzy tanika.
sanguis — nuzanhy.
sol — ghamuy (s. Manao).
soror — nuchürughü.
supercilium — nutola.
tempus matutinum — nesthrüry.
testiculi — nughèky.
tu — piuai.
venor — nuhuroa.
venter — nuitschàba.
vesper — püküta.
vespere — taumüàta.
vivo — ghaghünatschy.
umbilicus — nutüuy.
unguis — nupata.
Numeri: 1 nyoi.
2 püthairama.
3 tükahuy.
4 tükinithainy.
5 zakóa.

ARAICÚ, UARAICÚ*).

aër — ualan.
albus — ghalikata, kalymatzocho.
altus — atekomauwity.
amita — uy.
anus — luleka.
aqua — uny.
arbor — a-atá.
arcus coelestis — ûmaly.
audio — neyeka.
auditus — taketu.
avia — ghay.
auris — to ky.
avunculus — ghuk.
avus — ghuitschy.
bibo — neiratschy.
brachium — nikpal.
brevis — otozo.
caco — yakye.
caeruleus — puromanzalo ghulymatzocho.
calcaneus — themuna.
canto — yu-emu.
capillus — nitschy, (itschy: Manao.)
caput — ghy.
cilium — nokschwut.
clamo — laieka.
clavicula — mitel.
coelum — atucu.
cognatus — nitschano.
collum — nonó.
connubo — yakai.
cor — nuvan, javani taman.
corpus — nyamsa.
costa — tholapüe.
coxa — tesun.
cras — ghanakainy.
crus — nawuy.
cubitus — nikpaku.
dens — nuitschy, nati mayp.
deus — tupan.
diabolus — yukulea.
dies — oy.
digitus pedis — ghusky.
domus — pe-y.
dormio — timka.
edo — penke.
ego — unu.
femur — pückü.
filia — nioiry.
filius — yen.
flavus — tau-ghara.
flos — ghua.
folium — atupuena.
frater — seiry.
frons — taucu.
gusto — thamu-gata.
hepar — bouhlá.
hodie — ghauamne.
homo — etyaló.
homines multi — ualyana.
— pauci — atisa.
humerus — tanty.
humus — ghâty.
ignis — yghé.
ille — ylékaly.
imo — ey.
infans — emghite.
labium — nichité.
lacertus — nikpawu.
lacus — thyue.
lapis — ytaky.
lavo — uaka.
lavare vestes — ghenosan püeyola.
lignum — aara.
lingua — nelon.
longus — aty-epalo.
lucifer — ybi de kalalu.
lumbus — ytama.

*) Westlich von Fonteboa durch Spix gesammelt.

luna — kairy.
— nova — ghulekai de kairy.
— plena — povro de kairy.
magus — marepüeu.
mamma — nity.
manus — nikabu.
mater — anzu.
membrum virile — nüchy.
— muliebre — nekcula.
mingo — natola.
mons — mabüely.
morior — magha.
multus — laghuiny.
nasus — nichil.
niger — ghulikata, ghuly matzocho.
non — hünka.
nos — ù.
nox — ghulekaiku.
— media — ghana-ghitecú.
occiput — ghyel.
oculus — noky.
oleo — neya.
orion — puküry.
os, oris — nurulko.
palma manus — nekùbuku.
patella — nabiyako.
pater — papa.
paucus — rianzohlo.
pectus — tukuca.
pes — ghutschy.
pleiades — potkobai.
poples — naiviu.
profundus — ghai-ghozotecho.
puella — eto-ebiry.
puer — eto-boa.
radix — a-zaly.
ramus — aky.
ruber — wulikata, uülkamirim.
sanguis — nithon.
scapula — nuksá.
senex — tulek.
sol — ghuma.
soror — niro.
stella — ymiru.
sternuo — natschun.
supercilium — nokscha.
sylva — te-poun.
tempus matutinum — ghanako.
terra — ghàry.
testiculi — netsché.
tu — upüe.
venor — uamsapa.
venter — motzá.
vespere — tokitghatuma.
video — natka.
viridis — polymatzocho.
vivo — ynke magholato.
umbilicus — sukun.
unguis — nikpia.
Numeri: 1 atetu.
2 puyabana.
3 mayba.
4 atytecabo.
5 takuin.
10 hualyan.
38 uaisacu.

CANAMIRIM, CANAMARE*).

altus — tenuty.
amita — nepüery.
anima — nuchüu.
arbor — amüena.
audio — nuchemata.
auditus — nuchenaku.
auris — chepisama.
avunculus — ghughu.
axilla — nutanachy.
bibo — nercoatschy.
brachium — nughàno (nuano Mayp.)
brevis — matenuty.
caco — nitika.
calcaneus — nuchity sutiba.
canto — schikàty.
capillus — nupi-ty.
caput — nuchüy.
cilium — hipîty.
clamo — a yua.
clavicula — nughuza-pytale.
coelum — tenú.
collum — nunópy (Manao).
cor — natôchy.
corpus — numâne.
coxa — nutzâchya.
cubitus — nukuzery.
cymba — canoa.
dens — naü (Manao u. Cariay).
deus — ghamatschy.
diabolus — ghamatschy.
dies — huy.
digitorum articuli — numuyu ghaiychy.
— intervalla — numuy zapâla.
digitus pedis — nuchitichy.
domus — panitschy.
dormio — numacho-atschy.
edo — hanichoa.
femur — nutapaty.
filius — nutüry.
flos — ghazubaty.
folium — sapahna.
frons — netüku.
gusto — nunanipya
homo — chechü.
humerus — nukâno.
labium — nusüeby.
lapis — suehyu.
lavo — nakauoatschy.
lingua — nunüny.
luna — yatschy.
— prima — teno-atá.
— nova — ghasiri miri.
— plena — tenú.
magus — metüe.
manus — numuyú.
— articuli — nughaichy.
maritus — maghaluchine.
mater — natú.
membr. virile — nusâme.
— mul. — natachitschy.
mingo — nutzühny.
morior — nialete.
mulier — saityuné.
nasus — nuchiry.
nox — yatschy.
occiput — nemùy.
oculus — nuchii.
os, oris — nunahma.
palma manus — numùy-tutôta.
patella — nukuzary.
pater — patüe.
pedis articuli — nusu-chüa.
pes — nuchity, nupâlu.
planta — nuchity tutúta.
pleiades — nuchîry, putàchy.
podex — nutzúma.
poples — nukaischuchy.

*) Von Spix westlich von der Mündung des Yuruá notirt. Das Idiom der Canamirim weisst Anklänge an die Moxa, die Maypures und die Quichua auf.

rivus — weny.
sanguis — nürra.
sol — ghasiry.
soror — yeyé.
stella — tchy, tschy.
sternuo — netschiuhe.
supercilium — nuschüah.
sura — napüe.
sylva — schyaucka.
tempus matutinum — huy-patàla.
testiculi — nuchily kaichy.
venter — nemá.
vesper — ghaitàla.
umbilicus — nupu-luchy.
unguis — nuseo-ala.
gallictis vittata (xupara) — ya-tschit-schc-ghute.
tabanus (muluca) — chery.
nyctipithecus (ya) — yamury.
jacami avis — muluschy.

MAXURUNA*).

aër — su.
albus — se.
altus — apu.
amila — yaya.
anima — nuntschusin.
anus — matscho.
aqua — uaka.
arbor — yuy.
audio — ghoake.
auditus — ghyny.
avia — schanu.
auris — papischan.
avunculus — cucu.
avus — pontároa.
bibo — oakanu.
brachium — paro.
brevis — toczü.
caco — pie.
caeruleus — tschüschü.
calcaneus — zitoku.
canto — ghuinoenoc.
capillus — pu.
caput — maschó.
cilium — pizy.
clamo — zerenke.
clavicula — tipurunkischana.
cognatus — umbaküpa.
collum — saua.
connubo — tschiraboine.
cor — uinté.
corpus — tahnine.
costa — mukasch.
coxa — zimpiz.
cras — pariuschin.
crus — uipuku.
cubitus — mupukuschau.
dens — tschittá.
diabolus — tschonsin.
dies — pari-koisnas.
domus — schubo.
dormio — usché.
edo — yupenu.
ego — üpü.
femur — ghüsü.
filia — mininy.
filius — auniny.
flavus — meus.
flos — pimy.
folium — tschüascha.
frater — puschy.
frons, tis — pumunan.
fulgur — ghanantes.

*) Von Spix bei Tabatinga (Reise III. 1186) notirt. Es finden sich Wörter aus dem Omagua Dialekt.

gusto — pürama.
hepar — tacqua.
hodie — noeby.
homo — tara.
homines multi — tarempa.
— pauci — pazu.
humerus — putukunde.
humus — mapú.
ignis — tzy.
imo — ay.
infans — pakuschuzü.
labium — guipý.
lacus — tschan.
lapis — mesky.
lavo — yunesnu.
lavare vestes — takute tschake.
lignum — yuy.
lingua — àna.
longus — tschuu.
luna — uyschy.
— nova — uyschy-yuka.
— plena — maire.
magnus — tapa.
magus — tuman.
mamma — schuma.
manus — mukoü.
maritus — patzü.
mater — mama.
membrum virile — schuy.
— mulieb. — kuü.
mingo — ysune.
mons — makusch.
morior — nané.
mulier — tschirabo.
multus — yua.
nasus — tüschan.
niger — tschüschü.
non — papy.
nos — üpü.
nox — dschá-muras.
occiput — tumaschitzu.
oculus — pora.
oleo — schüre.
os, oris — üschá.
palma manus — mukinapasch.
patella — tampuru.
pater — papa.
paucus — pazu.
pectus — takua.
pes — uitas.
poples — tantuscha.
profundus — maianzy.
puella — sumayuka.
puer — tara nakany-qua.
radix — schuku.
ramus — tubú.
ruber — schyn.
sanguis — ymy.
scapula — boreschaua.
senex — dschusibo.
sol — pary.
soror — tschutschu.
stella — uispà.
sternuo — arítischune.
supercilium — purukupeze.
sylva — nimuru.
tempus matutinum — natypotze.
terra — mapu.
testiculi — ubu.
tonitru — apokuré.
tu — miby.
venor — puühue.
venter — pokukite.
vespere — yamupura.
video — tsoysnu.
viridis — pürama.
vivo — nutzare.
umbilicus — nitschum-puru.
unguis — muntsy.
Numeri: 1 pazü.
2 taboe.
3 mukenante.
4 tapukische.
5 mukenapite.
10 tarempa.

MAYORUNA*) domestica.

aqua — waca.
arbor — imi.
arcus — tengatay.
auris — pabauan.
brachium — pora.
capilli — bou.
caput — moho.
cilia — bourcouram.
coelum — abo.
collum — techo.
cor — wintay.
crus, ris — quesi.
cymba — nontay.
diabolus — dussi.
digitus — ancis.
femina — shirawa.
flos — wa.
fluvius — parou.
frons — bamana.
fulgur — abouarié.
hasta — aco.
ignis — si.
infans — bacoué.
lignum — nawé.
luna — oueu.
manus — macou, maki quich.
mentum — quini.
nasus — dehan.
oculus — bedo.
os, oris — ibi.
pectus — iton.
pes — tacu.
piscis — japa.
pluvia, nubes — oué.
sabulum — massi.
sagitta — tawa.
serpens — tiris.
stella — ispa.
sol — bari.
terra — mapoa.
tonitru — abou.
tubus sagittulis eflandis — tapi.
domus — oubou.
vir — dara.
canis vel tigris — camoun.
delphinus amazonicus — djora.
simia — shuna.
tapirus — awa.
crax — pichou.
psittacus — bawa.
ara (psittacus) — cana.
crocodilus — capeu.
bananae fructus — sigui.
mandioccae radix — aso.

MAYORUNA**) fera.

albus — hourou.
aqua — houaca.
arbor — hibui.
arcus — pia.
auris — pahuiran.
brachium — poro.
capilli — boou.
caput — macho.
cilia — baracotis.
coelum — abou.

*) Castelnau Expédit. V. 299. Es finden sich hier Wörter aus der Quichua.
**) Castelnau Expédit. V. 300.

coeruleus — bani.
collum — guitai.
cor — huintai.
cortex — ihui-bi-ti.
crus — huipongo.
cymba — nontai.
diabolus — josin.
digiti et manus — manqui.
femina — tirahua.
flos — ihuina.
fluvius — parurapa.
folium — naispou.
frons — boumainan.
fructus — pata.
genae — tanmou.
hasta — paca.
herba — huinsin.
ignis — cii.
infans — baqui.
lacus — nia.
lac arboris — ihui-pin.
lignum — maiscan.
lumen — chaini.
luna — hou-ji.
mentum — quila.
mons — macuchi.
nares — dizagini.
nasus — dizan.
nidus avis — na.
niger — huizai.
non — bamanch.
nubes — so-ou.
os, oris — ira.
pectus — chiton.
pes — tahi, tao in lingua yarura.

piscis — iapa.
venenum — puiro.
pluvia — houai-ai.
radix — ihustapon.
rivus — huaca.
ruber vel flavus — chinai.
sabulum — mazi.
sagitta — tahua.
sane, imo — ahi.
serpens — dounon.
sidus — huispa.
sol — bari.
supercilia — barocoupetai.
terra — mapo.
tonitru et fulgur — habou.
tubus sagittulis explodendis — tipi.
domus, tugurium — chrubo.
unguis — manquiste.
venter — pousa.
via — baii.
vir — dara.
Numeri: 1 patxi.
2 dabui.
3 macadilantan-tai.
4 daraim-pa.
canis — huapa.
simia — nahuan.
tapirus — hahua.
tigris — camo.
crax — cuia.
ara (psittacus) — kana.
psittacus — bahua.
crocodilus — capu.
bananae fructus — sincui.
mandioccae radix — haça.

JAUN-AVO vulgo CARIPUNÁ*).

abi — ca-tsanta.
albus, a, um — osso.
aqua — oni-passna (aut: om passna).
arbor — j-úi.
arcus — cannati.
arena, sabulum — maschina.
armillae — punia-vitschü.
auris — pauke.
bibere — sche am.
brachium — punja.
crepitaculum (ex alis buprestidum) — vien ischima.
calidus, a, um — itzió.
cantare — paveué.
cantat — pavé, nikani mia.
non canto — pavé iáma nikana ea.
capillus — voòn.
caput — mápo.
caro — name.
cataracta — saschu tschama.
cito! — katsan rurae.
collare (e fructibus) — küssé.
culter — mané pacca.
cras — oké sabaká.
da! — ökö a-ué.
dormiam — uurscha kiá.
non volo dormire — uurscha iáma kia.
dentes — setá.
deus — oará.
digitus — mué toti.
dies — sabaká.
estis hic — henoni mia.
edere, comere — piue.
emere volo — wi kaskea.
femina — jussa.
femur — kisché.
filia — jussa-wákö.
filius — wákö.
flavus, a, um — schini roabé.
fluvius madeira — munnu.
fluvius — énne.
frons, tis — boe maná.
fulgur — cananna**).
fructus — vimin.
frigidus, a, um — ini.
frigidum tempus — iu tána.
frater — pui.
gramen — guassi.
heri — saba-utza.
hodie — saba-nató.
homo europaeus — cariba tschikö.
— aethiops — tapagnon (tupi).
— lusitanus — uára-iu.
ignis — tschü.
ignem accendere — tschü uvá ué.
infans — wakö-pünska.
indusium (e libro arborum) — ssöpó.
lac — schrúma.
lapis — saúschu.
lectus pensilis — erisse.
lignum — j-üi.
luna — urschë.
lingua — haná.
male me habeo — issin keá.
mamma — srúma.
manus — muékana***).
mater — kai.
maritatus es? — auin ia, nimia.
membrum virile — iná.
— muliebre — tzitzó.
mons — nüirá.
mordere — eakö.
mori — makö.
mortuus est — naia makö.

---

*) Nach Natterer, mitgetheilt v. Tschudi. Der Name bedeutet: Wassermänner.
**) Quichua: canana-urere.
***) Quichua: maki.

frater meus mortuus est — no pui naia makö.
frater ejus mortuus est — miéna pui naia makõ.
multum — ütscha.
minime, nequaquam — erá.
nasus — erö-kin.
nox — waskitscha.
niger, a, um — tschekõ.
nil valet (nullius pretii est) — schumân-ia-mán.
oculus — buero.
ovum — vatsché.
parum — ütscha iamân.
pater — papa.
perizoma — zeresbe.
perizoma muliebre — jui schenebú.
pes — taé.
piscis — oáka.
pluma — poe, poö.
pluvia — ui.
pulchrum est — schumacca.
pulvis pyrius — schenepó.
quanti pretii? — a voin kas nimia.
quomodo te habes? — schumani mia.
valeo, bene me habeo — schumã éa.
radix — ivi tapóna.
ruber — schini.
securis — mané mosturóme.
— lapidea — porúma.
sidera — uistin.
sagitta — püa.
sane, recte — i araká.
satur sum — séa éa.
sanguis — imi.
sol — baari.
soror — pui.
sura — uiko.
suspensorium virile — zöreshé.
tabaci fumum non duco — rumoe com ae meka.
tarde — tschamacmêu.
terra — maai.
telum pyrium — toété.

tonitru — terénke.
trulla — painté.
tugurium — schróba.
unguis — mué-tsis.
venias huc! — ouae l. uaé.
unde venis? — au ráne tze oáei.
venter — puschú.
ventus — uenna.
— frigidus — schrupé.
vir — úni.
viridis — iavan.
quo vadis? — au vakai.
volo — ai akeá.
vos adestis — nenoni mia.
Numeri: 1 aares.
2 eranbué.
3 kimischá *).
4 eranbue narábue.
5 mueken tüna **).
tapirus — au-ána.
canis — tschaspa.
cervus — tschassú.
macaco prego (cebus fatuellus) — schino.
— cabelludo (pithecia hirsuta Sp.) hána.
— bugio (mycetes) — urúo.
— barrigudo (lagothrix olivaceus) — schinoa.
— bocca d'agua — ruka.
— sahoim (callithrix) — uássa.
— coatá (ateles paniscus) — issu.
dicotyles labiatus (tajassu) — jaua.
— torquatus (taitetu) — ono.
psittacus macao — sauánã.
— canindé — cãnnã.
psittacus — báuã.
felis — kãman püska.
— onça — kãmán.
crocodilus — kapúena.
eunectes murinus (sucuriuh) — runoá.
dasypus — panoá.
tabacum — rúmoe.

*) Quichua: kimza.
**) Manus (5 digitis) = muekana.

tabaci tubulus — rúmoe taràna.
non utor tabaco — rümoe coin ae makea.
fabae — kiïra.
oryza — uassï vimin.
zea mais — schröki.
musae fructus — canna puõra.
mandioccae farina — atza múlu.
maidis farina — sökö múlu.
colibri — pinna.

CULINO*).

abi — nuncapa.
adeps ovorum testudinum — watischuny.
aër — neuy.
altus — ukêtia.
amita — umbano.
anus — yusá.
aqua — yacu, kuhua, uaka.
arbor — huibý.
arcus coelestis — noaway.
articuli digitorum — mutii inkyty.
— pedis — rateng-ghity.
audio — nighaky.
auditus — nikuty-ghyny.
avia — tschya.
avis — tschay.
auris — tsabynky.
avunculus — upitscha.
axilla — puümaty.
avus — suntia.
bibo — au.
brachium — nuaná (Maypure: bunyá.)
brevis — tukutscha.
caco — puitana.
calcaneus — tautschi-tschoko.
canto — wü-way.
capillus — wo.
caput — mazu.
cilium — wuspy.
clamo — uky.
clavicula — tüsy-kasau.
cognatus — ŷmutza.
collum — tüka.
connubo — uinaiunikai.
contundo — tiri-anky.
cor — huinty.
corpus — üá.
costa — bispy.
coxa — schiputu.
cras — viteka-aunetu.
crus — wytasch.
cubitus — matüká.
cymba — nuty.
dens — dza kiriri sita.
deus — nukebu (Leute im Himmel oder Selige).
diabolus — yunschy.
dies — nulú.
domus — subutischy.
dormio — uschay.
eamus — gaungú.
edo — hirity.
ego — üa.
femur — ghisywurena.
fluvius — uaka.
filia — eyun-paky.
filius — uùmy.
flos — egpeuy.
folium — many.
frater — utschy.
frons — wumana.
fructus — wimŷ.
fulgur — wüy-wuaky.
gusto — ghitos-ghoty.
guttur — nu-rhunty.

---

*) Von Spix in Olivenza verhört.

hepar — taghá.
hodie — yrámaby.
homo — nukuny.
homines multi — ytschanokobu.
— pauci — hanyma.
humerus — noaghóla.
humus — mai.
ignis — yuai (Moxo: tschy.)
ille — ua.
infans — yumetscha.
labium — ghüba.
lacertus — múspera.
lacus — yá.
lapis — misky.
lavo — uakanaschy-yupa.
lavare vestes — raghuty-tschaka.
lignum — hüyby̋.
lingua — ine caybáb anú.
longus — neanty-hynuy.
lucifer — uanamaiuny.
lumbus — ytama.
luna — (iacy: tupice) oschý (ozü).
— crescens — oschy (uzü) wariapa.
— nova — oschü wüná.
— plena — oschü yumany.
magnus — ani-tuschy.
magus — pisá.
mamma — tschuma.
mater — aini yarur, üy-una.
membrum virile — yah.
— muliebre — nukuh.
mingo — ysuny.
mons — matsy.
morior — yamai.
mulier mea — uü aüy.
— tua — my aüy.
— sua — hamontoa aüy.
multus — ytschá.
nasus — rüky.
non — aiy.
nos — nukü.
nox — wakezy.
— media — yama-puziny.
occiput — mapuntshy-uta.
oculus — würru.
oleo — schiity.
orion — wizimampu.
os, oris — iyashae cayuca, ecuacha (Sapibon: ghüscha.)
palma manus — muni-inapa.
patella — rhumy-sitaly.
pater — üympa.
paucus — hatapatschema.
pectus — sitshú.
pes — whytá.
pleiades — kaputapo.
piscis — ghüma.
planta pedis — taina-pasch.
podex — tisunamy.
poples — rátüka.
profundus — tiamatschá.
puella — ainbekii.
puer — würuna.
radix — hüy-tapú.
ramus — humynui-sautá.
sanguis — ymý.
scapula — nahmy.
senex — mutun.
sentio — myamy-nu.
sic, sane — hü hü.
sol — wary.
soror — taiyu.
stella — wizy.
sternum — ateschanky.
supercilium — nukewükasu.
sylva — muni-schinekai.
tempus matutinum — nikykaunózyny.
terra — mái.
testiculi — owú.
tonitru — naikipuky.
tu — müa.
ubi — aghübeka.
venor — nuny upa.
venter — buby.
vespere — yatampákety.
vicus (Malloca) — auá-täka.
video — uiny.
vivo — huýny.
umbilicus — notschy-kuby.
unguis — muty.
Numeri: 1 uüty.
2 rabii.
3 takŭma.
4 taküyuwukuin.

5 takŭtakurasi.
6 yischa.
10 nukŭwŭmikyu.

tapirus — ghay.
cervus — tschaschó.
felis onça — ghamá.
— — nigra — ghamá utshy ghytzy.
— yaguarundi — ghytzy.
canis — ghamá.
— femin. — aiwu.
ateles paniscus — ysú.
lagothrix olivaceus — tschuná.
cebus gracilis — schinos.
— fatuellus — schinokuin.
pithecia hirsuta — nanaua.
— ouacary — nana-üua.
callithrix torquata — ruká.
nyctipithecus felinus — riry.
dasypus gigas — panú.
nasua — schüschy.
dicotyles labiatus — nauá.
— torquatus — unú.
coelogenys paca — anó.
dasyprocta aguti — marry.
myrmecophaga — schay.
bradypus tridactylus — nay.
— didactylus — yumá.
cercoleptes caudivolvulus — schümý.
manatus — ŭny-ava (aquae tapirus).
delphinus — ghuschika.
falco urubutinga — ymikuin.
cathartes urubu — puyschy.
— papa — nauatetu.
crax globulosa — asý.
— tuberosa — ghuyu-yu.
— urumutum — asin-uma.
gallus — nukuny.
gallina — atau arika.
palamedea cornuta — àbukú.
psittacus macao — schanuá.
— ararauna — ghaita.
psittacus — waungá.
— minor (Perikito) — tschuky.
penelope marail — jaibu.
— aracuan — ghübun-wa.

penelope cumanensis — kuschú.
gallinula plumbea — tschasku.
anas viduata — nunú.
— domestica — schaibura.
— brasiliensis — uara-nuba.
ardea egretta — witschú.
colymbus ludovicianus — mumuyschuity.
emys amazonica — yny-sauy.
— dumeriliana — pizukry.
testudo tabulata — schauty-tuity.
crocodilus niger — kapiih.
— jacaretinga — nütscha kapiih.
agama — sabumwá.
pipa cururú — ghüu.
serpens paranamboya — wutú-aukú.
elaps corallinus — tiarunó.
coluber aestivus — rhunúa.
boa scytale — ghamusch.
lachesis mutus — nüsana.
piscis tampaké — ghuman-ua.
— sorubim — tonu-maua.
— pirarara — yskinua.
— piranha — maghü.
— acara — mai-nua.
— uruá — nowu.
— tukunaré — maipuky.
— pira pitinga — pakú.
concha — paua.
tabanus — tschipuy.
lampyris — tapy.
scarabaeus — sina.
culex — wy.
simulium — schyu.
musca — rhunschyu.
ixodes — yana.
cacao — tschnisno.
mandiocca — bitima-aza.
musae fructus — banára.
oryza — nauii.
oassacú, arbor venenosa (Hura brasiliensis) — aná.
salsaparilha — mai-pámusa.
sarmentum (sipó) — mischy.
zea mais — tschüky.

UAINUMÁ*).

abéas — pipina W.
negrotero — eidirikeno W.
aër — amáhrãi-ápe.
adeps — kési W.
albus, a, um — itãbi M. — hálery S. — áriri W.
altus, a, um — tschinòny.
amita — achtschu.
animal — rĩpihta M. — pabithá.
annus — pyaba.
— [illegible] — hapaghero-pyaha S.
anus — salitaba.
aqua — oóhni M. — auny S. — uni W.
an habes aquam? — idjária pun ini W.
arbor — ababna M. — apahna S. — abána W.
arcus — paaru M. — páro W.
— coelestis — hechpý.
audio — nuähmapa.
auditus — penagho.
auris (mea) no-boi M. — pa-by S.
avia — lätábaro M. — batschy S.
avicula — ghupirinany.
avis — apackery-ghupy-ire; isibéni W.
avunculus — attsĩũ M. — ghochkoi S.
avus — nioho M. — eroàny hènery S.
bibo — noirackà M. — tschaberaka uhny S.
bellum gerere — nucotannahbihta.
bonus, a, um — misaro W.
brachium (meum) no-aéhelu — M. no-aëto S.
— (tuum? aut affirmative?) (eri) bédo W.
brevis, e — porutackari M. — atakiryn S. — adákiri W.
caco — nuschu-pethy.
caeruleus, a, um — mackáhai M. — heck-pulery S.
calcaneus — nu-ipo a peda.
calidus, a, um — amoiri W.
canto — hichtà.
capillus — itzibi M. — ygtsiy S.
capio — piatabihta bäbaganéhtsche.
caput (meum) bá-ita M. — pa-bida S. — (eri) bida W.
caro — bämuckgũi.
cilium — pa-tuima.
clamo — noema-puchu M. — susisuly numákuh S.
clavicula pa-ghûma pagy.
coelum — hääckiũ M. — hamahraita S.
cognatus — apairote-sairy.

*) Am Yupurá sesshaft, wo ich Wörterverzeichnisse von ihnen aufnahm (M.), und von dort in einzelnen Familien nach Alvellos und Caiçara an den Amazonas herabgeführt, wo sie Spix (S.) beobachtet hat. Es sind die Uainambeus (oder Colibri-Indianer?) des Wallace. (A Narrative of Travels on the Amazon and Rio Negro, Lond 1853 8.). Aus seiner vergleichenden Wörtertabelle sind noch mehrere Artikel (W.) nachgetragen. In den Vocabularien von Wallace sind die Vocale sowie sie im Portugiesischen lauten angewendet, die Consonanten so wie im Englischen. Das Til ˜ bedeutet einen Nasenlaut, und die oberhalb der übrigen Buchstaben eingezeichneten werden nur leise gehört. Dr. Latham macht in seinen Bemerkungen zu diesen Verzeichnissen (a. a. O 523) auf das Praefixum possessivum: n, nu, no, aufmerksam, welches in sehr vielen Idiomen der Guck erscheint, und meistens wohl ohne Zweifel die erste Person andeutet. Hier kommt aber auch das Praefixum ba, pa (mein? oder dein?) vor.

collum no-rohrupi M. — pa-tagky S.
connubo — pituanno ananihri M. — nutoikina S.
contundo — rapatschàka.
cor (meum) nu-páre.
corbis — caáme W.
corpus — pihna M. — nuina S.
cortex — reéma W.
costa (mea) nu-pàhre.
coxa (mea) no-tschohcki M. — pa-tschòghy S.
cras — pay.
crus (meum) no-cáhba M. — nu-ápi W.
cubitus — no-goóhhne.
culter — baá W.
cutis — rihmĭmi.
cymba — ita W.
da mihi — bei nodiá W.
dens (meus) no áhăĭ M. — pa-ag S. — (nu) áei W.
deus — tupana M. — wapet-schire S.
diabolus — jagaminisse M. — schaka-minisi S.
dies — hamahrae pétschu S. — amáraki W.
digitus — no-gapimina M. — (nu)cápi W.
— pedis — nu-ypauachka M. (nu)ipaména W.
domus — banissi M. — nupana S. — panisi W.
sua domus — pipana S. — tua domus — pipana likiu S. — nostra domus. — panisi W.
dormio — tschaapinapa pa makaha.
dorsum — no-áhti.
durus, a, um — tchitchiri W.
edo, como — notschaúucka M. — tschabatoi-patis-ase S.
eamus capere — tschaubitacumi W.
ego (meus, a, um) — nuh M. — nuu S.
fames — oarikena W.
farina — cáou W.
an habes farinam? — idjaria cáou W.
femina — ináru W.
femur — no-póhi M. — nu-pù-chy S.
filia — nuito M. W. — Ero-icto S.
filius — noiry S. — núiri W. M.
flavus, a, um — amacaiasaith-paéni M. — epaly S. — ebári W.
flos — abanaibi M. — apana-ipy S.
foedus, a, um — baitéri M. — paithèry S.
folium — abanaibáhna M. — apana-pahna S. — aápana W.
frater — tschióho M. — rhimé-rery S.
frigidus, a, um — ipiriri W.
frons, tis — batschăăme M. — paità S.
fructus — duákisari W. — apána-uikia S.
fulgur — Issă M. — totaima S.
funis — uádasi W.
gramen — imitsi W.
gusto — găbickănuáhi.
hallux — noibăpu.
hebdomas una — hapaghery-ha-mahrery nuaniy S.
hepar — nu-pahna — no-ahpa S.
hesperus — hamahraemerupia.
hodie — pahnyhoe.
homo — atzii tschári M. — apa-cry-atschitschiry S. (jadsi: Ca-jubaba).
hostis — nutabăcke.
humerus — no-ágotta M. — no-oima S.
i, capere — piatacuni W.
ignis — ihtschăba M. — eitschépa S. — itchipa W.
ille — chiy.
infans — apairhairy.
juvenis — simaitschyry.
labium — nu-schăhrămma M. — pa-tzînoma S.
lacertus — no-ahpimi.

lapis — apakary-pisihàe.
latus, a, um — aeckuitoróacassi.
lavo — nupíta-pethy.
lavare vestes — nupape-nunány.
lectus pensilis — hamaka W.
lingua — nu-mänaéppe M. — panènepé S.
longus, a, um — biáschiri M. W. piachschiry S.
lucifer — hamarhohy opery pytische.
ludo — tschapupèkna yakabeh.
luna — gähri M. — ghèry S. — cári W.
— prima — betschuniba-gähri M. petschunerykery S.
— nova — gähri-abitschäi M. — opya pahèry S.
— plena — gähri itschuhracke M. petschony-waghèry S.
— decrescens — ripohraaca-gähri.
macer — erröhi.
magnus, a, um — aeckiũrĩ.
magus — mariri.
mala — backágo.
malus, a, um — pitseai W.
mamma — peène.
mane — amáraa W.
manus — no-gaápi M. — nu-ghäby S. — (eri) kiápi W.
mare — aegürü oóhni.
maritus (conjux) — ritoy.
mater — ahmi M. — hagku S. — ámi W.
membrum virile — nohui M. — nuchy S.
— muliebre — inahruighi M. — ynárosaché S.
mensis unus — hapaghery-gheryhoe S.
meridies — apaitschúhne M. — petschuny wakámuy S.
meus, a, um, — notässe.
mingo — noihnä M. — na-atapethy S.
mons — bănángbibă M. — pisiy S.
mollis, e — kidjama W.
morior — heritzia baribaba M. — heta-pahl-itsche S.
mortuus — hatabacke.
mulier — hináhro M, — ygnáro S.
multus, a, um — atáboi M. — atach-puy S.
nasus — no-itácko M. — pechtako S. — (nü) etácu W.
niger, a, um — tschárírĩ M. W. — tschaliry S.
non — tschama M. — huikah S.
nos — paèe.
nox — zibackári M. — ta-pyapètsche S. — dapũbé W.
— media — hamarchoe petschu.
occido — nunoabahari.
occiput — patáne.
oculus — no-tóhi M. — patuima keny S. — (eri) doe W.
olfacio — numihapa.
olla — itse W.
omnes — umáni.
orion — biogeneisse-ibihitschi.
os, oris — ba-núhma M. — panóma S. — (eri) numa W.
os, ossis — ripihrā.
ovum — rhâepe, reépi W.
patella — no-tziuta M. — nutziuta S.
panis mandioccae — úre W.
pater — pahai M. — petschyry S. paii W.
paucus, a, um — metscháhma M. — hipe pokalitsche S.
pectus — no-áballa M. — pa-pabata S.
pes — no-ibami M. — nu-ipa S. — (eri) ípa W.
pingo — pitáhnaca.
pinguis, e — rigaéssicki.
piscis — heitscha S. — idjá W.
pleiades — tapiruuma-ibihitschi M. — hypitsche S.
pluma — rihmăpă.
poples — nu-tsyuta-tachky.
profundus, a, um — payùko.
puella — nianitschòa — maishú W.

puer — sima-schyry M. — maishú W.
pulcher, a, um — missá M. — ketaka pahna S.
radix — máaba.
ramus — apana-ghae.
remus — déna W.
ruber, a, um — üpórän M. — gheraly S. — cáriri W.
sagitta — haesihibi, isiepe W.
salto — arápacassi.
sanguis — irahi M. — nuira S. — (nu) ira W.
scapula — vasy-apa.
semita — idjápu W.
senex — pähtschiri M. — apacry, petschery S.
sepelio — aethtschuari ahru.
sermo — nodasha W.
sibilo — hibiht schiucassi.
sic. sane, recte — magáiha M. — hochah S.
sicera — bagahriade.
sitis — macararinámba W.
sol — gamúhi M. — ghamúi S. — camúi W.
soror — notósi M. — lheninito S.
stella — hüpüitschi ibidji W.
supercilium — no-tóhtoha M. — pa-tschême S.
sylva — haápa M. — ha-apana S. — aapána W.
tempus matutinum — amaräpatähbacke.
— amaraá W.
— aestivum — ypêna yghpaina.
— pluvium — pala pymy,
terra — gáhāu M. — ypay S. — ipai W.
testiculi — no-sahgai M. — nusache S.
tonitru — amáhrāï M. — peghyubi S. — (nanatschay-yh S.)
tu — pih M. — piy S.
tuus — pitässe.
venor — pinananenehne S.
venter — no-goóhtu M. — nughâto S. — (nu) cútu W.
ventus — ghary S. — opirina W.
vesper — tayahe pêtsche M.
vespere — tainóee S. tahi jahabe M. — daiaábe W.
video — barohackaga.
viridis, e — rinábi.
vivo — nubarihétacka M. — pabaha-pahly S.
umbilicus — no-ekoohtomi M. — pa-ghotomy S.
unguis — no-schohtabi M. — nuschutaby S.
veni huc! piaka naikeni W.
vir — atzü tschari M. — achijari W.
volo, velle — noapaitanihri M. — enu apany-gheriy S.
valeo — misabibano W.
Numeri 1 hapághery S. — apágeri M. — apari W.
2 matschahma M. — malchami W.
3 matzücke M. — matsiáca W. maitzi kai S.
4 ahpagopi M. — apuacápi W. — hapa-paky S.
5 ahpagapi M. — adapui W.
6 aira-ettagapi M. etaipui W.
7 aira-ettagapi-hairiwigani apecápecapisi W.
8 aira-ettagapi-matschahma M. — aiapéi aiapei apaiápesi W.
9 aigarithaeacke.
10 umahni M. — bitchicápesi W. — matschámakapi sy yh S.
20 beitebimacáni W.
tapirus — aehma.
bos — aehma-maighea.
canis — tehábi W.
cervus — ghapatschary, cabahtjeri.
nasua — ghabisy.
coelogenys paca — tahpá, tagpá.
hydrochoerus capibara — ghaëso.
felis onça — tschápy.
— — nigra — tschuáe.
— concolor — gheranaly.
— pardalis — tschuée.
dicotyles labiatus — capêna, cabêna.

dicotyles torquatus (taitetu) — hapychtschá.
lagothrix olivaceus (barrigudo) — capahru.
cebus gracilis (caiarara) — hatahro.
callithrix cuprea (oyapussa)— pakúy.
pithecia ouacary — ghorosipiry.
nyctipithecus felinus (ya) — mukory.
mycetes fuscus — hyichzy.
chrysothrix sciurea (bocca preta) — ghuissary.
cercoleptes caudivolvulus — ghochzy
dasyprocta aguti — pihtzi.
manatus — uny-aghulyèma.
delphinus — amâna.
crax globulosa (mutum açu) — ghuikzy.
— tuberosa (mutum de vargem) — pýtschaga.
— urumutum — uzŷry.
psittacus macao — haghahro.
— ararauna — gharo.
— tschûra.
psittaculus — tsirika.
penelope marail (jacu) — maray.
— cumanensis (cuxuby) — kutschúy.
psophia crepitans (jacami) — mâtschary.
gallinula plumbea (saracura) — ghoutere.
gallina — gharaka.
gallus — atschischery — (i. e. mas) gharaka.
anas viduata — ghumâta.
cathartes urubu — patschuhly.
— papa — pèry.
falco urubutinga — patschuhly eckuiry.
— brasiliensis — gatschuâ.
colymbus ludovicianus — ypirary.
ardea egretta — pimiy.
emys amazonica (tartaruga grande, jurarà) — ypùry eghory.
testudo tabulata (jabuti) — ekiutó.
emys dumeriliana (tracaxá) — tschupá.
chelys fimbriata (matamata) — peaha.
bufo agoa — turaca M., torohaga S.
rana — páitzi.
boa scytale (sucurihu) — pitscho-ité.
lachesis mutus (surucucu) — esý.
elaps corallinus — uy.
serpens araramboya — gutshury.
— paranamboya — tschièma.
— jiraraca (bothrops) ypígzy.
crocodilus — gapànapà.
— jacare-tinga — gatscha-ery.
agama (camaleão) — mugzy, ohwñ.
piscis tampaké — naoe.
— sorubim — guliry.
— akara — tschuteh.
— piraruca (sudis gigas) hugzý.
— pirarara (phractocephalus) pathàru.
— sardinha — mampàru.
— piranha (serrasalmo) ygpûma.
— pescado — harenáry.
— tucunaré — yrischaban.
— candirú (cetopsis) yra-eta.
— pira catinga — eniy.
— arraia — itschatoly.
concha (ytanga vel ytà yryry) — matu.
scarabaeus — tahiru M., pituhro S.
culex (carapaná) — hanitschu.
tabanus (mutuca) hitschèpe.
simulium (pium) — mapŷry.
musca (maruim) — hechŷry.
bixa orellana — pyhry.
musa (bacoba) — panahle.
venenum sagittarum urari — haapahly.
mandiocca — ghany.
zea mais — pechkya.
oryza — pupery-pichkya.
inga (arbor leguminosa) piritápa.
cecropia (ambauva) — tucuhly.
sarmentum (sipo) — hipèpy.

JUMANA *).

abi — poeya sitaba.
aër — samuntúca M., gaua S.
albus, a, um — saleiu M.
anima — nõhuiú.
aqua — uhü M., uy S.
arbor — auána.
arcus — urabara.
audio — nuatschá.
auditus — nulokuna.
auris — no-uhü M., nu-hóe S.
avunculus — innochöttö.
avis, passer — yuapúe S., onüagh-phü M.
avus — juja.
bibo — nită M., oyta uný S.
bellum gerere — vabăttacá.
brachium — nu-nápü M., na-na-puy S.
brevis, e — maiũjapü.
caco — nolaka.
caeruleus, a, um — saburöiu.
canto — bomaruya.
capillus — nu-llatá M., zo-lazá S.
captivus — gallötschá.
caput — núh-la M., zo-maschumy S.
caro, nis — nina.
clamo, are — boascha.
clavicula — no-akarepita.
coelum — séckò; (mumeseke: Saliva).
cognatus — tareuanu.
collum — nu-larapüü M., no-már-pii S.
connubo, ere — nanăiana pena-gaia (uxores ducite) M., uamena S. (mino: tupice).
cor — neiká.
corpus — nomatsi M., uapelàna S.
costa — nu-rreh.
coxa — burúela M., buru S.
crus — nu-pimi.
cubitus — nõ-uina.
cutis — nu-mátschĕ.
cymba — inkuratarĕ.
dens, tis — nibi M., niy S. (nuoi: Moxa).
deus — uauũloa (bolau: Mobima).
diabolus — lokozy.
dies — samataka.
digitus — gabina.
— pedis minor — netelja S., nõũ-pöcka M.
domus — bähü, pana (nupeno Moxa).
mea (nostra) domus — nu-panat-schoe.
ejus domus — po-pana.
dormio, ire — nimacá M., uyma-ka S.
dorsum — ingaurũnăpũ.
eamus — alokauy M. nupana S.
edo, ere — issánauá M., uyssau-aha S.
ego — müthcháing M., telanohó S.
farina — massuca.
femur — burú.
filia — nntschú (ore clauso) M., zigzú S.
filius — numújolõ M., zomeuhra S.
flavus, a, um — kitéĩa.
flos — auinaú.
foedus, a, um — camaséju.
folium — apunaghpehö.
frons, tis — nungcũa M., nokou S. (nuaukipa: Maypure).
fructus — auinaacá.
fulgur — juhü, juhy (yuúi = id quod strepitum edit: monteiro).
gusto, are — initá.
hallux — nõũcorütúna.
homo — ajũva M., asiah S.
homo albus — zahre (uara: tupice.)
— niger — boheh.
hostis — bumacgö.
humerus — nu-ácalla M., napina S.

*) Die Sprache der Jumánas (Ximánas) ist von Martius (M.) in Maripi am Rio Yupurá und von Spix (S.) in Cayçara oder Alvaraës am Solimoës abgehört worden. Sie zeigt Anklänge an die Moxa, Maypure, Marauha u. s. w.

ignis — oejé M., oeyu S. (jucu: Moxa).
infans — mianu.
juvenis — jánna.
labium — nalamapŭü.
lac — thihi.
lacerta — cuischuri.
lacertus — nanapuphüna.
lapis — zepá.
lavo, are — uapuyschù.
lavare vestes — uypazi.
lignum — auoena.
lingua — néhnă M., nena S. (nheénga = idioma: tupice.)
longus, a, um — jăpiú.
lucifer — uoetü.
luna — uaniu M., uanyu S. (= astrum frigidum: Monteiro).
luna prima — vaniu-manucúra.
— nova — vaníu - écke M., temitaha S.
— plena — vaníu M., maremy S.
— decrescens — vaníu-acjemi.
macer, a. um — lathagemü.
magnus, a, um — catschujuju.
magus — mainyu.
mala — gághümŭ M., nanella S.
mamma — nihy.
manus — gabí M., ni-kapy S.
maritus, conjux — asiah.
mater — ingjüă.
membrum virile - tschumaacke M., noaneh S.
— muliebre — sapó M., sapuh S.
mentum — nuttá.
meridies — bubutphemize-mantoü.
meus, a, um — gabăllari.
mingo, ere — na puitschá M., nayuzá.
mors — sihpă.
morior — jăpumi M., syavakamy S.
mortuus — niabumi M., yapumy S.
multus — jaüolŏ M., kená S.
multi homines — yaüalae.
multi pisces — yaüale kupè.
mulier — jabujú M., schupuyú S.
nasus — intechiungcú M., indschoko S.
niger, a, um — tschicaiu.
non, nequaquam — mäiú M., meiho S.
nos — telamnhóe.
nox — getzécka M., ualayekah S.
occido, ere — băcthá.
occiput — no-attá.
oculus — uhnló M., zepüna S.
olfacio — ippitániahú.
omnes — coghoomü.
orion — galoari.
os, oris — nó-umă M., numa S. (nuhaca: Moxa).
os, ossis — pina.
patella — nu-ntulá.
pater — paio.
paucus, a, um — tschunhüalá M., dschuyhlá S.
pauci homines — mä auuleká.
pectus, oris — gubitalö M., nukupitare S.
pes, pedis — nöü M., neü S.
pingo, ere — ntaná.
pinguis, e — muturöjella.
piscis — kopé.
plantare — nattá.
pleiades — tschabá.
pluma — aenuaghpüpuü.
puella — mitschono.
puer — haioha.
pulcher, a, um — jiatéja.
radix — auinapá.
ruber, a, um — zaamy.
sagitta — magólla.
salto, are — lapá.
sanguis — nittá M., uytá S.
senex — schubaia.
sepelio, ire — nactá.
serpens — ebúütschü.
sibilo, are — nuittütschä.
sic, sane, recte — aeaé M., peamy S.
sicera — puti (potio ab ipsis parata).
sol — sŏmanlú M., zimalo. (aimá = astrum calidum: Monteiro).
stella — oitte. (uúeté = astrum splendens: Monteiro).
supercilium — pallazá.
sylva — apünaghphŏ.
tempus matutinum — tackutácca M., petoka S.

terra — töcké M., leké S.
testiculi — ningqué M., niuhé S.
tonitru — sockeköurá (quiriuá = id quod pluviam indicit: Monteiro).
tu — lüjuháing M., pülatulahôe S.
tuus, a, um — tacuá.
veni huc — auöü.
venor, ari — ouayareuá.
venter — nuhmullú.
vesper — calhötúcka M., quescotuka S.
video, ere — ingeacuá.
vir — ajüüva.
viridis, e — saburöui.
vivo, ere — nianucá.
umbilicus — nu-muthorã M., numuturi S.
unguis — nu-pá M., nu-pa S.
volo — numallapuü (gh).
Numeri 1 aphüllá.
2 biágma.
3 mabäagma.
4 tilalüchbüa.
5 aporagabi.
6 biamurägaungabi.
7 tschitschabutschauagabi.
8 biamorägóagabi.
9 jauwätähi.
10 tschubumiagäbi.
tapirus — zema S., zäma M.
cervus — kauyá S., cauija M.
felis onça — yama.
canis — yama.
nasua — kapyhé.
ateles paniscus — coatá.
lagothrix olivaceus — kotohé.
mycetes fuscus — yumá.
cebus fatuellus — kalapuzy.
callithrix torquata — koaöe.
dasypus — yetu.
hydrochoerus capivara — gähó.
coelogenys paca — urängniu.
dicotyles labiatus — apuya.
— torquatus — yamukaische.
dasyprocta aguti — aguti puütschi.
bradypus tridactylus — puátu.
manatus — hapyna.
delphinus — ayary.

falco brasiliensis — uaná.
crax globulosa — koezy.
— tuberosa — poyory.
psittacus macao — manauarý.
psittacus — queú.
— minor (perikito) — zerischo.
rhamphastos — yehetzy.
penelope marail — maraçy.
— aracuan — uataragaong.
— cumanensis (cuxuby) cuxuby.
gallinula plumbea (saracura) — saracura.
anas viduata — komala.
— brasiliensis — anana.
ardea egretta — ariu.
colymbus ludovicianus — myuá.
ciconia americana — kanarua.
emys amazonica — zobiry.
— dumeriliana — peruy.
testudo tabulata — ykó.
chelys fimbriata (matamata) — matamata.
crocodilus niger — oory S., uori M.
agama (camaleão, cenemby: tupice) — zenemo.
bufo — surucucú.
pipa cururú — urepa S.
rana — urepa M.
elaps corallinus — araramboya.
coluber aestivus — paraoboya.
boa scytale — doria.
lachesis mutus — epücsy.
piscis tampaké — kapáry.
— sorubim — koryssy.
— pirarara — lhôma.
— piranha — oma.
— akará — yha.
concha — maschu.
tabanus — sesý.
scarabaeus — koló S., jae M.
culex — ayu.
simulium — ytazy.
ixodes — aschupeta.
musae fructus — bánara.
mandiocca — ghey,
oryza — auaty-hy.
zea mais — yrary.
venenum urari — apá.

JUCÚNA*).

aqua — ohni.
arcus — mura a para.
auris — nooi.
brachium — nanabelo.
capilli — noila.
caput — naoiló.
clava (kuidaruz) — euiheuá.
corbes (panacú) — queabau lo.
coxa — nocochio.
crus — nolacho.
cum — ilo.
culter — iraeché.
dentes — noim.
deus — deos.
diabolus — inhan.
dies — eu echó.
digiti — nocóbo.
femina — inan.
fluvius — ommo.
frons, tis — nocimam.
ignis — sció.
lacus — cari cá.
lapis — ipá.
lectus pensilis — amáca.
lignum — ó aaan.
lingua — nolenau.
luna — pueri.
manus — noiaula.
mater — amiouu.
nasus — nutacú.
nox — lavi.
oculi — noeloo.
os, oris — nunuma.
pater — paiu.
pes — nomá.
plumbum — chumbo (port.)
pulvis pyrius (polvora) — paribi.
remus — oéchó.
sagitta — equechilo.
securis — perô.
sidera — uiere.
sol — camú.
telum pyrium — sei ó.
tonitru — pichanin.
trulla — aeché.
tubus explodendis sagittulis — oápanan.
tugurium — camacheré.
ungues — nofino.
vas — ichala.
venenum urary — aápá.
venter — no oo.
ventus — carenan.
vir — atiám.
canis — jaú.
cervus — caió.
dicotyles torquatus — apié.
felis onça picta — chave.
— concolor — cavou.
manatus — joaraóa.
tapirus — emam.
anas — cumalo.
crax alector malu cu et alia spec. piori cogi.
crux urumutum — cathiri.
gallina — caperé.
psophia crepitans — maiá.
penelope (niambu) — mame.
psittacus — obrú.
— macao — naóáru.
— ararauna — caro.
cathartes urubú — macará.
crocodilus (jacaré) — lanauarú.
testudo tabulata — járe.
emys amazonica — ipú.
batatae radix — quaiú.
mandioccae radix — caérú.
— plantula — cachi.
farina mandioccae — oi.
— — tosta (beiju) cumún.
amylum mandioccae tapioca — oturú.
fructus musae (pacovas) — parú.
zeae mais fructus — cané.

---

*) Eine Horde der Jumanas am Miriti-Paraná, einem Beifluss des oberen Yupurá, nach Natterers Aufzeichnung.

PASSÉ *).

adeps ovorum testudinum — egh-poru-ry.
aer — ghoo.
albus — saréu.
altus — yenu.
amita — nokoi.
anima — tschimau-amy.
annus — apa gho-ela.
anus — yrenaghymy.
aqua — oy.
arbor — ghenolega.
arcus coelestis — gheséu
audio — soũ.
auditus — socteghana.
avia — yaya.
avis — migherapy.
auris — soae.
avunculus — segholoe.
avus — sotscho.
bibo — niktenao.
brachium — nanapue.
brevis — maienu.
caco — nitschoata.
caeruleus — poretamuyu.
calcaneus — sighotohla.
canto — nabolakata.
capillus — niolesa.
caput — nyohla.
cilium — tschilantschoy.
clamo — nemelake.
clavicula — noaghola.
cognatus — nutschi pagha.
collum — tsinotó.
connubo — naha paka.
cor — saua.
corpus — zeu-any.
costa — tsora.
cras — lannaia.
crus — sekuula.
cubitus — noejoina.
cymba parva — kurete.
dens — sée.
deus — pokené.
diabolus — goko.
dies — samatayu.
digitus — sighapoble.
digitorum intervallum — tschya-ghatóka.
digitorum articuli — tschiloghâre.
domus — pahna.
dormio — nimata.
edo — nozonao.
ego — noo.
femur — schipotá.
filia — setó.
filius — tschikernoma.
flavus — poroyu.
flos — potũra (tupice).
fluvius — auy.
folium — apanama.
frater — sayamy.
fructus — egpanaghela.
fulgur — ghóo.
gusto — netata.
guttur — tsitohlo.
hebdomas una — mape-aua.
hepar — soopane.
hodie — machipomy.
homo — schimána.
homines multi — polala.
— pauci — ma-polala.
humerus — nanagotu.
ignis — beghũe.
ille — puhlary.
infans — ygheaghũe.
labium — tsarampũe.
lacertus — nanapue.
lacus — ghaiya.

*) Von Spix in der Fazenda Maturá, nicht weit von der Mündung des Içá in den Solimoës, aufgenommen.

lapis — uàry.
lavo — netaa.
lavare vestes — nepata.
lignum — egpá.
lingua — tschinene.
longus — yenaiu.
lucifer — samatahla.
lumbus — tschi-puro-ghone.
luna — ghischy.
— crescens — ghapotzy.
— nova — ghitschuaulaua.
— plena — ghapoghu.
magnus — moréu.
magus — maiané.
mamma — tschootscho.
manus — nugha pohle.
manus articulus — nogho potó.
mater — ainyu.
membrum virile — tschyu-any.
— muliebre — soo pahla.
mensis unus — apa alaghizy.
mingo — notschoina.
mons — papuaka.
morior — ekyapanu.
mulier — lauenamy.
— mea — nanapaka.
— sua — pūlary.
— tua — panapaka.
multus — poláiu.
nasus — tsitaco.
niger — ghesiu.
non — mary.
nos — uoèla.
nox — gheseyu.
— media — lapoto.
occiput — soató.
oculus — tschiló.
olfacio — nema.
orion — turpu ahna.
palma manus — noghapy.
patella — sotola.
pater — payū.
paucus — mai-o-pohla.
pectus — saua putsika.
pes — se pata.
pedis articulus — sepoghola.
— planta — sigh pata poo.
piscis — kouhoby.
pleiades — pulay.
podex — tschi-ghyūe.
poples — sotola pingha.
profundus — papo-ali.
puella — etapua.
puer — aghunghii.
radix — egpapa.
ramus — epusii.
ruber — ghtytyu.
sanguis — tschyta.
scapula — noghèta.
senex — palabiu.
sentio — nota.
sic, sane, recte — nilana.
sol — aiumaa.
soror — siatokuna.
stella — ghūetūe.
sternuo — naschýa.
supercilium — soopá.
sylva — uakaluga.
tempus matutinum — lepoto.
terra — papuaka.
testiculi — seauy.
tonitru — yoy.
tu — pūeū.
venor — notamanora.
venter — schiniutula.
vespere — lenoma.
video — nolo-pala.
viridis — schickūe.
vivo — ghalo-anu.
umbilicus — sipohry.
unguis — sopah.
Numeri 1 apeala.
2 packéama.
3 mapeama.
4 puke-amama.
5 upanachapii.
10 pūpaischapii.
tapirus — schma.
bos — sehma.
cervus — yare.
felis onça — y-ame.
— — nigra — ghetsiu.
— pardalis — horetschu.
ateles paniscus — coatá.
lagothrix (gastrimargus Sp.) olivaceus — gholoc.

cebus fatuellus — uanayu.
pithecia hirsuta Sp. — maua.
callithrix torquata — oghotscho.
cebus gracilis — poche.
nyctipithecus felinus — oëu-muna.
dasypus — yetú.
dasypus gigas — ghaiyuhla.
nasua — ghabüocby.
cercoleptes caudivolvulus — mana.
dicotyles labiatus — abaeghua.
coelogenys paca — lapá.
dasyprocta aguti — poützy.
myrmecophaga — yaruá.
bradypus tridactylus — paátu.
— didactylus — aretú.
manatus — apina.
delphinus — aya.
falco urubutinga — umaiure.
cathartes urubu — uayu.
— papa — pitschü.
falco brasiliensis (caracara) — tscharara.
crax globulosa — ghotsüe.
— tuberosa — püyury.
— urumutum — aghó.
gallus — oghunala.
gallina — gharagha.
gallinula plumbea — torótina.
psittacus macao — lao.
— ararauna — ghatury.
psittacus — uata.
— minor (perikito) — ghirètsche.
penelope marail — marazü.
— aracuan — ghotomary.
— cumanensis — ghuyuby.
anas viduata — ghumahla.
— brasiliensis — uanana.
ardea egretta — uana.
mycteria americana — oghazü.

emys amazonica — eghpory.
emys dumeriliana — traghascha.
testudo tabulata — eghó.
crocodilus niger — oury.
— jacaretinga — oury ahny.
agama (camaleão) — yuaha.
pipa cururu (sapo chato) — oreps.
serpens araramboya (xiphos.) — ghitaucha.
— paranamboya (aquaticus) — yriu-ghaghenen.
boa scytale (sucuriuh) — opü.
lachesis mutus (surucum) — ülasy.
bothrops (jiraraca) — gheghèna.
piscis tampaké — ghapa.
— sorubim — ghoschy.
— pirarara — uetary.
— piranha — auma.
— pira pitinga — ghalepa.
— acará — lieto.
— uruá — soüe.
— tucunaré — lokona.
concha — matu.
tabanus — ghoto.
scarabaeus — ghoko.
culex (carapana) alikyú.
simulium (pium) — mapitschy.
musca (maruim) sotzüe.
ixodes (carapato) — ghopa.
cacao (theobroma cacao) — poruru.
mandiocca — ghenya.
urari, venenum sagittarum — apé.
arbor venenosa hura (oassacú) — opó.
zea mais — niary.
oryza — yuaka.
salsaparilha — panü.
sarmentum v. liana (sipó) — apepue.

CAUIXANA*).

aër — humábãrĩ M., uaary S.
albus, a, um — jäthizi M., ghatezy S.
altus, a, um — ghynoezy.
amita — nokodza.
anima — uãngniáca M., winyaka S.
anus — pocera.
aqua — áuuwí M., ouy S.
arbor — gázó M., aghózo S.
audio — nimaihlazá M., nymagezy S.
avia — na-zaha M., na-zegoè S.
avis, passer — parehna.
auris — no-elá M., no-lá S.
avunculus — ma-gásügĩ M., no-gazyghoè. S.
avus — na-záha M., na-zaga S.
bibo — uahüeghié M., wezóhya S.
brachium — na-nápũ M., na-nábu S.
brevis, e — labágõmã M., lupokomazy S.
caco, are — uelaihà.
calcaneus — no-atyhe.
canto, are — nokautschorika.
capillus — na-ugwá M., no-abéla S.
caput — no-ngwá M., nãoá. S.
caro — nickná.
clamo, are — nometekunuma.
clavicula — no-acrabe.
coelum — bũwógari M., yunnyhary S.
coeruleus, a, um — párezi M., paulezy. S.
cognatus, a, um — na-nenapene
collum — na-náza M., no-nóza S.
connubo — vatagelhic M., eleninabyna. S.
cor — ne-hahyna.
corpus — na-lá M., nu-pana S.
costa — no-rahla.
coxa — na-pahze M., no-koyaba S.
cras — lauaká.
crus — na-zaara.
cubitus — na-cõahne.
cutis — uallá.
dens — no-ugwã M., no-é S.
diabolus — mioni M., yoné S.
dies — mazazy.
digitus — na-gábihünne.
— pedis — na-ohona.
domus — bagnõ M., pãinyoe S.
dormio — wemákya.
dorsum — na-uvá.
edo, ere — uallañaumaheghíé M., uelo onomaya S.
ego — nauhá M., noa S.
farina — mazoaka.
femur — no-nlauá M., no-hloa S.
filia — n(a)-otá M., notó S.
filius — na-üãĩ M., no-oay S.
flavus — jäthizi.
flos — agázãũ M., ghoekona S.
foedus, a, um — aauumã.
folium — abanná M., ghazahoa S.
frater — coánna M., na-petaka S.
frons, tis — na-laazãgã M., noporeto S.
fulgur — cabuckiázi.
gusto, aro — mauvãnanumáheghie. nehenyatame. takana numagy.
hallux — nao(u)ganna.
hodie — ekemy.
homo — zinanni (chimana: Passe.)
— albus — zyna cariba.
homines multi — pehle unané.
— pauci — ipolazané.

*) Diese Liste ist von Martius (M.) am See Acunauy auf der Südseite des Yupura aus dem Munde des Principals einer dort sesshaften Bande aufgezeichnet (Reise III. 1217), und vermehrt durch Worte, die Spix (S.) am Flusse Tonatins gesammelt. Viele Worte und die häufigen Praefixa na-ma-no-nu charakterisiren die Sprache als verwandt mit der Maypure u. a. in der Gujana.

humerus — no-vogózõgõ M., nepále S.
ignis — ickiõ, hoctye, mazazy.
infans — gaykuna.
juvenis — uago(a)ri.
labium — na-namaläne M., nonomalá S.
lac — nazázani.
lacerta — gauwígha.
lacertus — na-bogaũze.
lapis — pahla.
lavo, are — naputcka.
lavare vestes — aypuna punenonena.
lingua — no-näne M., no-nené S.
longus, a, um — gia auüã M., ljemazy S.
lumbus — poleghelenkó, no-macola.
luna — assõgäetzí M., ghezy S.
— nova — wahlylary ghezy.
— plena — kapoly ghezy.
maçer, a, um — aëraauiä.
magnus, a, um — maré.
magus — mariny.
mala — na-gago(a)lla.
mamma — no-zozoné.
manus — na-gábi M., no-kapy S.
mare — gockiári.
maritus (conjux) — zyna.
mater — niáha M., nohũ S.
membr. virile — no-üäla M., noéta S.
— muliebre — begahaing M., hekahu S.
mentum — na-tebary.
meridies — tawanáũma.
mingo, ere — naarítacka M., nohletoka S.
mons — genauigári M., pinch S.
morior — taumyná.
mortuus, a, um — pehlataumany.
mulier — neiná M., pytschiola S.
multus, a, um — balõuána M., pehleana S.
nasus — no-ãtága M., no-tokó S.
niger — apahuimã M., pauezy S.
non — neizá M., gho enomeza S.
nos — ua.
nox — labígaré M., myymyó S.
occiput — no-ape.
oculus — no-nlá M., nó-hló S.
olfacio, ere — nimãhe.
omnes — jalaüwagwaihé.
orion — ljohoary.
os, oris — no-nóma M., no-momú S.
os, ossis — no-bimi.
patella — na-ãnsólla.
pater — paciáha M., paityohá S.
paucus, a, um — balõ zá M., epalaza S.
pectus — na-gó M., no-kó S.
pes, pedis — na-o(u)lla M., nozára S.
pinguis, e — maregaauva.
piscis — nikary.
pluma — uipizahinábe.
poples — no-azohla.
profundus, a, um — papyonazy.
puella — gheackopzyny.
puer — wakory.
pulcher, a, um — auumã.
pulmo — hoazaamenya hyna.
radix — agázolũ M., zapory S.
ramus — ghoekóna.
ruber, a, um — zaasi M., zazy S.
sanguis — isã M., no-zaghana S.
senex — pahauzini M., pooly S.
serpens — hõuwari.
sic, sane, recte — nahũ ãza M., e numeeza S.
sicera — hõtzagári.
sol — mawoacká M., maahly S.
soror — naĩhnlã M., koany S.
stella — pirita M., pyeto S.
sternuo — nazencka.
supercilium — na-zibabárihi.
sylva — apenahaúa M., pauághakerý S.
tempus matutinum — mawuacká M., mazyu S.
terra — oipó M., ypõe S.
testiculi — no-tharũmũgãlle M., no-tromokola S.
tonitru — chiauuuwí.
tu — bulanolãa M., púa S.

venor, ari — uaukiethaibing M., oeokabutscheua S.
venter — no-moga(a)tta M., nomokáta S.
vespere — muckmüja M., ljenomú S.
video — nigãhma M., nikagezy S.
vir — zyna.
viridis, e — pavauázi M., zeparela S.
viscera — nocróbe.
umbilicus — na-paharĕ M., nopabre S.
unguis — naupáha M., no-páa S.
volo, velle — namaijé.
Numeri: 1 bãla M., peelama S.
2 mätallá M., yumetóbema S.
3 bamãbicá^ca M., petiolhama S.
4 lawauugabi M., mepegakama S.
5 item protracto sono M, loamá-nokápe S.
10 loaná-capo S.
tapirus americanus — kaberóla S., cabõroalla M.
felis onça — kalenazy-yamary S., jãmary M.
— onça nigra — bauyeze-yamary.
— concolor — yarenary.
— pardalis (maracajá) — oryató.
canis — azarae — oèy.
cervus — giabrö.
ateles paniscus — oarýzy.
lagothrix olivaceus — ghozoe.
mycetes fuscus — yumazazy.
cebus fatuellus — kablapózy.
— gracilis — pauay.
callithrix torquata — wakaúy.
nyctipithecus felinus — maghó.
pithecia ouacary — putary.
pithecia hirsuta — mauary.
dasypus — yzò.
nasua — kapù S., cappuh M.
dicotyles labiatus — putzya S., puickũé M.
— torquatus — yamughato.
hydrochoerus capybara — géha.
coelogenys paca — goawiláckiu.
dasyprocta aguti — giahoui.
myrmecophaga — ahóry.
bradypus tridactylus — poházo.
manatus — yoara.
delphinus — gharezary.
cathartes papa — pezy.
falco urubutinga — uoetyo.
— brasiliensis — tscheghonory.
crax globulosa — ghozy.
— tuberosa — pinôry.
— urumutum — nazyry.
gallus — zyna gharaka.
gallina — gharaka.
palamedea cornuta — ghomoka.
psittacus — uoeho.
psittacus macao — ghazo.
— ararauna — malauarý.
psittacus minor (perikito) — zyriui.
penelope marail — marázy.
— aracuan — schotschoný.
— cumanensis — ghothyuy.
gallinulla plumbea — ghozery.
anas viduata — ghomala.
— brasiliensis — oonana.
ardea egretta — ghyoberà.
colymbus ludovicianus — ghatoa.
mycteria americana — gharao.
emys amazonica — marezypôry.
— dumeriliana (tracajá) — tarighatscha.
testudo tabulata — yauarty.
crocodilus niger — oôry S., aaûry M.
agama (Tupi: cenemby) — zenemó.
tupinambis monitor (jaquarú aut jacare-curú, i. e. kaiman cum struma, tupice) — mainyà.
bufo — lololoazi.
pipa cururù — tahlà.
rana — moahri.
elaps corallinus — gholyoyamaré.
coluber aestivus — porezy.
boa scytale (sucuriuh) — toletya.
lachesis mutus (surucucu) — loara.
piscis tampaké — tamaky.
— sorubim — ghobézy.
— pirarara — lyóma.

piscis piranha — pohma.
— acará — ehlyá.
piscis uruá — quáta.
concha — pehla.
tabanus — zery.
scarabaeus — tato S., serabni M.
culex — nhitscho.
simulium — nopezy.
ixodes — mapeto.

TARIANA*).

abi — piauégada.
adeps — núisi.
aqua — yni.
an habes aquam — pidinénul.
aegroto — nucamia gymahu.
albus, a, um — harlég(h)a.
arbor — heicu.
arcus — yavileáb(h)u.
avis — capilla.
barba — (no)édha.
bonus, a, um — matsia.
brachium — (no)cúpi.
brevis, e — mandóade.
calidus, a, um — hámuma.
capillus — (no)tsialli(h).
capere i — piteigúda.
caput — (nhu)hida.
canis — tschino.
caro — núibe.
corbis — ápa.
cortex — tápa.
culter — marliá.
cymba — ita.
da mihi — piniúda.
dentes — (no)páda.
dies — coápi.
digitus — (no)e.
durus, a, um — tál(h)a.
farina — cáui.
femina — inal(h)u.
filia — nóitu.
filius — noénipe.
flavus, a, um — éwa.
folium — denipe.
frigidus, a, um — hápaimu(m).
fructus musae — dél(h)i.
funis — nódusi.
gramen — canápithi.
ignis — tsiatta.
lectus pensilis — hámaka.
lingua — (no)énana.
longus, a, um — uia.
luna — kéthi.
malus, a, um — madsi.
manus — (no)cúpi wána.
mandioccae panis — peilétha.
mater — náka.
mollis, e — helémi.
nasus (meus) — (no)tákhu.
niger, a. um — cadama(h).
nox — dépi.
oculus (meus) — (nó)ti.
olla — tchiwa.
os oris — (no)núma.
os ossis — (nó)api.
ovum — diéve.
pater — paica.
pes — (no)hibama.
pinguis, e — núisi.
piscis — cop(h)e.
puella — inal(h)utáki.
puer — inapai(h).
remus — héicuita (apecuitá: Tupi).
ruber, a, um — ile(h).
sagitta — shidóa.
sanguis — ilhei.
semita, via — inipu.
sol — kéthi.

*) Wallace: A Narrative of Travels on the Amazon and Rio Negro. London 1853 p. 520.

solum, terra — hipéi.
stella — uallipele.
sus — ábia.
sylva — panap(ḥ)e.
tabacum — iéma.
tugurium — pánishi.
venter — (no)öúa.
veni huc — pinú.
ventus — calédhi.
vir — tchiali.
Numeri: 1 paita.
Numeri: 2 yamhémpa.
3 mandárlipa.
4 hepunipe.
5 pemapacápi.
6 yemimamacabi.
7 yemimabacapilianúda.
8 pehipelianúda.
9 paihipáwalianúda.
10 paihipawalianúda.
20 yemawanalianúda.

BANIVA, BANIBA. (MANIVA)*).

I. Baniva von Tomo und Maroa. II. Baniva von Javita **).

adeps — ripa.
albus, a, um — I. arlu — II. caatsi.
aqua — wéni — wéni.
an habes aquam — ubeda piu weni.
arbor — witsipha.
arcus — saúitouli — sauúlolethi.
avis — ciúwi.
barba (mea) — (no)ránumi — fasanumá.
bonus, a, um — anétua — yenii.
brachium (meum) — (na)nú — (wa)cano.
calidus, a, um — árte — cathii.
canis — tsino.
capillus — notsipana — (wa)maoó.
camus capere — raioata.
caput — nobu — (wa)siho.
caro — emeu — básu.
corbis — sétau — canato.
cortex — útaphi — máta.
culter — marlin — cotsio.
cymba — murupüriani — báca.
deus — (ná)si — (wa)thi.
dies — pépurhi — yahenusita.
digiti — (na)phibu — (wa)cavithiani.
digiti pedis — geiutsisini — (wa)tsitsi culobúsi.

---

*) Die anfänglich am Rio Ixié, einem Beiflusse des Rio Negro, sesshaften Banibas (Banivas, Manivas), welche ihren Namen davon haben sollen, dass sie fleissige Anbauer von Mandiocca (Maniba) waren, sind eben wegen ihrer friedfertigen Gesinnung schon lange in die Ansiedlungen der Portugiesen vereinigt worden. Es nimmt uns daher nicht Wunder, dass die drei von Wallaçe (a. a. O.) mitgetheilten und hier wiedergebenen Wörterverzeichnisse so grosse Verschiedenheit zeigen. Bei allen Aufzeichnungen aus dem Munde bereits zwischen andern oder Weissen ansässiger Indianer darf man auf keine Reinheit ihrer Sprache mehr rechnen.

**) Beide Dialekte folgen sich hier unmittelbar.

durus, a, um — lépe.
fames — mauáli — (wa)táva.
farina — matsúca — matshúca.
farinam an habes — ubeda piu matsuca.
femina — néyau — tballnafemi.
filius — nolíta.
flavus, a, um — eiúlinare.
folium — tsápi — barlbúnna.
frigidus, a, um — apatiwáli — cafatené.
fructus — pinábi.
— musae — palátna — palatana.
funis — enonási — kinósi.
gramen — nunábi.
huc veni — maihipéta.
i capere — ripianati.
ignis — ársi — cáthi.
lectus pensilis — mitsa — hamàka.
lingua — palali — watáli.
luna — narhita — énoo.
malus, a, um — ónsubarlo.
mane — yauwáiha — yahenáse.
manus — (na)phi — (wa)cávi.
mater — nosurámi.
mollis, e — urlrái.
nasus (meus) — (nu)yapeu — (wa)siwi.
niger, a, um — úre — anuithi.
nox — yarapú — meroria.
oculus (meus) — (no)fúrli — (wa)hólisi.
olla — rhili — aniothi.
os, oris — enomà — (wa)nóma.
os ossis — (nó)piuna — (wa)-rianuku.
ovum — ineneu.
panis mandioccae — cáca — ahósi.
pater — nomámi.
pes — (nú)itsipalu — (wa)sitsi.
piscis — ríme — simasi.
puella — néyau férium — mathicoyu.
puer — irlube(r)lib — mathicoyu.
remus — nchew(pa) — nóhew.
ruber, a, um — íre.
sagitta — uéipipi — saúto.
sanguis — miasi — (wa)thanuma.
semita, via — tenepó — coathá.
sitis — núcalouwénifi — uno.
sol — hámuri.
solum — yatsiphe — coatsi.
stella — uiminari.
sus — aminami.
sylva — taúape — titsvená.
tabacum — eeli — djéema.
tugurium — panisi — panithi.
venter — panéni — (wa)hnwiti.
ventus — uitsi.
vespere — yaúwa — yáthi.
vir — henúmi — caténimuni.
Numeri: 1 yabibulim.
2 enábe.
3 yabébuli.
4 yunúlibumitsi.
5 pinawiáphi.
6 pimiri.
7 yúmaliwi.
8 piúrhuili.
9 pieirurwhi.
10 picalaurwhili.
20 itsirúapi.

III. Baniwa vom Rio Içanna.

abi — pipito.
adeps — rhoieugéu.
aegroto — cacalinapuhli.
albus, a, um — yalanóui
aqua — uni.
an habes aquam? — utcháperi úni.
arbor — heicui.
arcus — djepitábu.
avis — tepirá.
barba (mea) — (no)chímamu.

bonus, a, um — matcheradi.
brachium (meum) — (no)zeté.
brevis, e — madúadi.
calidus, a, um — heúmode.
canis — tschinu.
capillus (meus) — (no)chidupe.
capere eamus — cadja piatchin.
caput (meum) — (nhú)ideu.
caro — ueneinéu.
corbis — uápa.
cortex — tschekéia.
culter — marlihé.
cymba — ita.
da mihi — pia nohiului.
dens (meus) — (no)yeihei
dies — hecuápi.
digiti (mei) — (nu)capi.
— pedis (mei) — (nu)pipa.
durus, a, um — láradi.
fames — maúiiukei.
farina — matchuka.
farinam an habes? — utchaperi matchuka.
femina — inaru (mulier — nuina).
filia — nóitu.
filius — niri.
flavus, a, um — ewádi.
folium — apànape.
frigidus, a, um — iwiride.
funis — ninórua.
fructus — heikeuda.
— musae - pálaneu.
gramen — laijudeu.
huc veni — uatchi.
i capere — pitikien cadja.
ignis — tidgé.
lectus pensilis — makeitiba.
lingua (mea) — (nu)niñe.
longus, a, um — iápide.
luna — keri.

malus, a, um — matschidi.
mane — danacadjeni.
manus (mea) — (nu)cápi.
mater — nadjo.
mollis, e — awiladi.
nasus (meus) — (ni)tucú.
niger, a, um — tapaiuna.
nox — depipomijoiokeu.
oculus (meus) — (no)iti
olla — caturéwabi.
os, oris (meum) — (no)uumá.
—, ossis (meum) — (no)api.
ovum — tiaué.
panis mandioccae — perité.
pater — padjo.
pes (meus) — (nu)hipá.
piscis — cop(h)é.
puella — mápeni.
puer — mápen.
remus — tiwe.
ruber, a, um — iréidi.
sagitta — capoui.
sanguis (meus) — (nu)ira.
semita, via — anipo.
sitis — nuira uni.
sol — camui.
solum, terra — hipéi.
stella — hiwiri.
sus — hapija.
sylva — djecápe.
tugurium — pantbi.
valeo — matchiuphiba.
venter (meus) — (no)shúda.
ventus — carlia.
vespere — deikena.
vir — atchináli.
Numeri: 1 cadudi.
2 djámi.
3 madállipa.
4 manupéga nóuiki.

CARAJÁS*).

aeger — bena-moraré.
amplecti — djarouka.
aqua — be-ai.
armilla — wadeoutai.
arcus — assouatai.
auris — wana-outai.
avis — nocri-ara.
avunculus — oibeteran.
baculus — awarou.
bibo, ere — beai.
bonus, a, um — tawitoo.
brachium (meum) — wa-asio.
cantare — adjuro.
capilli — wo-ara-day.
caput — wo-ara.
caro, rnis — dabouday.
cataracta — oou-rai.
cauda — ton-e-rarou.
cerebrum — wa-ara.
cilia — wa-tota-tou-serai.
circulus in genis pictus — waaou-maourai.
clava — cooati.
cognatus — wara.
collis — amaro.
collum — wa-laté.
considere — raanhan.
contus — oodjou.
coquere — aira.
cor — wa-mantiri.
crus — wa-até (tao: Yarura).
culter — maldeai, macu vel maou.
canot — awo.
dentes — wa-a djou.
dens labium perforans — wadai.
deus — sambeoa.
quomodo dicitur — amoiné.
dies — roujouban.
digitus — wadebo.
dormire — tauhi, arourou-cré.
edere — loosi.
fatigare — da-ou-say.
femina — awkeu (ñacu: Saliva).
femur — wa-roté.
filia — oladou.
filius — wadiaurai.
fluvius — bero.
foedus, a, um — malocaré.
frater — wachi.
frons, tis — wa-aro.
fugere — hai-hai.
fur — ai-ouré.
galerus — tourida.
guttur, jugulum — wa-sa-eu.
garrulus — iroubé crou.
hilaris, e — ewoiloré.
homo albus — taroité.
— niger — toroijobo.
semiaethiops — idabouré.
humerus — wa-usioié.
ignis — eaotou (uapto: Tamanaco).
infans — osado.
inimicus — binon.
labia — wa-day-asan-djo.
lac — okauseu.
lacerta — toricoco.
lacus — eu-o.
lapis — manna.
lardum — ieba-gné.
lavare — sabay.
limus — bodacsousou.
lignum — bederacu.
lingua — wa-da-rato.
loqui — iroubé-tira.

---

*) Die Carajás oder Carajahis vom Araguaya (I. S. 297), deren Wörterverzeichniss wir aus Castelnau Expédition V. 268 wiedergeben, dürften dem Stamme der Guck anzureihen seyn. So abweichend sich auch im Allgemeinen ihre Worte darstellen, so lassen sich doch manche Anklänge und auch ein Pronomen possessivum praefixum erkennen.

luna — aadou vel endo.
malus, a, um — djoucou.
manus — wa-debo.
mater — nadi.
mentum — wa-dsjou-outai.
mergere — beratibou.
mons — en-waso.
mordere — adjoutaura.
mori — roroa.
nasus — wa-day-asan.
natare — adobou.
nox — roou.
occidere — rabou.
oculus — wa-a-rouwai.
os, oris — wa-arou (yuru: Omagua; januru: Tamanaco).
pagus — awaso.
pater — ouaa.
pectus — wa-wou-o.
pellis — takeu.
percutere ferire — cootai.
pes — wa-a-wa; (caabapa: Saliva.)
piscari — wachi-moracré.
piscis — pottoura, pyra: Tupi.
plorare — rabouraré.
pluma — erarito.
plumbum — mokawaka.
pluvia — bi-ou.
podex — wa-a-ti.
porta — ijo.
prata — badero.
pulcher, a, um — awitori.
rivulus — tola.
sabulum — kanara.
sagittae — ou-eue.
sal — joucoura (jukyra: tupice.)
saltare — adosi.
sanguis — eulabo.
senex — matocari.
serpens — amautala.
sicera — ariokay.
sidera — takina.
sol — tiou.
soror — veran.

stragula — erina.
sylva — caouarou (caa-eté: tupice.)
sylva — oorou.
telum pyrium — bakawa.
terra — sou-ou vel: soru.
timor — roberoa-rima.
tonitru — aimanti.
tristis — ei.
tugurium — aëto.
urina — arecen.
venari — djassai.
venter — wa-awai.
vestimenta — tacou.
via, semita — rou-on.
vir — abou (aba: tupice.)

Numeri: 1 wadewo.
2 wadebothoa.
3 wadeboaheodo.
4 wadebojeodo.
5 wadewajouday.
6 (vel multi) wadewasori.
7 natirolay*).
8 natou.
9 naoubio.
10 wadewa-souwai.
11 wawaro-coulgo.
12 nati.

multi — soctoti.
bos — boronne vel boroleni.
canis — colosa, nicorotha, kerota.
capra — wachini.
cervus — boudoai.
dasypus — aoudra.
felis onça — avoai.
lupus (canis azarae) — aosa.
nasua — toucho.
simia — craobi.
tapirus — coonri.
anas — azoukoulé.
gallina — aneca.
mycteria americana — oorai.
psittacus macao — andedoura.
psittacus — bi-idi.

*) Die Zahlen von 7 an wurden von einem einzigen Indianer angegeben, den jedoch die Andern nicht zu verstehen schienen.

ramphastos — toriwa.
crotalus — amoudawa.
bufo — coora.
batatas edulis — colarouti.
cocos — aalay.
fabae — comola.
jatropha manihot — odjou-oura.
musae fructus — djala.
tabacum — cooté.

MARIATE*).

adeps ovorum testudinum — ghersyry.
aër — purimaka.
albus — aarc.
altus — tshinùny.
amita — aku.
anus — saritaba.
aqua — uuy.
arbor — rhinîke.
audio — nurikiu.
auditus — nueriquio.
avia — atschy.
avis — sipenyány.
auris — nùy.
avunculus — atzu.
avus — aay.
bibo — ypitaka.
brachium — bedo.
brevis — upy-âtschery.
caco — ytschuka.
caeruleus — tschaary.
calcaneus — tébere.
canto — narâpaka.
capillus — siné.
caput — nobida.
cilium — nu-duimapa.
clamo — tschoatsory-maka.
clavicula — gùmapa.
coelum — ceghiu.
cognatus — nuité.
collum — linunape.
connubo — yritûy.
cor — pibábada.
corpus — pyima.
coxa — tschoky.
cras — gumy.
cubitus — tschukurimaka.
dens — ai.
deus — tschukaminizy.
diabolus — tschukaminizy.
dies — amarairi-aká.
domus — panizy.
dormio — màgha.
edo — noanaka.
ego (meum) — nu.
femur — puy.
filia — nuitó.
filius — noiry.
flavus — aparyery.
flos — mutze-tizŷbere.
folium — aápana.
frater — azu tschoo.
frons — no-aida.
fructus — mysakary.
gusto — ghanaschaka.
hodie — upiny.
homo — puyne?
— albus — cariba.

*) Auch Muriaté genannt. Die Liste ist von Spix an der Mündung des Içà aufgenommen. Am Yupurá wurde mir eine Horde mit dem Namen Muriaté als Abzweigung der Miranhas angegeben (Reise III. 1265); das Idiom ist jedoch von dem der Miranhas sehr abweichend und dem der Uainumá näher.

homines multi — alapuykene.
— pauci — ualapúyne.
humerus — natschala.
humus — ypày.
ignis — ytschepa.
infans — gheretshery.
labium — noscherema.
lacertus — petuapymi.
lapis — pizyy.
lavo — apûtaku.
lavare vestes — tschata-númaka.
lingua — nénepe.
longus — pyátschery.
lumbus — pare.
luna — gheery.
— nova — ytschimai ghery.
— plena — yrai.
magnus — ekury.
magus — mariry.
mamma — niuna.
manus — ghapy.
maritus (conjux) — atzizana.
mater — amy.
membrum vir. — pijhy.
— mul. — rhosáy.
mingo — àlaka.
mons — ekuty.
morior — kitzeery-bàba.
mortuus — eitzyary-baba.
mulier — ynana.
multus — ekury-neikéne.
nasus — nu-ilaco.
niger — tschariry.
non — ghuiry.
nox — yzibákere.
occiput — nu-nuruna.
oculus — no-doi.
olfacio — numŷekerimery.
os, oris — nunúna.
pater — pay.
paucus — ytschimai.
pectus — abaré.
pes — ypù.
piscis — ytza.
poples — zýuta.
profundus — uatschinúnery.
puella — ynàro.
puer — ytshúna.

radix — tscheramy.
ramus — yrukary.
respiro — ghysêky-bibàba.
ruber — gheràkary.
sanguis — yray.
scapula — ziopa.
senex — sariri.
sic, sane, recte — nuaba-nikêry.
sol — gamuy.
soror — naung.
stella — ypitze.
sternuo — pucka.
supercilium — nu-schene.
sura — ghaba.
sylva — mesy-barakare.
terra — ýpai.
tu — pyy.
venor — ukane.
venter — ghôdo.
vespere — ataka.
video — ouamêmo-nuyke.
viridis — ypunery.
umbilicus — tscholzy.
unguis — schulaby.
Numeri: 1 apàkery.
2 metschema.
3 atâpo.
4 atàpuy.
tapirus americanus — zêma.
cervus — nery.
felis onça — tschaby.
— pardalis — rinacuryi.
canis azarae — tschoby.
— domesticus — ynàry.
lagothrix olivaceus — ghabàro.
cebus fatuellus — kuissury.
— gracilis — puzêro.
pithecia hirsuta — maape.
callithrix torquata — pakoy.
nyctipithecus felinus — mokory.
dasypus gigas — tschée.
dicotyles labiatus — kàpéna.
— torquatus — apytza.
myrmecophaga — saro.
bradypus tridactylus — pusaro.
manatus — êma; amana yany.
delphinus — amana.
falco urubutinga — patschûry.

cathartes papa — pėry.
crax globulosa — ghúitze.
— tuberosa — pýtyaka.
— urumutum — aúziry.
gallus — azýtschery.
gallina — gháraka.
psittacus macao — átáro.
— ararauna — ghàro.
psittacus — tschúra.
— minor (perikito) — tschýrikie.
penelope marail — marác.
— aracuan — húry-ury.
— cumanensis — kutschúy.
gallinula plumbea — ghuuntere.
anas viduata — gumàda.
— brasiliensis — banàna.
ardea egretta — pymyy.
emys amazonica — epúry.
testudo tabulata — ekiúto.
crocodilus niger — ghatschúry.
— jacaretinga — ghatschury-any.
bufo agoa — turaka.
elaps corallinus — uy.
coluber aestivus — ekúryúy.
boa scytale — ytschûyta.
bothrops (jiraraca) — útzy.
lachesis mutus — ypizy.
piscis tampakė —.ynaviézy.
— sorubim — ghuriry.
— piranha — ypúma.
— acará — sokûte.
— uruà — oàta.
concha — máto.
scarabaeus — tahiru.
tabanus — ýtschêpe.
culex — anitschu.
simulium — mapyry.
ixodes — emai tschėpere.
sarmentum — ypėpy.
mandiocca — tzumàtzia.
cacao — punàma.
urari, venenum sagittarum — haápary.
hura brasiliensis, arbor venenosa — aparacapy.
zea mays — pékye.
salsaparilha — ghurebyty.

JURI*).

abi — imarain W.
adfer! — irineeu W.
aegroto — tcharichéouki W.
aër — o(a)á.
albus — háre M. shré W., näre S. (mara: Sapiboeona et Aymara).
altus — lióko.
amita — wine.
anima — mää M., meiéa S.
annus (unus) — (ghomea) yuráa.
anus — yai-yù.
aqua — o(a)ra M. coõrá W. ghoara S.
habesne aquam? — rii W.
arbor — nointo, noinó W.
arcus — metschėpari, mechouai W.

*) Dieser Liste liegen die von Martius (M) aufgezeichneten Worte zu Grunde, welche er bei einem mehrtägigen Aufenthalte unter den freien Juris in Uarivaú, namentlich aus dem Munde des Principals Miguel sammeln konnte (Reise III. 1223). Spix (S) nahm seine Liste in Fonteboa, wohin mehrere Juris aus dem Rio Pureos versetzt worden waren, die sich zur Horde der Juri Tocano-Tapuüja bekannten. Zur Vergleichung und Vervollständigung sind auch die von Wallace (a. a. O.) aufgezeichneten Worte (W.) beigefügt worden. Tschú, was „ich“ heisst, spielt auch als Pronomen possessivum praefixum eine Rolle.

arcus coelestis — yaüü.
audio — tscho-naenióhnã M., shaneyune S.
auditus (meus?) — su-ineuma.
avia — jahü.
avis — rhicopy S., récapu W.
auris — tschu-tinãbo M., su-ineu S.
avunculus — willao M., wite S.
avus — jahü M., yay S.
barba — (tch)upéri W.
bibo — tsch-ãgóheo.
bellum gero — tsch-oaroucó.
brachium (meum) — tsch-uwá M., (juba: Tupi), súua S., (tcho) uá. W.
brevis — nogmó M., súohne S., erimo W.
calcaneus — su-kiwily.
calidus, a, um — nóre W.
capillus — tschu-gerüõnicó M., su-kiriuii S., tikiriú W.
capio (hostem) — tagogürüretschaáni boá.
caput — tschu-gerübó M., su-kiriu S., (tcho) kireú W.
caro — naí; tuóieh.
cerevisia e granis mais — pinà.
chorda — nepenõoli W.
cilium — su-ity-ane.
clavicula — su-punoyno.
coelum — o(a) M., oá S.
coeruleus — tschúhmo M., pijhro S.
cognatus — suyonu.
collum — tschu-púnoho M., su-ponou S.
connubo — tschanãgatilé.
cor — su-mèniko.
corbis — coõmó W.
corpus — taóbi M. (toip: Vilela), suupy S.
cortex — coinoá W.
costa — suino.
coxa — tschu-bähma M., sokehry S.
crus — tschu-inóo.
cubitus — tschu-báncki.
culter — iino W.
cutis — näimé.
da mihi — etuwáni ere.

dens — ti tschãco M., su-seke S., (tcha) tikou W.
deus — tupana.
diabolus — mãa M., meiéa S.
dico, eloquor — tschatscherumá.
dies — oii, oáh W.
digitus — tschu-bomó M., su-upumo S.
digiti — (tcho) upei W.
— pedis — (tcho) upumorti W.
domus — thünogh (oca: Tupi).
dorsum — tschu-ibaüh.
durus, a, um — cowni W.
edo — wãhaú.
ego — tshuu M., súu S.
farina — abamú M., omohó W.
femina — tchúre W.
femur — tschu-góma M., su-ghóma S.
filia — tschöwü M., suabüe S.
filius — oná M., suuné S., owúye W.
flavus — goãttã M., ghuury S., coeti W.
flos — noohwü.
foedus, a, um — ãhi M., yawy S.
folium — nointjú, noiyóu W.
frater — imá M., suimai S.
frigidus, a, um — reréya.
frons — tschu-hiwão M., su-iweu S.
fulgur — ijauá M., yoa S.
gramen — pinóu W.
gusto — tchu-nãïihã M., schanekotile S.
hallux — tschu-obómi.
hebdomas una — ghomea tai-opoa.
hesperus — ohogo.
homo — tschoko M., soku S.
homines multi — tosopuina ghoküa.
— pauci — ghomea puina.
hostis — tschuãnuonohó.
humerus — tschu-mãati M., suayü.
ignis — ji M., yy S., ii W.
ille — niy.
infans — uhé.
juvenis — racoatä.
labium — tschú-anä M., su-ané S.
lac — thiãtté.
lacertus — tschu-indo.

latus, a, um — tihi.
lectus pensilis — nehipé W.
lingua — tscho-olä M., su-ule S., (tcho) uté W.
longus — mähä M., maëo S., meyé W.
lucifer — okòone toioi.
luna — noohmo M., nouma S., noimo W.
— prima — liäho M., nouma iba S.
— nova — numanähatä M., nouma nyoi S.
— plena — tairiaiwao M., nouma-ai-beu S.
— decrescens — liraäha.
macer — ihägh.
magnus — tihi M., tiy S.
magus, praestigiator — seyú.
mala — tschu-tomätig.
malus, a, um — cén W.
mamma — su-unite.
manus — tschu-enóo M., su-unóo, (tcho) upumáu W.
mare — nada-tii.
maritus (conjux) — wesokoy.
mater — ijoho M., suay S., iyuhó W.
membrum virile — tschu-tschú M., su-uke S.
— muliebre — timóli M., ghu-yamory S.
mensis unus — ghomeá tainùmo.
meridies — tainóhno M., noonu S.
meus — tschuáb.
mingo — tschauaritschüri.
mollis, e — coaná W.
mons — poa.
morior — tschatsché.
mortuus (est) — tsché.
mulier — suryu S.
— mea — tsut - auani M., ytschuinyo S.
— tua — yus-yinya.
— sua — yu yinyo.
nullus — bäóho.
nasus — tschu-ugónne M., sukane S., youcóne W.
niger — tschuhi M., suy S., tuyi W.
non — tiwá M., gheinà S.
nos — too.
nox — taiaeboi M., toipuy S., epóri W.
nox media — niakuby; toi poumony.
occido — tschanutsché.
occiput — su-iwiika.
oculus — tschu-äti M., su-itty S., (tcho) iti W.
olfacio — tschu-nämä M., schaneme S.
olla — coõwé W.
omnes — to(a)ho(a) M., tiyo S.
orion — nogábico M., ukooneo S.
oro — ohihó.
os, oris — tschu-ijägh M., suya S., (tcho) iá W.
os, ossis — naino, (tcho) uinó W.
ovum — eaté.
panis mandioccae — oró W.
patella — tschu-obó M., suopo S.
pater — hato M., suàtu S., háto W.
paucus — ihi.
pectus — tschu-ucomä M., su-oghome S.
pes — tschu-óti M., su-uty S., (tscho) u-óti W.
pingo — tsshuarenänú.
pinguis — ohói.
piscis — oöó.
pleiades — sejusi M., seiuçu S.
planto — tschauanäti.
pluma — naini.
poples — su-puy-ibika.
profundus — ukáa, uilemi W.
puella — sury.
puer — raiuute.
pulcher — ockó M., uko S.
radix — näti.
remus — hoomé W.
ruber — áhre M., aré S., ahri W.
sagitta — boconõno, poconé W.
salto — taröhene.
sanguis — naigonihi M., ñkon-ia S., ehcóni eri W.
scapula — schu-pahra.
sebum — iiá W.
semita, via — nemó W.
senex — itä M., raiuu S.

sepelio — tschauúnäco.
sibilo — tschaniúmo.
sic, sane, recte — schay S., oeghM.
sicera — paia.
sol — ijü M., yyú S., iyé W.
soror — tschute M., sutiony S.
stella — ohngo M., ukoo S. oúca W.
supercilium — tschu-baetiagh M., suu-pety S.
sus — aále W.
sylva — noijú, noiyú W.
tabacum — iiyá W.
tempus matutinum — a(o)hgucká M., roina S.
terra — päã M., péa S., péa W.
testiculi — tschu-inicko M., subinigho S.
tonitru — märi M., mehry S.
tu — wikú M., wiú S.
tugurium — tino W.
— nostrum — su tiino.
tuus — wiháh.
veni huc! — ereiniáh W.
venor — tschuinaihnió.
venter — tschu-urahi M., su-rayy S., tura-éh W.
ventus — yu-nia, rereáh W.
vesper — toiroy.
vespere — pairóai.
video — tschan igó M., schau-wiraku S.
vir — tchoucú W.
viridis — tschúhmó.
vivo — nihcó.
umbilicus — tschu-toobi M., suune S.
unguis — tschu-ubäti M., su-pèty S.
volo, velle — tschanegottité.
Numeri: 1 ghoméa S., comãa M., coméeh W.
2 panga S., peiá M., paoó W.
3 umüea S., gojogóba M., keuyecopáh W.
4 tariooma S., tärãaóba M., cominó púh W.
5 ghomen-apa (homo unus S.), ticomenáueba M., wenóri W.
6 oragoanahó M., paninopúh W.
7 göjagabo oragaánaco.
8 göja-gobatäh.
9 tarao-anobá.
10 paiana-obá M., painoopa S.
tapirus americanus — poory S., po(a)ri M.
bos — ghüety S., po(a)ri M.
cervus — suumedy S., tschaungäh M.
felis onça — wehry S., wäri M.
— pardalis (maracaja) — wehry òne.
— concolor (çuçuarana) — wehry are.
canis — wéri W.
canis azarae — gaihguschy.
cebus fatuellus (prego) — sülihry.
— gracilis (caiarara) — pirlko.
callithrix torquato (oyapussá) — äeü.
lagothrix canus et Humboldti Geoffr. (barrigudo) — ghooby.
pithecia hirsuta (paraoá) — ukuenu.
— ouacary (simia melanocephalus Hb.) — puoghu.
nyctipithecus felinus (yá) — yurỳ.
dasypus (tatu) major — niuté.
— — minor — niuté one.
nasua — surupy S., tschuopi M.
hydrochoerus capivara — tschöö.
dicotyles — ahtä.
coelogenys paca — ükysé S., agoïtschö M.
dasyprocta aguti — oko S., tschohmae M.
myrmecophaga jubata — aahly.
bradypus tridactylus — apèy.
manatus — apina.
delphinus — amana.
crax globulosa (mutum de faba vel açu) — ghoipy.
crax tuberosa (mutum de vargem) — piury.
crax urumutum — akary.
gallus — gharaka.

gallina — gharaka aino.
psittacus macao — aoh.
— ararauna — egho.
— (minor) perikito — seré.
rhamphastos — yapoko.
penelope aracuan (aracuan) — meyüe.
— cumanensis (cuxuby) — oy.
gallinula plumbea (saracura) — suune.
anas brasiliensis — ghome.
emys amazonica — y-sauarú.
agama (camaleão) — tschahnjá.
bufo agoa — eururú.
rana — co(a)co(a)ié.
lacerta — tschahnjá.
serpens — göohli.
crocodilus niger — aejú.
scarabaeus — järi.
fructus musae — oărama M., weramá W.

GENTIUM INCERTAE AFFINITATIS
DIALECTI VARIAE.

COËRUNA*).

aer — acópima.
albus, a, um — hacoámō.
anima — quisīlhămé.
animal — tschoaimá.
aqua — nūbó.
arbor — taina.
arcus — zschabsiahá.
audire — ojagotjötschá.
avia — coō.
avis — ōbockgōmō.
auris — comālorē.
avunculus — cohalaimé.
avus — coisé.
bibo, ere — erecocó.
brachium — cuipa(i).
brevis, e — aonamō.
caeruleus, a, um — mockoxō.
capillus — covaungeté.
caput — copia.
caro — goiá.
coelum — auārettoā.
collum — conāmoó.
connubo, ere — coquaai-rathia (eamus connubere).
corpus — cocoome.
coxa — coenggelhūbā.
crus — oemoná.
cubitus — cupiri.
cutis — cunnühpehú.
dens — cuiri.
deus — toibá (Tupi: tupána.)
digitus — conūcā.
— pedis maximus (hallux) — coerálje.
— — minimus — coctsjatshjá.
domus — náisa.
dormio, ire — coiná.
dorsum — coamoho.
edo, ere — ucumá.
ego — coáe.
farina — oha.
femina — inoni.
femur — ockūātná.
filia — cuirá.
filius — quäda.
flavus, a, um — oassaimö.
flos — accāé.
fluvius — ráasē.

---

*) In S. Antonio de Maripi aus dem Munde des Principals Gregorio (Reise III. 1202) aufgezeichnet. Das Praefixum possessivum scheint hier Co.

foedus, a, um — berimõ.
folium — nèhõphthó.
frater — cohóme.
frons, tis — coaingha.
fructus — iriaé.
fulgur — corãhamá.
genu — opõneque.
gusto, are — gerõckgosó.
guttur — conãmoõh.
homo (vir) — ũainné.
humerus — cologõrakũh.
ignis — aeithá.
juvenis — aethemé.
labium — coaeoré.
lac — múnia.
lacerta — muckórahãh.
lacertus — cuitakũh.
latus, a, um — paarõ.
lingua — copãoré.
longus, a, um — acneimõh.
lucifer (sidus) — nuckiaháe.
luna — voattá.
— prima — õahothũe naequé (crescit).
— nova — voattá-humõ.
— plena — nõnétamata.
— decrescens — atheanai.
macer, a, um — mihathũmõ.
magnus, a, um — vaamõ.
mala — copairũva.
mane — natóqueica.
manus — cunia.
mare — páasẽ.
mater — coi (Sapibocona: cua).
membrum virile — comóẽssẽ.
— muliebre — enácka.
meridies — booquũemá.
mingo, ere — nemoaá.
mons — mucõãhugh.
morior — giackopái.
multus, a, um — nãreó.
mulier — inoni (Haiti: inuya).
nasus — cuibottai.
niger, a, um — coghohomũ (Moxo: ucomo).
non — õqué.
nox — cannatozũmá.
oculus — coiaassá.
olfacio, ere — nequaani.
omnes — cannãreúma.
orion — õhõri.
oro, are — auérõttauãh.
os, oris — coã.
os, ossis — gottõvúna.
parvus, a, um — anoẽtzũ.
patella — opõnequé.
pater — eomú.
paucus, a, um — anuaécki.
pectus, oris — cuisittamé.
pes, pedis — coẽráhe.
pinguis, e — pataimõ.
pleiades — nuckiahanuckó.
pluma — ihóato.
pulcher, a, um — hacómõ.
radix — ahonauó.
ruber, a, um — riumõ.
sagitta — ganũgócki.
salto, are — uquaanathia.
sanguis — gorũũnã.
sapio, ere — gerõckgosó.
senex — jáme.
sepelio, ire — gõnõgónehaung.
serpens — átziú.
sibilo, are — coauviára.
sic, sane, recte — uã.
sicera — cucumainopi.
sol — ãócke.
soror — colani.
stella — ighkeabai.
supercilium — coiatéré.
sylva — acaittó (Lule: ettuhu; Tamanaco: jutu).
tempus matutinum — natóqueicá.
terra — noũnáe (Tamanaco: nono).
testiculi — itschõ.
tonitru — ámãcũ.
tu — oaẽ.
umbilicus — comoará.
unguis — coisittá.
venor, ari — coquaũ-mackia (eamus venatum).
venter — coinõckhũh.
vespere — cannatozimá.
video — jarecotiá.
vir — ũaimé (Tupi: uaimi = vetula).

viridis, e — mockomö.
volo — oenagóa.
tapirus americanus — auwái.
bos — auwái.
cervus — gõghü.
felix onça — öighó.
nasua — niamaiquehö.
dicotyles — isári.
hydrochoerus capivara — gãhö.
coelogenys paca — ugönamé.
dasyprocta aguti — pützĕhöh.
crocodilus — maloasi.
bufo agoa — imácka.
rana — uquãque.
scarabaeus — haori.
fructus musae — banãúra.

Toibá (deus) cauũckie (pro nobis) remenehü (facit) ráasé (fluvium), aeaillo, (sylvam) ünú nüho (omnem aquam), ünú (omne)! ünu canückie nemereä agaligocki (omne pro nobis factum est, ut bene vivamus); agaticocki (bonum esse) neiwanicoira (oportet) ocki (nos etiam); agaligocki gahünolütze (bene et sine offensa vivere) cubaloame (cum sociis).

JUPUA *).

aer — oanögh.
albus, a, um — mourélha.
anima — tschi-tschaniahã.
animal — bãgó.
aqua — thãco.
arbor — macambũcöũ.
arcus — patopai.
audio, ire — maipãica.
auris — gniámŏ.
avis — schagá.
avunculus — mŏjamŏ.
avus — nii.
bibo, ere — mairica (marica = venter: Tupi).
bellum gerere — ickũbabũjató.
brachium — thighcá.
brevis — icävathia.
caeruleus — afinga.
capillus — poá.
caput — cóēre.
caro, nis — gábi.
coelum — oäschãh.
collum — vahng.
connubo, ere — jönómu-jeheainschu.
corpus — thoghüb.
coxa — götschá (echuju: Sapibocona).
crus — noá (dinoh: Mobima).
cubitus — thicajá.
cutis — gaschí.
dens — gobäckaá (yobe: Mobima).
digitus — moh(n)asoing.
domus — wúi (Haiti: boa, bohio).
dormio, ire — maicánica.
dorsum — tschongó.
edo, ere — maimbáca.
ego — jöhe.
farina — pagari.
femur — götscha.
filia — möangmanyá.
filius — möangmanyí.

*) Von Martius am obern Rio Yupurá einem Individuum dieses Stammes abgefragt, der vom Fluss Thotá, einem Beifluss des Apaporis, dorthin gekommen war. Reise III. 1274. Das hier oft vorkommende gh ist scharf aus dem Rachen aspirirt.

flavus, a, um — thiaúa vel järi.
flos — thüabocaá.
foedus, a, um — urilha.
folium — pó.
frons — thöghbŭeré (berra: Mobima).
fructus — jabolicá (Tupi: fructus Myrtacearum = jaboticaba).
fulgur — vighbá.
gusto, are — oaghcóo.
hallux — göaphaemasuing.
homo — achane (Moxo: ohngmá).
humerus — (tucupe: Tupi) thigeaboä.
ignis — pieri.
juvenis — maniangbögōgh.
labium — thischú.
lacerta — úmungĕ.
lacertus — juuthūcá
lavo, are — cuánăhă.
lingua — to(a)ro(á).
longus, a, um — thioauth-iá.
luna plena — hauwä-thūwa.
macer, c, um — thiemá.
magnus, a, um — bahathiä.
mala — vaitvu.
manus — moho(n).
mare — po-üpĕcú.
mater — mäëgh.
membrum virile — noní.
— muliebre — boró.
meridies — hauwä-aaia.
meus — jüūjá.
mingo, ere — jöhecóhrū.
mors — ömaghtoäh.
morior — nomötüwähă.
mortuus, a, um — uumutūbāha.
multus, a, um — paharà.
mulier — nómöá.
nasus — angūné.
niger, a, um — möckanú.
non — ihamái.
nox — naischú.
obscurus, a, um — polinăhă (payaas: Mobima).
oculus — thüūre.
omnes — mungáh.
os, oris — thischūh.
os, ossis — gubnú.
patella — niengyangthūgbo.
pater — aōgh.
paucus, a, um — schūnggăgă.
pectus, oris — co(a)rae.
pes, pedis — göaphae.
pinguis, e — thiōckūh.
pluma — pohjá.
pulcher — oaungthăcathŭa (Tupi: catú = bonus).
radix — diabonánghi.
ruber — pogū.
sagitta — cohrū.
salto, are — paiawihinăhă.
sanguis — thih (Tupi: iguí).
senex — bōckhō.
sepelio, ire — cóato.
serpens — ahingniá.
sicera — paiawaūru (tupice).
sol — hauvä.
stella — jocheó.
supercilium — thūutbonó.
sylva — fó.
tempus matutinum — vagúhi.
terra — thittá (Cayubaba: idatú).
tu — mu-ū.
tuus — müūja.
venter — thqtóno.
vesper — naipani.
video, ere — maipāmaca.
viridis — afinga.
vivo — ehaūhagejöhe.
umbilicus — tschomonó.
unguis — mohngáshi.
volo — juuschúnăhă.
Numeri: 1 schóogō.
2 apāra.
3 hàhrāa.
tapirus — uigō.
cervus — ikamá.
felis onça — jih.
nasua — uipi.
dicotyles — schäsché.
coelogenys paca — schihmi.
dasyprocta aguti — puí.
crocodilus — jabli.
bufo agoa — úma.
musae fructus — obútūgū (conf. jabotica).

MIRANHA CARAPANA-TAPUYA*).

aer — iráhăĭ.
albus — ihâma.
anima — gamaámi.
animal — thüeke.
aqua — nóhwi (eubi: Sapibocona).
arbor — amühi.
arcus — tümbúckü.
audio — gakaikaná.
avia — átte.
avis — thohóa.
auris — găgünorá.
avunculus — gotiamáe.
avus — guribiero.
bibo, ere — gacköine.
bellum gerere — gatohunána.
brachium — sarogöá.
brevis, e — retóbbi.
caeruleus — muckohörické.
capillus — göhossöbü.
capio, ere (captivos) — gasigunúna.
caput — göbóckö.
caro — ganatzúckü.
coelum — namúina (anumo: Moxa).
collum — ganömóga.
connubo — catútiné.
corpus — garicküga.
coxa — günóhü.
crus — cotzátzo (cotzli: Mexican.).
cubitus — ganomúhtzĕ.
cutis — ganütú.
dens — gesühi.
diabolus — sitzămă.
digitus — ganúhga.
digitus pedis major (hallux) — conóhga.
— — minimus — ranaiga.
domus — hó (Otomita: kú).
dorsum — göthzatüná.
edo, ere — giratüró.
ego — cui.
farina — zobóa.
femur — coregá.
filia — cossá.
filius — cuibi.
flavus — nohóckea.
flos — nahiúma.
fluvius — nai.
foedus, a, um — igárămĕ.
folium — nahiihi.
frater — imá.
frons, tis — carúckii.
fructus — ramáuma.
fulgur — zugwái.
genu — cowohäcké.
gusto, are — gabahinúna.
guttur — ga-gögathöho.
hesperus — mawarimüssi.
homo (vir) — thimáe.
hostis — gunänĭmĕ.
humerus — seräbi.
ignis — thiihtzĕhö.
juvenis — sámai.
labium — gahoättė.
lac — nomóganái.
lacerta — gahsü.
lacertus — gasöücki.
latus, a, um — honigáca.
lingua — gesuthühó.
longus, a, um — ainime.
lucifer (sidus) — icótzo.
luna — nathówărĭ.
— prima — cotzohó.
— nova — ainabá.
— plena — oenanüa aüiri.
— decrescens — göbbi.
macer, a, um — amé.
magnus, a, um — nánzümĕ.
mala — gatzomiácka.
mane — dootzé.

*) Durch Martius dem Anführer João Manoel am oberen Yupurá abgefragt. Vergl. Reise III. 1241.

manus — ganoagá.
mare — nanzúmăni.
mater — jatüh.
membrum virile — gamotó.
— muliebre — mahüssó.
meridies — cŏtzŏhó.
meus, a, um — cuíma.
mingo, ere — canihimuné.
mons — nihae.
morior — gananüna.
mortuus (est) — nonnonüne.
mulier — amí.
multus, a, um — ráhu.
nasus — gatzohórĕ.
niger — seckumé.
non — náni.
nox — dohtzen.
occido — catíbuna.
oculus — gaussö.
olfacio — gabáhine.
omnes — poká.
orion — zaböhnüă.
oro, are — itötzohó.
os, oris — gahauoi.
os, ossis — nackóo.
parvus, a, um — nánzügä.
patella — cowohäcké.
pater — ámba.
paucus, a, um — honigáka.
pectus — gagóbi.
pes, pedis — coitébo.
pingo — gihgünă.
pinguis, e, — arassà (fructus Psidii: tupice).
plantare — garaghúna.
pleiades — ickgötüi.
pluma — gannó.
pulcher — máama.
radix — nahqui.
ruber — comomá.
sagitta — ganügückö.
salto, are — noainabagöh.
sanguis — gatzegánni.
senex — ruimáe.
sepelio — garághona.
serpens — mahtzó.
sibilio, are — vitogö.
sic, sane, recte — ha ú.
sicera — cabaauüi.
sol — máhwarĭ.
soror — curánănö.
stella — ickötzö.
supercilium — titogoró.
sylva — ócŏwĭ.
tempus matutinum — dootzé.
terra — nanünü (Tamanaco: nono).
testiculi — námboa.
tonitru — amihitú.
tu — úh.
tuus, a, um — irogottí.
umbilicus — mohó.
unguis — gasógbi.
venor, ari — umághantu.
venter — gabohgüh.
vespere — gahirănă.
video — gihganá.
vir — thimae.
viridis — miringa.
vivo — nöhcatzú.
volo, velle — marickiguní.
Numeri: 1 zähzüma.
2 inahma.
3 söckössi.
4 zabihnwá.
5 jantzücka.
6 gotzehihnwa.
7 zohógatigá.
8 rowicka.
9 zömüthohca.
10 onoága.
11 pohgá.
12 itücköga.
13 tumasöckösüga.
14 pockanötöhba.
15 ranaiga.
(non plus ultra.)
tapirus americanus — zuhnwá.
bos — zuhnwá.
cervus — göhsú.
felis onça — öckó.
nasua — zuháhtzü.
hydrochoerus capivara — mötócke.
dicotyles munáăhă.
coelogenys paca — tömi.
dasyprocta aguti — höötzu.
crocodilus — ăthó.

bufo agoa — gockó.
rana — nuháunu.
scarabaeus — silúhcke.
fructus musae — tilzúzu.

Goi synamme João Manoel tahmu, sobüeca macamme, gasüngunüna zahmbo: Ego dux Joann. Manoel, valens, alborum amicus, captivo omnes. — Tupana mai pucka harehi-ti nai-ti ocówi-ti räica-ti gau-ca: Deus fecit omne, coelum et fluvium et animalia pro nobis.

MIRANHA OIRÁ-AÇU-TAPUYA*).

aer — goghõ.
albus, a, um — thilzibóba.
anima — thagbpüeghö.
animal — utschiaghánti.
aqua — nöghbõghcó.
arbor — ümáana.
arcus — thübóqua.
audio — metschábõna.
avia — tháhtsche.
avis — mamúã.
auris — mõnohmũto.
avunculus — nahnũmũa.
avus — pathóa.
bibo, ere — mahtiine.
bellum gerere — methũabaténe.
brachium — thaüghhüquá.
brevis — bahrũbequõ.
caeruleus — pihrababóba.
capillus — thahünnã.
capio — matuguwũyúvac.
caput — thanüquaco.
caro — maáguu.
coelum — nichgehõ.
collum — thaghcühác.
connubo — matzũwewánõ.
corpus — thaghpü.
coxa — mãthächã.
crus — mathagkũ.
cubitus — theneiimũhe.
cutis — pairéra.
dens — maghünleng.
deus — nahwenna (Haiti: mamona = aeternum).
digitus — maugtziquá.
digitus pedis major (hallux) — taböráinge.
— — minimus — mathöquáingna.
domus — möpäckü (Moxa: peti).
dorsum — mãbachihũ.
edo — memagtschüna.
ego — oh.
farina — zohbúmbũ.
femur — magcúba.
filia — ahschicgwa.
filius — ahgtschigwi.
flavus — ickönähgoa.
flos — iguágheo**).
fluvius — múa.
foedus, a, um — nãmihbe.
folium — ünáamũhni.
frater — pathóë.
frons — thaiimi.

---

*) Am oberen Yupurá durch mich erhoben. Das Pronomen praefixum scheint hier, wie bei den Miranhas Carapana-Tapuya, gemäss der darauf folgenden Consonanten modifizirt. Ich habe nicht gewagt, es in der Schreibung zu trennen.

**) Ahuaca = Persea gratissima: Haiti; Icaco = Chrysobalanus Icaco: Antill.

fructus — imághe.
fulgur — tschigtschi.
genu — mamũmõcó.
gusto, are — maitunna.
guttur — thaughzũ.
hesperus — mũbckũriquá.
homo — guagbi.
hostis — uamũbé.
humerus — thaũghũbú.
ignis — cõhgĕquõh.
juvenis — minanaghthũhbã.
labium — mõhnipá.
lac — nõmõghbánje.
lacerta — máhlicku.
lacertus — thĕnĕhãgetschigtju.
latus, a, um — ariábagwõ.
lingua — maghquái.
longus — cámõhmbã.
lucifer (sidus) — thũhũi.
luna — bachgóaba.
— prima — wõghbnũhe.
— nova — nõghbahũniene
— plena — nõghbatũtacku.
— decrescens — thũbethõgheweni.
macer, a, um — jebäbe.
magnus, a, um — muguhúbe.
mala — taquatzethóũckõ.
mane — gũũhbé.
manus — maugtzi.
mare — múha.
mater — guaniú (Yarura: aini; Lule: anue).
membrum virile — mãnumáu.
— muliebre — hioquá.
meridies — guighbine.
meus, a, um — taingnié.
mingo, ere — menughbáinje.
mons — táquaha.
morior — metschémena.
mortuus (est) — metschémene.
mulier — póõ.
multus, a, um — moghõhme.
nasus — thathũghõhó.
niger — piribamba.
non — záaha.
nox — gũúba.
occido — gupuaghũnna.
oculus — thaungtschũõh.
olfacio — maghũwánne.
omnes — põrõ.
orion — zauigtzi.
oro, are — mequambũménie.
os, oris — maghũõ.
— ossis — mebagcõõ.
parvus, a, um — zaháthe.
patella — mamũmõcó.
pater — tschii.
paucus, a, um — mauibána.
pectus — thagpũthehũ.
pes — magthõwa.
pingo — zũghõwa.
pinguis, e — ibiuthãgcũhmã.
plantare — metzahtinjé.
pleiades — cohũghbũhne.
pluma — abúqua.
pluvia — nihaba.
pulcher — mihra.
radix — thabãghu.
ruber — thánũckwai.
sagitta — nãhpaschũ.
salto, are — memaghzũwúnae.
sanguis — machthũ.
senex — cahãme (vecors: Camé).
sepelio — magkabũtanũne.
serpens — búha (Tupi: boya).
sibilio, are — ohótannú.
sic, sane, recte — errich (Tupi: eré).
siccra — mabubaána.
sol — nõchbá.
soror — thabonétsche.
stella — mũhcõrõ.
supercilium — thaungtschũquáhõ.
sylva — bachani.
tempus matutinum — gũũhbe.
terra — ihnjĕhõh.
testiculi — matomibú.
tonitru — turico.
tu — aipe.
tuus, a, um — uaghgõcóhi.
umbilicus — mäischõi.
unguis — thaugtzigomõhe.
venor, ari — metschinjehonje.
venter — mãghbóhũ.
vespere — metzitzũwána.
video — maibtaũnũ.
vir — guagbi.

viridis — thitzibã.
vivo — ihthũrá.
volo, velle — uimitschéne.
Numeri: 1 tenetohgũné.
2 mibághõ.
3 mahgũuni.
4 záugizi.
5 injagganigizi.
6 injaggõtũtschõ-ũtsche.
7 tschõũtschõhra.
8 pinaguaigcõh.
9 miughzũcka.
10 paughzũcka.
tapirus americanus — ucághi.

bos — — ucághi.
cervus — ihbá.
felis onça — oĩhpa.
nasua — iitsché.
dicotyles — mánũmõ.
hydrochoerus capivara — ohgbá.
coelogenys paca — thagcũ.
dasyprocta aguti — paghthũ.
crocodilus — niibá.
bufo agua — mahnĩñũ.
rana — níhõgwa.
scarabaeus — ahúgwa.
fructus musae — ugũhó.

JAÚNA*).

aer — inimi.
aqua — hóggoa.
arbor — japuá.
avia — agóẽ.
avunculus — aagí.
avus — agó.
coelum — imína.
diabolus — opũlaegóa.
folium — púha.
fulgur — agaúwãí.

ignis — pãhgá.
luna — ahijagõ-jamigagi.
mare — paháia thiáia.
mater — maicó.
pater — apigi.
radix — scharija.
sol — ahijagõ.
sylva — magarogána.
terra — poũhna.
tonitru — wuipó.

COBÉU**).

abi — ihánki.
adeps — neaú.

aegroto — ihiwudjúrni.
albus, a, um — bowi.

*) Aus dem Munde eines bei den Juris in Uarivaú gefangenen Jaúna aufgezeichnet. Mehr zu fragen, gestattete sein Herr nicht.

**) Aus Wallace (a. a. O.) aufgenommen. Sie wohnen an dem Falle Cararú des Rio Uaupés. Ich habe den Hordennamen, unter dem sie hier aufgeführt werden, nie nennen hören. Wahrscheinlich gehört das Wort Cobéu der Tupi an, und ist eine Anrufung mit der Bedeutung: Gut Freund (vom Verbum coáub, erkennen). So wird es unter Andern von den Oyampis in Cayenne, die eine vom Amazonas ausgewanderte Tupihorde sind, als Copéi, für „guten Tag" gebraucht. — Mehreres in der vorliegenden Liste zeigt auf ein Gemisch mit Anklängen an Cayubava, Tupi und Kechua.

aqua — óghcógh.
an habes aquam — kewaculimá.
arbor — okérgi.
arcus — temulalabi.
avis — miwér.
barba — ewi.
bonus, a, um mehámihi.
brachium — amoué.
brevis, e — oárbowi.
calidus a, um — boiúthi.
canis — youimi.
capillus — polhá.
caput — ipobú.
caro — iarlre.
corbis — iaibó.
cortex — okigikái.
culter — cauwé.
cymba — yówliko.
da mihi — irihiárki.
dens — coping.
dies — alowi.
digiti pedis — ibolowa.
digiti — amoéyo.
durus, a, um — aaharwi
farina — util(r)há.
femina — nomiá.
filia — himáki.
filius — himáki.
flavus, a, um — kilhiomi
folium — onirocá.
frigidus, a, um — erhérwe.
funis — pomboka.
gramen — coniá.
i, capere — ikiluiaki.
ignis — touá.
lectus pensilis — púwnki.
lingua — — erimendó.
longus, a, um — oárwi.
luna — ouiá.
malus, a, nm — méhouméhou.
manus — piulri.
mater — ipáko.
mollis, e — arharméma.
nasus (meus) — nuénca.
niger, a, um — yeméhum.
nox — yamui.
olla — cuiya.
os, oris — ihécuno.
— ossis — cualhó.
oculus — yacóli.
ovum — carduhin.
panis mandioccae — aoúno.
pater — ipáki.
pes — kiboúba.
piscis — móaki.
puella — nomihetokoú.
puer — hethouki.
remus — yowliwé.
ruber, a, um — uwówa.
sagitta — témuyu.
sanguis — iwé.
semita, via — má.
sol — ouiá.
solum, terra — obó.
stella — ambiócowa.
sus — wani.
sylva — yocá.
tabacum — buti.
tugurium — kelámi.
veni huc — daháki.
venter — yapiby.
ventus — oomé.
vir — erméu.
Numeri: 1 cuináki.
2 picano.
3 nopécuno.
4 youicuwéno.
5 napulipé.
6 apepelucouini.
7 pepeliapecouilimi.
8 pepelicoloblicoulini.
9 pepelicolobliouilini.
musae fructus — orlhi.

TUCÁNO*).

abi — leá.
adeps — tsé.
aegroto — doáti wetsaá.
albus, a, um — yietsisi.
aqua — óghcogh.
an habes aquam — kióti maur.
arbor — yúkena.
arcus — miáhgaki.
avis — mirimagheu.
barba — ughsikapori.
bonus, a, um — anyóöni.
brachium — ómogha.
brevis, e — yonoúch.
calidus, a, um — achtsinika.
cortex — caghseri.
capillus — poárli.
caput — righpóah.
caro — diiro.
corbis — wuhibati.
culter — niipei.
cymba — uhkérsiweu.
da mihi — yida óya.
dens — o(gh)piri.
dies — ermérlico.
digitus — omóghpia.
durus, a, um — búchtiniani.
farina — poóca.
femina — nómio.
filia — yémacunah.
filius — yéhmacuh.
flavus, a, um — ewi(k).
folium — púghli.
frigidus, a, um — yeughsianitsa.
funis, chorda — póhlamo.
gramen — taá.
i, capere — minita.
ignis — pekhámi.
lectus pensilis — póhneu.
lingua — jáméro.
longus, a, um — yoánii.
luna — uipó.
malus, a, um — mánii.
manus — tómogha.
mater — máou.
mollis, e — cabinïn.
nasus — ichken(g)a.
niger, a, um — yéntsi.
nox — yámi.
oculus — cáchperi.
olla — kibúdti.
os, oris — igséro.
— ossis — cualhó.
ovum — niéri.
panis mandioccae — abóna.
pater — pagui.
pedis digiti — ni póghpigha.
pes — di pogha.
piscis — waii.
puella — muktúia(gh).
puer — muktuia.
remus — uihówape.
ruber, a, um — tsuártsi.
sagitta — anú(gh)a.
sanguis — dii.
sol — uipo.
solum, terra — diita.
stella — uáhcoa.
sylva — pulí.
tabacum — béuro.
tugurium — wii.

---

*) Nach Wallace (a. a. O.). Von mehreren Stämmen, wie den Uainumá, Juri, Tecuna wird berichtet, dass eine ihrer Horden als „Tucano-Tapauja" nach dem Vogel Tucano (Rhamphastos) bezeichnet werde. Ueber die Verwandtschaft dieser Tucano vom Rio Uaupés, welche auf den Wangen drei verticale Linien eingeätzt tragen (Wallace S. 497), ist aus der Wörterliste kein sicherer Schluss abzuleiten. Vielleicht sind sie, wie die Tecunas, Coretus und Catoquinas eine starkvermischte Abzweigung des Gés-Stammes.

veni huc — átia.
venter — pára.
ventus — uilonho.
via, semita — má.
vir — érmeu.
canis — dieiyi.
sus (dicotyles) — yéiste.
musae fructus — ohóh.
Numeri: 1 nekeu.
2 piána.
Numeri: 3 itiána.
4 bapalitina.
5 nicumakina.
6 piámo penipána.
7 bapalati penipána.
8 itsa apenipána.
9 mananio apenipana.
10 amamo pipametina.
20 mano deno dipopimeno.

CURETÚ*).

abi — uaiashú.
adeps — giaui.
aegroto — bicuhpúnha.
albus, a, um — borliéda.
aqua — deco.
an habes aquam — jasi deco.
arbor — yabú.
arcus — palueipei.
avis — mir(l)á.
barba — gocolópuáh.
bonus, a, um — oá.
brachium — dicáh.
brevis, e — uawádu.
calidus, a, um — bicashiá.
canis — imat(l)sa.
capillus — phoá.
camus capere — tchemeuacui.
caput — cuilrí.
caro — séheá.
corbis — diillú.
cortex — peiaposi.
culter — uipei.
cymba — cumú.
da mihi — heouashú.
dens — gophpecuh.
digitus — muétshu.
digiti pedis — giápa muétshu.
dies — ipáni.

*) Nach Wallace (a. a. O.). Wie Latham in seinen Bemerkungen zu Wallace's Wörterverzeichnissen angegeben (S. 536) stimmen die hier aufgeführten Worte keineswegs mit denen, die Balbi (im Atlas Ethnologiqne, nach einer Mittheilung von Martius) bekannt gemacht hat. Wir haben hier also eine Horde vor uns, die entweder irrthümlich, oder, weil der Name Coretú eine weite Bedeutung hat, so genannt wird Vielleicht ist Curetú oder Coretú ein allgemeiner Schimpfname, von den Worten Curá Curáo, schimpfen, und eté, einem Affirmatum, abzuleiten, gleichsam: „Lump, ja, ja!" Aber der beleidigende Sinn des Wortes mag sich schon verloren haben. Mit jenen Coretús, die ich in S. João do Principe am oberen Yupurá kennen gelernt, findet gar keine Sprachverwandschaft Statt, ja ich möchte glauben, dass während jene am Rio Pureos seshaften s. g. Coretus im Grundstock ihrer Sprache auf gemeinsame Abstammung mit den Tecunas und andern Horden vom Gès-Volke hindeuten, diejenigen, welche Wallace weiter nördlich am Apaporis angiebt nach ihrer Hauptmischung zu den Guck gehören. Aber auch westlichere Sprachelemente, der Kechua, Quiteña und der Aruac scheinen anzuklingen.

durus, a, um — bicádya.
fames — yehauri.
farina — bagaria.
an habes farinam — jasi bagaria.
femina — nomi.
filia — noimi.
filius — simugi.
flavus, a, um — ebó.
folium — gi(l)rá.
frigidus, a, um — bicashushága.
fructus — unhú.
funis, chorda — pohnculú.
gramen — taá.
i capere, accessere — uatá.
idioma — goco.
ignis — piú(l)re.
lectus pensilis — puú.
lingua — doló(r).
longus, a, um — uadú.
luna — jamimaiga.
malus, a, um — uelri.
mane — uahuhi.
manus — muhú.
mater — mai.
mollis, e — nilyiyúh.
nasus — ergilli.
niger, a, um — niiyá.
nox — jami.
oculus — yeëllúh.
olla — shooló.
os, oris — dishi.
— ossis — gouéh.
ovum — diá.
panis mandioccae — baëdé(h).
pater — yiupuih.
pes — giápa(h).
piscis — uai.
puella — ingigu.
puer — nomi amangá.
remus — ueepihn.
ruber, a, um — dianá.
sagitta — garléh.
sanguis — dii.
sitis — deco ilré.
sol — aoué.
solum, terra — t(h)etáh.
stella — omoari.
sus (dicotyles) — tshetshé.
sylva — puú.
tugurium — ueé.
valeo — pulimeihóa.
veni huc — uarishá.
venter — tohtóno.
ventus — tchultehúe.
vesper — maiga(u)húa.
via, semita — maá.
vir — ermeú.
musae fructus — gopeiabúh.
Numeri: 1 tchudyú.
2 apa(d)yú.
3 arayú.
4 apaedyái.
5 tchumupá.
6 tchurutchuarú.
7 pahá.
8 apamupá.
9 apamupárewa.
10 tchewerá.
20 tchewera.

BARÉ*). (Nachtrag).

abi — bihiwa.
adeps — cunihin.
aegroto — nucu beheini.
albus, a, um — tikine, baline.

---

*) Die Baré der portugiesischen Ansiedler schreibt Wallace (Narrative etc.) Barré. Da uns sein Buch erst zur Hand kam, nachdem unsere Liste von Wörtern der Baré (weiter oben S. 230) gedruckt war, so wird hier die des englischen Reisenden eingeschaltet.

aqua — úni.
an habes aquam? — duca bicu úni.
arbor — áda.
arcus — suépi.
avis — tabat(e),
barba (mea) — (nu)sínamu.
bonus, a, um — dúari.
brachium — (no)dana.
brevis, e — bebúcali.
calidus, a, um — tac(h)un.
canis — tchinu.
capillus — (ni)ta.
caput — (na)dúsia.
caro, nis — nuodíli.
corbis — uápa.
cortex — adáda.
culter — tiléhi (kissé: Tupi).
cymba — ísa.
da mihi — decaníko.
dens — (na)hei.
dies — yeháni.
digiti — (nu)cabi heintibe.
durus, a, um — capud(h).
eamus capere — bihiwa hoúa.
fames — wamári.
farina — mat(ch)úca.
farinam an habes? — duca bicu matchuca.
femina — inéituti (nunio: uxor.)
filia — nisu.
filius — noditulh.
flavus, a, um — witun.
folium — dabánube.
frigidus, a, um — huméneni begu.
fructus — dábu.
— musae (banana) — pálanu.
funis, chorda — nunahei.
gramen — bibéni.
i capere — bihiwa hówa.
idioma — nabélluca.
ignis — camini.
lectus pensilis — mih.
lingua (mea) — (no)néna.
longus, a, um — hulábi.
luna — t(h)é — k(h)é.
malus, a, um — map(h)o.
mane — yehani.
manus — nucabi.
mater (mea) — memi.
— (tua, ejus) — biacou.
mollis, e — cusani.
nasus — (nu)tí (tim: Tupi).
niger, a, um — tapaiun.
nox — hebinameh.
oculus — (nu)iti.
olla — yúlleti.
os, oris — (no)núma.
—, ossis — nábi.
ovum — teinico.
panis mandioccae — cúsi.
pater — mbaba (pater meus).
— biácari (pater tuus).
pes — nisi.
pedis digiti — nisi heintibi.
piscis — cobáti.
puella — heintitutchi.
puer — heineitutchi.
remus — néhew.
ruber, a, um — kíyun.
sagitta — dábida.
sanguis — niya.
sitis — macáin(g) inuni.
solum, terra — radi.
stella — wénadi.
sus (dicotyles) — habîja.
sylva — demacállabu.
tugurium — p(h)ani.
valeo — douulina.
veni huc — douáti.
venter — (no)dúllah.
ventus — ouisi.
vesper — piúakan.
via, semita — denábu.
vir — hénul.
Numeri: 1 bucunákilhi.
2 micúnum(a).
3 tricúnumi.
4 ualibucúbi.
5 ualibucúbi.
6 bucunabicúbi.
7 bobadunabucubi.
8 casainabuacúbi.
9 ualibucúbi.
10 amakinaeicubi.
20 amakinaeiuesi.

GLOSSARIA

ALIQUOT LINGUARUM ET DIALECTORUM IN FINITIMIS BRASILIAE SEPTENTRIONALIS USITATARUM.

Wörtersammlung

einiger Sprachen und Dialekte, die in den Nachbarländern des nördlichen Brasiliens gesprochen werden.

KECHUA*).

abdomen — uspun.
abscondere — paca.
abstinere cibo — sasi.
accendere ignem — ninacta huarcu.
adscendere cymbam — huampuman yacu.
aer — uaira (?hispan.) S.
aegrotare — onkó.
aegrotus, a, um — usuri.
affinis — catay, massa.
alacer — capa.
albus, a, um — coyru, yurak, yura S.
alius, a, um — hukta K.
amare — cuya.
altus, a, um — súny S.
amarus, a, um — hayak.
amita — ipa.
anima — songo H., schungo S.
animal — cauzak H.
annus — huata.
anthropophagus — runa-micuk.
antiquitus — niaupa.
antiquus, a, um — illa.
anus — mamacuna.
apage! — acaya.
aperiri, dehiscere — tokya(Tupi: pok)
apportare — asta.
aqua — unu, yako, yacu.
arbor — hachn, gaspy S.
arcus — pecta.
— coelestis, iris — kuychi.
ardere — raura.
ardor, calor — rupay.
arena — tiu.
argentum — coliki.
assare — canca, cusa.
audire — uyari, oyànky S.
auditus — oschiko S.
auris — rinri.
aurum — cori, curi S.
auferre — apa.
avia — paya.
avis — piscu, pisco H.

*) Die Kechua oder Quichua wird in S. Paulo d'Olivenza, Tabatinga und andern Orten des oberen Solimões nicht selten gehört und ist, unter dem Namen der Inca-Sprache, das Vehikel der Handelsreisenden aus Maynas und Peru. In die Idiome der Indianer dieser Gegenden hat sie sich, gleich der Lingua geral brazilica, mit vielfachen Veränderungen eingeschoben. Das hier mitgetheilte Vocabular ist zumeist von Spix (S) in Tabatinga aus dem Munde eines Geistlichen und einiger Handelsleute aus Nauta aufgezeichnet, mit dem Wörterbuche der Kechua von Tschudi (die Kechua-Sprache, II. Wien 1853) und mit Hervas (H) verglichen und daraus vermehrt. Die Thier- und Pflanzen-Namen sind von Indianern angegeben, deren sich Spix als Jäger bediente.

avunculus — caccà.
barba — sunca.
bibere — opya S.
brachium — rigra S.
brevis, e — tåkscha S.
cacare — acay, ymagrischo S.
caedere — taca.
caespes gramineus — champa.
calcaneus — taycu.
calidus, a, um; serenus — chirau.
callidus — amautá.
cancer — yucra.
canities — soco.
cantare — taki — huaká.
capilli — chuccha, tschuchá S.
cadere — urma.
campus — pampa.
captivus, a — pacomas, piñas.
caput — uma.
carbo — killimsa.
cataracta — pauchi.
cauda — chupa.
cilia — kechipsa, kesipra H., naiukåra S.
cinis — uchpa.
cito, protinus — utka.
clava — uinu, champi.
clamare — ghaparischka S.
clarus, a, um, limpidus — chuya, illan S.
clavicula — thulyú S.
coelum — hanac-pacha S.
coeruleus, a, um — ancás, coppa.
cognatus — masa.
colica — sirca oncoy.
collum — cunca.
coloris varii — paucar.
comere — micu.
coemeterium — cancha.
coecus, a, um — niausa.
concionari, praedicare — cuna.
conculcare saru.
connubere — kasaraschka? S.
considere — tiya.
consobrina — caru ñaña.
consobrinus ex matre — caru-huauke.
consobrinus — huauke mulla.
corpus — uku.
coquere — huayccu, yanu.
cor — sonco, schungo S.
corbis — bicra, runcu.
cornu — huaćra.
corpus — hucunchic S.
cortex — cara.
costa — huaćta.
coxa — chanca S.
cras — ghaya S.
crassus, a, um — racu.
crebro — achhca cuti.
crepitus — pahakaka.
crepusculum — sipi.
crus, tibia — chaki, tschaki S.
crystallus — kespi.
culter — tumi.
currere — pahua.
cymba — huampu.
daemon, diabolus — hatun huatecca.
decrepitus, a, um — rucu.
deglutire — milpu.
delectari — chamacú.
dens — kiru.
deorsum — uray.
desertum — puna.
descendere — uraycu.
deus — oyuac.
dextrorsum — paña.
diabolus — supay.
diarrhoea — aca-aca.
dicere — ñi.
dies — punchau, poncha S.
dies festivus — sama punchau.
— jejunii — sasi punchau.
difficilis, e — sasa.
digitus — rucana.
diligens — kuchi.
distribuere — achkura.
districtus — suyu.
divinare — hualu.
docere — yachkaji.
dolere — nana.
domus — huasi, uåsy S.
dormiscere — musca.
dormire — mosco, punu, pońyuy S.
dorsum — huasa.

ducere — pusa.
dulcis, e — niucniú, misqui.
durus, a, um — nanak, anak.
ebrius — machak.
edere — mikoy S.
ego — niocca, niuka S.
efflorescere — panchi.
esse — ca.
excedere e cymba — huampumanta yacu.
excrementa — aca.
expectare — suya.
expergisci — riccha.
explicare — sutincha.
extra — hahua.
extrahere — horéo.
fabricare — rura.
facies — uya.
fames — yarca.
familia — ayllhú.
farina — pillu, haccu.
femina — huarmi, guarmi.
femur — chanca.
ferrum — kellay.
fervere — rupa.
ferus, a, um — tilla, kita.
filia matris — huarmi huahua.
— patris — ususi, nuika aua S.
filius fratris — koncha.
— matris — cari huahua, ususi.
— natu major — curaca.
— patris — churi, schury S.
— socri — calay.
filum, laqueus — pita.
filix — raki-raki.
flare — puhu.
flavus, a, um — carhua, ghilyu S.
flores — inkill, sisa.
fluvius — mayu.
foedere — asnacú.
foedus, a, um — sara.
folium — rapi, banka S.
fonticulus neonatorum — niuppú.
fonticulum comprimere (ligatura) — niuppú-nityi.
foramen — hutcu.
formare — hualipa.
formosus, a, — sumak.
fortalitium — pucara.
fortis, e — sinchi.
fragmentum — sipti.
frater — huauke.
— sororis — tura, dory S.
frigidus, a, um — chiri.
frigus — caxa.
frons, tis — mati, pacra S.
fructus — uayu S.
fugere — mitica.
fulgur — illapa, liuliu.
fumus — cosni.
furari — sua.
fuscus, a, um — sani, chumpi.
fusus — puchea.
gaudium — chamay.
gemere — anchi.
gentes — runa-cuna.
genu — concor.
gramen — cachu.
gravidus, a, um, plenus — chichu.
gustare — mysgy S.
guttur — cunca, tonkor H.
habere — capu.
hamus — yaurina.
hamus — pinta (pindá: Guarani.)
hasta — chuki.
haurire — uisi.
hepar — cucupy.
heri — cayna.
hic, haec, hoc — cay.
hodie — ghuna S.
hostis — auca.
homo — runa, càri (vir).
— albus — ghary S.
homines multi — runa atschka S.
— pauci — muna atschga S.
humerus — riera.
humeri, dorsum — huassa, rigsatuju S.
humidus, a, um — hueu, miki.
humus — alipa S.
ignis — nina.
ignem accendere — cana.
ignem reficere — tocpi.
ille, illa, illud — chay, pay.
illustris, potens — capak.
implere — sati.

inaures — pacu.
infans — kolla, uaua S.
infans lactens — nanuk (nanuk = filius: Botocudo).
infans (matris) — huahua.
infra — urapi H.
injuriari — kaini.
inquietus, a, — tuki.
insula — huatla.
integer, a, um — cama.
intestina — niatl, chuchulli.
intueri — kahua.
ire — puri, ri.
jacere, sternere — chocca.
jubere — hamu.
juvenis — huayna.
laborare — llamka.
labium — schimicara S., cipri H.
lacus — cocha, gutschu S.
ladro — chulmi.
laevis, e — kara.
labia — uirpa.
lapis — rumi, rhomy S.
laqueus — seco.
larva — saynata.
lavare — tacsa, uppa, maylla.
— vestes — tacscha grischyo S.
lavatum ire — armá, armacú.
laxus, a, um — pikri.
lignum — cullu, llamta.
ligo — liampa.
lingua — callu, galhiù S.
longus, a. um — suny S.
loqui — rima.
lucifer (sidus) — pacarik chasca.
— aranyak huara chaska.
luna — killa, kilia S.
magnus, a, um — hatun.
magus, incantator — umu.
malleus — tacana.
malus, a, um — acuy.
mamma muliebris — niuniu, niuno S.
mane — caya, paccar.
manus — maki, maky S.
manubrium — happina.
palma manus — tacla.
maritus — cosa, ghosa S.
mater — mama.
matris soror — mamaymi.
medicina — hampi.
medulla — chillina.
mel — miski.
membrum femininum — raca.
membrum virile — ullu.
mensis — killa.
mentiri — llullaya.
metallum — anta.
mingere — hispa, yspa gryscho S.
mittere — cacha.
molere — haccuy.
mollis, e — kapya.
mons — orkó.
mordere — cani.
mori — huaniu, uainuschka S.
mortuus, cadaver — aya, uainyu S.
movere — cuyu.
mulier — uarmy.
multum — achhcá, áschga S.
murmurare — sipsica.
narrare — rima.
nasci — yuri, pacari.
nassa — siru, cullancha.
nasus — senca, sinka S.
natare — huayta.
nebula — puhuyu.
nere, acu texere — sira.
— acus (spina) — siracu.
— acu nectere — chucu.
nepos — hahuay, uillca.
neptis — koncha.
nomen — suti.
non, nequaquam — ama, mana manamona S.
nidus avis — kesa.
niger, a, um — yana.
nos — niukanzy S.
nosse, scire — yacha.
novus, a, um — mosok.
nox — tuta.
nunc — cunan.
nurus — cachumiy, kachuni.
obscurus, a, um — tuta, jasca H.
occidere — huaniuchi.
oculus — — niaui, nahui H.
odi — cheeni.

odorus, a, um — alli-asnak H.
olfacere — molky S.
olla — paylla, manca.
omne — llapa.
omnis, omnes — huniun.
os, oris — simi, schimy S.
— ossis — tulla.
ovum avis — runtu.
palatum — sanka.
pallidus, a, um — suki.
panis — tanta.
parere — huacha.
pater — yaya.
patera cucurbitina — puru.
paucus, a, um — pisi, otscho blia S.
pauper — huaccha.
pecten — niaccha.
pectus — casco.
pellis — cara.
pes — chaki H., dschaky S.
piger, a, um — kella.
piscis — challua, dschalyua S., challiva H. (chalgua: Araucan).
pluvia — para, tamya.
pluma — patpa, puhuru.
podex — siki.
ponere — chura.
poples — gongury S.
porta — puncu.
praedium — chacra (chacara: Brasil.).
praefectus — camaschik.
pretium — cama, chani.
prehendere — happi.
princeps — curaca.
profundus, a, um — hucu.
prope, proximus, a, um — sispa.
prosternere — siri.
— se — talla.
puella — pasna, taski.
puer — huarma.
pulcher, a, um — acnapuy.
pulmones — surca.
pulsare pedibus — tustu.
pus — kea.
putamen fructus — ruru.
putrescere — ismu.
quantum? quanti pretii? — hayeca.
quaerere — muna, masca.
quis? qualis? — pi? may?
quoniam — raycu.
ramus — callma, bakischka S.
radix — sapi (sapó: Tupi).
recens — huaylla.
regalis, e — tupa (tupá = deus: Tupi).
— profundus, a, um — takscha S.
ren — ruru.
res — cak.
requiescere, adquiescere — sama, samacu.
ridere — asi.
rivus, scaturigo — pacha.
ruber, a, um — paco, puca H., S.
ructare — ghapa.
runcare silvam — chaco.
rupes — kaka.
sabulum, areqa — acó.
sagitta — huachi.
sal — cachi.
saltare, tripudiare — tusu.
sanare — callpayacu.
sanguinei coloris — puca.
sanguis — yahuar, yauáre S. (jagoára = tigris: Tupi).
sanus, a, um — allhi.
satiare — sacsa.
sciscitari — tapu.
scindere, secare — cuchu.
sebum — uira.
seminare — tarpu.
senex — rugho S.
separare — anchu.
sepulcrum — huaca.
serpens — amaru.
sibilare — cuyhuy.
sic, sane, recte — y, hu.
sic, sane, recte — ari (eré: Brasil.).
siccus, a, um — chaki.
sidus — coyllur.
sidus crucis australis — catachihay.
silere — muki, muchu.
sinistrorsum — lioke.
sitire — ununaya.
socrus — ake.

socrus viri — kisma, huarmi maman.
socer viri — huarmi yayan.
sol — inti.
solvere — pasca.
soror fratris — pana.
— sororis — niania, niaina S.
— mariti — cachuniy.
splendere uti sol — illa.
splendere — silu.
spina — kichca.
stannum — chayantaca.
stare — saya.
stella — coillur H.
stercus — carca.
stercus — guano, huanu.
sternutare — achkbi, kasikschy S.
solidus, a, um — ulik.
succus — hilli.
supercilia — kesipra.
supra — anacpi H.
sura — machin.
sylva — sacha H., tschátschà S.
tentorium cymbae — carpa.
testiculus — korota.
tempus — pacha, allpa.
— matutinum — dschopitota S.
— vespertinum — chisi, huicoa.
terra — allpa, álipa S.
texere — ahua.
timere — mancha.
tingere — tulpu.
tollere — hucari.
tondere — rutu.
festum pro tondendis infantum capillis — rutuchicuy.
tonitru — truinàko S.
tripudium personatum, saltatio cum larvis — aranya, saynatay S.
tristis, e — llaki.
tu — cam, ghan S.
tugurium — chuclla.
tumor, abscessus — chupu, kiriri.
tussis — uhu.
umbilicus — pu, pupu, bubo S.
umbra — llantu.
unguis — dschilyua S.
urbs — hatun llacta (vicus magnus).
vagari, inquietum esse — taouti (tucura: Tupi = locusta).
vapor — hipya.
vecors, piger, a, um — sampa, casicu.
vena, arteria — sirca.
venari — chacuy, yupa.
venatio — chacu.
venator — chacuy-mayok.
venenum — hampi, miu.
venire — ghamu.
veni huc, advenias — ghamuy.
venter — uiksa.
ventriculus — sonco.
ventus — uaira H.
verberare — macca, huacta.
veritas — cheéa.
vermis — curu.
versus — kiti.
vespere — chisi, schischy S. H.
vestigium in sabulo — yupi.
vestigium — chaki, saruscа.
vetus, eris — machu.
via — nian H.
vicus — llacta.
videre — ghauako S.
vigor, robur — callpa.
vir — cari, cari-runa.
viridis, e — comer.
vivere — causa.
vomitare — aku.

Numeri:
1 huk, so S.
2 iscay, ysga S.
3 kimsa, ghinzi S.
4 tahua, dschusgo S.
5 pichca, dschunga S.
6 socta.
7 canchis.
8 pusak.
9 iscon.
10 chunca, dschunga-rona S.
100 pachak.
1000 huaranca.

Animalia:
tapirus americanus — ahuara, tscha-tscha-wácá S.
canis domesticus — alco, alico.
— azarae — atok.
cervus — schiba.
simia — cusillu.
cebus apella — mona.
— gracilis — yuramatschy.
— fatuellus — yanamatschy.
ateles paniscus — chiva.
lagothrix olivaceus — dschuro.
pithecia hirsuta — uápu.
callithrix torquata — tokonsiljo.
nyctipithecus felinus — tola-konsiljo.
dasypus gigas — gharaschupa.
dicotyles labiatus — sintiru, uankana.
— torquatus — kokochuma.
felis concolor — puma.
— onça — yntschu.
— pardalis — uturuncu.
hydrochoerus capivara — runsuca.
myrmecophaga — urumimkero, wangara S.
delphinus — bogeo.
vespertilio — chichi.
falco urubutinga — yura gallinazo.
mycteria americana — touyuyu.
crax globulosa — paughe.
— tuberosa — piorhy.
— urumutum — mutyty.
gallinula plumbea — toryry.
gallus — guiljo.
gallina — ualipa.
penelope marail — bokakunja.
— aracuan — uatarako.
— cumanensis — baba.
tinamus — yuttú, iculcu.
palamedea cornuta — ghamoncuy.
psittacus — loro.
— macao et araruna — uakamayu.
— minor (periquito) — tschoky.
anas viduata (pato: port.) — yaku pato.
— brasiliensis — gayu-iriry.
ardea egretta — yura galza (garça branca: port.).
colymbus ludovicianus — yanatiby.
emys amazonica — tscharapa.
— dumeriliana — tscharapa-pilja.
testudo tabulata — tortuga (port.).
bufo — hampatu.
— agoa — sapo (port.).
rana — kayra.
crocodilus niger — lagarto (hisp.).
— jacaretinga — yura lagarto.
elaps corallinus — matschacuja.
coluber aestivus — soro matschacuja.
boa scytale — yaku-mama (aquae mater).
lachesis mutus — matschacuja.
piscis tampaké — ghamitâna.
— sorubim — sunkaro.
— pirarara — thôre.
— piranha — bainja.
— acara — acarasú.
— uruı — tschoron-tschoro.
— tucunaré — tucunaré.
scarabaeus — bighy?
locusta — kechech, tinti.
cicada — tiantian.
formica — sissi.
scorpio — sira sira.
cancer uça — yucra.
papilio — acarhuay.
tabanus — tancayllu.
musca — chuspi.
culex — zangudo (hisp.).
simulium — dschosby.
ixodes — acta, hamacu.
pulex penetrans — piki.
pediculus — usa.
trombidium (mocuim) — itta.
lumbricus — kuyca.

Plantae:
ananassa — achupalla.
arachis hypogaea — (mani), inchi.
batatas edulis — camote.
bixae semen colorans — achote.
capsicum frutescens — uchu, achi.
— grossum — roccola.

fungus — kallampa.
gossypium — utku.
mucor — mocca.
persea gratissima — palta.
phaseoli — purulú.
psidium pyriferum — palta (Tschudi).
salix Humboldtiana — kuyau.
tabacum — sayri.
urtica — kissa.
zea mays tosta — hamka.
zeae culmus — uirú*).
— spadix — choella.

YAGUAS**).

aqua — haba.
arbor, silva — iguntia.
arcus — cano.
auris — ontisiui.
brachium — huillaçai.
capilli — rinoncai.
caput — firignio.
cilia — huniuranacai.
coelum — harchû.
collum — oupeko.
cor — huiachai.
crus — huimana.
cymba — amognou.
deus — riso.
diabolus — bayento.
digitus — huirana.
femina — hualarunia.
flos — romoai.
fluvius — nahua.
folium — mi.
frons, tis — uno.
fulgur — randoulia.
hasta — rousitou.
herba — huachivvui.
ignis — kinau.
infans — porii.
luna — alimani.
mala — hamaçai.
manus — huijanpana.
mentum — huimainai.
mons — ehoa.
nares — unirourai.
nasus — unirou.
nidus avis — sarohai.
nubes — herejoura.
oculus — huirancai.
os, oris — huiçama (simi: Kechua).
pectus — hupénai.
perizoma e cortice — pichanai.
pes — mounioumatou.
piscis — kioua.
pluvia — humbra.
sabulum — tichin.
sagitta — rouaia.
serpens — coli.
sidera — nanarachi.
sol — ini, (inti: Kechua).
supercilia — huniçaçai.
terra — mouca (mechi: Sapiboco-na, motehi: Moxa).
tonitru — hualara.
tubus pro explodendis sagittis — rounaçai.
tugurium — rorai.
unguis — huiracemini.
venenum — ramou.
via, semita — non (ñan: Kechua).
vir — huano (nani: Zamuco).

---

*) Auch: den Halm kauen: Tschudi Kechua II. 101. Uirú heisst bei den Coroados das aus Mays bereitete Getränke, die Chicha.

**) Castelnau Expédition V. 297. — Wahrscheinlich gehörten diese Indianer dem Stamme der Guck an, aber es sind jetzt Anklänge an Omagua und Kechua bemerklich.

Numeri: 1 tikilo.
2 nanohui.
3 moumoi.
4 nairoukouiniou.
5 tenaka.
6 tikilo-niatea.
7 nanohui-niatea.
8 moumoi-niatea.
9 nairoukouiniou-niatea.
10 huikakouniou.

canis et tigris — nimbou.
simia — huata (coatá: Tupi).
tapirus — maicha.
psittacus — coché.
psittacus macao — apa.
crax — omitou.
crocodilus — norotou.
mandiocca — sucia (yuca: Haiti).
musae fructus — samboai.

OREGONES *).

aqua — ainoe (uni: Moxo).
arbor — anaina.
arcus — otabi.
auris — kinoleo.
brachium — marigui (rigra: Kechua).
capilli — hupodiki.
caput — buha (echuja: Sapibocona).
cilia — oitka.
coelum — nuna (anumo: Moxa).
collum — kimatá.
cor — ponaikiou (ackeu: Yarura).
crus — grasi (tschaki: Kechua).
cymba — aratay.
diabolus — ana.
digitus — no-kai (rukana: Kechua).
femina — erigno (uarmi: Kechua).
flos — sariraki.
frons — houita (daité: Yarura).
fulgur — saitsana.
hasta — ruina.
ignis — raiheu.
infans — higa.
lignum — grangai.

luna — huitsara (irare: Cayubaba).
manus — onokui.
mentum — haidaieki.
nasus — hobo.
nubes — iniridineu.
oculus — oi (niauy: Kechua).
os, oris — huai (yao: Saliva).
pectus — ongotaini.
pes — etaiboi.
piscis — jadubi.
pluvia — noki.
sabulum — mainita.
sagittae — otaki.
serpens — taï.
stella — ico.
sol — idoma.
terra — nani.
tonitru — mouna.
tubus pro explodendis sagittulis — onia.
tugurium, domus — huaho (oca: Tupi, huaci: Kechua).
unguis — onohaicou.
vir — comai (cahâme: Miranha).

---

*) Castelnau Expédition V. 294. Diese Oregones in Maynas zeigen in der Sprache keine Verwandtschaft zu den „Orelhudos" (Grossohren) der Brasilianer, die grossentheils mit den Ariquenos (Uariquenas, Arecunas) des Rio Negro identifizirt werden. Die hier vorliegende Mundart scheint am meisten Anklänge von der Kechua zu besitzen, und andere, die auf die Sapibocona, Yarura, Saliva und Cayubaba hinweisen.

canis — arricou.
tigris — huco.
simia — amai.
tapirus — igalaiman.
manatus — iselima.
crax — miuki.
psittacus — arumba.
— macao — coraki.
crocodilus — sanguini.
fructus musae — tilsa.

P A N O S *).

actum est — queyouki.
aqua — umparse.
arbor — ivi.
arcus — touro.
auris — paviqué.
barba — quoushni-rani.
bibere — accay.
brachium — pouya.
campus — marspa.
cataracta — ouetsch (hy-tu: Tupi.)
capilli — wou.
cilia — tapouch.
clamare — sai.
clava — ouino.
coelum — naibouch.
collare — tau.
cras — vaquishnété.
cymba — nounti.
daemon — jaunchi.
dens — schaila.
dies — nêté.
domus — tapino.
dormire — ousray.
eamus — canano.
edere — moapiki.
femina — aivo.
femur, tibia — quichi.
flos — binie.
flumen — jausi-ouea.
fructus — béni.
fulgur — temoui maca.
fumus — chiaqui.
genu — tapouchquou.
herba — ouasi.
homo — buene.
hodie — raina-nête.
ignis — chi.
infans — vaqué.
lacus — ja.
lapis — maca.
lingua — hana.
luna — ouché.
magnus, a, um — jausi.
permagnus, a, um — jausi-cobi.
mons — touna.
nasus — raiki.
niger, a, um — chersé.
non, nequaquam — yama.
occidere — retequi.
oculus — bouero.
olla — quishpa.
os, oris — kaishra.
ovum — vachi.
parvus, a, um — chocoto.
pes — tarri.
pili — rani.
piscis — yapa.
pulvis pyrius — poto.
remus — ouinti.
rivulus — ouca.
sabulum — maouipote, machi.
sagitta — arshi.
serpens — rouno.
sic, sane — aspiratio.
sol — vari.
stâtim — rama.
stella — ouisti.
sternutare — atichai.

*) Castelnau Expéd. V. 292. Mit Tupi und Mobima zunächst verwandt.

supercilia — boipouchko.
terra — mawi.
tussis — houcou.
tonitru — temoui.
unde venis — aou-ranonwi.
unguis — unchis.
vale! — caraï.
venari — youmoucrauki.
via, semita — ba-ï.
canis — inawa.
dicotyles — yawa.
simia ateles — isso.
vespertilio — cachi.
psittacus — bawa.
bixae pigmentum — ounshi.
canna saccharifera — shawi.
genipa, arbor — nané.
gossypium — wash-moué.
mandioccae radix — atsa.
tabacum — chica.
zea mais — schequi.

COCAMAS*).

aqua — uné.
arcus — canouti.
arcus coelestis, iris — wouwasso.
auris — nami.
bibere — curata.
brachium — igua.
calidus, a, um — saco.
capilli — yaquisa.
cataracta — yuwapi.
cilia — chisapirnara.
clamare — sasasima-ipi.
clamor — sasasima.
clava — eouira.
collare — yachoucaré.
cras — camoutoné.
cymba — ygara.
dentes — sai.
deus — yara (= dominus).
diabolus — maï.
domus (tugurium) — ouka.
dormire — ouqueri.
eamus — yapa.
edere — apiniou.
femina — oina.
femur — soutema.
finitum est, actum est — oupouri.
flos — sisi.
fluvius — parana.
folia — eouarassa.
folia ad struenda tecta — chipati.
frigidus, a, um — seiri(chiri: Kechua).
frons, tis — scouapi.
fructus — kaima.
fulgur — pira-pira-caca.
fumus — tata-tini.
genu — senipe.
herba — ca.
hodie — icoumi.
homo, vir — niapisara.
ignis — tata.
infans — equerassé.
lacus — ypassou (hy-açú: Tupi).
lapis, saxum — itaqué.
lignum — couraté.
limus — chiri.
lingua — comouira.
luna — yasi.
magnus, a, um — toua.
manus — pua.
mentum — mouta.
minimus, a, um — tschoura-sini-oura.
mons — iwata.
nasus — ti.

*) Castelnau Expéd. V. 293. Ein verdorbener Dialekt der Tupi.

niger, a, um — souné.
non, nequaquam — temá.
occidas eum — ayouca-poura-roura.
occidit eum — iquia-ayouca-poura-souripe.
oculus — chisa.
olla — curata-chiru.
os, oris — youro.
ovum — soupia.
parvus, a, um — tschouranani.
pes — touita.
piscis — ipira.
quo vadis — macatipa nouso?
remus — yapouquita.
rivulus — parana-mirim.
sabulum — itini.
sagitta — oua.
semita, via — pi.
serpens — moui.
sic, sane, recte — achisima (port.: assim mesmo).
sidera — sisuu.
sol — quaratsché.
splendere — pira.
sternutare — macanuri-ayucata.
supercilia — scouapisa.
terra — toyouca (tyjuca = limus: Tupi).
tonitru — tupa.
tubulus flatularis pro sagittis — pu-na.
tussis — macanuri.
unde venis? — maquisatipa-nouri.
unguis — puisapé.
vale — tousapa.
venatum ire — ousou-ta-ipourakari.
canis — yawara.
dicotyles — tayassú.
felis onça — yawara.
— cuguar — esse-wassou yawara (tigris fuscus).
simia ateles — couata.
— lagothrix — cai.
— mycetes — aceuti.
vespertilio — aneira.
psittacus — ayuro.
musae fructus, banana — panara.
bixae orellanae pigmentum — acholé.
canna saccharifera — ouaquira.
genipae arbor — ouitó.
gossypium — amagno.
mandiocca — yawiri.
mauritia, palma — mouiriti.
tabacum — pitema.
zea mais — awaté.

PEBAS*).

albus — papasey.
aqua — ain.
arbor — tapasey.
arcus — canoe.
auris — mitiwa.
brachium — viomoté.
capilli — raino-say.
caput — raino.
cilia — vinimichi-ay.
coelum — riesé.

---

*) Castelnau Expedition V. 296. Die Indianer von Pebas, welche in zwei Horden, die Caumaris und die Cauwachis getheilt sind, sprechen dieselbe Sprache mit den Pacayas (Castelnau V. 9). Sollte ein praefixum possessivum in vi zu erkennen seyn? Die Mundart scheint nur in wenigen undeutlichen Zügen eine Verwandtschaft mit denen der Guck, eine noch schwächere mit den Omaguas anzudeuten.

coeruleus — wasanou.
collum — mipiisé.
cor — caïshi.
cymba — money.
dens — viala.
diabolus — yuna.
digitus — brelau.
domus — lowarrey.
femina — waloa.
flavus — wayou.
flos — susaman.
fluvius — nowa.
folia — semay-nemey.
frons, tis — vimo.
fructus — nemasey.
fulgur — raluya (raio: hispan.).
hasta — ramoteu.
herba — vashi.
ignis — feula.
infans — laira.
lacus — mettao.
lignum — aupou.
lumen — renenau.
luna — remelané.
manus — vinitaily.
mentum — vimella.
mons — meussoy.
nares — vinerro-ay.
nasus — vinerro.
nidus — rarou.
niger — michalay.
nubes — euré-euré.
non — aanoy.
oculus — vinimichi.
os, oris — rito.
pectus — vinitrelay.
pes — vinimotay.
pluvia — rayla.
radix — aalay.
ruber — selourey.
sabulum — — tencha.
sagitta — ruelou.
sidera — larcé.
sol — wana.
supercilia — vicrousa.
terra — capalé.
sic, sane — tamoui.
tonitru — malayere.
tubulus pro sagittulis explodendis — naulassé.
unguis — relanomaya.
venenum sagittarum — romoley.
venter — chameau.
via, semita — nou (nian: Kechua).
vir — comoley.
Numeri: 1 lomeu-lay.
2 nomoira.
3 tamoimansa.
4 namerayo.
5 taonella.
canis — nemey.
tigris — nemey, puma.
simia (in genere) — amou.
midas — mouiou.
chrysothrix — aounay.
callithrix nigrifrons Sp. — sundico.
ateles paniscus — couatá.
mycetes — numni.
lagothrix — oumon.
tapirus — ameisha.
crax — reishi.
psittacus macao — appa.
psittacus — coasi.
crocodilus — nuerto.
fructus musae — panara.
mandiocca — coaleshé.

IQUITOS*).

aqua — aqua.
arbor — nana.
arcus — ouana.
auris — quiatoum.
brachium — quinamali.
capilli — panacachi (accha: Quiteña).
caput — manaca (yacae: Omagua).
cilia — yanapica.
coelum — nia. (?)
collum — quitoucouari.
cor — queuti.
crus — quiaqui (chaki: Kechua).
cymba — imina.
diabolus — shouara.
digitus — quiawashi.
femina — item.
fluvius — nupa (naba: Guarauno).
frons, tis — kũim.
fulgur — shinana.
hasta — aroua.
ignis — ninama (nina: Quiteña).
infans — mayari.
lignum — naka.
luna — chashi (jacý: Tupi; katsi Aruac; kapui: Macusi).
manus — yanamaca.
mentum — quiamana.
nasus — cachirica (nukirri: Maypure).
nubes, pluvia — asschi.
oculus — panami (pandaice: Atoray).
os, oris — kainga.
pectus — quiareurti.
pes — quiainoi.
piscis — aca (akep: Vilela; càih: Maya).
sabulare — cacouti.
sagittae — miana.
serpens — couni.
sidera — nareja (chirica: Tamanaco).
sol — yanamia.
tonitru — treato.
terra — nia.
tubus pro explodendis sagittis — imouna.
tugurium — nita (uta: Aimara; aute: Tamanaco).
unguis — quioco.
vir — icouan (achiani: Moxa).
canis vel tigris — muicra.
simia — scherouqua.
manatus — acai.
psittacus — waya.
crocodilus — scheuré.
mandiocca — momoria.
fructus musae — samouati.

ZAPARA**).

abire — taiquera.
abripere — arizuno.
accendere — atoa-teno.
acuere — cockuno.

---

*) Castelnau Expédition V. 295.

**) Osculati Esplorazione delle Regioni equatoriali lungo il Napo etc. Milano 1854. p. 284 ffl. — Die im Stromgebiete des Napo weitverbreiteten Indianer dieses Namens werden von den Brasilianern auch Xibaros, Jivaros und Xeberos genannt. — In dem Idiome begegnen sich Worte aus der Kechua, Quiteña, Omagua und mehreren Mundarten, die ich zum Stamme der Guck rechne. Die Schreibung ist italienisch.

acus ad suendum — hickiolo.
accusare — olino.
advenire — cockueno.
aeger, infirmus — quizojano.
aeger — quizono.
aër — paralu.
aestas — ianopua.
ager — hingiricka-la.
albus — uckino.
alio tempore — lamackari.
altus — sabito, sahacka.
amabilis, bonus — huizano.
amare — hickano, paniciano.
amarus — hipana.
amore captus — paniluque.
amplexus — ackamaru.
anima, spiritus — zagueno.
ante, antequam — laquira.
aqua — muriccia.
arbor — nackuna.
arcus — ariucka.
arena — hiocka.
assare — maickino.
attingere — lackilano.
audax, strenuus — hanajcia laucko (fortis homo).
audire, auscultari — uumino.
auditus — iossino.
aures — laure.
aurum — ckuri = Kechua.
avis — pisko = Kechua.
baculum — supicia.
barba — amu.
bellum gerere — hamuno.
bene — hali.
bibere — huireno.
bis — namicki quiquirá.
brachium — curpmasacka.
bursa — ckamizocke.
cadaver — puquereno.
cadere — iclino.
caedere — maackana.
calefacere — hupanono.
calidus — achino.
calvus — ciacka-cana-hano.
candela, lumen — anamisciocka.
canere, cantare — orano.
capillus — ahaqueso.

caput — anackacka.
carbo — nisciacka.
caro — isciu.
castigare — mackaqueno.
cauda — hohumack.
cera — lupacka.
cicatrix — hisia-zaraqui.
cilia — larecko.
cinis — anamucka.
clamare — ackanu.
clamare, vociferare — pignono.
clarus — huizacká.
claudere — niscimulano.
claudere, includere — nickimano.
coecus — namisia-locko.
coelum — niacosina.
coeruleus — nijika.
collum — ulusna.
costae — hirocke-cuqua.
cranium — scimanacka.
cras — laieque.
crassus — queracka.
crescere — zapelano.
crudus — mackano.
crus — huissiacku (chaki: Kech.).
comitari — aramuckuno.
commendare — larackeno.
constringere — cumino.
convalescere — ickelano.
cor — huissiá.
corpus — mahacka.
culter — zapuqua, ckiro.
currere — hassino.
custodire — nuquino.
cymba — jara (ygara: Tupi).
dare — ckaquino.
debilis — piccksaa.
decipere, fallere — zapinockuno.
defatigatus — piruqaereno.
dentes — icaré (kiru: Kech.).
deprimere, minuere — iquano.
deus — puétzo.
diabolus (magus) — zamaro.
dicere — alino.
dies — nukuáckale.
difficilis — hihja niokaluoua.
dividere — naikano.
— in quatuor partes — mauekuno.

dolor — nockuereno.
domina — hanu.
dormire — mackino.
durus — tackurockia.
edere — atzano.
ego — cuy.
esse — iquino.
expandere rete — rickaino.
expedire — hiero-hono.
expergefacere — inoquano.
extendere — toruno.
exuere se veste — citano-tasciro.
facilis — nickaituena.
falx — mascito.
febris — ckizoocka.
fel — hipacka.
femina — itiuma.
ferire — supiciano.
flagellare — massaqueno.
flare — nohuino.
flores — tuiccia.
flumen, aqua — muriecia.
flumen — assio.
foedus — asacocicha.
folium, a, — zaucko ami.
fortis, probus — zeranckano.
—, robustus — zirancano.
frigidus — zochùeno.
fricare — zuckurini.
frons — hisicua.
fugere — nascimi.
fulgur — tamcuelacka.
furnus — anasacka.
furtum, latrocinium committere — nuquano.
galea — hamuano.
gemere — nackelano.
genu — hackerocka.
gigas — ckiracka.
gravis — ignacka.
gubernare cymbam — huitza-mino.
gula — huttu.
gulo — hickocicka.
gustus — huizano.
hamus — zuicià.
haurire — imano.
herba — josuqua.
heri — tiackari.
hiems — hamaroaqui.
hilaris — huizano.
hoc vespere — niecia niotiniaca.
hodie — jari.
homo — taucko.
huc — came.
humerus — tamisina.
humidus — tzatuqua.
humilis — iaquaqui.
ignis — anamickucia.
ii — nucnacay.
is — noï.
illuc, illic — hati.
imber — estumaro.
incassum — tamassa.
incipere — otuno.
inebriare se — mackani.
infans puella — manino (hisp.) itiuma.
— puer — mearicka.
ire — ockuno.
juncus — ckaraucka.
labia — jazoque.
laborare — namirockano.
lac — okita.
lacrymare — acnuno.
lacrymae — anituckua.
lactare — zupeno.
ladro — nucuatuckua.
lana gossypina — tzarequa.
lapis, saxum — naruqua.
latus, a, um — queraito.
lavare se — ckaisciuno.
lectus pensilis — nuqua.
levis, velox — niackariqui.
liber, animosus — huizano.
lignum — aisiacka.
lingua — ririecià.
longe, procul — taicua.
longus — sabacka.
loqui — acacujùno.
luna, mensis — casiokua.
lutum — rapacka.
macer — masico.
macrescere — masiquino.
magnus — queracka, queraito.
malignus — asacoscino.
malum — asacocicka.

mammae — qnitissa.
mane — tarecco, ta catizacka.
manus — hickoma.
mare, lacus — humiacka.
maritus — ackumuqueno.
mas — laucko.
masticare — saqueno.
maturus — upaca.
mendax — tamu-tuyano.
mentiri — tamautuno.
mentum — musaquo.
mingere — tzaneno.
minus — asati.
mittere — hierockuno.
mons, montes — tuanacka.
morbus — quizockua.
mori — puqueno.
mordere — zaino.
morsus — tzai-ciarecka.
mortuus — puqueno.
multum — cuma.
mutus — ackaso-huyacka.
nasus — nuhùcua.
navem conscendere — hiara hino ockuno.
navigare — hiara hino octuno (ire in cymba).
negare — iumeno.
nidus — pisco-huqueno.
niger — caqueno.
nocte — nignacka.
nominare — haitiono.
non — haita.
nos — cana.
novus — zamicka, zamino.
nox — nignacká.
nubere — ackamino.
nunc — tari.
obscurus — nignacká.
obstare, impedire — huquano.
occidere — huagnuchini.
occultare — guistzono.
oculi — namisia.
odor — hapitano.
odoratus — nosuno.
onerare — anino.
os, oris — atuapama.
os, ossis — ueo.
osculum dare — tzohuno.
otiosus — sickano.
ova — ickuqua.
palma manus — icioacka.
palpebrae — nasapi.
par — ckaramaitacka.
parĕre — ickoqueno.
parvus — nisicoqui.
paucum — asati.
pater — cumano.
pavidus — itiuma.
pecten — aritataru.
pectus — tarneckua.
pediculis se liberare — zuquanagna hiciano (pediculus capere).
pellis — hicioqua.
perdere — mascino.
perendie — tamacka-tarick.
perditus in aqua — muriccia hîna puqueno.
persona — taucko.
pes — hinocka.
piger — sicamo.
pilus — anaqueso.
pinguis — zatuno.
pinguis — zatuno, zatucka.
pinguem facere — zutuino.
piscari — tzuiono.
piscator — zuitoqua.
planities — aniscina.
planta pedis — numacku.
plenus — nezeacka, nezeackata.
plicare, flectere — tupaitano.
plus — hito.
pluvia — humaroa.
postridie — a packuasa cante.
prehendere — hioiano.
princeps tribus — curacka.
probare — sanino.
promere — huitano.
prope — aniqui.
pruritus — aquazino.
pudicus — cariraqueno.
puer — conunacka.
pugnam vel litem gerere — hopiono.
pugnus — agiraitenu.
pulcher — huizano.
pulmo — huiruckua.

pulsus (arteriae) — cutzano.
putens, foetidus — apilacka.
quaerere — packeno.
quiescere — piruquateno.
quo — taiza.
radius solis — ianuqua.
recipere — matzino.
rectus — nasà-nasata.
remunerari — riquano.
res bona — huizano.
— magna — chirack.
— mala — asacosciá.
respondere — arcquano.
rete — nicka.
ridere — tzatano.
rumpere — uscino.
ruber — naluno.
sabulum, arena — aiocka.
sal — iciocka.
saliva — aruacka.
saltare — sickino.
sane, certe — hiichja.
sanguis — unnacka.
sanus, salvus — huizano.
saepe — cuma.
sapere, intelligere — aitino.
satis — cuma.
scabere — arisciuno.
scurra — quatecko.
secretum — niackoaqui.
semen — maacka.
senex, vetus — iarosna.
sepelire — humono.
sepulcrum — ckinia.
sequi — iscino.
sibilare — ioneno.
siccus — mauno, maucka.
sidera — naricka.
siva — nacku (nakeitag: Abipon).
sitire — hichjá-rino
sol — janockua.
solvere (nodum) — tzaquitano.
somniare — macke-hono.
sonus — ainucko.
spectare, contemplari — nuquino.
spina — ickioacka.
spiritus — paratu.
sponsa — inicka.
spuere — aruckkújauo.
stare — iquino.
stella — naricka.
stercus, oris — huiacka.
sternuere — ackisiooeno.
stertere — muéquano.
suavis — zutaitu.
subjicere — aniciá hiciano.
subtus, deorsum — huamira.
sudare — ackino.
suffocare in aqua — muriccia hina puqueno (in aqua mortuus).
sugere — supueno.
surdus — tauckemensú.
tactus — ickano.
tangere — ickana.
tantum — biaicka.
tempus — cki.
— matutinum — tar-icaqui.
tenere — ickano.
texere — citano.
terra — jacua.
terrae motus — irissa.
terreri — piritano.
timidus — itiuma (= femina).
timere — pereno.
tollere — aciciano.
tonitru — hucenacka.
ubi — tai.
ulcisci — cranniteno.
unguere — arini.
ungues — agnacki.
urere, comburere — ockamaruno.
urina — tzani.
usque hic — anitira.
— illic — camirai.
tu — cka.
tugurium — itia.
tundere, pulsare — ciricio-bono.
validus, robustus — tucurucka.
vena — cuizano.
venari — numuno.
venenum — numanacka.
venire — aniciano.
venter — marama.
verber, ictus — apino.
vesper — neatenacka.
vehere, jacĕre — baatano.

via — nú.
vidua — macicko.
viridis — apacka.
viscera — marcochu.
visus — nuckino.
vivere — iquino.
vomere — ckimackono.
vomitus — chiniaka.
vos — quiná.
vulnus — bisiarariqui.
vox diminutiva — nianucka.
— augmentativa — queraito.
Numeri: 1 nuquaqui.
2 namisciniqui.
3 haimuckumarachi.
2 + 2 = 4 namisciniqui ckara maitacka.
2 paria + 1 = 5 namisciniqui ckaramaitacka nuquaqui.
3 paria = 6 haimuckumaracki ckaramsitacka.
semel — nucuaquirá.
ter — haimuckumara quira.
canis — airocko.
cervus — nickero.
lupus — ckaranano.
simia — qualecko.
felis onça — imatini.
mus — ckasciriccia.
porcus — hiari javari.
aquila — sisika.
gallina — cackaracka-hitiuma (femina).
gallus — cackaracka-taucko (mas).
passer — pisciack (pisco: Kechua).
crax — paucki.
psittacus — sorackå.
crocodilus — manare.
vipera — conu.
apis — muruban.
aranea — manino.
culex — scinacka.
formica — quana-ckuno.
pulex — airocko zuquanacka (canis pediculus).
vespa — ackapacka.
batatas edulis (camote) — imazacka.

ARUAC, ARAWAAC*).

a, de — uria.
abesse, distare — waikillen.
abjicere, perdere — abuledin.
aegrotare — karrin.
aër (ventus) — awaduli.
alacrem esse — wabudin.
alibi — abbamiin.
alio tempore, iterum — abbahiin.
aliquid — haumatalli.
amita — daarey.
amo — dansika.
— non (praepositum: M.) — mansida.
amare — kansin.
ancora — diillehii.
angi — abukuniya.
anguilla — ihiri.
anima, animus — ulluahii.
annus — wijua.

*) C. Quandt, Nachricht von Suriname und seinen Einwohnern, sonderlich den Arawacken, Waraunen und Karaiben u. s. w. Görlitz 1807. 8°. Deutsche Schreibung. — Eingeschaltet sind Worte aus Hilhouse (H) in Journ. R. geogr. Soc. II. 247, aus J. A. Van Heuvel, El Dorado, New-York 1844. p. 166 und aus Schomburgk (Sch.) Report. brit. Associat. for 1848. p. 97.

anus — daaca lay.
appellare, nominare — assan, aratin (areito = cantus: Haiti).
aqua — wuniabbo Sch. H. wuni.
arbor, lignum — adda.
arcus — semaara-haaba.
— coelestis — jauale.
arescere — sakkan.
auris — da-dihy.
avia — dacutah.
avis — kuddibiu.
avunculus — dadayinchy.
avus — dadukutschy.
bibere — attin.
bonum esse — iissan.
brachium — addennahii; da-denaina H. (d'adinna).
caelebs — mä╯eum i. e. non cum muliere.
capillus — ubarrahü, da barra H.
caput — da-ahi Sch., daa seye H.
calidum esse — terên.
caro — da-siroquaw.
cauda — ihi.
cervix — daa-nuru.
cera — pinuttika.
chorda arcus — semaara-haaba-temy.
clamare — assimakin.
clarere, nitere — iissaukan, harannahan.
clava — mussy.
cinis — balissi.
coelum — kassakku.
collum — unaurnhu.
coquere — abukun.
cor — oassinihii.
cras — mauti.
crescere — püllin.
crus — da-daanah.
culter — jadolle; cadawalla H.
curvum esse — hudun.
cutis, pellis — da-ada H. üddahü.
cymba (corial) — kuljara.
dare — assikin.
— non — massikin.
deus (bonus s. creator virorum) — kururuman.
deus (creator foeminarum) — kulimina.
dies — kassakabu.
dirigere, corrigere — imissidan.
dominus — adaijahii.
domus — bahü; baacheh H.
dorsum — da-haboruh.
dulce esse — semen.
durum esse — tallan.
ebrium esse — sommolên.
edere — akuttun.
ego — dai.
carnem edere — akuttahü.
esurire — hamussiän.
—, carnem appetere — panassiän.
et, etiam — badia.
expectare — aubaddin.
expergefieri — ahanuban.
facere — anin.
faciens aliquid — alin.
facies — issibuhü.
familia, tribus — ükürkküahü.
fatigari, lassum esse — mihitên.
femina — hiäru (inaru in idiom. feminarum Boriquen et Antill. orient.; eyeri ibidem = vir).
femur — da-bukisa.
ferrum — siparalli.
flamma — cheludum.
flare (ignem sufflare) — appüdün.
flos — attukuru.
foedum esse — wakaiän.
folium — ubanna.
frater — ubukittihü, dalukeytchey.
fructus — iwihü.
fructificare, augeri — kiwin.
fulgur — beylebeliro H. belbeliru.
fumus — kulehelli.
fungus — kamarassana.
genu — ubudallihü.
gloria — üssaquana.
gramen, campus — karau.
gravis odoris esse — kämên.
grave esse — küddün.
gubernaculum — temona (timon: hisp.).
habere — kanünnin.
habitare — kassikoân.

hamus — bodeyhey.
hic, hoc loco — jaha.
hodie — danuhu.
homo — lukkuhu.
ii, illi — nai; eorum — nakia.
ignis — hikkibi Sch.; ikhiki H.
in, supra — ubanna.
infans — elonti, üssahü.
infantem esse — elonin.
insula — kai-iry.
ire — aijahaddin.
is, ille — likia.
ita, hoc modo — gidea, gideman.
laborare — kemekebbün.
lacryma — ikirahü.
lapis — siba.
lavare — assukussun.
lectus pensilis — hamınaka; daacorah H.
liberare — apussidin.
liberos tollere, gravidam esse — kassan.
lignum ad inebriandos pisces — baijali.
longum esse — wadin.
luna — katsi: Sch. katchi: H. (katsi-uiua = luna in coelo).
lumbus — ubukühü.
lutum, coenum, mucor — ruruli.
lutulentum esse — rurun.
magnum esse — ippirun.
malum vel pravum quid — aboalu.
malum esse — aboan.
mancipium, servus — baijaru.
mane — maulia.
manere, persistere, placari — majauquan.
manifestare — addittikittin.
manus — ükkabbuhu; da-cabbu H. (d'akkabu).
margaritae vitreae — coraana.
maritus (vir, mas) — wadily.
marito carere — märetin.
mater — ujuhú.
medicamentum — ibbehü.
mel — mabba.
meus, a, um — dakia.
mittere — imekudun.
mons — ororu, ayumuntuh.
mordere — ardin.
mori — ahudun, haikan.
mox, modo — wahadja.
mulier (femina) — bearu, hiäru.
mundus — wunabu.
nasus — da-siri.
negotiari, mercari — abán.
negotium mercatura — abehü.
nepos — daalekenchy.
non, nequaquam — kurru (aut verbum praemisso: M.).
nos — wai.
nosse, scire — adittin.
noster, a, um — wakia.
novum esse — emeliän.
numerare — ikissidàn.
nunquam — abbahün kurru.
obliquum esse — haulén.
oblivisci — ahaikassiän.
oculi — da-kusi.
odi, nolle — kaiman (vox recepta pro crocodilo).
omne — tumoqua.
omnes — namqua.
os, oris — üllerukuhu, da-liroko H.
os, ossis — da-bunah H., ubudalihü.
panis mandioccae — kalli.
pannus — jahu.
parere, partu edere — emeudun.
parvum, tenuem esse — ibin.
pater — ittihü, attinati.
pater (blandimentum liberorum) — awawa.
patera cucurbitina — ewidah.
paucum — nikan, niman.
pectus — da-lunsebu.
pes — dacuty.
plantare — abbunin.
pleiades, annus — wijua.
plenum esse — ibèn.
pluvia — wunny.
plus — abassabiin.
porta tugurii — bahasgibu.
potio e pane mandioccae recenter fermentato — ebeltir.
— e pane mandioccae asso et fermentato — illibiti, et alia: baivar,

praestigiator, medicus — semmeti (zemi: Haiti).
pretium, solutio — ŭjaunahŭ.
pridem, antea eodem die — wabuka.
profundum esse — tullan.
prurire — tellên.
puella — headaaza.
puer — elunchy.
pulvis pyrius — culbara (polvora).
pungere — attiadiin.
quid? — hamma?
quoniam — udumma.
reconciliare, placare — amaimadin.
remus — nahallehŭ; nahalley H.
sabulum — murtuko.
sagitta — semaara.
sal — pamu.
sanguis — curisa.
sapere — ikissidin.
saxum — siba.
sed, autem — kan.
sedere — akattin.
sedile — abattikoana.
senex — habettu.
serpens — wuri.
servare — erekedin.
siccescere, perdurare — oàn.
sicut, quomodo — din.
sidera — wiwa.
sinus — udukkhu.
sol — haddalli.
solummodo — rubuin.
somno sollicitari — tabussiăn.
soror — dayudaala.
sporta — waljoli.
statim — danukebe.
stupendum! — poi, poiman!
suave olere — buhujăn.
sudare — hadabuttin.
superare — tattan alinua.
supra, in alto — aijumiin.
tabacum — yeury.
sylva — conoko H. kunnuku.
telum pyrium — arabusa (hisp.)
terra — wunabu, ororu H. Sch.
tonitru — aculia cally.
transire — aballin.
tu — bŭi.
tuus — bokkia.
tugurium — ubanna, buhŭ (bohio: Haiti).
tugurium struere — ubanna buttin.
tussis, catarrhus — tunnuli.
umbra, spiritus — ŭjahŭ.
undae magnae — sibassibaru.
vacca (hispanice) — baka.
velle, debere — bia.
venari — aijukàn.
venire — andin.
venter — da-deybayou.
ventus — awadalli.
vespere — bakkŭlama.
vester, a, um — hukia.
vestire — kăkèn.
videre — addikin.
vincere, superare — kadannin alinua.
vir, homo — lukku.
vita, anima, animus — ulluahŭ.
vivere — kakŭn.
vomitare — ŏwedin.
vos — hui.

Numeri:
1 abba; abaaru H.
2 biama.
3 kabbuin.
4 bibiti; bi ybich.
5 abbatekabbu (i. e. una manus) aba-dacabo H.
6 abbattiman; aba temainy H.
7 biamattiman; beama temaini H.
8 kabbuintiman; cabuin timain H.
9 bibitibiman; bi y bich temain H.
10 biaman tekabbu (duae manus).
11 abba kuttihibena (unus de pedibus).
12 biama kuttibibena (duo de pedibus).

auctus numerus indicatur addito: tadinku vel tupakittan i. e. plus.
20 abba lukku, unus homo.
21 abba lukku abba tadiaku, 20 plus 1.

tapirus americanus — camma.
canis (perro hispan.) — peru.
cervus rufus Jllig. — beiú.
— simplicicornis Jllig. — cujara.
hydrochoerus capivara — kibiole.
coelogenys paca — lappa.
dasyprocta aguti — puculeru.
dicotyles labiatus — keherum.
— torquatus — abūja.
dasypus — geessi.
bradypus — hati.
myceles fuscus — illuli.
cebus fatuellus — pūddi.
ateles paniscus — horoe.
jacchus — issiriri.
manatus — cuinoro.
crax — hitti.
psittacus — culeaca, kulau.
cathartes papa — mihili bucku.
— aura — annoane.
colibri — bimiti.

avis platalea ayaya — tukkuku.
psophia crepitans — warrakala.
formica — cussi.
pulex — ubaijahü.
ixodes (carapato) — mibiki.
radix mandioccae — calli.
musa paradisiaca (pacova) — pratane.
capsicum — haatchi.
palma manicaria saccifera — timiti (caraibice: turuli).
palma rhaphia taedigera — coculiti.
— mauritia flexuosa — ité.
— euterpe — manaca.
lecythis — tutuca.
hymenaea — simiri.
dipterix odorata — cumarú (crabobossi: caraibice).
vanilla aromatica — camaije.
agave e qua fila parant — ūhikili.
zea mays — marisi.

VOCABULA COMPARATA

E DIALECTIS

GUYANAE BRITANICAE.

Die zahlreichen Dialekte der Horden in britisch Guyana weisen ähnliche Mischungen auf, wie die Brasiliens, und sind eben so schwer auf Stammsprachen zurückzuführen. Sir R. Schomburgk gruppirt sie (Report of the britisch Association for 1848 p. 97) in die fünf Reihen: der Caribi-Tamanaco (N. 1—11), der Wapitya-Parauana (N. 12, 13), der Taruma, Waraua und Arawaac, jedoch nur vorläufig und ohne Mass zu geben. Die von ihm (a. a. O.) mitgetheilte Tabelle lassen wir hier, als ein schätzbares Material für weitere Vergleichungen, folgen.

	1. Caribisi.	2. Accawai.	3. Macusi.	4. Arecuna.	5. Waiyamara.	6. Guianau.	7. Maiong-kong.	8. Woyawai.
sol	wehu	wiyeyu	web	wac	weyu	kamuhu	ishi	kamu
luna	nuno	nuno	kapoi	kapui	nuna	kewart	nuna	nuni
sidera	siriko	irema	siriko	serrika	serrika	yuwinti	yetika	serego
terra	yuporo	ito	nung	nunk	oono	kati	nono	roōn
ignis	watto	walu	apo	apok	wato	isheke	wato	wetta
aqua	tuna	tuna	tuna	tuna	tuna	oni	tuna	kuishamina
caput (meum)	yubupo	yupopo	pupei	opuwei, opei, ipei.	ipawa	intshebu	hobuha	ighteburi
oculus (meus)	yenuru	yenuru	uyenu	yenuru	yenuru	nawisi	uyenuru	eoru
nasus (meus)	yenetari	yenotarri	uyeuna	uyeuna	yonari	intshe	yoanari	younari
os, oris (meum)	. . .	yubotarri	hunta (mutta)	undack	tshuaduru	noma	undati	emdari
manus (mea)	yennari	yenarru	huyenya	uyena uta	yanaroru	inkabo	yamutti	yamore
pes (meus)	pupu	yubobu	hupu		kiporu	intshibe	ohutu	horori
arcus	hurapa	ureba	hurapa, hu-yurupai meus	urapa	urahaberagha	tshimarit-tschebi	tsimare-huru	klaffa
sagitta	purrewa	pulewa	purau	purrau	parau	tshimari	tsimarei	woiyu
canis	keikutshi (vel pero).	piro	arimaragha	arimaragha	okheri	kwashi	tsefeti	tsawari
Numeri: 1	owe	tigina	tiwing	tauking	tuwine	pareita	toni	tioni
2	oco	asakre	sakene	atsakane	assare	yamike	ake	asaki
3	orwa	osorwo	eserewa	itseberauwani	ware	piampatyam	airtuaba	soroau

	9. Mawakwa.	10. Piano-ghotto.	11. Tiveri-ghotto.	12. Wapityan, Wapissiana.	13. Atorai.	14. Taruma.	15. Warau.	16. Arawaak.
sol	kamu	weh	weh	kamo	kamoi	ouang	yah	hadalli
luna	kirsu	nuna	niano	keiirrh	keiirbe	piwa	wanchu	katsi
sidera	wishi	siriko	serika	weri	watsicirhe	wingra	kiora	wiwa
terra	tshimari	. . .	. . .	emu	lari	loto	hola	ororu
ignis	tshikasi	matto	apoto	tegherre	tegherre	hua	icko	hikkihi
aqua	wune	tuna	luna	tuna	tuna	tza	ho	wuniabbo
caput (meum)	unkaua	. . .	oputpa	unruai-aitana	unruai eterna	atta	wakwa	dashi
oculus (meus)	ngnoso	yenei	oneana	ungwawhen	wawanumte	atzi	mamu	dakusi
nasus (meus)	ngndewa	yoanari	. . .	ungwiitippa	ohipe	assa	mehekadi	dasiri
os, oris (meum)	ugnomiti	yefiri	opota	untaghu	otaghu	merukukan-na	marabo	daliroco
manus (mea)	ngnkowa	yenari	. . .	ungwaipan-na	unkuai	ahu	mamuhu	deccabu
pes (meus)	ungeopa	putu	upti	unketewi	unkheti	appa	mumo	daweti
arcus	thseÿe	urapa		sumara	parauri	tzeika	hattaboro	semara-hapa
sagitta	kengye	purau		urreghuri	peiiri	kupa	hattabo	semarra
canis	. . .	keikue		arimaragha	teni	hi	peroro	pero
Numeri: 1	apaura			peitcieppa	peitaghpa	osbe	hisaka	abaru
2	woaraka			tiattang	pauitegh	tyuwa	monamu	biama
3	tamarsi			itikineita	ihikeitaub	ungkeha	dianamu	kabuin

T A I N O *).

abi, veni — ha, guaiba M. (hai: Patagon; aya: Chaclah; hoye: Tarahumara.)
aër (ventus) — banzex M.
aeternus — mamona R. jemao = divinus, deus (mamona = deus: Moxa).
albus — yuca, luca A. (luza: Chactah; elu (tamoué): Galibi; lapaca: Mbaya; zaco: Totonaco; luc: Chili; yurac: Peru; hacaya: Cado; usca: Ozage; yutaga: Mocobi; zac: Maya).
altus, eminens, excellens — tibu, tichetu, car, huibo, uta (uipo: Galibi).
amatus — rozi, berozi R.
anima, cor — nanichi.
animal, ferus — caracol R. (caracal: Lybice; caracoler Gall. vet., caracol: Berber atlant.).
antrum — vava M., ginga, beina O.
aqua — ama, bagua (may, mayu: Peru; nhama Puri; amuk, ahua: Tzuluki; ha: Chontal; maya, a: Mexican; agua: Veragua; ak: Atakapus; haya: Shebay; ayı: Yarura etc.).
arbor — maca, mapu.
aurum — caona, cauni.
avus — abiacavo R. narguti Ey.
bellum, exercitus — guazavara G. huctu Ey.
bellus, princeps, dux — taino, nitaino, mitaino, mato (Herr.)
bonus — matum M., boniatum O.
—, nobilis — tiao R., daino M.
calor, calidus, siccus, febris — zechon; zezionesM. (sezão: Lusitan).
campus, planities — conuco G. V.: zavana, zanaga, mazagua.
cantus solemnis, festivus — areito, areite, areiti; batoco G. (aritin = nominare, indicare: Aruac).
caput, apex — zimu M. huibo (yupopo: Accawai; pupei: Macusi: opuwei: Arecuna).
cavus, cavum — yara, yari, yaro.

---

*) C. S. Rafinesque (the american Nations, Philad. 1836) hat (I. 215) den Versuch gemacht, aus den ältesten Nachrichten: Columbus (C.), Roman bei Ferd. Columbus (R.), Petrus Martyr (M.), Oviedo (O.), Las Casas (L.), Herrera (Herr.), Gomara, Diaz, Acosta (A.), ferner aus Garcia, Gill, der eine lange Liste grösseren Theiles von geographischen und historischen Namen gesammelt hat, (G.), Humboldt (H.), Muñoz und Vater (V.) alle Wörter aus der früheren Sprache von Haiti, der Taino, zusammenzutragen. Sie erweiset sich, gleich den Dialekten in den andern grossen Antillen und jenen, die auf den kleinen Antillen von den sogenannten Eyeris (Ey.) oder Cabres gesprochen wurden, und gleich den meisten des Continents als eine vielfach gemischte. Viele Worte hat sie mit der Aruac und andern Dialekten der Guyana gemein, wesshalb wir sie hier einschalten. Wir treten übrigens weder für die Vollständigkeit noch für die von Rafinesque versuchte Deutung mancher Worte und für die Richtigkeit seiner Vergleichungen ein. Er hat dieselben über viele ausseramerikanische Sprachen ausgedehnt, und hält die Haitiner für pelasgischen Ursprungs. — Die 38 Worte der westlichen Dialekte von Cuba, Jamaica und den Lucayos und die 50 aus den östlichen Dialekten der grossen Antillen und der Eyeri der kleinen fügen wir nach Rafinesque's Zusammenstellung an.

clava militaris — macana A. machana O. (macana: Darien et multae linguae, macahui: Mexic.).
coelum — turei M., coaiba R., ubec Ey.
coeruleus, violaceus — tuuna; quibey, guei in dial.
collis — huibo M.
corbis, sporta — hava G.
culter — henequen.
cuprum — tuob C.
aurichalcum — hobin M.
non curo, sine cura — macabuca M.
cymba — canoa A. (kãu: Teutonice, cahani: Ainu, canahua, canabir: Galibi; guyon: Guanch.
daemon (angelus?) — zemi, zemes, chemes.
daemon malus, malum — tuyra M. mabuya Ey., Galibi.
deus — jovana O., yocahuna R. M. (achaman, ahican: Guanch.; yaho: Apalachi; yahuagon: Huron; wakon: Osage; conome: Yarura; cú, cayum: Maya).
dies — di.
dominus — taino, mato.
—, magister — guama.
domus — boa, bohio A. boi R. canei Muñoz. tunohoko Ey. M. (bohio: Apalachi; buhio, na, otoch: Maya; baua: Galibi; bahi: Aruac; huachi: Peru; oca: Tupi; ba: Mizteca; pohos: Tao; chaho: Tarasca).
duo, secundus — bem?
dux, princeps, dominus — guama M. (amo: Choco; ahan: Maya; hamon: Atlantid.).
edere, comere — imas, mani A.
ego, meum — ni, n', mi, m'.
ejus, is, ille — li.
esse — tei, ei.
est, id est etc. — zi, el, eit.
ens — bei, beira.
exercitus, bellum — guazavara G., huctu Ey.
femina, uxor — inuya, hita, ili, bibi, inara, liani, churon Ey. (uita: Cora: zitua: Mexic.: nuatitu: Saliva; esena: Moxa; tiguy: Muyzca; tinio: Maypure; yaté: Mocobi; nikib: Atakapas; zina (puella): Othomi; wanita: Uchi; iras: Cumana; ira: Coyba: nia: Apalachi.
filia — rahen Ey.
filius — el, rabu Ey.
filum — hico M. (hilo, pita: Maya).
finis, cauda — yarima M.
flos — ana A. (dani: Othomi).
fluvius, rivus, fluctus maris, diluvium — niquen, neguin, ziniquin, cuhen, agua in Cuba. (wuinic: Aruac; necua: Yarura; uchi: Chactah).
fons — coa, maca, mini.
fortis — carib.
frater — guatiao H. (tayo: Polynesia).
frigidus — ymizui R.
fructus — guauanas Ac.
fructu plenus — co.
funis, chorda — cabuya G.
gemma, nummus — aguacat O.
homo, homines, mas, maritus, gentes — hito, guani, cari R., magua G.
homines, gentes, viri — chivi, ibar M.; cabres Ey.
hortus, amoenus, gaudium — coai R., chali Ey.
hostis — anaki O., akani Ey. (anakim: Aramic.)
idolon — zemi, zemes, chemes.
ignis — cuyo M., euxo Humb. (icu: Lule; eguza: Saliva; yucu: Moxa; cutha: Chili; cuja, coia: Malali; cuati: Sapibocona; hua: Taruma).
in, intra, intus — hiqui in Cuba: Laet.; nacan C.
infans, progenies, gens — el, ili, guaili R.
infinitum — rapita, apito, virita R. M. O. (nomen dei).
instrumentum musicum — habao R.?
insula — caya, caio, caiz, caiques.

invisibilis — guimazoa, zuimaco, quinazona R. M. O. (nomen dei).
iratus — zynato M.
is, ille, illud, illi — gua (articulus indicativus), i, hi, hin, zini, li.
jusculum, coctus — calalu.
labor, opus — boria.
laborator, servus, mancipium — nabor, anaboria, naboriti.
lac — loa R. (leth: Celtic., lit: Saxon.).
lacus — haguai.
lapis, saxum — ziba.
lapidosus, saxosus — zibao.
latus, pars, ex parte — nara R.
lectus pensilis — amaca A., amazas L.; barbacoa H.; nehera, nekera in dial. (camata: Peru; amaca, akat: Galibi, amaca: Yaoy).
lignum, arbor — maca, mapu A., butos Ac.; maica, chimala Dial. (caa: Tupi, Mbaya; kag: Alakapas; canch: Natchez; manga: Adaiz; aca: Peru).
locus — guara R. (coara: Tupi).
lumen, splendor — lureigna M.
luna — maroyo R., marohus O., mona, kali Ey. (wanehu: Warau).
magnus, crassus, largus — ma, magua, guama A. (ma: Apalachi; manaho: Olhomi; gua: Natches; guazu: Guarani).
mamma, ubera — loa R.
mater — mama M.
mare — bagua V.; balahua Ey. (cagua: Salivi; gua: Tupi?).
medicus — boiti G.
metallum, durus — nin, guanin C., hobin M.
miles — vara.
mitis, benignus, mansus — matum M., boniatum O.
montes, regio montana, aspera — tihui, huibo, baino, zibao, hayti.
mortuus, spiritus, spectrum — opia, opoyem, goeiz.
movens — mana.
multum, multi — tochela M.
musica, strepitus — habao, giahuba.
mundus — queya, ocon R. M.
nebulosus — furzidi Herr.
non, nihil, male — mayana, maca M (ma, malar: Maya, mana: Peru, mani: Poconchi).
nosse, scire, scientia — guarocoM.
nunc, hodie — di.
nux, putamen — zibayo M. (ziba = lapis).
occasus solis — soraya. (surya Sanscrit).
oculus — izi O. (cosi: Cahiri). (atzi: Taruma; cusi: Aruac).
omnis, e — quis R. M.; xus O.
omnipotens — liella R. siela (nomen dei).
opulentus, dives, divitiae — duchi Muñoz, duyhzi M., duhos G.
panis — cazabi, cazavi A.; cusc, maru in Dial. (cosque: Chili; cancu: Peru; pasca: Apalachi; maru: Zingani).
panis assatus — xauxau G.; akes C.
paradisus — coyaba, coaibai R. Herr.
parvus, minutus, nihil, insectum — nigua; nianti Ey. (chigua: Darien; enchique: Yaoy).
pater — ahia, baia R., vava, baba Ey.
pax, quies, quietus — toka M.
peregrinator — umakua Ey.
peregrinus — chapeton Ac.? Guachinango Diaz in Cuba.
pilus, lusus pilorum — batos M.
potio e granis maidis — chicha A. (chica: Peru; chicha: Chili; huicú: Galibi).
pontifex — buhui-tiho A.
prata — zavana, zabana A.
purpureus — ragui, aniqua M.
qui, quae, quod — hiqui Laet.
rates — balza A.? (hispanice).
regulus — cazic, cacique, caciqui, caxicus, casiche (pronunciatione diversa).

recessus, locus — tiba (tũva: Tupi).
remus — pagaya, pages, nae M.
ritus, cerimonia — reiti (aritin: Aruac).
ruber — riz: Diaz.
sanguis — moinaly Ey.
sacer, sacrum — 'auc M., yac G., guaca R. (aca, huaca: Peru, huacan: Cora, hualic: Huazteca).
sacerdos — bohito, bautio, buhui, bohique, behique, boition, bouiti, buutio, boyeto (diversorum scriptorum).
sacculus, bursa — cucato, xucato. (pocan: Pocohotan; coacum: Mohigan; cuechiliz: Mexican).
scarlatinus — pu, bu.
senex, vetus — ua, boh, be, bohito, bohique A. natu maximus — nenechin R.
sic, sane (affirmativum) — ha (hea Afric. Atlant.; haa: Otomaco, Othomi, Cumanchi; haha: Apalachi; oyah: Ozage; ahi: Cado; yassy: Aruac.
sidus, stella — starei M. (sirica, sirico Galibi, Tamanaco, Otomaca et aliarum gentium in Gujana. chirica: Yaoy, silico: Betoy, ergrai: Abipon, setere Patagon).
sol — boinial, binthaitel, kachi: Ey. conf. cazic.
splendidus — turcigna M.
spiritus, anima, spectrum — goeiz. opoyem Ey. (goz: Vilela).
sum — dacha M.
sume, cape — chuc C., chugue Her. (huyca: Aztek; uhca: Tarasca). Conf.: cancer.
supra — ubek Ey.
sylva — arcabulos Ac.
talis — gua (articulus demonstrativus.)
tempestas, furia — furacane M. huracane G., urogan Ey.
templum, sacellum — cu Acosta; tzia (tzia, cu (deus): Maya, Chontal, Mexican).
terra, continens et insula — java, khaya, cayos, hay, guaca. (kati: Guianau; hota: Warau).
thronum — duchi Muñoz.
tintinabulum — maraca (maracá: Tupi; tamaraca: Aruac; malacá: Apalachi).
tres, tertius — abem?
tu, tuum — tĩ, te.
tugurium, domus — boharque Muños, canei G., tubonoco Ey.
unus, primus, solum, unice — ata atu M. (ata: Muysca, hatun: Peru, carata: Sapibocona).
urbs, domus — bohio.
ventus (vel aër) — banzex M. (acate: Dora, eheca: Mex.).
vermis — cusi.
vestimentum — cochio M. R.; yaguas Herr. (cuayo: Galibi; poncho: Chili).
vestis — yaguas Herr.
viridis — huarahua, guaragua Laet.
vita — bi G.
avis — bogiael R.; ipis: Cuba (gualpa: Peru; coxol: Huasteca).
avis phoenicopterus — ipiris Diaz in Cuba.
phasianus (crax?) — babiayas Her. Cuba.
cancer, (uca) — taracola?
canis — cuchis, gochis, alco (chichi, alco: Mex., chegua: Chili, cule: Lule, alco: Peru).
concha — guey C., cohob O.
crocodilus — cayman.
culex — jejen M.
dasyprocta — aguti, aguchi, huti, utia, cuti R. A. quatuor species: maxima: hutia, minima: mohuy; chemi, cori. Cfr. saraguchi: Aegypt., coyes: Quito. coy: Huazteca. cuya: Peru. curuc: Tayronas. quinazis: Cauca).
dasypus — atatu E.
didelphys (opossum) — tona R.
elater noctilucus — cocuyo, cucuyo, locuyo, cucuix; zievas in Lucayis.

formica (pismires) — comexon R.?
lacerta — guana, iguana A., yuanas Herr. (leguan: Aruac, jugana: Cumana: aguana: Guinea. jaganda: Congo).
manatus — manati A.
musca — cocuyo, cuinix, zievas.
piscis — ican, guaycan Muñoz.
psittacus — paraca, maca: Cuba, Aruac.
rana — toá G.
remora (piscis) — reveo H. rambos Ac., remora G.
serpens — boba in Boriquen (boia: Tupi; coa: Mexic.).
squalus (piscis) — tebura O., tiburon Ac.
sus (dicotyles) et pecari — zaino seuna Ac. (tayasu: Tupi, taguazen: Guanch.).
testudo — icota G., icotea Humb., cabini M. (cotos: Cumana).
achras cainito — cainito.
agave — maguey, magheih H.
ananassa — boniama G. fanpolomi Ey.
anona — guanavan H.
arachis hypogaea — mani.
bixa orellana — bixa G., achiolo H.
bulbus, cepa — cabaicos R., macoanes M.
batatas edulis — batatas.
calamus, arundo, maranta — yaruma Her. (uaruma: Tupi).
capsicum (acre, vellicans) — axi, aji, ages (axi: Cumana).
chrysobalanus — hicaco.
cucurbita — hibuera M. O. Muñoz. (higuera hispanice = opuntia tuna).
dioscoreae radix — niñmes, ámes, m'ámes.
fungus — yegan, guiyegan R.
gossypium — mapu Ey.; zeiba A. (Bombax) (cosib: Arabic. vel.; kipi,-kapas: Sanscrit).
guayacum officinale — guayac, guayacan H., guacum O.
heliconia — bihao.
clusia alba? hymenaea? — copal G. H.
coccoloba pubescens? — copei O.
indigo — digo H.
lycopersicum (tomate) — tomates G.
mandiocca (dulcis) — boniata O., yuco M.
yucca gloriosa? — yuca Ey.
ocimum — zochen H.
mammea americana — mamey M.
milium — panycke M. (?panicum).
musa paradisiaca — banana H.; camois G.
palma — yagua O., caico Ey.
pastinaca — guaicros M.
pimento — pyman, pimienta: Maya.
psidium guayava (pomiferum, pyriferum) — guayava, guaxaba M., guava, guaiva, guyaba.
arbor cedro similis, podocarpus? — cauvana G.
rhizophora mangle — mangle H.
sarmentum, liana — bejuco M., bixuco, bexucum O.
spondias hobo — xobos R.
swietenia — mahogani H. cahoba.
theobroma cacao — cacao A. vide mexic.
tubulus tabacinus — tobaco M. (bacana: Caraibi).
tabacum — cohiba O., cogioba R., cohoba M. (dokhan: Arabice, tuhica: Nuba).
zea mays — mahiz, mayz A. (maiza: Bask; mas: Nepal, Congo; maiz: Turan; hazez: Apalachi; iziz: Huasteca; zara: Peru; yasit: Cora; umita: Chile).

Dialecti in occidente insularum Cuba, Jamaica et in Lucayis *).

aurum — nucay C. L.
deus — yocahuna, guama-coli, guama-oxocoli C.
domus — bohio C.
ens supremum — allabex C.
fluvius — agua C.
fons — mini L.
insula — caya L., cayo C., caic J.
intra, in — hiqui, nacan C.
lignum — maica J.
nobilis — to, mato C.
panis — zabi C.
peregrinus — guachinango C.
princeps, dominus — guami B.
regulus — caxicus C.
ruber — ris C.
sacculus, bursa — cucato J.
sacerdos — bebique, bohique C. L.
spiritus, spectrum — dupi J.
terra, regio — katos L., xai J., nacan, guaca C.
vita — bi C. L.

canis — alco C.
concha — cohobas C.
crax (avis) — babiayas C.
crocodilis — cayaman C.
dasyprocta — usias, hutie, quinaxes C., hutia L.
elater noctilucus — cocuyos C., zievas L.
perdrix — lizas C. (Ocampo).
psittacus — maxa C., macan J.
remora — reves C.
vermis — cusi J.
vermis (curculio palmarum) — piojo J. (?).
dioscoreae radix — mames C.
guajacum officinale — guacum C.
opuntia (cactus) — tuna C.
podocarpus — cauvana C.
theobroma cacao — cacao C.
zea mays — maysi C.
coccoloba uvifera (uveros C. hispanice) — copei.

Dialecti orientalis insulae Boriquen et insularum caraibicarum **).

angelus — chemin; angeli — chemignum E.
avus — narguti E.
bellum — nihuctu E.
coelum, supra, superne — ubec E.
cor — nanichi E.
cymba — piraguas B.; canoa, pages E.

daemon malus — mabuya E.
deus — jocana, guama nomocon B.
domus, tugurium — tubonoco E.
femina — inaru E.; feminae — inuyum E.
filia — rahen E.
filius — rabu E.
gens, populus — ibas B. cabres E.

---

*) C = Cuba, nach Columbus, Acosta, Herrera, Diaz, Laet, Muñoz. J = Jamaica, nach Columbus, Garcia, Gomara. L = Lucayas, nach Columbus, Oviedo, Acosta etc.

**) B = Boriquen (Puerto Rico), bei Herrera, Acosta etc. E = Dialekt der Weiber der Caraiben, fast ganz verschieden von dem der Männer nach Rochefort u. s. w.

hortus — chali E.
hostis — akani E.
is — ni, n'.
lectus — neckera E.
lignum, arbor, arcus — chimala E.
luna — mona, kali E.
mare — balana E.
mas, vir — eyeri E.
mater — bibi, nucu-churon E.
nebulosus — furzidi B.
nobilis — ditayno B.
nummus, gemma — agucal.
panis — maru E.
parvus — nianti E.
pater — baba, nucu-chili E.
purpureus — pu E.
sacerdos — boyez E.
sanguis — moinalu E.
serpens — boba B.
servus, mancipium — labuyu E.
sol — kachi, cochi E.
sus — saine B.
spiritus, spectrum — opoyem E.
tempestas — urogan E.
terra, insula — kali E.; ca, ay B.
uxor — liani E.
viator — umckua E.
vir, eyeri E.; viri eyerium E.
bombax ceiba — zeyba B.
cocos (palma) — coquillas B. (?)
hippomane mancinella — manzanila B.
guayacum officinale — guage B.
musa paradisiaca — camois E.
palma — caico.
swietenia mahagoni — maga B.
viola? — quibey.

O Y A M B I *).

accendere — amoini.
acus — cacoussa.
aegrotus, a, um — ikaraw.
aethiops — meerou, neerou (negro port.).
ala — ipepokang.
albus, a, um — sing.
alligare, affigere — evonkouate.
altus, a, um — ipoko.
amare — craréou.
amicus, socius — sémou, iya, alewawa.
amita — pipi.
anhelare — emoting.
animosus, audax — nokiyéyc.
apportare — croute.
aqua — ih.
arbor — iwira.
arcus — paira.
avunculus — pâi.
assare, torrere — ennile.
aures — nami, inami.
baculus — epouitou.
barba — cacouara, cacouawa.
— in mento — eratoubapé-piraba.
— in labio — nemeraba.
bene — naycoye.
bonus, a, um — icaton.
bullire, fervere — emonmoye.
calcaneus, calx — epouita.

*) In den südlichen Grenzgegenden der französischen Gujana, an den Quellen des Oyapock, Jari u. s. w. — Adam de Bauve und Ferré in Bull. de la Soc. de Géogr. 1834. 107 und Leprieur, ibidem 225. — Ein ziemlich reiner Dialekt des nördlichen Tupi.

capilli — apira.
caput — cacang.
carbo — tata-rapoing.
cauda — waya.
chorda arcus — ourapama.
clava — cawarapa.
colligere — eoupite.
collum — oouroukawa.
confringere — eöuka.
consobrina — cacagne.
consobrinus — taïro.
contentus, a, um — erourou.
coquere — oyippe, oyouppe.
cras — coyé, covi.
crates pro exprimenda radice mandioccae (tipiti: Tupi) — tapici.
cymba — igara.
culter tonsorius — nawaye (navalha: port.).
currere — eniane.
cutis — pirera.
dare — hemeheng.
debere — naponme.
decoctum zeae — houhi.
deglubere — epirok.
dentes — erâi.
depluinare — cäwat.
digiti — epoua.
— pedis — epoüia.
discus — parapi.
dormire — okette.
dorsum — eapé, tappé.
dum, postea — courmou, coromou.
ebrius, e — wawépore.
edere, comere — eyemiyon.
ensis — sâbre (gallice).
fames — amounem.
farina mandioccae — meyóu.
febris — carayeu, carayou.
femina — nimène.
femoralia — sirôa, chirolles.
femur, crus — evakoua, erapo.
filia — nimeni.
findere — icoka, eoka.
fluvius — euyée, ihée.
frater — erôi.
frons, frontis — erouwapé.
fumum tabaci haurire — emouwouk.

genae — eroba, eraya.
genu — enépouissame, énénépouang.
globuli sclopetarii — pirato wassou.
— vitrei — mohira.
gracilis, e — ekôi.
grando plumbea — pirato miri.
habilis, e; aptus, a, um — omounian.
hamus — pina.
heri — coué.
humerus — éribapoui.
hydria — macoua.
ignis — tata.
imbecillis, e — nokouwaye.
indusium — tilou.
ineptus — necacoye, nocacoye.
infans — yawira.
intueri, spectare — emaẽa.
ira — aymouroume.
ire pescatum — iaé iapi naeti.
jurgare — jawon.
labia — irémé, erembé.
labor, opus — morico.
lassus, a, um — eraoupape.
lavare — ecoutoug.
lectus pensilis — tya, tià.
lignum — ewirapoko.
— cremiale — cïboura.
lingua — cincou.
longus, a, um — ipokamoi.
luna — yàé.
macer, a, um — ocining.
magnus, a, um — tourou.
malleolus — epéréna.
malus, a, um — nicatou.
mamma — assoussous.
mane, tempus matutinum — oyéiwé.
manus — epapoui.
maturescere — ipirang.
mel — eïra.
mentum — eredìba.
meridies — avicateu.
mons — iwitira.
monstrare — onpia mou-em.
mori — omanou.
mortarium — einaca, ẽinoua.
mungere, emungere — eoutim.

multum — jathew.
nasus — inci.
natare — eyayou.
nere, suere — emoupoupouk.
nidus — wira.
niger, a, um — epïou.
non — nani.
occidere — eyouka.
odi — naorewi.
oculi — erëa.
oleum — jandé. yiandi.
olla (canari) — tourona missig.
os, oris — ecourou, eïeou.
os, ossis — canguera.
ovum — oupia.
parvus, a, um — missig.
palus — ipawa.
pectus — epocia.
pendere, suppendere — moyassiko.
pes — epoucoupé.
phalanges digitorum — epouakang.
piger, a, um — niawari, yniawane.
pileus — camererou, chaporé.
pilus — haba, hava.
piscator — okouwa.
piscis — pira.
pistillum mortarii — eimoura.
pluere — amanoul, okite.
pluvia — amanne.
pluma — ipepo.
posse — eïnoung.
prehendere — ekik, eiki.
profundus, a, um — japoua.
provocare — namé, niamé.
puer (parvus, magnus) — jöüira (counoumi, kirey).
pulvis pyrius — — couroupara.
pungere — fössok.
remus — epoucoita.
rivulus — taca, yarapé, tacarerew.
rixator — nérécassi.
rostrum — icic, incic.
ruber, a, um — pirang.
sabulum — issing.
sagitta — ourapara.
— petere — ejewa, ejiwon.
sal — soato, corey.
salve! — copei.
saxum — tacourou.
scamnum — apoca.
scamnum (pagara) — carourou (yamateuk).
secare, scindere — acoussi.
securis — you, wiwi.
semita, via — pé.
senex vetus — tamoui, tamou, tairi, tamouchi.
sic, sane, recte — thö.
sicera — cawaitata, paraténi.
sidera — yàé-tata.
sitis — eïwate.
sol — cayaré.
sordidus, a, um — okïa.
soror — niania.
speculum — warawa, warwa.
spina — gniou.
sponsionem facere — emoumeau.
stultus — yawette.
supercilia — eropoukaraba.
sura — eretouma.
sylva caedua (abatis) — ecco.
tabacum — petemma, macourey, petemmora.
telum pyrium — mokawa.
terere, conterere — eàpika, ekilik.
texere — epowane.
tibia — erotoumakang.
timidus, a, um — okiyé.
tubulus fumarius — peipo (pipa).
tugurium, domus — oka.
tunica — temoukourou.
umbilicus — epouroua.
unguis — epampé.
venator — oyouka, iporang.
venter — eroué.
ventus — wetou.
vir — yo, teco.
viridis, e — saheuk.
Numeri: 1 pessou.
2 moucougué.
3 mapour.
4 moypenté.
5 jateuté.
bos — tapiroussou.
bradypus didactylus — ahicaye, unau.

bradipus tridactylus — ahi.
canis — yawar.
cervus — eoũ, eassou, coũassou.
— simplicicornis — cariacou.
coelogenys paca — paca.
dasypus — capachi.
dasyprocta acuschi — acouchi-waye.
— azarae — acouchi, acouci.
dicotyles — taititou.
felis onça — yawara, caïcouchi.
— pardalis — maracaya-poucou.
hydrochoerus capybara — capivoira.
lutra brasiliensis — yawakakghn.
mus — anouya.
— rattus — anouyaou.
ateles paniscus — coïata.
simia callithrix — cahi.
mycetes fuscus — akikeu, akikew.
sus — tayaousing.
tapirus americanus — tapiïra.
vespertilio — amira.
ampelis carnifex — arawira.
— cotinga — wanamiwara onnamé.
— cayana — eràouka.
anas — arapono.
caprimulgus — wakirawa.
cathartes jota — ourouwou-piwa.
columba — picaòu.
colymbus — tarara.
crax alector — mountou, mouitou.
crypturus (major) — inamou.
— (minor) — soũi.
thrasaëtos harpyia — wiraũu.
eurypyga (caurale) — kérèi.
hirundo — oura-singa.
gallus — massakara.
gallinae pullus — massacará.
penelope cumanensis — coujouvi, couyouvi.
— marail — maraye.
perdrix — oulou.
pipra rupicola — peòung.
psittacus macao — arara.
psittacus — courey.
psittacus (conurus) — perichi.
psophia crepitans — akami, iakami.
querquedula — cawiriri.
tinamus — moucoucawa.
trochilus — pérépéréwara.
boa — mohiou.
bothrops — yararaga.
crocodilus — yakaré.
iguana — wayamaka.
tupinambis monitor — ikirwarou.
bufo — youwaye.
rana — couta.
testudo — yaoussi, yawi.
apis — cïrarouwa.
bombus — manana.
cassida — niabi.
culex — nacioung, naciou.
elater noctilucus — monang.
formica — taracua.
ixodes — yathéoughe.
musca — merou.
mutilla — taoya.
papilio — panama.
pompilus — muntouk.
pulex — touny.
— penetrans — tounne.
tabanus — maganga.
vespa — caba, cava.
arachis hypogaea — mondowi.
bambusa — courmouri.
banana (musa) — bacowe.
batatas edulis — ietig.
bixae pigmentum — roucou.
bixa pingere — roucourawa.
canna saccharifera — acikarou (assucar: port.).
capsicum frutescens — ikeing.
carica papaya — mahou.
dioscoreae radix — cará.
frutex gossypii — awamonian-iwira.
gossypium — amoniou.
filum gossypinum — enimopoũ.
jatropha manihot — manihoc.
palma mauritia — mirici, miriti.
sarmentum (liana) — oussimo.

PALICUR*).

aqua — oni.
da mihi aquam — enonta oni.
angor, sollicitus sum — bononka dini.
contentus sum uxore mea — bambetkiou ronkakia.
non contentus sum uxore mea — kantebek nonkaka onaga.
corruptum est — babousé.
bonus — kebeiné.
bos — paca (hisp.)
credo — kata.
cymba — monbo.
dabo tibi globulos vitreos — enepa karbitate.
an doles? angeris? sollicitus es? — maba pika dini.
domus, tugurium — païtipin.
domum meam peto — pinbouet pin.
femina — tanan.
gallus — takarak.
ibo, volo ire — qué pikelé.
infans — calcandia.
lectus pensilis — anoyou.
luna — cairi.
mandiocca — oulaté.
farina mandioccae — couac.
multum — banekenek.
multi pisces — baneken aima ki.
habeo multum micerae — banekè polatawin nomoné.
nolo edere — ana eské.
patera cucurbitina — tomaur.
tene pateram tuam cucurbitinam — aponi tomaur.
piscis — aima.
pone hic supra — ikené nota.
puer — makibmani.
quid est hoc? — mamé.
remus — poulaile.
salve — siténé.
sidera parva — orapyoubouye.
aldebaran — awaori.
antares — acourré.
crux australis — leyébon.
stellae α et β centauri — tekempen.
orion (3 reges) — mahori.
plejades — tepessiri.
sidus „poulinière" — coussoupou.
spica — ouroukama.
sol — tamoyé.
sitio — arabouin.
vir, mas — wairi (uara: Tupi).

---

*) Bulletin de la Société de Géographie, Ser. II. Vol. I. p. 228. — Ein Gemisch von Tamanaco, Galibi, Manao, Aruac, Uairaicú u. s. w.

DICTIONNAIRE GALIBI.

DICTIONARIUM

gallice, latine et galibi.

Digestum e libro:

Dictionnaire galibi, présenté sous deux formes, 1° commencant par le mot françois, 2° par le mot galibi, precédé d'un essai de Grammaire, par M. D. L. S. à Paris 1763. 8°. (Suite de la Maison rustique de Cayenne.)

Auctum sermone latino.

Dictionarium,

gallice — latine — galibi.

A.

a, à cause de, pour, contre — *ob, propter, causa, pro, contra* — bocò.

je suis bon à mon fils — *benevolus sum filio meo* — aou iroupa mourou boco.

je suis venu pour les galibis — *veni pro galibis* — oboui galibi boco.

jesus est fâché contre les méchans — *jesus hominibus malis succenset* — téléké jesus yaouamé boco.

à présent, présentement, à cette heure — *nunc, jam, hoc tempore* — crémé.

au, dans ou dedans — *in vel intus* — ta, taca.

au soleil — *in sole* — huceïu ta.

à la pluie — *in imbre* — connobo ta.

à la caze ou dans la caze — *in casa* — auto ta *vel* auto taca.

aux, vers, en, contre, de — *adversus, in, contra* — bona.

je vais aux isles, vers les isles *proficiscor in insulas, ad insulas*

— aou nisan oubaou bona.
ego ire insulae versus. —

veux-tu aller en france? — *visne in Galliam proficisci?* —

more ichéman france bona
tu velle gallia versus
nisan?
ire.

(man, cette particule après le verbe iché, vouloir, marque l'interrogation. — *particula man post verbum iche, velle, significat interrogationem*).

contre une pierre — *contra lapidem* — toubou bona.

il a peur de ta robe, c'est-à-dire, près, de ta robe, contre ta robe — *metum habet vestis tuae, prope, juxta vestem tuam* — yetécari camicha bona.

absent — *absens* — ouanan, nissen (nissen = parti, *profectus.*)

Remarquez qu'ils sous-entendent souvent la première personne dans leurs discours, comme en cet exemple: mon pere n'y est pas, il est absent. Ils devroient sexprimer ainsi:

aou baba ouanan
mon pere absent; mais ils se contentent de dire: baba ouanan — *animadverte, saepe*

intelligendam esse primam personam in colloquiis, ut ex gr.: pater meus hic non est, abest. quod illos hoc modo exprimere putes: aou (*meus*) baba (*pater*) ouanan (*absens est*), *solummodo exprimunt:* baba ouanan.

acheter ou trailer — *emere sive agere* — sibegali, cibegali, sebegali, sebegari.

je veux acheter un lit de coton — *volo emere lectum xylinum* — aou icé sibegali acado.

pour ne l'avoir pas acheté — *dum non emerint* — anabémapa.

adroit, je ne suis pas adroit — *non sum versutus* — anabopa ipoco.

afin que, pour — *ut, ad* — bota.

pour faire autre chose — *ad aliam faciendam rem* —
amou coto bota
alius facere ad

âge, nous sommes égaux en âge — *aequales sumus* — anaïabouan.

agité, en furie — *agitatus, furiosus* — polipé.

aiguilles — *acus* — cacousa.

ailleurs — *alibi* — amoucó.

mettez mon lit ailleurs — *lectum meum alibi ponite* —
amoucó ïaro báti
alibi da lectus.

aimer — *amare* — cipouymai, sirica, ciponimé —

les filles et les femmes aiment le christal bien clair et bien dur — *puellae feminaeque amant crystallum clarissimum et durissimum* —
ouali piritou tassieri
feminae crystallum clarum
popé ciponimé
durum amare.

air — *aër* — caboupino.

airain, cuivre, ou laiton — *aes, cuprum, orichalcum* — youarapirou.

aisselles — *humeri* — eïatari, eiatàri.

ajoupa, espéce de case faite sur le champ — *receptaculum, casa in agris aedificata* — tapouy.

aller — *ire* — nisan.

je vais — *eo* — aou nisan, oussa.

j'ai été — *fui* — aou penaré nisan.
ego aliquam ire.

j'irai, tantôt aller, demain marcher — *statim iturus sum, cras iturus sum* — alié nisan, coropo nisan.

je m'en vais — *abeo* — ao ceraba vel ao nissendo.

lorsqu'ils prennent congé aprés leurs visites: je m'en vais — *cum post salutationem discedunt, dicunt: abeo* — anolé oua, anolé oussa, oussa irouubo.

où vas-tu? — *quo tendis?* — oïa Missau?

(la consonne M. marque la seconde personne — *lit. consonans M. significat secundam personam*).

vas-t'en — *apage* — itangue v. itang' irouubo.

vas par-là — *illuc perge* — ouebo mossa v. ouebo moça.

vas-t'en de-là — *hinc discede* — itangarua.

allons, partons — *eamus, abeamus* — cama v. caman.

allons prier Dieu — *eamus ad Deum adorandum* — caman
xerouban diosso
dicere deo

il est allé derriére — *retro, postremus ivit* — acouloutanotaca niton.

je n'y ai pas été — *non adfui* — anetaóuapa iieïámé.

il est allé chercher de l'eau — *discessit aquam petiturus* — tounaïé.

il est allé chercher du bois — *discessit lignaturus* — huéuéïé.

aller par mer — *proficisci per mare* — cama parana.

allumer du feu — *incendere ignem* — oualo bogué.
ignis facere.

alteré, je suis alteré — *perturbatus, perturbatus sum* — acoumeli, nicoumeli.

amari ou matrice — *matrix vel uterus* — moùnay, mouel.

àme de l'homme — *anima hominis* — acapo.

ami, conféderé, allié — *amicus, foederatus, socius* — yamori.
Les français sont amis et conféderés des Galibis — *Francogalli amici ac socii Galiborum sunt* — Francici iamori Galibis.
Francogalli amici Galibi.
(Remarquez, que le verbe être et les articles les, des ne sont point exprimés — *animadverte, articulum et verbum esse non exprimi*).

ami, compère — *amicus, familiaris* — banaré.

amitié — *amicitia* — apocubé, apocoùbé.
je veux avoir ton amitié — *amicitiam tuam peto* —
aou icé amoré apocubé.
ego velle tua amicitia.
(Le verbe avoir n'est point en usage parmi eux — *Verbum habere ab iis non usurpatur*).

ancien, vieillard — *vetus, senex* — tamoussi, amou.

anges — *angeli* —
Issiméiri bouitouli.
animae famuli.

animaux terrestres — *animalia terrestria* — Ippété nonembo.
Que ce soit mon animal ou mon oiseau — *utinam hoc animal meum, haec avis mea esset* — Yéguemé.

année — *annus* — siricco.

ansart, grand couteau sans pointe — *magnus culter sine cuspide* — atounban.

apostume — *ulcus, apostema* — iconnourou, iconoiné.

appartient — *est* — abolemon, aporeman.
ce qui appartient à quelqu'un — *quod est alicuius* (*proprium alicuius*) — ouonapo.
à qui est cela? — *cuius est hoc?* anok ouonapo?
ce pain appartient à mon père — *hic panis est patris mei* — méïou baba abolemon.
panis pater est.
(Quand on leur prend quelque chose, et qu'ils la redemandent, ils disent — *si quid iis sumitur, quod repetunt, dicere solent* — aou érépali, (qui signifie: c'est à moi, cela m'appartient — *quod significat, hoc meum est*).

appeller quelqu'un — *nominare aliquem* — icoumaque, icoumague.
comment t'appelles tu? — *quo nomine vocaris?* — oté té amoré?
comment s'appelle cela? — *quo nomine hoc vocatur?* — eteté mocé vel ini?

apporter — *afferre* — amenique, cenebi, ameneque.
j'apporte du pain — *panem affero* — meneïou sé nissan.
panis ego venio.
as-tu apporté du pain? — *attulistine panem?* —
méïou meneboui amoré?
panis venisti tu.
j'apporterai du pain — *panem afferam* — méïou sénétagué.
panis ego feram.
porte ce pain à la maison — *hunc panem domum fer* —
méïou soura ta alitanque.
panis domus in ito.
je veux acheter des lits de coton? — *volo emere lectos xylinos?* — aou icé cibegali acado amoré?

je viendrai demain avec mon père, je t'en apporterai beaucoup — *veniam cras cum patre meo, afferam tibi multum* — aou coropo noboui aconomé baba, aou meneboui amoré tapouimé.

apporte-moi des poules du cerf, des Ananas — *affer mihi catulos cervi, ananas* — aou meneboui corotogo, couchari, ananaïs.

celui-là t'en apportera — *ille tibi afferet* — mocé meneboui amoré vel mocé cayé.

apprendre — *discere* —

j'apprends — *disco* — secálissa.

tu apprends — *discis* — mecálissa.

il apprend — *discit* — necálissa.

j'ai appris — *didici* — secáliti.

tu as appris — *didicisti* — mecáliti

il a appris — *didicit* — necáliti.

après — *post* — amani.

après demain — *perendie* — amani coropo, manicoropo.

je viendrai après demain ici — *perendie huc veniam* —
manicoropo noboui erebo.
perendie praesens hic.

après que, indication du temps futur — *cum quum cum tempore futuro* —

après que tu auras mangé — *cum coenaveris* — monoui poto.

arbre — *arbor* — vué vué.

va cueillir des acajoux aux arbres — *carpe anacardia ex arboribus* — mouet cipoti vué vué.

arbrisseau de coton — *arbuscula gossypina* — maourou.

arc — *arcus* — ourapax, ouraba.

mon fils, donne moi mon arc — *mi fili, da mihi arcum meum* —
tigami ourapax ïaré mé.
filius arcus dare.

(comme si l'on disait: fils, donne l'arc — *veluti nos diceremus: fili, da arcum* — Le pronom mon n'est pas exprimé: ils pourraient cependant dire aou (mon) ourapax (arc). A l'égard de mé, qui est après le verbe ïaré (donner), c'est une particule qui n'a aucune signification, et qui ne sert que pour l'élégance — *Pronomen enim meum non expressum est: quamquam dici potest aou (meum) ourapax (arcum). Particula mé post verbum ïaré (dare) nihil significat, sed elegantiae causa usurpatur*).

argent — *argentum* — ouráourálou vel ouráta.

arquebuse, fusil — *telum pyrium* — aracabousa, arquabousa, racabouchou.

arrêter, s'arrêter — *retinere, commorari* — boucané.

arriver, aborder — *advenire, appellere (navem)* — natapoui.

il est arrivé un canot, un navire à Ceperou — *Ceperi scapha, navis advenit* — Ceperou bo canoa, naviola natapoui.

asseoir, s'asseoir, assis — *ponere, assidere, positus* — pόpeigné, pepeigué, nopo.

assiette à mettre la viande — *patina, in qua carnem ponunt* — metoulou.

assomer — *occidere* — sibogaye, chioué.

j'ai aujourd'hui assommé un cerf avec la massue — *hodie cervum clava occidi* — couchari aou chioué eragué aconomé boutou.

attacher — *affigere* — apoica, yeimoï, chimigué, chimuguér.

j'ai attaché une épingle à ma chemise — *acum subuculae meae affixi* — aou cacoussa chimigué camisa.

cette femme a attaché tout présentement une epingle — *haec femina nunc ipsum acum affixit* — ouali, erimé, cacoussa chimigué.

(Les particules, cette, a, une, ne sont pas exprimées; c'est comme si l'on disait: Femme présentement épingle attacher — *particulae haec, una non sunt expressae; veluti si diceretur: femina nunc acum affigere*).

attendre — *exspectare* — técé.

attendez à tantôt — *exspecta paulisper* — alié té cé.

N'attends pas — *ne exspectes* — animomoképa.

aube du jour, l'aurore — *diluculum, aurora* — emamory.

Levez vous, il est jour — *Surgite, dies enim orta est* —

(Les Galibis n'ont point de mots pour exprimer lever. Mais quand il est jour, ils se levent, en disant: il est jour, je vais sous le carbet: Emamori, tapoïta nisan. Biet, en disant, que ta, après le mot tapoï, est ajouté sans necessité, n'a sans doute pas réfléchi sur la signification de cette particule, qui peut avoir lieu dans la phrase qu'il cite: — *Galibi verbum, quo exprimant surgere, non habent. Cum igitur illuxit, surgunt idque exprimunt dicentes: illuxit, in conclave meum eo: Emamori, tapoïta nisan. Biet, qui dicit, particulam ta verbo tapoï addi necesse non esse, animo non complexus esse videtur, quid significet haec particula, cui locus est in ea, quam commemorat, sententia:*

Tapoï ta, au carbet.
conclave in.

aucun — *aliquis* — amoucon.

aujourd'hui — *hodie* — erague, iraque.

je mangerai aujourd'hui du poisson et des oiseaux — *edam hodie pisces avesque* —
nou erague oto, tonoro
ego hodie piscis, avis
aminé.
edere.

aussi — *etiam* — raba, roba.

autant — *totidem* — enouara.

autre — *alius, a, um* — amou.

est-ce un autre? — *nonne hic idem est?* — amouté catouberonan?

autrefois, il y a longtemps — *olim, multum jam temporis est* — penaré, capourounié, capouloumé.

autrefois — *antea, quondam* — caporoné.

j'ai vu autrefois un Indien avec les Français, qui était grand et gros — *olim cum Francogallis Indianum vidi, qui magnus erat et crassus* —
aou caporoné sené Calina
ego olim videre Indianus
aconomé Francici apotomé
cum Francogalli magnus
apoto.
crassus.

(On voit par cette phrase, qu'ils n'ont point de pronoms relatifs qui, que; la conjunction et y est aussi supprimée — *hac sententia apparet, eos pronomine relativo, qui, quae, quod carere; etiam conjunctio et hic omissa est.*)

avancer, aller vite — *progredi, cito ire* — cochi, ticané.

cet homme va très-vite — *hic vir citissime it* — oquili ticané man.

avant, avant hier — *nudius tertius* — manicoïaré.

avaricieux — *avarus, a, um* — amonbessou, amembé, amonbit, amonbé, aïmonké.

avec, de compagnie — *cum* (*praep.*) aconomé.

(Ils se servent aussi de márò et de la particule ké à la fin des mots pour exprimer avec — *utuntur etiam verbo márò et in exitu verbi particula ké, ut exprimant cum* — Bibi márò, avec sa mère — *cum matre sua.*)

Il a blessé les ennemis avec ses flèches — *hostes vulneravit sagittis suis* — nioui éïloto bleòuaké.

aviron — *remus* — aboucouita.

B.

babioles de cuivre, bagatelles — *crepundia cuprea, minutiae* — caracoulis.

baigner, se laver — *lavare, lavari* — opi.

se baigner en quelque lieu — *lavari aliquo loco* — opi bousanye.

nous allons nous baigner dans la mer — *eamus, ut in mari lavemur* — opi parana nisan v. cama.

baille, donne — *loca, da* — icco.

balle de mousquet — *glans plumbea* (*e sclopeto mittenda*) — pracaboussatano v. barou.

banane — *musa paradisiaca* — palatana, paratanon, parantana.

banc ou siege — *scamnum vel sella* — moulé.

bander, tendre — *pandere, tendere* anabica.

ton arc ne bande pas — *arcus tuus non est intensus* — anabicapa ouraba.

barbe — *barba* — atasibo, tacibo.

bateau, petit bateau — *linter, navicula* — canoua.

baton — *baculus* — yabosé.

beau, belle, bon — *pulcher, chra, chrum, bonus, a, um* — couramé, couramené, iroupaconeman.

beaucoup — *multus, a, um* — tapouimé, accoumouro.

bien, cela est bien — *bene, hoc bene se habet* — emerlai.

très-bien — *optime* — ouarlayman, aouerleman.

bientôt — *mox* — colomonolo.

blanc — *albus, a, um* — tamoué, tamouné, aboiriké.

blé d'Inde — *frumentum Indicum, Zea Mays* — aüoassy.

blesser — *vulnerare* — nioui.

bloc de bois, môle en façon d'escabeau — *truncus ligneus, scabelli instar* — moutels, mouley.

blond ou roux — *flavus, a, um vel ruber, ra, rum* — taviré.

boire — *bibere* — sineri, ceneury.

donne à boire — *praebe aliquid ad bibendum* — couabo v. couaboco.

(Ces mots sont vraisemblablement derivés de Coui, qui signifie une tasse — *haec verba sunt verisimile derivata de Coui, quod significat patera, patella*).

compère, j'ai soif, donne-moi à boire — *carissime, sitio, praebe mihi aliquid ad bibendum* — banaré, aou nicoumeli, sineri iaré mé.
amice ego sitio bibere da.

je ne boirai pas — *non bibam* — aïaboüroupa v. abouroüpagon ouitaké.

bois — *lignum* — vaivai, vuévué, huéhué.

boisson, breuvage — *potus, potio* — vicou, ouicou, ouocou, ouacou.

bon — *bonus, a, um* — iroupa.

bon à manger — *suavis ad edendum* — lipéchine, libouchiné.

très-bon — *perbonus* — iroupaman.
bonjour — *salve, salveto* — youpaquayé, yarigado.
bonnet, calotte — *tegumentum capitis* — youmaliri.
boucan — *focus, fumarium* — cambo.
le cochon brule sur le boucan — *sus in foco aduritur* —
poinga toupo cambo
sus in focus
chiqueriqué.
cremare.
boucaner, faire rôtir — *infumare, frigere* — cambessicouramé, cambomé, camboné.
bouche, la bouche — *os, oris* — embatari, empatoli.
bouchon — *obturamentum* — enoboun.
boue, fange, vaze — *lutum, coenum, limus* — acourou.
ce petit Français marche fort bien dans la boue — *hic parvus Francogallus per lutum bene incedit* —
ligami Francici
parvus puer Francogallus
ocourou ta man nisan.
lutum in bene ire.
bouillie de Magnoc — *puls magniocca* — cassiri, embagnan.
bouillir — *fervere* — nimocen, timoca.
femme, va faire bouillir le pot — *femina fac bulliat olla* —
apouïtimé, tourona timoca
femina olla bullire
ilangue.
i.
bourbeux, eau bourbeuse — *limosus, a, um, aqua limosa* — acouroubé man.
bouteille — *lagena* — maïata, mouroutouaïou, mayela.
je veux boire à la bouteille — *volo bibere e lagena* — aou icé sinori mouroutouaïou.
boutou, massue de bois dont ils se servent à la guerere — *clava lignea, qua in bello utuntur* — boutou.
bras, le bras — *brachium* — yaboule, apori.
briser — *frangere* — natamboti, natambouti.
bruler — *cremare* — niconroti, chiquerique.
qui n'est pas brûlé — *qui non est incensus* — acopa.
brun ou noir — *fuscus, a, um v. niger, ra, rum* — tibourou.

C.

ça, là — *hic, huc, illic, illuc* — enebo, monelo.
c'est-là — *illic est* — enebo.
cailloux — *silex* — taupou.
callebasse — *cucurbita* — touton, mayeta.
calme en mer — *tranquillitas maris* — polipé oua.
vagus non.
campagne — *ager, campus* — oujapo.
canari ou pot de terre — *vas vel olla fictilis* — touma.
canne de sucre — *arundo saccharifera* — anassicourou.
canon — *tormentum bellicum* — tirou.
canot, petit bateau — *linter, navicula* — canaoua, colliara*.
*ils apellent aussi de ce nom-là la constellation du charriot — *hoc nomine etiam sidus septentrionis vocant.*
capitaine-general — *dux, praefectus* — potoli-manayé, yapotoli, apoto capitan*.
magnus.
*ils se servent du mot espagnol capitan; c'est comme s'ils disaient gros capitaine —

utuntur verbo hispaniensi capitan, quo exprimunt magnum ducem.

le capitain de tous les hommes, de tous les anges — *princeps omnium hominum, omnium angelorum* — ibapporo bouitounou aïouboulouli issiméiri bouitouli, roba.

captif — *captivus* — ayamouti.

caqueter — *garrire* — orbana eleboque.

carbet, le carbet, lieu, où ils s'assemblent — *conclave, locus conveniendi* — laboui, tapoï.

cassave ou pain — *farina vel panis* — meïou v. éréba.

cassave, qui n'est pas brûlée — *farina non adusta* — meïoe acopa.

casser, rompre — *frangere, rumpere* — natanbouty.

caze — *casa, tugurium* — auto, caza.

ceinture ou cerceau — *cingulus, circulus* — escouty.

cela — *hoc, istud* — moc, mocé, moncé, ini, yeri.

c'est pour cela — *hoc idcirco est* — eve ebepo.

cela est bien — *bene est* — emerlay.

celui-la — *ille* — mocé-cayé.

c'est cela — *hoc est istud* — anoronibosé lotin.

cela est-il bon pour ce mal? — *hoccine ad illud malum salutare est?* — ora bogue étombé.

cendres — *cinis* — erono.

certainement — *certo, profecto* — istarenay.

chair — *caro* — iponombo.

chaleur — *ardor* — assimberi.

chalumeau — *calamus* — cericoura.

champs — *campi* — ouïapo.

chandelle — *lumen, lucerna* — cololeta, touli.

changer — *mutare* — ipetaquemé.

chanter — *cantare* — eremy, ilemy.

chanvre — *cannabis* (*fila e foliis Bromeliacearum*) — coura oua.

chapeau — *pileus* — sombraire, sombrero (hisp.).

chapeau de paille pour danser — *pileus stramineus ad saltandum* — apomaliri.

chatouiller — *titillare* — tetaguetinay, titaguerinè.

chaud — *fervidus, a, um* — assimbéi.

chaudière — *cortina, lebes, olla* — canari, pot, marmite, toroua.

mets le pot au feu — *ollam igni admove* — toroua ouato ique.

chauffer, je chauffe le cul — *fovere, foveo anum* — ansegouca.

chausser — *induere* — cossouy.

chaux, pierre à chaux — *calx, lapis calcarius* — amaipo.

chef, le chef ou la tête — *princeps, dux vel caput* — youpopo, boppo, yais laet.

chemin — *via* — oma.

chemin par terre — *iter terrestre* — mapo.

cheoir, tomber — *labi, cadere* — nomayé.

chercher — *petere* — soubi, soupi.

cherche — *pete* — soupi.

que cherchez-vous? — *quid petitis* — étébogué amoré? v. esté amoré soubi?

va chercher — *affer* — amitangue.

va chercher du feu — *pete ignem* — ouato amitangue.

cheveux — *crines* — ioncai ou ionçay, ioncé ou ionçay, yoncetti.

chez moi — *domum meam, domi meae* — jecossa, aou ecossa.

je veux, que tu demeures chez moi — *volo te domi meae manere* — aou amoré aou ecossa.

chiche, vilain — *avarus, sordidus* — amoubé, amombé.

les Indiens disent que les Français sont chiches, vilains —

Indiani dicunt, Francogallos esse avaros, sordidos — calina segaliti Francici amombé.

chier — *cacare* — mecabourou, veïabourou.

chiques, les chiques — *pulex penetrans* — chico.

chirurgien, médecin — *chirurgus, medicus* — piaye.

va chercher le médecin — *arcesse medicum* — piaye amitangue.

choyer, se choyer, prendre garde à soi — *observare, cavere, sibi prospicere* — maré, nomoi.

choux du pois — *brassica (caladium)* — laya touque joupou.

ciel — *coelum* — cabou, cabo, capou.

ciel où les Yayes croient que vont les ames de ceux qui ont bien vécu — *coelum quo Yayi animas eorum putant venire, qui honeste vixerunt* — caupo.

cinq — *quinque* — atonéigné, oïétonai.

cizeaux — *forfex* — querici, guerici.

donne-moi des cizeaux, je veux couper de la toile — *da mihi forficem, linteum desecare volo* — guerici iaré mé nou icé camisa chiqueté.

clair — *clarus, a, um* — tassaieray, taissiery.

clarté du jour — *lux, dies* — hueïoüirou.

clef de porte — *clavis portae* — boutou boutourolipena, boutou boutoulipena.

clef du coffre — *clavis cistae* — boutouboutoulicassa.

donne-moi la clef du coffre — *da mihi clavem cistae* — boutouboutourolicassa ïaré mé.

cloux — *clavus* — assimoucou, boutouboutouli.

attacher une planche avec un clou — *asserem clavo affigere* — vuévué chimugué aconomé boutouboutouli.

coeur — *cor* — otali, itopoupo.

coffre — *cista* — arca, cassa (hisp.)

mets les bagatelles dans le coffre — *minutias in cista pone* — caracouli cassa ta.

minutiae cista in.

coignée, hache — *securis, ascia* — ouioui.

cette coignée de fer est forte — *haec securis ferrea est robusta* — ouioui sibarali polipé.

col — *collum* — reïmi.

cette Indienne a le col court — *haec Indiana breve collum habet* — moc calina reïmi seminé.

colère, fâché — *ira, iratus* — tariquai, teriqué.

cet Indien est en colère — *hic Indianus iratus est* — moc calina teriqué.

la mer est en colère — *mare tumultuosum est* — parana teriqué v. paranubo polipé.

collier — *collare, torques* — corouabel.

tiens, ma fille, un collier de cristal — *tene, mea filia, torquem chrystallinam* — mido ouali corouabel pirilou.

colline — *collis* — cassali.

combien — *quantum, quot* — ot' v. oté, été, ottoro.

combien êtes-vous — *quot estis* — enouara.

combien veux-tu vendre cela — *quanti hoc vendere vis?* — été beiemé monci (pour mocé *vicissim* — *pro* mocé).

combien veux-tu de ces bananes? — *quot vis harum ficorum?* — été belemé platana?

quot permutas ficorum.

comme, à la ressemblance de . . . — *ut, comparatus cum* — neouara.

cet Indien est comme (ou ressemble) à un Français — *hic Indianus ut Francogallus (vel Francogallo similis) est* — moc calina Francici néouara.

comme cela, de la sorte — *ita, hoc modo* — enouara, irouara.

comment — *quomodo* — oleté, életé.

comment t'appelles-tu? — *quo nomine vocaris?* — életé amoré? oleté amoré? *quomodo tu?*

comment, quoi? — *quid?* — olé?

compagnie, de compagnie, ensemble — *societas, in societate, una cum* — acconomé.

compagnon — *socius* — accono, accononto.

compère, ami — *bonus, amicus* — banaré.

conserver — *conservare* — nomoy.

content — *contentus* — aouerlé.

es-tu content? — *esne contentus?* — aouerlé man?

contre, contraire, près — *contra, contrarius, prope* — leigaba, reïbegua.

les Français sont contraires aux Galibis — *Francogalli contrarii sunt Galibis* — Francici reïbegua Galibis.

corde — *funis* — cabouïa vel amolé, corona, coura oua.

corne, une corne — *cornu* — imerétipo.

corps, corps mort — *corpus, cadaver* — tiromossé.

côte du corps — *costa corporis* — soropo.

j'ai la côte rompue — *costa percussus sum* — aousoropo natanbouti.

côté — *latus, eris* — yéouini.

de l'un et de l'autre côté du chemin — *ex utroque latere viae* — yéouini oma boco amoumam.

coton, arbrisseau qui le porte — *gossypium, gossypii frutex* — maourou.

coude du bras — *cubitus* — apoïrona.

coudre — *nere* — satochey.

coup, coup de pied — *ictus, ictus pedis* — chitouca.

coupe à boire — *scutella ad potandum* — couay.

couper — *secare, amputare* — cicoté.

couper du pain, de la toile — *secare panem, linum* — chiqueté.

couper du bois — *lignum caedere* — vuévué cicoté.

courir — *currere* — nissen té cossi, legané, coci. *ire celeriter.*

mon fils court vite — *filius meus celeriter currit* — tigami, legané coci.

courroucé, fâché — *ira incensus, iratus* — tariqué, teriqué.

courroucer — *irritare* — tariqué, teriqué.

court — *brevis* — seminé.

couteau — *culter* — maria, maya, malia.

j'ai perdu mon couteau — *cultrum meum amisi* — maria outali.

j'ai oublié mon couteau — *cultri mei non memineram* — maria oneiné.

couteau dont la pointe est du côté du tranchant, (serpette) — *culter, cujus acies in cuspidem inflexam exit, (falx vinitoria)* — tibopingan malia.

cousin — *patruus, avunculus* — bamou, bamon.

mon cousin, viens à Ceperou voir le capitaine — *mi patrue, i Ceperum ad visendum ducem* — bamon acné Ceperoubo sené ïapotoli.

coutume, mode — *consuetudo, mos* — emiolé.

c'est sa coutume — *haec est ejus consuetudo* — emérèro.
couverture d'une caze — *tegumentum casae* — autibippo.
couverture du lit — *lodix* — acatibippo vel batibippo.
couvrir — *tegere* — samoui.
couvrir une maison — *tegere domum* — moignala samoui.
le franc palmiste est bon pour couvrir les maisons — *palma culta ad domos tegendas apta est* — maripa iroupa moignala samoui.
crachat, salive — *sputum, saliva* — eslago.
craindre, avoir peur — *timere, metum habere* — tenarigué, tenariquien, tenariqué, tenarequien.
crible — *cribrum* - manalé.
crier — *clamare* — nicolay, nicolé.
crieur — *clamator* — nicolay.
cristal — *crystallum* — piritou.
les filles et les femmes aiment le cristal bien clair et bien dur — *filiae feminaeque amant crystallum clarissimum ac durissimum* — ouali piritou tassiéri popé ciponimé.
clarus durus.
crochu — *curvus* — ligonay, ligoconé.
cet homme a les pieds crochus — *hic homo pedes curvos habet* — moc oquili ipoupo ligoconé.
croire, on ne l'a pas cru — *credere, non creditum est* — amouicapároma.
croix, en forme de croix — *crux, in formam crucis* — patonebo.
cueillir — *carpere* — sipoli, cipoli.
va cueillir des acajoux aux arbres — *carpe anacardia ex arboribus* — mouet cipoli vué vué.
cuillier — *platulea* — itoupot, toupot, toupo*.

*(toupo signifie aussi dessus — *toupo significat etiam supra*).
cuir ou peau — *pellis vel cutis* — . opipo, epopo, opopo.
cuir à souliers — *corium ad calceos faciendos* — morantui.
cuire, faire cuire — *coquere, coquendum curare* — setapouri, sabouli, sibouli.
cuire du poisson — *coquere piscem* — oto icommaqué.
cuisinier, fricasseur — *coquus* — cocqué (hisp.).
cuisse, la cuisse — *femur* — eipeti, ipiti.
cul, le cul — *podex* — inessin.
je te fouetterai le cul, tu es mechant — *podicem tuum caedam, nam malignus es* — nou inessin macouali alié, *ego podex caedere statim* amoré iroupa oua. *tu bonus non.*
je chauffe le cul — *anum calefacio* — anse gouca.

D.

dans ou dedans — *in vel intus* — ida, ta, taca.
debout — *erectus, a, um* — poré.
demeurer là, debout — *hic manere, erectum* — poré bonicané enebo.
décéder, mourir — *decedere, mori* — nirombouy, iromboui, niramboui.
decharner, decharné — *macescere, macer* — ipuma, ipouma.
degoutter, couler — *destillare, manare* — anicolá.
la chandelle ne dégoutte pas — *lucerna non destillat* — cololéta anicolá pana.
demain — *cras* — acoropo, coropo, acolopo.

demander — *petere, quaerere* — ebequaqué, ebicague.

je te demande du pain — *peto abs te panem* — aou amoré meïou ebicagué.

je te demande des Français pour aller à la guerre tuer mes ennemis — *peto ex te Francogallos, ut proficiscar in bellum ad necandos hostes* —

Francici icé aou
Francogalli velle ego
aconomé oualimé bogué
cum bellum facere
itoto sibogue.
hostes necare.

demeurer en quelque lieu — *habitare aliquo lôco* — piquanaique, nopo boucané ique.
situs habitare locus.

dents — *dentes* — yéré, yeri.
(yeri signifie quelque fois cela — *yeri significat nonnunquam hoc*).

dépêcher, se dépêcher — *maturare, festinare* — iraueï.

dérober — *furari* — sapouy, monamé, nemoui.

qui a dérobé le couteau? — *quis furatus est cultrum?* — anoc nemoui malia?

derrière, il est allé derrière — *pone ivit* — acouloutano túca niton.

descente — *descensus* — paàpo, neapo, peabo.

cette descente est fort rude — *hic descensus asperrimus est* — peabo polipé.

dès que, d'où vient que — *cum primum, quid est quod* — inalique.

dessous, au-dessous — *infra* — oubino.

au-dessous de la lune — *infra lunam* — nôuno oubino.

dessus, au-dessus — *super, supra* — toûpo.

au-dessus du ciel, sur les cieux — *supra coelum, in coelo* — cabou toûpo.

detruire — *delere* — acamaré.

ennemis qu'il faut perdre — *hostes qui sunt delendi* — eïtoto acamaré.

canari cassé, perdu, rompu, detruit - *olla fracta, perdita, rupta, deleta* — touma acamaré.

deux — *duo* — ouecou, ocquo, occo.

deviser, caqueter — *fabulari, garrire* — corané, orana.

diable — *diabolus* — iroucan, youroucan, jeroucan, toupan, yoloean, irocan, mapourou.
(par les Galibis — *apud Galibos* — hyorocan; par ceux qui sont avant dans les terres — *apud eos qui in terris magis remotis habitant* — anaanb; par les Caraibes — *apud Caraibos* — moboya; celui qu'ils craignent le plus, et qui est selon eux un vrai mangeur d'Indiens — *is, quem maxime timent, et qui opinione eorum Indianos devorat* — chinai; celui, avec lequel ils croient que leurs Piayes ont le plus de relation — *is quocum medicos eorum maxime conjunctos esse putant* — wattippa).

le diable est méchant, il bat les Indiens et il ne bat pas les Français — *diabolus malignus est, fundit Indianos, non Francogallos* —

icouran iroupa oua, calina
diabolus bonus non Indiani
macouali, Francici macouali
fundere Francogalli fundere
oua.
non.

dieu — *deus* — tamoussi cabou; vielliard du ciel — *senex coeli*

— tamoussi cabo, diosso, tamoucou.

dieu a fait le ciel, la mer, les poissons, le soleil, la lune, les étoiles — *deus creavit coelum, terram, mare, pisces, solem, lunam, stellas* — tamoussi cabou cicapoui cabou, nono, parana, olo, veïou, nouna, serica.

à dieu, je vous salue — *salve, salvere te jubeo* — saluu, salua, sarua, cerabado.

diligenter, aller vite — *properare, cito ire* — cochi, enochiquendo, coci.

va vite chercher du feu — *fac celeriter ignem petas* — ouato coci amilangue.

diner — *coenare* — erébali.

dire — *dicere* — taiqué mé, caiqué mé, segaliti.

m'on dit — *mihi dicunt* — sigariti aou.

dites-lui — *dicite ei* — igalique.

je dirai — *dicam* — segalitague.

dis à ta femme qu'elle fasse promptement mon lit — *dic feminae tuae, ut confestim lectum meum sternat* —
caiquémé amoré apotiitimé
dicere tua femina
coché aou acado sicouramay.
cito meus lectus facere.

les sauvages m'ont dit, que tu étais malade — *Indiani mihi dixerunt, te aegrotum fuisse* — li Indian sigariti aou amoré yetombé.

dix — *decem* — oïa batoné.

doigt, doigts de la main — *digitus, digiti manus* — ouéitoucoboli, amo, yamori.

cette fille a les doigts longs — *haec filia digitos habet longos* —
ouali ïamori mancipé.
filia digiti longi.

donner — *dare* — epeman, yaré.

donne — *da* — yeco.

donne-moi — *da mihi* — amiaro.

donne-moi du pain — *da mihi panem* — meïou ïaré.

je t'ai donné du pain — *panem tibi dedi* — meïou sebegadi.

il m'a donné du pain — *panem mihi dedit* — meïou nemegadi.

donne-lui pu pain — *da ei panem* — meïou abegagué moe coual.

(Ce mot c o u a t est une adjunction — *hoc vocabulum c o u a t est adjunctio*).

mon compère, que me donneras-tu pour une flèche? — *carissime, quid mihi dabis pro sagitta?* —
banaré, esté bellé plioua.
amice quantum permuta sagitta.

dormir — *dormire* — anagay, nanegué, temené.

je dors — *dormio* — aou nanegué vel temené.

j'ai dormi — *dormivi* —
aou anoimbo nanegue.
ego affatim dormire.

je veux dormir — *volo dormire* — aou icé velooübé.

je n'avais pas dormi, qu'il était jour — *non dormiveram in lucem* —
ouelou anicabou pa
somnum dormivi non
ïemamoui.
prima luce.

dos — *dorsum* — ieanaré, castubo.

les femmes portent du bois sur le dos — *feminae lignum in tergo portant* —
ouali sarai vuévué
feminae portare lignum
castubo.
dorsum.

douleur — *dolor* — atombé, etombé, yeton.

je suis malade, j'ai de la douleur — *aegrotus sum, dolore afficior* — aou etombé, yetombé.
ego dolor.

j'ai du mal à la tête — *caput mihi dolet* — ouboppo yetombé.
caput aegrotum.

l'aisselle me fait mal — *axilla mihi dolet* — eïatari etombé.
axilla aegrota.

doux — *dulcis, e* — tepochiné.

dur — *durus, a, um* — toppé, popé.

E.

eau — *aqua* — touna.

eau bourbeuse — *aqua limosa* — acourou bé man touna.
limus plenus valde aqua.

eau qui ne se tarit ni ne s'écoule — *aqua, quae neque siccatur, neque movetur* — abou mapo man toúna.

eau de vie — *sicera* — brandouin, brandevin.

échauffure — *papula* — tamoin.

écouler, écoute parler — *audire, audi dicentem* — ouanancelé.

écrans, sur lesquels ils mangent — *asseres (scamnum), quod etiam pro mensa usurpant* — aouaris aouaris.

écrire — *scribere* — animero.

j'écris — *scribo* — simero.

tu écris — *scribis* — mimero.

il écrit — *scribit* — nimero.

je n'écris pas — *non scribo* — animero pa vel animero pa oua.

tu ne l'écris pas? — *nonne id scribis?* — animero pa man?

écrouelles — *struma* — touómoin.

écumé — *spuma* — aco, acombo.

écume de ce qui bout — *spuma ejus rei, quae fervet* — acombo ourapo.

éloigner, éloigné — *removere, remotus* — tissé.

emplatre — *emplastrum* — enoboun. (Ce mot signifie aussi un bouchon — *haec vox etiam obturamentum significat*).

emporter, emporte — *auferre, aufer* — amoúneoron.

encore — *adhuc* — amourouba, amouroba.

enfant, jeune enfant, petit garçon. — *infans, infantulus, parvulus* — pitani, tigami, sibiou.

petit garçon, si tu pleures, je te donnerai le fouet — *pusille puer, si flebis, virga te caedam* — tigami, amoré natamoué touralé alie macouali sebetagué.

enfers, lieu qu'ils supposent au fond de la terre, où vont les ames de ceux qui ont mal fait — *orcus, quem locum in intima terra esse putant, quo animae impiorum veniant* — soy.

enflé, gros — *inflatus, crassus* — poto.

ton pied est enflé — *pes tuus est tumidus* — toutácaï abouboúrouman.

j'ai la gorge enflée — *guttur meum tumidum est* —
aou enassari poto.
ego guttur tumidum.

enivrer — *ebrium reddere* — enerbeyet, enerbeyé, enerbé.

tu as beaucoup bû d'eau de vie, tu es ivre — *multum sicerae bibisti, ebrius es* —
amoré sineri brandevin
tu bibere sicera
tapouimé, enerbé amoré.
multum ebrius tu.

ennemi — *hostis* — toto, itoto, eïtoto.

ennemi qu'il faut perdre — *hostis qui delendus est* — eïtoto acamaré.

enseigner, dire, montrer — *docere, dicere, monstrare* — segaliti.

entendre, ouir — *audire, exaudire* — seley, eicouti, secouti, eigouti.

entends, écoute — *audi, ausculta* — seley amoré.

j'ai entendu, j'ai écouté — *audivi, auscultavi* — aou setay.
entends-tu? — *audisne?* — amoré eicouti?
je ne t'entends pas — *te non audio* — anagoutipa.
tu n'endends pas? — *nonne audis?* — analapa?
je n'endeuls pas — *non audio* angoutipa.
je n'entends pas, je ne sais pas — *non intelligo, nescio* — toualopa, anagoutipa.

envoyer, il envoie — *mittere, mittit* — aboïócon.

épais — *densus, a, um* — maucipé.

épaule — *humerus* — amanta, inutali.

épée — *gladius* — ousipara, anchipara, eachipara, soubara.
j'ai tué un Palicur avec mon épée — *occidi Palicurum gladio meo* — aou Palicoura chioué cachipara gué.
(La particule gué est vraisemblablement la même que ké, qui à la fin d'un mot signifie avec — *particula gué eadem esse videtur ac ké, quae verbo addita significat cum*).

épine — *spina* — aoura queli.
tirer une épine du pied — *spinam e pede trahere* — aoura queli chequé pouparo.

épingles — *acus* — acousa, allofleruu.

éponge — *spongia* — anaáguira.

esclave — *servus* — tamon, amoti.
Talis était esclave du vieux sauvage Bimon, ennemi des Français — *Talis erat servus Bimonis senis Indiani et Francogallis inimici* —

Talis	penaré amoti	tamoussi
Talis	*olim servus*	*senex*
calina	Bimon	itoto
Indianus	*Bimon*	*inimicus*
Franciol.		
Francogalli.		

esprit — *spiritus* — issiméi.
les esprits — *magna ingenia* — issiméïri.
un homme qui a de l'esprit — *homo ingeniosus* —

issiméi	ké.
spiritus	*cum.*

un homme qui n'en a pas — *homo non ingeniosus* — issiméi pa.

estomac — *stomachus* — itipobórou, ipobou, itipobourou.

et — *et* — raba.
et toi — *et tu* — amoré raba.

étain — *stannum* — courassou.

étoile — *stella* — sericà, siricco*.
*(siricco signifie aussi une année — *siricco etiam annum significat*).

étonner — *obstupefacere* — tenaréquieu.

étron — *excrementum* — ouaté, huelo.
cet étron pue, sent mauvais — *hoc excrementum putet, male olet* — moc huelo teguéré.

F.

face, visage — *facies, vultus* — yepota, yepotali, embatali.
cette fille a un beau visage — *haec puella habet faciem pulchram* — moc ouali embatali couramené.

facher — *irritare* — tariqué, teriqué, téléké.
Jesus est faché contre les méchans *Jesus malis succenset* —

téleké	Jesus	yaouamé	boco.
irasci	*Jesus*	*mali*	*contra.*

facheux — *morosus, a, um* — teriqué, iropasua.

faim — *fames* — nicoumely.
avoir faim — *esurire* — tetarouania, tetaroné.

faire — *facere* — seicapoui, bogué, chicassan, chicapoui.

je fais — *facio* — aou chicassan.
tu fais — *facis* — amoré micassan.
j'ai fait — *feci* — aou chicapoui.
je ferai — *faciam* — aou chicalagué.
fais un lit — *sterne lectum* — acado amicapouigué.
j'ai fait un lit — *stravi lectum* — ano imbo miri acado.
va t'en faire du feu — *discede ad ignem incendendum* — ouato opinpague.
va faire bouillir le pot — *fac bulliat olla* — touroua emoquatangué.
je n'ai pas fait — *non feci* — anicaboui pa oua.
c'est fait — *hoc factum est* — abopotairo.
qui n'est pas fait — *quod non factum est* — anicabouiporo.
est-ce de ton fait — *hoc factum est a te* — aoikérepo éné.
ne fais pas cela — *noli hoc facere* — ouadei.
faire des petits (en parlant des oiseaux) — *edere fetus* (*intellige de avibus*) — animinga.
les oiseaux n'ont pas fait leurs petits — *aves non pepererunt pullos suos* — tolono aminga pa.
fange — *lutum* — acourou.
femelle — *femininus, a, um* — oly, ouori.
femme — *femina* — apouitiné.
ma femme — *femina mea* — ipreti, aou oli.
les femmes — *feminae* — oulian.
ma femme veut de la cassave — *femina mea farinam vult* — aou oli cassourou icé.
fer — *ferrum* — siparali, sibarali, sibarari.
fesses — *nates* — inessin.
feu — *ignis* — ouato.
un tison de feu — *torris* — ouato topo.
feuilles des arbres — *folia arborum* — sarombo, chalombo.
fièvre — *febris* — accoleou.
figues du pays — *ficus terrae* — meguérou.
fil, du fil — *filum* — inimo, inémo.
fille — *filia, puella* — pourouné, moï moï, ouali.
cette fille est belle, elle a les cheveux noirs, le visage plein, un peu long — *haec puella formosa est, crines habet nigros, faciem plenam et paulum longam* — moc ouali couramené, mocé ioncé tibourou. embatali apoto, enchique mancipé.
fils — *filius* — mourou.
fils d'amitié — *filius amicitiae* — imourou tigami.
flamans — *Belgae* — Fiaminga.
les marchandises des Flamans ne valent rien et celles des Français sont belles — *merces Belgarum viles, Francogallorum bonae sunt* —
Fiaminga enékali iroupa oua, *Belgae merces bonae non*
ice Francie raba enékali *velle Gallia et merces*
iroupa tapouimé. *bonae multum.*
flèche — *sagitta* — plioua. plia, bleoua.
j'ai fait une flèche de roseau — *sagittam ex arundine feci* — plia chicapoui coumaraoua.
flécher, percer à coups de flèches — *sagittam conjicere, sagitta percutere* — sibogaye.
fleur — *flos* — eboireré.
fleuve — *fluvius* — ypoliri.
flûte — *tibia* — sivali.
(flûte de 3 pieds qui n'a qu'un trou et pour embouchure une anche. Chaque flûte n'a qu'un ton, et ils sont toujours au moins huit flûtes et quelque fois plus de cinquante — *tibia*

tres pedes longa cum uno tantum foramine pro ore. Tibia quaeque habet unum tantum sonum eaeque tibiae semper octo et nonnunquam amplius quinquaginta sunt.)

fois, une autre fois — *tempus, alio tempore* — amoúmeté, amouoïaco, amouoïaconé, amouoiacolé, amououiati.

quelque fois — *nonnunquam* — amourïaco.

autre fois, il ya long-temps — *olim*, *multum temporis interjectum est* — penaré.

forme, en forme de croix — *forma*, *in formam crucis* — palónebo.

fort ou très — *valde vel admodum* — man.

très-fort — *summopere* — toppé man.

fortement, vigoureusement — *gravissime*, *vehementissime* — balipé.

fosse du col — *lacuna colli* — issabenourou.

fou, fol — *amens* — touarepan, touarpon, toualé.

fouet — *virga*, *flagellum* — makouali, macoali.

fouetter — *flagellare* — makouali.

français, les français — *Francogallus*, *a*, *um*, *Francogalli* — Francici.

les Français sont sages et point enfans — *Francogalli sunt sapientes*, *non pueri* — Francici touaré Francici pitamé oua.

(Il y a lieu de croire, que la negation oua est sous-entendu après le mot touaré, qui ne differe qu'en une lettre de toualé, qui signifie fou — *est cur credamus negationem oua esse intelligendam post verbum touaré, quod una tantum litera distat a toualé, quod significat dementem*).

les français sont bons, ils veulent être amis des sauvages — *Francogalli sunt boni*, *Indianis amici esse volunt* —

Francici iroupa, calina
Francogalli boni Indiani
banaré icé.
amici velle.

frère — *frater* — bamen, heu-ay, biou.

frère ainé — *frater natu major* — ensayn, ensin.

petit frère — *fraterculus* — digami, tigami.

beau-frère — *affinis* — bamen, baman.

fricasseur — *coquus* — cocqué.

froid, avoir froid — *frigidus*, *frigere* — licominé.

front — *frons*, *tis* — iperi amori.

cet enfant a le front large — *hic infans latum frontem habet* — moc tigami ibari tapopiré.

fruit — *fructus* — eperi, esperibo.

fumée — *fumus* — mailaguiné, oualoquiné.

il y a de la fumée, des qu'il y a du feu en ce lieu-là — *fumus orietur*, *cum illo loco ignis incensus erit* —

enebo oualoquiné, in alique
illuc fumus cum
ouato erebo.
ignis illuc.

fusil, mousquet — *sclopetum*, *tubus ignivomus* — aracaboussa.

fusil à battre le feu — *chalybs ad scintillas eliciendas* — cay cay, coureneïou.

futaille, tonneau — *dolium*, *cadus* — pipa (hisp.).

G.

Galibi, peuples sauvages — *Galibi*, *Indianorum gens* — Calina (galibi).

garce, putain — *scortum, meretrix* — yauansy.
genisse — *juvenca* — vacca (hisp.).
genouil — *periscelium, genuale* — ocuna, yeconari.
gens, soldats, camerades — *homines, milites, socii* — poitoli.
gorge — *guttur* — enuassa, enassari, jeene, yais.
gourde — *rigidus* — mourotago.
graine — *granum* — eboïpo.
grains de verre, rassade — *margaritae vitreae* — cassouré.
graisse tirée des noyeaux de l'aouara — *oleum e nucibus palmae aouara extractum* — quioquio.
(Ce mot signifie aussi oindre, graisser — *haec vox etiam ungere, illinere significat*).
graisser, oindre — *illinere, ungere* — quioquio.
grand — *magnus, a, um* — apotomé.
gras — *pinguis, e* — tikacay, ticague.
ce cochon est grand, gros et gras — *haec sus est magna, crassa, pinguis* — moc poinga apotomé, ticagué, apolo.
gros — *crassus, a, um* — apolo.
guenon — *simia (femina), Cebus fatuellus (Apella) L.* — mecou.
guerre, colère — *bellum, ira* — oualimé, crecou, erecourono.
faire la guerre — *bellum inferre* — oualimé bogue.
les sauvages sont venus pour aller à la guerre — *Indiani in bellum profecturi venerunt* — Calina menepouy oualimé bogué.

H.

habit, chemise — *vestis, indusium* camicha.
habitans — *incolae* — outoboné, outonomé.
hache — *ascia, securis* — ouy ouy, oui oui.
haler ou tirer contre mont — *sursum ducere vel trahere* — apoigueré, apoiqueré.
hallebarde — *bipennis* — palassari.
hamaque, lit de coton — *lectus pendens vel lectus xylinus* — acado.
hamaçon — *hamus* — couci, onque, coué.
hanap à boire, tasse — *scutella (ad potandum)* — coui, couay.
hanche — *coxa* — oumata, yetali.
haut — *altus, a, um* — ouipi, nucé.
cet oiseau vole haut — *haec avis alte volat* — moc tonoro tenelé nucé.
herbe — *herba* — itoupou.
cette savane ou prairie est pleine d'herbes — *hic campus vel hoc pratum plenum herbarum est* — moc ouaipo itoupou tetaligué.
heure, à cette heure — *hora, nunc* — erémé.
hier — *heri* — coyara, coïaré, coignaro.
avant hier — *nudius tertius* — monin coignaro.
hiver, pluie — *hiems, imber* — connobo.
homme, mâle — *homo, vir* — oquiri, oquili, oukéli, oquieri.
les hommes en général — *homines universi* — bouitonou, ouelian.
hotte — *corbis (in tergo portanda)* catoli, catauli.
sorte de petite hotte, corbeille à jour ronde, de la longueur d'environ 2 pieds, et large à son ouverture d'un pied — *corbicula quaedam, pellucida, rotunda, duos fere pedes longa, unum pedem in ore lata* — kourkourou.

houe, hoïau — *ligo, rastrum* — masseta.
huile de quelque chose que ce soit — *oleum e qualibet re factum* — toubi, calaba.

I.

ici — *hic, hoc loco* — arotolobo, erebo, erobo; enebo, akimato,
ile — *insula* — ouepo, oubaou, oupaou.
image, tableau — *imago, pictura* — ebaton.
indien — *indicus* — Indiana, Calina.
combien êtes-vous d'Indiens? — *quot Indiani estis?* — Indiana enouara?
instrument composé de callebasses vuides — *instrumentum cucurbitis factum (ab Aethiopibus introductum?)* — balafo.
ivre — *ebrius, a, um* — enerbeyé, enerbeyet.

J.

jambe — *crus* — issairi.
jardin — *hortus* — mayna, moigna.
jaune — *flavus* — tapiré, tequeré.
je, moi, mon — *ego, me, meus* — aou.
jeune — *adolescens* — bouito, bouitomé.
jeune enfant — *infantulus* — pitami.
voila un beau jeune homme — *ecce formosus adolescens* — poito couramé.
jour — *dies* — courita.
point du jour — *prima lux* — emamori.
le jour est beau — *dies jucundus est* — courita couramené.
jusques — *usque* — noba.
jusqu'à ce que j'en aie trouvé un autre — *dum alium eorum invenero* —
amoucou noba seboricao (ou *alius usque invenire* seporicao).

L.

là, ici, en ce lieu — *illic, hic, hoc loco* — moé, erbo, moia.
c'est-là — *illic est, ubi . . .* — erebo.
demeurez-là — *illic manete* — boucané erebo.
lait — *lac* — cicourou, manatelé, coupo.
laiton — *orichalcum* — youarapitou.
lampe — *lucerna* — touli.
(Ce mot signifie aussi un rat — *haec vox significat etiam rattum*).
lancette des sauvages — *scalpellus Indianorum* — acoutaïabéne.
langue — *lingua* — nourou, enourou.
la langue parle dans la bouche — *lingua in ore loquitur* — nourou sigaliti ida embatari.
la langue du pays — *lingua vernacula* — coulananon.
langueur — *languor, lassitudo* — nourou.
large — *latus, a, um* — topopiré.
larron, dérober — *fur, furari* — manamé, monamé.
ce français a dérobé du pain chez les sauvages — *hic Francogallus panem apud Indianos eripuit* — mocé Francici meïou monamé Indian ecossa.
las, lasser — *fatigatus, fatigare* — acolopé.
j'ai été loin, je suis las, fatigué — *longe abfui, defessus, defatigatus sum* — aou nisan tisse, acolopé.

je suis las — *fatigatus sum* — yakintai.
laver ou baigner — *lavare* — opi.
lettre, écriture — *litera, scriptum* — carata, calita.
leur, il, lui, son — *is, ei, iis, eos, suus* — mocé.
lien, avec on attache quelque chose — *vinculum, quo aliquid affigitur* — aboitopo.
lier, attacher — *ligare, affigere* — chimugai.
lieu, endroit — *locus* — ique.
ligne, hameçon — *linea, hamus* — onque.
linge — *linteum* — camissa.
lit, de coton — *lectus, lectus xylinus* — acalo, acado.
livre, papier — *liber, charta* — carta.
logis — *domicilium* — caza.
loin — *longe, procul* — tissé, tiché.
long — *longus, a, um* — mossimbé, mancipé.
lourd, pésant — *gravis, magni ponderis* — mochimbé, mosimbé.
lui — *ille* — moc, mocé.
lune — *luna* — nouna, nouno.

la lune est pleine, il fait bon pêcher de crabes — *luna plena est, tempus opportunum ad capiendos grapsos* —
nouna apoto, coussa sapoui
luna grandis grapsi capere
iroupa.
bona.

pleine lune — *luna plena* — nouno acouliboulan.

dernier quartier de la lune — *ultimus lunae quadrans* —
nouno acosimbora
luna reliquum
vel acosimbata.
(c'est-à-dire, ce qui reste de la lune — *id est, quod reliquum est lunae*).

Ils comptent le temps par le nombre des lunaisons — *numero vicissitudinum lunae tempus computant.*

M.

maigre — *macer, cra, crum* — ipuma.

cet enfant est maigre, on lui voit les os — *hic infans macer est, ossa ejus cernuntur* — moc tigami ipuma amoré sené yeppo.

main — *manus* — amecou, apori.

les mains — *manus (plur.)* — eigna, eignalé.

les Portugais ont les mains crochues, c'est-à-dire sont larrons — *Lusitani manus habent longas i. e. fures sunt* —
tounaine apori ticocanai eni
manus longae hoc
sigaliti mounamé.
dicere fur.

maintenant — *nunc* — eremé, erimé, eromé.
maison — *domus* — caza, amoigna, soura.

je veux une maison — *domum cupio* — aou soura icé.

je menerai tous mes gens travailler à la maison — *omnes famulos meos domum tuam ad laborandum ducam* —
paporo aou poitoli ménépoui
omnes ego famuli ducere
erbo mansiremébogné amoré
illic laborare tuus
soura.
domus.

malade, maladie — *aegrotus, a, um, morbus* — eyetombé, etombé, anetano, anelaimeoua.
mal — *vir, masculus* — oquili.
mamelles — *pectus, ubera* — manaü, manalé, manatelé.
manger — *edere* — aminé.

je mange — *edo* — aou amina.
j'ai mangé — *edi* — aou aminé.
je mangerai — *edam* — aou aminalagué.
mange cela — *ede hoc* — amoré amina ini.
j'ai mangé — *edi* — sónoui.
tu as mangé — *edisti* — monoui.
il a mangé — *edit* — nonoui.
nous mangerons — *edemus* — xono.
qu'as tu à manger? — *quid habes quo vescaris?* — anok' iouleménan?
je ne mange pas — *non edo* — anónopa, anónopa oua.
je ne veux plus manger, je suis saoul — *nolo amplius edere, satur sum* — aou aminé icépa, anoimbo.

donne-moi à manger — *da mihi aliquid edendum* — aminé mé ïaré.
'apporte-moi à manger — *fer mihi aliquid edendum* — aminé ameneque.
viens manger — *veni ad coenam* — acné amoré amina.
les racines de patates sont bonnes à manger — *radices patatarum suavem cibum praebent* — napi iroupa aminé.
patatae bonae edere.
je ne veux pas manger — *coenare nolo* —
aouat aminé aou.
non edere ego.

marais, étang — *palus, lacus* — piripiri.
marécageux, pays marécageux — *paluster, terra palustris* — sabisabi.
les marais sont pleins de tortues — *paludes sunt plenae testudinum* — moc piripiri aracaca tetaligué.

marc, résidu de l'eau de magnoc évaporée — *faeces ex radice magnioca expressa* — cipipa*.
*(ce mot signifie aussi poudre fine — *haec vox etiam pulverem subtilem significat*).

marchandises — *merces* — enékali.
marcher — *ire* — mossa (v. aller.)
marée — *aestuum accessus et recessus* — acourou.
mari — *maritus* — yon.
marmite, pot — *vas, olla* — toroua.
marqueté, tacheté — *maculosus, maculis adspersus* — timoueuolé.
marteau — *malleus* — tintin.
massacrer — *trucidare* — ciouy.
massif — *solidus* — mossimbé, naucipé.
massue — *clava* — boutou.
matrice — *uterus* — mounay.
mauvais, méchant — *pravus, malus* — iroupa oua.
bonus non.
méchant homme — *homo malus* — yaouamé.
medecin — *medicus* — piaye.
meilleur — *melior* — tipochiné.
menteur — *mendax* — tonabimé, enabiri, maraca, anamerourou, ananemoumaï.
qui n'est pas menteur — *non mendax* — anabipa.
mentir — *mentiri* — taressinga, iquali.
tu mens — *mentiris* — tarsinga.
pourquoi est-ce que les Indiens mentent? — *quid causae est, cur Indiani mentiantur?* — olonomé Indian iquali?
mer — *mare* — parana, balana.
la mer est agitée, en furie — *mare procellosum, saevum est* — parana polipé.
mare vagum.
la mer est calme, douce — *mare immotum, tranquillum est* — parana iroupa.
merde — *excrementum* — ouaté.

mère — *mater* — bibi, issano.
grand' mère — *avia* — apolomé bibi, aï.
mettre, mets — *ponere, pone* — ique.
mets-là ce pain — *illic pone hunc panem* — ique erebo meïou.
j'ai mis-là du pain — *panem illic posui* — aou meïou siri erebo.
je mettrai-là du pain — *illic panem ponam* — aou meïou siri enebo.
mettez mon lit ailleurs — *alibi lectum meum collocate* —
amouco ïaro bati.
alibi da lectum.
midi — *meridies* —
apolomé veyou, icourita.
magnus sol.
miel — *mel* — ouanan, ouan.
le miel est doux et clair dans ce pays — *mel hujus terrae dulce et clarum est* — ouan tipochiné tassieri erebo.
millet — *Zea Mays* — aouassi, ouassi.
miroir — *speculum* — sibigueri, sibigrisena, sibigri.
donne-m'en un miroir — *propone mihi exemplum hujus rei* — sibigri mé ïaré.
mocquer — *illudere* — icay, icari.
mode, coûtume — *mos, consuetudo* — emerlé, emiolé.
les Français ont coûtume de foueller les méchans enfans — *Francogalli pravos liberos virga caedere solent* — Francici emiolé tigami iroupa oua macouali.
modérément — *moderate* — enchiqué.
moi, mon, mien, me — *ego, meus, me* — aou.
mois, un mois — *mensis, unus mensis* — ahuinique nouna.
una luna.

montagne — *mons, montes* — ouibouï.
mordre — *mordere* — tigué, necabouti.
je mords — *mordeo* — aou necabosan.
il m'a mordu — *me momordit* — necabouti aou.
je te mordrai — *te mordebo* — aou sacabouligué.
mordez-le — *mordete eum* — nec aboé.
les enfans mordent — *infantes mordent* — tigami necabouti.
mort, un mort — *mortuus, mortuus quidam* — iromboui.
mort, la mort — *mors* — nirounboulé.
mourir — *mori* — niramboui, nirounboui.
il mourra — *morietur* — niroumboui alliré vel aniouónin córo.
il est mort — *mortuus est* — aboïamé nómaï vel niroûnboui.
mousquet, fusil — *tubus ignivomus* — aracaboussa.
museau d'un animal — *rostrum animalis* — ipotele.

N.

nager — *nare, remigare* — oualay mana, oualayé mana, alaiman.
les Indiens nagent bien dans un canot — *Indiani in navicula bene remigant* —
Calina alaiman ida canoa.
Indiani remigare in scapha.
navire — *navis* — navio, naviola, cannabira.
nègre, maure, noir — *aethiops, niger* — libourou.
nez — *nares* — enetali, natali, enétalé.
nièce — *fratris vel sororis filia* — tapio.

nom — *nomen* — été.
quel est le nom de cela? — *quod est huic rei nomen?* — nok' été?
non — *non* — oua, ouali; ouané, oualinan.
non pas — *minime* — ouacé.
notre, nos, nous — *noster, nostri, nos* — aou.
nous — *nos* — ana.
nuage — *nubes* — capou.
nues — *nubes* — becou.
nuit — *nox* — cooquo.

O.

oeil — *oculus* — enourou, yénourou.
le soleil est l'oeil de la terre — *sol oculus terrae est* — veïou enourou nono.
oeuf — *ovum* — imombo, imon.
la poule a pondu — *gallina ova peperit* — coroloco imombo.
oiseau — *avis* — tounourou, tonoro.
ombre — *umbra* — limoueré.
oncle ou tante — *patruus* (*avunculus*) *vel amita* (*matertera*) — yaou.
or, de l'or — *aurum* — caounague.
oreille — *auris* — pana.
tu entends avec les oreilles — *auribus audis* — aconomé pana amoré secouti.
os — *os, ossis* — yepo.
ou, ou bien — *aut, vel potius* — nei.
où, par où — *ubi, quo* — oïa.
oublier — *oblivisci* — oneiné.
j'ai oublié mon conteau — *cultri mei oblitus sum* — maria oneiné.
oui — *sane, ita est* — terré, teré.

P.

pain — *panis* — meïou, erába.
donne-moi du pain, compère — *da mihi panem, bone* — icco meïou banaré.
pain de froment — *panis triticus* — pololo.
j'aime autant le pain de cassave que celui de froment — *amo non minus panem cassavae quam tritici* —
aou ciponimé meïou
ego amare panem cassavae
enouara pololo.
ut panem tritici.
palinot, boisson — *potus* — palino.
panier, grand panier — *corbis, magna corbis* — grougrou.
panier, petit panier — *corbis, corbula* — paguara, pagara.
panier à mettre des flèches — *corbis ad condendas sagittas* — amali.
les Indiens ont apporté un panier plein d'huîtres — *Indiani corbem attulerunt plenam ostrearum* — calina grougrou telaligué amaïpa seneboui erbo.
papier, lettre, écriture — *charta, litera, scriptum* — carala, calala
parceque — *quia* — oulenomé.
pourquoi t'en vas-tu? — *cur discedis?* — oulenomé amoré nissen?
parceque j'ai soif et que tu n'as pas du huicou — *quia ego sitio et tu cerevisiam maydis non habes* — oulenomé aou nikoumelli, amoré raba ouacou nimādi gaa.
nihil.
pareil — *par, similis* — mourouara.
paresseux — *piger, ra, rum* — anquinopé.
par-là — *hac* (*via*) — enaebo, morabado.
je vais par-là — *per hunc locum eo* — morabado san.
parler — *dicere* — caiké, cegalili, éoranaué.

parle — *dic* — anaqué.
(ce mot signifie aussi de quoi — *haec vox etiam qua re significat*).
parles-tu Indien? — *loquerisne Indiane?* — Indiana caiké vel Cegalili amoré?
écoute parler — *audi dicentem* — ouranan cé té.
parle à (celui-là) — *dic* (*illi*) eroubaco (mocé).
par-où — *qua* (*via*) — oya, neïbado.
partons, allons — *abeamus, eamus* — cama.
pas — *non* — pa (après le verbe — *post verbum*), oua (après le nom — *post nomen*).
non pas — *non, minime* — ouacé.
non, je ne suis pas paresseux — *minime, non piger sum* — ouacé, anquinopé oua.
pate pour faire du ouacou — *massa farinacea e granis maydis pro paranda cerevisia* — tapanon.
payer, je vous payerai tous — *omnibus vobis debitum solvam* — paporo aou sibegatai.
omnes ego solvam.
peau — *cutis* — opipo, ibippo.
pêcher — *piscari* — sepiné.
pêcher du poisson — *piscem capere* — olo sepiné,
olo bogué.
piscis facere.
pêcher à la ligne, a l'hameçon *linea, hamo piscari* —
ongue soubai.
linea quaerere.
peindre, peinture — *pingere, pictura* — timeré.
père — *pater* — baba, youaman.
père grand, grand'-père — *grandis pater, avus* —
tamoussi baba.
senex pater.
pertuissanne, hallebarde — *bipennis* — palassari.
pesant — *gravis* — mossimbé, amotchimbé, amotchimban.
pet — *crepitus ventris* — piqua.
tu es vilain, tu peles; cela pue beaucoup — *teter es, crepas, hoc vehementer putet* — amoré iroupa oua, amoré piqua, moc teguere tapouimé.
peter — *crepare* — piqua.
tu es vilain, tu as peté — *teter es, crepuisti* — amoré iroupa oua, amoré piqua.
petit — *parvus* — enchinoc, ensiké, ensiti.
très-petit — *parvulus* — enchique cé.
petit d'un animal — *ex animali natus* — magon.
(ils ajoutent à ce mot le nom de l'animal — *huic verbo nomen animalis addunt*).
petun, tabac — *herba Nicotiana* — tamoui.
je veux prendre du petun — *pulverem sternutatorium ducere volo* — aou icé sapoui tamoui.
peu, un peu — *paulum, aliquantulum* — enchiqué, ensico.
peur, avoir peur — *metus, metuere* — tenariquien, tenariqué.
le tonnerre me fait peur — *tonitru me terret* — conomerou tenariqué.
pians, les pians ou pains; espece de vérole — *impetigo* — poiti, poétai ïaïa.
pied — *pes* — ipoupou.
les pieds — *pedes* — boubourou.
coup de pied — *ictus pedis* — chitouca.
pied, mesure — *pes, mensura* — toupourou.
pierre, cailloux — *lapis, silex* — taupou, tobou.
pierre à chaux — *lapis calcarius* — amaipo.

pierre verte — *lapis nephriticus* — tacoura oua.

piman, poivre du Brésil — *capsicum* — pomouy, pomi.

le piman est bon à faire de la sauce à la viande et au poisson — *capsicum est aptum ad jus carni vel pisci elixo addendum* — pomi iroupa touma iponombo, oto.

piquer — *pungere* — necabouti.

il y a ici beaucoup de maringouins, ils piquent — *hic multi culices sunt, qui pungunt* — tapouimé maque erebo *multi culices hic* necabouti. *pungere* (*mordere*).

pirogue, espece de barque longue — *scapha quaedam longa* — canoa.

pisser — *mingere* — cicou, chicou.

je veux pisser — *mingere volo* — aou icé chicou.

planche — *assis* — vuévué, simoulaba, simouraba.

planter — *plantare* — planten, anibómoui.

planter du magnoc dans la terre — *magniocam in agrum plantare* — quieray planten nona ta.

je ne plante pas — *non planto* — anibómoui ta.

plat, assiette — *lanx, patina* — prapi, parapi, palapi, palabi.

plein — *plenus* — tetaligué.

pleurer — *flere, lacrimare* — toura, natamoué.

voyez, cet enfant pleure — *videte, hic infans lacrimat* — amoré sené, mocé tigami natamoué.

pleuvoir, pluie — *pluere, pluvia* — açonabo, conopo.

il pleut beaucoup — *valde pluit* — conopo tapouimé.

pleyades — *pleiades* — xerick.

(le retour des pleyades sur l'horizon avec le soleil, fait l'année solaire des sauvages — *pleiades cum sole ad coelum redeuntes efficiunt solarem annum Indianorum*).

plomb — *plumbum* — piroto, piroté.

pluie — *pluvia, imber* — connobo.

à cause de la pluie — *imbris causa* — connoboké.

allons, de peur que la pluie ne vienne — *eamus, periculum est ne pluat* — caman connoboïoboulé bona.

plume — *penna* — apolliré.

poignée de quelque chose, ou lien avec lequel on l'attache — *manubrium alicujus rei vel vinculum, quo aliquid affigitur* — aboitopo, aboitobo.

poil — *crinis* — oncay.

point du jour — *prima lux* — emamori.

point du tout — *nequaquam, minime* — ouatinan.

pois à manger — *pisum esculentum* — coumata (comanda: tupice).

les pois font de bon potage — *e pisis bonum jus paratur* — coumata iroupa touma chicapoui.

poisson — *piscis* — oto.

les poissons — *pisces* — ouotto.

poitrine — *pectus* — pyelapo, yais.

poix, de la poix — *pix, piceus* — mani, magni.

pondre — *ova edere* — imombo.

la poule a pondu — *gallina ova peperit* — corotopo imombo.

porte du logis — *porta domus* — pena.

porter, se porter bien — *agere, bene agere* — yetombé oua. *aegrotus non.*

porter un fardeau — *onus ferre* — saré.

je porterai — *portabo* — sarelan vel sarelum.

je porte du bois — *porto lignum* — aou vuévué saré.

ego lignum portare.

je porterai du bois — *lignum portabo* — vuévué sarelan.

porte ce bois — *hoc lignum porta* — vuévué aletangué.

j'irai demain à Ceperou, je porterai du bois — *cras Ceperum ibo, lignum portabo* — coropo Ceperou bo nisan, vuévué sarelum.

portugais — *Lusitanus* — tonnaine.

pot à cuire — *olla coquinaria* — touroua.

potage, sauce — *jus, jusculum* — touma.

pou, un pou — *pediculus* — omoui.

les Indiens mangent les poux en ce pays — *Indiani pediculos hujus terrae edunt* — Indiana omoui aminé erbo.

poudre à canon — *pulvis pyrius* — couroupara, couroubara, bouroubourou.

poudre fine — *pulvis tenuis* — cipipa.

poul, le pouil — *gallinae pullus* — emili.

poulie — *truncus* — ikirilicatopo.

pour, contre — *pro, contra* — boco.

pourpier — *portulaca* — sacou.

le pourpier est bon avec de l'huile — *portulaca cum oleo bona est* — sacou iroupa aconomé calabe.

pour que, afin que — *ut* — bota.

pourquoi — *cur* — outonomé, otonomé.

poussinière (étoile) — *vergiliae* (*sidus*) — serica.

prairie ou campagne — *pratum vel campus* — oubi.

précipice, escarpé — *vorago, praeceps* — anäïa.

prendre — *sumere* — sapoui, sapoui.

prends cela — *hoc sume* — moncé apouiqué.

tiens, prends — *tene, sume* — apoua, apouiké.

je n'ai pas pris — *non sumsi* — anáboi pa.

il a prit — *sumsit* — aboïámi.

ne le prends pas — *noli id sumere* — aboipa cáco vel aboïátono.

prends ce pain — *sume hunc panem* — amoré meïou sapoui.

va t'en prendre des oisseaux — *discede ad aves capiendas* — itangué tounourou sapouay.

près de, vers, du côté de — *apud, versus, a, ab* — ouino.

présentement — *nunc* — érémé.

prêter; prête-moi cela — *hoc mihi mutuum da* — ameniqué bagué.

prier, parler à . . . — *precari, loqui cum aliquo* — eolan vel xerouban.

prier Dieu — *precari deum* — xerouban diosso.

(comme si l'on disait: parler à dieu — *idem significat, quod loqui cum Deo*).

prix de quelque chose, en revanche — *pretium alicuius rei, compensatio* — ébétemé, ébétimé.

promptement — *celeriter* — telaoné, alité.

puer, sentir mauvais — *putere, male olere* — tigueré, tegueré, ticoré.

sentir bon — *bene olere* — tegueré oua.

putere non.

putain — *scortum* — yauansi.

Q.

quand, quand sera-ce? — *quando, quando hoc fiet?* — etiangué, etaugué.

quand viendra-tu ici? — *quando huc venies?* — elagué amoré neboui erbo?
quantité, en quantité, plein de — *quantitas, magna copia, plenus* — bé (à la fin du mot — *post verbum*).
maison pleine de bois — *domus lignorum plena* — auto hué-hué bé.
quarante — *quadraginta* — opoupoumé.
quatre — *quatuor* — acouroubamé, ouirabama, occobaimemé.
que? — *quid?* — été? oté?
que fais-tu cela? — *quid hic agis?* — été bogué amoré erbo?
que' est-ce là? — *quid hoc est?* — été mocé?
que veux-tu? — *quid vis?* — oté icé?
que veux-tu pour cela? — *quid vis hac re commutare?* — oté betemé?
quel? — *qui?* — anac?
quel est le nom de cela? — *quo nomine haec res vocatur?* — nokété?
quelquefois — *nonnunquam* — amouriaco.
quelqu'un — *aliquis* — amouco, amouna.
qui? — *quis?* — nec? noké? anoké?
qui est-ce? — *quis hic est?* — anokeré?
qui est mort? — *quis mortuus est?* — noké nirounboui?
qui es-tu? — *quis es?* — nec moré se?
quinze — *quindecim* — poupoutone.
quoi, de quoi? — *quid, de qua re?* — eléquaye? anaqué? étemégamé?
de quoi parlent les Indiens? — *de qua re Indiani disputant?* — étemégamé calina?
(un geste tient, sans doute, lieu du verbe, qui est sous-entendu — *haud dubie verbum, quod est intelligendum, gestu exprimitur*).

R.

racines — *radices* — parentana.
raclures de magnoc — *scops radicis mandioccae* — cassiripo.
racommoder — *reconcinnare, reficere* — cicouramouy.
ramer — *remigare* — alaiman.
je rame — *remigo* — aou alaiman.
je ramerai — *remigabo* — salaimagué.
rame donc — *remiga tandem* — alaimaca.
raser — *radere* — tiagué.
rasoir — *novacula* — querici, kerémici.
rassade — *margaritae vitreae* — cassourou, cassouré, cachourou.
rat — *mus rattus* — mombo, ratoni, touli.
*(touli signifie aussi *une lampe* — *touli etiam lucerna verti potest*).
refuser — *nolle* — icé pa.
velle non.
regarder, voir — *respicere, videre* — ceney, sené.
je vois — *video* — aou sené.
j'ai vû — *vidi* — aou penaré sené.
vois — *vide* — amoré sené.
viens voir — *veni, ut videas* — acné amoré sené.
renverser — *evertere* — nomayaé.
repaître, (voy. manger) — *pasci,* (*vide edere*) — amina.
reposer, dormir — *recumbere, dormire* — anaquay.
se reposer — *requiescere* — popeiqua.
resine — *resina* — colliman, carriman.

(la resine, qu'ils appellent ainsi, est noire, luisante, donnante une odeur agréable sur les charbons — *Quae resina, vocatur, nigra est et nitida et in carbonibus posita suavem odorem emittit.*

Celle qu'ils appellent baratta outre son odeur agréable est un baume souverain contre les blessures nouvelles — *ea, quam nominant baratta, praeter suavem odorem etiam optimum reçentium vulnerum praebet remedium*).

reste — *reliquum* — acossimbo, aconombòro.

retourner, revenir — *reverti, redire* — neramai.

je retourne à la maison — *revertor domum* — aou neramai moigna ta.

je suis revenu de Ceperou — *redii Cepero* — aou neramai penaré Ceperou bo.

je reviendrai tantôt — *mox redibo* — aou neramatagué alié vel cochi naboui raba.

retourne t'en — *hinc revertere* — itangue.

retourner, revirer — *vertere, mutare* — soulingué.

retourner une tortue — *testudinem vertere* — aïamori soulingué.

rétourne une tortue — *verte testudinem* — olineaïcaie aïamori.

je retournerai cette nuit une tortue — *hac nocte vertam testudinem* — aou céoco souligatagué aïamori.

revanche (par metaphore) les prix de quelque chose — *compensatio* (*per translationem*) — *pretium alicuius rei* — ebetimé.

rien, je n'ai point — *nihil, nihil habeo* — nimacy, nimadi.

rire — *ridere* — louané.

rivière — *fluvius* — ipoliri, elcourou.

robe — *vestis* — camicha (hisp.).

roche, caillou, pierre — *rupes, silex, lapis* — taupou.

coeur de roche — *cor lapideum* — couipo.

(ce nom ils donnent aussi à un grand arbre, qui a des petites pierres dans son coeur — *hoc nomen etiam inditur magnae arbori, quae parvos lapides continet*).

rompre, casser — *rumpere, frangere* — natamboli, natanbouti.

rompre une corde — *funem dissolvere* — corona natanbbouti.

j'ai rompu — *dirupi* — sambouti.

je romprai — *dirumpam* — samboutagué.

romps — *dirumpe* — empoque.

rond — *rotundus* — oméeouté, nemecouté.

rôtir — *torrere* — cambomé, cambomé.

je fais rôtir de la viande — *torreo carnem* — aou camboné iponombo.

j'ai fait rôtir — *torrui* — aou camboné penaré.

je ferai rôtir la viande — *torrebo carnem* — aou camboné seritan.

fais rôtir — *torre* — camboné.

rouge — *ruber* — tiguieré, tapiré.

rouge-brun — *rubidus* — tigaré.

roux ou blond — *ruber vel flavus* — tawiré.

rude — *asper, rudis* — polipé.

S.

sable — *arena* — saca, unichin, sacau.

sache, savant — *sapiens, doctus* — touarépaeua, touaré.

saigner — *venam incidere* — sibogayé.

va chercher le Piaye, qu'il me saigne — *arcesse medicum, ut mihi venam incidat* — piaye ilangue, timonouré ilangué.

sain de corps, qui n'est pas malade — *sano corpore, non aegrotus* — elombé oua.

salive, crachat — *saliva, sputum* — estago.

la salive est puante — *saliva tua male olet* — amoré estago tigueré.

sang — *sanguis* — inouénouré, timonouré, moinou, moinourou.

saoul, je suis saoul, j'en ai assez, c'est assez — *satur, satur sum, satis comedi, satis est* — anoïmbo.

saouler — *satiare* — tuimbagué.

je veux saouler ce sauvage — *hunc Indianum satiare volo* — moc calina aou icé tuimbagué.

je te saoulerai tantôt — *mox te satiabo* — alié tuimbagué atagué.

(a t a g u é marque sans doute le tems futur — *a t a g u é haud dubie tempus futurum exprimit*).

en avoir assez, être saoul — *satis habere, satiatum esse* — aoïmbo, aouymbo, anoimbo.

s'arrêter, demeurer en quelque lieu — *versari, manere aliquo loco* — boucané.

s'asseoir — *assidere* — popeigué, popeigné.

satan — *diabolus* — yoarocan.

sauçe, potage, soupe — *jus, jusculum* — touma, toumaly.

les sauvages n'ont point d'autre sauçe que la pimentade — *Indiani nullum jus nisi piperatum habent* —

Calina	nimadi	touma
Indiani	*nihil*	*jus*

pomi.
piper Brasiliae.

sauvages, peuples — *feri (Indiani), homines* — galina va Indi, Calina v. Indian.

savane, prairie, campagne — *campus herbosus, pratum, campus* — ouoi.

savoir — *scire* — orou.

je ne sais — *nescio* — taina, tana.

je ne sais pas comme je n'entends pas — *nescio, non intelligo* — toualopa, anagoutipa.

scie — *serra* — gregré.

scorpion (animal) — *scorpio (animal)* — sibiriri.

(ils se servent du même mot pour nommer la constellation du Scorpion — *eodem nomine etiam pro sidere scorpionis utuntur*).

sec — *siccus, a, am* — anóli.

qui n'est pas sec — *quod non siccum est* — anólipa v. anoripaman.

sel — *sal* — pamo, solou, sauti.

les Indiens ne mangent point du sel — *Indiani sale non utuntur* — Calina sauti aminé oua.

selle, un selle — *sella* — mouley.

selle, siége — *sella, sedile* — moulé, monté, amouteri.

ton siége — *sella tua* — aïabo.

semblable — *similis* — enouara.

tu es semblable à mon fils — *fratri meo similis es* — amoré enouara tigami.

sentir mauvais — *male olere* — tieoré, teguerć.

sentir bon — *bene olere* — teguerć oua.

serpe — *falx, falcula* — moncela, macela, sarabou, mansćla.

que veux-tu de cette poule? — *quid vis pro hac gallina?* — ebeteiné corocologo?

j'en veux une serpe — *cultrum pro ea volo* — aou icé macela.

serrer, presser — *premere, comprimere* — apoiquecé, apoïca.

serviteurs (ceux qui servent) — *famuli* — boutoulı.
seul — *solus* — auniq.
un seul — *unus* — oouin coman.
seulement — *solum* — logon, lotin.
un seulement — *solum, tantum* — oouin logon vel lotin.
si, ne s'exprime point — *Si non exprimitur* —
si vous travaillez vite, je vous payerai tous; il faut tourner ainsi la phrase: vous vite travailler, tous moi payer — *si assidue laborabitis, vobis omnibus mercedem persolvam; hoc ita vertendum est: vos celeriter laborare, omnes ego solvere* — amoré coehi circouramé, paporo aou sibegatay.
si tu n'es pas paresseux, je ne serai pas vilain — *si tu non piger eris, ego non molestus ero* —
amoré enquinopé oua, aou
tu piger non ego
imombé oua.
teter non.
sifflet, un sifflet — *tibia* — anetolegon.
soeur — *soror* — oua ouaca, enaulé, wargée.
soif, avoir soif — *sitis, sitire* — acoumely, nicoumeli.
j'ai soif, donnez-moi à boire — *sitio, praebe mihi aliquid ad bibendum* — aou nicoumeli, sineri mé ïaré.
je n'ai pas soif — *non sitio* — anakelipásimau.
soir, le soir, la nuit — *vesper, nox,* coïé.
soldats — *milites* — ipretoli.
soleil — *sol* — veïou, hueïou.
soleil levant — *sol oriens* — veïou nobouy.
sol ortus.
soleil couchant — *sol occidens* — veïou nitomboui.
sol mortuus.
le soleil est si chaud, qu'il met hors d'haleine les personnes — *sol tam fervidos radios emittit, ut homines vix respirare possint* — acoumouicáé hueïou.
sommeil — *somnus* — ouetou.
sommeiller — *dormitare* — vetoubogué, vetoubé.
sortir — *discedere* — moça, mossa.
il est sorti — *discessit* — moc mossa.
sorti — *absens, procul* — nossa.
sors de là — *hinc discede* — tangarua.
soufflet, coup de main sur la joue — *alapa, ictus manu genae adflictus* — sibanómoïa.
soufflet à souffler — *follis* — ouari ouari, ouoli ouoli.
soulier — *calceus* — sapato, sapata (hisp.).
souvent — *saepe* — touké*.
(*ce mot signifie aussi beaucoup — *haec vox etiam significat multum*).
sucre — *saccharum* — carou, sicarou.
sur, dessus — *in, super* — toupo.

T.

tabac, petun — *herba nicotiana* — tamoui.
table, petites tables pour manger — *mensa, parvae mensae, quae apud coenam usurpantur* — matoutou.
tableau, image — *pictura, imago* — ebaton.
tableau du diable — *pictura diaboli* — anaan tanha.
tablier, petit tablier dont ils se couvrent — *pannus, quo vestiti sunt* — bibialé.
tambour — *tympanista* — chamboura.

tamis à passer la farine de magnoc — *cribrum ad farinam transmittendam* — matapi, manaret.
tante, nièce — *amita, fratris vel sororis filia* — tapio.
tantôt — *mox, statim* — alié, aliée.
 attends à tantôt — *mane paulisper* — alié té cé.
taquin — *homo avarus, nimis parcus* — amoúnbé.
tasse à boire — *vas potorium* — couy.
tassité ou marqueté — *maculosus* — timoneuolé, timeuolé, timoueuolé.
 les tigres sont marquetés — *tigres maculosi sunt* — caïcouchi timeuolé.
tempête sur la mer — *tempestas maritima* — parana taligué, paranabo polipé, parana tariqué. *mare iratum.*
temps, il y a long temps — *tempus, multum temporis est* — binato, binatomé.
 dans peu de temps — *pauco interjecto tempore* — alliré vel allireté.
tendre, bander — *tendere, pandere* — anabica.
 ton arc n'est pas bandé, ne bande point — *arcus tuus non intensus est* — anabica pa ouraba.
tenir, tiens, prends — *tenere, tene, sume* — apoüiké, apoua.
 tiens — *tene* — eudo, ento, aboico.
 tiens ce pain — *tene hunc panem* — moc meïou eudo.
 tiens fort — *tene firmiter* — aboico balipé.
 se tenir de bout, droit — *se tenere erectum* — aporé, poré, tabater.
terre — *terra* — nono, soye.
tête, la tête — *caput* — oupoupou, opoupou, ouboupou.
tetins, mamelles — *mama, ubera* — manaté, manatelé.
tirer — *trahere* — chique, chequé.
 tirer une épine du pied — *spinam e pede extrahere* — aoura queli chequé pouparo.
 tirer un fusil — *glandem e sclopeto emittere* — arcabossa chimorigué vel chimorigai.
 tirer contre mont — *sursum trahere* — apoigueré.
tison de feu — *torris, titio* — oualo topo.
toi, vous, tu, ton, tien — *tu, vos, tuus* — amoré, amolo, amoro.
tomber — *cadere* — nomayaé, nomaye, nomé.
tonneau — *dolium* — pipa (hisp.).
tonner — *tonare* — conomerou.
 il tonne par ici — *tonat per hunc locum* — conomerou enchiqué erbo.
tonnèrre — *tonitru* — conomerou, tonimerou.
torrent d'eau — *torrens* — tiabomé.
tot, bientôt — *mox, brevi* — aïrelé.
tous — *omnes* — paporé, paporo.
tout — *omnia* — papo.
 tout pour tout — *omnino* — moutou papo.
travailler — *laborare* — mansinemebogué, cicourainai.
trembler (de peur) — *tremere metu* — tigaminé teneraquien. tenariqué.
 les Indiens tremblent quand on tire le canon — *Indiani trepidant, cum glans e tormento emittitur* — Calina tenariqué etagué tirou chimarigué.
trembler de froid — *horrere frigore* — ticominé, tigominé.
 les Indiens tremblent de froid quand il pleut — *Indiani frigore horrent, cum pluit* — Calina tigominé conopo etagué.

trépied pour porter le canari sur le feu — *tripus, qui ollam super ignem portat* — touma abôné.
très ou fort — *admodum vel valde* — man.
cet Indien est très-bon — *hic Indianus valde benignus est* — mocé Calina iroupa man.
trois — *tres* — oroua, oroa.
troquer — *permutare* — ipetaquemé.
trouver — *invenire* — mebori, meboti, seboli.
j'ai trouvé le chemin — *viam inveni* — oma meboli, mebori.
cette Indienne a trouvé un jardin — *haec Indiana hortum invenit* — moc ouali calina moignala seboli.
jusqu' à ce que j'en aie trouvé un autre — *dum aliun eorum invenero* — amoucoünoba seboricao vel seporicao.
tuer — *necare* — ciouy, chioé.
tuer le ennemis — *hostes necare* — itoto sibogüé.

U.

un — *unus* — auniq, oouin.
uriner — *urinam reddere* — sicombogué.

V.

va par-là — *illuc cede* — ouebo moça, oïa moila.
va-t'en — *discede* — itangué.
va-t'en de-là — *hinc discede* — irangarua, enombo itangue.
va-t'en prendre des oiseaux — *discede ad aves capiendas* — itangue amoré tounourou sapoué.
vagues de la mer — *fluctus maris* — polipé.
vaisselle de terre — *fictile* — arinato,
vendre — *vendere* — betemé, ebegacé, sebegacé.
veux-tu vendre un lit? — *visne vendere lectum?* — amoré icé sebegacé acado?
combien veux-tu vendre cela? — *quanti hoc vendere vis?* — eté betemé moucee? *quantum vicissim hoc.*
venir — *venire* — seneboui.
je suis venu — *veni* — oboui.
tu es venu — *venisti* — moboui.
il est venu — *venit* — noboui.
viens — *veni* — acné.
je suis venu à Ceperou — *veni Ceperum* — aou seneboui Ceperoubo.
venu — *qui venit* — noboui.
viens tout à l'heure — *veni extemplo* — acné eremé vel yanlétecé.
viens-ça — *huc veni* — acné sé, acné do, yaré gueneeé.
(Lorsque quelqu'un arrive, leur salut est de dire: Moboui? tu es venu? comme si nous disions en français: te voila! La reponse est: téré, oboui, oui je suis venu, ou simplement: téré, oui. — *Cum inter se conveniunt, salutem dicunt verbo Moboui? venisti? similiter nos diceremus: ecce te! Respondetur: téré, oboui, immo veni, vel simpliciter: téré, immo.*
à la fin de la visite quand ils prennent congé: oussa iroumbo, ou simplement oussa. (je m'en vais). Quelques-uns disent: salua ou sarua, (à Dieu, je te salue). D'autres sous-entendent je m'en vais et disent: auto bona, (à la maison) — *Cum discedunt, salutant dicentes: oussa iroum-*

bo vel solum *oussa*, (*abeo*). *Nonnulli dicunt:* *salua vel sarua*, (*vale*, *salve*), *alii:* *auto bona*, (*domum sc. abeo*).

viens (quand on appelle quelqu'un de loin) — *cum procul aliquem vocant* — acconé.

vent — *ventus* — epebeita, peperito, bebeito.

il fait grand vent — *ventus increbescit* — peperito apotomé.

ventre, entrailles, boyaux — *venter, viscera, exta* — ouimbo.

verge, fouet — *virga*, *verula* — macouali, macoali.

(ce mot signifie aussi du sang — *hoc verbum etiam sanguinem significat*).

verole — *lues venerea* — poiti.

verolés — *lue venerea laborantes* — pyanisten.

verser de larmes — *lacrimas effundere* — toura.

je ne verse pas — *non lacrimo* — anicomapa oua.

veuve — *vidua* — epebeita, epeboita.

viande — *caro* — iponombo, otoli.

donne-moi de la viande dans mon plat — *da mihi carnem in patinam meam* — iponombo me ïaré palapi ida. *patinam in*.

vieux, vieillard — *grandis natu, senex* — tamoussi.

vieux (ce qui est depuis longtemps) — *vetus* — binatomé.

vigoureusement — *alacriter* — balipé.

vilain, chiche — *teter*, *sordidus* — amonbessou, amembé, aïamouké.

vin — *vinum* — brandevin, binum.

vingt — *viginti* — poupoubatorel, oupoumé.

visage — *facies* — yepota, yepotali, embatali.

vite, promptement — *cito*, *celeriter* — alieté, cochi, coci.

allez vite — *ite celeriter* — coci nisan.

vitement — *celeriter* — telnoné.

voila — *ecce* — ené.

je veux du pain — *panem volo* — aou icé meïou.

en voila — *ecce panem* — nedo.

voile à navire, à canot — *velum navis* — pira.

voir — *videre* — cenes vel cenei, sené.

je vois — *video* — aou sené.

j'ai vu — *vidi* — aou senem.

je verrai — *videbo* — aou senelagué.

que je voie — *ut videam* — sené, amou senéica (amou signifie autre — *amou significat alius*).

on ne voit point de sapajou (espece de singe) en France — *sapayi* (*simiarum genus*) *in Francogallia non inveniuntur* — acaliman sené oua Francipalibo.

volaille — *bestiae volatiles* — cocorocologo.

voler (dans les airs) — *volare* (*in aëre*) — telené.

cet oiseau vole haut — *haec avis alte volat* — moc tolono telené nucé.

voleur, larron — *fur*, *latro* — monamé.

vouloir — *velle* — icé.

je voudrais — *vellem* — icé aouran.

je le veux bien — *hoc contentus sum* — icé man.

que veux-tu? — *quid vis?* — olé molo? *quid tu*.

(ils suppriment le verbe veux et la première lettre d'amolo, (toi, tu) sans doute pour eviter l'hiatus — *omittunt verbum vis et primam literam prono-*

minis amolo, (*tu*), *sine dubio ut hiatum evitent*).

que veux-tu pour cela? — *quid vis pro hac re?* —
oté betemé.
quid vicissim.

vous, toi, ton, votre — *vos, tu, tuus, vester* — amore.

vrai — *verus, a, um* — larané, tourené.

cela est vrai — *hoc verum est* — ini vel moe tourené.

est-il vrai, mon compère? — *estne verum, mi bone?* — tarené banaré?

Nombres — *numeri:*

1 auniq, oouin.
2 ouecou, occo, ocquo.
3 oroua, oroa, ououa.
4 acouroubamé, ouirabama, acoobaimemé.
5 alonéigné oiétonaï (*una manus*).
10 oia balouc (*utraque manus*).
15 poupoutoné.
20 poupoupaloret oupoumé (*pedes et manus*).
40 opoupoumé (*bis pedes et manus*).

ANIMALIA (praeposito nomine Galibi.)

aarcousaari — piscis aquae dulcis.

abihera — dicotyles macer, lardo carens.

acaliman, akarima — (*sapayou*) — hapale spec. variae.

accalé, accaleou, akaré, cayman — crocodilus.

acouli, acoulilocon, acouti, acouri, agouty — dasyprocta aguti.

akouchy — dasyprocta cristata.

agamy — psophia crepitans.

agapolé, calarou — testudo marina.

alalouata — (*singe rouge*) — mycetes ursinus.

anousy — (*lézard domestique*) — lacerta domestica.

aouaré — (*renard puant*) — mephitis suffocans Ill. (foeda).

aouaras — (*perroquet de la plus grosse espèce*) — psittacus macao.

aouatou — (*fourmis de la plus petite espèce*) — formica (minima).

apalika — (*chevreuil*) — cervus (simplicicornis?)

apua, oto, oüatto — piscis.

aracaca — testudo.

araicaca — testudo parva.

araouai, occoïou — serpens.

araovaova, chipari — piscis raja.

aroua, caycouchy — (*tigre*) — felis onça.

ayamaka, pagara — lacerta silvestris, teius.

ayamara — lacerta.

ayamon, aycamon, parapra — testudo terrestris.

ayaya, anon, croupy — species piscis.

aymaré — (*alose, espèce de grande alose* (*gasterosteus, L.*) *qui ne se trouve que dans les rivieres*) — piscis.

baremo, calincrou — (*espèce de brebis*) — species ovis.

berari — (*espèce de grive*) — avis, turdus.
bouiroúcou — (*cochon de france*) sus domesticus.
cabaio, cavalle — equus caballus.
cabiai, cabiouara — hydrochoerus capybara.
caicouci — (*espècc de chien*) — lcticyon? galictis?
calinerou v. baremo.
camayacou — (*gros ventre, piscis*) —
camichi — (*oiseau*) — palamedea.
cananajou — (*fourmis appellés par les français fourmis flamandes*) — formica.
caouanne — (*grosse tortue*) — testudo.
capacou — (*tatou*) — dasypus.
carangué — (*poisson volant*) — exococtus volitans.
caraoua — (*petit lézard*) — lacerta.
caret — (*tortue, dont l'écaille sert à faire de beaux ouvrages*) — testudo caretta.
cassoorwan — (*espece de petit poisson*) — piscis species parva.
catarou — v. agapole — testudo marina.
cavimo — (*poisson sans écailles*) piscis, an spec. bagri?
caycouchi v. aroua — felis onça.
cayman — crocodilus.
cayoumorou — (*lamentin*: Biet) — manatus australis.
chico, xique — (*chiques*) — pulex penetrans.
chipari v. araovaova — piscis an spec. pacu?
cimicimy — (*grenouille bleue*) — hyla cinerascens, bicolor, coerulea Spix?
colibris — avis (an vox galibi?)
corotogo — (*poule, volaille*) — avis, tinami sp.?
coua — cancer.
couairi, couciri — (*tamarin, espèce de petit singe*) — hapale.
couandou — (*porc-èpic.*) — cercolabes prehensilis.
couchari, oussali — (*cerf*) — cervus.
couciri — hapale.
couéreman, makouma — (*mulet, poisson*) — piscis species.
courga — psittaci species.
coussa — (*crabes*) — grapsus?
covaca — (*petit oiseau dont le bec est grand et monstrueux*) — avis.
érik — psittaci species.
croupy v. araovaova — piscis species.
enaarakaka — (*tortue de terre de la petite espèce*) — testudo.
haleur — (*hibou, chat-huant*) — strix.
hooco — (*faisan des Amazones, de Para, de Cayenne*) — crax.
huéreico — (*tiercelet*) — falco.
huinco, tarougougi, tarougoua — formicae species.
ikiriou — (*serpent monstrueux*) eunectes.
immeritipo — cornu animalis.
inamou — (*perdrix ou bon poulet d'Inde*) — avis: crypturus.
ipotelé — rostrum animalis.
ippeté nonembo — animalia terrestria.
itinara — (*petit oiseau de Savane*) — avis.
kamayacou — (*gros ventre, poisson*) —
kamichy — (*oiseau*) — palamedea cornuta.
karouane — (*tortue monstrueuse*) — testudo.
karangue — (*poisson volant*) — exococtus volitans.
karaoua — (*petit lézard*) — lacerta.
kararaoua — (*aras bleu, oiseau*) avis psittacus ararauna.

kaviriri — (*grosse sarcelle*) — querquedula.
kayourouré — (*makaque blanc, singe*) — simia.
kiankia — (*piailleur, espèce de corbeau*) — psittacus (col. violac.)
kotacca — (*grosse poule d'eau*) — podoa.
koutlai — (*gros yeux, poisson*) — piscis.
lemoulemou — (*crabe*) — cancer: brachyuri.
leré — (*chauve-souris*) — vespertilio.
liou-liou — (*cigale*) — cicada.
maco — (*cousin, insecte*) — culex.
magon — (*le petit d'un animal*) animal juvenile, pullus.
makaque — (*singe blanc*) — simia.
makouma — (*mulet, poisson*) — piscis.
malacaya — (*chat tigre*) — felis mitis F. Cuv.
malassi — (*faisan*) — avis.
mayapoli — (*cheval marin*) — piscis ex ord. Syngnathin.
maypouri, maipouries — (*vache sauvage, dont la chair peut se saler*) — manatus australis.
mecho — (*chat*) — felis.
mombo — (*rat des Palétuviers*) — didelphys.
neré — (*chauve souris*) — vespertilio.
oco, occo — (*grand oiseau, poul d'Inde*) — crax.
onouré — (*héron*) — ardea.
olo, ouatto, apua — (*poisson*) — piscis.
ouakaré v. onouré — (*heron*) — ardea.
ouano — (*mouche à miel*) — apis.
ouaperou — (*cormorand*) — avis tachypetes aquilus.
ouariri — (*mangeur de fourmis*) — myrmecophaga tetradactyla.
ouatiriouarou — (*petit mangeur de fourmis*) — myrmecophaga didactyla.
ouatto v. olo — piscis.
ouikaré — (*paresseux*) — bradypus.
oulana, ourana — (*espèce de lièvre*) — cavia Spixii Wagl.?
ouranna — (*crocodile, espèce plus petite que „accale“*) — crocodili species minor.
oureucourea — (*chat-huant*) — strix.
ourouquona, pakau — (*ramier gris*) — columba.
oussali v. couchari — cervus.
ouyamoury — (*grosse tortue de mer*) — testudo marina magna.
pac, pak — (*renard ou espèce de lapin*) — coelogenys paca.
paca (hisp.) — (*boeuf*) — bos, vacca.
pagani — (*faucon, oiseau de proie*) — vultur.
pagara v. ayamaka — lacerta, tejus.
pakame, yaveboayre — (*espèce de raye*) — piscis, raia.
pakau v. ourouquona — avis, strix.
panabana — (*demoiselle*) — libellula.
panigo, pingo — (*sanglier de la grande espèce*) — dicotyles labiatus.
paraka — (*espèce de faisan*) — psittacus vulturinus Illig.?
paralou — (*crapaud*) — bufo.
parapra — (*espèce de petit poisson*) — piscis parvus.
patyra — (*espèce de cochon*) —

paya — (*grive de fleuve*) — avis.
pero, (hispan.) sosso — (*chien*) canis.
pica — (*espèce de faisan*) — columba locutrix?

pingo v. panigo — Dicotyles labiatus.
pockiero — (*sanglier de la petite espece*) — dicotyles torquatus.
poinco, poinga — (*cochon du pays, sanglier du pays*) — dicotyles.
quachy — (*renard*) — nasua.
quouato — (*espèce de singe*) — myceles? ateles paniscus?
ragabeumba, xirica — (*chancre*) — cancer.
rapone, rapouné — (*oie ou canard*) — anas.
sacouarou — (*crabrier*) — avis.
sagoin — (*espèce de singe*) — hapale.
sacuacou — (*espèce de mangeur de crabes*) — didelphys cancrivora?
sibari — (*raye*) — raia.
sibiriri — scorpion (*constellation*) — scorpio (sidus).
simancou — (*aiguille, poisson*) — anguilla.
sosso — (pero: *hispan.*) — canis.
soukourourou — (*sarcelle petite*) — gallinula.
tangla — (*oiseau de savane*) — nemosia gularis Vieill.?
tapir — tapirus americanus.
tarougoua — formicae sp.
tarougougi — formicae sp.
tatou kabassou — (*animal, qui sent le musc.*) — dasypus.
tauha — (*espèce de perroquet*) — psittaci sp.
taya taya — (*bec à ciseaux ou coupeur d'eau*) — rhynchops.
tayra — (*belette grosse*) — piscis.
thouarou — (*hirondelle*) — hirundo.
thouyouyou — (*grue, oiseau vorace*) — mycteria americana.
tinamou — (*perdrix, grosse*) — tinamus (crypturus).
tique — (*pou*) — pulex penetrans.
tococa — (*flamand, oiseau*) — phoenicopterus.
tonorissimi — (*très-petit oiseaux, délicat et de peu de substance*) avis? —
toucan, toukan — (*gros-bec*) — rhamphastos, pteroglossus.
touli — (*rat*) — rattus.
vacca (hispan.) — (*genisse*) — vacca.
vacca ouqueli — (*taureau*) — taurus.
varicarii — (*le paresseux*) — bradypus.
ventou — (*charpentier, espèce de pivert*) —
xipourou — (*écureuil*) — sciurus aestuans.
xique v. chico — pulex penetrans.
xirica v. ragabeumba — cancer.
yapou — (*cul-jaune*) — cassicus cristatus.
yaveboayre v. pakaine — piscis raia.

PLANTAE (praeposito nomine Galibi.)

aarcoussari — (*arbre*) — arbor — ?
abérémou — (*arbre*) — Guatteria Aberemoa, aliis Perebea guyanensis Aubl.
achira mourou — (*arbre*) — Cordia nodosa.
acioua — (*arbre coupy*) — Acioa guyanensis.
achyoulou — (ibibitanga Bras., *cerisier canelé*) — Stenocalyx Michelii Berg. (Eugenia uniflora L.)
ahouai — (*arbre, dont les noyeaux du fruit ornent les jarretières des sauvages*) — Thevetia neriifolia.
akassoa — (*arbuste*) — Visiniae spec.
akouroa — (*arbre*) — Geoffraea violacea Pers.
akatale — (*liane à eau*) — Doliocarpi spec.?
amapa, mapa, mapas — (*para*)* Batatas edulis?
ambayba — (*bois à canon*) — Cecropia.
amoecé — (*poivre des nègres*) — Fagara guyanensis.
ajou houá — (*arbre*) — Ocotea guyanensis Aubl.
amanouá — (*arbre*) — Amanoa guyanensis Aubl.
anaouara — (*arbre pour la construction navale*) —
ananacou — (*bois rouge*) — Leguminosa?
anassicourou — (*canne à sucre, canne-congo*) — Saccharum officinarum (*assucar:* lusitanice).
annoto, coutsauwe — (*rocou*) — Bixa Orellana.

aouara — (*palmier*) — palmae spinosae (Astrocaryum).
aouassi — (*blé d'Inde, Millet*) — Zea Mays.
apariou — (*paletuvier ou paretuvier*) — Rhizophora Mangle.
apitabo — (*pois sauvages, gros pois à gratter*) — Mucuna pruriens?
aracouchini — (*arbre résinifère*) — Icica aracouchini.
arouaou — (*arbre encens*) — Icica heptaphylla et aliae.
arayarané — (*espèce de casse*) — Cassiae species.
arrouma — (*plante, dont la tige sert à faire des tamis*) — Marantae sp.
arouna — (*arbre d'un bois blanc*) Dialium divaricatum.
assapué, yapoulé — (*citron*) — Citrus.
ayaoua — (*arbre*) — Icica guyanensis.
baccoúcou, baloulaca — (*bananes petites*) — Musa sapientum.
bache — (*latanier, espèce de palmier*) — Mauritia flexuosa.
bagasse — (*arbre*) — Bagassa guyanensis Aubl. (Maclura?)
baïra, païra, pira timineré — (*bois de lettre*) — Piratinera Aubl.
balata — (*arbre*) — Eugeniae?
balatanna — (*bananes grosses*) — Musa paradisiaca.
baloulaca v. baccoúcou — Musa sapientum.
bambou (vox indica?) — (*espèce de roseau*) — Bambusa.

baroulou — (*balisier*) — Heliconia? Urania amazonica Mart.
balla — (*pommes de raquettes*) — fructus Cereorum stantium.
bipicaa — (*pois d'Angola ou de Congo*) — Cajanus flavus.
bouleoua — (*roseau à faire des flèches*) — Gynerium sagittarum.
caboche — (*cabosse, nom français, qui signifie l'enveloppe des grains ou du fruit de rocou*) — pericarpium Bixae Orellanae.
cabuyo (Taino? aut Aruac?; coulao: Mais. rust. de Cay.) — (*petite espèce d'ananas*) — Bromeliacea.
caraerou, cariarou, kariouarou — (*liane, dont les feuilles servent pour teindre en cramoisi*) — — Bignonia Chica Hb.
caraipe — (*arbre*) — Caraipa angustifolia Aubl.
carapa — (*arbre, mort aux bêtes*) — Carapa guanensis.
carou, siccarou — (*sucre*) — saccharum (*assucar:* lusitan.)
caumoun — (*palmier*) — Oenocarpus Bacaba Mart.
chipa — (*arbre*) — Icica decandra Aubl.
commori — (*espèce de potiron, par les femmes*) — Cucurbita? aut rectius Capsicum frutescens?
conami, conamis — (*plantes et bois à enivrer le poisson*) — Phyllanthus conami, Ichthyothere cunabi Mart. etc.
conana — (*palmier*) — Chamaedorea, Geonoma?
conana, ouara — (*palmiste épineux*) — Bactris.
conaouraou — (*arbre*) —
conohorié — (*arbuste*) — Alsodeiae spec.
conoro antegri — Norantea guyanensis Aubl.
copahú — (*arbre*) — Copaiferae spéc.
copaia — (*arbre*) — Jacaranda procera.
coroa — (*concombre?*) — rectius sp. Bromeliaceae?
couak (e lingua Taino) — (*farine de magnoc*) — farina mandioccae.
couboulirona — (*bois à gaulettes*) — Hirtella racemosa.
couipo — (*coeur de roche, arbre*) — Couepia guyanensis Aubl.
coulao, idem quod cabuyo — Bromeliacea.
coula-oua — (*pitte* (*aloé*), *le chanvre du pays*) — Fourcroya gigantea.
coumacai — (*figuier, chez les portugais du Pará*) — Pharmacosycea sp.?
coumaraoua — (*roseau*) —
coumata — (*pois à manger*) — Dolichi, Phaseoli species edules.
coumete — (*arbre*) — Myrcia coumeta.
coupaya — (*arbre*) — Jacaranda procera.
coupa — (*arbre*) — Arbor lactescens (coupo = lac) Apocynea, Ficus? aut arbor balsamifera: Copaifera?
couratary — (*arbre*) — Couratari guyanensis.
courbaril — (*arbre*) — Hymenaea.
courimari — (*arbre*) — Dipteryx odorata.
coutsauwe (v. annoto) — Bixae Orellanae pigmentum.
coussapoui — (*arbre*) — Coussapoa latifolia.
cusparé — (*arbre*) — Galipea (Bonplandia) trifoliata.
eperú — (*arbre*) — Eperua falcata.
errhoudé — (*herbe du bon dieu, herbe du diable*) — Chenopodium ambrosioides?
gagou — (*arbre*) —

gaigamadou (vox hybrida?) — (*arbre*) — Apeiba glabra.
goulougou - ablani — (*arbre*) — Ablania guyanensis.
goupi — (*arbuste*) — Goupia glabra.
grignon — (*arbre*) — Bucida buceras.
guinguiamadou — (*arbre*) — Myristica sebifera.
hipo — (*bananier*) — Musa.
huébué, oualo, vhebé — (*bois de feu, ou qui etant frotté allume du feu*) — varia ligna ad excitandum ignem adhibentur: Fici, Triplaridis, Eriodendri, Theobromae etc.
iaçapé, yappé — (*queue de biche de savane*) — Kyllingia?
icaque — (*ce mot n'est pas en usage à Cayenne*) — *prunes des anses* — Chrysobalanus Icaco L.
icari — (*arbre, dont le suc des feuilles est bon contre les maux de tète*) —
inecou — (*bois, espèce d'astragale*) — Tephrosia?
ipoca — (*espèce de casse*) — Cassiae species.
karapa — (*arbre*) — Carapa guyanensis Aubl.
karara-aouabo — (*espèce de luzerne: Barrère*) —
karé-kerou — (*vanille grosse*) — Vanilla guyanensis.
kariarou, kariouarou v. karaerou — (*espèce de liseron; la fecule est aussi rouge que le vermillon*) — Bignonia Chica Humb.
karoulou — (*plante*) — Amarantus?
kelleté — (*plante, dont le fruit est en grappe et le grain bon contre la dysenterie: Laet. 645*) —
kereré — (*liane franche*) — Bignonia heterophylla.
konopocinar — (*lis rouge*) — Amaryllis.
kouratari — (*espèce de cerisier*) (vix!) — Couratari guyanensis?
kouroumari — (*roseau à flèches*; an recte?) — Bignonia? Geoffroya?
kouroupitoutoumou — (*boulet de canon, bois*) — Couroupita.
macoucou — (*arbre*) — Ilicis sp.
macapá — (*palmier*) — Maximiliana? Attalea?
mahou-mahou — (*plante*) — Paritium tiliaceum.
mahouri — (*arbuste*) — Bonnetia meridionalis.
mani, many — (*plante résineuse*) — Moronobea coccinea?
manihoc — (*magnoc, plante*) — Manihot utilissima Pohl.
manitambour — (*sapotilier: Barrère 101.*) — Sapota achras?
maourou — (*cotton*) — Gossypium.
mapa v. amapa — (*batate*) Batatas edulis. (*Mabi* in caraib. Antill. = Batatas.)
mapi, napi — (*patate, racine; boisson faite avec de la patate*) — Batatas edulis.
mapouri-craibo — (*arbre*) — Psycholria Mapouria.
maracoupi, maricoupy — (*arbre dont les feuilles brulées noircissent la résine du sipo: Barrère 98.*) —
maraka — (*calebasse peinte de diverses couleurs* — patera cucurbitina, colore vario picta.
maripa — (*palmier, palmiste franc*) — Attalea Maripa Mart.
mocaya — (*palmier*) — Acrocomia.
mombin — (*espèce de prunes*) — Spondias.
moucouxy — (*palmier*) — Acrocomia.
moucou, moucou-moucou — (*es-*

pèce de pied de veau qui tient lieu de liège) — Aroidea?

moué — (*acajou, fruit*) — Anacardium occidentale.

moulautoucoa *— (*par les hommes, espèce de potiron*) — Cucurbita.

mourei — (*arbre fruitier*) — Byrsonima?

mourerou — (*herbe à sel*) — Mourera fluviatilis.

mouririchira — (*arbre*) — Mouriri guyanensis.

mourou - mourou — (*palmier*) — Astrocaryum Murumurú Mart.

moussa — (*tayove, plante*) — Caladii species diversae, Colocasia esculenta.

moulouchy — (*liège du pays*) — Pterocarpus suberosus.

nana, yayaoua — ananassa sativa Lindl.

nabi v. mabi — Mabea Aubl.?

napimogal — (*arbre*) — Homalium, Napimoga Aubl.

oukebelé — (*tithimale*) — Euphorbia neriifolia?

ouacapou — (*arbre*) — Myrsines species?

ouanglé, ouangué — vox africana? Sesamum orientale.

ouapa — (*arbre excellent pour la charpente*) — arbor Leguminosa. Ouapa Aubl.

ouara v. conana — palmae, Bactridis species.

ouarourouchi — (*suif, arbre de suif*) — Sapindus.

ouassi — (*pineau, palmier*) — Bactris? Manicaria saccifera?

ouato-uhebé v. huéhué — lignum pro excilando igne.

ouaye, ouyaye — (*arbre*) — arbor, cujus foliis luguria tegunt. Palmae Geonoma, Chamaedorea.

oucle — (*liane grosse et épineuse*) —

oulouqua - palou — (*arbre*) — Sloanea sinemariensis.

oulemari — (*arbre, sur les feuilles duquel on écrit* —

oura-ara — (avouou-yra: Gariponice, *arbuste*) — Gomphia guyanensis.

ouroucou - merepá — (parimari: Gariponice, *arbre*) — Parinarium montanum.

pama — (*arbre*) — Terminalia Pamea.

pacoury — (*arbre*) — Platonia insignis Mart.

païra v. baïra — arbor Piralinera.

palalana — (*bananes, fruit*) — fructus Musae.

palipou — (*palmier*) — Guilielma speciosa Mart.

panacocco (le petit) parecoutay — (*liane*) —

panoccoco v. anacoco — (*le gros arbre*) — Swartzia tomentosa.

para v. amapa = mapas? — Batatas?

parecoulay — (*plante; liane Barr.* 84) —

palagaye — (*arbre Barr.* 92) —

palaoua — (*palmier Barr.* 88) — Oenocarpus Batauá Mart.

paliouli — (*palmier Barr.* 90) — Iriartea?

paloumou — (*arbre, plante Barr.* 13) —

pekeiá — (*arbre*) — Caryocar butyrosum.

peloumo — (*arbre*) — Apeiba.

pira limineré v. baïra — Piratinera Aubl.

piragara-mepé — (*arbre*) — Gustavia augusta.

pirigamepé — (*arbre, bois puant*) — Gustavia augusta.

piriri — Mabea piriri Aubl.

poipá — (*arbre*) —

pomi — (*piment, poivre du Brésil*) — Capsicum frutescens.

poraqueiba — (*arbre*) — Barreria theobromaefolia.
possirou — (*bois dard. Les pointes de flèches, faites avec la tige d'une arbre Barr. 169*) — Swartzia triphylla.
pougouli — (*figuier sauvage*) — Ficus.
pouroума — (*arbre*) — Pourouma guyanensis.
pourouma - pouteri — (*arbre*) — Labatia macrocarpa?
quapára — (*arbre*) — Banisteria Quapara.
quarariba — (cuarariba, *arbre*) — Myrodia longiflora.
quatelé, gouatelé — (*arbre*) — Lecythis.
quioquio — (*graisse tirée des noyeaux du palmier aouara*) — oleum e seminibus Astrocaryi.
rekicinni — (*espèce de graine ou de salicaire Barr. 101*) —
ri, ry — semen, granum.
sacou — (*pourpier*) — Portulaca.
sagou — (*palmiste; espèce de chou qui vient en quantité dans les lieux marécageux, vers l'embouchure d'Orenok*) — Euterpe?
saouari — (*arbre ou graine piquante*) — Caryocar glabrum.
siccarou v. carou — (*assucar:* lusitanice) — Saccharum.
simarouba — (*racine contre la dysenterie*) Simaruba excelsa.
simira — (*arbre*) — Psychotria parviflora.
sinapou — (*bois; espèce d'eupatoire*) —
sipanaou — (*arbre dite Préfontaine*) —
sipo — (*encens, arbre d'encens*) — Icica.
siriourou — (*canne - congo*) — Saccharum officinarum.
tachigali — (*arbre*) — Tachigalia paniculata.
taïa — (*choux*) — Aroideae diversae, eduli radice.
tamoui — (*petun, tabac*) — Nicotiana tabacum.
tanibouca — (*arbre*) — Terminalia Tanibouca.
tapanapiou — (*bois incorruptible, propre à faire des fourches*) — Leguminosa?
tapiriri — (*arbre*) — Tapiria guyanensis.
tarala — (*arbre*) — Dipteryx oppositifolia.
tariri — (*arbre*) — Tariri guyanensis Aubl. Leguminosa aut Connaracea.
ticaskel, ticasquet — (*roseau à faire des paniers*) — Maranta, Desmoncus.
tococa — (*arbuste*) — Tococae Aubl. species.
touka — (*arbre*) —
toulici — (*arbre*) — Toulicia guyanensis Aubl.
tounou — (*arbre*) — Tounatea guyanensis Aubl.
tourlouri, touroubouli — (*tête de roseau, qui sert à couvrir les maisons*) — palmae arundinaceae.
touroulia — (*arbre*) — Touroulia guyanensis Aubl.
tourouroũ — (*arbre*) — Sterculia Ivira.
touaou vel alouaou — Matayba guyanensis.
uarimacu — (*arbre, Canellier sauvage*) — Nectandra cinnamomoides Nees.
uppée — (*herbe, dont le suc est bon contre les flèches empoisonnées*) —
vhobé v. huébué — arbor, lignum (in genere).
vochy — (*arbre*) — Vochysia guyanensis.
vouapa — (*arbre*) — Parivoa grandiflora.

vué vué — arbor, lignum (in genere).
xourouquouy — (*arbre, dont l'écorce est bonne contre la dysenterie*) — Simaruba?
yacalou — (*bois puant*) — Gustavia angusta.
yapoulé v. assapué — Citrus.
yappé v. iaçapé — gramen, Kyllingia.
yayaoua v. nana — ananassa.
zagueneté — (*palmier*) — Manicaria saccifera.

Nachschrift.

Die Quellen, welchen die hier wiedergegebenen Materialien entflossen sind, liegen nach Zeit und Ort ziemlich weit aus einander. Der ungenannte Verfasser des Dictionnaire galibi bemerkt, dass die älteste dieser Wörtersammlungen von Paul Boyer i. J. 1643 bei den Galibis am Cap du Nord gemacht worden sey, andere von P. Denis Meland und Pelleprat (1651—1653) bei jenen am Flusse Ouarabiche, der in den Golf von Paria fällt, und von Ant. Biet (1653) in Cayenne. Weitere Beiträge sind aus dem Sammelwerke von Laet (Novus orbis, 1633) und aus Labat beigefügt worden, welcher sich länger als in Cayenne auf den französischen Antillen aufgehalten und desshalb vielleicht auch Elemente aus dem Idiome der Inselbewohner aufgenommen hatte. Dazu kamen endlich noch die in den Schriften Barrère's über Cayenne aufgeführten und die von dem Verfasser der Maison rustique de Cayenne oder von seinem linguistischen Gehülfen notirten Worte. Es ist demnach nicht zu zweifeln, dass wir hier, wie in so vielen ähnlichen Fällen schriftlicher Ueberlieferungen, keine strengbegränzte, sondern eine gemischte Sprache vor uns haben, gemischt sowohl vermöge des Verkehrs zahlreicher, nicht blos zu Lande sondern auch zur See wandernder Horden, als vermöge der Betriebsamkeit des Sammlers. Der Hauptsache nach kömmt dieses Idiom der Galibi, welche sich selbst Calina nennen, mit dem Caribisi, einer der drei Hauptsprachen in der Guyana überein. Auch bemerkt Pater Pelleprat, dass es hier weit verbreitet und nur von den Cumanagotes (bei Cumana) nicht verstanden worden sey. Ausser der Sprache der Caraiben auf den Inseln, in welcher die weichen Consonanten noch mehr vorherrschen, finden sich hier Worte und Anklänge aus einigen Dialekten, welche R. Schomburgh in die Gruppe der Caribi-Tamanaco vereinigt, aus der Aruac und viele aus der Tupi. Aus Aublet's Histoire des plantes de la Guiane française und aus Noyer Forêts vierges de la Guiane franç. (Par. 1827. 8.) habe ich noch mehrere Pflanzennamen eingeschaltet.

NOMINA PLANTARUM IN LINGUA TUPI.

Pflanzennamen in der Tupisprache.

Vermehrt wiedergegeben aus dem Büllelin der K. Bayer. Akademie der Wissenschaften 1858. Nr. 1—6.

Bei dieser Zusammenstellung der Pflanzennamen in der Tupisprache war es nothwendig, auf die ersten historischen Quellen zurückzugehen. Unter den mir zugänglichen nimmt die in den letzten Decennien des sechszehnten Jahrhunderts verfasste Noticia do Brazil, als deren Verfasser durch Ad. v. Varnhagen Gabriel Soares de Souza nachgewiesen worden ist, die erste Stelle ein*). Obgleich die Schriften von Lery und Thevet älter als jene Urkunde sind, lassen sie sich an Reichthum und Gründlichkeit der Nachrichten nicht mit den Noticias vergleichen, deren Verfasser, ein geborner Portugiese, während eines siebzehnjährigen Aufenthaltes in der Nähe von Bahia (er war Pflanzer am Flusse Peruaguaçu) genaue Erkundigungen über die Naturproducte jener Gegend und aus dem Munde der dort hausenden Tupiniquins über deren Nomenclatur einziehen konnte. Der Verfasser hat die indianischen Namen mit Feinheit und jener Empfindsamkeit des südlichen Ohres aufgefasst, wozu das weiche, vocalreiche und in den Consonanten wohl unterscheidende portugiesische Idiom den Sinn bildet. In manchen der von Soares de Souza aufgezeichneten Worte waltet gleichsam noch der ursprüngliche wilde Laut des Indianers vor,

---

*) Das Werk (zuerst gedruckt in Noticias para a historia e geografia das nações ultramarinas, vol. 3. Lisboa 1825, dann, emendirt, in Revista trimensal do Instituto hist. e geogr. do Brazil T. XIV. Rio 1851) zerfällt in zwei Theile, deren zweiter, die Capitel vom I. beginnend, in unserer Liste citirt wird.

während andere bereits der sanfteren Aussprache des Portugiesischen angeeignet erscheinen.

An den Namen von Naturproducten, welche sich in den Berichten des aufmerksamen Beobachters Lery, eines Genfers, und des ungenauen Franzosen Thevet aufbewahrt finden, haftet zum öftern auch noch der ursprüngliche rohe Laut, andere dagegen sind nach französischer Auffassung gemildert. Da sie sich übrigens nur auf wenige und gerade die bekannteren Gegenstände beziehen, so kommen sie für unseren Zweck, eben so wie jene bei Hans Stade und Huldr. Schmiedel von Straubing, weniger in Betracht.

Dagegen sind eine wichtige Quelle die Schriften von Marcgrav, aus Lippstadt und dem Holländer W. Piso *). Wir bemerken hier eine geringere Gleichförmigkeit in der Auffassung der aufgezeichneten Pflanzennamen. Es mag diess theilweise von der Mischung der indianischen Bevölkerung herrühren, welche den beiden Reisenden als Dolmetscher dienten, da wegen fortwährenden Kriegsstandes Indianer von verschiedenem Herkommen im Heere der Holländer oder bei ihren Handelslogen verwendet wurden. Vielleicht hat auch die geringere Sensibilität des germanischen Ohres für die Aufnahme und Wiedergabe der indianischen Laute hierauf insoweit Einfluss gehabt, dass unter den hier verzeichneten Namen mehrere dem Genius der Tupisprache vollkommen entfremdet erscheinen und daher etymologisch nicht zu enträthseln sind. Ueberdiess stand diesen Reisenden weder die Kenntniss der Tupi-Sprache, welche sich Soares de Souza erwerben konnte, noch die Hülfe der sprachkundigen Jesuiten zur Seite. Man bemerkt, dass Jene, die um die Namen befragt wurden, nicht immer mit einer allgemein angenommenen Bezeichnung Rede standen, sondern nur irgend eine augenfällige Eigenschaft angaben, die sofort als der Name selbst notirt wurde.

---

*) Die ältere Ausgabe Piso's, von 1648, wird mit I., die von 1658 mit II. citirt. Von Marcgrav habe ich auch die im „Liber Principis" (Maurit. de Nassau), in der k. Bibliothek zu Berlin, vorkommenden Namen aufgenommen.

So bedeutet z. B. Caa-guaçu-iba (Marcgr. 97) ohne Zweifel nur einen Baum mit grossen Blättern, und Abaremotemo des Piso (zusammengezogen aus: abá-eyma-tembiu, der Stamm (oder Baum) ohne Speise), dass die Acacia, von welcher die Rede ist, nicht, wie die verwandte Inga, eine essbare Frucht trägt. Ebenso wurden den Reisenden verschiedene Pflanzen mit demselben Namen genannt, vielleicht nur aus indianischer Indolenz, den Fragesteller schnell zu befriedigen. Tangaraca (Piso II. 303) wird für Boerhavia hirsuta, Palicurea Marcgravii, Cephaëlis ruelliaefolia und Eclipta erecta angeführt.

Aus dem Dialekte des südlichen Tupi, wie es zumal in Rio Grande do Sul gesprochen wird, und dem ausserbrasilianischen Guarani haben sich mir nur wenige Materialien dargeboten, und ich würde selbst im andern Falle Anstand genommen haben, sie vollständig aufzunehmen, weil es beim gegenwärtigen Stande unserer Kenntniss von der Vegetation in jenem Theile Brasiliens schwierig ist, die systematische Concordanz mit den Landesnamen herzustellen. Ich habe mich demnach auf jene Anführungen aus Dobrizhofer beschränkt, deren Bestimmung wenig Zweifel lässt.

Ausser den angegebenen älteren literarischen Quellen habe ich insbesondere jene benützt, die sich mir während meiner Reise im Verkehre mit dem Volke eröffneten. Den grössten Werth lege ich auf die Notizen, welche ich während der Reise auf dem Amazonenstrome aus dem Munde der Indianer aufzuzeichnen Gelegenheit hatte. Die dort gemachten Erfahrungen, wie sehr die wohlklingende Lingua geral durch Auslassungen, Zusammenziehungen, durch Zusätze und Wechsel der Consonanten und Vocale verändert wird, liessen mich um so mehr die Schwierigkeiten erkennen, den Grundlaut und die ursprüngliche Bedeutung aufzufinden; demnach beanspruche ich auch keineswegs unfehlbare Richtigkeit in den versuchten Erklärungen. Erst eine sorgfältige Vergleichung, die nicht während der Reise selbst, sondern erst viel später vorgenommen werden konnte, überzeugte mich von den Missgriffen und Irrthümern, welche ich bei der Notirung aus dem Munde der Indianer begangen hatte. Ich theilte hier das Schicksal früherer Schriftsteller. So hat Soares statt Anhangakybaba d. i. Kamm des Gespenstes, wie in der Tupi die von mir aufgestellte Gattung der Bignoniaceae Pithecoctenium (Pente de Macaco, Affenkamm der Brasilianer) heisst, Anhanga-quiabo geschrieben. Das Wort Caajandiwap (Piso I. 405) soll zusammengesetzt seyn aus Caajandi-japegoá, d. h. Kraut (mit) Oel (gegen) Scolopendrabiss; wäre also in obiger Schreibung sehr verstümmelt. Andere erklären es durch Caa-jandú-ába d. i. Kraut (mit) Spinnenhaar. Anhanga recuyba der Wörterbücher (Vismia, Páo de lacre der Brasilianer) dagegen ist nicht, wie man auf den ersten Blick glauben könnte, mit iba, yba, Baum zusammengesetzt, sondern sollte Anhanga-reco-ayba, d. i. Gespensterverscheucher, geschrieben werden. Wahrscheinlich wurde die gelbe Lackfarbe des Baumes bei Beschwörungswerken oder Zauberbann gebraucht.

Dem, übrigens sehr erklärlichen Mangel einer gründlichen Einsicht in die Tupi-Sprache, welchem alle bisherigen Reisenden ausgesetzt waren, ist eine Menge unrichtiger oder falscher Bezeichnungen zuzuschreiben, die jetzt durch Schrift und Druck fixirt, mehr oder weniger das Bürgerrecht erhalten haben. Wer wollte erkennen, dass Buranhem, wie gegenwärtig das Chrysophyllum glycyphloeum Ried. genannt wird, aus Ymira, Baum, und eêm, süss oder scharf (wegen der süssen Rinde) zusammengesetzt sey? Mehrere Xanthoxyla, deren harte, sehr spitzige Stacheln bei der Durchbohrung von Lippe und Ohrläppchen gebraucht werden, heissen Tembetarú. Diess Wort ist aus tembé die Lippe, ita, Stein, und ú, contrahirt aus úba, üba, Baum zusammengesetzt. Die Lippenzierde, das s. g. Barbot, aus Stein, Harz oder Holz heisst Tembetara oder Temetara. Als ein besonders frappantes Beispiel, wie die ursprünglichen Pflanzennamen der Tupis in Bildung und Bedeutung Veränderungen erfahren haben, mag uns eine der wichtigsten Heilpflanzen, die brasilianische Brechwurzel (Cephaëlis Ipecacuanha) dienen. Der Volksname dieser Pflanze ist nicht Ipecacuanha, sondern Poaya; einige andere Pflanzen aus der Familie der Menispermeae: Cissampelos glaberrima, ovalifolia, ebracteata S. Hil. dagegen wurden mit dem Namen Pe-caá-guéne, d. i. Kraut am Wege, das Brechen macht, bezeichnet. Diess Wort ward zuerst zusammengezogen in Pe-ca-cuém (Notic. do Braz. Pars II. c. 61.), dann, weiter verändert Picabonha. Nach der Aehnlichkeit der Wurzeln dieser Gewächse mit der ächten (erst später zu allgemeiner Anerkennung gelangten) Brechwurzel wurde dann der Name auf diese übertragen, und um sie von den grösseren Arten zu unterscheiden, wurde sie I (klein)-pe-caa-guéne, daraus Ipecacuanha, genannt. Der noch im ganzen Lande herrschende Name Poaya ist eine Zusammensetzung aus Çepó (Sipó, Sipú) und Aya, was Wurzel-Gegengift heisst. (Das Wort Ayapana, Eupatorium Ayapana Vent., bedeutet ebenfalls Contra venenum. Aioo heisst im südlichen Dialekte: heilen).

Ueberhaupt aber gilt von diesen Pflanzennamen gewissermassen dasselbe, was von den längeren botanischen Bezeichnungen, ehe Rumphius und Linné einen generellen und speciellen Namen einführten: sie heben etwas an dem Gewächse heraus, was dem Indianer besonders bedeutsam erschien. Solche, eine Beschreibung einschliessende Namen werden im Munde des Volks auf das möglichst geringe Maass an Sylben zurückgeführt. So heisst, um noch einige Beispiele anzuführen, die im centralen Brasilien häufige Gattung Paepalanthus wegen ihrer kugelrunden weissen Blüthenköpfe Capipoatinga = Caa-pi-apoam-tinga; Caragoatá oder Caraoatá, verschiedene Bromeliaceae, heissen „Wanderer-Kratzer": caranha, kratzen, stechen, und oatá, guatá, wandern, gehen. Abacaxis, der Tupi-Name für die Ananas, ist zusammengesetzt aus abi, Stachel, Dorn, Nadel, und acaigoé, dem Schmerzens-Ausruf der Weiber (während die Männer acái rufen). Tabebuya, ein für Bignoniaceae und Triplaris-Arten gebrauchter Name, ist zusammengezogen aus tacyba, Ameise, iba, Baum, und bubuy, flottiren (wegen Leichtigkeit des Holzes, in dem sich Ameisen aufhalten). Bicuiba, Ucuúba, Vicuhyba, für Myristica, ist zusammengesetzt aus Vu (uu, ao essen), icaba, Fett, iba, Baum. Sapucaja, Lecythis, ist gebildet aus Sopiá (Çopiá), Ei, und Acája ein Waldbaum (Spondias), und soll bedeuten Acája mit Samen in einem Vogelneste. Die Aehnlichkeit der grossen topfförmigen Frucht und der darin nistenden Samen mit einem Neste voll Eier hat dann wahrscheinlich Veranlassung gegeben, das aus Europa eingeführte Haushuhn Sapucaja (Çapocaja) zu nennen.

Dem Genius der Tupi-Sprache entsprechend, sind sehr viele Pflanzennamen zusammengesetzt, und selbstverständlich spielen hiebei jene Worte eine Hauptrolle, welche Pflanzentheile bezeichnen. Wir führen hier auf: Çepó, Wurzel, Wurzelstock, Liane; Mityma, Kraut; Caá, Pflanze, Kraut, Blatt, Wald; Iba, Baum, Strauch. Frucht; Ymirá, Baum, Holz; Acá, Ast (eigentlich Horn); Tuúma, Fruchtfleisch. Potyra oder Putyra, Blume, Blüthe kommt in den Compositis nur selten vor. Diese Worte erfahren in verschiedenen Gegenden mancherlei Veränderungen. Caá, was an das gleichbedeutende japanische kwá oder kuwá erinnert, wird bald kurz bald gedehnt, wohl auch cüá, goá, gehört. Das Wort Cüi, das auch in Güi, Quá, Juá, Joá wiederklingt, ist vielleicht als generelle Bezeichnung für jede fleischige Frucht zu betrachten. Die Beeren mehrerer Solanum-Arten, welche die Indianer essen, werden, wie die Steinbeeren von Zizyphus Joazeiro Mart., Juá oder Joá genannt. Bedeutungsvoll erscheint hiebei, dass in der Sprache der Indianer von Chili, auf deren Zusammenhang mit dem Tupi so manches hinweisst, das türkische Korn (Zea Mays) Guá heisst. Es muss aber auch daran erinnert werden, dass in vielen Dialekten die Sylbe Guá, Huá, Ouá, Ua, Oau, U als ein Augmentum demonstrativum vorgesetzt wird, wesshalb vielleicht in manchen Fällen ihr nur irrthümlich eine Radical-Bedeutung zugeschrieben würde. Das so häufig in Brasilien gehörte Wort Capim, für Gras oder grasartige Pflanze, ist aus Caa- und pé, oder pi, Weg, zusammengesetzt. Es wird aber auch in erweiterter Bedeutung für Pflanze, Kraut gebraucht; am Rio Uaupés in Nordbrasilien wird eine Banisteria Caapi genannt.

Die Pflanzennamen der Galibis in Cayenne gehören nach ihrem sprachlichen Ursprunge zum nicht geringen Theil hieher, und können zu anderweitigen Erläuterungen benützt werden. Manche von ihnen vermitteln auch den Zusammenhang mit denen in der, nun fast ausgestorbenen Sprache der s. g. Caraiben der Inseln, aus welcher Breton sehr viele Naturgegenstände notirt und dadurch der Vergessenheit entrissen hat.

Bei der grossen Verbreitung des Tupi-Volkes und der bunten Vermischung mit andern Indianern ist es nun sehr erklärlich, dass die Pflanzennamen vielerlei provinzielle und dialektische Abwandlungen und Uebertragungen von Einem Gegenstande zu einem andern, mehr oder minder verwandten erfahren haben. Ja, es wäre, wenn es sich auf diesem Gebiete anders verhielt, als bei andern Worten, doppelt zu verwundern. Der Indianer nimmt es aus Indolenz und Gleichgültigkeit mit dem Gebrauch seiner Worte nicht eben genau; er wechselt Sylben, Vocale und Consonanten bald nach dem Genius seiner Sprechweise, bald nach Laune und Bequemlichkeit. Dadurch erklären sich viele Veränderungen des ursprünglichen Tupi-Wortes. Andere mögen durch Vermischung mit Worten aus benachbarten Sprachen entstanden seyn, und wieder andere ihre Bedeutung wegen Aehnlichkeit der Pflanzen, vielleicht sogar nach Convenienz in einer Horde, die den launenhaften Bestimmungen ihres Anführers folgt, gewechselt haben.

Aber auch im Munde der eingewanderten Portugiesen und ihrer Abkömmlinge, der gegenwärtigen Brasilianer, erlitten und erleiden fortwährend die Tupi-Bezeichnungen für Naturgegenstände wesentliche Abwandlungen. Jene Bevölkerung europäischer Abkunft geht in ihrer Nomenclatur weder von einer gründlichen Kenntniss der bis jetzt vernachlässigten Tupi-Sprache noch von festbestimmten Ausdrücken aus, vermag daher nicht den üblichen Sprachgebrauch auf seine richtige Form zurückzuführen, hat oft Namen und Sachen verwechselt, dialektische Verschiedenheiten eines und desselben Wortes auf verschiedene Gegenstände angewendet, die Tupi-Namen mit Ausdrücken aus Negersprachen vermischt oder durch portugiesische Wortbildungen bis zur Unkenntlichkeit verändert. So ist, um einige Beispiele anzuführen, das Wort Caa-reru, was eine Gemüsepflanze (zunächst Portulak) bezeichnet in Carerú, Cariru, Caroru, Carouru, Caruru, Coruru, Cururé verändert worden, und bedeutet bald jenes Gewächs, bald die Phytolacca decandra, mehrere (eingeführte?) Amarantus-Arten, wie den Amarantus bahiensis Schrad., und viele Podostemeae, aus welchen die Indianer am Rio Negro und Rio Branco ein Salz für ihre Speisen bereiten. Einer der edelsten Bäume aus der Ordnung der Hülsenfrüchter, für Bau- und Nutzholz wichtig, die Sapigenguba der Indianer, wird wegen Aehnlichkeit mit dem Holze des Lorbeerbaums (Vinhatico, Persea indica Spr. von Madeira) Vinhatico in ganz Brasilien genannt. Ein Baum aus der Ordnung der Dilleniaceen, wegen seiner rauhen (çaimbé) Blätter Çaimbe-uva, Saimbeiba, Sambaiba, Sambaüva genannt, Curatella Sambaiva S. Hil. hat Veranlassung gegeben, einige verwandte Schlingsträuche (Davila) mit portugiesischer Endung Sambaib-inha zu nennen. Aus einer der Negersprachen sind die Ausdrücke: Quicombo (Hibiscus esculentus L.), Quandú, Coandú, Coendú (Cajanus flavus DC.), Mulungú (Erythrina), Mutamba (Bubroma) herübergekommen.

Als eine besonders wichtige Thatsache muss nun endlich auch hervorgehoben werden, dass unter den Pflanzen- (und Thier-) Namen manche mit der gleichen oder verwandten Bedeutung auch in andern, oft weit abgelegenen Sprachen vorkommen. Es ist bereits durch A. v. Humboldt bemerkt worden, dass einige Benennungen von Naturproducten in den zuerst entdeckten Gegenden der neuen Welt durch die Entdecker selbst alsbald über die Grenzen der Sprache, welcher sie ursprünglich angehörten, hinaus über ganz Amerika verbreitet worden sind; so z. B. Papaya (Carica),

Yuca (Manihot utilissima Pohl). Nana (Ananassa*), Guajava (Psidium), Mays, Mahis (Zea Mays). Einige andere Bezeichnungen dagegen waren schon früher den Bewohnern des Festlandes, wenigstens in ihrem Wurzelworte gemeinsam. So hiess der Baum Crescentia Cujete aus dessen Frucht die Indianer ihre Trinkschalen (Cujas) bereiten, bei den Tupis Cuiêyba, bei den Caraiben der kleinen Inseln Couá-heu (Breton). Die Erdpistacie (Arachis hypogaea), von welcher Oviedo i. J. 1535 auf Haiti den Namen Mani angiebt und die Yuca (Manihot utilissima Pohl.) begegnen uns in der Tupi als Man-dobí und Man-ioca, und die unächte Röhrencassie (Bactyrilobium grande) ist die Mali-Mali der Caraiben auf den Inseln, die Mari-Mari der Tupis. Sonst aber haben die meisten Nutzpflanzen auf den Inseln und bei den Tupis verschiedene Namen, z. B. Heliconia, Chrysobalanus Icaco, Zea Mays, Nicotiana, Capsicum, Gossypium, heissen auf den Inseln Bihai, Hicaco, Mahiz und Aoachi, Cohioba (Cohiba), Axi (Aches), Mapù (Maourou), bei den Tupis: Caá-eté, Goajerú, Abatyi, Auaty oder Uba-tim**), Petúm (Pety,

*) Wenn Bryan Edwards (History of the brit. Westindies I. 129) vermuthet, dass das Wort Anana östlichen Ursprungs sey, da die Pflanze auf den Inseln Fan-polo-mie geheissen habe, so lässt er, wie andere Schriftsteller, ausser Acht, dass dort zur Zeit der Entdeckung dieselben Verschiedenheiten von Sprachen und Dialekten gewaltet hat, wie auf dem Festlande. Die Taino, vielleicht die Sprache der ältesten (friedlichen) Bewohner der grossen Antillen, die Aruac und die der seeräuberisch hin- und herziehenden (kriegerischen) Horden, welche unter dem Namen der Caraiben begriffen werden (sie nannten die Menschen: Eyeri), spielen hier mannigfach durch einander. Es kann uns daher nicht verwundern, dieselben Nutzpflanzen unter den verschiedenen Namen Nana (wie sie auch bei den Galibi heisst), Boniama, Fan-polo-mie, Yayaoua u. s. w. zu finden.

**) Das heisst: Gras mit einem Zapfen. Auf den Antillen kommt Iba-tim,

Petyma, Pytyma, mexicanisch Pycietl), Kyinha, Amanin. So begegnet uns also auch auf diesem Gebiet jene unbegrenzte Vermischung und Abwandlung der Sprache, worin wir einen der bedeutsamsten Charaktere der amerikanischen Völker erkennen müssen.

Ipatí als Bezeichnung von einer Asclepiadea mit einer grossen zapfenförmigen Frucht vor.

A.

Abajerú, Goajerú, Goajurú: Chrysobalanus Icaco L.

Abacate, Abacati, Avacate: Persea gratissima Gaertn. Die wohlschmeckende Laurineen-Frucht, auch *avocato-pear* genannt.

Aba remo temo = *aba-cyma tembiú* i. e. vir sine cibo (nisi *Aba* forma pro für *Iba*): Acaciae variae species.

Abacaxi, Abacaxis, Abachis = *abi* (acus), *acoigoê* (exclamatio feminarum dolentium; viri exclamant: Acai!) Ananassa et aliae Bromeliaceae.

Abatyi, Abatiopé, quasi Zea minor, *Arroz* Lusitan: Oryza sativa.

Abaty-antám, Avaty; Milho Lus. (planta nasuta dura) Zea Mays. (*Aoáchi* der Caraiben an der Küste v. Cumana; *Quecharapo* der Cumanagotes). Im Süden auch *Uba-tim.*

Abati-timbaby (guaranice: Dobrizhofer): Hymenaea vel arbor resinam fundens flavam, e qua varia Indianorum ornamenta fabricantur. Vielleicht zusammengesetzt aus: *aba* (*ibi*), Baum, *tim*, Zapfen, *tembiu*, Speise, weil die Hülsen ein süsses Mark enthalten.

Abiu, Abi. Abi-iba (portugiesisch: *Abieiro*, in Nordbrasilien) Lucuma Caimito DC.

Abiu-rana (Abiu spuria): Lucuma lasiocarpa Mart. (Alto Amazonas).

Acáia = *Ibá-metara* Marcgr. 129: Spondias venulosa Mart., brasiliensis Mart. Ein Baum mit gelben elliptischen, essbaren Pflaumen, besonders in Ostbrasilien. — *Acaia* in dial. australi = Matrix.

Acáia-cá = *Cedro* Brasiliensibus: Laurineae variae.

Acáia-catinga Gabr. Soares Noticia do Braz. Pars II. c. 64: Maurya aut alia Terebinthacea affinis.

Acajú, Acajú-iba, Acajá iba, Piso Edit. I. (1648) 58. Edit. II. (1658) 120. Marcgr. 95. *Cajú:* Anacardium occidentale L. — *Moué:* Galibi; *Maranon* in Cuba: Ramon de la Sagra. *Acajú* significat quoque annum: quia Indiani ejus fructescentia annos numerant.

Acajú-y, Acajú-mirim (S. Paulo, Minas) Anacardium humile Mart.

Acaju-ycyca (icica): resina Acajú.

Acambuy, Cambuy, Notic. do Bras. l. c. c. 51. Myrciaria aut alia Myrtacea.

Acapóra (S. Paulo): Sambucus australis Cham. Schldl. *Sabugeiro* lusitan.

Acapú, Agapú (Pará). Arbor ligni nigrescentis firmi, aedibus et operibus apti.

Acapu-rana, Agapu-rana (Alto Amazonas). Wullschlägelia Mart. Manusc. Nov. Gen. Rutacearum. (*Caa* = *Cua; acapoc*: arbor fructu dissiliente; *rana:* spurium).

Acará-úva (arbor Ardeae aut piscis Acarà). Alto Amazonas: da Silva Araujo.

Acari-coàra (Locus v. nidus avis Ardeae). Para. Arbor Leguminosa, ligno in solo durabili, quod pigmentum phoeniceum praebet.

Acari-çoba Piso I. 90. II. 260. Marcgr. 27. (Herba avis Ardeae aut piscis Acara). Hydrocotyle bonariensis L. — *Erva do Capitão* lusitanice.

Achira-mourou galibi: Cordia nodosa. (Para).

Acoulerou caraibice Rochefort: Cereus.

Aguapé Marcgr. 23, *Auapé*: Nymphaea.

Aguara-ponda Marcgr. 6. (Cauda canis v. felis) Stachytarpha dichotoma Vahl.

Aguara-quiya Marcgr. 55. (Capsicum canis. *Aguara ciunhaaçú* Piso I. 129. male scriptum. Tiaridium indicum Lehm. *Crista de gallo*: lusitanice.

Aguara quiya i. e. Capsicum caninum Piso I. 108. II. 224. Marcgr. 55. Solanum oleraceum Rich. *Pimenta de gallinha*: lusitanice.

Aguaribay guaranice: Croton?

Aguaxima Piso II. 197. Pothomorphe sidaefolia Miq.

Aguliguepo-obi Marcgr. 53. Maranta vel alia Scitaminea.

Aja-rana (Pará) Arbor construendo idonea.

Ajuba (*Ai-uba*, *Aij-uba*) arbor Laurinea. *Louro*: lus.

Alicuri v. *Aricuri*

Amaniú gossypium vide *Aminiú*.

Amanoá galibi, Surinam: Amajova guyanensis Aubl.

Amapá (Amazonas) Arbor? —

Amare, *Amari*, *Amary* (Rio) Arbor Rutacea, Metrodorea excelsa Freire Allemão in litt.

Amaytin Notic. do Braz. c. 52. Pourouma.

Ambaiba Piso I. 72. II. 147. Marcgr. 91. Cecropia concolor W.

Amby (pituita) *iba* (arbor) ob gemmam, quae succo mucilaginoso scatet. Hic succus expressus cum ovi albumine, saccharo (et aceto) tritus contra haemoptysin usitatur.

Ambaiba-tinga i. e. alba Piso I. 72. II. 148. Cecropiae foliis subtus albis.

Ambay guaranice: Cecropia.

Ambapaya: Carica Papaya L.

Ambú, *Imbú*, *Umbú* (Bahia, Pernambuco) Piso I. 78. II. 167. Marcgr. 102. Spondias tuberosa Arr. Arbor in radicibus tumidis aquam continens, drupa acidodulci eduli, cum lacte jusculum gratissimum praebet: *Ambuçada*.

Ambu-y (Minas) Ximenia americana L. *Espinheiro d'ameixa* lusit. Notic. do Braz. c. 53.

Ambáya-embo Piso II. 260. Marcgr. 15. Aristolochia labiosa Ker.

Ameandoca (Para) Arbor: Silva Araujo.

Aminiú, *Aminiiú*, *Amaniú* Marcgr. 59. Piso II. 186. *Manym* Notic. do Braz. c. 62. Gossypium. *Algodão*, *Algodoeiro*: lusit. — *Amoulou* caraibice in Antillis. *Maourou* galibi.

Anabi (Alto Amazonas. Potalia resinifera Mart.

Anacoco galibi Surinam*). Robinia Panacoco Aubl.

Ananim, *Oananim*, *Oanani* (Pará)

*) Die „galibi-Surinam" Namen sind aus der Holländischen Zeitschrift West-Indie, Lief. 3. S. 161: Seypesteyn over Surinamsche Houtsoorten entlehnt, und mir vom Herrn Bischof Wullschlägel freundlichst mitgetheilt.

Moronobea coccinea, Calophyllum brasiliense et aliae arbores resinam flavam fundentes. *Breu de frecha:* lusit. Lignum specierum quarundam pro construendis navibus.

Anajá, *Inajá* (Pará, Maranhão): Palma: Maximiliana regia Mart.

Anaja-mirim (ibid.): Palma: Attalea humilis Mart.

Ananá Thevet 89. c. 46. Lery 162. Marcgr. 33. Piso II. 195. Ananassa sativa Lindl. Bromelia Ananas L. Vox non tupica, licet in dialectum vulgarem recepta. (The term *Anana* is, I believe, *eastern;* the westindian name of this fruit was: *fan-polo-mie:* Bryan Edwards Hist. of the brit. Westindies I. p. 129.)

Ananachi - cariri (corruptum?) Marcgr. 130. Palma: Copernicia cerifera Mart.

Anauirá (Amazonas). Arbor construendis aedibus et machinis inserviens.

Andá, *Andá-açú* Piso I. 72. II. 148. Margr. 110. Anda brasiliensis Raddi. Arbor Euphorbiacea, semine drastico.

Andira, *Andira-iba*, *Andúra*, arbor vespertilionum (*andirá*) Leguminosae variae generis Andira. *Angelin* lusitan.

Andira Ibiaiariba Piso I. 81. II. 175. Marcgr. 100. Andira rosea Mart.

Andira-kycé (Amaz.) culter vespertilionis, gramen aut alia Monocotyledonea?

Andiróba perperam pro *Nhandiroba*, quod vide.

Andura babajari Notic. do Braz. c. 66. *Obaja-miri* Marcgr. Lib. Princ. 489. i. e. species foliis minoribus; corrupte: *Pobúra*. Andira.

Angali, *Angelim* vix tupice: Andira.

Angico (tupice? Angolensium?) Acacia Angico Mart. et aliae.

Anguhyba tân, *Inhuhybatân* (Porto Seguro) = *Angahyba antam* i. e. arbor ligno olente duro; Myrtacea, Pseudocaryophyllus.

Anguay vel *Ibira-payé* guaranice, i. e. arbor medicorum vel medicinalis (balsamum fundens): Myrospermum vel affinis Leguminosa.

Anhanga-kybaba i. e. spectri pecten. Corrupte: *Anganga-quinobo* Notic. do Braz. c. 75. Genus Bignoniacearum capsula echinata, Pithecoctenium Mart. *Pente de macaco:* lusit.

Anhanga-recuyba i. e. spectra arcens. Vismia. Arbuscula guttifera, resinam flavam fundens, *Pâo de de Lacre* lusit.

Anha-yba-atâa Notic. do Braz. 72. = *Anga-iba-antam*, arbor ligno (cortice) suaveolente duro. Pseudocaryophyllus sericeus Berg. *Canella brava* lusit. Cfr. *Anguhyba* supra.

Anhoaiba, *Anhuhyba*, *Anjuhyba* (prov. Espiritu Santo). Myrtaceae et Laurineae variae. *Canella* lus.

Aninga-(*üva*) Marcgr. 106. Philodendron. *Inninga* in Sofala Musa: Bauh. Hist. I. 149.

Aouassi: galibi (Biet): Zea Mais L. conf. *Avaty* et *Uba-tim*.

Apareiba (perperam pro *Guapareiba*) Notic. do Braz. c. 60. Rhizophora Mangle. *Mangue vermelho* lusit.

Apé Notic. do Braz. s. 54. Anona?

Apé-iba Notic. do Braz. c. 71. Marcgr. 123. Apeiba cymbalaria Arruda. *Jangadeira* Bras.

Apiy (Alto Amazonas). Herba: Silva Araujo.

Apogitagoára, *Apoxitacoára* = *Apocuitacoara* i. e. fundus remorum. (S. Paulo). Esenbeckia

intermedia Mart. Herb. Fl. Bras. n. 1065.
Araboutan (corrupte?) Lery. Caesalpinia echinata L. *Pão bruzil* lusit.
Araça (*-iba* Marcgr. 104). Psidium Araçá Raddi.
Aracui (Bahia) Palma: Cocos schizophylla Mart.
Arapabaca, Marcgr. 34. Spigelia glabrata Mart. (Compositum cum vocabulo *Arabé*, Blatta, insectum?)
Arapoca (Rio de Janeiro). Galipaea.
Ararani, *Araranin* (Amazonas) arbor: Silva Araujo; aliis *Coruatatiba* (cinis contra hydropem propinatur: Cerqueira.)
Arariba i. e. *Arara-iba*, arbor avis Ara rubrae (Rio, Espiritu Santo) Rubiacea tetranda, Pinckneyae affinis, Arariba Mart. Mss. Arbores rubro tingentes.
Arariba-piranga aut *caá-mirim*. Arariba rubra Mart. (Pinckneya? rufescens Freire Allemão, nomen).
Arariba-tinga aut *caá-assú*. Arariba alba Mart. (Pinckneya? Aroma Freire Allemão nomen).
Araticu, *Araticum*: Anona.
Araticú-apé Piso II. 142. Marcgr. 94. Anona Pisonis Mart.
Araticú-pána Notic. do Braz. c. 75. (non *rana*, uti in edit. 1851). Piso I. 48. II. 142. 306. Marcgr. 94. Anona Marcgravii Mart.
Araticú-ponhé Piso II. 141. 142. Marcgr. 93. Anona Marcgravii Mart.
Araticú-pitaya (*piter* = sorbere) Anona squamosa? Vell. Flor. Flum. V. t. 127.
Arfabáca (port.) *alfavaca*, herba.
Arfabáca-rana i. e. *Alfavaca spuria*, *Alfavaca de Oobra* Brasil. Mònnieria trifolia.
Ariculi, Aricuri, Aliculi Palma: Cocos schizophylla Mart.
Arraté galibi in Surinam. Copaifera pubiflora Lindl.
Assacú, Oassacú, Ouassacú (Para, Alto Amazonas) Arbor Euphorbiacea, lacte venenosa, Hura brasiliensis W.
Assui, *Assahy* (Pará, Maranhão) Palma: Euterpe oleracea Mart. et aliae. *Vadgiai* Indorum Parécos.
Ayou galibi in Surinam: Nectandra Pisi Miquel.
Atitára, *Jatitára* Marcgr. 64. Palma scandens, Desmoncus polyacanthos Mart. et aliae sp. E caudice arundinaceo corbes et tubus elasticus pro exprimenda radice Mandioccae (*Tipiti*) nectuntur.
Avacate, *Avagate* Caraiborum in terra continente; *Ahuaca* vel *Guachitl* Mexicanorum: Hernandez; *Palta*: Peruvianorum; *Avogato-pear* Anglis, Persea gratissima Gaertn.
Avaty Thevet. 46. 113. Lery edit. 1586. 102. Zea Mais. Conf. *Ubatim* et *Abaty-antam*.
Avoira = *abi-ymira* i. e. *arbor acus* (corrupte: *Awarra* in Surinam, *Oüara*: galibi, Biet) Astrocaryi variae species et aliae Palmae aculeatae.
Avaremotemo Piso I. 77. II. 168. arbor sine cibo. Pithecolobium Mart. (Mimosa cochliocarpos B. A. Gomes).
Axi. *Achi* caraibice, Capsicum s. piper hispanicum. *Chilli*: Mexicanorum; *Nautchi* vel *Dau-seye*: Aruac.
Ayapana, *Aiapana* i. e. contra venenum (in S. Paulo) Eupatorium Ayapana Vent.
Ayri, *Airi*, *Hayri* Thevet. c. 38. p. 72. Palma: Astrocaryum Ayri Mart.

B.

Bacába (Pará, Alto Amazonas) Palma: Oenocarpus Bacaba Mart., oleum mite in nucleis praebens.

Bacoropary Notic. do Braz. 163. contractum: *Bacori*, *Bacury*, *Bacupary* (Para, Maranhão, Alto Amazonas) Platonia insignis Mart. (Moronobea esculenta Arruda).

Balata (Rio de Janeiro) Couratari estrellensis Raddi.

Barabú (*macho* et *femea* Brasil. in Pernambuco) Arbor ignota.

Baraguá, *Baracuá*, *Bracacua* (parova-cuá = corona arboris?) guaranice: contabulatio pro seccanda thea paraguariensi.

Barahúna (Rio de Janeiro) contractum e *Parova úna* i. e. *Parova preta* Bras. Melanoxylon Braúna Schott.

Barbatimão corruptum e *Parova tuûm tumune*, arbor Leguminosa succum vel gummi plorans. Stryphnodendron Barbatimão Mart. Conf. *Abati-tymbaby*.

Bareriçó, *Mariricó*, *Uariricó* Irideae variae, Ferraria etc.

Barú, *Cumbarú* (Minas, Goyaz) Dipterix.

Batauá v. *Patauá*. Palma Oenocarpus Batauá Mart. (Pará).

Batinga (*branco* et *vermelho* Bras.) Arbor. An vox hybrida: *Páo* (lusit.) lignum, *tinga* (tupi) album. (S. Paulo).

Baxiúva v. *Paxiúva*, *Bajiúba* (Para, Alto Amazonas) Palmae: spec. Iriarteae.

Beery vide *Mbeery* plantae Scitamineae, Canna.

Bicuiba, *Bicuhyba*, *Bocuúba* rectius *Vicuhyba*, unde *Ucu-úba*: Myristica.

Bicuiba caá-açu vel *Bicuhibuçú* i. e. folio magno (Rio, Minas. Espiritu Santo. Bahia) Myristica officinalis Mart.

Bicuiba caá-miri i. e. folio minore (ibidem) Myristica Bicuiba Schott.

Biribá, *Bribá* (Amaz.) Arbor.

Bocajá guaranice: Palma: Acrocomia Totai Mart.

Bruti, *Buriti* (v. *Miriti*). Palma; Mauritia vinifera Mart.

Bubunha, *Pupunha*, *Popunha* (Pará) Palma: Guilielma speciosa Mart.

Bucutá galibi in Surinam: Aspidosperma excelsum Benth.

Bugi (Minas, Goyaz, Bahia) Combretum Bugi St. Hil. et alia.

Buranhem, *Burayem* (Antonil Riquesa do Braz.), *Burayén*, *Guaranhem*: corruptum ex *Ymira* v. *Moirá* (*Bura*)-*eêm* quod vide, arbor Sapotacea cortice dulci, Chrysophyllum glycyphloeum Riedel et Casaretto Decad. p. 12.

Buri, *Buril* (Bahia) Palma: Diplothemium caudescens Mart.

Buriçica (Bahia) Laurinea. E ligno fabricantur cistae pro saccharo exportando.

Burrueh (Minas. Bahia) Brosimum (Piratinera Aubl.) Gaudichaudii Trécul. An vox gentis Ges?

Bútua, *Abútua* Arbuscula Menispermacea, Cocculi diversae spec.

C.

Caá folium, planta, herba, frutex, arbor, lignum, baculum (in dialecto Camé). Japonice: *Kuwá*, *Kwá*. In lingua Caraiborum terrae continentis *yrácu*, teste Oviedo VII. c. 11.

Caá guaranice *κατ ἐξοχὴν* est folium Ilicis paraguaiensis St. Hil., pro Thea usitatum.

Caá-apéba, contractum *Capéba*, i. e. folium planum, largum, Cissampelos et Piperaceae foliis amplis, uti genus Pothomorphe. Cfr. *Caapeba*.

Caá-apiá, *Capiá* ≐ *Caá çapya*

i. e. herba testiculi (ob formam radicis). Piso I. 90. II. 232. 311. Marcgr. 52. Dorsteniae sp. *Contra-erva* Lusit.

Caa-apicum, contractum *capicú*, *apicùm* i. e. herba in arenis maris aut fluvii (*Apicum*) Rhabdia lycioides Mart.

Caá-ataya Piso I. 110. II. 230. Marcgr. 32. Vandellia diffusa L., herba amara. *Mata canna* Lusit.

Caá-chira, rectius *Cáa-kera*, i. e. herba dormiens Piso II. 199. Indigofera domingensis Spr. L. *Anil miudo* Lusit.

Caa-cica Marcgr. 15. (*Cau-icica*, ob succum lacteum) Euphorbia.

Caa-çuguy (*yvii*) i. e. herba coerulescens. Indigofera Anil. L. *Anil verdadeiro* Lusit. *Janguá:* Kechua.

Caa-eó Marcgr. 73. i. e. herba movens, Mimosae sensitivae.

Caá-eté Notic. do Bras. c. 77. i. e. folium verum, magnum, contractum *Caeté* Heliconiae.

Caá-etimay Marcgr. 26. Herba ex ordine Compositarum.

Caá-jandiwap Piso I. 405. II. 200. Margr. 28. corruptum pro: *caa-jandi-japegoá* i. e. herba (cum) oleo contra Scolopendram. (Aliis pro: *caa-jandu-àba* i. e. herba (cum) barba araneae. Plumbago scandens L.

Caa-guaçú-iba Marcg. 97. Arbuscula foliis sesquipedalibus hirsutis, fructu nigro.

Caá-membeca (Amazonas) Arbor.

Caa-miri, *Caá-merim* folium parvum, Ilicis paraguaiensis St. Hil. folia comminuta et cribro a petiolis et costis separata. *Erva Maté* Incolis.

Caámbucá v. *Cambucá*.

Caam cuam Notic. do Braz. c. 63. menda pro *Caa-caam* i. e. frutex cacare (*caáo*) faciens, Dolichi varii venenosi.

Caá-ndurú, *Candurú*, *Condurú*, Arbor magna, „ligno tinniente", quia lignum adultum durum sonat.

Caaopiá Marcgr. 96. corruptum e *Caá-coatiar* frutex ad tingendum. Vismiae frutex lacte flavo.

Caá-peba = *Caá apeba* (Sipó de Cobras Marcgr. 25. 26.) Cissampelos glaberrima St. Hil.

Caá-pim, *Caá-pyim*, contractum *Capim*. *Capi* = *caá-pé* aut *caá-i-pé* i. e. herba (minuta) ad viam; Gramen vel herbae parvulae; aliis: plantae, quae caesa sylva in terra mundata (*Caa-pyxaba*) enascuntur. *Cálao* caraibice.

Caa-pi (Alto Amazonas, abusive) Banisteria Caapi Spruce, frutex e cuius fructibus Indiani (ad fluv. Uaupès) potum parant amarum, inter saltationes bibendum.

Caá-piranga, *Capiranga*, i. e. folium rubrum, Bignonia Chica Hb.

Caa-pim apeba, contractum *Capim-peba*. Piso II. 238. Gramen Eleusine.

Caa-pixuna i. e. folium nigrum Myrtaceae.

Caá-pororoca i. e. arbor fragilis, Myrsines species.

Caa-potiragoá i. e. herba flore versicolore Marcgr. 8. Spermacoces v. Borrerae species. Corollae albae coerulescunt.

Caa-quera (*kéra*) = arbor, planta dormiens (*ker* = dormire) Cassia sericea Sw. et aliae. *Dormideira* Bras.

Caá-rerú, i. e. *folium edule*, pro olla (*reru*) Portulaca. *Beldroega* v. *João Gomez* Bras.

Caá-reté (Amazonas) sylva alta, a fluvio remota.

Caá-roá caulis, truncus arboris.

Caá-robá ramus arboris.
Caa-roba contractum *Caroba* Piso l. 70. Jacaranda Caroba DC. Bignonia Vell. VI. t. 43.
Cau-ryma, *Caa-rima*, *Carimá*, amylun farinae Mandioccae.
Caa tendy, contractum *Cateny*, i.e. herba salivaria, Spilanthes.
Caá-tia, *Cau-tya* i. e. herba cum succo (*ty*) lacteo; Euphorbiae herbaceae stipulatae.
Caá-tigoá, *Caatigua*, *Caatiqua*: Dobrizhofer, abiponice *Achite*, cortex rubro tingens. Trichilia Catigoá S. Hil.
Caa-tinga, *Catinga* i. e. sylva alba, perlucida, aestu aphylla.
Caa-tininga (Alto Amazonas) Arbor (Silva Araujo).
Caa-yby Indigofera *Anil* Bras. (pro *Caá-suguy*).
Caa-ycobé i. e. herba viva, guaranice, Mimosa.
Caa-ycy guaranice arbor Icica, resinam fundens.
Cabiúna, *Caviúna*, *Caá-bi-una* (nigrum) arbor Leguminosa, Pterocarpus niger Vell. Miscolobium violaceum Vog.
Cabore-úva, *Caburé-iba* Piso II. 119. Myrospermum vel
Cabui-iba Marcgr. 137. Arbor ligno flavo. *Páo amarello* Lusit.
Cahinca, *Cainca* (Rio de Janeiro, Minas) Chiococca anguifuga Mart. et aliae.
Caiaué (Alto Amazonas) = *Cavaué*, *Caba-ecm* i. e. sebum dulce (ob fructus pingues) Palma: Elaeis melanococca Gaertn.
Cajú, *Acajú*, *Oacajú* Notic. do Braz. c. 49. Anacardium occidentale L. *Moué*: galibi.
Cajú-apeba Notic. do Braz. c. 71. (Bahia) Celtis?
Cajú-i, *Cajú-y* (S. Paulo) Anacardium humile Mart.
Calúnga (an vox tupica?) Simaba ferruginea St. Hil. (Minas, Goyaz).
Camamu (Bahia)? — an (*Caacama-uú*) arbor Myrtacea, fructu globoso eduli?
Camará, *Cambará* Notic. do Braz. c. 62. Lantana Camara L.
Camará-júba i. e. flore aureo Piso l. 86. 177. Marcgr. 6. Lantana.
Camará-japo Piso II. 218 (ex errore?) Conoclinium prasiifolium DC. — Lantana Camara L.
Camara-tinga i. e. flore albo, Marcgr. 6. L. Princ. 539. Lantana brasiliensis Link, nivea Vent. etc.
Camaranbaia Marcgr. 30. Jussieua scabra W.
Camaçari Notic. do Braz. c. 67: Marcgr. 102. Arbor alta, gummi fundens. Lignum pro cistis sacchari.
Camarú Piso II. 223. Margr. 12. Physalis pubescens L.
Cambucá = *Caá-pucá* i. e. fructus ridens Notic. do Braz. c. 54. Myrtaceae diversae. Myrciaria plicato-costata, Rubachia glomerata Berg. etc.
Cambuy Margr. 108. Myrtacea. Eugenia crenata Vell.? *Murta* Bras.
Camgába (Minas, Goyaz) Franciscaea Pohl.
Camundahy (Rio) an corruptum pro *Oomanda-y* i. e. faba minor? Leguminosa.
Canambaya, *Camanbaya* Marcgr. 46. Lib. Princ. 381. Rhipsalis pachyptera Pfeif. (An contractum e *Caa-amby-aioo* i. e. frutex fructu mucilaginoso medicinali?)
Cananga, *Caa-n-anga* = arbor animata vel odorifera (Alto Amazonas) Myristica macrophylla Benth. et aliae sp.
Canapa-úba Notic. do Braz. c. 70. (menda typographica: *Canapomba*) Laguncularia racemosa. *Mangue branco* Bras. passim.
Canapú Notic. do Braz. c. 56.

Solanum nigro affine, fructu eduli.

Candúa (Minas) Lichen, Cladonia sanguinea Mart. Ic. Pl. crypt. t. 11. f. 1. Contra aphthas infantum.

Canjerana (Rio, Bahia, Minas). Arbor Meliacea, Cabralea Canjerana Vell.

Caninana (tupice?) Chiococca anguifuga Mart. et aliae.

Canxim (vox gentis Ges?) Euphorbiacea et Maytenus? foliis magnis spinoso-dentatis. (Minas, Bahia).

Capipoatinga contractum e *Caa-piapoam-tinga* i. e. gramen globulis (florum) albis. Paepalanthus (Minas, S. Paulo).

Caporocoba, i. e. Arbor fructu dissiliente: Clusia, Hura. (*Poroc*: saltare).

Capreúva, *Capuré-úba*, *Capureigba* Arbor Leguminosa. Myrospermum?

Capupura Marcgr. 2. Gramen, Anatherum bicorne Pal. Beauv.

Cará, *Caráz* Marcgr. 29. Dioscorea; *Inhame de S. Thomé* Lusit.

Cara-chichu (an tupice) Solani sectio Maurella. *Erva Moura* Lusit.

Caragoatá, *Caraquatá*, *Caraotá*, *Gravatá*, *Caruatá* i. e. herba ambulantes (*oatá*) radens (*caranhé*), Bromeliae spinosae. (Marcgr. 37. Aloë. *Erva babosa* Lus.)

Caragoatá-oçú (Bahia, Ceará, Maranhão) Fourcroya gigantea.

Carahiá (*Quarahiá*) et *Carapepé* guaranice: Cucurbita aquosa ampla.

Caraipé, *Caripé* (Pará, Alto Amazonas) Bignoniacea? ligno duro. Cineres argillae admiscentur pro ollis conficiendis.

Carajurú (Pará, Alto Amazonas) contractum e *caa* (folium) *coatiar* (pingere) *jurú* (facies), pigmentum phoeniceum e Bignonia Chica Hb., quo Indi genae imo totum corpus pingere et contra malas praestigias (uti dente' serpentum et rostro avium quarundam) uti solent. *Caraerou* vel *Cariarou* galibi.

Caraná (Guyana) Palma in udis crescens, cujus petioli serrati usurpantur ad fila gossypina de seminibus deradenda (*caranhé* radere). In Guyana hispanica *Caraná* quoque audit resina balsamea arboris Icicae.

Carana-iba, *Carnaiba*, *Carnahyba*, *Caranda-hyba* per magnam partem Brasiliae appellatur palma *Copernicia cerifera* Mart. De huius foliis Indi ceram radent et in vicinia fluvii Jaurú sal.

Caranday guaranice, Copernicia cerifera Mart.

Caraob-uçú (Para) Jacaranda Copaia Don. et aliae.

Caraob-miri, *Caraomiri* (Rio de Janeiro) Bignoniacea alia, Sparattosperma lithontripticum Mart.

Carápa galibi, *Y-andiroba* tupi, arbor seminibus oleo pingui amaro pollentibus, Carapa guyanensis Aubl.

Carapia v. *Caá-rapia* vel *Caaapia* Dorstenia.

Carapia-punha contractum *Grapiapunhe* (Espiritu Santo) Cordia?

Cararú, *Cariru*, *Caruru* vide *Caareru*.

Carauá Bromeliaceae vide *Caragoatá*.

Carautá Notic. do Braz. c. 56. Bromeliaceae v. ibid.

Carunje Notic. do Braz. c. 72. (corruptum?) Laurinea.

Carurú (Bras. orientalis) vide *Caarerú* Amarantus bahiensis Schrad. et aliae.

Carurú-guaçú Marcgr. Libr. Princ. 287. Phytolacca decandra. L.

Carurú vel *Carurú-Iukyra* (Alto

Amazonas), *Cururé* (Rio Uaupês). Herbae Podostemaceae (Apinagia rel.) in scopulis fluviorum, e quarum cinere Indi sal (*jukyra*) parant. Julio et Augusto mensibus columbarum et psittacorum greges adveniunt, ut *Cururú* vescantur.

Catacanhem, *Caticaém*, *Catucahem*, *Cochiçahen*, *Cuticanhè* (Rio, S. Paulo) Rhopala legalis (Dineckeria Vell.) Etymologia incerta; forsan compositum cum verbo *cotúca*, pungere, aut cum *Catigoa* et *eèm*?

Catáia (*Caa-aioo* = herba medicinalis?) Polygonum acre et aliae sp. contra malum ani (*bicho do cù* Lusit.) usitatae, unde *Erva do bicho* Lusit.

Catigoá vide *Caatigoá*.

Catinga contractum e *Caa-tinga*, folium album, Crotonis sp. Item significat silvam aestu aphyllam.

Catolé, *Catulé* palma: Attalea humilis Mart. (*Catoli* in galibi = corbis).

Cauáru-caá (Amazonas) Arbor mihi ignota.

Cau-assú (Amazonas) = *caa assú* i. e. folium magnum. Palma: Manicaria saccifera Jacq. et aliis Urania amazonica Mart. vel *Pacoba sororoca*.

Cau-caá (Amazonas) herba, an Costus?

Cauim potus (cerevisia) e radice Mandioccae vel granis Maydis fermentatione paratus.

Cauré (Amazonas) herba aromatica.

Caú-uchú (Amazonas) Siphoniae sp. gummi elasticum fundentes, quo primi Omaguas ad conficiendos tubulos usi sunt.

Caxabu (vel *caa-japú*) Marcgr. I. 126. Cerei stantes. Frutex avis Cassici cristati.

Caxim, *Cajim*, *Cachim* Maytenus?

Caxingúba, *Caxindúba* (Amaz.) *Figueira brava* Lus. Pharmacosycea.

Caxiri, *Cassiri*, *Cachiri* potus e radice fermentata Manihot Aypi. (*Cassiripó* in galibi est radix Manihot raspata).

Çebipira Marcgr. I. 100. Bowdichia.

Çepó, *Çepú*, *Sipó* radix, sarmentum, liana, *Bejuco* hispanice. Composita vide sub *Sipó*.

Çepo-apeba corruptum *Sapupema* radix plana (Ficuum etc.).

Çere-iba, *Ciribá* Notic. do Braz. c. 70. Piso II. 204. (Espiritu Santo, Bahia). *Chiriába* (Pará), *Sereitinga* (i. e. alba) (Pernambuco), Avicennia tomentosa (foliis subtus albis).

Çere-ibúna (i. e. nigra), Avicennia nitida L. (foliis utrinque viridibus.

Chambira (Maynas) Palma: Attaleae sp.?

Chichá, *Xixa* Sterculia.

Chique-Chique, *Xique-Xique* (Bahia, Pernambuco) Cerei stantes aculeati.

Choité Thevet 104. Lery edit. 1586. 154. (errore *Choyne*) Arbor Crescentia Cujete L., unde vasa *cuja*.

Claraiba (Minas, Bahia) Cordiae subgenus Gerascanthus; videtur contractum et e genio lusitanico mutatum e *Caruaba-iba* i. e. arbor pabuli.

Coapo-iba Marcgr. 131. i. e. Arbor rubro tingens, Clusia.

Coajingúba (vide supra *Caxinguba* etc.) Arbor lumbricida, lacte albo, Pharmacosycea (Para, Alto Amazonas). Vomitum excitat, diarrhoeae et vermibus medetur.

Coërana i. e. *cui-rana* = Capsicum (*cui*) spurium, Cestrum.

Coité, *Cuité* corruptum pro *Caueté* i. e. folium amplum, Canna, Heliconia, Scitamineae variae.

Comandá, Comenda, guaranice *Cumandá*, Phaseolus, Dolichos fructu eduli. *Coumutá* galibi: Biet.

Comanda guira i. e. legumen avis, Marcgr. 62. Dolichi species. = *Cuam-Cuam*.

Comandá-oçu, Comandá-guaçu i. e. legumen magnum, Canavala et Mucuna, contra impetigines adhibitum.

Comandaiba Sophora littoralis Schrad.

Comarim, Cumarim, corruptum e *cui mirim* i. e. Capsicum fructu minore, Capsicum frutescens.

Commarú v. *Cumarú*. Dipterix.

Comichá (Minas, S. Paulo) Myrtacea, fructu eduli?

Conami, Cunabi (Pará, Alto Amazonas) Euphorbiae et Ichthyothere Mart., herbae pisces inebriantes. *Conamy* galibi.

Condurú Notic. do Braz. 69. idem quod *Candurú*, quod vide.

Conereüé (Rio Branco) Arbor ligno subtili flavo in campis.

Congonha, Gongonha (Minas, Rio, Espiritu Santo, Bahia) Ilex paraguariensis et multae aliae cum hac legitima specie commutatae, Ilex diuretica, pseudothea, sorbilis, domestica, medica et Villaresia mucronata (olim Cassine Mart.)

Copa-iba, Copa-üva, Copi-iva Copaifera. *Ucáma*: Coroados.

Copaia (galibi) Jacaranda Copaia Don, procera Spr.

Copaub-uçú (an corruptum pro Sebu-ũva-açu i. e. arbor magna vermifuga?) Notic. do Braz. c. 71. Pharmacosyce doliaria et aliae.

Copinari (Rio Branco) Species Cassiae purgans?

Copiúba Notic. do Braz. c. 52. (edit. 1851. c. 54.) *Copiiba* Marcgr. 121. Vitex.

Copu-assú (Para) Jacaranda Copaia Don.?

Corimbó (corruptum e *curuba imbé?*) Liana odorata flore rubro. (Pará: Cerqueira).

Corneiba Notic. do Braz. c. 60. Schinus terebinthifolius Raddi, rhoifolius Mart. et aliae. *Aroeira* Lusit.

Cotó-Cotó (S. Paulo, Minas) Palicurea densiflora Mart. An vox e lingua Gês?

Cuambú Piso II. 209. Bidens pilosa L.

Cuaro vel *Quaro* Galphimia brasiliensis.

Cuchiu-kybaba Pithecoctenium Mart. i. e. *Pente de Macaco* Bras.

Cuguaçu-remiu (per errorem pro *Çuguaçú-tembiú* i. e. Cibus rodendus magnus) Marcgr. Libr. Princ. 331. Manihot Aypi Pohl.

Cui-hem, Cui-eêm i. e. bacca sapida, *Kyinha, Quiya* Notic. do Braz. c. 48. Capsicum. *Pimenta* Bras.

Cui-hem jurimú ibid., i. e. bacca cucumerina, Capsicum grossum W.

Cui-hem-oçú ibid. Capsicum cordiforme Mill.

Cui-hem-peiu vel *Cuiepia* ibid. Capsicum cerasiforme W.

Cui-hem-sabaá vel *Cui-ceaquene* ibid. Capsicum ovatum v. odoriferum Vell.

Cui-peúna Notic. do Braz. c. 60. (Bahia) *Cui-puúna* (S. Paulo) Myrtacea.

Cui-peúna (Rio de Janeiro) Melastoma (Lasiandra) mutabilis Vell. IV. t. 130. p. 181.

Cuja vas e fructu Crescentiae Cujete L.

Cuiêyba vel *Cuegyba* Notic. do Braz. c. 75. *Cujete* Marcgr. 123. Crescentia Cujete L.

Cuiruiri, Quiruiri Myrtacea.

Cumacahi (Amazonas) Apocynea lactescens, an Couma utilis?

Cumati (Amazonas) Apocynea vel Asclepidea follicularis? Cortex pro pingendis scutellis et pateris (*cujas*) usitatur, praecipue prope Monte Alegre.

Cumarú, *Commaru*, *Cumbarú*, *Cumbary* Dipterix odorata W. et aliae species. E legitimae speciei seminibus oleum odorum (*de Tonco*) elicitur, praesertim in ditione oppidi Villa Franca ad fluv. Tapajoz, olim *Commarú* dictam. Pulvis contra tineas.

Cumbarú (galibi in Surinam) Dipterix odorata W.

Cumarú-, *Cumbarú-rana* Dipterix oppositifolia W.

Cumbeba (i. e. *cui-apeba*) Piso II. 190. Cereus variabilis Pfeif.

Cunabi, *Conami*, herba piscis inebrians, Phyllanthi variae, Ichthyothere.

Cunuri (Alto Amazonas) Euphorbiacea. Spruce Herbar. N. 3299.

Cupay guaranice, *Cupahyba* S. Paulo, Copaifera.

Cupiúba (Amazonas) Arbor ad naves construendas. Copaifera?

Cupu-ahi (Amazonas) Arbor fructifera.

Cupupira, *Sopipira*, Bowdichia.

Curamari (galibi in Surinam) Bignonia inaequalis DC.

Curauabi (Amazonas) Palma ad tecta struenda. Cfr. *Curuá*.

Curuá (Pará) Palma: Attalea spectabilis Mart.

Curuá (Bahia) Notic. do Braz. c. 66. Arbor magna, Quercui similis?

Curúba Marcgr. 21. Cucurbitacea. (an vox tupica?)

Curuba-y-mirim Marcgr. Lib. Princ. 415 (recte?) Bowdichia major Mart.

Curuiri Marcgr. 109. Myrtacea.

Curupica-iba Marcgr. 133. (nomen ex autore dubium) Terebinthacea.

Cururú (Alto Amazonas) Apocynea. Anisolobus Cururú (Echites olim).

Cururé (Alto Amazonas) vide *Caa rerú*.

Cururu-apé Piso I. 114. II. 250. *Timbo* Bras. Paullinia pinnata L.

Cutitiribá (Pará) Arbor fructu eduli. (*Cutia-tiribá*).

E.

Embaiba Notic. do Braz. c. 59. Cecropia. (In Haiti *Yarumá*: Oviedo).

Embeú (Rio de Janeiro) Guatteria.

Embira, *Imbira* Xylopia frutescens, Funifera, Bombaceae.

Embiretê, *Embiriti* (Minas, Bahia, Espiritu Santo) Bombaceae.

Embir-oçú, *Enviroçu* (Bahia, Pernambuco) Notic. do Braz. c. 68. Lecythidea v. (Rio) Bombacea.

Embuy-aembo Marcgr. 26. (corrupte *Occoembo*). Forsan *Embiara-timbo*, Sarmentum ad pisces capiendos. Aristolochia.

Engá, *Ingá* Notic. do Braz. c. 52. Mimoseae generis Ingae.

Entagapena, contractum e *Engá tagapena* = *Inga* pro clavis militaribus (*Tagapena*), Leguminosae ligno duro.

G.

Geneúna, *Jeneúna* Notic. do Braz. c. 60. Cassia brasiliana L. *Canna fistola* Bras.

Genipapo, *Jenipapa* Genipa brasiliensis Mart., americana L. et aliae (*Xagua* Hayti: Oviedo VIII. c. 5. *Quantlalazin*: Mexic.

Geratacáca, *Jerataca* contra morsus serpentum: Brunfelsia Hopeana DC.

Geromú, *Jurumú* (i. e. pro ore) Cucurbita maxima Duchesne.
Gerumaré, *Geremari*, *Curumaré* Notic. do Braz. c. 71. Arbor Leguminosa fructu eduli (Cassia? Geoffroya?)
Getica vel *Jetyca* tuber Batatae.
Ginjuiba (Bahia)? —
Goajerú, *Goajurú* (*Abajerú*, *Guajaruhi*) Chrysobalanus Icaco L.
Goaibi pocaca biba = *Goaimim poc-ucab-ibo*, arbor anus, ramis fragilibus, Mimosa.
Goaya-ibira Notic. do Braz. c. 68. = arbor cortice detractili libroso peregrinantium, Cecropia concolor W., e quo saccos pro cibo portando fabricant.
Gonandima Marcgr. 106. vide *Guanandi*.
Gongonha (Minas, S. Paulo) Ilex theezans Mart. paraguaiensis S. Hil. et aliae, vide Congonha.
Gonú (Minas) Cucurbitacea = *Tayuya de Quiabo* in Minas, S. Paulo, Wilbrandia hibiscoides: Manso.
Goyana-timbó Piscidia Erythrina Vell. VII. t. 100. (non L.)
Goyty vide *Oity* et *Uiti*.
Gravatá vide *Caragoatá*.
Grumixáma, *Grumijama* (i. e. *curumim-cama* parvuli mamma) Stenocalyx brasiliensis Berg. (Eugenia L.)
Guabira vide *Guabyra*. *Gua* bacca, *yrob* amarum, acre esse.
Guabiroba Abbevillea maschalantha et Fenzliana Berg. (Psidium dulce Vell.)
Guabiroba-merim Campomanesia aprica Berg. (Psidium Vell.)
Guabyra-guaçú, *mirim*. *Guabiyú* (guaranice) Myrtaceae fructu eduli. Folia et cortex adduntur herbae Maté ad meliorem odorem conciliandum.
Guacdo Notic. do Braz. c. 73. Dasynema Schott.
Guaiába, *Guajava*, *Guayava* Psidium Guayava Raddi, Piso II. 153. Marcgr. 104 (hunc fructum introductum praedicat). *Guayabo* Haiti: Oviedo VIII. c. 19. Benzoni l. c. 27. *Boruceh*: Coroados.
Guaiába-rana i. e. spuria (Alto Amazonas) Psidium acutangulum Mart.
Guajana-timbó Marcgr. Libr. Princ. 421. recte? Indigofera tinctoria L.
Guajerú Marcgr. I. 77. vide *Goajerú*.
Guaimbé, *Guambé* (Bahia, Pernambuco) Philodendron.
Guanandi, *Guanatim*, *Oanandy*, *Urandi*, hodie: *Lantim*, *Ladim*, *Olandy Carvalho*: Antonil, Calophyllum brasiliense S. Hil.
Guandú, *Guandós* (*Cuandú*) Piso II. 252. Cajanus flavus DC. Forsan e Guinea introductus.
Guaparaiba Piso II. 204. Marcgr. 118. Rhizophora Mangle L. *Mangue vermelho* Bras.
Guapéra Sapotaceae variae, praesertim Lucumae generis. *Caymito*: Hayti = Chrysophyllum Cainito L.
Guapohi, *Guapuhi*, *Guapui-Sipo* (Amazonas).
Guarabú *), *Gurabú* Arbores: Astronium concinnum Schott., Peltogyne Guarabú et P. macrolobium Freire in litt.
Guaracica (an *Ubiratinga* Notic. do Braz. c. 14? Lucuma fissilis Allemão.
Guaraito (Rio de Janeiro) Chrysophyllum: Freire Allemão.

---

*) *Guara* in his compositis videtur forma australis pro *Ymyra*, *Ubira*, *Myra*, *Moira*, *Bura*: arbor, lignum.

Guara-mixinga (S. Paulo) —?
Guaranà-ùva, Guaranà-Sipo (Alto Amazonas) Paullinia sorbilis Mart.
Guaranhè idem ac *Ymira-eèm* (*Buranhem*) Chrysophyllum glycyphloeum Casaretto.
Guarantan (*Ymyra-antam* i. e. lignum durum, S. Paulo) Sapindacea.
Guararéma, Gorarema (*Ymyra inéme* i. e. lignum foetens) Seguiera floribunda (Crataeva Gorarema Vell. V. t. 4. Gallesia Scorododendron Casaretto.)
Guaraùna (*Ymyra-una* i. e. lignum nigrum in Sergipe).
Gurijuba, Guariùba, Guariùva (Amazonas) Arbor Leguminosa, ligno rubello ad construendas naves: et aliis hoc nomine dicitur arbor ligno flavo tingente, verisimiliter Maclurae species.
Guariroba i. e. *Ymyra yroba* arbor amara. Palma: Cocos oleracea Mart.' (Minas, Bahia).
Guarumà et *Guarumà membeca* (Parà) Marantae spec.
Guarumimà; Serjana Guaruminna Vell.
Guaviróba vide *Guabiroba*.
Guaxima, Guajima Urena lobata, Pavoniae variae et aliae Malvaceae cortice libroso. *Guaçùm* Hayti: Oviedo VIII. c. 7. est Guazuma polybotrya.
Guembé guaranicé, alias *Imbé*, Philodendron.
Guiàbo Hibiscus esculentus L. an vox introducta Aethiopibus, quibus quoque audit *Guimgombò*.
Guineh (Minas); Trixis divaricata Spr.
Guirapià v. *Uurapià* contractum e *Guira* et *Sapyà* i. e. testiculus avis, Celtis et Cordia, *Gràò* vel *Colhoès de Gallo* Bras. (*Uura* pro Gallo in genere accipitur).
Guira-repoty vel *tepoty* i. e. stercus avium, Struthanthus citricola et alii frutices parasitici ex ordine Loranthacearum ab avibus disseminati.
Guiraparìba Marcgr. 108. *Guirapàra* arcus, *iba*, arbor. Bignoniaceae nonnullae. *Pào d' arco* Bras.
Guiti iba (*Guti*) *guaçù, mirim* Piso I. 66. II. 136. *Utim*: Antonil; *Oity*: Rio de Janeiro. Moquileae? Sapotaceae variae? et in Rio de Janeiro Soarezia nitida Freire Allemào, arbor affinis Brosimo.
Guiti-toroba Piso II. 137. Lucuma Rivicoa vel affinis.
Guriri (Bahia) Palma: Diplothemium maritimum Mart.
Gurupé (Alto Amazonas) Licania.
Gytai, Gytaycyca vide *Jatahy*.

H.

Huacà v. *Guacào* Dasynema Schott.
Huacàva (Moxos) Palma: Maximiliana Mart.
Huaimy-(*Goaimim* i. e. vetulae) *tococa* (vesica, bursa, vagina) apud Indianos Guarayos in Chiquitos et Moxos Palma: Astrocaryum Huaimi Mart.

I.

Iba-biraba Marcgr. 117. Myrtacea fructu eduli.
Ibacurupari Marcgr. 119. Platonia insignis Mart.
Iba-camuci Marcgr. 141. Arbor ignota.
Iba-metàra Marcgr. 129. Spondias venulosa Mart.
Iba-poranga (frutex bellus). *Iba purunga* Marcgr. 116. Vitex.
Iba-ti Marcgr. 19. Gonolobus gangli-

nosus (Cynanchum Vell.) Cfr. Ibatia maritima, nomine caribaeo *Ibati* donata?

Ibi-pitanga Piso I. 121. II. 187. Marcgr. 116. Stenocalyx Michelii Berg. (Eugenia auct.)

Ibira rectius *Ymyra* v. *Imirá* quod in compositis vide. Arbor, lignum (Marcgr. 99. Xylopia frutescens).

Ibira-eé Marcgr. 101. = *Ymyrá-eém* i. e. arbor dulcis (*Hivorae* Lery) Chrysophyllum glycyphloeum Ried., Casaretto. Piso I. 71.

Ibirabá, Ibiribá Notic. do Braz. c. 68. Marcgr. 126. Lecythis (Eschweilera) Luschnathii Berg.

Ibira-obi Marg. 141. Caesalpinia? *Páo ferro* Bras.

Ibira-piranga i. e. lignum rubrum. Caesalpinia echinata L.

Ibira-rema, *Imira-reme* Notic. do Braz. 74. i. e. lignum foetens v. *Gorarema*, Seguiera floribunda Benth. et aliae.

Ibiruba Marcgr. 132. Stenocalyx ligustrinus Berg. Flor. Bras. 343.

Ibixuma Piso II. 162. Guazuma ulmifolia Desf. *Motamba* Aethiopibus

Icica, *Icicariba* Marcgr. 138. *Ubira-siquá* Not. do Braz. c. 60. *Yciy* guaranice, *Almecegeira* Bras. Genus Icica.

I-cipo Marcgr. 11., *Hy-sepó* i. e. sarmentum aquae. Tetracera.

Imbé (*Tracuans* Bras.?) Philodendron.

Imberóva (S. Paulo) Aspidosperma?

Imbira v. *Embira* Xylopia, Funifera Bombaceae et aliae arbores libro deductili.

Imbiri pro *Mbeeryi* Canna glauca L.

Imbiri-Sipo (Rio) ad ligandum: Dioclea violacea Mart.

Imbiruçú, *Imbir-ussú* (Rio et Minas), Bombax, Chorisiae species et Carolinea, ob librum.

Imbu, Spondias.

Imbu-rána (Minas, Bahia) Bursera leptophloeos Mart.

Imburi, *Buri* (Bahia) Palma: Diplothemium caudescens Mart.

Imirá vel *Ubirá*, *Moirá*, *Myra* Arbor, lignum. v. cum compositis sub *Ymyra*.

Inajá (*Maranhão*, *Pará*) Palma: Maximiliana Mart.

Inaja-arau-membóca, Ad fluvium Taquary fructus tantus quantum ovum Struthiocameli. Attalea?

Inajá-guaçú-iba Marcgr. 138. Piso 130. Cocos nucifera L.

Indajá, *Andajá* Palma Attalea compta Mart.

Indajá-i Palma: Attalea humilis Mart.

Inga Marcgr. 111. = *Enga* Genus Leguminosarum.

Inga Opeapiiba Marcgr. 112. Inga dulcis.

Inhapecanga Smilax.

Inhuibatán, *Inhuhybatán* (Antonil). *Engahybatan* Leguminosa ligno firmo ad malos navium.

Inimboy Piso I. 95. II. 205. Marcgr. 12. 56. Guilandina Bonduc L. (*Inimbó* = filum).

Ipadu (Alto Amaz.) Erythroxylon Coca.

Ipé Tecoma et aliae Bignoniaceae.

Ipe-caa-goéne, contr. *Ipecacoanha*, i. e. herba parva ad viam, emetica. Cephaëlis Ipecacuanha.

Ipé-peroba (S. Paulo) *Iperoba* Marcgr. 97. Arbor Leguminosa trifoliolata.

Ipé-piranga Tecoma curialis (Bignonia Vell.)

Ipé-tinga (i. e. *Ipe branco* Rio Grande do Sul) Patagonula.

Ipe-úva contract. *Piúva* (Rio Grande do Sul, S. Paulo) Patagonula. Tecoma speciosa etc.

Ira-iba i. e. arbor mellis, Palma: Cocos oleracea Mart. et aliae. Piso II. 129.

Iriribá, *Irariba* arbor meltis.
Itaúba i. e. lignum lapideum (Amaz.) arbor construendis navibus.
Itúbu, *Itoubou* (Galibi) Jonidium Itoubou Hb. Bpl.

J.

Jaborandi Marcgr. 36. Arbusculae; Rutaceae: Monnieria trifolia L. et Piperaceae: Artanthes et Ottoniae species. (Syllaba *Ja* verisimiliter contracta est ex *Iba*.)
Jabotapita Piso II. 166. Marcgr. I. 101. Gomphia parviflora DC. (Nomen compositum e *Japoty*, alligare, et *Pita*, Aloë, Fourcroya, verisimiliter ex errore huic plantae inditum est.)
Jaboticaba, *Jabuticaba* Marcgr. 141. Myrciaria Jaboticaba, cauliflora Berg. et aliae. *Jabotim* = testudo. Quasi sebum testudinis.
Jabuti vel *Jabuti-üva* (Amazonas) Palma: Rhaphia taedigera Mart., cujus fructus instar testudinis loricatus est. Corruptum sonat *Jubati*, quod vide.
Jacajuúba, *Jacaxuúba* Notic. do Braz. c. 66. Arbor magna, ligno duro. Videtur vox composita ex *Acajá* et *iba*.
Jaçape, *Jasapé* Marcgr. 2. Piso I. 96. II. 237. Kyllingia odorata Vahl.
Jaçapucaya Piso II. 135. Marcgr. 128. Lecythis Pisonis Camb. et aliae.
Jacarandá Notic. do Braz. c. 72. Arbores leguminosae ligno duro obscuro. Compositum videtur e *Ja* et *Carana*. In prov. Rio hoc nomine veniunt Machaeria legale et incorruptibile Benth. (Nissolia Vell. VII. t. 84. t. 82).
Jacaranda-banana (Rio de Janeiro) Swartzia Flemmingii Raddi.
Jacarandá piranga (i. e. *roxo* Bras.) Rio Machaerium firmum Benth. (Nissolia Vell. VII. t. 83).
Jacarandá-tan (i. e. *antam*, firmum) Machaerium scleroxylon Freire Allemão (an quoque Tulasne?) *Páo ferro* in confiniis prov. Minarum.
Jacarandá-una (i. e. *pixuna*, nigrum) *Cabiúna* vel *Jacarandá preto* Bras. Dalbergia nigra Allem. (Pterocarpus Vell. VII. t. 91). Nomine *Palisandre* (corr. e *Palo Santo*) lignum in Europam advehitur.
Jacarateá, *Jacaratiá* Notic. do Braz. c. 51. Carica Papaya L. *Mamão* Bras.
Jacaré-cui-tauá-cipó (Amazon.) videtur compositum e *Jacaré*, crocodilus, *cui*, bacca, *tauá*, flavus. *cipó*, sarmentum.
Jacaré-úva, *-huiba*, *uiva*, *iba*, *ũba* (Alto Amazonas) lignum Crocodili. Calophyllum brasiliense (*Guanandi*), e cujus trunco scaphas fabricant Indiani.
Jacatirão (Rio, Espiritu Santo, Bahia) Lasiandra et Vernoniae.
Jacatupé (Espiritu Santo) Papilionacea radice tuberosa eduli.
Jacé Piso II. 263. Marcgr. 22. Cucurbita Citrullus L.
Jacitara, *Acitara*, *Titára* Palma: Desmoncus.
Jagua-acanga i. e. caput Felis Onzae. Piso II. 229. Marcgr. 6. Tiaridium indicum Lehm.
Jaguandi (S. Paulo) verisimiliter = *Guanandi* quod vide.
Jamacarú, *Jamacurú*, *Jaramacurú* cerei magni arborei, *Figueira da India* Bras.
Jandiahiba, *Jundiahiba* i. e. arbor piscis *Jandia*, Platystom. spatulae Ag., Terminalia.
Janipaba Marcgr. 92. Genipa brasiliensis Mart.
Janiparandiba, *Japoarandiba*, *Je-*

niparandiba, *Jandiparana* Piso I. 121. II. 172. Marcgr. I. 109. Lib. Princ. 163. 165. Gustavia brasiliana DC.

Japicanga, Smilax. (*Chequen* Chilensibus).

Jaquá, *Juccá* (Rio de Janeiro, S. Paulo.) Lucuma gigantea Freire Allem.

Jaracatiá Notic. do Braz. c. 51. Piso I. 100. II. 160. Marcgr. 128. Carica dodecaphylla Vell.

Jaraiúva (Alto Amazon.) Palma: Leopoldinia pulchra Mart.

Jareré Marcgr. Libr. Princ. 409. Arachis hypogaea L.

Jaróba Marcgr. I. 25. Piso 173. Tanaecium Jaroba L.? *Casaca amargosa* Lus.

Jataboca Marcgr. 3. Bambusa surinamensis.

Jatahy. *Jetahy*, *Gitahy*, *Jitahy*, *Jatai-iba*, *-üba*, *-uba*, *Jetaiba*, *Jetai*, *Jutahy*, *Jatobá* Piso I. 60. II. 123. Marcgr. 101. Hymenaeae species. E resina harum arborum Indi formant cylindros (*botoque*) ornamenti causa in labiis et auriculis gestandos.

Jatuaúba (Amazonas). Fructus uvae ad instar in racemis. Radix purgans contra sterilitatem mulierum praescribitur: Cerqueira. An Cucurbitacea? Forsan Anguria musacea Mart. Mss.

Jauaraicica (Amazon.) Arbor Leguminosa. Resina pro vernice vasorum fictilium inservit (Hymenaea?)

Jauari (Pará, Alto Amazon.) Palma: Astrocaryum Jauari Mart.

Jequetiba rectius *Jiquitiba*, *Giquitibá*, *Juquitiba* Notic. do Braz. c. 66. (*Jecuiba* Marcgr. 127.) Arbor nassae vel sportulae. Couratari domestica, legalis et aliae Lecythideae.

Jeratáca (Minas, alias *Manacán*) Brunfelsia Hopeana DC.

Jetaiba, *Jataiba*, *Jatahy* Marcgr. 101. Hymenaea.

Jetaicica, *Jatai-icica* (*Jeticacica* Marcgr. 101. perperam) resina arboris *Jatahy*, Hymenaeae.

Jetica, *Jetuca*, Marcgr. 16, *Getyca* (*Hetych* Thevet 32.) Batatas edulis DC. *Batata*: Hayti, Oviedo VII. c. 4. *Camotli* Mexic. unde *Camotes* Hisp.

Jeticuçú i. e. tuber magnum, Notic. do Braz. c. 61. Marcgr. 41. Piso I. 94. II. 253. Convolvulus operculatus Bern. Gomes.

Jissara, *Juçára*, *Jossára*, *Juçoara* Marcgr. 133. Palma fissilis pro tuguriis, Euterpe.

Jiló, *Giló* (Rio) Solanum Gilo Raddi.

Jiló Marcg. 120. v. *Yiló* Guareae species.

Jauaráhicica Leguminosa.

Joá, *Juá*, *Cuiá*, *Cuy*, Bacca edulis.

Joá- v. *Juá-üva* (S. Paulo, Minas-Pará) Bacca Solani., Margr. 63. Zizyphi, Cerasi.

Juá-Umbú Marcgr. 108. Bacca Spondiae.

Jobotá (Minas, Cujabá) Anisosperma Passiflora Patr. da Silva Manso. *Fava de S. Ignacio* Bras.

Joairana (Antonil) an Vitex.

Jú, Spina.

Juapecanga Marcgr. 10. contract. *Japicanga*, *Jupecanga*, *Jupicanga* Smilax.

Jubati, *Jupati* (Amazonas) Palma: Rhaphia taedigera Mart. de cujos talos unidos entre si com a casca de monguba se fazem velas de canoas de todo o porte e que por serem mui leves as tornam mais arfantes: Cerqueira Corogr. paraense 11.

Juciri Solanum Juciri M.

Júcury açú Notic. do Braz. c. 72. Leguminosa ligno suaveolente.

Jukeri, *Juquery*, *Jucuri* (*Jù* spina, *ker* dormiens, *i* parva) Mimosae frutex aculeatus.
Jukeriorana (corrupt. *Juqueriomnano* Marcgr. 64). = *Jukerirana* Guilandina Bonduc. L.
Jukyra-y, *Juquiray* (*Inquitai* ex menda typogr. in Notic. do Braz. c. 48.) Capsici baccae siccae contusae cum sale (*jukyra*), i. e. salis jusculum (*y*).
Jukyrióba Solanum oleraceum Vell. II. t. 125. Planta cujus baccae siccatae cum sale misturatae ad *Jukyra-y* adhiberi solent. Perperam a Vellozo scribitur *Juquerióba* i. e. planta spinosa dormiens.
Jupicai Piso II. 238. *Erva d'Empingem* Bras. Xyris.
Jurema, *Gerema*, *Jerema* = Spina dulcis, Acacia Jurema Mart.
Jupari-iba i. e. arbor diaboli (Para, Amazonas) Strychnos.
Juripeba, *Jurepeba*, *Jurumpeba* Piso I. 84. II. 181. Marcgr. 89. Solanum paniculatum L.
Jurumu Piso II. 264. Marcgr. 44. Cucurbita maxima Duch.
Jurutė (S. Paulo)? —
Jutay (abusive) Piso II. 157. Marcgr. 107. Tamarindus indica L: Margr. 107.
Jutai-monde, rectius *Jatai-monde* Notic. do Braz. c. 66. Arbor leguminosa alta.
Jutai-peba, *Jatai-peba* (non *Sutapeba* Notíc. do Braz. c. 65.) Arbor leguminosa ligno duro. *Jatahypeba* valenciana Balthazar Lisboa Mss.

K.

Kopii (galibi in Surinam) Goupia glabra et tomentosa Aubl.
Kwalie (galibi Surinam) Vochysia guyanensis Aubl. Qualea.
Kyinhà v. *Quiynha* Capsicum (*Axi*: Aruac, *Uchu*: Kech. *Pomi*, *Chilli*, *Tapi*).

L.

Lantim v. *Guanandi* Calophyllum brasiliense.
Lobo-Lobo = *Oonohoria Lobolobé* St. Hil. pl. usuell. t. 10.
Loco Piso I. 82. Plumbago scandens L.

M.

Maçarandiva Not. do Braz. c. 52. Piso I. 120. II. 187. Mimusops excelsa Freire Allemão. Lucuma procera Mart. et aliae Sapotaceae.
Macacu-uba, *Macaca-üva* (Pará) *Moira-pinima* i. e. lignum varium. Arbor leguminosa.
Macaca-Sipo Amaz.
Maca-apa-ipu (galibi in Surinam) Sapindus Saponaria L.
Macaúba, *Mocaúba*, *Mucajuba* Palma Acrocomia sclerocarpa Mart.
Macaxera Marcgr. 67. Manihot Aypi Pohl.
Macuçú (Para, Guyana) Ilex Macucua Pers.
Macugė, *Macugi* Notic. do Braz. c. 54. Arbor lactescens, ligno fragili; Sapotacea?
Mamanga Piso I. 85. II. 183. Cassia medica Vell.
Mamão Not. do Braz: c. 51. Carica Papaya (vix tupica vox).
Mamànarana (Amaz.) Carica.
Manacã, *Manacan* Marcgr. 69. Brunfelsia Hopeana. Radix medicinalis. „O cozimento da raiz produz lethargos." *Mmagá* Aubl.
Manacá, (Maravitanas) Euterpe oleracea.
Mandũba, *Maniba* Marcgr. 65.

Stirps Manihot utilissimaé Pohl. *Yucá:* Hayti, Oviedo VII. c. 2. Acosta IV. c. 17.
Mandiocca Radix plantae Manihot.
Mandiocca apud Cocamas = *Yuwiri.*
Mandiocahi Not. do Braz. c. 70. Panax Morotoni.
Mandiyú guaranice Gossypium.
Mandubi, *Manobi* Lery edit. 1586. 160, *Mundubi*, Notic. do Braz. c. 47. Piso II. 256. Marcgr. 43. — *Mandupitiú* Marcgr. Lib. Princ. 409. Arachis hypogaea L. *Mani:* Hayti, Oviedo VII. c. 5.
Mandubi-guaçu guaranice Jatropha Curcas L. *Mundubi-*, *Munduyguacú* Piso I. 83. II. 179. Marcg. 96. *Pinheiro de Purga* Bras.
Mandupáva (Minas) Arbor Cinchonae Vellozianae etc.
Mangaba Notic. do Braz. c. 52. *Mangaiba*, *Mangahiba* Marcgr. 122. Piso I. 76. (non II. 156, quod Mangifera indica L.) Lib. Princ. 203. Hancornia speciosa Gom.
Mangay guaranice i. q. *Mangaba.*
Mangaycy guaranice succus lacteus Hancorniae.
Mangarâz Not. do Braz. 44. Caladii species: violaceum Desf. C. Poecile Schott.
Mangarâ-peuna Piso I. 95. II. 236. Fig. dextra. Marcgr. 36. Caladium violaceum Desf. *Tayoba* Bras.
Mangarâ-mirim Piso II. 237. Marcg. *Mangarito* Bras. Caladium sagittaefolium Vent.
Mangara-taiá, *Mangaratiá* Piso II. 227. Marcgr. 19. Zingiber ex India introductum.
Mani resina cocta Moronobeae coccineae (Guyana).
Maniba, *Mandiiba* Not. do Braz. c. 37—43. Manihot utilissima Pohl. *Guecharapo:* Cumanagotos.

Manym, *Aminiũ* Gossypium. *Manoulou:* Rochefort in Ins. Antill. *Maourou:* Biet in Cayenne, galibi.
Mapareyba corruptum v. *Guapiraiba.*
Maracujá Not. do Braz. c. 56 = *Maraca-cui-iba* i. q. bacca *Maracá* i. e. crepitaculum magicum referens.
Marajá, *Marajá-iba.* Palma Bactris Maraja, setosa Mart. etc. Not. do Braz. c. 56. (Menda typogr. Marujaiba).
Maracoatiara, *Marajuba*, *Marapauba*, *Marapenima* etc., Amaz. corrupta composita cum *Mara* pro *Ymira.*
Maratataiba Marcgr. 132. Arbor e familia Urticinearum? Maclura?
Maratauá Amaz. arb. eadem.
Mari, *Umari* Marcgr. 121. Geoffroya spinosa L.
Mari-Mari Cassia (Cathartocarpus P.) brasiliana L. Cfr. *Geneúna.* *Mali-Mali* caraibice.
Maripá, galibi Cayenne, Palma Attalea Maripa Mart. et Maripa scandens Aubl.
Maririço (Rio de Janeiro, Minas) Sisyrinchium galaxioides Bern. Gomes.
Mariquitaia: Pará. Arbor.
Marubá (Pará) Simaruba officinalis DC.
Massarandiba (Rio) Lucuma procera.
Massavacuri (Rio Negro) Palma aculeata.
Matapi ad flumen Uaupés = nassa conica.
Matataiba (Ilheos) Arbor.
Maté (an guaranice?) Ilex paraguaiensis St. Hilaire.
Matá-Matá (corruptum e *Mutá-Mutá* = scala?) Lecythis (Eschweilera) coriacea etc.
Mbeery, *Meeru*, Piso I. 116. II.

212. Marcg. 4, Canna aurantiaca Rosc., glauca et aliae.
Meapê Panis e farina Manibot. *Meiou:* galibi.
Melambo, *Malambo* (vix tupice) Drimys granatensis, cortex medic.
Merantan v. *Moira* - (*Ymira* -) *puána* (Para) folia in balneis contra nevralgiam.
Meri (galibi, Surinam) Bumelia nigra Sw.; *Oleo de merim* officinale.
Mityma planta, vegetabile.
Merendiba (Rio) Terminalia tingens Fiscus (Bahia) Arbor rubroviolacco.
Merum-caá herba (Amazon.)
Messataúba (Bahia: Antonil) Arbor. Lignum pro axi molendinarum. *Mocetahiba*, *Mocitaiba*, *Muçutaiba*, *Mecetaiba*, *Páo santo* (*preto* et *branco* Bras.) Not. do Braz. c. 72. Zollernia Mocetahiba Freire Allemão in litt.
Mexirica, *Mixirica*, *Pijerica* (a verbo *mixire* assare) (Minas, Goyaz, S. Paulo) Gaylussaciae.
Mnianga pijerica (Rio, S. Paulo, Minas) Melastomaceae fructu eduli: Clidemia (*Mitanga* = infans.)
Mocajá Palma Acrocomia. *Mbocayay* Dobrizhofer Hist. de Abipon. II. 409. Acrocomia Totai Mart.
Mocury, *Mucury*, Not. do Braz. c. 52. Arbor litoralis, fructu eduli odoro (an eadem ac *Bacupary?* Sapotacea?)
Modurucú, *Mondurucú* Cerei stantes. Not. do Braz. c. 54.
Moira pinima i. e. lignum pictum, Leguminosa.
Moira (*Muira*, *Mara*) *ticuera;* Arbor venenosa Amaz.
Moira- v. *Mura-paúba* ad fluvium R. Branco.
Monguba v. *Munguba* Erythrina.
Mororo-cepó v. *-cipó* Caulotretus Rich.
Motacu-chi i. e. palma parva *Motacú*: Guarayos. Diplothemium littorale Mart. (*Motagui*: apud Cobo Hist. Amer.).
Moué galibi matrix, capsula.
Moussembey galibi? (in Antillis gallicis = Cleome).
Moxoco vel *Mojocó*. (Minas) Erythrina Crista Galli et aliae.
Mucojá (Pará) Acrocomia.
Mucajuba ad fluvium R. Branco, Acrocomia.
Mucoatiára ad fluvium R. Branco: arbor leguminosa, ligno picto.
Mucuná, *Mucunán* Not. do Braz. c. 60. Marcgr. 18. Mucuna urens DC. et aliae.
Mucunan-cipo Mucuna.
Mucura-caa (*Mucúra-cahá*) i. e. arbor Didelphydis (ad fluv. Rio Negro) Solanum.
Muirá Marcgr. 117. i. e. arbor fratris (*Mu-iba*) Clidemiae spec.
Munbaca, Astrocaryum.
Muquem planta medicinalis „solutivo e rarefactivo do sangue." (Para).
Mureci, *Murici* Piso I. 79. II. 171. Marcgr. 118. *Hoyriri* Thev. c. 36. p. 65. *Murusi* Not. do Braz. c. 52. *Mureci guaçú* Byrsonima verbascifolia.
Mureci-penima (i. e. picta) Piso II. 171. Byrsonima chrysophylla Kth., in Bahia Byrsonima sericea.
Mureci-petinga (in Pernambuco, Bahia) Byrsonima crassifolia.
Murichi, *Moriche* Mauritia flexuosa.
Muriti, *Miriti* Mauritia flexuosa.
Murucujá, *Maracujá* Marcgr. 70. 71. Passiflora.
Murumurú (Para) Palma Astrocaryum Murumurú Mart.
Murupa v. *Maruba miri* Arbor Amaz.
Mururé (Para).
Muta-Muta-cipó i. e. Liana scalae, Caulotretus Rich.
Mutámba, *Motámba* Guazuma ulmifolia L.

Mutumujù, *Potumiyù*, *Butumujú*, *Putumujú* Lecythidea.
Muxuri Arbor (Amaz.)

N.

Nani, *Oanani* (Pará) Resina cocta Moronobeae coccineae.
Nandiroba contractum e *Nandi* oleum, *yroba* amarum. Carapa guyanensis Aubl.
Ndaja v. *Indaja*.
Neambú, *Niambú*, *Nhiambú*, *Nhiambi* Compositae herbaceae variae: Spilanthes, Conoclinium prasiifolium, Ageratum conyzoides.
Nhambi (Alto Amazonas) Ottonia Warakabacoura Miq.
Nhambú-guaçú Marcgr. 77. Piso I. 91. II. 180. *Figueira d'inferno* et *Mamona* Bras. Ricinus communis L. etc.
Nhandi, *Nhandú* Piso I. 97. II. 197. Marcgr. 75. Artanthe caudata Miq.
Nhandipapo ad fl. Tieté = *Janipapo*, Genipa.
Nhandiroba Piso II. 259. Marcgr. 46. Feuillea trilobata L. = *Jandiroba*.
Nhá, *Niâ* (Pará, Alto Amazonas) Bertholletia excelsa H. B. K. *Juviá* Orinocensium, *Castanha do Maranhão* Bras. (*Nias* apud Mallicollenses est Inocarpus edulis Forst. Escul. 50.)
Nhanica, *Nianica* Eugenia Nhanica St. Hil.

O.

Oacajú, *Acajú* (*Acá* ramus, *juá*, *jù* bacca!) Anacardium occidentale L.
Oacury Palma Attalea.
Oariri-carapiá (Amazon.) Moutabea dibotrya Mart.
Oaxime (v. *Guaxima*) *mirim* Malva.
Oajuru (v. *Goajerú*) Chrysobalanus Icaco L.
Oanani (Pará) Moronobea coccinea Aubl.
Oassacu, *Assacu*, *Uaçacu*, (Para, Alto Amazonas) Hura brasiliensis W.
Oauaussú (*Oau* = *oba*: folium, *assú* magnum) Palma Attalea spectabilis Mart. (*Auati* Orinocensibus.)
Oéra — (rectius *Guira*) *repoti* i. e. stercus avium, Struthanthus, Viscum.
Oitchi Myrtacea.
Oity (Rio de Janeiro) Brosimum vel alia Artocarpea.
Oity- (*Uiti*-) *cica* Soarezia nitida Freire Allemão in litt. (Cfr. Olmedia) Pleragina umbrosissima Arruda.
Oity (*Uiti*-) *coroya* Pleragina rufa Arruda.
Oity- (*Uiti*) *mirim* Pleragina odorata Arr. Piso II. 137.
Ouai (Amazonas, Cayenne) Palma arundinacea, Geonoma etc.
Outiem (caraibice in Antillis) Coccoloba.

P.

Pacaratepu herba Amaz.
Pacóba, *Pacova* Not. do Braz. c. 50. *Pacoeire* (*Pacobeira* port.) Lery ed. 1586. 156. Musa.
Pacoba catinga arbor Amaz.?
Pacobussú (*P. assú*) Piso II. 154. Musa paradisiaca L.
Paco caatinga Costus (= *Pacova catinga?*)
Paco-seroca Marcgr. 21. Alpinia Paco-seroca Jacq.
Pacuan herba Amaz.

Païda (galibi, Surinam) Brosimum Aubletii Pöpp. (Piratinera Aubl.)
Pajahú, *Paxaú*, *Pachaú* (Bahia, Minas) Triplaris Pachaú Mart.
Pajo-mari-oba, *Pajemirioba* Piso I. 86. II. 185. Marcgr. 9. Cassia occidentalis L. (Perperam: *Páo magirióba*: Cerqueira 13.) *Page-mari-ova* radix contra diarrhoeam.
Pajura arbor Amaz.
Palata (galibi Surinam) Lucuma mammosa Gärtn. et Dipholis salicifolia ADC.
Palowe (galibi Surinam) Eperua falcata Aubl.
Panáma, *herva santa*, Chenopodium ambrosioides: Pará.
Pani (ad veneficium *Urari*) Artanthe geniculata Miq.
Paolin Coroados: Attalea compta.
Papaya (vix tupica vox): Hayti. Carica Papaya L., *Ababei:* Caraib. insul.
Paracauaxi arb. Amaz.
Paraca-uba arb. Amaz. constr. nav.
Paramaca (galibi Surinam) Palma Astrocaryum Paramaca Mart.
Paranauari arbor Amaz. constr. nav.
Para-para-iba Not. do Braz. c. 71. Triplaris.
Paraiba (Minas, Bahia, Goyaz) Simaruba versicolor St. Hil.
Parari herba Amaz.
Paraturá (?) Piso II. 138. Remirea maritima L.
Paricá Leguminosa cujus folia contusa pro tabaci pulvere Indis usitata, Mimosa acacioides Bth.
Porovaçú, *Parova-mirim* (*Perovinho do Campo* S. Paulo) Acosmium Schott, Leptolobium Vogel.
Parová-ima, *Parovúna*, *Brahúna*, *Guaraúna* (Rio) Melanoxylon Braúna Schott.
Passari, *Paçari* (vox gentis Gês?) Lafoensia.
Patauá (*Batauá*), *Patovouá* Palma Oenocarpus Bataua Mart.
Pati Not. do Braz. c. 55. Palma Syagrus botryophora Mart.
Pati-óba folium integrum praecedentis Palmae.
Paxiúba (*Pachioba*) Iriartea exorrhiza.
Pecacuém Not. do Braz. c. 61. = *pé* via, *caá* herba, *cuem*, *goene* vomitare, Cissampelos glaberrima St. Hil. et aliae.
Pegrecou (? galibi Surinam) Xylopia frutescens L.
Peipecava Not. do Braz. c. 63. *pyir* = verrere, herba ad verrendum, Scoparia dulcis L.
Pecirica corrupt. pro *Mixirica* = *mixire* assare, Clidemia frutescens.
Pematim (Minas, Cujabá) verisimiliter compositum ex *Membeca* tenerum, infirmum, *tim*: teneris conis. Sclerolobium rubiginosum Mart.
Penaiba Not. do Braz. c. 71. *Penoabsou* Thev. 115. Arbor ligno levi lactescens. Hippomane vel Sapium aucuparium L.
Pepi, *Pipi* Petiveria tetrandra Gom.
Pequeá (Rio) Aspidosperma.
Pequeá-açu (P. *amarello* Bras.) A. sessiliflorum.
Pequeá-tanha i. e. dens (*Pequeá marfim* Bras.) A. eburneum.
Pequihi Not. do Braz. c. 65. (*Vinhatico* do Rio de Janeiro) Acacia maleolens Freire Allemão.
Pequohy Not. do Braz. c. 52. Caryocar.
Peré (galibi Surinam) Avicennia nitida Jacq.
Pereiorá (Alto Amaz.) Mespilodaphne pretiosa Nees. *Casca preciosa* Bras.
Periná Not. do Braz. c. 55. Palma Attalea compta Mart.
Periná Piso II. 214. Costus Pisonis Lindl.
Periparóba i. e. *Paroba* in mo-

lestiis lienis (*peré*), Piperaceae: Ottonia, Artanthe.

Peróba (Rio de Janeiro) Aspidosperma.

Petúm, *Petume*, *Pety*, guaranice *Petyma*, *Pytyma* Lery ed. 1586. 163. Benzoni I. c. 26. III. c. 20. Columbus in Navarette Coll. I. 51. *Pycietl:* Mexico, Hernand. 173. *Fumo*. *Tabaco* Bras. Nicotiana. (*Pytybáo* fistula pro hauriendo fumo tab.)

Pexurim vel *Piexiri* v. *Puchury*.

Piaçába i. e. laqueus (Bahia) Attalea funifera Mart.; (Rio. Negro) Leopoldinia Piaçaba Wallace.

Piacaconha corrupt. pro *Ipecacuanha*.

Pindaiba Piso II. 144. i. e. virga hamorum. Xylopia frutescens L.

Pindo guaranice Palma Cocos australis Mart.

Pindóva, *Pindóba* Piso I. 62. = *Pinda-óva* i. e. folium pro virga hami. Palma Attalea compta Mart.

Pinó, Urtica (planta urens). Not. do Braz. c. 61. videtur Ricinus communis L. (ibid. c. 52. quid?) Marcgr. 79. fig. dextra, Lib. Princ. 483. Cnidoscolus Marcgravii Pohl.

Piquia, *Piqui*, *Piquihy*. Caryocar brasiliensis St. Hil. (in prov. borealibus Pekea Aubl. = Carycar butyrosum L. etc.)

Piquiha Not. do Braz. c. 54. Sapotacea.

Piracú-uba (Para) Arbor ignota.

Pirand-úba (Bahia) Arbor ignota.

Piránga i. e. color ruber, Bignonia Chica Hb. *Carajurú* Bras.

Piri ad flumen Rio Negro (*Pery* = campo) gramen.

Piriguaia (Minas, Espiritu Santo) Anchietea salutaris St. Hil.

Piripirioca-cipo Amaz. radice medica: Capim radice fragrante Cerq. 14.

Piriuácu ad fl. Rio Negro contra venenum.

Pissandó Not. do Braz. c. 55. Palma Diplothemium campestre Mart.

Pita, *Pitta* (nomen caribaeum?) Fourcroya gigantea Vent.

Pitanga (a verbo *piter*, sorbere et *anga* odor) Eugenia uniflora L. Stenocalyx Michelii Berg.

Pitaya caraibice in terra continente Cucurbitacea.

Pitomba Sapindus.

Poaya, *Puáya* contr. e *Cepó-ayba*, *aya* radix contra malum. Cephaëlis Ipecacuanha Rich. *Wossaenda:* Coroados.

Pobura vide *Andura babajari*.

Poraque-iba i. e. Arbor gymnoti electrici. Barreria theobromaefolia W. Poraqueiba guyanensis Aubl.

Praguá (Rio) Banisteria Praguá Vell. IV. t. 158. p. 190. (Radix cathartica).

Prehá-caá i. e. herba Caviae Apereae, Vernonia subrepanda Pers. et aliae.

Prituiba ad fl. Rio Branco.

Puchury, *Pechury*, *Pechurim* (Amazonas) Nectandra Puchury, *Fava de Pichurim* Bras.

Pupunha palma Guilielma speciosa.

Putumujú Not. do Braz. c. 66. *Potumujú* Lecythidea.

Q.

Quariroba v. *Guariroba*.

Quaró, *Cuaró* Galphimia brasiliensis.

Queraiba Piso II. 165. Tecoma vel alia Bignoniacea.

Quiabo Hibiscus esculentus L.

Quijaba (Minas, Bahia) Arbor leguminosa, cortice adstringente.

Quina v. *Quina branca* in Minas et Goyaz appellatur Strychnos pseudoquina. (Non est vox tupica).

Quiquoa quianputú (corrupte e lingua Nigritarum?) Piso II. 251. Marcgr. 16. Batatas edulis Chois.
Quiri. *Quiruiri* Myrtacea.
Quiteve (Maynas) Mauritia flexuosa.
Quiti Piso II. 162. Sapindus edulis St. Hil., divaricatus W. etc.
Quitóco Plüchea Quitoc. DC.
Quiya, *Quiynha*, *Kiynha*, *Kyinha*, Capsicum. *Axi:* Hayti, Oviedo VII. c. 7.; *Pomi:* galibi; *Chilli:* Mexico; *Tapi:* Chilensium.
Quiyaqui Marcgr. 39. Capsicum frutescens L.
Quiya-apuá Marcg. Capsicum baccatum L.
Quiya-açú Marcg. Capsicum cordiforme Mill.
Quiya-comari Marcg.; *-axi* Capsicum frutescens L. *Malaquetta* Bras.
Quiya uca Capsicum annuum L. *Pimentão* Bras.
Quoapaiajú Not. do Braz. c. 65. Lecythidea? (alia lectione *Quaparaiva*) Arbor ignota.

R.

Rego (non *Sego*) = Arrabidaea; Sego DC. = A. Rego. (*Sipo-Rego*).
Rocú frequentius *Urucú* Bixa Orellana L.

S.

Saamouna Piso I. 81. II. 175. errore pro *Samauma* Chorisia ventricosa Nees et Mart.
Sabigengúva Not. do Braz. c. 64. = *Çabijú-geneúna-iba* i. e. Arbor *Geneúna* villosula (floribus), Chrysophyllum Vinhatico Casaretto. (Tertia species *Vinhatico* est *V. amarello testa de Boy*, ligno venis obscurioribus, Echyrospermum Balthazarii Freire Allemão in litt.)
Saimbe-üva, *Sambaiba*, *Sambaïva*, *Saimbeiba* i. e. arbor foliis asperis (*çaimbé*) Marcg. 111. Curatella Sambaiba St. Hil.
Samambaya (errore *Conambaya*) Piso II. 233. Filix herbacea.
Samaúva (Amazonas. *Zamaouma* galibi) Eriodendron Samauma Mart.
Samoui galibi?
Sanandui v. *tyyuca sanandú*, (*Çaang* gustus, amoenus) *andu* Erithryna falcata Bth.
Saouari = *Caryocar* (galibi).
Sapé (Minas. Espir. Santo) Gramen Anatherum bicorne. Pal. Beauv.
Sapupema corr. pro *Çepó-apeba* i. e. radix plana (Ficuum rel.)
Sapuiva (S. Paulo)?
Sapucaia Lery ed. 1586. 155. = *sopiá*. ovum, *acáia*. Spondias, Lecythis. *Sabia-acaia:* arbor Sabiae.
Sapucaia-cigié = Phaseolus Caracalla (Rio) *Tripa de gallinha major*. Bras.
Sapupira v. *Sepibira*.
Saputá (S. Paulo) Arbor fructu eduli, Tontelea.
Saputá-oçú Tontelea (Clearkia) Passiflora Vell. I. t. 74.
Sauacuri Rio Negro „Vomitorio."
Schanchin v. *Xanxim* (S. Paulo) Filices arborescentes.
Sebipira, *Sebupira*, *Sepepéra* Not. do Braz. c. 66. (Bahia) Bowdichia virgilioides.
Sebuü-üva (Amazon.) i. e. Arbor vermium. Plumeria phagedaenica Mart.
Sepepira (Rio) Ferreirea spectabilis Freire Allemão in litt. (Flos Bowdichiae, fructus Machaerii.)

Sereiba-tinga, *Mangue branco* Bras. Avicennia nitida, tomentosa. *Cereibuna* Piso II. 204. *Cereitinga* Marcg. Lib. Princ. 213.

Simira (galibi) Psychotria Simira Aubl.

Simiri (aruac, Surinam) Hymenaea Courbaril L.

Simiridá (aruac, Surinam) Copaifera.

Sipó, Sepó, Çepó, Çipú = radix, sarmentum, liana.

Sipó Cambucá (Rio) Dasynema.

Sipó Cunaman (Bahia) Frutex lucens. Cfr. Philos. Transact. 1816. 279.

Sipó Cururù (Alto Amazonas) Echites (nunc Anisolobus) Cururú Mart.

Sipó-eèm i. e. radix dulcis (Minas) Periandra Mart.

Sipó Imbè Philodendron.

Sipó Mororó Caulotretus Rich.

Sipo de Escada Bras.

Sipó Mutá-Mutá (Amazonas) idem.

Sipó puitanga (Rio Negro).

Sipó Summá (Minas, Rio) Anchietea salutaris St. Hil.

Sipó-tà Sipo durum?

Sipó Tayuyá (Rio Grando do Sul, S. Paulo) Cucurbitaceae, Trianospermum.

Sipó Timbó Paullinia pinnata L.

Soróco (nomen e lingua Aymuré? Sorocea St. Hil.

Sucopira, *Sucupira* v. *Sebipira*. Bowdichia.

Suaçù-aya, contr. *Suçuaya* (*aio*; *aiva* = medicamen) (Rio Grande do Sul, S. Paulo, Minas) *Fumobravo* Bras. Ageratum conyzoides L., Elephantopus Martii Graham.

Sucuúva, *Sucùba*, *Ucuùba* (Amazonas) Myristica.

Sumarè (Rio, Minas) Cyrtopodium glutiniferum Raddi.

Sururucujá (Bahia) Passiflora albida Ker.

T.

Tabebuya contr. e *Tacyba* (formica) *bubuya* i. e. lignum formicarum (intus hospitantium) leve fluctuans. Bignoniaceae: Tabebuia B. A. Gomes et Triplaris (e Triplaride fabricantur instrumenta musica *violas*).

Tabóca Arundo, Bambusa.

Tacomaré corrupt. pro *Tacoáraeèm* i. e. Culmus dulcis Piso I. 49. II. 108. Saccharum officinarum, *Canna d'assucar* Bras.

Tagoá-üva, *Tajúba* i. e lignum flavum, Maclura.

Taja membeca, herva, Caladium?

Taioiá, *Tayoiá*, *Tayuyá* (S. Paulo) Cucurbitaceae: Trianosperma ficifolium Mart.

Taipeba (Bahia)?

Taióba, *Tayoba*, *Tajabussú*, Caladium, Colocasia esculenta.

Tirade cibus e fructu Coperniciae ceriferae Piso 62.

Tajassu-ubi, Hyospathe elegans.

Tamacoarée Balsamum de (Pará) Laurinea.

Tamacuari idem.

Tamúja: Serjiana Tamuja Vell.

Tangaraca Piso II. 303. Boerhavia hirsuta L. *Erva Toustão* Bras. Palicurea Marcgravii, Eclipta erecta, Cephaëlis ruelliaefolia etc.

Tangaraca-guaçù-caá Marcg. Lib. Princ. 191. Coccoloba crescentiaefolia Cham. Schl.

Tanhorao, *Tanhorom* (tupi?) Caladium bicolor Vent. *Pé de Bezerro* Bras.

Tapaciriba (Rio) Pisonia alcalina Freire All. in litt.

Tapagiba, *Tagoagiba*, *Tatagiba*, *Tavagiba*. *Amoreira* Bras. Maclura.

Taperebá: Para, arbor fructu eduli = *Cajá* Spondias.

Tapiá Piso I. 69. II. 140. Cratseva Tapia L. *Pão d'alho* v. *Gorarèma* Bras. Gallesia Scorododendron Cas.

Tapicho (Alto Amazonas) Resina fossilis Siphoniae. (an vox tupica?)

Tapinhoám, *Tapynhoá* (Rio) Laurinea, arbor, contra bubones (*pynhoam*). Sylvia navalium Freire Allem.

Tapióca, *Tipioca*, *Typyoca*, quod vide, amylum e farina Manihot.

Tapixingui (S. Paulo).

Tapóca pro *Taboca* Arundo, Bambusa.

Tapoçoca Abrus precatorius.

Tapororoca (Bahia) Clusia, a verbo *poroc* dissilire, ob capsulam expandentem.

Tapyra coynana Marcg. 134. Piso II. 158. Cassia sclerocarpa Vogel.

Taraira-moirá (Alto Amazonas) Arbor (inebrians pisces *Taraira*) Coccolus Inéme Mart.

Tararucú (Bahia, Goyaz) Cassia occidentalis, alata rel.

Tareroqui, *Tarerèqui* (ibid.) Cassia sericea Sw. *Mata pasto*, *Fedegozo* Bras.

Taromán (Rio) Cytharexylon cinereum L., myrianthum Cham. Schl.

Tarumá (Rio, S. Paulo) Gerascanthus; (Rio Grande do Sul): Vitex montevidensis Cham.

Tata-iba, *Taúba*, guaranice *Tatay-ya* Maclura v. *Tapagiba*.

Tatajúba: Pará Maclura.

Tatú (Rio) Vazea indurata Freire Allemão in litt. Arbor Olacinea.

Tatayouba (galibi, Surinam) Caryocar glabrum.

Tauari, *Taurari*, *Tauiri*, *Turari*, *Torari*, *Tururi* (*torina* = femoralia) e libro aqua emollito fabricant vestimenta. Couratari variae sp. (*Tauari* apud Chavantes est putrescere).

Tayá, *Tayoba*, *Tayurá* v. *Taioba*, Caladia varia, Colocasia esculenta.

Tejuiba i. e. arbuscula lacertae (*tejú*) Adenoropium opiferum Mart.

Tempetar-ú, *Tembaitar-iba* i. e. lignum pro perforandis labiis et auriculis, Xanthoxylon Langsdorffii Mart. etc.

Tendy-iba Spilanthes (*tendy*, saliva.)

Tety pote-iba Piso II. 250. melius *Guira-tepoty*, s. stercus avium, Loranthaceae parasiticae, avibus disseminatae.

Timbó-Sipó Paullinia pinnata L.

Timbó-titica (Minas) Cissus?

Tinhorão Caladium bicolor Vent.

Timoutou (galibi) Polygala Timoutou Aubl.

Ticúm v. *Tocum*, *Tucum* Bactridis et Astrocaryi spec. pro praeparandis filis.

Tingui (Minas) Phaeocarpus Mart. Magonia St. Hil.; (Bahia) Jacquinia. Pisces inebriat.

Tinguaciba (Rio) Xanthoxylon.

Tipi Piso I. 115. Aristolochia.

Titirica Gramen culmo acuto, Scleriae variae.

Toá, *Tuá* (Amazon.) Gnetum L. Thoa Aubl. (fructus sanguinei. (*Tuguy* = sanguis).

Tocúm, *Tucúm* Not. do Braz. c. 77. Piso II. 128. Astrocaryum Tucumá Mart. et alia, Bactris. (Palmae fila (*tucum*) e foliolis praebentes).

Totai (guaranice) Acrocomia Totai Mart. Palma in S. Cruz de la Sierra.

Tranabeta? (galibi, Surinam) Siderodendrum triflorum Vahl.

Trapoerava, *Traboerava*, *Trepoerava* Tradescantia diuretica Mart. et aliae.

Trapoerava-rana Commelina deficiens Herb.

Tremate Marcg. I. 81. Vernonia an

scabra? verisimiliter contr. e: *terre* i. e. sic et *maté* = herba theezans bona.

Tuaupoca vel *Tuai-ussú* Trichilia glabra? ex Manso.

Tua-üva i. e. Arbor sanguinis contr. e *Tuguy-üva*. Leguminosa (Amazonas).

Tucumá, *Tucuman* Astrocaryum Tucumá.

Tupixaba, rectius *Tapixába* Scopa. Scoparia dulcis et aliae herbae.

Tuquyra, Tukyra Amaryllis.

Turari, *Tururi* v. *Taurari*. Couratari.

Turiri nominatur etiam Spatha fibrosa Manicariae; ex eo Uaupes etiam vestes fabricant.

Tururii (galibi in Surinam) Sterculia Ivira Aubl.

Turiúva Licania Turiúva Cham. Schl.

Tycupy succus (*ty*) expressus radicis Manihot.

Typyoca amylum e radice Mandioccae, compositum e *ty* succus, *pyû*, cor, intestina, *ocô* abesse.

Typyti cylinder e vimine Marantae pro exprimenda radice Manihot. *Matapi* vel *Manaré* galibi.

U.

Uacá. Sapotacea, Chrysophyllum ramiflorum (Ecclinusa Mart. prius.)

Uaca purána Arbor Amaz.

Uaçai = *Assai* ad fl. Rio Branco, Palma Euterpe.

Uacarauá repoti, erva an Viscum in Sapotacea?

Uacaricoára ad fl. Rio Branco.

Uanacú, Unacú semina Bixae Orellanae L.

Uarimá ad fl. Rio Branco, Urena?

Uarina Arbor Amaz.

Uariuva v. *Tataiba* (Rio Negro) *U* contr. pro *uba, iba*.

Uarurembria? Arbor Amaz.

Uassassú: Pará Palma Attalea.

Uassima vide *Guaxima*.

Uaucú Monopteryx Uaucú Spruce; e semine oleum exprimitur.

Uaucú caa-tinga i. e. folio albido Monopteryx angustifolia Benth. Utraque arbor ad fluv. Uaupès.

Uanaxi ad fl. Rio Branco.

Ubá, *Uiba*, *Viba* Arundo, culmus, Saccharum sagittarum Aubl. Not. do Braz. c. 62. *Vuba* Piso l. 4. (*Vabu:* gramen, Carex: Chilensibus.)

Ubácaba = *bacara* = *Uba-cava* i. e. arbor pinguis, Oenocarpus.

Uba caya Marcg. Lib. Princ. 179. Costus spicatus Rosc.

Uba-tam, *Yva taa*, *Iva-tan* arbor Astronium fraxinifolium Schott. *Gonçalo Alvez* vel *Ivaantam* Bras.

Ubati confer *Ibati* caraibicum.

Uba-tim, *Viba-tim*, *Ubatim*, *Avaty*, *Avatyi*, gramen nasutum (*tim*) vel *Uba-tuúma* = gramen medullosum. Zea Mais L. — *Hua* vel *Ua* Chilensium (*cusum pehua:* nigrum; *quéllu-hua:* rubrum; *mallchua*, *pisima:* versicolor; *callquintu:* albo-nigrum: *clud* vel *clod-hua*, foliis detractis; *vochen* spica maydis; ex Havestad et Molina. — *Avachit*, *Goaxi*, *Marixi:* caraibice, in insulis. — Inter Cumanagotos haec nomina notantur: *Arepaymayen: Maiz negro*, *Eguayupier*: *mezclado de rojo*, *Tumuepier: morado*, *Pariazer*: *amarillo*. *Tiemizer: blanco*; *Maric: mesclado de negro*, *Tequiz-yer*, *otro mais largo*; *Ticpuer: cenizoso*, *Taquaryer*. Indis in insula Trinidad Mais est: *Marisce*, *Maiz:* Rob. Dudley Arcano del Mare, Fiorenze 1661. T. II. pr. 33. — *Tlaolli* Mexicanis. Hernand. 242.

Ubatim caa-eté (Bras. meridion.)

Zeae Maidis Var. trimestris *Catête, Cateite* Bras.
Ubatim catú guaçu (bona, magna) Var. spica magna, semestris.
Ubatim mapyra inhamai Var. spica aperta.
Ubatim michue v. *machavere* Var. spica clausa.
Ubatim pororóca (que faz *pepóca* ao fogo: Bras.) Var. quae igne dissilit.
Ubaxi-i, Abaxi-i, Abatia-pé, Auatimerim Oryza.
Ubim Geonoma (Pará).
Ubi miri Geonoma acaulis.
Ubu-ai (Pará) Palma arundinacea parva. Geonoma.
Ubu-caba (S. Paulo) Myrtacea.
Ubu-ussú (*açú*), *Bussú*, Palma Manicaria saccifera. *Timiti* Orinocensibus, *Zaguenetė* galibi Cayenne.
Ucapyxingui, Capixingui contract. e *caa pyxyp inembo* i. e. arbor ungens fila, arbores e gen. Crotonis, succo resinoso rubro. Alias *Tapi xingui*.
Ucarapucú, Carapucú fungus.
Ucururé (Rio Branco) —.
Ucu-uva (Pará) et .
Ucucaba pro *Ocacaba* i. e. pingue domesticum, contractum *Ucaba*, corruptum *Ucu-uva* Myristica surinamensis Rol. et aliae.
Uhanixi, Uanixi, Oanixi Leguminosa, arbor, e cujus seminibus collaria fabricant Indi Uaupés. Ormosia?
Uiba, Viba Gynerium sagittarum.
Uiti vide *Oyti* Brosimum. (*Oütü*: Geico = sylva.)
Uixé (Alto Amazonas) Myristica platysperma Spruce et aliae.
Umari Marcg. 121. Geoffroya spinosa L.
Umbú Piso I. 78. Spondias tuberosa Arruda.
Umiri (Pará), *Umeri*, Humirium.
Unamuym, *Namuym* arbor Laurinea, fructu (cocto) eduli: Alto Amazonas.
Unhuiba (Bahia): Antonil; an *Enga-iba?*
Upiúba Arbor constr. civ. Amaz.
Ura contract. ex *Ymira*, lignum, in dialecto australi *).
Urandi vide *Guanandi*.
Urajuá vide *Ymyra jua*.
Urape-guaçu Piso I. 59. Marcg. 120. (*Jito*) Guarea purgans St. Hil.
Urapinima vide *Ymyra pinima* (Amazonas) Centrolobium? Lignum fabrile pictum.
Urapoca vide *Ymyra poca*.
Urarema (Rio) Andira stipulacea Benth. *Angelim Coco* Bras.
Uraúna (S. Paulo) Miscolobium violaceum Vogel. Dalbergia Miscolobium Bth. in Fl. Br.
Urari - üva, *Urary* **) (Alto Amazonas) Strychnos toxifera Schomb., Menispermacea et aliae.
Uriamém (Minas, Bahia) Sorocea Uriamém Mart.
Uricana (Bahia) Geonoma. *Urucana* (Pará) corrupt. ex *Urucurana*, Bixa (spuria).
Uritimpeva (vel *Timboúba?*) S. Paulo. Enterolobium.

---

*) In diesem, dem eigentlichen Guarani verwandten Dialekte heisst *urátora* Baum, (davon weiter nördlich *guara*) — *ura-taim* oder *ura-tu:* Ast; *nhapuatan:* Stamm und auch das festere Holz im Centro (d. i. seine Stärke); — *ora* Blatt, Laub; — *ora pitanga* (pro *mitanga*) junger Trieb; — *ura*, Frucht; — *kytan* Steinkern.

**) Die Indianer der Insel Trinidad hatten, nach Robert Dudley, Arcano del Mare, vier Giftpflanzen: *Ourari, Carassi, Aparçepó* (*Wapototo* im Codex

Uru-catú Marcg. 35. Orchidea.
Urucú Bixa Orellana.
Urucurana piranga, *Aricurana* Not. Braz. c. 66. (S. Paulo) Hieronymia alchornoides.
Urucuri Pará: Attalea excelsa (speciosa?)
Urucu-rana Marcgr. Lib. Princ. 513 (errore) Urena sinuata L. *Carapicho* vulgo.
Urucuri-iba Piso II. 127. Cocos coronata Mart.
Uruculi, *Aricuri*, *Urucuy* Palmae Cocos variae.
Urupé Agaricus, *Cueh:* Camacan.
Urupetim i. e. agaricus nasutus, Lophophytum mirabile.
Utuapóca (Rio, S. Paulo) Guarea spicaeflora St. Hil.
Utuaũva (S. Paulo) Guarea.
Utunica (Bahia, Antonil)? —
Uváaya (Rio Janeiro, S. Paulo) Eugenia campestris Vell. v. t. 36.
Uvacupari fructus edulis Hippocrateaceae ad fluv. Tiete.
Uvarura (S. Paulo) Ternstroemia.
Uvapacari (S. Paulo, Goyaz) Polygalae plures, radice olente.

V.

Viba vide *Ubá*. Cfr. *Vue:* galibi.
Vicuiba, Bicuiba, Uca-uba, *Ucuúva*, recte *Icaba-iba* i. e. arbor sebi (*Veribobas* v. *Beribebas* Not. do Braz. c. 75.) Myristica Bicuhyba Schott., officinalis Mart., surinamensis Rol. etc. (*Uaruchi*: galibi, Cayenne).
Vuaracabacura (*Warakabacura*, vox hybrida) Ottonia Warakabacoura Miq. ad veneficium Caraiborum in terra continente.
Vuaráme (a voce *vuuráma* impetigo, ob folia pulverulento-tomentosa?) Helicteres et Malvaceae plures.
Vuè-Vuè galibi, Cayenne = arbor, folium.

W.

Wacapú (galibi in Surinam) Vouacapoua americana Aubl.
Wanuswri = Cecropia in Guyana britannica.
Wapa (galibi Surinam) Eperua falcata Aubl.
Warusi (galibi Surinam) Myristica surinamensis Rol.

X.

Xanxim, *Schanschim* (S. Paulo, ex idiomate Gés?) Cyathea Schanschin Mart.
Xeque-Xeque (Bahia, Pernambuco) Cardiospermum, alias Cerei stantes (*Chique-Chique*.)
Xequiri, *Jequiri*, *Juquiri* (*ju* spina) frutex spinosus.
Xiricaá Arbor. Amaz. (an vox hybrida: *seringa caa?*) Siphonia.
Xucúba Plumeria bicolor. Rz. Pav. ad fluvios Essequibo, Branco.

Y.

Yatay guaranice, Dobrizhofer de Abipon. I. 409. Palma Cocos Yatay Mart.

Monac.) *Para-para;* und vier Gegengifte: *Turara*, *Calarapama*, *Wappo*, *Macatta*.

In der K. Bibliothek zu München befindet sich nicht blos ein Exemplar dieses seltenen Werkes, sondern Herr Prof. Thomas hat daselbst auch das Original-Manuscript des Verfassers aufgefunden, und mir daraus obige Worte gefälligst mitgetheilt.

Yba v. *Iba; Ybira* v. *Ymira, Moirá.*
Yciy, Ycica guaranice, Icica arbor et ejus resina.
Ycica-antam resina dura, cocta.
Yco Colicodendron (*Yiko:* Carisy = arbor in genere.)
Ygary guaranice, arbor cymbae, Chorisia.
Yito = *Jito, Utú* Guarea (*Ouito:* Cocamas = Genipa).
Ymbiri, Imbiri (Rio, Minas) — Esterhazya.
Ymirá, Ymyra, Ybira, Ubira, Umirá, Moirá arbor et praecipue lignum.
Ymirá-eêm = lignum dulce, Not. do Braz. 66. v. *Ibira-eêm.*
Ymira-iriiba, lignum arboris *Iriiba* i. e. mellis, quae quoque *Araribá* (Rio de Janeira) et *Araróba* v. *Guararóba* (S. Paulo) dicitur: Centrolobii robusti.
Ymirá-itá i. e. lignum lapideum Not. do Braz. c. 69. Caesalpinia ferrea Mart. *Páo ferro* Bras.
Ymirá-juá (Piauhy) Zizyphus Joazeiro (Vitex? in S. Paulo).
Ymirá-kyinha (*quiynha*) = lignum Capsici. Dicypellium caryophyllatum Nees. *Licari-kanali* Carib. *Páo Cravo* Bras.
Ymirá-pajé guaranice = arbor praestigiatorum. Myrospermum?
Ymirá-pariba i. e. lignum arcuum (*uira-pára*) Leguminosae, Bignoniaceae.
Ymirá-pinima i. e. lignum pictum, *Moirá-pinima* (Pará) Leguminosa. Centrolobium paraënse (alias *Páo da Rainha*).
Ymirá-piranga i. e. lignum rubrum Piso II. 164. Marcg. 101. (*pitanga* ex errore), *Araboutan* Lery 147. Thevet. 116. Caesalpinia echinata L.
Ymirá-piroca Not. do Braz. c. 69. Arbor quotannis decorticans. (*pirera-poroc*).
Ymirá-pocá i. e. arbor fragilis Myrsine.
Ymirá-puteruna (corr. e *pororé*, ligo, *una* nigrum) *Ibera puteruna* Marcg. 120. *Páo ferro* Bras.
Ymira (*moira*) *quatiára* = *coatiara* = *Ymirá pinima.*
Ymira-reme vide *Gorareme.*
Ymirá-siqua Not. do Braz. c. 60. Icica.
Ymirá-taya Not. do Braz. c. 72. Arbor laurinea ligno suaveolente.
Ymira-tinga Not. do Braz. c. 73. Aspidosperma.
Ymirá-una i. e. lignum nigrum Not. do Braz. c. 69. Dalbergia Miscolobium Bth. (M. violaceum Vogel) et affines.
Ypadú, Ypatú (Alto Amazonas) *Cuca:* Peruv. *Coca* Hispan. Erythroxylon Coca Lam.
Ypé, Yperóba, Ypeúba v. *Ipé.*
Y-cipó = sarmentum aquae, Tetracera, Davila? (et guaranice radix tingens Spermacocearum?)

Z.

Zabucaja Piso I. 65. Lecythis Pisonis Camb. et aliae. Arbor referens nidum cum ovis gallinae, quae κατ' ἐξοχὴν *guira* i. e. avis, aut ex hac similitudine *Sapucaia* dicitur.
Zumuù guaranice (Dobrizhofer) Chorisia et aliae arbores ventricosae. (*Palo boracho* in Paraguay). E cortice retia, e trunco dolia fabricantur.
Zuynandy guaranice (Dobrizhof.) Arbor flore rubro; Clusia?
Zubraji, Subraji, Sobraji arbor magna —?

Nachschrift.

Diese Liste hätten wir noch um ein Beträchtliches vermehren können; mehrfache Bedenken haben uns jedoch davon abgehalten. Manche Namen, welche in älteren Berichten vorkommen, mögen bereits in ähnlicher Weise verschollen seyn, wie die Indianerhorden selbst, aus deren Munde sie verzeichnet worden waren. Es schien demnach geeigneter, unsere Liste, welche aus den letzten acht Decennien stammt, nicht durch älteres Material zu verfälschen. Zahlreiche andere Bezeichnungen, die man hie und da hört, sind so wesentlich verstümmelt und verdorben, dass es ganz unmöglich ist, sie auf gewisse Pflanzenarten mit Sicherheit zurückzuführen und als Theile des Tupi-Sprachschatzes zu betrachten. Endlich werden auch manche Pflanzennamen in den verschiedenen Provinzen des Reiches unter so widerstreitenden Bedeutungen angewendet, dass ihre Aufzählung nur ein schwankendes, vom gemeinen Volke überdiess fortwährend verändertes Material vermehren würde. Für solche Fälle dürfte die Feststellung systematischer Namen zunächst der umsichtigen Kritik brasilianischer Botaniker überlassen bleiben, wenn einmal die, jetzt in Fluctuation begriffenen, Provinzial-Namen durch den fortgesetzten Gebrauch der Bevölkerung gleichmässiger festgestellt und für eine bestimmte Gegend gleichsam legitimirt worden sind, was gegenwärtig nur mit einem kleinen Antheil geschehen ist.

Zum Schlusse stellen wir hier noch die Tupi-Namen von mehreren Nutzpflanzen in ihrer Concordanz mit andern, zumal südamerikanischen Dialekten zusammen, in der Hoffnung, diese übersichtliche Synonymie werde sowohl ein linguistisches, als ein ethnographisches Interesse gewähren. In ersterer Beziehung schienen uns auch die verschiedenen Worte für die wesentlichsten Pflanzentheile am Orte, weil ihre Vergleichung unzweifelhafte Nachweise von der grenzenlosen Vermischung der Sprachelemente liefert.

TUPI.

NOMINA PLANTARUM CUM SYNONYMIS ALIORUM IDIOMATUM.

Arbor — Baum — Arvore*).

yba, iva, ũba, ũva, oba, ova; — ymirá, ymyrá, umirá, ybira, gorá, moirá, mora, bura, vura, mura, myra, mara, ura, urdova, uru, yuara: Tupi. In Zusammensetzungen wird *yba* besonders zur Bezeichnung der Pflanzen-Arten angewendet, *ymirá* und seine abgewandelten Formen insbesondere mit Beziehung auf das Holz; *oba* in Beziehung auf die Frucht. — Vgl. 409. Nota.

ũvüehla: Omagua.
ymyra: Araquajú.
iwira: Oyambi.
pangib: Mundrucú.
ti: Bororó.
moirá: Mura.
ticoti: Guanás.
keeg-pai: Guachis.
kede: Chavantes.
couba: Cherentes.
ode, oté: Chicriabás.
rũjando: Geico.
ping: Masacará.
pi: Apinagés (lignum).
py, clety: Purecamecran.
hui: Camacan.
hi: Meniens.
sahie, hauué, huy, hoindá (lignum): Cotoxó.
nahi: Tecuna.
oma: Caloquina.
toockö: Coretú.
mai, man-croa, mebn: Coropó.
abaai: Machaculi.
abaay: Copoxó etc.
mniomipticajo: Patachó.
abooi: Macuni.
tchoon, tchonne, tchone gdente: Botocudo.
pou: Puri**).
bo (ambo): Corondo***).
mé: Malali.
mador: Guató.
caico: Camé.

---

*) Mit diesen Worten sind besonders jene für Wald und Flur zu vergleichen.

**) *Pou* bei den Camho = campi, prata, ist ein Beispiel ganz entgegengesetzter Bedeutung des gleichen Ausdrucks in verschiedenen Dialekten.

***) *Ambu* tupice wird (Notic. do Braz. c. 53) sowohl von Ximenia americana als von Spondias angewendet. *Ambi* der Masacara ist Zizyphus Joazeiro.

tsi, bewô: Cayriri.
tsi-hitschũ (arb. alta): Cayriri.
cloe-ten (lign. durum?): Cayriri.
zui: Sabujá.
jejé (lignum): Pimenteira.
ata (*panumary*): Manao.
ugua-schukuna: Marauha.
rere: Paravilhano.
ada: Baré.
atamina: Cariay.
a-äta: Araicú.
amuena: Canamirim.
yuy, imi, hibui: Maxoruna.
j-ui: Jaun-avó.
huiby: Culino.
abahna, apahna: Uainuma.
auána: Jumána.
ghenolega: Passé.
gäzo, aghozo: Cauixana.
heicu: Tariana.
heicui, witsipha: Baniva.
rhiniké: Mariaté.
noino, nointno: Juri.
taina: Coretu.
macambúcõü: Jupua.
amühi: Miranha Carapaná-Tapuya.
ümáana: Miranha Oira-açu-Tapuya.
japuá: Jaúna.
okergi: Cobéu.
jükena: Tucano.
yabú: Curetu.
hacha, gaspy: Kechua.
iguntia (quoque = sylva): Yaguas.
auaina: Oregones.
ivi: Panos.
tapasey: Pebas.
nama: Iquitos.
nackuna: Zapara.
adda: Aruac.
daoona: Guarauno (Warau).
macu, maica, mapu: Taino.
vué-vué: Galibi.
hue-hue: Caraibi insularum (Callinago).
yequich: Chaymas, Cumanagotes, Pariss, Cores (ex Tauste).
out-choun-tchai: Maya.
mamll: Chile (quoque lignum).

Radix — Wurzel — Raiz.

çapó, sapó, sapú, cepó, çipó, sipó: Tupi. Dieses Wort wird gegenwärtig in ganz Brasilien für die biegsamen Stengel, Stämme und Luftwurzeln (Lianen, *bechuca*), *bijuco, bexucum:* Taino, und hie und da *cabuya* im spanischen Amerika, sarmentum, funis sylvestris, gebraucht, deren viele Arten Verwendung finden.

sapuá, y-schipo (radix parva, sarmentum) Omagua.
oussimo: Oyambi.
ganahõ: Mundrucú.
pi-niatschaki: Aponegicran.
pi-ele: Purecamecran.
kiaji: Meniens.
kasé: Coloxó.
nai-ja-quai, naimau oii (sarmentum): Tecuna.
ghory-ong (sarmentum): Catoquina.
tata-anre: Coretú.
mebn-(memp)-schinta: Coropó.
animtschat-till(g), angnibtschten: Macuni.
kigitang, tchonne-ütak: Botocudo.
koujoune-jikaramne (liane): Botoc.
coschon (liane): Capoxó.
mimimiae: Malali.
ca-hiere: Camé.
imützi, mu: Cayriri.
ata-üety, atäta (sarmentum): Manao.
utéba, mipy (sarmentum): Marauhá.
rere-monu: Paravilhano.

ytuly, *ataty* (sarmentum): Bare.
yiko, *ata-ira* (sarmentum): Cariay.
a-zaly, *hyby* (sarmentum): Araicú.
hapy (sarmentum): Canamirim.
schuku, *nisy* (sarmentum): Maxoruna.
ihustapon: Maxoruna ferus.
iri-tapona: Jaun-avo.
huy-tapu, *mischy* (sarmentum): Culino.
maaba, *hipepy* (sarmentum): Uainuma.
auinapá, *eneühla* (sarmentum): Jumana.
egpapa, *apepuė* (sarmentum) Passé.
agázolü, *zapory*, *epopuhlá* (sarmentum): Cauixana.
tscheramy, *ypèpy* (sarmentum): Mariaté.
näti, *ypèpy* (sarmentum): Juri.
ahonauó: Coeruna.
diabonánghi: Jupuá.
nahqui: Miranha Carapana-Tapuya.
thabäghu: Miranha Oira-açu-Tapuya.
scharijá: Jauna.
sapi, *uuska* (sarmentum): Kechua.
natay: Pebas.
parentana: Galibi.
illagra: Caraib. Callinago.

Ramus, Stolo — Ast, Zweig, Wasserreis — Ramo, Ramalho, Esgalho.

caa-roba, *aca ymira* (cornu arboris), *ymira-racanga* (caput arboris): Tupi.

ysacama: Omagua.
eré: Camacan.
arandische: Geico.
hanikren: Coloxó.
schakae: Tecuna.
opina: Catoquina.
tchonne-mak: Botocudo.
po-tihlica: Puri.
bo-ďjarta: Coroado.
ca-pen: Camé.
ata-akûra: Manao.
batiberu: Marauha.
ymina: Baré.
ychu-ata: Cariay (*cachu* vel *ychu*: Kechua = gramen).
aky: Araicú.
tubú: Maxuruna.
humynui-sautá: Culino.
apana-ghae: Uainumá.
epusii: Passé.
ghoekona: Cauixana.
urukary: Mariaté (Cfr. *Urucuri*: Tupi.)
callma, *bakischka*: Kechua.
huehue ibouliri, *tibouliri*: Caraib. Callinago.

Folium, Folia, Ramus foliatus, Herba, Sylva — Blatt, Blätter, beblätterter Zweig, Kraut, Wald. — Folha, Ramalho, Mato.

caá: Tupi. Wird mannichfach zusammengesetzt; bedeutet mit *oba* fruchttragendes Kraut, oder Baum; auch Wald (*caa pyterpe*, mitten im Walde). *caapyim*, *caa-pi*, *capim* heisst ursprünglich Gras, dann Kraut, das in dem gereinigten, abgetriebenen Walde nachwächst; wird aber auch für verschiedene Gesträuche gebraucht.

ghá, *cáva*: Omaguas.
datai: Mura.
thöp: Mundrucu.
parachó: Cayapós.
deçu: Chicriabas.
arandische: Geicó.
uöthésu: Acroamirim.
tuhlolo: Purecamecran.
erreh: Camacan.
ere, *cai* = gramen: Cotoxó.
tri, *naiatu*: Tecuna.
haghpapany: Catoquina.
jooyörő: Coretú.
tschuptsché: Coropó.
mischuill: Macuni.
jiüm: Botocudo.
djioukran (folium palmae): Boloc.
jamme: Botocudo.
tschope: Coroado.
tschupan-gue: Coroado.
cafuie: Camé.
phüh (herba): Cayriri et Sabuja.
umarh, *umá*: Pimenteira.
ata-âna: Manao.
ata-siby: Marauha.
atabana, *dabánube*: Baré.
ataua: Cariay.
atupuena: Araicu.
sapahna: Canamiri.
tschüascha: Mayoruna.
huinsin (herba): Mayoruna.
naispou: Mayoruna.
many: Culino.
abanaipahna: Uainumá.
apanapahna: Uainumá.
aapuna: Uainumá.
apuachpchö: Jumana.
apanama: Passé.
abanná, *ghazahoa*: Cauixana.
apânape: Baniva.
tsapi: Baniva.
baribuuna: Baniva.
(Hier ist wohl an eine bestimmte Pflanze gedacht.)
aâpana: Mariaté.
nointjú. *notyou*: Juri.
něhōphthó: Coeruna.
pó: Jupuá.
nahühi: Miranha Carapana Tapuya.
ünáamühni: Miranha Oira-açu tapuya.
púha: Jaúna.
onirocá: Cobéu.
pughli: Tucano.
yi(l)ra: Curetú.
rapi, *banka*: Kechua.
mi: Yaguas.
eouarassa: Cocamas.
semay-nemey: Pebas.
zaucko ami: Zapára.
ubanna: Aruac.
sarombo, *chalombo*: Galibi.
yatir: Chaymas, Cumanagotes etc. teste Tauste.

Flos — Blüthe — Flor.

potura, *potyra*, *putyra*, *putura*: Tupi. Wörtlich: was aus der Hand (*pó*) oder den Fingern (*pó*) hervorkommt (*ür*, *jür*: venire). (Bei den Puris und Coroados heisst *po* oder *bo* der Baum.)

putühla: Omagua.
thüt: Mundrucú.
jiongbai: Mura.
chiran-ran: Chavantes.
loriento: Geico.
pin-lá, *binlah*: Purecamecran.
huánhinde: Cotoxó.
uacha-cou, *atupan*: Tecuna.

ghüpong: Catoquina.
terühgörö: Coretu.
mittar (*una*): Macuni.
mouroune: Botocudo.
po (*pou*)-*baina*: Puri.
(*bo-*) *po-ponaim*: Coroado.
(*bo-pónem* = rosa.)
cáfeié: Camé.
purú: Cayriri.
ataiby: Manao.
urimy: Marauha.
ychiby: Baré.
ghochü: Cariay.
ghua: Araicú.
ghazubaly: Canamirim.
pimy, *wa*, *ihuina*: Maxoruna.
egpeuy: Culino.
abanaibi, *apanaipy*: Uainumá.
uainaú: Jumána.
polyra: Passé (tupice).
agázaü: *ghoekona*: Cauixana.
mutze-tizýbere: Mariaté.
noohnü: Juri.
oeeüe: Coeruna.
thüabo-caá: Jupuá.
nahiúma: Miranha-Carapana-Tapuya.
iguághco: Miranha-Oira-açu-Tapuya.
inkill, *sisa*: Kechua.
romoai: Yaguas.
sariraki: Oregones.
binié: Panos.
sisi: Cocamas.
susuman: Pebas.
tuiccia: Zapara.
attukuru: Aruac.
ana: Taino.
chepi: Chaymas, Cumanagotes, Parias.
dani: Othomi.
eboireré: Galibi.
illehué: Caraibi Callinago.
röjando: Masacara, Geico.

Fructus, Frucht, Frutta.

ybá, *ibá*, *iá*: Tupi. *Nha*, *Nia*, quasi fructus κατ' ἐξοχήν, est fructus Bertholletiae excelsae. (*Niu* der Sandwich Inseln ist Cocos nucifera, *Nias* auf Mallicollo ist Inocarpus edulis.)

iá, *yulaia*: Omagua.
iá: Mundrucú.
inji-aihi (fructus Ingae?): Murá.
patso: Cayapó.
decran: Chicriabas.
pitschó: Aponegicran.
kintzo: Purecamecran.
keränä: Cotoxó.
na-rai-ho, *ohrü*: Tecuna.
uarapy: Catoquinas.
tehigórö: Coretú.
memptá: Coropò.
millah, *mitta?* Macuni.
ata-üko: Manao.
ati-by: Uairacú.
ata-buku, *dábu*: Baré.
pata, *ghüku*: Maxoruna.
vimin: Jaun-avo.
wimy: Culino.
abàna-inickia, Uainuma: Mart.
duákisari: Uainumá.
auina-aca: Jumana.
egpanaghela: Passé.
pinóbi: Baniva.
mysakary: Mariaté.
yequich, *yepe*: Chamas, Cumanagotes.
iriaé: Coeruna.
jabotica: Jupuá.
ramáuma: Miranha-Carapana Tapuya.
imaghe: Miranha Oira-açu Tapuya.
unhú: Curetú.
uayu: Kechua.
beni: Panos.
kaima: Cocamas.

nemasey: Pebas.
iwihū: Aruac.
eperi, *eperibó*, *esperibó*: Galibi.
ytch: Maya.
bubn v. *bubún*: caro fractus: Araucan. *bubunhá*, *bubun-ia* palma Guilielma speciosa, fructu carnoso tupice in terra Amaz.
tim: Caraiba Callinago.
tchonne-kone: Botocudo.
mor-keh: Puri.

Ananassa. Bromelia Ananas L.

Ananás, *Naná*: lusitan. *Piña* hispan. (Fructus pineae nuci similis, regia esca: Petr. Martyr Decad. edit. 1574. 246.)

abacaxis, *auacachi*, *abachis*: Tupi, confer supra 381. 383.
nana, *anána*, *marbe*, *onore*: Chaymas, Cumanagotes, Cores et Parias, teste Fr. Tauste.
boniama, *guayama*, *yayaguá*, *matzatli*: Mexico.
yayaouá: Taino et alibi in ins. antill. — *yayaoua*: Caraib. Callinago. — *nana*, *yayaoua*: Galibi.
manan, *roucon*: Botocudo. *pusc* (A. sylvestris): Botocudo.
uaca: Caloquina.
achupalla: Kechua.

Bambusa.

Canna lusitan. *Caña gorda* hispanice.

tacoára, *tacuára*, *tagoára*: Tupi. (Von *tycoár*, mit Wasser mischen, wörtlich: Wasser-Ort, herübergenommen, weil die Indianer Wasser in Rohrstücken aufzubewahren pflegen.)

courmouri: Oyambi. — *curucche*: Chaymas, Cumanagotes etc. — *guadua*: Taino. — *tiona*: Caraib. Callinago. — *po-çahai-catū*: Aponegicran. — *kékrok*, *com*: Botocudo. — *anteh*, *graung*, *oamrinra*: Corosdo. — *fatöh*: Sabuja. — *cochhégn*: Coropó. — *coleu*, *rgi*, *rugi*, *rugl* in lingua Chilensium = calamus, arundo (*caña*).

Batatas edulis De Cand. Convolvulus Batatas L.

jetica, *hetich*: Lery edit. 1586. 165. Tupi. — *ictig*: Oyambi. — Petr. Mart. ed. 1571. 262. 263.

batata: Taino (die süsse Batata bei Oviedo zum Unterschied der *ajes*, *axes* von Dioscorea) Petr. Martyr. 262. 263. — *camotli*: Mexico, davon *Camote*: Kechua.
napi (*mapas?*): Galibi. — *mapuey*, *zamaygua*: Chaymas, Cumanagotes. — *coundi*: Chavantes, Cherentes.
joto: Apinagés et Carahós. — *gnunana*: Botocudo. — *mouka*: Guató. — *orairai*: Warau.
tsa: Macusi. — *máporú*: Paravilhano. — *quaiú*: Jucuna.
cotarouti: Carajas. — *imazacka*: Zapara.

Bixa Orellana L.

Urucú-üva (arbor), *urucú*, *rocu*, *rucu* (pigmentum): Tupi. — *roucou*, *rocou*: Oyambi, Galibi. — *achioto*: Herrera.

biché, *bixa*, *bischa*, *bichet*: Aruac.
chouroucouli ollocamboui (semina aut pigmentum de seminibus derasum, absque oleo); *emátabi*, *cochéhué*, semina cum oleo, feminis (quae raptae ex gente Aruac) *bichet*: Callinago.
annoto, *coutsawe*: Galibi.
pyhry: Uainuma.
ounshi: Panos.
payaghü (arbor medici): Catoquina.
tchonne-kraine (arbor rubra): Botocudo. — *bu-crenké*: Cayriri.
achiotl, *achiotle*, *achote*: Mexico.
achoté: Maya?, Kechua, Cocamas.

Colocasia antiquorum Schott et aliae Aroideae esculentae.

taya, *tayoba*, *tayurá*, *taiá*, *taioba*, *taiabuçú*: Tupi. *Taiou-a* (*Caiou-a*) Lery edit. 1586. 175. *Tayá* heisst auch das Brennen des Pfeffers im Munde.

táya: Callinago; *oüáheu*: feminis. — *taia*, *moussa*: Galibi.
ouaheu: Callinago.
malanga: Cuba.
mimtschatteri: Macuni.

Capsicum L. Piper hispanicum.

kyiá, *kiynha*, *kyÿnha*, *kyinha*, *quiya*, *quiynha*: Tupi cfr. 399. 405. *Pimenta* lusit. *Pimiento* hisp. — *kyinha avi Pimenta malagueta.*

ikeing: Oyambi.
pyman, *pimienta*: Maya.
axi, *aji*, *ages*: Taino.
haatchi: Aruac. — [*hachis*: Arabum = Cannabis].
uchu, *achi* (C. frutescens), *roccota* (C. grossum): Kechua.
pomi, *pomuey*; *cherer* (C. frutescens = *Pimiento menudico*): Chaymas, Cumanagotes, Parias.
pomi, *pomouy*: *oualéiri* (C. frutescens), *boémoin*: (C. annuum): Caraib. Callinago, quorum feminae dicunt: *áti*. — *hooka*: Warau v. Guaraunos. — *thapi*: Chile. — (*thapican*: capsico condire: Havestadt.)
tom-chăk: Botocudo.

Crescentia Cujete L. — Cucurbita.

Aus den Früchten des erstgenannten Baumes (*Cuieyba, Cuegyba, Cueygba*, supra 392.) und aus jenen der Cucurbita Lagenaria (maxima und Pepo, deren ursprüngliches Vorkommen in Brasilien nicht nachgewiesen ist) bereiten die Indianer ihre Trinkschalen (*Cuja*: Tupi) und die grösseren Gefässe (*cabazo* port., woraus in der Lingua geral *cabaçú* aufgenommen worden; *Calebasse* gall.)

cuya, *cuia*: Tupi. — *gocrata*: Apinagés. — *coconno*: Aponegicrans.
keja-coh: Camacan. — *kerückka*, *kerüchka*: Cotoxó. — *totsa*: Patacho. — *tutschay*: Coropó.
rin: Capoxó. — *pokn dzinin*: Botocudo. — *cun-ata*: Macuni. — *crō*: Masacara.
puru: Kechua. — *mayetá*, *tonton*: Galibi. — *tiboúcoulou* (arbor: *matállou*); feminis: *hunra* (*iwira*: tupice): Callinago. — *hibuera*: Taino?
cabaçú: Tupi. vas cucurbitinum. — *chu*: Maya. — *oelú*: Geico. — *amiaknon*: Botocudo. — *njanam*, *conat*: Capoxó. — *enridah*: Aruac. — *ripich*: Coroado. — *puibüh*: Sabujá. — *tonton*: Callinago; feminis *ehuéyu* (oblongum); *moulou-toucou*; feminis *commori*: (rotundum).
capallú: Kechua. — *penca*: Chile.
Cucurbita Pepo, maxima und Citrullus (*Maurongaus* Lery. 167.) heissen im Tupi *Jurumú*, *gerómú*, was: bacca carne molli erklärt wird. — *coch-hoa* oder *hu-hoa*: Masacará. — *co-natschuipei*: Capoxó. — (*Co*, *coi*, *jui*, *joá*, *guá* sind Bezeichnungen für eine Beerenfrucht.)
grützüö (C. Citrullus): Masacará; *batia*: Callinago.

Dioscorea

cará, *caraz*, *gará*, *mangará*: Tupi, Oyambi.

impobo: Apinages. — *crairo*: Carahos. — *coschio*: Capoxó. — *tsipoiá*: Macusi.
amaon: Botocudo. — *ma-poru*: Paravilhano. — *áje*: Taino? (Primer viage de Colon; Navarrete Coleccion I. 93.) *niámes*, *ámes*, *m'ámes*: Taino; *mames*: Cuba. — *inname*, *inhame*, *injame*: Paria. (*Yams* anglice). — Dioscorea (Helmia) bulbifera (eingeführt) heisst in Brasilien *Inhame de S. Thome*, *Batata do ar* (weil sie Knollen in den Achseln der Blätter bildet).

Gossypium. Baumwolle. Algodâo.

(Die in Brasilien zumeist vorfindliche, ursprüngliche Art ist G. vitifolium.)

aminiú, *amyniú*, *ameniú*, (Lery edit. 1586. 159.) *aminũu*, *amaniú*, *manym*; (filum: *amyniúinimbó*). — *amoniou*: Oyambi; *amonian-iwira* (frutex) *enimopoĩi* (filum). *amouijo*: Apiacás.

amagno: Cocamas.
amoulou: Galibi. — *manhoulou*, *icallètèpoue*: Callinago, *aüámoulou* feminis. — *mapu*: Taino, Eyeri (*Ceyba* wird auch die Wolle von Bombax genannt, der bei den Chaymas *Cumaca* heisst.)
otoquat: Chaymas; (filum: *tapichen*, daher *tapicho*, die Bezeichnung des Faden ziehenden und sich im Erdboden ansammelnden Milchsaftes von Siphonia, abzuleiten ist).
cottámo: Guaycurus. — *naiwai*: Guanás. — *meclaala*: Guachis.
cabaji, Cherentes. — *gebatsi*: Acroamirim. — *cateroni*, *carato*; (filum: *carotiniu*): Apinages. — *kathodnie*: Carabós. — *moutchai*: Guató.
yxomtom: Camé. — *utku*: Kechua. *wash-moué*: Panos.
ychcaxihuitl: Mexico.

Hura brasiliensis Willd.

oaçacú, *oassacú*, *uassacú*, *guaçacú*, *assacú*: Tupi, i. e. ecce magni effectus, ex *oa*, *gua* praepositione demonstrativa, *çacy*, *sacú* violenter agere, dolores ciere. Ein Baum, dessen giftige Milch besonders zur Betäubung der Fische angewendet wird. Die Indianer nannten uns den Baum oft von freien Stücken, wenn wir nach dem Namen des Pfeilgiftes *Urari* fragten.

uaschiba: Omagua. — *oasiba*: Tecuna. — *oassacú*: Jumana.
asacu: Baré. — *uasaghati*: Cauixana. — *maiyauy*: Manao.
maiáby: Cariays. — *opo*: Passé.
atá: Marauha. — *ana*: Culino.
esu: Canamirim. — *gomo*: Maxoruna. — *apanacapy*: Mariaté, Juri.
ysiro: Kechua (Maynas).

Genipa.

genipapo, *jenipapa*: Tupi.
xagua: Taino, Chaymas etc. — *chaouá*: Aruac. — *labouloubou*: Callinago et earum feminae: *chaouá*. — *caruto*: Guaraúno.
nottikai: Guaycurus.
nané: Panos.
ouito: Cocamas.

Manihot utilissima Pohl. Jatropha Manihot L.

Mandüba, *Mandiba*, *Manduba*, *Maniba* (planta); *Mandiocca*, *Mandihoca*, *Mandioca*, *Manioca* (radix); *ui*, *uy*, *ouy* (vide supra p. 94, farina); *ui-pú* (farina recens), *ui-antam* (dura); *beiju*, *mbeiju* (farina tosta in placentis); *meape antam* (panis bis coctus); *meapé* (panis): Tupi. — Es gibt von dieser Pflanze (der *Yuca agria* hispan.) zahlreiche Sorten, welche sich sowohl durch Gestalt und Farbe der Stengel und Blattstiele, als durch die zur Reife der Wurzel nothwendige Zeit unterscheiden. *Manipipoca-mirim*, *Manibaru* werden nach 18, *Maniba-tatu*, *Manai-*

buna nach 12, *Manetinga* und *Parati* nach 8 Monaten reif. Auch in andern Indianer-Sprachen haben diese Varietäten verschiedene Namen, welche jedoch nur mühsam auszumitteln und festzustellen sind. Ja es gelingt oft nicht einmal die Bezeichnungen für die Pflanze, die Wurzel und das daraus bereitete Mehl zu unterscheiden. Unter den meisten der hier verzeichneten Worte dürfte, wenn es nicht ausdrücklich angegeben ist, zunächst die Wurzel zu verstehen seyn.

manihoc (radix); *meyou* (farina): Oyambi et Galibi.
schitanum: Mundrucú.
ahinaiodi: Guaycurús.
kaü, cachü: Masacará.
cutpá: Acroamirim.
guule: Purecamecran.
gwoára (radix): Aponegicran.
casch (planta); *cahatschieihih, kahutje* (farina): Camacan.
kaiü: Meniens.
manioca; tihai (radix): Tecuna.
kitscheré, *uütschärö; enghiumú, ungküomú* (farina): Pimenteira.
tauápy: Catoquina.
auütühri (farina): Coretú.
kôn (farina): Coropó.
cón, corjon (farina): Capoxó.
cohomm (farina): Patachó.
coon, kohth (farina): Macuni.
bihuh (farina): Puri. *beiju*: tupice.
bifu (farina): Coroado, *beiju*: tupice.
muiccuh (farina): Cayriri.
quen: Marauha.
küpe (radix); *eimü* (farina); *ekëi* (beijú): Macusi.
köle (radix): *këi* (beijú); *totu pané* (farina); *emé-ramú* (amylum): Paravilhano.
xiniote (radix); *canicade* (plantula); *ui* (farina); *jabolli* (beijú); *calli* (amylum): Uirina.
ghay: Araicú, Cauixana; *mazoaka* (farina): Cauixana.
ghanury: Manao.
ghunury, *ghanury*: Canamirim.
ghanitzy (planta); *matchuca* (farina); *cusi* (beijú): Baré.
matsuca, matshuca (farina): *perité, cáca, ahosi* (beijú): Baniva.
ghanitzy: Cariays.
tzumatzia: Mariaté.
bitima-aza: Culino.
ghany; *cáou*, *omohó*, *gáö* (farina) *üre* (beiju): Uainumá.
caui (farina); *peilitha* (beiju): Tariana.
ghey: Jumana.
ghenya: Passé.
caéru (radix); *cachi* (planta); *ai* (farina); *cumún* (beijú); *oturi* (amylum): Jucuna.
odjou-ouru: Carajás.
aso, haça, aza: Maxoruna.
atza (radix); *atza-mútu* (farina): Yaun-avó.
ahamu, omoho (farina); *oró* (beijú): Juri.
atsa (radix): Panos.
oha (farina): Coeruna.
páagari (farina): Jupuá.
zobóa (far.): Miranha Carapana-Tapuya.
zohbumbü (far.): Miranha Oira-açu-Tap.
util(r)ha (farina); *aoimo* (beiju): Cobéu.
poóca (farina); *ahóua* (beijú): Tucano.
bagaria (farina); *baēde* (beiju): Coretú.
sucia; Yaguas.
yawiri: Cocamas.
coaleshe: Pebas.
momoria: Iquitos.
calli (radix): Aruac.
iucca, *yuca* (planta, radix): *cazabbi*, *casavi*, *cassave*, *cazavi* (farina): Taino (Petr. Martyr ed. 1574. p. 7. 262. 263. 301.) —

in dialect. Antillarum: *cuac, maru.*
kière, quière (planta); *aleiba, chibiba, cibiba;* feminis *maru, kelètona* (farina); *xauxau, yohúau* (beiju); *cachiri-poué* (succus expressus): Caraib. Callinago.
quichère, guecharapo (planta), Chaymas, Cumanagoles.
callit, hemachug (beiju) Caraib. auf Trinidad (Dudley, Arcano del Mare).
huacamote: Mexico.
ayarùma: Kechua.

Manihot Aypi Pohl. Jatropha Manihot var. dulcis L.

aypi, aypim, aypini (Not. do Braz. c. 43. Piso I. 52. II. 114. 115. 305. Marcgr. 65.) Diese im äussern Ansehen schwer von der im rohen Zustande giftigen *Manihot utilissima* zu unterscheidende Pflanze, mit mildem Safte, welche nicht so alt zu werden pflegt und meistens schon im fünften Monat verspeisst wird, kommt ebenfalls in mancherlei Varietäten vor. Sie heissen meistens nach der Farbe — *una, tinga, miriti, saracura*, die schwarze, weisse, rothe, braune u. s. w.

Diese süsse Mandiocca (*Yuca dulce* hispan.) heisst bei den Chaymas, Cumanagotes, Cores und Parias: *cazet, cachite*, und es werden davon bei Fr. Tauste folgende Varietäten angegeben: *caziripuer, morocopuer, guaracapuer, teypanpuere, emnanpuere, cumacapuer.*
boniata: Taino (Oviedo). — *camagnem*: Callinago.

Musa paradisiaca, — Musa sapientum L.

pacóba, pocóba, pacóva, bacóba tupice. — *Pacoba, Pacoveira,* — *Banana, Bananeira*: vulgo.

Allgemein ist die Annahme in Brasilien, dass die erstere dort ursprünglich einheimisch sey (im wilden Zustande habe ich sie jedoch nirgends gesehen), und dass die andere aus Guinea eingeführt sey (daher *Banana de S. Thomé*). Die Namen gelten vorzugsweise von Musae paradisiaca und wo die Frucht gemeint ist steht F.

pacowa: Apiacas. — *bandla*: Omaguas. — *bacová*: Mundrucu. — *bacowe*: Oyambi.
ouata: Guanás.
wüthra: Guachis.
baco: Chavantes.
chou-poiran: Cherentes F.
amiotsché: Chicriabas.
tereu-ti: Apinagés F.
hoco-honizo: Purecamecrans.
bububärä: Aponegicrans F.
poutpout-chito F. (*chito* = arbor?) Caraho.
incru: Meniens (M. sapientum).
tacko: Camacans (M. sapientum).
taio: Coloxó.
pohi: Tecuna F.
tsipary: Caloquina.

ojógüári: Coretú
mipcaj: Capoxó. (M. sapientum).
atèmptá, *atemtah*: Macuni (Banana).
bahóh: Puri (Banana); *jüpokan*, *üpokanne*: Botocudo.
bacoeng (M. paradisiaca); *bacombuni* (M. sapientum): Coroado.
maquajaha: Guato F.
bacobá: Cayriri, Sabujá.
banála: Manao, Bare, Araicú.
ytschetshy: Cariays.
balurú: Macusi F.
palurú: Paravilhana F.
panala: Uirina F.
banabüé: Canamirim.
sigui, *sinquiny*, *sincui*: Maxoruna F.
canna (?) *puōra*: Jaun-avo F.
bandra: Culino F.
panahle: Uainuma.
bánara: Jumana F.
parú: Jucúna F.
pánara: Passé, Cocamas, Pebas.
palatna, *palatana*: Baniva.
djata: Carajás F.
del(h)i: Tariana F.
oärama, *werama*: Juri F.
banũra: Coeruna.
obutüga: Jupuá F.
titzuzu: Miranha Carapana Tap. F.
ugühó: Miranha Oira-açu Tap. F.
orlhi: Cobeu F.
ohóh: Tucano F.
gopeiabúh: Curetú.
samboai: Yaguas F.
samouati: Iquitos F.
titsa: Oregones F.
prátane: Aruac.
banana, *camois*: Taino (Eyeri).
balatanna (M. paradisiaca); *baccoúcou*, *baloulaca*, *paco* (M. sapientum): Galibi.
balatanna (M. paradisiaca); *lacalla* (spadix fructifer): Callinago.
baloulou (M. sapientum): Callinago.
pusman (M. paradisiaca); *yaguara*, *enguineya*, *entia* (M. sapientum, *El Platano dominico*, *la Vanana*): Chaymas, Cumanagotes etc.
maya: Sandwich.

Nicotiana Tabacum L. Tabak. Fumo, Tabaco.

petúm, *petume*, *pety*, *pytyma*, *pyter* (fumare); *pytybao* (fistula fumaria); Tupi. (supra p. 85.) *putûma*: Manaxó in ins. Maranhão. *petema*: Apiacas. — *penteu*: Cayowás. — *pytyhla*: Omaguas. — *pitema*: Cocamas. *petemma*, *petemmora*, *macourey*, *emououk* (fumare): Oyambis. — *tchehde*: Mura. (Das Wort *cachimbo*, *caximbo*, *cachimbão* für Tabakspfeife gehört wahrscheinlich einer Negersprache an).

naaloda; *ayotitai* (tubulus tabacinus, Zigarro): Guaycurûs.
tchahi: Guanás.
ouchete: Guachis.
arená: Cayapós.
waari, *oali*, *ouani*: Chavantes.
oaanijeu, *quanyeu*: Cherentes.
pehy, *pdeih*: Geicó.
hyna, *hingza*; *cuúni* (fistula fumaria): Masacará.
uari: Acroamirim.
kariniaco, *karenio*: Apinagés.
borahó: Aponegicrans. (Eben so die Tabakspfeife).
béuro: Tucano.
paro: Carahós.
hiah: Camacan.
aptschign: Coropò, Coroado. *ombó* (fist. fumar.)
apuschaj-minjon: Capoxó.
gninnang, *anguinang*, *anganan*: Botocudo.
pókĕ: Puri.
boké; *boké tshé* (ad fumandum);

tabaco (pulvis tab.); *boke motche* (fumare); *boceh, bróhma* (fistula fumaria): Coroado.
poiuh; *poiuh-poiüh* (fistula fumamaria): Sabujá.
paewi: Cayriri.
maboo: Guato.
tschiaming; *tamitze* (fistula fumaria): Pimenteira.
kauwai, kawai; *utschinali* (fist. fumar.): Macusi, Arecunas.
kau-vâi; *kau-vai natabú* (fist. fumar.): Paravilhana.
rümoe; *rumoe tarúna* (fist. fum.): Jaun-avo.
dema: Guipunavi.
iema: Tariana.
jema: Maypures.
eeli, djéema: Baniva.
scema: Caveri *).
schama: Atorai in Guyana.
cooté: Carajás.
jiyá: Juri.
buti: Cobéu.
sayri: Kechua.
chica: Panos.
yaari, yeury: Aruac.
cogioba, cohiba. cohoba; *tobaco* (cigarro): Petr. Martyr; *bacana*: Taino.
tamoui: Galibi, Caribi in Guyana.
tamai: Accawai.
akae, ahäh, uohá: Guarauno v. Warau.
iouli (herba); *chaccouba iouli* (pulvis): Callinago.
caguay; *tamot* (cigarro); *tapochen* (pulvis tabaci): Chaymas, Cumanagotes.
vreit: Caraibi in ins. Trinitat. (Rob. Dudley 1559.)
kutz: Maya.
queeza: Zapoteko (Juan de Cordova Diccionario p. 314.)
pycietl: Mexico.
hangui (fumare): Patagon.

Oryza: Reis. Arroz.

abaty i, abatiopé, auati-y, quasi Zea minor; in dialectis: *ubaxi-i, abaxi-i, auatlapé, abati, auaty-mirim*: Tupi. (Pflanze und Same meist gleichnamig). *pady*: malaice!

cotsche: Chavantes.
pinja, pingnio: Masacará.
auatiy: Tecuna.
bahaeti: Aponegicran.
pon-assam(i)nang: Macuni.
japkénin: Botocudo.
urussú: Coroado (*Arroz*: lusit.)
arrossú: Sabujá (*Arroz*).
uassi-vimin: Jaunavó.
sches: Maxoruna.
nauü; Culino.
pupery-pichkya: Uainumá.
auaty-hy: Jumana.
yuaka: Passé.
meatschyny: Araicú.
uati-y: Manao.
aury; *oy* (farina): Cariays.
var, var houfoung: Madagascar.
pare: Macassar.
pare, hari: Oceanicae insulae.
neli: Malabar.

*) In der Sprache des Landes Guey am Gambia in Africa heisst der Taback *diamba* und die Tabackspfeife *guiné*: Bull. Soc. de Geogr. 1859. XVIII. 46. Granum Oryzae *bras*: Malai. *beras*: Macassar. *bira*: Ternate. *mi, bi*: sinice. *blas*: Lampong. *baas, bahas*: Bali. *bad*: Bengala. *nelli*: Malabar. *hala*: Amboina. *tohos*: Timor.

Phascolus. Bohne. Feijão.

Comandá, *Comendá:* Tupi, Apiaca. Dies Wort bezeichnet im Allgemeinen eine Bohne, Hülsenfrucht und wird von verschiedenen Pflanzen gebraucht.

kaihouki: Guaná.
panschu, *pawenjeu*: Chavante.
ouajimjo: Cherente.
haunga: Acroa mirim.
bencoutey: Apinagés.
cascha: Capoxó.
ginja, *kegna*: Cotoxó.
ketschiethah: Macuni.
joanta, *erá-him* (spec. nigra) Botocudo.
fischong (feijão: port.) Coroado.
tlambéna: Puri.
pation-atonili: Carabo.
kekuretareguen (Cicer): Patagon.
moupariroca: Guato.
gõmung-tambaré, *keun-tamparé*: Pimenteira.
kunung: Masacara.
iuma-ssassa: Paravilhana.
comota: Caraja.
kura: Jaun-avó.
purutù: Kechua.
mancónti, *mibipi*: Callinago.
degul: Araucan.

Saccharum officinarum L. Zuckerrohr. Canna d'assucar.

viba-ceèm, *taboca-eem*, i. e. arundo dulcis: Tupi. (vitiose scriptum *tacomaree* Piso II. 109.)

naaho: Guaycurú.
doujee: Chavante, Cherente.
kumerine: Botocudo.
tubanna: Puri.
taupanna: Coroado.
adsucry (saccharum): Masacará.

Smilax papyracea. Salsa, Salsaparilha, Zarça.

cepo-eèm, *cipo-èm*, *cipo-im*, *xipò-em* i. e. sarmentum dulce: tupice vulgo. *sahlàsa* (*salsa*): Omagua. Marauha.
yauta: Tecuna. — *mempo*: Maxoruna. — *panü*: Passé. — *ghauys-piritüchy*: Canamirim.
ghurèbyty: Mariaté. — *auichseil*: Araicú. — *mai-pámusa*: Culino. — *ropo*: Chaymas, Cumanagotes.
chequen (Ruscus, Smilax): Araucan.

Spondias L. (arbor fructu eduli.)

acajá, *cajá*: Tupi; *umbú*, *imbú* (Spondias tuberosa Arruda), vox ex alio idiomate recepta?

obo: Taino.
camaré (arbor): Chaymas.
marapa (fructus): Chaymas, Cumanagotes, Parias.
zigõh (fructus), *zigõh ping*, *zigõh ku* (arbor): Masacara.

Theobroma Cacao L.

Cacaú vulgo, in „Lingua geral“ videtur introductum e *cacahuatl* Mexicanorum. — *acáo:* Omaguas.

punâma: Mariaté. — *sapere*: Tecuna. — *nokan*: Maxoruna. — *ghâo*: Cauixana. *yueru*: Marauha. — *akâouy*: Jumana. — *ako*: Araicú. — *porurú*: Passé. — *tschuisno*: Culino. — *coáca*: Canamirim.

Urari, Urary, venenum sagittarum.

ur venire, *ar* cadere, *y* pronomen relativum; quasi diceres: quo veniat, is cadet.

vühlaly: Omagua.
apá: Jumána, Passé.
haápahly: Uainumá.
haápahry: Juri, Mariaté.
ápary: Cauixana.
aigábia: Canamirim.
mauághory: Manao.
emauághuly: Baré.
numanácka: Zapara.
pehüchuru: Catoquina.
ghurê: Tecuna.
puuscho: Maxoruna.
puisca: Culino.
ukaitena: Marauha.
ticto: Araicú.
ynipy: Cariays.
ramou: Yaguas.
romoley: Pebas.
ampy, *hampi*: Kechua (*amby*: Tupi = pituita, mucilago.)

Zea Mays L. Mays, türkisches Korn. Milho.

uba-tim, *viba-tim*, *ubatim*, *avaty*, *avatyi:* Tupi. Cfr. supra 408. Gramen *viba*, nasutum, *tim* (*tim* = fructus: Callinago) oder *viba-tuûma*, gramen medullosum. Das gegohrene Getränke daraus: *cauhy*, *caô-y*; (Aus Mandiocca *caxiry*.)

auaty, *abaty*: Omaguas, Oyambi. — *awaté*: Cocamas. — *aüoassy*: Galibi.
avachit, *aoachy*, *goaxi*: Caraib. Callinago: feminis: *marichi*, *marisi*.
illacoli: Guaycurus.
muschiú: Cayapós.
nosché; *copaschu*̲ (farina): Chavantes.
nojeu: Cherentes.
notsché: Chicriabás.
ranglonó: Geico.
mütgkü, *mutgkú*: Masacara.
nootschiõ: Acroa mirim.
couecacrainki: Apinagés.
bohngü: Aponegicrans.
po-outi: Carahós.
kschó: Meniens.
kethió: Coloxó.
schiauü: Tecuna.
naty: Catoquinas.
apunacha; *apunacha minjon* farina (*mingáu* e lingua Nigrit.): Capoxó.

tschumnam: Coropò.
menaschahm, punadhiam: Macuani.
pastschon: Patachó.
jadnirun: Botocudo.
manajá: Malali.
maky: Puri.
maheky; uiru (potus fermentatus): Coroado.
majei: Guato.
nhere: Camé.
maschicõh: Sabuja.
mosiccih (planta); *bucupy* (fructus); *madzo* (fructus tostus); *somby* (panicula); *unipú* (potus fermentatus) Cayriri.
thauatõh: Pimenteira (potus fermentatus: *unkú*.)
audty: Manao.
naty: Marauha.
anai, *anain*: Macusi.
aihniain: Paravilhana.
auati: Uirina.
macanaschy: Baré.
yuanaty: Cariays.
metschy: Araicú.
schischy: Canamirim.
schuky: Maxoruna.
schrõki; *sõkõ-mutú* (farina Mayd.): Jaun-avó.
tschũky: Culino.
schequi: Panos.
pechkya: Cainuma.
yrary: Jumána.
cane: Jucúna.
niary: Passé.
mazy: Cauixana.
pekÿe: Mariaté.
saró: Kechua (in Maynas. In Peruvia culmus: *uirú*, spadix: *choella*.)
hazez: Apalache.
yasit: Cora.
marisi: Aruac.
mahiz, *mayz*: Taino, Yucatan.
non'com: Guarauno.
ayaze, *añaze* (Mais ciriaco); *yurar* (M. tierno); *maiz* (Mais yucatan); *zanur* (semina); *tapochen* (farina); *yucche* (potus fermentatus): Chaymas, Cumanagotes, Cores, Parias.
yxim: Maya.
tlaolli: Mexico. (Hern. ed. Recch. 242).
o-os: Guabe in Mexico.
co-sa: Tequisisteco in Mexico.
goa, gua, *hua*, *ua*: Araucan.
jagong: malaiee.
yu schu schu: sinice.
saco, *tsacou*, *tsatsak*, *faime ba*: Madagascar.
kottokoliri: Fulah (Seetzen).
mârek: Darfur (König).

NOMINA ANIMALIUM IN LINGUA TUPI,

adjecta synonymia e multis linguis praesertim Brasiliae.

Thiernamen in der Tupisprache,

mit Synonymen aus anderen Sprachen und Dialekten, besonders Brasiliens.

Gegenwärtiger Zusammenstellung liegt eine früher*) veröffentlichte Liste von Thiernamen in der Tupisprache zu Grunde, welche ich seitdem zu erweitern mehrfache Gelegenheit gefunden habe. Es schien mir aber zweckmässig, hier noch einen Schritt weiter zu gehen, und jene zoologische Nomenclatur einer Lingua franca, die durch einen grossen Theil von Südamerika gilt, mit einer Concordanz aus mehreren andern Sprachen und Dialekten in Verbindung zu setzen. Für die Zoologie können diese Worte allerdings nur von einem höchst untergeordneten Interesse seyn; nur einige wenige sind, zumal von dem Herrn Fürsten Maximilian von Wied, in systematische Schriften eingeführt worden, und sie werden, wie so vieles Andere, was wir von jenen flüchtigen und vorübergehenden Wilden aufgezeichnet haben, wie die Stämme selbst, spurlos verschwinden. Nichts desto weniger sehe ich mich von der Unterdrückung derselben abgemahnt. Manche dieser Thiernamen sind ein Vermächtniss meines Freundes und Reisegefährten v. Spix, welcher sich, eben so wie ich, zu der Fixirung derselben aus zwei Gründen veranlasst sah. Es konnte uns nämlich, während wir unter den Indianern verweilten, nicht entgehen, dass sich aus den wenigen und mangelhaften sprachlichen Bruchstücken, dergleichen der Reisende bei einem kurzen Aufenthalte zu sammeln vermag, für die Linguistik nur dann ein, ohnehin sehr geringfügiges Resultat ableiten lasse, wenn man sie in ihrer Solidarität ergreift. Die Abwandlung, welche ein und dasselbe Wort in dem Munde vieler, bald nahe bald fern von einander lebender Indianer erfährt, muss gewissen Gesetzen unterworfen seyn, und so möchten denn, wünschten wir, diese ohne deutliche Haltpunkte in einander überfliessenden Worte der einzelnen Dialekte vielleicht einiges

*) Sitzungsberichte der K. Bayer. Akad. d. W. v. 10. Nov. 1860.

Material liefern für den physiologischen Sprachforscher, dem es um die innern organischen Gesetze der Laut- und Wort-Bildung zu thun ist. Eine noch grössere Bedeutung aber legten wir auf diese Thiernamen in ethnographischer Beziehung unter der Voraussetzung, dass Jäger, die ein und dasselbe Wild mit dialektisch zusammengehörenden Namen nennen, selbst zusammen gehören. Es scheint uns aber die Vergleichung dieser Thiernamen, wie manches andere sprachliche und ethnologische Phänomen, die Annahme zu bestätigen, dass wir in dem bunten Gewirre grösserer und kleinerer Menschenhaufen in Brasilien das Resultat vielfacher, über die Grenzen Brasiliens hinausreichender, zu verschiedenen Zeiten wiederholter Vereinigungen zu Gemeinschaften und neuer Zersetzungen vor uns haben. Von diesem Gesichtspunkte aus habe ich mir die Mühe nicht verdriessen lassen, den Tupi-Namen noch eine mehrfache Synonymik beizuordnen, besonders aus solchen Vocabularien, bei deren schon weiter oben geliefertem Abdrucke ich die Thiernamen deshalb übergangen hatte, weil ich über die systematischen Bestimmungen derselben nicht einig war. Wer diese Vergleichung weiter ausdehnen will, mag noch die bereits oben mitgetheilten Thierlisten (zumal die ansehnlicheren der Cotoxô, Catoquina, Botocudo, Marauha, Uainuma, Culino, Jumana, Passe, Cauixana, Mariaté, Juri) in seinen Kreis ziehen.

Einige Materialien, welche mir vorlagen, glaubte ich in Auswahl mit aufnehmen zu müssen, obgleich sie über die Grenzen von Brasilien hinausgreifen, so aus der chilesischen Sprache nach Molina und Havestadts Chilidugu, aus der der Chaymas, Cumanagotes, Cores und Parias nach Francisco de Tauste (1680), der Caraiben der Antillen (Callinago) nach dem ebenfalls seltenen Dict. caraibe-français des Raym. Breton (1665), welches übrigens für viel reichere Beiträge hätte benutzt werden können. Aus der Guarauno (Warau) und Maya hatte ich einige Worte von meinem geehrten Freunde, Hrn. Prof. Buschmann erhalten, aus den nicht edirten Listen bei Malaspina's Reise, die ich D. Felipe Bauzá verdanke, sind einige Worte der Sprache von Mexico, der Nutka (Wabash), Mulgrave-Sound, Sandwich-Inseln, und nach einer Mittheilung des Hrn. Bar. v. Karwinski einige Worte der Guabe und der Tequisisteco in Mexico beigefügt worden.

Aba — capillus.
Abacatuaia Marcgr. 161. Piso II. 55. — piscis marinus, *Peixe gallo* Lusit., Zeus Vomer.
Aca, *ace* — cornu animalis, e. g. *áca susuapara* cornu cervi; item significat ramum arboris.
Aca-pora — cornu contentum, medulla.
Acahen (S. Paulo) — avis Cyanocorax azureus Gray. (Natterer).
Acamutanga — contractum ex *aca* ramus, *moteryc* scalpere; nisi rectius *Camatanga*: *cama* pectus, *tanga* crista. Psittacus versicolor?
Acará Not. do Braz. c. 144. — piscis aquae dulcis, similis *Bezugo* lusit., Sciaenoidea, Lobotes, Diagramma.
Acará in genere vulgo dicitur *Cascudo*. Est piscis aquae dulcis, pro regione diversus. Vide quoque sub *Cará*.
Agaoloazo: Uairacu. *gozho*: Masacará. *sohna*: Tecuna. *may*: Maxoruna. *waiyula*: Manao. *ghanitzo*: Baré. *ghunghuriza*: Cariay.
Acará-açu piscis dicitur *apatschuly*: Manao.
Acaráuaçu v. *Carauaçu* (Villa Mario in Mato Grosso) piscis Acara crassipinnis Heck.
Acará-mirim est *rkara ghuny ghuriza*: Cariays.
Acará vel *Pescada* vulgo (Rio Negro): Sciaena squamosissima Heckel; (Marabitanas): Acara diadema Heck. *Acara* vulgo *Cascudo* (Mato Grosso): Acara margarita Heck.
Acará-aia vel *aya* Marcgr. 167. Piso II. 67. — piscis *aia* i. e. edulis v. salubris, Mesoprion Aya Cuv.
Acará çangaba, vulgo *Acara bandeira* (Mato Grosso) piscis Heros festivus Heck.
Acará coaub-eyma i. e. sine ingenio, vulgo *Acara tolo* (Forte do Rio Branco, Alto Amazon.) piscis Acara tetramera Heck.
Acara moçaraigoera i. e. stupidus, vulgo *Acara bobo* (Rio Paraguay) Acara dorsiger Heck.
Acara paragoa i. e. variegatus (Marabitanas, Alto Amazon.) Heros psittaceus Heck.
Acará-peba Marcgr. 161. Piso II. 69. — piscis i. e. latus, *Acará-tinga* i. e. albus — Smaris Acarapeba Lichtst.
Acara pinima Marcgr. 152. Piso II. 51. — i. e. pictus, piscis marinus, Pristipoma Rodo Cuv.

Acará-pitamba Marcgr. 155. Piso II. 51, — aliis an rectius: *Acara-pitangiaba*, — i. e. sapidus, piscis marinus, Sparus? chrysurus Bloch, Sciaena aurata Lichtst.
Acara pischuna, *pixuna* (Barra do Rio Negro) — Heros niger Heck.
Acará-pucú (*mucú*) — piscis i. e. latus vel crassus, Marcgr. 145, Balistes, laevis?
Acará-úna — piscis i. e. niger Marcgr. 144. Piso 55.
Acara preto vulgo in Mato Grosso est Heros modestus Heck.
Acará, *Agoará*, *Acara-tinga* — corruptum e *Guira-tinga* i. e. avis vulgo *Garça branca*, Ardea Egretta. — *tla*, *tulla*, *pillu*: Araucan. *koa*: Tecuna. *aca*: Maxoruna. *unkahla*: Omagua. *atâly*: Uairacu. *nutschirura paliha*: Manao. *ghuputuána*: Cariay.
Acari, *Acary*, *Goacari*, *Guacari*, *Oacari* Marcgr. 166. *Oaquari* Not. do Braz. c. 144. *tatta*: Masacara. — piscis *Acari Cachimbo* Bras.: Loricaria plecostomus.
Acary (Rio de S. Francisco) piscis *Roncador* Bras. — Rhinelepis aspera Spix Pisc. bras. 4. t. 2.
Acauá. *Acauán*, *Macaoan*, *Oacauam* Not. do Braz. c. 85. — avis inimica serpentum, qui audito ejus cantu fugere dicuntur, Falco cachinans L.
Acoti-boya, *Aguti boya*, — serpens Cutia, i. e. qui Cutiae insidiatur.
Acuchy, *Acuschi*, *Aguschy* (Bras. boreal.), *Cotia do rabo* Bras. — Dasyprocta Acuschy auctorum, cristata Geoffr.
Acuti vel *Aguti* — Dasyprocta Aguti Erxl. *aguty*: Omagua, Sabuja, Cayriri. *schiku*: Tecuna. *maré*: Maxoruna. *puchly*: Uairacu. *pui*: Jupua. *paiyua*: Manao et Cariay. *guécaung*: Coroado. *engkuri*: Pimenteira. *hohiong*: Camacan. *tschöuri*: Acroamirim. *cuquene*: Apinages. *aguti puütschi*: Jumana. *püizěhöh*: Cocruna. *höötzu*: Miranha Carapana. *pihtzi*: Uainuma. *po(a)to*: Coretu. *giahöh-ui*: Cauixana. *paghthü*: Miranha Oira açú. *mohti*: Mundrucu. *tschohmä*: Juri. *Picouli* caraibice in ins. antill. *maniang-kün*: Botocudo (Neuwied).
Acvü-uára (Bras. bor.) idem quod *Yby-uára* (Bras. orient.) i. e. dominus terrae v. soli, — serpens Caecilia, in aggeribus formicarum.
Agerú vel *Ajurú*, quod confer — Psittacus.
Agerú-açu Not. do Braz. c. 83. v. *Ajurú*, vulgo *Jurú* — Psittacus pulverulentus Gmel.?
Agerú-eté cú Not. do Braz. c. 84. — i. e. Psittacus legitimus, Psittacus Dufresneanus Kuhl. *noat-noat*: Botocudo.
Agerú-jubacanga vel vulgo *Papagaio cabeça amarella* — Psittacus (Conurus) auricapillus Ill.
Agoára v. *Jagoara*.
Agoára, *Aguára* vulgo *Cachorro do mato* — Procyon cancrivorus Illig. (Bras. orient.) alias *Guaxinim* v. *Guassini*. *hakijäck-gipakiü*: Botocudo.
Agoára-açu vel *oçú* v. *chai* v. *chay* (guaranice) vulgo *Cachorro do mato* — Canis Azarae. (Bras. austral.)
Agoára pope (guaranice) — Procyon cancrivorus.
Aguara-uça Marcgr. 181. — cancer marinus „caninus."

Aguapéaçóca Not. do Braz. c. 81. Marcgr. Libr. Princ. *Aguapecaca* Marcgr. 191. — avis in herba aquatica Nymphaea *Aguapé* saltans (*soc*), Parra Jaçana.
Aguti, v. *Acuti* Marcgr. 224. Piso II. 102, Bras. vulgo *Cutti*, *Cutia*, Dasyprocta Aguti Erxl.
Aguti-boya serpens, qui *Cutia* vescitur, — Cophias atrox Merrem?
Aguti-purú — i. e. habitans in aede aliena (Amaz. ubi vulgo *Rato de palmeira*) Echinomys, Loncheres.
Ai Marcgr. 221. Piso II. 321. 322; *Ahy* Not. do Braz. c. 106, *Agy*, *Auhy*, in lingua Aruac *haü*, vulgo *Preguiça*, — Bradypus tridactylus et cuculliger. *aüey*: Omagua. *aüy*: Manao. *moâe*: Tecuna. *uahüty*: Baré. *pusun*: Maxoruna. *patiro*: Uairacu. *iho-kudgi*: Botocudo. *poary*: Cariay. *tschritu*: Canamirim.
Ai-mirim — Bradypus didactylus. *aüe-pia*: Omagua. *apey-ohne*: Juri. *epolo*: Uairacu. *pauy*: Tecuna. *patüru*: Cariay. *schaschun*: Maxoruna.
Ai-pixuna i. e. niger, — Bradypus torquatus. *iho gipakiú*: Botocudo.
Aiaja, *Ajaja* Marcgr. 204. — avis Platalea Aiaia.
Aibu Piso II. 112. — Species apis.
Aiera Not. do Braz. c. 101. (*ai-ira*) animal Bras. *Papamel* dictum v. *Irara*, — Galictis barbara.
Aiereba Marcgr. 185. Piso II. 294 piscis *Raia* Bras. — Trygon Aiereba I. Müller et Henle.
Aimiroxo Not. do Braz. c. 136. piscis in limo maris similis *Eiro* Lusit.
Aipi-mixira Marcgr. 145. Piso II. 53. piscis marinus *Bodiano* Lusit. Vocabuli sensus est: saporis uti radix Manihot Aipi assata.
Aiurú, *Ajurú* Piso II. 85. *Ajeru* alias — in genere avis Psittacus. Derivatum ab *Ajúru* collum.
Ajurú-apára Marcgr. 205. — avis Psittacus ochrocephalus. *Apára* significat curvus, tortus, contorquens. Vox ideo respondet germanicae: *Wendehals*.
Ajurú-catinga Marcgr. 205. — Psittacus Macavuana. Forsan: foetidus.
Ajurú-curau Marcgr. 205. — Psittacus amazonicus, *Papagaio grego* Bras. Significat: maledicens, injuriosus.
Ajurú-curuca (*curica*) i. e. raucus. — Psittacus aestivus. *kua-kua*: Botocudo.
Amanacay-açu et *mirim* Piso II. 112. i. e. pluviam bibens major et minor, apis species.
Ambuá Marcgr. 253. — insectum, eruca hirsuta urens.
Ameiva Marcgr. 237. — amphibium, Agamae species.
Americima Marcgr. 238. melius *Ameiva ryru eima* i. e. A. sine turgore, sine collo inflato v. strumoso, Gymnophthalmus quadrilineatus Merr.
Amisagoá Not. do Braz. c. 92. — insectum, Vespa.
Amoré atim Piso II. 239. — rana piscatrici similis, aculeata.
Amoré-guaçu Marcgr. 166. — piscis Gobius.
Amoré-pinima Marcgr. 244. i. e. pictus v. variegatus, piscis marinus, — Muraena ocellata Lichtst.
Amoré-pixuma Marcgr. 166. lege *pixuna*, i. e. niger, — Gobius Pisonis Gmel.

Anacà, *Anacan*, in Not. do Braz. c. 83. menda *Marcao*, avis Psittacus anacan Lath., versicolor Lath.
Anajè. vulgo *Gavião*, — avis Milvago.
Anambe — avis parva multicolor.
Andahi (S. Paulo, Rio Grande do Sul) — avis?
Andira, *Andyra*, *Guandira*, lusit. *Morsego*, Vespertilio. — Apud Chaymas et Cumanagotes *Tamane*.
Andira-guaçù Marcgr. 213. Piso II. 290. — Phyllostoma hastatum Geoffr., Spectrum Geoff. *niangkenat*: Botocudo.
Aneju (menda) Icon. Mentzel v. Lib. Princ. I. 425. — Lacerta: Teius Ameiva.
Anguya (guaranice) mus — Hesperomys Anguya Wagler.
Anhambu vide *Nhambu* aut *Inambu*.
Anhanga spectrum, phantasma. Apposito nomine animalis Indiani indicare volunt, eius carnem inutilem aut morbificam esse, aut audita eius voce aliquid sinistri augurari. Ita *Suasu-anhanga* est quasi Cervus diabolus; *Saio-anhanga* (Not. do Braz. c. 104, ubi menda typogr. legitur *Caic-unhanga*) est simia portentosae magnitudinis; *Jaguar-anhanga* est Felis Onza magnitudine et audacia formidabilis, qualem quoque *Jaguar-acang-açu* i. e. macrocephalum nominant.
Anhima Marcgr. 215. *Anhyma* Piso II. 91. *Anhuma*, *Anixuma*, *Inhuma*, vulgo *Alicorne* — avis Palamedea cornuta. *tiriko*: Tecuna. *tzüskua*: Maxoruna. *ghamiky*: Omagua. *ghamoku*: Uairacu. *ohi*: Botocudo.
Anhinga Marcgr. 218. avis Plotus Anhinga.
Anhuma camhitaou (Alto Amaz.) corruptum pro *Acanga-ita-ace*: in capite lapis cornu, — avis Palamedea cornuta.
Anhupoca, *Anhuma-poca* (Bras. austr.) — avis Palamedea Chavaria. Nomen *poca* habet, ob cantum a media nocte, quo expergefaciens quasi horologii vices gerere dicitur, („Serve de relogio") *Poc* = subito sonum edere.
Anguya, rectius *Nguya* vel *Ncuia* (guaranice) — mammalia murina, praesertim Hesperomys Anguya.
Ani, *Anù*, *Anum* Not. do Braz. c. 89. Marcgr. I. 193. — avis Crotophaga Ani. — *tilüh*: Sabuja. *tzüllüh*, *tsilü*: Cayriri.
Ani vel *Anu-coroya*, *Anù-guazù*, *Annà* (Bras. orient.) — Crotophaga major.
Aniju-acanga Not. do Braz. c. 114 Lacertae sp. *Camaleão* Lusit.
Anta Marcgr. I. 229. Tapirus americanus. Non est vocabulum tupicum. Dicitur *icurè* aut *caapoàra* (dominus herbae vel silvae) aut *tapyira*, quod animal in genere significat. In Maynas audit (voce spuria?) *sachyvaca*. — *Anta* videtur vox africana. Auctores historici lusitani et hispani saepe hoc vocabulo utuntur de Africa loquentes. „Huma adarga de couro *d'Anta*": Barros Dec. I. Livr. I. c. 7. Ita ill. Joaquim Caëtano da Silva in litteris ad me datis.
Anuja (Alto Amazonas, Rio Branco) piscis velox ignotus. (*Anoi* significat: ab altero latere).
Apacani (Bras. austr.) — avis —?
Apearè (Marcgr. I. 257.) — insectum: Capsus? larva.

Aperéma (Alto Amaz.) — testudo plana sapida.
Apereá Marcgr. I. 223. Piso II. 103. — Cavia Aperea.
Aperia Not. do Braz. c. 105. *Apeira*, *Prea* — Cavia Aperea. *pattik*: Botocudo.
Apiaba sensu primitivo vir, de animalibus significat sexum masculinum.
Apohi (Bras. austr.) — avis —?
Ara corruptum ex *Guira*: avis.
Araberi Marcgr. I. 108. idem quod *Araveri* — piscis Chalceus.
Araboya Not. do Braz. c. 110. Serpens magnus aquaticus viridis capite nigro; alias *Arárigboya*. Est quoque nomen vel epitheton viri. Dux quidam Tupinambazum hujus nominis. qui habitabat ubi nunc *Praya Grande* prope Sebastianopolin. fidus Lusitanorum socius, Ordinis Christi Eques a rege Portugaliae creatus est.
Araburi Not. do Braz. c. 134. — piscis = *surelha* Lusit.
Aracari menda pro *Araçari*, *Arassari* quod vide.
Aracoà Not. do Braz. c. 89. *Aracuan*, *Aracuão*, *Aracuà* (in Bras. orient. et media; an compositum e *Guira* et *guà* variegatus colore?) — avis Penelope Aracuan Spix. *uatragao*: Tecuna. *ghubumpuru*: Maxoruna. *uara laqua*: Omagua. *paloque*: Cairacu. *haragoà*: Bare, Cariay.
Aracuan (Barra do Rio Negro) — avis Ortalida Motmot (Natterer). (Mato Grosso, Paraguay) — avis Ortalida canicollis Gray (Natterer).
Aracuan-caá i. e. Aracuan sylvestris. *A. do mato* vulgo (in Bras. orient. et media) — Cozzygus (Cultrides) Geoffroyi Temm. (Cuculus torquatus Illig.)
Aragoagoy Not. do Braz. c. 128, *Aragoagoa* Marcgr. I. 159. Piso II. 54, contractum *Aroabé*. Pristis antiquorum Lath. *Peixe Serra* Lusit.
Araguato, *Araquato* (Alto Amazon., Maynas) — simia: Myceles ursinus Humb. vulgo *Guariba da terra firme*.
Aramacá Marcgr. I. 181. Piso II. 66. piscis alias *Aramasú*, *Solha* vel *Lingoada* Lusit. — Pleuronectes Aramaca Cuv. Val.
Aramatia — insectum e tribu Phytiphagorum, idem quod *Arumatia*.
Arambari (Bras. centr., S. Paulo) — piscis an idem ac *Araberi*.
Aráoaba — piscis Xiphias, *Espadarte* Lusit.
Arapaco, *Arapacú* vel *Arapaçu* — avis Picus in genere, *Picapáo* vel *Peco* Lusit. corr. e *Guira poc acu* aut *aca*.
Arapapa (Borba: Natterer) — avis Cancroma cochlearia; corruptum ex *Guira* et *poóca*, avis cochlear.
Arapaya (Minas, Goyaz: Natterer) — avis: Dendrocolaptes (Picolaptes) squamatus Lichtst.
Araponga, *Uraponga*, *Guira-pongá*, *Guira-pungá* i. e. avis struma, *Ferrador* Bras. Chasmarhynchus nudicollis Temm.
Arapopo (Alto Amaz., Rio Negro) — avis aquatica.
Arapuá — apis in solo nidificans.
Arapuço — avis Picus corruptum pro *Arapaçú*, *Guirapoc*.
Ararà Not. do Braz. c. 90. — formica alata, alis albis.

Arára Not. do Braz. c. 80. — avis Psittacus Macrocercus in genere et praesertim M. Macao.
Aráracanga Marcgr. I. 206. — avis Psittacus (Macrocercus) Macao. vulgo *Ara vermelho.*
Araramboya (Amaz.) serpens Xiphos Araramboya Spix. *ghora*: Tecuna. *schauantonu*: Maxoruna. *araram-moy*: Omagua. *cemilo*: Uairacu. *ghoyuy*: Manao. *gharau apūnany*: Cariay. *chūraly*: Canamirim.
Arara-piranga (i. e. ruber) — Macrocercus Macao. — *arara*: Omagua: *ghuyary* (corrupt. e *guira ara*): Uara-guaçú. *brūnquado*: Geico. *gratá*, *cretaty*: Acroamirim. *schokkiöh*, *schoke*: Camacan. *glizzingnieh*, *glizinje*: Cayriri. *cuissingnéh*: Sabuja. *ghauy*: Baré. *hoii*; Tecuna. *schauan*: Maxoruna. *alazo*: Uairacu. *umatuá*: Manao, Cariay. *schura*: Canamirim. *putarang*: Coroado. *hahang*: Macuni. *dzi-manja*. *si-poingnjang*: Pimenteira.
Arára-una (i. e. niger, *Araraúna* Marcgr. I. 206). — Psittacus (Macrocercus) hyacinthinus (et Araraúna). — *klāng*: Pimenteira.
Arára-y — avis Arara minoris staturae.
Ararúna contractum ex *Arara-una.*
Arary (Alto Amaz.) — avis Macrocercus Macao.
Araryca (Amaz.) — Psittacus (Macrocercus) militaris.
Arassari, *Araçari* Marcgr. I. 217. Piso II. 92. (Rio, Minas etc.) avis Pteroglossus Aracari Ill. *owa owai*: Botocudo. (Rio Branco in Bras. aequinoct. = P. erythrorhynchus Gmel.: Natterer).
Arassari-boop (Minas) — Pteroglossus Bailloni Wagl.
Arassari-poca (Bras. orient.) — Pteroglossus maculirostris Ill.
Arataèm Not. do Braz. c. 145. *Camarão* Bras. — Cancer (*aratu*) i. e. dulcis (*eem*) fluviatilis.
Araterė Not. do Braz. c. 145. — Cancer i. e. legitimus.
Arata-yaçú (Cuiabá) — avis (cancros comedens) Cancroma cochlearia L. (*Tamutiá* Marcgr. I. 208).
Aratinga (Amaz.) — aves Psittaci sp. (Conuri) flavi, non toti virides.
Aratú Not. do Braz. c. 139. — Cancri spec. Marcgr. I. 185. Grapsus.
Aratu-peba Marcgr. I. 183. Piso II. 300. — Cancer latus.
Aratù-pinima i. e. Cancer pictus — Marcgr. ibid.
Araúana, *arauna* — piscis —?
Arauató (Alto Amazon.) — simia Mycetes ursinus (et Carayá).
Aravari, *Araveri* (Alto Amaz., Rio Branco: Natterer) — piscis Chalceus nematurus Kner. *Sardinha* Bras. Piscis, qui Hispanis *Sardinha*, apud Nutkenos dicitur *amenulx* in Vocabulario a Phil. Bauzá mihi communicato.
Arebé — insectum: Blatta. *Barata* Bras. apud Coroados *ugringrin*.
Arabe-boia — insectum: Blattae species praegrandis et quae venenosa dicitur.
Arerànbe — insectum —?
Arirana contractum ex *Arara* et *rana* quasi avis Arara spuria — Conuri pluma viridi et coerulea (Alto Amazon.)
Ariranha (tupice? alias dicitur *Jagoaracáca*) — animal Lutra brasiliensis. *Lontra* lusitanice.

Arire (S. Paulo) — avis.
Aroaim — Cancer. *Caramujo* lusit. Palaemon.
Arú — amphibium Bufo.
Arumatiá Marcgr. I. 251. Piso II. 286. Insectum Marcgr. Fig. I. Bacteria bicornis Stoll, Fig. II. Cladoxerus phyllinus Gray.
Arynairi — piscis Raia, *Arraya grande* lusit.
Atauató — avis —? Sterna?
Atibaçu Not. do Braz. c. 89. *Atinguaçu camucu* Marcgr. I. 216. — avis Coccyzus cayanus Temm. *Alma do gado* Bras.
Atucupaapoá Not. do Braz. c. 135. — piscis —?
Atyaty — avis aquatica Larus. *Gaivota* lusit.
Augy (Alto Amaz.) — Bradypus didactylus.
Avará — vulgo *Raposa* Bras. Canis vetulus Lund (Azarae Neuw.) Conf. *Jagoára.*
Ayaya i. q. *Aiaia* — avis Platalea.
Ayg idem quod *Ai* — Bradypus.
Bacacú, *Bacacó* (Alto Amaz.: Natterer) — avis Cotinga Pompadora Gray.
Bacacú-una, *Bacacuna* i. e. obscura (Alto Amaz.: Natt.) — avis Cotinga lamellipennis Dufr.
Bacú vide *Pacú*: piscis.
Bacuari v. rectiùs *Pacuari* vide sub *Pacuarú* (Rio Negro) piscis.
Bacú-puá (i. e. *apoam* = latus) Not. do Braz. c. 136. piscis similis *Enxarroco* Lusit.
Bacuraú, *Bacurahú* (Rio de Jan., S. Paulo, Minas) — aves complures Caprimulgidae: Nyctibius leucopterus, Nyctidromus guyanensis, *Momo*: Botocudo, Chordeiles semitorquatus.
Baguari (guaranice) avis Ciconia Maguari Temm.
Baiacú, *Baiaquú* Not. do Braz. c. 136 piscis venenosus, cujus carne assata Indiani utuntur ad enecandos rattos. *Peixe sapo* Lusit.
Baiacuara (S. Paulo) — piscis.
Bairari, *Mbairari* (Minas) — avis Columba (Zenaida) maculata Vieill.
Batara avis (Bras. austr.) Thamnophilus stagurus Licht. — (Ypanema, Natterer) Formicivora malura Menetrier.
Bejo-pirá, *Beijú-pirá* — i. e. piscis panis Not. do Braz. c. 130. — Solea.
Biaratacáca Piso II. 324. (corruptum) v. *Jeratácáca*, — Mephitis.
Biguá, *Imbiguá* — avis Carbo brasilianus Gmel.
Bigua-tinga — avis Plotus Anhinga L.
Bipojé-turama i. e. stercus vertens (guaranice) — scarabaeus, *Besouro* Lusit. Copris.
Bira-Bira corruptum pro *Guira-Guira* — avis Vireo olivaceus Gray (Rio de Janeiro: Natterer).
Bogoa (S. Paulo) — avis Ardea.
Bogoari (Bras. orient.) — avis Ardea Çocoi. *Maguari* (Amazon.) ideo Ardea Maguari a Spix Aves Bras. II. 71. t. 90. appellata.
Boi, *Boya*, *Boia*, *Mboya*, *Moya* serpens in genere. Deglutire in dialecto australi = *boueya* vel *po-eya* i. e. facere ut descendat. Apud Chaymas et Cumanagotes serpens est *equey* vel *agui*. — *pieh* v. *piaé*:

Geico. — *buha*: Miranha oira-açu. — *bõipõ*: Mundrucú. — *ujatschih*, *uatschü*: Cayriri et Sabuja. — *mahtzo*: Miranha Carapanâ. — *bitschúile*: Uainumá. — *ti*: Camacan. — *inggaü*, *inkau*: Pimenteira. — *cangóu*: Apinage. — *bra*, *ubrá* (an corr. e lusit. *cobra*?) Masacará. — *kan*, *kanal*, *ixcukilcan*: Maya. — *caniang*: Macuni. — *uäite*: Acroamirim. — *ahingnia*: Jupua.

Boicininga, *Boicinininga*, *Boiguira* Marcgr. I. 240. Piso II. 41. — serpens Crotalus horridus Daud. *Ayug* Tapuyis: Piso, *Cobra Cascabel* Lusit. serpens tinniens, *Cobra tangedor*: e *Boi* et *ocinim* tinnire. Apud Chaymas et Cumanagotes *tumargaquen*. — *ghakoi*: Uara-guaçú. — *nuaná*: Cayriri. *gumang bagõ*, *comapake*: Pimenteira. *caniangscham*: Macuni. *niuangnih*: Sabuja. *niangih*: Cayriri. *tschipararungquá*: Acroamirim.

Boi-cipó — serpens Coluber liocercus Merr., bicarinatus Neuw. *Cobra de cipó* Bras.

Boiguaçu Marcgr. I. 434. — serpens *Jiboya* vel *Jeboya* Bras. Boa constrictor L.

Boi-obi Marcgr. Lib. Pr. II. 430. Piso II. 278. *Bojubú* Not. do Braz. c. 113. *Cobra verde* Bras. Coluber viridissimus L.

Boi-peba, *Boepeba* — serpens venenosus, *Cobra de Sacai* Brasil.: Rio Branco, Alto Amaz.

Boi-pinima, *Boya pinima* i. e. pictus. Elaps.

Boi-piranga, *Boya-piranga* — serpens ruber, Elaps corallinus Neuw. vulgo *Coral*. Apud Campevas audit *Yuatamuy*, apud Chaimas et Cumanagotes *Epuey temenucren*. *ti-tshituh*: Camacan. *ualy*: Barè. *yatamuy*: Omagua. *ghaly*: Uairacu. *ytchy*: Maxoruna. *tukupüety*: Manao. *kanaritaly*: Cariay.

Boi-sy, *Boyasy*, *Boya-suguy* i. e. serpens viridis vel azureus — Coluber aestivus L.

Boitiapoia Not. do Braz. c. 112. *Boytyapó* i. e. serpens circumvolvens (a *jemeabar*, me circumvolvo) — Boa constrictor.

Boitiapó Piso II. 279. est diversus Coluber Boitiapo Lichtenst. ex Jcon. Mentz. p. 205. f. 1.

Bojoim species apis. (an verbo: apis rana?)

Bojuno Not. do Braz. c. 110. i. e. serpens obscurus — aqualicus, Eunectes murinus.

Boijeja, *Buijeja* Not. do Braz. c. 117. — insectum noctilucum, (e *boya* et *cendy* i. e. serpens lucens), *Caca lume* vel *Luz em cù* Bras. Lampyris femina.

Bora guaçu }
Bora merim } species apis. *Bora* corruptum e *Guira* avis.
Bora-pitinga }

Bracaya (guaranice, corr. pro *Mbaracaya*) — Felis.

Bracaya-oçu (guaranice) — Felis Pardalis Neuw. (F. mitis Cuv.)

Bugio, *Bugiu* (an tupice?) — Simia Mycetes barbatus rel.

Buglo, *bogio*: nomen derivatur e *Bugia*, terra, unde veniunt *os Bugios*: Moraes Diccion. port.

Buijeja insectum nocte lucens, Lampyris.

Bulahara, *Brujahara*, *Bruyohara* (vox corrupta) — aves Thamnophilus severus Lichtst. et alii (Natterer).
Caapoara vel *caapóra* *) i. e. dominus vel habitator sylvae, nomen quo Tapirum americanum Indi celebrant.
Caayára, *Gaayara* Marcg. 246. Dominus foliorum, Mantis (rubicunda?)
Caba, *Cava* — insectum Vespa, Apis. *Caba* est quoque sebum, unguentum, butyrum (in Maya *kaabil* est oleum). *Jaboti-caba* est verbo sebum testudinis, dein fructus Myrciariae.
Caapoam rectius *Caba apoam* Not. do Braz. c. 91. — insectum: Apis species parva, quae nidum argillaceum super arboris fustem in terra struit convexum. Inde nomen: *caba* apis, *apoam* (nido) rotundo, convexo.
Cawarrú, *cabarrú* corruptum e *caballo*, equus: Tupi, Sabuja, Cayriri et in multis idiomatibus. *caballu*: Geico. *caúruh*: Coroado. *caborro*: Masacará. *kabrole*: Purecamecran. *cama(ch)thoh*: Macuni. *dschesumsar*: Acroa mirim (Spix), *tschiumtschăli* (Mart.). *cama(ch)thoh-jungniam* (equa): Macuni. *cŏbŏning*: Pimenteira. *cama(ch)thoh-gnang* (mulus): Macuni.
Caba-oba-juba Not. do Braz. c. 91. — Apis species in arboribus (*oba*) degens, colore flavo (*juba*).
Caba-tan Not. do Braz. c. 91. — Apis species; nidum in filo ex arbore suspendit, mel album sapidum praeparat, acriter pungit. Nomen: apis dura (*antam*).
Cabecê Not. do Braz. c. 91. — Apis species mordax ictu doloroso, in arboribus aedificans. Nomen: apis dolens (*cecy*).
Caburé vel *Caboré* Marcgr. l. 212. — avis: Strix brasiliana Lath. (Scops decussata Ill.) et aliae Striginae, ut genus Glaucidium.
Cacajao (vix tupice? Maynas, Alto Orenoco) — Simia, *Mono feo* incolis, S. melanocephalus Humb. (Brachyteles Ouacary Spix.)
Cacaré Not. do Braz. c. 142. — Conchae pictae, quas mulieres expoliunt et traducto in linea filo pro ornatu gestant.
Cachyca vena, arteria; item *Tuguy-rape* i. e. sanguinis via.
Cahuitahú (Alto Amazon.) — avis Palamedea cornuta.
Caiacanga Not. do Braz. c. 136 — piscis *Polvos* Lusit.
Caieanhanga (Not. do Braz. c. 104. (menda typographica pro *Saio*- vel *Saiu-anhanga* i. e. Simia spectrum, *Bogio diabo* Bras.) — Ateles Paniscus vel Simia monstrosa?
Caiarára — simia Cebus gracilis Spix. *toü*: Tecuna. *tschirosu*: Maxoruna. *ghaitinu*: Omagua. *uary*: Uairacu. *uhaualy*: Bare. *hoahoaly*: Cariay. *goachi*: Canamirim.
Caicanha (aut rectius *Saitanha?*) — piscis (dentosus aut asper).
Caitaia Marcgr. l. 227. (menda pro *Saitaia*) — simia Cebus flavus Geoffr.

*) Vocabula, quae syllaba *ça*, *ce*, *ci*, *ço*, *çu* ex diversorum auctorum scriptura incipiunt, non sub littera *c* sed sub *s* quaerenda.

Caité (Bras. orient., an perperam pro *Sai-èté* i. e. Simia legitima?) — simia: Cebus fatuellus Geoffr.
Caitetú, *Caytetu* vide *Taitetu*: Dicotyles.
Calinde idem quod *Caninde* — avis Macrocercus Ararauna L.
Cama — mamma.
Camby, contractum e *Cama* et *Hy* (aqua) — lac. — *ku mama* v. *kumammang*, v. *dzu-mama* i. e. aqua mammae: Cayriri. *hü ützöh*, *züghoè*, *hiüze*: Masacará. *unoniosiüh*: Geico. *icamutü*: Mundrucu. *tschiu thakill*: Macuni. *guma moneh*: Sabuja. *paischame*: Comanoxos. *pojó*: Malali. *pocling-parak*: Botocudo. *anjü*: Meniens.
Camaripú-guaçú vel *Camarupim açú* Marcgr. l. 179. Piso II. 65. — piscis marinus Megalops atlanticus Cuv. Val.
Camboatá (S. Paulo) — piscis —?
Camboropi (S. Paulo), *Camoropi* Not. do Braz. c. 130. piscis squamatus.
Camuri Marcgr. l. 160. Piso II. 74. *Camuris* Not. do Braz. c. 133. Marcgr. l. 160. Piso II. 74. piscis *Roballo* Lusit. Sciaena undecimalis Bloch.
Camutanga vide *Acamutanga* — avis Psittacus Dufresneanus Kuhl.
Cancam, *Cancão* — avis Erismatura dominica Eyton (Natterer).
Canderú, *Candirú* — piscis. Cetopsis Candiru Spix. Agassiz (Amaz.) — *pitschyury*: Cariays.
Cangambá (S. Paulo) — Mephitis suffocans (foeda) Illig.
Cangaoá, *Cangava*, *Canhanhá* (S. Paulo) — piscis —?
Cangoera — os, ossa cranii.
Cangoera-pora i. e. ossis contentum, medulla, cerebrum.
Canguçu — Felis Onça var.
Canindo Not. do Braz. c. 113. (*Caninana* Bras.) Piso II. 279. — Serpens venenosus. — *ucanina*: Sabuja. *cainana*: Cayriri. *caniangtzeach*: Macuni.
Canindé, *Calindé* — Not. do Braz. c. 80 *Callinde* aut *Arara vermelho* — avis Psittacus (Macrocercus) Ararauna L. — *tauaky*: Baré. *sara*: Tecuna. *ghaná*: Maxoruna. *ghanihny*: Omagua. *ghaálu*: Cariay. *ghalo*: Uairacu. *ghagahlo*: Manao. *puhléta*: Canamirim.
Caparacy — piscis Platystoma coruscans.
Capitari, *Capytari* (Amazon.) — mares Testudinum minorum, in lingua Caraiborum insularium *Echeberei*.
Capiuna — Marcgr. l. 155. *Capeuna* Piso II. 54. — piscis marinus. Haemulon quadrilineatum Cuv. Val.
Capivara, *Capivuara*, *Capibara*, *Capybara*, e *Caapi* et *uara*, dominus graminis. Not. do Braz. c. 101. Marcgr. 230. Piso II. 99. aut *caapi-goara*, habitans in gramine. Hydrochoerus Capyvara. — *capiuara*: Cariay. *kuy*: Masacara et Camacan. *wü*: Mundrucú. *ikuhy* v. *kuhy*: Camacan. *hypetu*: Canamirim. *oghba*: Miranha Oira guaçú. *ghéyú*: Baré. *kiu*: Manao. *mötöcke*: Miranha Carapana. *nümpron*: Botocudo. *gäho*: Jumana, Coeruna. *géha*: Cauixana. *giäto*: Coretu. *tschöó*: Juri. *géssö*: Uainuma. *cumutûmo*: Apinagé (alias *burity*).
Capuéru, *Capueira* vox quidem pro animali ab Indis non usitata inter

Brasilienses aves Perdices minores designat. Est in Brasilia orientali Perdix (Odontophorus) dentata Temm., in regione Amazonica Perdix guyanensis Lath. — *hararat*: Botocudo.

Caquatinga, *Cacatinga* (an vox hybrida?) — formicae species.

Cará piscis abbrev. pro *Acará*, q. v.

Cará (Bocca de Juquia, Mato Grosso) piscis Acara nassa Heckel.

Carabau Not. do Braz. c. 84. — avis Ardea scolopacea v. *Caraú*.

Caracará Not. do Braz. c. 85. Marcgr. I. 211. Piso II. 82. (*Caracará-oçu* quoque dictus) — avis *Gavião* Bras., Polyborus vulgaris Vieill. Apud Chaymas et Cumanagotes *Aria*, *Cumuz*, *Tuguarpa* sunt falcones. — *guibó*: Cayriri. *chilque*: Araucan. *kuikui*, *kuhuy*: Camacan. *cougoari*: Coroado. *cuiboh*, *cuibo(a)*: Sabuja, Cayriri.

Caracara-i — avis Milvago ochrocephalus Spix. *Caracará branco* Bras. quoque dicitur. Apud Chaymas et Cumanagotes *Carábaz*, *Curucurare*. *tarú*: Araucan.

Carai (Alto Amaz.) — simia Nyctipithecus vociferans Spix.

Caramaru Not. do Braz. c. 132. *Caramuru* Piso II. 296. In ora atlantica: Anguis marinus similis *Morea* Lusit. — Ad Borba (Natterer): Lepidosiren paradoxa. Nomen quoque viri in historia Bahiae celebris. (*Caramurú* declaratur significare: ecce magnus heros aut victor.)

Caranha — piscis squamatus, asper, similis *Tambaqué* (*Caranhe* = radere).

Carao, *Carão*, *Caraú*, *Coraú*, contractum e *Guira* vel *Guara* et *una* *Guarauna* Marcgr. I. 204. Piso II. 91. Avis: Ardea scolopacea L. Ibis infuscata Lichtst. (nudifrons Spix), Notherodius Guarauna Wagl.

Caraoata Not. do Braz. c. 133. — piscis marinus *Albacora* Lusit.

Carapaná (Bras. central. et bor.) — Culex, *Mosquito* Lusit. Apud Chaymas *Zarque*, *Mazaque*. *Calábana* vel *Malihi*: Caraib. Antill. *haniú*: Baré, Canamirim. *amitzu*: Cariay. *aa*: Tecuna. *ainú*: Uairacu. *anyú*: Manao. *piuz*: Maxoruna. *yatiú*: Omagua.

Carapato vide *Jatiuca*.

Carapeba Not. do Braz. c. 134. — piscis.

Carapiaçaba Not. do Braz. c. 137. — pisciculus (pro esca).

Carapicu (S. Paulo) — piscis —?

Cara pira vel *guira pira* i. e. avis piscium, *Rabo forcado* Bras. — Sterna Wilsoni etc.

Cara piranga Not. do Braz. c. 130. — piscis ruber.

Carapo Marcgr. I. (prima species) Piso II. 72. — piscis lacustris Sternopygus macrourus Müll. et Troschel.

Carapo-peba Marcgr. I. 238. — Lacertulus, Gecko.

Cararà avis, lusitanice *Mergulhão* — Sula brasiliensis et Colymbus ludovicianus. — *yauary* et *cotuá*: Tecuna. *ghatùa*: Omagua. *udnaly*: Uairacu. *ghata* Manao, Cariay. *miua*: Baré. *pracacack*: Botoc.

Carara-pinima Marcgr. I. 182. et

Carara-una Marcgr. I. 184. cancer marinus, Grapsus.

Cara-tinga — piscis.

Cara-una (Bras. aequator.) Conf. *Guarauna* — avis Ibis cayennensis Gmel. (sylvatica Vieill.)

Caraúna Marcgr. l. 147. piscis marinus Serranus Carauna Cuv.
Caraxoé — avis cinerea cantans.
Caraya (guaranice) — simia in Brasilia orientali et boreali *Guariba*. Mycetes Caraya Desm. (niger Kuhl, barbatus Spix).
Cardiguera, *Cardiguira* (an *Pariri-guira?*) — avis Columba (in Brasilia australi) — an Columba montana L.?
Cariama Marcgr. l. 203. Piso II. 83. menda pro *Çariama*, — avis Dicholophus cristatus, vide *Seriema*. *Siriema*.
Cariangu (S. Paulo) — avis Caprimulgus grandis; aliis *Coliangu* et *Noitibo*.
Caripira (vox corrupta, Alto Amaz.) — avis aquatica.
Carua vel *Curuá* — avis Ampelis (Cotinga) cincta Gray.
Caruára, contractum pro *Caa-uára* i. e. gentes foliorum, formica in arboribus degens.
Casaroba vel *Saroba* — avis: Columba rufina et aliae.
Cauane (an tupice?) — testudo: Caretta Cephalo Merr.
Cauhan vide *Oacaoan*.
Cavaoué (Alto Amazonas) — avis Psittacus autumnalis.
Cavia perperam pro *Çavia*, *Savia* Marcgr. 224. Piso II. 102. in genere Cuniculus, *Rato do mato* Bras.
Caxingle, *Cachingele*, *Cachinglè* (an tupice?) — Sciurus. — *po-hè*: Coroado. *bo-in crabubu*: Cayriri. *jukeneck*: Botocudo. *chige*: Araucan. *buenicra bubuh*: Sabuja. *bonecropüpüh*: Cayriri.
Cay guaranice, rectius *Say?* — simia Cebus Azarae.
Cebui — vermis, lumbricus.
Cebui-peba i. e. planus. — Sanguisuga, Hirudo.
Cepoỹ — intestina, ilia.
Ceo-pirera, *Coo*, *Coo-piera* — corium (praesertim Tapiri).
Cereruá et *Ceri-merim* (Bras. austr.) — aves an Cuculinae?
Ceixupira Marcgr. l. 158. (an menda pro *Beiju-pira?*) piscis marinus Scomber niger Bloch.
Cetyma — femur.
Chaja (guaranice) — avis Palamedea Chavaria Temm.
Chacurù, *Chacururé*, *Jacuru*, *Jacururé* — avis *Manoel Tolo* Bras. Capito melanotis Temm. (Chacuru Vieill.)
Chareu idem quod *Pacuarú*.
Chii, *Jii*, *Xii* (guaranice) — avis Anthus Chii Lichtst. — In lingua Maypures *Jiú* est in genere avis.
Chipiú, *Jipiú*, *Xipiú* (guaranice) — avis Fringilla.
Chii-quera, *Chiquöra*, avis *Quer-quer* Bras., Vanellus cayennensis Vieill.
Chopa, *Choqua* (Rio. S. Paulo) — avis Thamnophilus meleager Lichtst., sericeus Temm. (Natterer).
Chopi (guaranice) — avis Icterus unicolor Lichtst., sulcirostris Spix.
Chopim, corruptum e *Japu-y*, — avis *João longo* vel *Virabosta* Bras., (i. e. stercus invertens.) Cassicus icteronotus, ater, affinis.
Chororom, *Chororão*, *Jororong* (e verbo *cororong*, gurgitare, sternutare) — avis Crypturus (Tinamus) variegatus.

Ciecie-eté et *Ciecie panema* Marcgr. I. 183. — *Cangrejosinho dos Mangues* Bras., Gelasimus.
Cigié-mirim — intestina.
Cigié-oçu — ventriculus.
Cinoába, Ciniçaba — barba. — *tentzontli*: Mexico. *humihumi*: Sandvic.
Ciriapoa Marcgr. I. 183, vel *Siriapoa* — cancer, marinus, Lupa.
Coandu, Coendu, Coanduque Not. do Braz. c. 108. *Cuandú* Marcgr. I. 233. Piso II. 99. — Hystrix prehensilis L. Cercolabes (Synetheres Fr. Cuv.) prehensilis. *Porco espim* Lusit. — *guaypaqua*: Chaymas. (*acoró-io* Botoc. est Hystrix insidiosa Lichtenst.)
Coatá, Cuatá — simia *Coatá preto* et *cinzento* Bras. (*Coaita*) Ateles Paniscus. — *Marimbondo*: ad Orenoco. *Coata*: Tecuna et Cariay. *ahlu*: Baré. *tschuná misché*: Maxoruna. *matschira*: Canamirim.
Coati, Coatim, Coaty Not. do Braz. c. 98. Marcgr. I. 228. Piso II. 38. Conf. *Cuati*. — Nasua socialis Neuw. *Coati de Bando* Bras. *Coaty*: Omagua. *posoauā*: Mundrucu. *hakijäck*: Botocudo. *zuhátzü*: Miranha Carapana. *itsché*: Miranha Oira açu. *pitaikioh, pitacoh*: Camacan. *bitschah*: Cayriri. *woakong, guacohn*: Acroamirim. *schücha*: Maxoruna. *ghaby*: Manao, Cariay. *ghailiaûu udru*: Baré. *cappuh*: Cauixana. *cabisse*: Uainuma. *satū*: Tecuna. *püc*: Uairacu. *yupitiry*: Canamirim. *uipi*: Jupuá. *tschuopi*: Juri. *kiäh*: Pimenteira.
Coati mondi Marcgr. I. 228. — Nasua solitaria Neuw. *Coati mundeo* Bras.
Cochovi, Cojobi, Cochovim, Cujubi (Amazonas) — avis Penelope *Cujubi* Natterer.
Coemim aliis *Prebixim* — avis Cissopis major Cabanis (Natterer).
Coipé — podex.
Conapu, Cunapu Not. do Braz. c. 131. *Cugupu-guaçu* Marcgr. I. 169. — piscis *Mero* Lusit.
Coó, aliis *Çoo* in genere animal. In lingua Mocobi *coo* est avis et *yeze* animal. — *zoó*: guaranice. *mia*: Omagua. *niu*: Sapibocona. *niguicadi*: Guaycuru. *cuchap*: Zamuca. *cauzac* (et *liama*): Kechua. *uausa*: Quiteño. *sorare*: Moxo. *kueti*: Maypure. *anekiamgotó*: Tamanaco. *embeodi*: Saliva. *enki*: Cayriri. *cimin*: Maya. *jolcatl*: Mexic. *baus*: Chiquito. *irabadio*: Cayubaba.
Copi Not. do Braz. c. 123. *Cupia* Marcgr. I. 253. — insectum Termes fatale. Apud Pisonem II. 112, apis minor nigricans nomine *Copii*.
Copueroçú Not. do Braz. c. 91. — Species Apis (*eiru*) magna (*oçu*), in arboribus nidum argillaceum (*copyi*) struens.
Coraya — avis Turdus Coraya Lath., Myiothere Coray Spix.
Coreuá, Creuá. Crejoá, Kirua, Curuá — apis Ampelis Cotinga.
Coriango, Curianga. Criango, Coliango, Curiangao i. e. velociter murmurans (Brasil. orient.) — avis Caprimulgus (Podager) Nacunda Vieill.
Coricaca, Curicacá (Bras. orient.) Marcgr. I. 191. Piso II. 88. et
Coricá, Curicá (S. Paulo) — avis Ibis albicollis vel melanopis Forst.
Corimbata (ex Natterer) v. *Corumatán* — Pacu argenteus Spix.

Coro — lacerta.
Coróca (Amaz.) — avis.
Corocòbaá (S. Paulo) — avis an menda pro *Casaroba*? columba.
Corocoro Marcgr. I. 177. — piscis marinus. Pristipoma Coro Cuv.
Corocoroca Marcgr. I. 178. Piso II. 59. (perperam *Corororoca*) — piscis marinus *Peixe Serra* Lusit. vel rectius *Peixe sardo* ex Marcgr. Cibium maculatum Cuv. Val.?
Corocoturú contractum *Grogotori* — avis Milvago aterrimus (Alto Amazon).
Corumatan, *Corimatá*, *Corimbata*, *Curumatá* — pisces varii, Anodus Spix. Schizodon Ag. — *mniamang*, *innamá*: Masacara.
Cotiá, *Cotinya* (Alto Amaz.) — *Cotia do rabo* Bras. Dasyprocta fuliginosa Wagl., nigricans Natt.
Cotia Not. do Braz. c. 103. Marcgr. I. 224. Piso II. 102. — Dasyprocta Aguti Erxleb. Cfr. *Cuiti*.
Cotimirim Not. do Braz. c. 103. — Sciurus aestuans?
Coulm, *Coui*, *Coyiy* — Cercolabes villosus.
Coyu-Coyu — avis Psittacula pileata Wagl.
Coyu-Coyu merim — avis Psittacula passerina vel affines.
Cricri (Amaz.) — Falco.
Cuá — insectum Vespa.
Cuandu idem quod *Cuendu* v. *Coandu* — Cercolabes prehensilis.
Cuatá vide *Coatá*.
Cuati, *Cuatim* — Nasua. Nomen derivatur e *cua*, cinctura, et *tim*, nasus, quia hoc animal dormit naso in hypochondria reclinato.
Cuati-eté — Nasua socialis Neuw. *Coati de Bando* Bras.
Cuati merim vel *epé* — *Cuati-mondeo* — Nasua solitaria Neuw.
Cubiara Piso II. 112. Secundum Pisonem species Apis. Nomen videtur derivandum e *Copi* et *uara*. Anne spec. Formicae?
Cuchiu (Alto Amazon.) — Simia, Pithecia Satanas Humb. (Brachyurus israëlita Spix).
Cuchiu-una (Alto Amaz.) vulgo *Cuchiu preto* antecedentis var. nigra.
Cucuri Marcgr. I. 164. — piscis *Cassão* Lusit. Squalus mustelus. Male scribitur; rectius *Çucuri* uti habet Piso II. in indice.
Cugubu Marcgr. I. 169. piscis *Cunahu guaçu* Piso II. 49. *Mero* Lusit. Pogonias Chromis Cuv.?
Cuica, *Oaquico*, *Quico*, *Quica* — Didelphys Quica Natt. (Et praeterea duae species diversae hoc nomine venire dicuntur, *Rato amphibio* Bras. Cfr. Hydromys Coypus Geoffr.)
Cuim, *Couym*, *Couy* — Cercolabes villosus (Hystrix insidiosa Lichtst., Sphingurus Fr. Cuv.)
Cuindara male scriptum pro *Çuindara* — avis Caprimulgus.
Cuiti (Bras. orient.) — Dasyprocta Aguti Erxl.
Cuiu-Cutu (Rio Branco) — piscis —?
Cujumi, *Cujubi* (Bras. Amazon.) — Penelope cumanensis Jacq. — *cujuby*: Manao. *cuyùy*: Bare, Omagua, Uairacu. *ghutuy*: Cariay. *ghanaly*: Canamirim. *ghuxu*: Maxoruna. *abé*, *aué*: Tecuna.
Cunhá sensu primitivo mulier, de animalibus sexum femininum significat.
Cunurú Marcgr. I. 185. Piso II. 76. — Cancer marinus, Ocypode.

Cupiá Marcgr. I. 253. — insectum Termes fatale.
Curemá Marcgr. I. 181. Piso II. 70. — piscis marinus *Tainha* Lusit. Mugil Curema Cuv. Val.
Curicá, *Curucá* — avis Psittacus aestivus. — *kua kua*: Botocudo.
Curicaca, *Curucaca*, contract. *Curucáu* — avis Ibis melanopsis Forst. et Ibis plumbea Temm. (Bras. austral.)
Curimatá Marcgr. I. 156. Piso II. 70 *Corimatá*, *Corimbata*, *Curumatá*, *Corumatan* piscis Salmo Curimata Bloch. Pacu argenteus Spix. Schizodon.
Curuata-pinima Marcgr. I. 150. Piso II. 51. piscis (*pinima* = *pictus*) marinus *Bonito* Lusit. Caranx macarellus Cuv. Val.
Curucaba, *Corocaba* — guttur, faux, rictus.
Curucutury (Bras. centralis) — avis *Gaviao branco* Bras. Buteo pterocles Temm.
Curujúba vel *Ajuru curujuba* vulgo *Papagaio* vel *P. de papo amarello* Psittacus aestivus L.
Curumara — idem quod *Caramuru*, aliis *Pira-pucu* i. e. piscis longus, an animal fabulosum *Minhocao?* (Amazon.) an Lepidosiren paradoxa?
Curumata v. *Corumatan* — piscis v. *Curimatá*.
Curupireira vel *Gurupireira* (i. e. mel Diaboli sylvestris, vulgo *Curupira*) — Piso II. 112. Apis, cujus mel perniciosum.
Cururu Not. do Braz. c. 115. Piso II. 298. — Bufo Agua Daud. — *cururu*: Tecuna et Omagua. *gorä-gorä*: Mundrucu. *sibaghüroa*: Manao. *tschipauù*: Cariays. *mahníaü*: Miranha Oira-guaçu. *gocko*: Miranha Carapana. *hiri*: Camacan. *armco*: Araucan. *puerer* et *pocpoc*: Chaymas, Cumanagotes. *manèby*, *palimao*: Baré. *tururu*: Maxoruna. *ghamucú*: Canamirim. *úma*: Jupua.
Cururú (Brasil. orient.) — *Sapo de chifre* Bras. Ceratophrys dorsatus Neuw.
Cururu (Bras. Amazon.) — *Sapo chato* Bras. Pipa Curucú Spix.
Cururu-boia (Amaz.) — Serpens qui bufonibus victitat.
Cururu-ty — Succus e Pipa Cururu exsudans, qui oculis molestiam afferre dicitur.
Cururu-xore, *C. chorè*, *C. kolè* (in lingua Baré ex Natterer) (Bras. Amaz.) — *Rato d'espinho* Bras. Loncheres. Ctenomys brasiliensis.
Cusicusi (tupice? *Douroucouli*: Alto Orenoco) — simia Nyctipithecus aotus Hb.
Cutia, *Cotia* — Dasyprocta. *Acuty* verbum significat providum, circumspectum, pavidum esse.
Cuti-boia, *Agutiboia* (Bras. Amazon.) — Serpens magnus, qui Cutia victitat.
Cuti-jagoara (Bras. Amaz.) — Felis, qui Cutias venatur.
Cuyu-Cuyu, aliis *Maitaca* — avis Psittacula pileata Wagl.
Cuxiu idem quod *Cuchiu* — simia Satanas Humb., cujus cauda pro muscario utuntur.
Cyba — testa (ovi, cancri etc.)
Eiruba Piso II. 112. — Apis.

Eiruçu Piso II. 112. — Apis magna.
Eixu Piso II. 112. male pro *Eiru* — Apis minor migrans.
Ema, *Emu* Bras. an tupice? — avis Rhea americana, quae *N'handù* apud Marcgr. I. 190. Piso II. 84. — *taungà*, *taunà*: Masacara. *ebù*, *èpu*: Pimenteira. *màite*, *maity*: Acroamirim. *paulrru*, *pangru*: Geico. *cheuque*, *huanque*: Araucan.
Enambù vide *Inambù*.
Enembiu Marcgr. I. 253. — insecta: Eumolpus ignitus F. et alia: Erotylus, Himatidium etc.
Enena, *Enene* Marcgr. I. 246. Scarabaeus. Fig. I. Typhon Fabr. mas (Megalosoma), Fig. II. Alcens Fabr. mas (Strategus), Fig. III. Phanaeus lancifer Fabr. cum Acaris adhaerentibus, Fig. IV. Scarab. Hercules F. mas (Dynastes). (Ex cl. Kriechbaumer).
Epene (Alto Amaz.) — Dasyprocta leptura.
Epiaba-açu — piscis = *Piaba* Marcgr. I. 170. Piso II. 66.
Gambà, *Sarué*, *Çarigué* — Didelphys in genere, praesertim D. cancrivora Temm. (marsupialis Neuw.) — *ntiunn-tiu*: Botocudo. *ntiãhãm*: Botoc. (Didelphys myosuros, murina, cinerea Neuw.)
Gaayra, Locusta Marcgr. I. 246. — insectum: Mantis. Nomen videtur corruptum: *Caa uàra*.
Ganambuch v. *Sasy* — avis *Pavão* Bras. Coracina ornata Spix et scutata Temm. — *bocring uann*: Botocudo.
Gariram Not. do Braz. c. 81. — avis Gralla, an Fulica cayennensis L. (Gallinula ruficeps Spix)?
Gaturama, *Gaturamo* — avis Tanagra (Euphone) violacea, chlorotica, pectoralis etc.
Gayrambo Not. do Braz. c. 87. — avis Trochilida, rostro longiore quam corpus.
Gejù (Alto Amaz., Rio Branco) — piscis.
Genàa Not. do Braz. c. 131. — piscis *Pescada bicuda* Lusit.
Geréba (Alto Amaz.) — avis aquatica nigra.
Gereraca Not. do Braz. c. 111. — serpens *Jararaca*, Cophias atrox. Merr.
Getahy — Formicae species.
Già (Bras. boreal.) — Rana. Aliis *Yui*.
Giboia Not. do Braz. c. 109. *Jibòya*, *Jeboia* Piso II. 227. — serpens Boa Cenchria L.
Gigo, *Giguo* (Bras. orient.) — simia Callithrix melanochir Neuw. — *bruckăck*: Botocudo.
Goabyrù, *Guabyrù* — Rattus, Mus tectorum. — *achic*, *hic*, *quoc*, *caye*: Chaymas, Cumanagotes (Rattus domesticus). *amixòu*: Apinagé. *itscona*: Nutka.
Goabyru-jù — Echinomys, vide *Guabyru-jù*.
Goa-chamoi Not. do Braz. c. 146. — Cancer terrestris (in genere *Guaia*).
Goaira idem quod *Agoara-açu* Bras. *Lobo* — Canis jubatus vel Azarae.
Goajugoajù vulgo *Formiga de passagem*, Not. do Braz. c. 120. — formicae species rubra migrans, vastans (a *goatà* migrare).
Goananà — avis *Marrecão* Lusit., Anas moschata. — *katapmung*: Botocudo.

Goaimi-coara i. e. *Buraco de Velha* — perperam *Goaivicoara* Not. do Bras. c. 133. e *goaimi* anus et *coara* foramen (hebraice *chor*). — piscis *Roncador* Bras. Rhinelepis aspera Spix. (Rio de Francisco), et versimiliter alii affines.

Gouiquiqua (Bras. boreal.) — Didelphys Guica Natterer.

Goanumbi vide *Guainumbi* — avis Trochilus.

Goaragoá Not. do Braz. c. 129. — vulgo *Peixe Boy*, in Bras. boreali *Goarabá*, apud Chaymas et Cumanagotes *Cuyumuri*, Manatus australis. Cutis hujus animalis contra affectiones rheumaticas publice venditatur. — *yuara* i. e. aquae vir: Omagua. *hapüna*: Bare, Jumana. *pira-rahe*: Mura. *aisué*: Tecuna. *süpohry*: Maxoruna. *abikulyu*: Uairacu.

Goarara vel *Guarara* Not. do Braz. c. 144. — piscis aquae dulcis, qui *Ruibaco* Lusitanorum assimilatur.

Goayibicoati Not. do Braz. c. 135. — pisciculus coeruleus.

Gora — corruptum pro *Guira*, avis. Ita in S. Paulo *Gora-peritica* (pro *Periquito*).

Gorirès (S. Paulo) — piscis —?

Gragrá, *Oracrá* (Maranhão) — avis Crotophaga, rugirostris Swains., et aliae?

Grapira — corruptum pro *Guira pira*, quod vide.

Gravatá n'húma (S. Paulo) — avis, an Palamedea?

Grogotori contractum pro *Corocoturu* — avis Milvago.

Gronhatô (S. Paulo) — avis Falco (Polyborus vulgaris Vieill.?)

Guabyrù — Rattus. *Guabiru* Marcgr. 229. Mus tectorum.

Guabyrù-jú — i. e. Rattus spina, Echinomys, Loncheres et alii Murini spinosi.

Guacari Marcgr. 166. Piso II. 72. — alias *Oacary*, piscis Loricaria plecostomus.

Guache, *Guasch* (Rio, S. Paulo) — avis Cassicus haemorrhous Daud. — *tiack nick mung*: Botocudo.

Guacu-guacu Marcgr. 205. — avis vulgo *Gaivotta*, Sterna magnirostris Lichtst.

Guacu-cuja Marcgr. 143. — piscis Malthea longirostris Cuv.

Guáere vel *Areré* — avis vulgo *Pato*, Anas viduata.

Guaia Marcgr. 182. *Guoaia* Not. do Braz. c. 139. alias *Guajá* — cancer marinus generis Guiae et Carcini; inde derivatur nomen Indorum *Guaia-uaras* v. *Guiajaras* i. e. cancrorum mandones. Apud Chaymas et Cumanagotes: *Cua*: ex Tausle.

Guaia-apara i. e. torta, Marcgr. 182. — cancer marinus Calappa.

Guaia-mirim Marcgr. 183. — Carcinus.

Guaibi-coara v. *Guaimi-coara* Marcgr. 163. Piso II. 56. — piscis *Buraco da Velha* Bras. Rhinelepis aspera Sp. etc.

Guainumbi Marcgr. 197, Piso II. 318. 319., aliis *Goamumbi*, *Guiamumby*, *Guaynumby*, Lusit. *Beja-flor*, *Chupa-flor*, — in genere aviculae *Oolibri*, Trochilidae. Apud Chaymas: *Tucuchi*. — *kontsürä*, *consireh*: Pimenteira. *araráde arára*: Acroamirim.

Guaiquiqueira, *Guaiquiquira*, corruptum e *cuacù ira*, mel abscondens, apis mel edule parans.

Guamajacu, *Guambajacu-apé* Marcgr. I. 142. Piso II. 300. — piscis Ostracion quadricornis et bicaudalis.

Guamajacu-atinga Marcgr. 168. Piso II. 299. — piscis Lusit. *Peixe coelho*, Diodon punctatus Cuv., D. Atinga Bloch.
Guamajacu-guara — piscis Lusitanis *Peixe porco* aut *Diabo*, Diodon Hystrix.
Guanhumi Marcgr. 185. — Cancer terrestris.
Guaperuá Marcgr. 145. — piscis Argyreosus Vomer Piso II. 57. Chironectes scaber, an furcipilis Cuv.?
Guará, *Goará*, *Agoara-açu*, *Goaira*, *Nguará* — canis, Lusit. *Lobo*, Canis jubatus Desm., Azarae F. Cuv., vetulus Lund. rel.
Guará-chai, *Aguara-chai* vel *xaim* (Bras. austr.) — canis, Lusitanis *Cão rasteiro* vel *terrestre*, Canis Azarae Fr. Cuv., aliis Galictis.
Guará, *Guaró* Marcgr. 203. avis Bras. *Guará* κατ ἐξοχὴν dicta, — Ibis rubra. Nomen contractum e *Gua*, colore varium et *Guira*: *Gua-Guirá*, i. e. avis versicolor, nam pullus induitur plumis albis, adultior nigris, postremó rubris. Apud Aruacos: *Tukkuku*. (*Tuchijjim* vel *Tukkijjim* hebraice avis pavo vel phasianus).
Guaracapema Marcgr. 160. Piso II. 49. — piscis marinus Lus. *Dourado*, Coryphaena Equiselis.
Guara-nisinga — avis Pitylus coerulescens Cab. (Natterer).
Guarapecú Marcgr. 178. Piso II. 59. v. *Guarapucú* — piscis marinus Lusit. *Cavallo*, Cybium Caballa Cuv. Val. Apud Indianos ins. Trinitatis *Vlasso*: ex Rob. Dudley Arcano del Mare.
Guaratereba Marcgr. 172. Piso II. 57. — piscis Caranx fallax Cuv. Val.
Guarauna Marcgr. 204. Piso II. 91. — avis Ardea (Aramus Vieill., Notherodius Wagl.) scolopacea Lichtst., vulgo *Carão* aut *Carau*.
Guarerua Marcgr. 178. — piscis Pomacentrus quinquecinctus Cuv. Val.
Guariba Not. do Braz. 104. Marcgr. 226. apud Masacara, Tecuna et Bares *Guariba* — per omnem Brasiliam simia Mycetes. Puris audit: *Noké*. Coroadis: *Tockeh*. — *koubotu*: Purecamecran. *grokora*, *corcoraky*: Acroamirim. *guariba* (do gabo): Baré. *hyaiyâly* (da terra firme): Baré. *tiboruoché*: Mura. *cotong*: Macuni. *yfily*: Manao. *yrýety*: Cariay. *ghaina*: Canamirim. *lauongtáng*: Pimenteira. *kupute*: Apinagé.
Guarichó — avis (an alias *Ooroira*?) Motacilla furva Gmel., Troglodytes Lichtst.
Guarijúba i. e. *Guariba júba* vel flavus (Amaz.) — simia Mycetes.
Guarucu eremembi Marcgr. 256. c. ic. — Cicada cantatrix Germ.?
Guarú-guarú Marcgr. 168. Piso II. 70. — piscis marinus.
Guatinhuma (S. Paulo) — avis Euphone chalybaea. Conf. *Gatturama*.
Guatucupa Marcgr. 177. Piso II. 62. — piscis marinus Lusit. *Corvina*, Otolithus Guatucupá Cuv. *Ouato* in Galibi: piscis in genere.
Guatucupa-juba Marcgr. 147. Piso II. 52. — piscis marinus Pristipoma rodo Cuv.
Guaxinim, *Guassinim*, *Jaguaxinim* — Galictis vittata, vulgo *Cachorrinho do mato*.
Guaybiaya Marcgr. 147. — piscis marinus, species Sargi.
Guebucú Marcgr. 171. Piso II. 56. — piscis Lusit. *Bicuda*. Histiophorus americanus Cuv. Val.

Guetebé (S. Paulo) avis — ?

Guibuquibura Not. do Braz. c. 121., vox corrupta e *keyba* et *guira* — i. e. pediculus avis, formicae alatae.

Guikém — formicae spec.

Guira, melius *Guyra*, avis in genere. Vocabulum mirum in modum deflectitur in *Uira*, *Bira*, *Oira*, *Oera*, *Gura*, *Vura*, *Uru*, *Ara*, *Bora*, *Buro*, *Mora*, *Hura*, *Huro*. Pro gallo et gallina domestica diserte usurpatur *Guira* vel *Vira*. In dialecto Omagua auditur *Huera* vel *Uüla*. Addimus synonyma: *zucru*, *zayro*: Masacara. *nuassa*: Mundrucu. *nioche*: Guaycurú. *ncau*: Abipon. *ilayagi*: Mbaya. *schagá*: Jupuá. *schano*, *schunong*: Camacan. *tzuinky*, *tschiunggi*: Pimenteira. *jiú*: Maypure. *burritzuh*: Sabuja. *si*, *pathuthe* (*sithó* avicula): Acroamirim. *uingui*: Geico., *nendi*: Saliva. *uátyse*, *yukoso* (*thytho* avicula): Uairacu. *coó*: Mocobi. *utáus*: Chiquito. *torono*: Tamanaco. *cayure*: Moxo. *pisco*: Kechua. *pischis*: Guabe in Mexico. *ca*: Tequisisteco in Mex. *puá*: Yarura. *pipil*: Mexico. *query* (avicula): Tecuna. *uytschun patzü* (avicula): Maxoruna. *chippu*, *sapú*: Coroadó. *tscholschurumm* et (avicula) *potoitna(u)ng*: Macuni. *gribobi*, *kigropi*: Cayriri. *unm*, *gunum*: Araucan. *gutiraky* (major *parumaty*, minor *hoyuky*): Manao. *tonoro*, *tounourou*: Galibi. *torono*, *tonoro*: Chaymas, Cumanagotes (ex Tauste). *tonnoulou* et feminis *oulibignum*: Calliponan.

Guira-acangatara Marcgr. 216. Piso II. 95. avis Brasiliensibus *Anu branco* dicta. — Cuculus (Coccyzus) Guira Temm. *Acangatara* est crista vel galea cristata e pennis, qualem Indiani gestant.

Guirabandi (Amaz.) — corruptum e *Guira oapixaim* i. e. rugosus, quoque *Barra bandi*, avis Psittacus (Pionus) Barrabandi Wagl.

Guira coereba Marcgr. I. 212. — avis Nectarinia (Coereba) cyanea Vieill. *Sai* Brasil.

Guira guaçú bereba i. e. avis late expansis alis Marcgr. I. 212. — Motacilla (Hylophilus) Guira.

Guira guainumbi Marcgr. I. 193. Piso II. 93. — avis Prionites (Rhamphastos) Momota Licht.

Guira-guira (*Bira-bira*) — avis Vireo olivaceus Gray.

Guira haro guaranice — avis Oriolus viridis Gmel.

Guira jenoia Marcgr. I. 209. Piso II. 91. — avis Motacilla cyanocephala (avis incubans? a verbo *jenong* sedere, incubare?)

Guira jungá — avis? (quae in rete capitur?)

Guira megoan (*mergulhão* Lusit.?) — avis Colymbus Ludovicianus. Cfr. *Cararú*.

Guira-membi Marcgr. 256. — insectum Cicada. (*Memby* est buccina, tuba, fistula, tibia).

Guira-memboe vel *membéca* i. e. tenera (Rio Branco: Natterer) — avis Coracina ornata, *Pavão* Lusit.

Guira nheem gatú (rectius *nheeng-catú*) Marcgr. I. 211. — i. e. avis bene cantans, *Canario* Bras. Emberiza (Sycalis Boje) brasiliensis Gmel. — *tionkrän-tia*: Botocudo.

Guira-pepo — ala avis. Rectius *Guira bebe-po*, i. e. avis brachium vibrans, qualiens.
Guira-perea Marcgr. I. 212. Piso II. 95. vel *Guira-apereá, perá* — avis Tanagra (Calliste) flava L.
Guira-pirá contractum *grapira* avis piscium — Tachypetes Aquilus Vieill. Apud Chaymas et Cumanagotes dicitur *Aurun.*
Guira pungá, corruptum *Arapónga*, aut *Urapónga* uti in magna Brasiliae parte audit, *Ferrador* aliis — Chasmarrhynchus nudicollis. Nomen tupicum significat: „avis struma", quia collum sub cantu turgescit. — *tange*: Botocudo.
Guira-quereá Marcgr. I. 201. Piso II. 94. — avis Caprimulgus torquatus L. (an Hydropsalis psalurus?) Nomen videtur significare: avis quae non dormit (noctivaga) e voce *ker*, *quer*, dormire, et *eá*, non.
Guira reiya — avium turba.
Guira-roca i. e. casa avis, alias *Sobatim*, nidus avis.
Guira-ro (*ru*) (S. Paulo) — i. e. avis straba — Muscicapa Joazeiro Spix vel Machetornis rixosus Burm.?
Guira-ru-nheengeta — i. e. avis straba cantans, Marcgr. 211. Lanius Nengetá L. (Taenioptera auct. recentiorum).
Guira-tangeima Marcgr. I. 192. — i. e. avis sine crista in capite, Cassicus icteronotus (Oriolus persicus L.). Indiani hanc speciem, quae *Japu-y* quoque dicitur, ab affini Cassico cristato, quae *Japú*, distinguunt. — *Jakereiunn*: Botocudo.
Guira-tecau (*Uru-tecau* i. e. *teco hy*, indole aquae) Not. do Braz. c. 84. — avis aquatica.
Guira tinga i. e. alba Marcgr. I. 210. — avis *Garza branca* Bras. Ardea Leuce Ill. vel Egretta auct. in lingua Caraiborum insularium *Ouacálla.*
Guira tirica vel *tixirica* (guaranice) avis sibillans, pipiens, Marcgr. I 211. — avis Fringilla (Paroaria) dominicana Neuw.
Guira-tonton, vel *tomanheeng* i. e. alte sibillans, S. Paulo — avis —?
Guira toyasti S. Paulo — avis —?
Guira-undi contractum *Gurundi* (S. Paulo) avis *Azulão* Bras. Tanagra (Stephanophorus coeruleus) leucocephala Vieill.
Guiry — piscis Bagrus (Amaz.) aliis *Guiry juba* vel *Guryjuba, Piraiba de pelle* Bras. Bagrus reticulatus Kner.
Guiry-tinga (Amaz.) — Bagrus —?
Guoala-açu (menda *Guoaracusa*) et *Guoaia* v. *Goaia-cere* Not. do Braz. c. 139. Cancri sp., Guia.
Gurundi-una vel *Gurundi preto* Bras. — avis Tachyphonus coronatus. (Natterer).
Hautij idem quod *ay* — animal *Preguiça* Bras., Bradypus.
Hueua — piscis squamosus.
Hyrara v. *Irara* i. e. *Yra-uára* gens mellis, *Papamel* Bras. Galictis barbara.
Jámbu corr. pro *Inambú* Marcgr. I. 192. Piso II. 81. — avis Crypturus variegatus Lichtst.
Ibiboboca Marcgr. I. 240. Piso II. 42. — i. e. serpens in terra habitans *Copra Coral* Bras. Elaps Marcgravii.

Ibyara Marcgr. I. 239, *Ibüaram* Piso II. 280. — serpens, gens terrestris, *Cobra cega* Bras., *Bodty* Tapuyis ex Marcgr. Caecilia.
Ibiyau in Bras. austr. — avis Caprimulgus (Hydropsalis) psalurus et (Antrostomus) ocellatus (Natterer). Nomen a *Iby*, terra et *jabáo* fugere, subvolare.
Ibiyau in Bras. orient. — avis *Manda lua* vel *Chora lua* Bras. item *Noitibo* ex Marcgr. I. 195. Caprimulgus (Nyctibius) grandis Vieill. — *nüm pentchunn*: Botocudo.
Icuré (Bras. boreal.) — aliis *Tapyira* vel *Anta* — Tapirus americanus Briss. *Tapiereté* Marcgr. I. 229. Piso II. 101. *Mborebi* Azara. — *tapyra cayuara*: Omagua. *chkïnoniang*: Geico. *guclülhoe*: Purecamecran. *uasahiza*: Cayriri. *zuhnwa*: Miranha Carapana. *ucághi*: Miranha Oira açu. *piho*: Mundrucu. *páina*: Coroado. *heré* vel *herae*: Camacan. *kuaaeté*, *gouetho*: Acroamirim. *ghema*: Bare, Manao et Cariay. *ghama*: Uairacu. *tschaá*: Machacali. *schá*, *tia*: Macuni. *amajõ*: Malali. *amachy*: Patacho. *maspury*: Uaraguaçu. *nakü*: Tecuna. *uigõ*: Jupua. *aüa*, *aüga*: Maxoruna. *nuyeschuata*: Canamirim. *páina*: Coroado. *casitseh*: Sabuja. *glasaizang*: Cayriri. *piung*: Pimenteira. *cucrite*: Apinagé. *aehma*: Uainumá.
Imbiguá vel *Biguá* — avis Crypturus.
Inambú idem quod *Nenappuè* Not. do Braz. c. 89. — avis Crypturus Tataupa Temm. — *patiken*: Pimenteira. *preprem*: Coroado.
Inambu-anhanga (*piranga*) — avis *Inambú* spectrum (rubra) — aliis *Schororong* vel *Jororom* (prope Borba *Sururina grande*: Natterer) Crypturus variegatus. *ampmering*: Boloc.
Inambú coá, *l. pixuna* (nigra) — avis (*Inambu sujo* Bras. ad Borba: Natterer) Crypturus cinereus Lath.
Inambú oçú — avis Crypturus obsoletus Temm. — *Prinaung*: Coroado.
Inambu Toré — avis (*Macucu do Pantanal* Bras. in Alto Amaz.: Natterer) Crypturus serratus Spix.
Inambu-y (Bras. austral.) avis *Codorniz* Bras. Crypturus (Nothyra) maculosus Temm.
Indaye guaranice — avis Falco (Nisus) magnirostris Gmel.
Inguia Not. do Braz. — piscis *Safio* Lusit. aquae dulcis, in petrosis.
Inhambú, *Injambú* idem quod *Inambú* — Crypturus Tatauba (Pezus Niambú Spix.)
Inhatuim Not. do Braz. c. 93. i. e. *Injuy, tugui*, vespa sanguinolenta — Culex in Rhizophora victitans.
Inhima, *Inhaúma*, *Anhima*. *Anhuma* — avis vulgo *Alicorne*, Palamedea cornuta.
Inigoá, *Inigoa-tangara-i*, *Inihi*. *Iniperegá* Not. do Braz. c. 115. — Ranae vel Bufonis variae species.
Innapacanim, *Npacanim* — avis Spizaetus Tyrannus et ornatus.
Inó vel *Janó* — avis Crypturus adspersus Wagl.
Inshaube Marcgr. I. 252. — Formica, i. q. *Isaúba*.
Inxuy, *Injuy* — Vespa.
Ipecaá, *Ipecahá* (Bras. austr.) — avis Gallinulae sp.

Ipecati-apoa Marcgr. I. 218. Piso II. 82. — avis *Pato* Lusit. Anas caruncalata Illig.

Ipecú, guaranice *Yg-peque*, contractum ex *yg motaca* aquam verberans. avis Anas viduata, Anser. — *cutzhda*: Maya. *caye*. *uriul*, *caucan* sunt Anseres: Araucan; *hemanu*: Sandvic.; *tlalalacatl*: Mexic.

Ipecu-tiri (guaranice). *Paturi* (Amazon.) — avis *Pato* Lusit. Anas brasiliensis Briss. — *cuku*, *huala*: Araucan.

Ipecú Marcgr. I. 207. *Corta Páo* vel *Carpinteiro* Lusit. — avis Picus (Dryocopus) albirostris Vieill. (*Uapiçú* Not. do Braz. c. 89.) — *poantütu*, *pointetu*: Pimenteira. (Corvus est: *cacalotl*: Mexic., *ktöktöh*: Acroamirim. *coochina*: Nutka.)

Iperu Marcgr. I. 172. — piscis marinus *Tubarão* (*Tibarão*) Lusit. Squalus. — *guaypayaba*: Chaymas, Cumanagotes. *oibáyaoua*: Callinago.

Iperu keyba (perperam *quiba*) i. e. Squali pediculus, piscis Echeneis Remora.

Irara, *Hyrara*, *Yrara* — gens mellis. *Papamel*, Galictis barbara. — *tugéra*: Coroado. *gürã*: Pimenteira. *süvocrüacá*: Acroamirim. *jupiunn*: Botoc.

Iribú guaranice = *Urubú*, avis Cathartes q. v.

Iriburubichá Azara, guaranice — avis *Urubu Rey* Bras., Cathartes (Sarcorrhamphus) Papa III.

Iririgo — lacerta.

Iriti, *Irutim* — apis species, verbo: mellis rostrum.

Iru-peru (Bras. austr., *Irú* corr. pro *quira* v. *Uru*) — avis Muscicapa (Taenioptera) moesta, Tyrannus Iraperu Vieill.

Isán Not. do Braz. c. 121. — Formica vorax abdomine magno pingui (*isaba*), ideo ab Indis tosta comeditur.

Isaúba, *Ishaúba* (corruptum e *Taçyba?*) — Formica.

Isoco = *Soco* — avis Ardea brasiliensis.

Isocucu Marcgr. I. 252. — (vermis) Larva Bombycis.

Isocur-enimbo Marcgr. I. 252. — Filum (*enimbo*) sariceum e pupa detractum.

Itaiara idem quod *Juruuca-peba* Marcgr. I. 146. piscis marinus.

Itán, rectius *Ytan*, q. v. concha, Mytilus.

Itan-yryri — testa (lapis *itá*) Ostreae vel Mytili (*Yryri*).

Itania, *Itanha* — rana cornuta, Ceratophrys dorsatus Neuw.

Itapuá (Amaz.) simia Cebus fatuellus, vulgo *Macaco de prego*. Nomen a colonis introductum, nam *Itapua* v. *Etapua* est clavus (*ita-apoam*). — *ghay*: Omagua. *gharauanüry*: Baré. *uatavy*: Uairacu. *uaúa*: Manao. *taikiüré*: Tecuna. *pooty*: Cariay. *zygoty*: Canamirim. *tschirú*: Maxoruna.

Itatá — apis species.

Ituy-tuy — avis *Maçarico pequeno* Lusit. (*Mbatuitui* in Bras. austr.) Charadrius Azarae.

Ivó — avis Crypturus noctivagus, vulgo *Zabelé* Bras.

*Jaaciayra**) Marcgr. I. 245. alias *Jagoajira* — Scorpio.

---

*) *Ja* pronunciatur = germanice *Scha* etc.

Jabacatim Not. do Braz. c. 81. — avis Rallus longirostris.
Jabebirete Marcgr. I. 175. Piso II. 291. — piscis *Raia* Bras. Trygon Jabebara. Verbo: alis latis vibrans.
Jabiru-guaçu Marcgr. 200. Piso II. 87. — avis Tantalus loculator L. (plumicollis Spix).
Jaboti Marcgr. I. 241. Piso II. 105. *Jabotim*, *Jabuti*, *Sabuty* Not. do Braz. c. 106. — Testudo terrestris, tabulata Schöpf. Emys foveolata Mik., depressa Merr. et aliae, quarum Not. do Braz. c. 106 mentionem facit nomine *Jabuti-apeba*, *jabuti-mirim*. *Cagado* Lusit. — *quaitschanjú*: Pimenteira. *kukang*: Acroamirim. *ykoly*: Uairacu. *yavâty*: Omagua. *abü*: Tecuna. *schauũ*: Maxoruna. *covr*, *covur*: Araucan. *engealt*: Botocudo. *capronni*: Apinagé.
Jabubira Not. do Braz. c. 132. — *Jabybura* (Amaz.) piscis Raia.
Jaburú, *Jabirú* Not. do Braz. c. 84. Marcgr. I. 200. — avis Ciconia Mycteria L. (Mycteria americana). In terra ammazonica eodem nomine venit: Ciconia Maguari Temm., Ciconia Mycteria vero: *Tambuiaia*.
Jacamá-ciri Marcgr. I. 202. Piso II. — avis Galbula viridis Lath.
Jacami, *Jaguami*, *Jacamim*, *Jaguamim* — avis Psophia crepitans L. — *lolitschamy*: Manao. *yaby*: Bare. *zamy*: Cariays. *mutuschy*: Canamirim.
Jacamim-cope-juba vel *de costas cor de ubim seco*: Amaz. Psophia ochroptera: Natterer:
Jacamim-cope-tinga vel *de costas brancas*: Amaz. Psophia leucoptera Spix.
Jacamim-una i. e. *preto* Bras. Psophia viridis Spix (obscura Natt.)
Jacapá — avis Tanagra (Ramphocelus) Jacapa L.
Jacapú Marcgr. I. 192. — avis Tanagra (Tachyphonus) loricata Lichtst.
Jacaré Marcgr. I. 249. Piso II. 282. — Crocodilus sclerops (et aliae sp.) Botocudis est: Teius Monitor et Crocodilus iis audit *Achã*. In regione Guey ad fluv. Gambia Africae *Jacaré* significat feminam. Apud Chaymas: *Yarbe*. Cfr. *Jaguara*. — *Jacalüh*: Sabuja et Cayriri. *prepra*: Geico. *apat*: Mundrucu. *mataly*: Baré. *iähli*: Jupuá. *külãh*, *ghiloeh*: Pimenteira. *cuihõti*, *gouothy*: Acroamirim. *uhie*: Camacan. *aé*: Malali. *maai*: Machaculi. *coscha*: Tecuna. *kapoũ*: Maxoruna. *yacahly*: Omagua. *ghaiyury*: Uairacu. *alohly*: Manao. *atil*: Cariay. *schiuschery*: Canamirim.
Jacaré-curu, *Jacuarécuru* i. e. *Jacare* cum struma, corr. *Jacare-arú* lacerta Tupinambis Monitor. Apud Tecunas audit *Tupinambis* vel *tritiru*, *tritiry*.
Jacaré-tinga i e. Crocodilus albus. — *hatûly*: Bare. *macauly*: Manao. *ati ghune ghunekay*: Cariay. *ghapuruzu*: Maxoruna. *mamipiry*: Canamirim. *yakahly etyny*: Omagua. *ghaiyurien*: Uairacu.
Jacarini Marcgr. I. 210. — avis Tanagra Jacarina.
Jacatinga Marcgr. I. 254. — Libellula?
Jacina (Alto Amaz.) — Papilio alis dilute coeruleis.
Jacú Not. do Braz. c. 79. — avis Penelope Marail. *Jacqu*: Omagua. *aká*: Cayriri, Sabuja. *gáräganing*: Apinagé. *humgherecaning*: Pimenteira. *mauü*: Tecuna. *gackegáde*: Acroamirim. *ghuybu*: Maxoruna. *ldou*: Uairacu. *yumaku*: Canamirim. *buri*: Coroado.

Jacú-caca — Penelope Jacucaca Spix.
Jacú-guazú — Penelope cristata L. (P. Jacuaçu Spix.)
Jacu-pema Marcgr. l. 198. Piso II. 81. *Jacúca*, *Jacu-pembu* — Penelope superciliaris Ill. *hang hang*: Boloc. *schascheja*: Camacan.
Jacu-tinga — Penelope Pipile Gmel. (P. Jacutinga Spix, leucoptera Neuw.) — *macata*: Macuni. *pocori*: Botocudo. *pigna*: Malali.
Jacundá — piscis (ad Marabitanas: Crenicichla lenticulata Heck., ad Barra do Rio Negro: Batrachops reticulatus Heck. et Crenicichla macrophthalma Heck., in Caisara: Crenicichla vittata Heck., in Mato Grosso: Cichla Monoculus Spix*)).
Jacundá est *Muya*: Manao, *pezuhly*: Canamirim.
Jacurutu Marcgr. l. 198., *Nhacurutú* guaranice — avis Strix Nacurutu Vieill. Neuw. (Bubo crassirostris Vieill.) — *conititi*, Pimenteira. *ke-kokann*: Botocudo.
Jagoacacáca — Lusitanis *Lontra*, Lutra brasiliensis. *Jiya* vel *Cariguei-beiú* Marcgr. l. 234. — *Perro de agoa* Hispan., *Saro*: Chaymas. Cumanagotes. *huillin*, *coipo*: Araucan. *banarang*: Coroado. *no-merick*: Botocudo.
Jagoa gambé, *Jagoa campeba* — Lusit. *Guaxinim*, *Guassini*, Procyon cancrivorus.
Jagoára vide *Jaguára*.
Jagoára-peri (Amazon., Maranhão) Canis jubatus Desm. (*peri* = campus).
Jagoára = *pira iouara* (Amaz.) — Delphinus.
Jaguaçaguaré Marcgr. Lib. Princ. l. 345. Chaetodon Mauritii Bloch., rectius Ch. saxatilis Lichtst. *Jaqueta* Lus.
Jaguacati-guaçu i. e. rostro longo Marcgr. l. 194. — avis Alcedo cyanea Vieill. *Papa peixe* Lusit.
Jaguajira Scorpio. Apud Caraib. insular. *Ancourou*, apud Chaymas *Aya-guaca*: ex Tausle.
Jaguápapeba Not. do Braz. c. 101. — Lutra brasiliensis.
Jaguapitanga Not. do Braz. c. 98. — Canis vetulus Lund.
Jaguára v. *Jagoára* in genere est canis, felis major, Tigris. In lingua Kechua *yahuar* significat sanguinem.
Jaguára v. *Jagoara* canis (domesticus): Omagua. *jaquiéh*, *jaké*: Camacan. *choupé*: Apinagé. *yaguetjan*, *yaquetjan*: Masacará. *wab-sang*, *guapsáh*: Acroamirim. *yara*, *jāra*: Geico. *giuckgrang*: Pimenteira. *tahaurheé*: Mura. *oropo*: Purecamecran. *pocó*: Macuni. *ay*: Tecuna et *haté* (femina). *codty*: Bare. *uapa*: Maxoruna, *ua-pauin* (femina). *ytschino*: Usiracu et *ytsche noyano* (fem.) *curme* (canis femina): Kechua in Maynas. *tehua*: Araucan (canis mutus v. *Alco* est ibi: *haancunolu*. *pec*: Maya. *chichi*: Mexic. *schunni*: Chinanteco in Mex. *püet*: Guabe in Mex.; *Zigi*: Tequisisteco in Mex. *ainitle*, *annicl*: Nutka. *hirio*: Sandvic. *teitil*: Mulgrave.

---

*) Hoc piscium genus in Mato Grosso *Guensa* dicitur. *Guensa verde* est Crenicichla lepidota Heck, *Guensa branca* Cr. adspersa Heck., *Guensa Joanna* Cr. Johanna Heck.

Jaguàra Felis Onza. *Onça pintada* vulgo. Marcgr. I. 235. Piso I. 103. *Jaguàra pinima* i. e. picta. — *Yauàruçú*: Omagua. *ghaiguschy*: Uara-guaçú. *vittu*: Mundrucu. *oihpa*: Miranha Oira-açu. *öcko*: Miranha Carapana. *hucuty*: Acroamirim. *wäri*: Juri. *yawara*: Cocaina. *jamàri*: Cauixana. *yaraca*: Baré. *emaly*: Uairacu. *tschahbi*: Uainuma. *jacque-dere*: Camacan. *ay*: Tecuna. *achity*: Canamirim. *öighó*: Coeruna. *jacqueöh*, *yaqué*: Masacará. *emmö*: Sabuja. *io*: Malali. *jih*: Jupua. *kolunong*: Geico. *puung*: Coroado. *cumang*: Macuni. *mahoitay*: Mura. *cuparack gipakiu* (magnus) Bolocudo. *oropicuroro*: Purecamecran. *jàma*: Jumana. *Ja-i*: Coretu. *ghamu*: Maxoruna. *aghuràna*: Manao et Cariay. *engkarà*: Pimenteira. *nahuel*: Araucan.

Jagoara-keyba — pediculus canis i. e. pulex: apud Chaymas: *Chicon.*

Jaguarecaguà Not. do Braz. c. 99. Mephitis suffocans v. foeda.

Jaguareté Not. do Braz. c. 95. Marcgr. I. 235. Piso II. 103. Felis Onza var. nigra, Indis quoque *Jaguareté pixuna* dicta, *Onça preta* vel *Tigre* Bras. *Eté* significat magnum, legitimum. — *caicuche*, *enapton*, *equer*: Chaymas, Cumanagotes. *ghaiguschy pisco*: Uara-guaçu. *Yukuschy yauàra*: Omagua. *colenu*: Geico. *balam*, *chacekel*: Maya. *jacquehiöh*, *jakyetà*: Camacan. *hoema*: Tecuna. *schaschinoa*: Maxoruna. *gambuly*: Uairacu. *piùhy*: Manao. *piurhy*: Cariay. *pükü'ly*: Bare. *sachüery*: Canamirim. *prümatschöh*: Pimenteira. *wacrang*: Acroamirim.

Jaguar-undi (Bras. austr.) — Felis Yaguarundi Desm. *Gato murisco* vel *Murisco* s. *preto* Bras. — *pockniénn*: Bolocudo.

Jaguaraca Marcgr. I. 148. Piso II. 56. — piscis marinus. (Not. do Braz. c. 135. *Jagoaraça*).

Jaguatirica, *Jacatirica* — Felis mitis F. Cuv. (Pardalis Neuw.) — *capaunaré*: Geico. *orop-ohle*: Purecamecran.

Jajào Not. do Braz. c. 87. — avicula —?

Jakirana, *Jakyrana*, *Jaquirana* — Cicada, Scarabaeus. — *tato* (an in genere animal?: Spix; *serahni*: Mart.): Cauixana. *dille*: Araucan, et ibi *chori* locusta. *sitühcke*: Miranha Carapana. *ahùgwa*: Miranha Oira-açú. *jüri*: Juri. *gonorongta*: Mundrucu. *matutiny*: Bare.

Jakiranam-boya — Fulgora lanternaria.

Jamacai, *Jamacay* Marcgr. I. 198. — avis *Soffré* Bras. Icterus Jamacaii Daud.

Jandaiá, *Jandayá*, *Nhandaia* — avis Psittacus (Psittacula) surdus Ill.

Jandià, *Jundià* — piscis Platystoma spatula Agass.

Jandú, *Nhandú* Not. do Braz. c. 118. *Nhamdú* Marcgr. I. 248. Piso II. 284. — aranea. — *leum*: Maya.

Jandú, *Nhandú-abijú* Not. do Braz. c. 118. vel *Jandú cecè oaè* — aranea venenosa, i. e. dolori est (*cecy*) multum. Phoneutria.

Jandú, *Nhandu-guaçú* v. *oçu* — Lusit. *Aranha caranguejeira*, Aranea avicularia. Mygale.

Jandú kecàba — telum araneae.

Jandú-i, *Nhandú-y* Marcgr. I. 248. Piso II. 284. — aranea.

Jandu-ocy — Aranea avicularia. Mygale.

Japacani Marcgr. I. 212. — Turdus (Donacobius) atricapillus L. (Mimus brasiliensis Neuw.)

Japecoá, Japegoá, Japougoá corruptum e *Sbpyc-goá* i. e. celeriter currit — insectum *Centopeia* Lusit. Scolopendra.

Japim, Japiim, Japii, Japiym chexó (jejó) — avis, diversi cantus imitatrix, verisimiliter Oriolus (Icterus) Jamacaii, vulgo Brasil. *Soffré.*

Japy-cajyca, Jaby-cajyca pulsus arteriae; *japy* ictus. Alias: *Cagyca titica.* (*Nucabo a nichi* i. e. anima manus apud Caraibos in Antillis).

Japú vel *Japujúba* i. e. Japu flavus, Marcgr. I. 193. — avis *Joncongo* Aethiopibus, *Guasch* Bras. Cassicus haemorrhous Daud. (Oriolus L.)

Japú, Japú-açú — avis Cassicus cristatus Daud. — *Jakereiun gipakiu*: Botocudo.

Japué, Japu-y, Japujuba aut *Japú-merim* — avis Cassicus icteronotus Vieill.

Japu-ıvai (Bras. austr.) — avis Cassicus albirostris.

Japurú, Japurú-(xita) — Concha fluviatilis, (testa conchae).

Japuruca Marcgr. I. 253. Piso II. 286 — insectum Scolopendra.

Japurúxita — Molluscum *caracol* Lusit., Murex, Buccinum rel.

Japycon — lingua.

Jaquaré cfr. *Jacaré* Not. do Braz. c. 114. — Crocodilus.

Jaquirana Marcgr. I. 256. — Acridium, Tettigonia, Cicada.

·*Jaquiram-boya* — Fulgora lanternaria.

Jaraqui — piscis Pacu nigricans Spix.

Jararaca, Jiraraca, Geraraca — serpens Cophias atrox et affines. Huc *Cobra de cotia* Bras. vulgo. apud Omaguas: *Yahlayaka. Mumumeru*: Uairacu. *Manumeru*, Passés: *Gheghena*, Tecunas: *Ajapa*, Maxorunas: *Schanupa*, Mariatés: *Utzy, Uatschü*: Cayriri. In lingua kechua dicitur: *Matschacuyu. tihohiöh, tirohie*: Camacan. *angutú, ankutu*: Punenteira. *manëby*: Baré. *djatschibujeh*: Sabuja. *ujatschi-bujeng*: Cayriri. *cumbrongqua*: Acroamirim. *ghahoyundle*: Manao. *caniang-toin*: Macuni.

Jararaca-merim Piso II. 250. — serpens venenosus *yanapica* (*yana pica*): Manao. *apiina*: Cariay. *apuchürüpye*: Canamirim.

Jararáca-oçú Piso II. 279. — serpens *Cobra Caninana Bras.* (*Caniang* serpens: Macuni.) Coluber poecilostoma Neuw.

Jararaca-peba Piso II. 280. — serpens.

Jararaca-pitinga Piso II. 280. — serpens.

Jaraticáca, Jaratacáca, Jeratacáca, Jeraticaca, Jeratataca — Mephitis suffocans vel foeda Auct.

Jassanam, Jaçanan Not. do Braz. c. 87. Marcgr. I. 190. — avis Parra Jaçana. *Aguapeaçoca* Lib. Princ.*

Jatahy, Jatehy, Jatchy — apis species, verisimiliter ita dicta, quia in arbore Hymenaea (Jatahy) nidificat.

Jatebuçú Marcgr. I. 215. — insectum *Carrapato* Lusit. Ixodes.

Jatiuca — insectum Ixodes. *Carrapato* vulgo. Apud Chaymas est Hispanorum Garapata rodelera: *Caymatec, Carimatec, Caymuce*, Garapata venadera: *Conoz*, et menadilla: *Quiezpoc, Cuchibacoa*: ex Tauste. — *calapato*: Omagua. *ghasi*: Canamirim. *yketely*: Uairacu. *schanoü*: Maxoruna.

Jathiu, *Jatium* — an species piscis? — *manuu*: Manao.
Jaú et *Jaú-peba* (ad fluv. Tieté) — species piscis.
Jauá — avis Psittacus Dufresneanus Kuhl.
Jauára v. *Jaguára*.
Jeboya, *Jiboya* — serpens Boa Cenchria L.
Jejú (Bras. austr.) — piscis.
Jendaya Marcgr. l. 206. *Nhendaya* — avis Psittacus (Conurus) auricapillus.
Jeratataca, *Jeretataca* — Mephitis suffocans v. foeda. Nomen compositum ex *ojere*, stillare, *tagoa* flavum, *cudo* ano edere, quia ano liquidum foetidissimum edit.
Jeru — avis Psittacus (Conurus, Psittacula). An contractum ex *Ajuru?*
Jerucuá, *Jerúoa* (S. Paulo) avis *Bira* vel *Guira-paya* aliis Prionites ruficapillus Illig. (Momotus Levaillantii Less.)
Jiboya — serpens Boa Cenchria. *Jub-boya* procumbens, aut *Gia-boya* ranaria serpens.
Jiperú (guaranice) — avis *Tezoura do cambo* Bras. Muscicapa (Gubernetes) Yiperú Burm.: Natterer.
Jiraraca v. Jararaca.
Jiribá (Amaz.) — avis Prionites Martii Spix.
Jui, *Juhi*, *Juy* (Amazon., in Maranhão *Gia*) — Rana.
Jui ponga Not. do Braz. c. 115. — Rana multum clamans.
Jundia idem quod *Jandiá* — piscis Platystoma spatula.
Junduhi (Amaz.) — aranea parva. Stirps in qua tela armat pessum dari dicitur.
Juó, *Jáo* — avis *Zabelé* Bras. Crypturus noctivagus.
Juopi, *Jupi* (*Chupi* guaranice) — avis Icterus unicolor Lichtst.
Jupa, *Jypa* — brachium.
Jupára, *Xupára* Not. do Braz. c. 108. — animal *Kinkajou* Cercoleptes caudivolvulus (Alto Amazonas: Natterer.) Etymologia: *jebuca-uara*, gens, quae se (arboribus) suspendit; aut *jub-uara*, quae se (persecuta) prosternit*). — *schiimý*: Culino. *ghochzy*: Uainumá. *muna*: Passé.
Jupati Not. do Braz. c. 105. — Didelphys murina, cinerea Neuw. et aliae species.
Jupatiima Marcgr. l. 222. — Didelphys poecilotis Wagn. Vox corrupta e *Jepoi taina* i. e. sustento pullos.
Jupiúba lege *Japujúba* s. *Japú* Marcgr. l. 193. — avis Cassicus icteronotus.
Jurára, *Yurará* (Amaz.) — Testudo, Emys amazonica (Podocnemis expansa), vulgo *Tartaruga grande* (*Tortuga* hisp.). Apud Chaymas et Cumanagotes testudo marina dicitur *aczapan* et minor *caray*, *carey*. In Maya testudo: *ack*. Sandvicensibus: *Xónu*.
Jurára est *buka*: Omagua. *ghaman*: Uairacu. *paué*: Tecuna. *uarakau*: Baré. *nuischo*: Maxoruna. *sepüery*: Canamirim. *epúri*: Mariaté.

---

*) Supra p. 236. *Xupara* perperam = Gallictidi vittatae declarata est.

Juràra caba testudinum sebum, vulgo *Manteiga de tartaruga*. *sahay*: Mura (corrupt. e *caba*). *wati schuni*: Culino. *tscharapa uina*: Kechua in Maynas. *ghersyru*: Mariate. *ghamezeghana*: Cauixana. *euere*: Marauha. *yhukaily*: Uaraicu. *egpuru-iy*: Passé. *nuischum* (testudinum) *pazy* (sebum): Maxoruna. *supeg-haua*: Omagua.

Jurú — os, facies.

Jurú (Bras. orient.) — avis Psittacus pulverulentus et aliae species. conf. *Ajerú*, *Jerú*.

Juriti, *Jeruti*, *Juruti* Not. do Braz. c. 82 (menda typogr.: *junti*) — avis *Pomba* (*gallega*, *verdadeira*, etc.) Bras., Columba. Mythus erat apud Tainos insulae Haiti, avem *Juriti*, picum, virorum rogatu e hermaphroditis, quae ante feminas aderant, effringendo, sexum femininum praebuisse. Frey Roman Pane, in Historie del S. Ferd. Colombo Venet. 1685. p. 262. — *mutugizo*: Cayriri.

Juruti-cabocolo i. e. calva — Columba (Chamaepelia) Talpacoti Temm. *Pomba rolla* Bras. (Columba Cabocolo' Spix). *Ouacoucoua* apud Caraib. Antill. — *brugaxu*: Apinagés, Purecamecran.

Juruti piranga i. e. rubra — avis Columba (Peristera) martinica L.

Jurucuá Marcgr. I. 241. Piso II. 105. — Testudo marina, variae species.

Jurueba vel *Jurueqna* — avis Psittacus vinaceus.

Juru-hy v. *Juru-ygh* i. e. facies madida (Amazon.) simia *Macaco bocca d'agoa* Bras. — Callithrix brunnea Natterer.

Jurupari-kybaba v. *keybabu* (Amazon.) — insectum *Centopeia*, Scolopendra. Julus. verbo: Diaboli pecten.

Jurupari pampé -- piscis Geophagus daemon Heck. (Marabitanas, Rio Negro).

Jurupari-pinda i. e. Diaboli hamus — piscis Geophagus Jurupari Heck. (Barra do Rio Negro.)*).

Jurupencu (ad fluv. Tieté) — piscis?

Juru-pixuna i. e. facies nigra (Amazon.) — simia *Macaco de bocca preta* Bras. (Chrysothrix) Callithrix sciurea. — *pititeny*: Baré. *pylibele*: Cariays. *mayesa*: Tecuna.

Jurupóca vel *Juropoca* (ad fluv. Tieté) — piscis —?

Jururá Marcgr. I 241. Lib. Princ. II. 302. Piso II. 105. — Testudo, Emys trijuga Schweig.

Juruucapeva vel *Itaiara* Marcgr. I. 146. Piso II. 54. — piscis marinus.

Keri, *Kery* — Ostrea marina.

Keri-uaçu, *Keri-merim*, *Keri-peba* Not. do Braz. c. 140. — videtur ex menda typograph. nam scribitur *Leri* aliis, *Rery* Abbevilleo et Marcgr. Ostreae species diversae.

Keyba, *Kiyba* — pediculus humanus. *Kayaba* apud Caraib. antill. — *uc*: Maya. — *quei-chine*: Nutka. *tun*, *putar*: Araucan.

Keyba-rana, *Kiyba-rana* — pediculus spurius *piolho ladro* Lusit. P. pubis. (Pulex = *Jaguára-keyba* i. e. canis pediculus).

Keyba-robiá — ova pediculorum.

---

*) Alius piscis Geophagus in Mato Grosso *Papa-terra* dictus est Geophagus Papaterra Heckel.

Lecheguana — corrupta vox in S. Pedro do Sul. Vespa melle venenoso: St. Hil.
Macaca, *Macaco* — simia. Vox a Brasiliensibus recepta, in insulis Antillis a primis Europaeis audita, caraibice *Mecou*: Breton p. 357. Cebus xanthocephalus Spix prae aliis. — *uhlina*, *culinang*: Geico. *koukoihloe*: Purecamecran. *cocóte*, *gourcoly*: Acroamirim. *malchin*: Araucan. *tschuná*: Maxoruna. *gehiniung*: Macuni. *sjbarang*: Coroado. *tzicuh*: Sabuja. *zuiccuh*: Cayriri. *mãcú*: Pimenteira.
Macaco vel *Mono juru tykyr* (Allo Amazon.) — simia *Macaco bocca d'agoa* Bras. Callithrix brunnea Natterer.
Macaguá guaranice — avis Falco cachinnans L.
Macaoan, *Macaohan*, *Macauhan* — Falco vide *Oacaoam*.
Macasica, *Macasique* Not. do Braz. c. 87. corr. e *Amáca-tejuca* i. e. lectulus pensilis e luto — avis Furnarius?
Macavuana (Amaz.) — avis Psittacus (Macrocercus) Macavuana L.
Macuca-goa Not. do Braz. c. 79. *Macucagua* Marcgr. I. 213. Piso II. 88. *Macuca*, *Macucava*, *Macucu* — avis Tetrao (Trachypelmus) major Gmel. (Tinamus brasiliensis Lath.) — Nomen significat: *Macuca* colore (plumarum) vario.
Maetaca, *Maitaca* (Minas) — avis Psittacus (Triclaria) cyanogastra.
Maetaca, *Maituca*, *Maritaca* (Bras. orient.) — avis Psittacus (Pionus) menstruus (flavirostris Spix.), Psittacula pileata et aliae.
Mayangá (an lupice?) — piscis —?
Magoary, *Maguary* (Bras. orient.) Marcgr. I. 204. — avis Ciconia Maguari Temm. Ciconia Jaburú Spix. — *tauschyy*: Tecuna.
Magoary, *Maguary*, *Baguary*, *Mauary* (Amaz., Pernamb.) Not. do Braz. c. 89. — avis Ardea Çocoi L.
Maigessi Not. do Braz. c. 84. — avis maritima.
Majoi (Amaz.) avis *Andorinha* vulgo, Hirundo Tapera.
Mambucá Piso II. 112. *Mombucá* — apis species *M. oçú* et *M. mirim*.
Mamoá Not. do Braz. c. 117. idem quod *Memoam*.
Manandi Not. do Braz. 89. — avis —?
Manda-guaçú — species apis. (*Manhána-guaçu* i. e. vigiliae magnae.)
Mandassaya, *Mandaçaia* — species formicae.
Mandi, *Mandiy*, *Mandii*, *Mandy* — piscis Pimelodus maculatus Lacep. *cruzuruh*: Masacará. *paijeh*: Pimenteira.
Mandori et melius *Mondiri* — species apis (*M. guaçu* et *miri*): *mondé* colligere, *ira* mel.
Mandué, *Mandube* (Amazon.) — piscis capite depresso, Pimelodus?
Manimbé — avis Fringilla Manimbé Lichtst.
Mangangai v. *Mangugai* Marcgr. I. 257. — insectum *Zangão* Lusit. Asilus, Lasia et affinia.
Mapará (Rio Branco) — piscis.
Mara, rectius *Mbara* guaranice — Cavia (Dolichotis) patagonica.
Maraca-boya — serpens Crotalus. *Maracá* = Tintinabulum.
Maracaná — avis Psittacus (Macrocercus) Illigeri, nobilis; (Conurus) guyanensis.
Maracaná-oçú — avis Psittacus (Macrocercus) severus. Marcgr. I. 207.

Maracayá, Maracajá Not do Braz. c. 98. Marcgr. l. c. 233. *Maracaiá*, guaranice *Mbaracaya*, aliis *Jaguatirica* — Felis Pardalis Neuw. (F. mitis Fr. Cuv.) — *Maracaya*: Omagua, Bare et Tecuna. *copaunga*: Geico. *yuary*: Catoquina. *gararü*: Pimenteira. *guarure*: Chaymas et Cumanagotes in Cumana, ubi vulgo *gato cerbal*. *codcod*: Araucan. *ghamu-paku*: Maxoruna. *ytury*: Uairacu. *huhunuly*: Manao et Cariay. *tibaliche*: Canamirim. *zockroni*: Acroamirim.

Maracay-i — Felis macrura Neuw. *Gato do mato pintado* Bras.

Maracaya-una vel *pixuna* — Felis Yaguarundi Desm. Alias *Gato murisco* vel *Mourisco preto*.

Maracoani Marcgr. l. 184. — cancer marinus Gelasimus.

Maracugarata Not. do Braz. c. 133. — piscis. *Peixe porco* Lusit.

Marapatá (Amaz.) — piscis — an species Mugil?

Marica — venter.

Marica-mico (Alto Amaz.) — simia *Barrigudo* Bras. Lagothrix canus Hb. Gastrimargus olivaceus Spix. — *ytury*: Uara-guaçu. *katanaly*: Baré. *ame*: Tecuna. *tschuná curú*: Maxoruna. *alauáta*: Omagua. *cavalio*: Uairacu.

Marimbondo — (vox hybrida?) — vespa. *Maribondo* scribit Moraes in Dicc. port. Cl. Joaq. Caetano da Silva pro voce africana habet. *Mariposa* in linguam hispanicam receptum. Est *mere merepé* apud Chaymas et Cumanagotes ex Fr. Tauste.

Matrixam v. *Matrinxão* — piscis affinis *Dourado* (Rio de S. Francisco) vox africana?

Maritacaca Piso II. 324., vel *Jeratacaca* — Mephitis.

Marú, *Merú*, *Mbarú*, *Mberú* — insectum Musca. Apud Chaymas etc. *quereguere*: ex Fr. Tauste.

Marui, *Maruim*, *Merui*. *Meruim* (Amazon.) insectum musca sole occidente grassans. — *ghauipe*: Baré. *uitschiky*: Manao. *yali*, *plu*: Araucan. *marini*: Tecuna. *nyma*: Maxoruna. *schueh*: Canamirim. *tschiaso*: Uairacu. *mikibu*: Cariay. *cópó*: Apinagé.

Maryúba — piscis —?

Matamatá (Amaz.) — testudo Chelys fimbriata Spix.

Matin-taperéra (Amaz.) — avicula ex onomatopoeia cantus dicta.

Matuim Not. do Braz. c. 81. *Mbatuim* guaranice — Charadrius.

Matuitui Marcgr. l. 199. Piso II. 95. guaranice *Mbatuitui*. — avis *Masarinho* vel *Masarico* Bras. Charadrius collaris Lichtst., virginianus et Ch. flavirostris Neuw. etc. Aliis Alcedo maculata.

Matupiri — piscis —? Chalcei species?

Maturagoi Not. do Braz. c. 144. *Maturaqué* Marcgr. l. 169. Piso II. 67. — piscis lacustris Erythrinus palustris Cuv.

Mbaracayá guaranice vide *Maracayá*.

Mbatutui v. *Matuitui*.

Mberuobi Marcgr. l. 254. — musca viridis splendens.

Memoá Piso II. 291. *Memoan* Marcgr. l. 258. vel *Mamoan* et *Memoam*. — insectum *Lucerna* v. *Luz em cú* vulgo, Lampyris. *Bóye* caraibice. — *puhly puhly*: Omagua. *puyalo*: Uairacu.

Meri, *Mery*, *Meru* et *Meru-i* idem quod *Marú*, *Maruim*.
Meru-rupiara (Amaz.) vulgo *Mosca varejeira*.
Mico vox recepta videtur e lingua Caraiborum in insulis Antillis, ubi *Mecou* simiam in genere significat. In Bras. orientali *Mico* est Cebus fatuellus Geoff et C. robustus Neuw., in prov. Minarum Hapale penicillata. — *mècu*: Uara-guaçu. *siburang*, *bàrang*: Coroado. *hierãng* (Ceb. xanthostern.) — Botocudo.
Mijui-pira, *Pira-bebe* Marcgr. I. 161. Piso II. 61. — Trigla volitans, Dactylophorus volitans Lacep.
Mikyra — nates.
Mimbá, an corruptum e *membeca?* guaranice est animal domesticum.
Miracaia = *Piracaia* Not. do Braz. c. 137. — piscis similis *Choupinha*.
Miriki, *Muriki* (vox ex alio idiomate = *Buriquim*) — simia Ateles hypoxanthus Neuw. et alii.
Mitanga — pullus, infans.
Mitú, *Mitum* guaranice — avis Crax Alector.
Mitu v. *Mutu* Marcgr. I. 194. Piso II. 80. Crax (Urax) Mitu.
Mitu-poranga (i. e. bellus) ibid. Crax Alector.
Mixira — caro et adeps Manati, (caro assata in genere), farcimen. Inde *Mixira sobay goara* farcimen e Lusitania adductum, *Linguissa do Reyno* Bras.
Moclé — piscis Anguillam referens, *Enguia* Bras. (Rio Branco).
Mocó — Cavia rupestris Neuw. — *poike*: Masacará. *hoké*: Camacan.
Mocoim, *Mucoim*, *Mucuim* — insectum minimum rubrum (alias, musca, vulgo *Polvora*) Trombidium, quod cuti se immergens molestissimum ardorem affert. Vox composita e *mo*, in, apud me, *coom* ardere (de vulnere) et *y* parvum.
Mocoouçu, *Mocoussú*, *Mocoyuçu* (Piso II. 296. perperam *Mouçicú*) animal ardens marinum, Holothuria, compositum uti antecedens cum *oçu*, magnum.
Mombucá — apis vide *Mambucá*.
Móno in genere simia, vix vocabulum tupicum (*monna* vulgo simia femina). — *maax*: Maya. *kototschaih*: Macuni.
Mono-miriki vel *buriquim* — simia Ateles hypoxanthus Neuw., arachnoideus Geofr. — *kupo*: Botocudo.
Morere — piscis (Rio Negro) Symphysodon Discus Heck.
Moróba — piscis —?
Mossum, *Moçum* (Amazon.) — piscis myxinoideus —?
Motum Not. do Braz. c. 79. *Motung* — avis Crax (Urax) Mitu. Nomen a verbo *Motemung* trudere, succutere.
Muciqui v. *Muziki*.
Mucú Marcgr. I. 161. — piscis Synbranchus Mucú Lichtst.
Mucúra — (Bras. boreal.) — Opossum, *Gambá* (Bras. orient.) *Çarigueya* Marcgr. I. 222. Didelphys cancrivora, aurita et alii.
Muiepereru Not. do Braz. c. 88. — avicula canora.
Mumbúca — species Formicae nigra.
Murajuba corr. pro *Guira juba* — avis flava, Psittacus.
Muru corr. pro *Maru* — musca.

Muruanja Not. do Bras. c. 92. — musca parva azurea, canes persequitur.
Murusoca, *Muruçoca*, *Murisoca* — musca major, Culex, *Mosquito pernilongo.*
Murucutatu (S. Paulo) vox corr. literarum transpositione pro *Nhacurutú*, *Jacurutú* — avis Strix.
Mussu — piscis myxinoideus = *Lampreia* (Amaz.)
Mussuan, *Muçuan* (Amaz.) — Testudinis species minor, oblonga testa, jucundi saporis.
Mutiqua Not. do Braz. c. 92. vulgo *Mutuca* a verbo *Cotuca* pungere — musca magna. Tabanus. interdiu praesertim ante pluviam molesta. — *mutuca*: Omagua. *apüzy*: Cariays. *mukü*: Tecuna. *tschipu*: Mixoruna. *chery*: Canamirim. *thei*: Baré. *zoety*: Uairacu. *ereküry*: Manao. *apthem* (vespa): Macuni.
Mutucúna (Amazon.) — Tabanus colore nigro.
Mutum, *Mutung*, melius *Motung* — avis Crax (Urax). — *mutüh*: Sabuja. Cayriri. *uiu*: Manao. *oara* (i. e. *guira*) *ilaly*: Baré. *ytapaly*: Cariay. *gülung*, *ghiran*: Pimenteira. *tschaptschitscheh*: Macuni. *gackukä*: Acroamirim.
Mutum boicenim v. *Mutum açu* (Mato Grosso) *Mutum de assobio* (Mato Grosso), *Mutum de fava* (Amazon.) — avis Crax globulosa Spix. *konü*: Tecuna. *uesny*: Maxoruna. *mutu-âna*: Omagua. *quitschy*: Uairacu. *tumucu*: Bare. *ytapaly*: Cariay. *mascho*: Canamirim.
Mutum-pinima (i. e. variegatus) — Crax discors Natterer (Amaz.)
Mutum-piri v. *peri* (Amaz.), *Mutum de vargem* Bras. — Crax tuberosa Spix. — *quayu*: Tecuna. *kuya*: Maxoruna. *mutu*: Omagua. *piüty*: Uairacu. *tibaiuly*: Baré. *aautukury*: Cariay. *piüry*: Canamirim.
Mutum poranga Marcgr. I. 195. i. e. bellus, Crax rubrirostris Spix (Blumenbachii).
Muziki, *Muzuki*, *Muciqui*, *Mussiqui*, *Muziqui* Not. do Braz. c. 143. — animal marinum *Alforreca* v. *Coroa do frade* Lus. *Mucica* tupice = motus hamatoris in virgam dum piscem sentiat hamum cepisse.
Namby — auris.
Nambú Not. do Braz. c. 82. vide *Inambú.*
Nanais — avis, verisimiliter Charadrius Azarae.
Nandú, *Nhandú* Not. do Braz. c. 78. (menda: *Nhundú*), *Nhandu-guaçú* Marcgr. I. 190. Piso II. 84., *Nandó* et *Chuni* guaranice — avis *Ema* vel *Emu* Bras. (ex lingua africana?) Rhea americana.
Nhandú apoá Tupinambazis, *Jabirú-guaçu* Petiguaribus ex Marcgr. I. 200. — avis Tantalus Loculator.
Nari-Nari et *Nari-Nari-pinima* Marcgr. I. 174. Piso II. 58. 293. — piscis *Raia* Bras. Aetobatis Narinari J. Müll. et Henle.
Neinei guaranice — onomatopoeia avis Lanii (Scaphorhynchi) Pitangua.
Ndaya, *Nendaya* — avis Psittacus guyanensis L., auricapillus Illig.
Nhambi-pororoca — Cervus Nambi Wagn.
Namdia Marcgr. I. 148. *Nhandia* Piso II. 63. idem quod *Jandia* — piscis fluviatilis, Pimelodus Nhamdia Cuv. Val.

Nhamdú Marcgr. 248. — aranea Mygale. Apud Caraib. insul. *Coulaélé*, apud Chaymas *Moyoz*.
Nhamdui Marcgr. 248. — aranea Argyopes argentatus Hahn Fig. 360. fem.
Nhaninga, *Nianingu*, *Niaxinga* guaranice — Culex.
Nhánquundá (idem quod *Jacundá*) Marcgr. l. 171. — piscis fluviatilis Cichla brasiliensis Bloch.
Nhapacani, *Innacapanim* (S. Paulo) — aves *Gavião* Lusit., Spizaetus tyrannus et ornatus.
Nhapupé (Bras. australis) — avis Crypturus.
Nhatiu (Marcgr. 257. — insectum vulgo *Mosquito*, Culex.
Nheuma (S. Paulo) idem quod *Inhuma* — avis.
Niqui Marcgr. I. 178. Piso II. 295. — piscis in arena maris, Batrachus porosissimus Cuv. Val.
Noitibó Not. do Braz. c. 86. *Ibiyau* Marcgr. 196. — avis nocturna in Indorum auguriis magni habita, Caprimulgus (Nyctibius) grandis. Nomen a voce, quam edit. (Aliis *Coliangu*, *Cariangu*).
Oacaoam Not. do Braz. c. 85. — avis *Macagua* Azara, Falco (Herpetotheres) cachinnans, serpentum inimicus.
Oacari vel *Oaquari* Not. do Braz. c. 144. vide *Acari*, piscis.
Oaincumby — avis vulgo *Pica-flor*, Trochilus.
Oam — insectum lucens *Vaga lume*, *Caca luz* Lusit. Elater noctilucus. — *pothi*: Tecuna. *maruzy*: Maxoruna.
Oaquico — mammalia spinosa trium specierum: Cercolabes, Loncheres, Didelphys?
Oatapapesi Not. do Braz. c. 142. — *Goatá-papesi* = Buccinum viatorum. Concha maritima magna, qua Indi navigantes utebantur pro buccina.
Oatapú, *Uatapú* et *Oatapú-oçu* — Concha. Multi Indorum principes in terra amazonica, uti e. g. *Uapixanas* et *Cauixanas*, concham resectam pro ornamento principali gestant.
Oato cupá (Amazon.) — piscis *Pescada* Lusit. Sciaena squamosissima Heckel. Oriundum videtur e lingua Galibi, ubi *Oato* piscis.
Ocarao (S. Paulo) — avis vide *Carao*.
Oera corruptum pro *Guira*, avis. *Oera* Indis Apiacas est (teste Natt.) Coracina ornata, pro sacra et augure multis habita.
Oera-ponga corruptum pro *Guira-punga*.
Okĝjú — insectum Gryllus.
Orocuria (Amaz.) corr. ex verbis *Guira* et *guirbo*, infra — avis Strix. *sapu*: Pimenteira. *chitoscreká*: Camacan. *yarquen*: Araucan. (*nuco* species major.)
Ouacary, *Uakary* — (Alto Amaz.) — simia Pithecia Ouakary. (*Ouacary*, *Cacajao* v. *Mono feo* ad fluv. Orinoco) Brachyurus rubicundus. Geof. S. Hil., Simia melanocephala Humb. vel B. Ouakary Spix. — *acary*: Omagua. *oakary*: Cariay. *akara*: Manao. *hüerry*: Canamirim.
Ouaiacú (*Baiacu*: Aug. St. Hil.) Bras. austr. — avis Haematopus palliatus.
Oyapuça, *Oiapussá*, *Oaiapussá*, *Uiapuça*, *Wapussa* (Alto Amaz.) —

simia Callithrix discolor Geof. S. Hil. et aliae (torquata), Callithrix cuprea Spix. — *toare*: Tecuna. *masocu*: Maxoruna. *suka suka*: Omagua. *ghóloly*: Uairacu. *ghughughuly*: Manao. *otobaly*: Cariay. *ghaina*: Canamirim.

Páca Marcgr. I. 224. Piso II. 101. *Paqua* Not. do Braz. c. 103. — Coelogenys Paca (brunca, rufa Fr. Cuv.) — *paca*: Omagua, Sabuja, Cayriri. *kra*: Purecamecran, Apinagé. *ai*: Mundrucu. *yãba*: Bare. *ghuriman*: Uara-guaçu. *haa*: Tecuna. *gháa*: Manao. *táa*: Cariay. *mapua*: Maxoruna. *pechiry*: Canamirim. *pĭritáma*: Coroado. *schihmi*: Jupua. *agüitschö*: Juri. *zãme*: Coretu. *urängniu*: Jumana. *ugónäme*: Coeruna. *go(a)wilackiu*: Cauixana. *kavy*: Camacan. *tömi*: Miranha, Carapana. *acorong*: Botocudo. *thagcũ*: Miranha Oira-açu. *tãgba*: Uainuma.

Pacamo Marcgr. I. 148. Piso II. 54. — piscis marinus *Enxaroco* Lus. Batrachus cryptocentrus Cuv.

Pacu — piscis genus multarum specierum.

Pacu-guaçu — piscis Prochilodus Agass. Myletes brachypomus? Cuv.

Pacu-merim (Rio Tieté) i. e. minor.

Pacu-peba (Rio Tieté) i. e. latus.

Pacu-pinima (Amaz.) i. e. variegatus.

Pacu-piranga (Amaz.) i. e. ruber.

Pacu-tinga (Amaz.) i. e. albus.

Pacuarú, *Bacuaru*, *Chareu* — piscis Pterophyllum scalare Heck. (Rio Negro, Alto Amaz.)

Panamá Not. do Braz. c. 90. Marcgr. I. 250. Piso II. 317. — insectum Papilio. — *cuischischih*: Macuni.

Pai-pai-guaçu Marcgr. 255. c. ic — insectum Pepsis ruficornis F. fem.

Panamby guaranice — Papilio.

Panapana Not. do Braz. c. 132. — piscis marinus similis *Caçao* Lusit.

Panapana-mucu Marcgr. 249 et icon 250. (rectius *Panama-pucú* i. e. Papilio latus) insectum Sphinx.

Papesi Not. do Braz. c. 142. — Mollusca univalvia uti Buccinum et Bulimus.

Paragoa, *Paragua* Marcgr. I. 207. — avis Psittacus (niger, pectore dorso collo rubro) et aliae species. — *garrá*: Masacara. *parauté*, contractum e *paragoa-eté*: Uuara-guaçu. *garahyhé*: Camacan. *kongkoung*, *konjuang*: Pimenteira. *uailé*, *huaity*: Acroamirim. *wuuwatú*: Canamirim. *bräle*: Geico. *wrooh*: Sabuja. *ruuoh*: Cayriri. *yahuilma*: Araucan. *queú*: Tecuna. *kua-kuá*: Botocudo (Ps. menstruus et alii). *paùa*: Maxoruna. *uwele*: Omagua. *ualschy*: Uairacu. *hueu*: Manao. *uéu*: Bare, Cariay.

Paragoá hi — avis Psittacula.

Paragua, *Parauá*, *Parauha*, *Paragoá-açu*, *Parauaçu*, *Marauá* (Alto Amaz.). — Simia *Cabelludo* Bras. Pithecia hirsuta Sp.

Paragua-y i. e. minor (Alto Amaz.) — simia Pithecia inusta Sp.

Parrakuá (Amazon., Guyana) — avis Penelope Parrakua Temm.

Paranamboya i. e. serpens fluviatilis (Amaz.) — apud Campevas: *Parama-muy*; Maxorunas: *Schauan-tonu*; Tecunas: *Pilape*; Passes:

Yriugh-aghenen; Culinos: *Wutu-ankü*; Araicu: *Punemera*. Canamirim: *herotué*. — alias *atape*: Tecuna. *yschan tau-y*: Maxoruna. *gyghutschena apünay*: Cariay.
Paraouá (Alto Amaz.) simia Pithecia hirsuta Spix.
Paroacu simia. — *puü*: Tecuna. — *naüa*: Maxoruna. *paroaku*: Omagua. *ybary*: Uairacu.
Parati Marcgr. I. 181. Piso II. 71. — piscis *Tainha* Lusit. Mugil liza Cuv. Val.
Paraua-Boya — serpens colore variegato Psittaci.
Pariri — avis Columba montana L. (Oropelia). — *köucenn*: Botocudo.
Paru Marcgr. I. 144. Piso II. 55. — piscis marinus Pomacanthus Paru Cuv.
Patury (an vox hybrida? *pato* lusitanice anser) in terra Amazon. Anas viduata et brasiliensis, apud Uara-guaçu, qui ad gentem Tupi pertinent, *Urùma*. *uundna*: Omagua. *putyry*: Uairacu. *uai*: Manao. *urùma*: Bare, Cariay. *gatschibatalery*: Canamirim.
Pauschi, *Pauxi* (Maynas, an tupice?) — avis Crax tuberosa Spix. *Paoxi* apud Chaymas etc. in costa Paria.
Payarari Not. do Braz. c. 82. Columba in terra nidificans (cayanensis Briss.?)
Pekyra — piscis —?
Peasoca, *Piasoca*, *Peaçoca* — avis Parra Jaçana L.
Pepeua, *Jepeua* — serpens, aliis *Caninana*.
Pequi (Amaz.) — avis Anas dominica.
Pequitin Not. do Braz. c. 137 — pisciculus marinus, cujus acervum Indi intra folia assare solent.
Pere — hepar.
Perexixe et *Perixoé* (S. Paulo) — avis rallina.
Perigoá Not. do Braz. c. 142. — molluscum marinum edule univalve.
Periquita: Manao, Baré (an vox tupica? Cfr. *Tui*) Psittacula, vulgo *Periquito*. — *prelé*: Geico. *heheng*: Macuni. gigkiöh: Pimenteira. *túcao*, *tcau*: Araucan. *kläti*: Acroamirim. *ené*: Tecuna. *tschuelebüeta*: Uairacu. *pitzu*: Maxoruna. *tuy*: Omagua. *tschukuy*: Cariay. *tschirito*: Canamirim.
Pexaxorem Not. do Braz. c. 88. Pejajorém (a verbo *pejú* respirare — avicula cantans.
Petimbuaba Marcgr. I. 148. Piso II. 62. *Petumbo* — piscis marinus Fistularia tabacaria Bloch.
Peyry (vix tupice) vulgo *Perú* — avis introducta Meleagris gallopavo.
Piaba Not. do Braz. c. 144. Marcgr. I. 170. Piso II. 66. — pisciculus fluviatilis similis *Pachi* Lusit.
Piau et *Piau-tinga* (Rio de S. Francisco) — piscis edulis, bipedalis.
Piabanha — piscis —?
Piabucu Marcgr. I. 170. Piso II. 66. — piscis Piabuca argentina Cuv.
Picaçuroba Marcgr. I. 205. — avis Columba (Chloroenas) rufina, *Saróba* vel *Casaroba* Bras.
Pichorrore (Cuiaba) a *Picui*, columba et *jóré*, clamare, vocare. — avis Tanagra (Saltator) Pichorré: Natterer.
Picui — avis Columba in genere (guaranice Columba Picui Temm.)

Picaçu i. e. *Picui-açú* Not. do Braz. c. 82. — Columba plumbea Vieill. (Chloroenas infuscata Burm.) — *patean koery*: Pimenteira. *candecaung*: Coroado. *mutigitseh*: Sabuja. *mutuggizoh*: Cayriri.

Picui-cabocolo i. e. Columba calva — Columba (Chamaepelia) Talpacoti, *Pomba rolla* Bras.

Picui-peba. *Piquepeba* Not. do Braz. c. 82. — Columba (Peristera) cinerea Temm.?

Picui-pinima Marcgr. I. 204. — Columba squamosa Temm.

Picui-xirique (Alto Amaz.) i. e. columba pipiens. Columbina strepitana Spix.

Picapura guaranice — avis *Mergulhão* Bras.; in Bras. orient. Podoa surinamensis, in Bras. austr. Podiceps dominicus: Natterer. In Bras. amazonica: *Guira megoân*.

Piquitinga Marcgr. I. 159. Piso II. 67. — piscis Aterina Brownei.

Pipo, *Pypo*, *Pepo* — pennae avium.

Pipora. *Pypora* — vestigia gradientium (hominum et ferarum).

Pira, rectius secundum Indorum elocutionem *Pyra*, in genere piscis. — *ipyrá*: Omagua, Cocama, Oyambi. *pirem*: Camé. *pottoura*, *pyrá*: Caraja. *nagoyegi*: Mbaya. *haiheo*: Guanás. *aney*: Guachi. *noayi*: Abipon. et Mocobi. *eya*: Sandvicensium. *himo*: Moxo. *eme*: Marauha. *aima*: Palicur. *ghũma*: Culino. *rime*, *simasi*: Baniva. *schima*: Canamirim. *yme*: Uairacú. *opiokós*: Chiquito. *timaki*: Maypure. *moaki*: Cobeu. *impock*: Botocudo. *oáka*: Jaunavo. *oto*, *oato*: Galibi. *uoto*: Tamanaco. *tu*: Tequisisteco. *chota*, *ona*: Tecuna. *ghupáty*, *kobati*: Bare. *kopé*: Jumana, Tariana. *kouhoby*: Passé. *jadobi*: Oregones. *pagi*: Saliva. *tepo*: Cayapo. *tebe*, *tibi*: Chavante. *tepethy*: Acroamirim. *tobiai*: Cherente. *tebai*: Apinagé. *thãpe*: Aponegicran. *schapa*, *japa*: Maxoruna, Panos. *waii*: Tucano. *uai*: Baré. *vóo*: Juri. *kana*: Paravilhano. *ganga*, *ganang*: Pimenteira. *huang*, *huá*: Cotoxó. *schon*: Yarura. *houan*: Camacan. *herang*: Coropò. *pan*: Masacará. *maam*: Machaculi. *mãm*: Macuni. *manake*: Coroado. *pium*, *piung*: Geico. *sisi*: Sapibocona. *paikisiky*: Manao. *mutsih*, *muze*, *mutze*: Cayriri. *micchi*, *michin*: Mexico. *ytza*: Mariaté. *idja*, *heitscha*: Uainuma. *rüegho*: Cariay. *challiva*, *challua*: Kechua, Araucan. *kioua*: Yagua. *cái*, *caih*: Maya. *cüät*: Guabe in Mexico. *suma*: Nutka. *megenu*: Guato. *molo*: Macusi. *nikari*: Cauixana.

Pira aca i. e. piscis cornutus Marcgr. 154. *Peixe porco* Lusit. Monacanthus Piraaca Cuv.

Pira-acangata i. e. piscis duro capite (*acanga antam*).

Pira-andira, *Pyrandira* i. e. piscis vespertilio, ob rostrum illi vespertilionis simile.

Piranha (*Piraya* Marcgr. I. 164. Piso II. 69.) contractum e *Pira sainha* i. e. piscis dens, *Tezoura* vulgo, ob formidabilem dentium apparatum et voracitatem — Pygocentrus Richardi Kner, Serrasalmo, Myletes. *aponne*: Apinagé. *humah*: Canamirim. *uhma*: Manao. *paumy*: Baré. *makü*: Maxoruna. *ypirai*: Omagua.

Pira-antan i. e. piscis durus, Callichthys?

Pira-apapa (Alto Amaz., Rio Branco).

Pira-apixáma vel *Pira-oetepé* (Amaz.) — turba piscium, *cambada*, *cardume de peixe* Lusit.
Pira-apoam i. e. piscis insula — Balaena. — *atlamemini*, *guautitic*: Mexic. *ejetüpe*, *maac*: Natka. *toxora*: Sandvic.
Pira-apoam (vel *oçu*) *repoty* (*tepoty*) i. e. stercus piscis insulae, Ambra grisea.
Pir-arara (Amaz.) Phractocephalus hemilioplerus Agass. (Silurus Pirarara Natt.) — *ananúa*: Omagua. *Ihoma*: Araicu. *onane*: Tecuna. *taru*: Maxoruna. *yuma*: Cariay.
Pirá-aravari — piscis *Sardinha* Lusit. (Amaz.) Chalceus nematurus Kner.
Pira-bebe Marcgr. I. 162. Piso II. 61. — *Peixe volador* Lusit. Trigla volitans, Exocoetus volitans. *Boheri* apud Ind. ins. Trinitatis: Rob. Dudley Arcano del mare.
Pira-campeva (Rio Tieté) —?
Pira-canjuva (Rio Tieté) —? (*Pira çainha juba* i. e. dentibus flavis). Serrasalmo?
Pira cára (Marabitanas, Rio Negro) — piscis Monocirrhus polyacanthus Heckel.
Pira-caramuru (Borba, Amazon.) — Lepidosiren paradoxa: Natterer.
Pira-catú in genere piscis edulis.
Pira-catimbáo —? Nomen ab Aethiopibus introductum? Fistularia tabacaria.
Pira-catinga (Rio Branco) — Pimelodus Pati Cuv. Val.
Pira-cicica (S. Paulo) aliis *Pira mucica*, *Pira-picyca* i. e. piscis hamando idoneus? (*Picyca* = capere).
Pira-coaba (astutus) Marcgr. I. 176. Piso II. 60. — piscis marinus Polynemus americanus Cuv. Val.
Pira-coapiara (Rio Tieté) i. e. piscis in profundis foveis (vulgo *Gupiara*) habitans —?
Piracuca Not. do Braz. c. 133. — piscis marinus *Garoupa* Lusit.
Pira-curucaba — piscium branchia (*guelras*: lusit.) (*Piracuroba* Piso II. 86. perperam).
Pira-enambú, *Pirinambú* (Alto Amaz.) — Pimelodus Pirinambú.
Pira-gueira Not. do Braz. c. 130. — piscis *Corcovado* Lusit.
Pira-gepeauá v. *japeuá* (Rio Branco, Alto Amaz.) — Piscis magnus in aqua lignum pictum referens. Platystoma planiceps Agass.
Pira-gejú (Rio Branco, Alto Amaz.) — piscis se abscondens.
Pira-hiba, *Pira-iba*, *Piraiba* dictus *de pelle* Lusit. (Amaz.) Bagrus reticulatus Kner. — *gamahuta*: Cariay.
Pira-jagóara (Amaz.) i. e. piscis canis, Delphinus, *Boto* Lusit., alias *Tucuchi*. — *hamâna coaty* i. e. aquae canis: Baré. *Pira uira*: Omagua. *abty*: Uairacu. *omâsa*: Tecuna. *ghüska*: Maxoruna.
Pira-jereba (S. Paulo).
Pira-juru-membōca i. e. ore molli, perperam *Menebeca* Marcgr. I. 148.
Pira-maya (Amaz.) — Muraenae sp.?
Pira-metara Marcgr. I. 156. 181. Piso II. 60. piscis *Salmoneta* Lus. Mullus maculatus Bloch.

Pira-miuna — Coryphaena, vulgo *Dourado, baia*: Masacara.
Pira-nema Marcgr. I. 145. — piscis marinus.
Pira-oçú, vel *parana-oçú-pora* i. e. piscis magni fluvii magnus habitator — Balaena.
Pira-pien Not. do Braz. c. 126. — piscis marinus *Espadarte* Lusit. Xiphias gladius. apud Chaymas: *taru*.
Pira-piranga Marcgr. I. 152. Piso II. 52. i. e. piscis ruber; l. c. perperam *pixanga* scribitur, *Peixe Gatta* Lusit. Serranus pixanga (piranga) Cuv.
Pira-pitinga, *Pira-tinga* — species Characini. Audit apud Tecunas: *Poco*, apud Culinos et Campevas: *Paco*, *Pacú*, apud Tecunas et Passes: *Ghalepa*, apud Canamirim: *Kapupiry*. apud Araicus: *Tschiberii*. (*Iperu* tupice est Squalus).
Pira-potanga — pisciculus, qui pro esca hamo appenditur.
Pira-pucu i. e. piscis latus vel longus, alias *Curumatá*.
Piraqué Marcgr. I. 151. Piso II. 301. rectius *Puraque* — piscis *Peixe Viola* Bras. (cfr. *Poraqué*) Rhinobatus undulatus Olfers.
Pira-ropia (*sopia*) — ova, genitura piscium.
Pira-rucú v. *Pira-urucú*, *Pirurucu* (Amaz.) — piscis maximus Sudis Gigas Cuv. Fugiens pullos intra brachiostegia abscondit. Ejus palato dentoso pro lima utuntur, praesertim ad raspandum panem *guaraná*. — *mahôcoha*: Mura. — *uarapâinu*: Bare. *meyauy*: Manao. *wekuly*: Cariay.
Pira-queira Not. do Braz. c. 137. — *Peixe Rey* Lusit.
Pira-quiba rectius *Pira-heyba* i. e. pediculus, Marcgr. I. 180. *Peixe piolho* Lusit. Echeneis Remora, quae aliis piscibus sugens adhaeret.
Pira-quiroa Not. do Braz. c. 136. vel *kyroa* i. e. pinguis. Piscis marinus spinosissimus.
Pira-reiya vel *ceiya* = turba piscium.
Pirasa, *Piraça* Not. do Braz. 135. — piscis carne salubri.
Pira-ti v. *Parati* Marcgr. I. 181. Piso II. 71. — piscis *Tainha* Lusit. in Alto Amaz. Mugil Curema Cuv. Val.
Pira-tiapia Marcgr. I. 157. — Bodianus Apoa Bloch?
Pira-uaca idem quod *Pira gepeauá* Platystoma planiceps Ag.
Pira-umbu Marcgr. I. 167. Piso II. 70. piscis *Chayquarona* Lusit.
Pira-una i. e. piscis obscurus, vulgo *Mero*.
Pirera — cutis, squama, testa, praesertim ostrearum, quarum tumuli prope Oceanum frequenter efossi (in provinciis borealibus).
Piru-Piru (an guaranice?) avis maritima Haematopus palliatus Temm.
Pitangua-guaçu Marcgr. I. 215. — avis Lanius (Scaphorhynchus) Pitangua L. Nomen derivatur a *pita* et *angaû* vel *angay* i. e. a frustatim murmurando, ob cantum abruptum gnei-gnei. — *tejăktiä*: Botocudo.
Pitaoâo Not. do Braz. avis c. 84. *Pitanguá*, *Bemtevi* vel *Bentavi* Bras. Lanius (Saurophagus) sulphuratus.
Piúm a verbo *pim* pungere, musca Similium, interdiu infestans. Not. do Braz. c. 93. — *makalepuku*: Bare. *tonu*: Tecuna. *siua*: Maxoruna. *mahliby*: Omagua. *ataba*: Manao.

Piuri (Maynas, unde *Pĕurú*, *Perú*, quod lusitanice = Meleagris Gallopavo) Crax globulosa Spix.
Pixána (Amaz.) — Felis domestica. *Gato da casa*. (an receptum e lusitanico *bichano?*) — *guhuma*: Camacan. *nacrentozo*: Acroamirim. *kuöhong*: Camacan. *piccong*: Pimenteira. *zockrohni*: Acroamirim. *copaunga-aro*: Geico. *cimicle*: Nutka. *pitschiána*: Cariay. *sepping*: Coroado. *cumangnang*: Macuni.
Pixuna i. e. nigra, species Apis. Piso II. 112.
Po — digitus.
Poam — digitus pollex.
Po-apem — unguis.
Pocomó (Rio de S. Francisco) — piscis Silurida, Hypostomus?
Pojuji Not. do Braz. c. 128. — piscis marinus *Tuninha* Lusit. Scomber.
Poraqué perperam, item ac *Piraqué*, rectius *Puraqué* uti habet Marcgr. I. 151. a verbo *puruc* concutere, quatere — piscis *Tremelga* Lus. (Amaz.) Gymnotus electricus. In dialecto australi *poraque* = saltare. In ora maritima: Raya, *Peixe Viola*.
Poruam — umbilicus.
Potety — avis *Marreca* Lusit. Anas, viduata, brasiliensis; verbo: astacorum rostrum. — *schupupárang*: Coroado. *sauesita*: Tecuna. *noa*: Maxoruna. *pipi*: Pimenteira. *mackú*: Acroamirim.
Potety guaçu — avis *Pato grande* vulgo (Marcgr. I. 213.) Anas (Cairina) moschata.
Potia — pectus.
Potim — Not. do Braz. 143. *Poty, Poti*, Marcgr. I. 187. Piso II. 78. — Lusit *Camarão*, Palaemon et alia.
Poti-atinga Marcgr. I. 188.
Poti-guaçu Marcgr. I. 188.
Poti pema Marcgr. I. 187.
Poti quiquiya Marcgr. I. 185.
Poti-quiquyixe Marcgr. I. 186. Squilla, rectius *Poti kyce kyce* i. e. cancer culter.
Prea, *Preia*, *Preha*, *Preya*, *Aperea*, *Pria* — Cavia Aperea L. vulgo *Preya*. — *amixôu-ty*: Apinagé.
Pucaçu idem quod *Piçui-açú* — avis Columba (Chloroenas) rufina.
Punarú Marcgr. II. 165. — piscis Blennius brasiliensis Lichtst.
Puraque, rectius quam *Piraque, Poraqué*, ubi vide.
Puxicaraim (S. Paulo) — avis Pitylus coerulescens Cabanis (Natterer).
Pya — hepar, cor. Quoque *peré* = hepar et lien.
Pya-bubui (hepar fluctuans) — pulmo.
Pyapegoara v. *Pyagoára* — vesica fellea.
Pyra v. *Pira* et composita.
Quata idem quod *Coatá* — simia Paniscus.
Quati idem quod *Coati* — Nasua.
Querejuá Not. do Braz. c. 88. — avis canora, Euphone?
Queri-Queri, *Quero-quero* (Bras. quoque *Quer-quer*) vulgo *Gaivotta puta* — avis Vanellus cayennensis.
Querisó Not. do Braz. c. 144. — piscis aquae dulcis „*savelha*" similis.
Quijuba-tui Marcgr. I. 207. — avis Psittacus (Conurus) luteus.

Quisi (*Cuici*) Marcgr. 254. c. ic. Coleopter. Trachydares succinctus Fabr. mas.
Quisi (*Cuici*)-*mirim* Marcgr. l. 251. c. ic. — insectum Elater, Chalcolepidius cristatus Dj. *Cucuyo* in ins. caraibicis et apud Chaymas et Cumanagotes, hispanice *Luzerna* vel *Guzano de noche*.
Repoty (*tepoty*)-*coara* — stercoris antrum, anus.
Repoty- (*tepoty* aut guaranice *bipoyi*-) *turama* i. e. stercus vertens vel volvens, insectum *Bezerro* lusit. Copris.
Rery ostrea. Pro radice habentur aut verbum *ryry* tremere aut *reru* olla.
Rery-apiya Marcgr. 188. Lepas.
Rery-ete i. e. vera, optima, *Ostrados Mangues* Marcgr. 188. — Ostrea edulis.
Rery-pijá i. e. *piçaje* ex aqua obscura, profunda, lusitanice *Ostra de pedra* vel *do fundo d'agoa* Marcgr. 188. Ostrea edulis.
Rolân (S. Paulo, an lupica vox corrupta?) — avis —?
Saba in genere est pluma mollis, qualis multarum avium pullos vestit.
Sabelé, *Çabelé*, *Zabelé* — avis Crypturus noctivagus.
Sabiá, *Sabiah*, *Saviá*, *Sapiá*, *Çabiá* — avis Turdus in genere et genera affinia.
Sabiá-guaçú Marcgr. Lib. Princ. II. 162. f. 1. — Turdus (Donacobius) atricapillus L. (Mimus brasiliensis Neuw.) *Japácani* Marcgr. 212.
Sabiá-júba i. e. flava — Turdus ferrugineus Neuw.
Sabiá-piranga i. e. rubra (Not. do Braz. c. 85. menda *pitanga*) — Turdus rufiventris Lichtst. (Chochi Vieill.)
Sabiá-piry, *Sabia-peris* (Maranhão), *Sabia da praya* lusit. Turdus (Mimus) lividus. *Peri*-in Bras. boreali campum uliginosum significat.
Sabiá-poca — Turdus albiventris Spix. (Mimus saturninus Neuw. ex Natterer).
Sabiá-sica (Rio, S. Paulo: Natterer.) — Psittacus cyanogaster Neuw.
Sabiá-tinga Not. do Braz. c. 85. — avis —?
Sabiá-una vel *pixuna* i. e. obscura — Turdus carbonarius Ill.
Sabúja, *Sabúia* Cavia Sobaya, vulgo *Rato que se come*, Cavia Aperea mansuefacta. — *curarec*, *caparaquari*: Chaymas, Cumanagotes.
Sacuraúna Not. do Braz. c. 142. — Molluscum marinum.
Sacusaroba vel *Socusuroba* (S. Paulo) — avis Columba rufina.
Sayóa (S. Paulo) — piscis —?
Sagui, *Saguin* Not. do Braz. c. 104. *Saguim*, *Sanguhy*, *Sáohy*, *Sauhy*, *Çaguy*, major et minor Marcgr. l. 226. *Pongi* Congenibus ex Marcgr. — Simiae minores, praesertim genus Hapale, Chrysothrix entomophaga. — *grockoing pocrüsú*: Acroamirim. *meri*: Pimenteira. *miringuarang*: Coroado. *ohininang*: Macuni.
Sagui juru tinga, lusitanice *Macaquinho de cara branca* — Hapale leucocephala.
Sagui-merim — Hapale penicillata, aurita. — *gnick gnick*: Botocudo.
Saguin-oçu — aliis *Sagui-piranga* i. e. rubra — Hapale (Midas, Jacchus) Rosalia.
Saguin v. *Sahoin pixuna* simia Callithrix. — *ghuschy*: Uara-guaçu.
Saguin una i. e. nigra — Hapale chrysomelanos Neuw. — *pakakang*: Botoc.
Sahi, *Saó*, *Saú* — simia Callithrix personata Ill., cinerascens, nigrifrons Spix. (In terra amazonica distinguunt: *Saó-guaçú*, *Saó-merim*, *Saó-tinga*).

Sai, *Sahy*, *Çahy* — simia *Macaco* prae aliis dictus, Cebus fatuellus, robustus, gracilis.
Sai-taiá vel *Sai-tauá* i. e. flavus (Bras. orient. versus Boream) — simia Cebus flavus Geoffr.
Sai, *Sahy-açú* (Bras. orient.) — avis Tanagra Sayaca L.
Sai, *Çai* — in Brasilia centrali dicuntur diversae aviculae coeruleae et fuscae.
Sai-coereba, *Sai-cureba* — avis Certhia cyanea, Spiza.
Sajúba (menda *Sajubu*) Not. do Braz. c. 87. pro *Sai juba* i. e. splendens. — avis Trochilus?
Sainha, *Tainha* — dens.
Saira (Bras. central.) — avis Tanagra Saira Spix. (Piranga coccinea Gray).
Saira vel *Saira-Sapucaia* (Rio de Janeiro, S. Paulo) avis Tanagra (Calliste) brasiliensis, melanota — *Gamba de Chave* Bras.: Natt.
Sanamby, *Senemby*, *Cenemby* — lacerta, vulgo *Camaleão*, Anolis. Cfr. *Senembui.*
Sangujá (*sabuja*) — Murini varii, Mus, Loncheres myosurus etc.
Sanharo, *Sanharon* v. permutatione *Saranhó* — apis species, impetuosa, a *sanhé*, impetus, alias *Tatayra.*
Sanhasu, *Sanhasó*, *Sangasó* — avis *Verdelhão* Bras., Tanagra Sayaca Neuw. (T. Swainsoni Gray).
Sanhasu açu — avis Saltator similis Orbigny.
Sapicareté Not. do Braz. c. 145. (an rectius scriptum? *Tapicareté*) — cancer fluviatilis.
Sapucáia — avis Gallus, Gallina.
Sapucáia apegaua: gallus mas. — *atauaty* (gallina) et *atauaty yapisâla* (gallus): Omagua. *hehehe*: Pimenteira. *sica*: Acroamirim. *rhyigkyn*, *schyigkyn*: Massacará. *schakika*: Camacan. *sapiamho*: Geico. *takara punu* (gallus), *takara* (gallina): Maxoruna. *aua*, *acha hual*: Araucan. *choach*: Maya. *ota* (gallina), *yatú* (gallus): Tecuna. *ciuatotolin*: Mexic. *tauikara* (gallina), *tauikara apuráua* (i. e. *apegaba* gallus): Cariay. *schechü*: Canamirim. *mamate*: Nutka. *moa*: Sandvic. *ateuary* (gallina) *atoleda* (gallus): Uairacu. *liniang* (gallina), *guéna* (gallus): Coroado. *hähühä*: Pimenteira. *sicka*: Acroamirim.
Sapucaia copia oáne — gallina in ovatione.
Sapucaia-mirim — pullus gallinae.
Sapucaia-potyra i. e. flos galli, crista.
Sapyá, *Çapya* — testiculus.
Sarabiana (Rio Negro, Alto Amaz.) — piscis Cichla temensis Humb.
Saracoma Not. do Braz. c. 91. — species Vespae.
Saracura (Bras. orient. et Omagua) Not. do Braz. c. 89. (*Taracura* menda) — Gallinula (Aramides) plumbea Vieill., Saracura Spix. — *ghusára*: Baré. *ghosa*: Tecuna. *tschasghun*: Maxoruna. *ghutze*: Uairacu. *gutehra* et *ghutehre*: Manao, Cariay. *ghoéry*: Canamirim. *takifa*: Coroado. *karakton*: Botocudo.
Saracúra-oçu — Gallinula (Aramides) Gigas.

Saranhó vel *Tatahyra* (ignis mel) — species Apis.

Sarara Not. do Braz. c. 90. — insectum, Sphinx et aliae quae lucernas petunt (*Maripoza* Lusit.)

Sariama Marcgr. I. 203. *Cariama* Piso II. 81. *Siriema*, *Ciriema*. — avis Dicholophus cristatus Ill.

Sarigué, *Sarohé*, *Saroé* — Didelphys (menda typogr. *Semgoi* Not. do Braz. 98). — *Sarigueya* Marcgr. I. 222. Didelphys poecilotis Wagn. (albiventris Lund. Burm.)

Saroba — avis Columba (Chloroenas) rufina Temm. Alias *Caçaroba* et *Sucasaroba* (Minas), *Sacaroba* (S. Paulo).

Sasy, *Suçy* = *Ganambuch* — avis Coracina ornata et aliae. Avis apud Indianos Goyataeas sacra habita, quippe quae mortuorum hominum animas in se recipiat.

Saúba, *Isaúba*, *Yssaúba* — spec. Formicae Lusitanis *Formiga de rossa* dicta.

Saupé (Rio Tieté) — piscis —?

Sauy vide *Saguin*.

Saviá Not. do Braz. c. 105. — in genere pro Cavia sumendum, sed auctor refert animal Cuniculo (*Laparo*) simile esse cauda instructum.

Savia-coqua et *Savia-tinga* ibidem, pilo rufo et albo forsan pro varietatibus Caviae domesticae habendae.

Sayacu Marcgr. I. 193. *Sauy-açu* — avis Tanagra Sayaca.

Saycupeocay Not. do Braz. c. 85. — avicula canora.

Schakirana — insectum Cicada, Scarabaeus.

Schakiranam-boya — Fulgora.

Schiraraca vide *Jararaca*, *Jiraraca*, *Geraraca*.

Schororong, *Jororom* — avis Crypturus variegatus. (*Joré* clamare).

Senembi Marcgr. I. 237. *Cenembi* — amphibium Iguana tuberculata Laur. J. sapidissima Merr. (Hypsilophus iguana); apud Chaymas *Ayamaca*.

Senembui Not. do Braz. 114. *Senemby* — Lusit. *Camaleão*, *Papavento*. Anolis gracilis, viridis; Porphyrus marmoratus Merr., Agama picta, catenata Neuw. — *hoöckghueh*, *hakuch*: Masacara. *crocorahn*: Acroamirim. *meang pipang*: Pimenteira. *peijo*: Geico. *gähsü*: Miranha Carapana. *mahtickvi*: Mir. Oira açu. *tauorec*: Mundrucu. *tschahnja*: Juri. *ohwü*, *muzgy*: Uainuma. *sanema*: Tecuna. *schuny*: Maxoruna. *senêmu*: Omagua. *quama*: Uairacu. *yuâna*: Manao. *gharau*: Canamirim.

Sernambi Not. do Braz. c. 141. — molluscum *Ameixoa* Lusit.

Sernambi-sapy — ostrea usta.

Seri, *Seriz*, *Siri* Not. do Braz. c. 139. cancer fluviatilis — Astacus?

Seriema, *Siriema* — avis Dicholophus cristatus. — *paranõ*: Pimenteira. *uäclücktüde*: Acroamirim.

Sevi, *Sivi*, *Savi* (Braz. central.) — avis Ictinia plumbea Gray: Natterer. — *qui-qui-niock*: Boloc.

Sicui-peba et *Sicuipé-merim* (S. Paulo mediterr.) — avis —?

Sijá Not. do Braz. c. 87. — avis —?

Siri (*Seri-*) *apoa* Marcgr. I. 183. — cancer marinus.

Siriobi Marcgr. 184. — cancer.

Sobatim — nidus.
Sobaya est cauda animalis et animal caudatum.
Soco Marcgr. l. 199. *Çoco* — avis Ardea brasiliensis. Apud Passés audit: *Oamu*, apud Tecunas *Pota*.
Socoboi — avis Ardea scapularis Ill.
Socoi, *Çocoi* Marcgr. 209. Not. do Braz. c. 84 (menda: *Socori*) — avis Ardea Cocoi L. (Ardea Maguari Spix.) — *hok hok*: Botocudo.
Socori Not. do Braz. c. 132., alias *Sucuri* — piscis Squalus Mustelus, *Cassão* Lusit.
Socoroca Not. do Braz. c. 133. — piscis *Chicharro* Lusit.
Soci, *Sosy*, *Çoçy*, guaranice *Cochi* — avis Cucculus (Diplopterus) galeritus Illig. (Coccyzus naevius Vieill.)
Soó, *Zoó*, *Coó* — in genere animal, caro ferina.
Soo-eçu — animal ferinum, fera.
Sopiá — ovum — *packi*: Coroado.
Soqua Not. do Bras. c. 116. — Papilionum eruca.
Soqua-una — Eruca sphingum.
Soroby, *Soruvy*, *Saruvy*, *Sorubim*, *Çorovy* — pisces in variis regionibus diversi, e genere Platystomatis. Nomen a *soryb*, alacer, celer. — *cruiro*: Masacara. *ungau anga*: Pimenteira. *gholy*: Baré. *suruy*: Tecuna. *soluy*: Omagua. *luý*: Uairacu. *ghulury*: Manao. *gontschy*: Cariay. *saiete*: Canamirim. *ungquauquung-gaung*: Pimenteira.
Soroby-mena (ex Natterer, Amazon.) — Platystoma Sturio Kner.
Soucuriuh, *Socuriú*, *Sucurtú*, *Çucurejú*, *Sucuriú*, *Sucurjiú* Not. do Braz. c. 110. *Sucuriuba*. Serpens magnus aquaticus, Boa Scytale L., aquatica Neuw.
Suasú, rectius *Suusú*, *Susú* — Cervus, a verbo *suú* mordere, *suúsuú* (repetito mordere) rodere. Guaranice scribitur: *Guazu* et tupice plerumque *Çuaçú*. — *tschaungäh*: Juri. *cabáhtjeri*: Uainuma. *ikama*: Jupua. *cauija*: Jumana. *göghü*: Coeruna. *jama*: Coretu. *üesuasu*: Omagua. *ghaüü*: Tecuna. *harinkorah*: Camacan. *giahrö*: Cauixana. *schachü*: Maxoruna. *ueily*: Uairacu. *malahaihu*: Bare. *maiyuhy*: Manao. *matschiu*: Cariay. *schutery*: Canamirim. *ghabua*: Uaraguaçu. *pauhneh*: Acroamirim. *uaú*: Geico. *bukan*: Cayriri. *ihbá*: Miranha Oira açu. *tabsebn*: Mundrucu. *göhsú*: Miranha Carapana. *gotzo*, *gozhu*: Masacará. *harincoárah*: Camacan. *malahaühu*: Baré. *gontziungnanü*: Pimenteira. *posatschä*: Acroamirim. *maçatl*: Mexic. *moech*: Nutka. *bocling*: Botocudo.
Suasu-anhanga Cervus diabolus, i. e. spectrum, cujus cornua eminere incipiunt. Caro febricitantibus et syphiliticis perquam noxia dicitur.
Suasú-bira, *Suasú vira*, *Suasú Catinga* (*Caa-tinga*), *Veado catingueiro* Bras. — Cervus simplicicornis Ill. — *bocling nioum*: Botoc. *oangu*: Geico. *schoroburing*: Coroado. *manoing*: Macuni. *gontziung*: Pimenteira. *póti*: Acroamirim.
Suasú-cariacu (Amaz.) Cervi species, an simplicicornis? (Alex. R. Ferreira decompoe esta palavra da seguinte maneira: *Caa* folha, *ri* muyta, *açu*, que se divulga entre alguma cousa. A. Gonsalves Dias, Diccionario da lingua Tupy p. 157.)

Suasú-eté, *Suasú-reté*, *Susurete* Marcgr. 235. *Çuguasu-eté* Piso II. 98. *Veado mateiro* Bras. — Cervus rufus Ill. — *hinhaxú*: Apinagé, Purecamecran. *boclingniack*: Botoc.
Suasú-me — Capra. (Apud Marcgr. 235. *Cucuacu-eté*, sed male intellecto nomine). — *ponockötschietabú*, *pontesecapu*: Acroamirim. *nauuté* (Spix), *oaungugulaé* (Mart.): Geico. *manaimnagctel*: Macuni. *gãng*: Pimenteira.
Suasú-me-apiaba — Caper. — *Cucuacu-apara* Marcgr. ibid. Haec duo vocabula recentioris sunt originis, nam caprae Indis ignotae erant.
Suasú-apára, *Çuguaçu-apara* Marcgr. 235. *Suasupára* Not. do Braz. c. 97. *Veado campeiro* Bras. — Cervus campestris Fr. Cuv. Nomen ab *aca-apara* cornu tortum, ramosum.
Suasuarana, *Susuarana*, *Suçuarana*, *Suasuerana* Not. do Braz. c. 96. *Suguaçuarana* Marcgr. 235. i. e. Cervus spurius, ob colorem rufum — Felis concolor, in Peruvia *Puma*. — *Suasu yaurára*: Omagua. *uariu*: Uairacu. *jaküora*, *jacque koara*: Camacan. *ghiabischy*: Baré. *cuparack nimpruck*: Botoc. *gamamatzzũ*: Pimenteira. *cussá*: Acroamirim. *coh*, *chacbo*, *ai* (vulgo *Leon*, *Leopardo*): Maya. *pagi*: Araucan.
Suasú-pita, *Susua-pita*, guaranice *Guazupita* — Cervus rufus Ill.
Suasú-pucu — Cervus paludosus Desm. *Veado Galheiro* Bras.
Suasú-tinga, *Susuatinga*, guaranice *Guazuti*, *Guazuy* — Cervus campestris, *Veado campeiro*, *branco*, *de bariga branca* Bras.
Sucureju, *Sucurujú*, *Sucuriuh* — serpens aquaticus Boa Scytale. — *müong*: Pimenteira. *guarûpy*: Baré. *yry*: Tecuna. *puschanoa*: Maxoruna. *suculyú*: Omagua. *ylaken*: Uairacu. *huyebé* Manao. *ghumáta*: Cariay. *nuzuzai*: Canamirim. *caniang-ckteli*: Macuni. *miong*: Pimenteira. *uaingniaikú*: Acroamirim. *ketomeniop*: Botoc.
Suindá guaranice — avis Strix dominicensis L.
Suindara (S. Paulo, Natterer) — avis Caprimulgus megalurus Natt.
Suiri Not. do Braz. c. 88. — avis e genere Muscicapae vel Lanii.
Suiriri, *Sibiriri*, alias *Suiriri-guaçu* — avis Muscicapa furcata Spix. (Tyrannus melancholicus Vieill.) Muscicapa Suiriri Vieill.
Surajú Not. do Braz. c. 118. — Scorpio, verbo: spinam contorquens, a *Sururú* et *jú*, spina.
Surubi vide *Sorubim*.
Surucuá — avis (Bras. austr.) Trogon Surucuá Vieill.; (Bras. orient.) Trogon viridis L.; (Alto Amaz.) Calurus pavoninus Swains. Significat sub vertendo micans vel coruscans, a *sururú* et *cuá*.
Surucui Marcgr. I. 211. — avis (Bras. orient.) Trogon (Çurucui Neuw.) collaris Vieill.
Surucucú Not. do Braz. c. 113. Marcgr. I. 241. Piso II. 275. alias *Sucurucú* — serpens venenosus Lachesis mutus Daud. (Bothrops Surucucú Spix.) Nomen significat: vertens horsum vorsum, a *sururú* et *coco* vel *cocotyg*. — *tayapéo*: Baré. *tihian*: Camacan. *nauõe*: Tecuna. *sulogueu*: Omagua. *ghuára*: Manao. *ymilake*: Uairacu. *atulycanaly*: Cariay. *mutuschy*: Canamirim.

Surucucú-i (Bahia) — serpens Coluber saurocephalus Neuw. Dipsas cenchoa Neuw.
Surucucú-tinga Piso II. 276. — serpens.
Surucúra (S. Paulo) — avis vide *Saracúra*.
Sururú — vulgo *Mexilhão*, Concha (in litore post refluxum maris conspicua). *Sururú* dicitur quoque de mari retrocedente.
Surury corruptum pro *Yryri* — Ostrea.
Susu vide supra *Suasu* etc. Cervus.
Susuarana v. supra *Suasuarana*.
Tabuiaya Not. do Braz. c. 78. *Tuboayaya*, *Taboyaya*, *Ntaboaya* (S. Paulo) — avis Ciconia Maguari Temm.
Tachuri guaranice vel *Ntachuri* vel *Tajuri*, a voce *Tachi* formica et *xuú* mordere — aves Muscicapae, Sylviae. (Euscarthmus).
Taconha — membrum virile. *Taconha-oba* folium quo membrum involvunt.
Tacuara, *Taguara*, *Taquára* vel *Tacoara* (Rio de Janeiro) — avis *Gallo do Mato* Bras. Prionites ruficapillus Illig. (Natterer).
Tacujanda Not. do Braz. c. 90. alias *Tacúra-jandú* i. e.: aranea-locusta — insectum *Sandes* Lusit.
Tacuerú, *Taquerú* (Alto Amaz., Rio Branco) — piscis — ?
Tacúra, *Tucúra* Not. do Braz. c. 90. — insectum *Gafanhoto* Lusit. Locusta (*Pae Tucura* Indis dicitur Monachus cucullatus).
Tacyba vide *Tasiba*.
Tagató Not. do Braz. c. 85. — avis rapax. Falco — ?
Taiboçú (S. Paulo) — piscis — ?
Tairera — sperma.
Taichi, *Taixi*, *Tachi*, *Tasi* (Amaz.) — species Formicae rubra parva, ictu dolente. Apud Chaymas et Cumanagoles *Puene* vel *Enec*.
Taitetú: Omagua, alias *Caitetú* — Dicotyles torquatus (*Tajasuetú* Not. do Braz. c. 100.?) — *kuja hatan*, *kuhatan*: Camacan. *apyatschy*: Baré. *croctuacuteloe*: Purecamecran. (Vocabulum *crazo*, caro, a Purecamecran de sue, a Masacara de bove usurpatur). *hauü*: Tecuna. *kuhatan*: Camacan. *unkin*: Maxoruna. *merity*: Canamirim. *abùy*: Uairacu. *abiatschy*: Manao et Baré. *aputery*: Cariay. *Sorũcong*: Coroado.
Tajasica Marcgr. I. 144. Piso II. 68. — piscis Gobius brasiliensis Bloch.
Tajaçú Not. do Braz. c. 100 et *Tayasú*: Omagua, *Porco montez*. Dicotyles labiatus. — *gouhobo*: Acroamirim. *kuja*, *küa-hyä*: Camacan. *khüghah*, *kigha*: Masacara. *tathiè*: Mundrucu. *tupitono*: Uara guaçu. *huũ*: Tecuna. *yaùa*: Maxoruna. *haya*: Manao. *ayza*: Cariay. *alùa*: Uairacu. *schòrang*: Coroado. *zäesẽ*: Coretú. *schäschè*: Jupuá. *ahúia*: Jumana. *isdri*: Coeruna.
Tajasu v. *Tayaçu aya* — Sus domesticus, *Porco manso*. — *Sórang*: Coroado. *Coyametl*: Mexic. *Pud*: Sandvic. *tschgillitehll*: Macuni. *paujong*: Pimenteira. *kuóle*: Acroamirim. *cororé*: Apinagé.
Tajasú-caaigoara i. e. porcus silvestris Marcgr. I. 229. — Dicotyles torquatus (*Pecari*). *Porco do mato menor* Bras.
Tajasu, *Tayaçu-tiraqua* Not. do Braz. c. 100 vel *Tiririca* — Dicotyles labiatus (albirostris Ill.).

Tajasú-, *Tayaçú-uira* (*guira*) i. e. avis Dicotylis (Rio Branco) — avis Cozzygus: Natterer.

Tamanduá Not. do Braz. c. 98. — Myrmecophaga. Significat: Formicarum captator: vox composita e *taixi* (formica) et *mondé* (captare) vel *mondá* (fur). Apud Chaymas et Cumanagotes: *Guariz*. — *ghaliálae*: Baré.

Tamanduá-guaçú Marcgr. l. 225. Piso II. 230. — Myrmecophaga jubata, *Tamanduá Cavallo* vel *Bandeira* Bras. — *schaiii*: Maxoruna. *zatú*: Tecuna. *tamânua*: Omagua. *eyuly*: Uairacu. *atukúna*: Manao. *pathoih*: Macuni. *phäh*, *pé*: Masacara.

Tamanduá-i Marcgr. l. 225. *Tamanduá-miri* Piso II. 321. — Myrmecophaga tetradactyla. *Tamanduá* vel *T. collete* Bras. In regionibus amazonicis eodem nomine venit Myrmecophaga didactyla. — *ghüy*: Cariay.

Tamaquaré (Amaz.) lacerta, a feminis Indianis pro philtro habita. Inde *amavio* Bras.

Tamarú (S. Paulo) — piscis —?

Tamatiá (*Tamutiá*) — Brasilia orient. Marcgr. l. 208. Piso II. 96. avis Cancroma cochlearia (*uvatscho*: Guana): alias avis Capito maculatus Vieill.; Bras. amazon. Capito Tamatia. *Tamatiá* quoque significat membrum femininum.

Tamaupica Not. do Braz. c. 143. — Spongia.

Tambaqué, *Tambaqui* (Amaz.) — piscis? — *tamakesche*: Tecuna. *tamakuschy*: Omagua. *matiriz*: Muras. *schapanoa*: Maxoruna. *ghavaly*: Uairacu. *hamachiry*: Canamirim.

Tambeiva Marcgr. l. 253. c. ic. — insectum testudinem referens, Cassida.

Tamiuá (Amaz.) — animalculum mihi ignotum, de quo traditur arborem in qua defigatur pessum dari.

Tambulaia (Amaz.) — avis Ciconia Mycteria. Cfr. *Tabuiaya*.

Tamoatá, *Tamuatá* Not. do Braz. c. 144. Marcgr. l. 151. Piso II. 71. — piscis fluviatilis *Peixe* (*do mato*), *Soldado* Bras. Cataphractus Callichthys.

Tamurúpará (Amaz.) — avis, unica dicitur cujus cantum avis *Japii* nequeat imitari.

Tanachura, *Tanajura* — Formica magna edulis (Rio Yupura), voracissima, agros devastans (Bras. austr.)

Tangará Marçgr. l. 215. — aves praesertim generis Tanagrae, Piprae.

Taó — avis Crypturus (Bras. austr.)

Tapenna, *Ytapema* (S. Paulo, Rio) — avis *Tisoura* Bras. Nauclerus furcatus.

Tapera Marcgr. l. 205. — avis Hirundo Tapera L.

Taperù — animal inferiorum ordinum (*Bicho* lusitanice), Scarabaeus et in genere insectum et vermis. — *ghuguty*: Manao. *ghugury*: Cariay. *mututiny*: Baré. *ohmii*: Tecuna. *zu*: Maxoruna.

Taperù pána mboiçara, verbo: insectum quod omnia perdit (*mboi*), vulgo *traça*, Tinea.

Taperù reiya — examen culicum vel aliorum insectorum: *Praga de bichos*; examen piscium.

Taperuçu (Rio de Janeiro) — avis Acanthylis collaris Neuw.
Taperuçú Not. Braz. c. 94. quasi animal magnum, Tapirus americanus, alias *Tapyira caapoara* i. e. silvestris, vel *Icuré*, guaranice *Mborebi*.
Tapeti Marcgr. 223. *Tepeti* Piso II. 102. *Tapotim* Not. do Braz. c. 105. *Tipiti*. *Coelho* Bras. Lepus brasiliensis. — *banini*: Cayriri. *haleu*, *tzub*: Maya. *boaningnih*: Cayriri.
Tapicurú (Bras. orient.) — avis Ibis cayennensis Gmel.
Tapira, rectius *Tapyra*.
Tapiiai Marcgr. I. 252. *Tapiahi* Not. do Braz. c. 122. — Formica magna atra.
Tapiïeretê Marcgr. I. 221. Piso II. 101. — quasi animal κατ' ἐξοχὴν e *Tapyra* et *eté*, Tapirus americanus, *Anta* Brasil.
Tapipitinga — species Formicae parva domestica, in dulcia desaeviens. Nomen a *taçi* v. *tachi* formica, et *pitinga*, liguriens, lambens, sorbens.
Tapiuca Not. do Braz. c. 90. — species Apis, nidum in ramis e luto aedificans, mellipara, diligens a verbo *ucar*.
Tapiysa contr. e *Tapyra* et *cesa*, oculus. Not. do Braz. c. 130. — piscis *Olho de boi* Bras.
Tapucaja (S. Paulo) pro *Taboyaya* — avis Ciconia Maguari Temm.
Tapyra, *Tapira* — in genere animal mammale et in specie Tapirus et Taurus. — *heriro* et *herira* (bos et vacca): Camacan. *oaunang* (bos), *oaunang-jöh* (vacca): Geico. *aniung*: Pimenteira. *crazó*: Masacara, Sabuja, Cayriri. *krötschánï*: Acroamirim. *pluty* (bos), *pluty-cahot* (vacca): Purecamecran. *piuck pack*: Mundrucu. *goutokuh* (bos), *goutokuh-thy* (vacca): Acroamirim. *onoichte(ch)l* (bos) *onoichte(ch)l iungniam* (vacca): Macuni. (*tkützi-boy* vacca, vox hybrida: femina bovis): Sabuja, Cayriri. *uigö*: Jupuá. *zäma ulambúca panna* (mansuefact.): Juumana. *auvai*: Coeruna. *uvâqué cockúa* (mansuef.): Coretu. *zuhnvá*: Miranha Carapana. *ucughi*: Miranha Oira guaçu. *poári*: Juri. *uehna*: Uainuma. *oquichquaquave*: Mexico. *chitnema*, *clutnema*: Nutka.
Tapyra-caapora i. e. animal silvestre Tapirus americanus (suillus).
Tapyra-cunhã-mucú — juvenca.
Tapyra-curumim v. *columim*, *oçu* — juvencus.
Tapyra-pyroca i. e. *pirera-joca* — Tapiri cutis detracta, corium, scutum.
Tapyra-reyia — examen culicum, agmen boum.
Tapyra sobaygoara i. e. peregrinum — Bos Taurus. Indi voce *sobaygoara* in genere indicant animal vel rem trans oceanum advenam. Lusitaniam nominant *Sobay* i. e. insulam (caraibice *Cibao*); *goara* est habitator cujusdam loci.
Tarabé Marcgr. I. 207. — Psittaci species.
Taracajá vide *Tracaxá*.
Taracuá — species formicae.
Taraguira Marcgr. I. 237. Piso II. 284. — Lacerta, Agama operculata Lichtst. (Tropidurus torquatus Neuw.)
Taraguico (lege *Taraguira*) *aycuraba* Marcgr. I. 238. — Agamae spec.
Taraú (Bras. amaz.) — avis Ibis oxycercus Spix.

Taraimboya, *Taraiboya* Not. do Braz. c. 110. — serpens aquaticus flavescens.
Tarauyra — lacertula; pisciculus: *quatro Olhos* Lusit.
Tareira, *Taraira*, *Trahira* Not. do Braz. c. 144. Marcgr. I. 157. Piso II. 68. — piscis Erythrinus Tareira Cuv. Alias *Tarauyra* vulgo *Peixe quatro olhos.*
Tarauyra-boya — Anguillae sp.?
Tarisan, *Tarusão* Not. do Braz. c. 121. — species Formicae, corpore rufo, magnitudine grani triticei. Nomen: a *tara*, arripere, et *isan*, formicae sp.
Tariseima — i. e. non arripiens, innocua.
Tarisema Not. do Braz. c. 122. Formica in Rhizophora Mangle habitans arboris gemmis et animalculis marinis victitans.
Tari Not. do Braz. c. 143. — Echinus marinus.
Tasiba, *Tasyba*, *Tacyba*, *Taschi* — Formica in genere, cujus notantur tamquam molestissimae *Tacyba cacy oaè* vulgo *Formiga de fogo* et *Tacyba cainane oaè* vulgo *Formiga douda.* (*Tasuba* = febris). — *zinic*, *zacal*: Maya. *llepin*, *collolla*: Araucan.
Tasibura Not. do Braz. c. 122. — Formicae species atra parva corniculata in ligno putrido.
Tatáca (Amaz.) — species Ranae.
Tatãra — avis Capito tenebrosus Neuw. (Monasa).
Tatáo — avis Tanagra (Calliste) Tatao. Tangara I. Marcgr. 215. (II. spec. est Pipra erythrocephala L.)
Tataúba — avis Crypturus Tataupa Temm.
Tataurana Piso II. 286. — insecti eruca.
Tateú guaranice — avis Vanellus cayennensis.
Tatú, *Tato* Not. do Braz. c. 102. — Dasypus (in terra amaz. passim *Uirá*). Apud Chaymas et Cumanagotes *guaraguara*; apud Eyeri *atatu*. — *hazâna*: Baré. *gharaschupa*: Kechua in Maynas. *kuntschung gipakiu* (magnus): Botocud. *luffuluf*: Coroado. *koiihma*: Macuni. *böbangcurá*: Pimenteira. *uará*: Acroamirim.
Tatú-açu Marcgr. I. 232. Piso II. 100 item apud Omaguas. — Dasypus Gigas Cuv. *Tatu grande* vel *Canastra* Bras. — *naischy*: Camacan. *yaues*: Maxoruna. *hazanha*: Manao. *hêna*: Uairacu. *hazana*: Baré. *oeberü*: Cariay.
Tatu-aiba, *Tatuiba*, *Tatu-chima* guaranice, i. e. Tatu carnis minus salubris, Dasypus 12-cinctus Schreb. (gymnurus Illig.) *Tatu de rabo molle* Bras.
Tatu-apára Marcgr. I. 232. Piso II. 100. i. e. Tatu volvox a verbo *iapáre* volvere, quia totum corpus in globum convolvit, Dasypus (Tolypeutes Illig.) tricinctus. *Tatu bola* Bras. *Tatu-merim* Not. do Braz. c. 102. (*Mataco* in terris argentinis). — *krüchry*: Macacara.
Tatu-eté Marcgr. I. 232. cum ic. Piso II. 100. i. e. verum, carne sapida et digestionis facilis commendatum. — Dasypus longicaudus Neuw. (octo-et novemcinctus L.) *Tatu verdadeiro* et pro teneritate carnis et

loricae *Tatu gallinha*. *Tatu veado* Bras. — *kanra, karang*: Masacará. *auxète*: Apinagé.
Tatu-peba i. e. planum Marcgr. I. 231. Piso II. 100. — Dasypus sexcinctus L. (gilvipes Illig., setosus Neuw.) — *küurupé, krirope*: Masacará.
Tatucapiraena Not. do Braz. c. 133. — piscis *Corvinae* similis.
Tatui — insectum vulgo *Rallo*. Gryllotalpa.
Taturama Not. do Braz. c. 91. — species Apis.
Taubira, *Taupira* — piscis?
Tayasu v. *Tajasú*.
Tayasú aia — sus domesticus.
Tayasu-aia-merim — porculus.
Tayasú-eté, *Tayasu-tinga* — Dicotyles labiatus Cuv. albirostris Ill. vulgo *Porco de queixada branca*.
Tayasú-titu, contract. *Taitetu*, *Caitetú* — Dicotyles torquatus.
Tayno, *Taino* — pullus, filius, parvulus.
Tayubuca et *Tayubuca merim* — species Apis.
Tegui idem quod *Theú* et *Toin-Toin* — avis Grallaria ochroleuca Gray. (S. Paulo: Natterer).
Teicoara i. e. *tepoty coara* stercoris locus, foramen, anus.
Teitei Marcgr. I. 212. — avis *Gatturama* vulgo, Tanagra (Euphone) violacea.
Teiú, *Tiu* Piso II. 283. — in genere Lacerta, praecipue Teius Ameiva Merr. Apud Chaymas *Tezenpur* vel *Ipez*: Tauste. — *manru*: Masacará. *kahra*: Cayriri. *ixmemech*, *xzeluoh*: Maya. *vilcun*: Araucan.
Tijú-asú Not. do Braz. c. 124. *Teiu-guaçu* et *Temepara* Marcgr. I. 236. Teius Monitor Merr.
Teiu-catáca (Amaz.) i. e. clamitans — Lacerta? „*escamoso*."
Teiu cemo (Amaz.) — Lacerta „*de pelle lisa*."
Teiunhana Marcgr. I. 238. forsan rectius *Teimuna* — Lacerta fusca.
Tendy — pulex; *chic*: Maya.
Tentem v. *Temtem* — avis Tachyphonus. Prope Borba T. surinamensis (Natterer).
Terayra — Lacerta parvula; apud Chaymas *Guaima*. — *samonggong*, *tsamakong*: Pimenteira. *märö*: Masacará. *sururú*: Coroado. *scharamicang*: Coroado. *kgaràh*: Sabuja. *cará*: Cayriri. *ümungĕ*: Jupua. *tschiputscheh*: Macuni. *cutötide*: Acroamirim.
Terenteren, *Teroteroi* (S. Paulo); *Terutéro*, *Tetéu*, *Teútéu* (guaranice) — avis *Querquer* vulgo, Vanellus cayennensis.
Teringoá Not. do Braz. c. 92. — species Vespae.
Tesa, *Teça* — oculus.
Teti-mixira i. q. *Aipi mixira* Marcgr. I. 145. Piso II. 53. — piscis —?
Tete videtur in genere significare: corpus.
Theuba — species Apis.
Tico-Tico (Minas), *Tiguuticu* (Rio, S. Paulo: Natterer) — avis Zonotrichia matutina Gray. (Fringilla Lichtst., Tanagra ruficollis Spix).
Ticoarapoá i. e. *Tycoara-apoa* (convexa) et sequens

Ticoarauna i. e. *Tycoara-una* (nigra) sunt conchae, quarum animal mucilaginosum sorbetur tamquam *Tycoara* i. e. farina Mandioccae cum aqua (et saccharo fusco) mixta. A verbo *Tycoar*, miscere.
Tieté contractum pro *Tijé-eté*, *Teitei* (S. Paulo) — avis Euphonae violacea.
Tijé-guaçu Marcgr. I. 212. Lib. Princ. II. 208. — avis Pipra pareola.
Tijé, *Tije-piranga*, contract. *Tapiranga* Marcgr. I. 192. — avis Tanagra (Ramphocelis) brasilia. *Tigi-piranga* Not. do Braz. c. 87.
Tijé guaçu paroara Marcgr. I. 213. — avis Fringilla (Paroaria) dominicana Neuw.
Tije-juba Not. do Braz. c. 87. — avis Fringilla viridis Neuw. (Caryothraustes brasiliensis).
Tim, *Ti* — nasus, rostrum.
Timoina Not. do Braz. c. 89 — avicula.
Timuçú Marcgr. I. 168. Piso II. 62. — piscis vulgo *Peixe agulha*, Belone timucu Cuv. Val. verbo: nasus magnus.
Tingará (S. Paulo) — avis Dasycephala cinerea Gray (Natterer).
Tingasú, *Tingaçú* — avis vulgo *Alma do Gado*, *Rabilongo*, Cozzygus cajanus Temm.
Tiopurana (recte)? Not. do Braz. c. 113. — serpens magnus mansuefaciendus.
Tipiti v. *Tapeti* — Lepus.
Tiribá — avis Psittacus (Conurus) cruentatus Neuw. — *Tiri* verbum significat scintillare.
Tiriba-i — avis Psittacus (Conurus) leucotis New. Uterque vulgo *Periquito* uti insequens. — *gnik gnik*: (item: Psittacula surda) Botocudo.
Tiriça v. *Titirica* Marcgr. I. 206. — avis Psittacula passerina.
Titi guaranice — simia Hapale vel Jacchus.
Titem Not. do Braz. c. 84. — avis aquatica.
Tocan, *Tocanoçu*, *Toco*, *Tocaçú* (Alto Amaz.) — avis Rhamphastos Toco.
Tocai, *Tucai*, *Tucany* — avis Rhamphastos discolorus Temm.
Tocanguira, *Tucanguira*, *Tocanguibura* compositum e *Toco* et *Guira* — species Formicae magna atra, mandibulis praelongis, vulgo *Tocanteira*, Cryptocerus atratus Fabr. Hoc insecto utuntur Indi Mauhé ut juvenes eius morsu cruciatos fortitudinem doceant. Cfr. Spix et Mart. Reise III. p. 1320.
Toin-Toin (S. Paulo) — avis Grallaria ochroleuca Gray (Natterer).
Toró (Amaz.) — Loncheres armatus; aliis Dasypus Gigas. E caudae cute huius animalis aut Crocodili (*Jacaré*) Indi tubam fabricant, illis *Toré* vel *Turé* dictam.
Tovacca (Rio, Minas) — avis Grallaria marginata Gray (Myioturdus Neuw.)
Tovacc-uçú (S. Paulo, ad Ypanema) — avis Grallaria (Myioturdus) Imperator Natterer.
Trapopéba, *Tarapupeba* — Lacerta, lusitanice *Osga*.
Trapopéba-pinima et *Tr. tinga* sunt duae sp. variegata et albida.
Tracaxa, *Tracaja*, *Taracaja* (Amaz.) — *Tartaruga redonda* vulgo, Emys Dumeriliana Schweig., E. Tracaxa Spix. — *Taricaiá*: Baré. *taricaia*: Omagua. *yzólo*: Uairacu. *mamalu*: Canamirim.

Traira, *Trahira*, *Taraira* — piscis Erythrinus. — *zamitschy*: Cariay. *tory*: Tecuna. *seta*: Maxoruna. *yma*: Manao.
Tuára-picu Not. do Braz. c. 131. idem quod *Guara picu* — piscis marinus *Cavallo* Lusit., Scomber.
Tubim — species Apis minima.
Tubuna — species Apis nigra.
Tucan Marcgr. l. 217. *Tucano* Not. do Braz. c. 80. — avis Rhamphastos discolorus. — *oetschong*: Pimenteira. *ukué*: Baré. *yonha, gonieng*: Cayriri. *bauoh*: Sabuja. *nonooctáde*: Acroamirim. *krohonienetang, grohüetohri*: Camacan.
Tucano-boya — serpens colore Tucani.
Tucanoçu, *Tucany* (Amaz.) — Rhamphastos Toco Gmel., Temminckii Wagl.
Tuco vide *Tocan*.
Tucuchi, *Tucuchy* (Amaz.) — vulgo *Boto* aut *Pyra jagoára*, Delphinus amazonicus.
Tucuchi-úna, *Tucuchúna* (Alto Amaz.) — vulgo *Boto preto*, in Maynas *Ruffeo negro*, Delphinus minor niger.
Tucunaré (Amaz.) — piscis. Erythrini species major? — in Forte do Rio Branco (Alto Amaz.) est Cichla Tucunaré Heck. — *tucunaré*: Tecuna. *tucunaré açu* = *ypdly*: Baré. *thomá*: Maxoruna. *tucunaly*: Omagua. *tucunaré mirim* = *tapa*: Baré. *ghundna*: Uairacu. *kughùna*: Manao. *rimalau*: Cariay. *ghamuéru*: Canamirim.
Tucúra, *Tucuraçu* Marcgr. 245. — Locusta. — In lingua Caraiborum antill.: *Cacácarou*: Breton.
Tucurobi Marcg. l. 246. — Locusta tota viridis.
Tuçutuco guaranice — vulgo *Rato* v. *Topo*. Ctenomys brasil. Blainv.
Tugui — sanguis.
Tugui-rajica — arteria.
Tugui-rápe — vena.
Tui Marcgr. l. 206. Piso II. 85. *Tuim* Not. do Braz. c. 83. — alias *Tovi*, in genere Psittaci Conuri et Psittaculae. (*Perikito*).
Tui-apute-juba Marcgr. l. 206. Psittacus (Conurus) canicularis.
Tui-eté et *Tui-Tirica* Marcgr. l. 206. Psittacula passerina.
Tui-juparaba corruptum e *juba-beraba* i. e. alis flavis — Psittacus (Conurus) xanthopterus.
Tuipara Marcgr. l. 206. — Psittacus (Conurus) chrysopterus.
Tujuba Piso II. 112. — species Apis.
Tujujú Not. do Braz. c. 79. — avis vulgo *Rey dos Tujujus*, *Jabiru-Muleque*, *Tujuju de cabeça vermelha*, Mycteria americana (Ciconia Mycteria). (*Jabirú* Marcgr. l. 200. ex Waglero Tantalus loculator.) Cfr. *Guara*, *Guaro* supra. — *Tuyuyu*: Omagua et Uairacu. *canquen*, *quelui*: Araucan. *toujuyu*: Tecuna.
Tumbyra et *Tunga* — insectum vulgo *Bicho dos pês*. Not. do Braz. c. 124. Marcgr. l. 249. Piso II. 249. Pulex penetrans. Apud Chaymas, Cumanagotes, Cores et Parias audit *Chique*, *Chica*, (teste Franc. de Tauste, a. 1680) unde in linguas europaeas. Apud Haitinos *Nigua* (hebraice *Nega* calamitas, malum). — *chic*: Maya. *nerùm*: Araucan.

Turú — Tenthredo.
Tururim, *tururi* — avis Crypturus Sovi Licht.
Tururuć — avis (S. Paulo) Synallaxis.
Tyap-yra, *Tyapira* — favus mellis.
Uacari, *Oacari* — piscis v. *Acari*.
Uanambé (Alto Amaz.) — avis sylvestris.
Uapisú Not. do Braz. c. 89 — avis Picus (Dryocopus) lineatus.
Uaracú, *Varacú* — piscis species Corimbatae.
Uarirama — avis Alcedo. Galbulidae in genere.
Uaru-ura (Rio Negro, Alto Amaz.) — piscis Uaru amphiacanthoides Heck. — *meru*: Tecuna. *tũko*: Maxoruna.
Ubarana — piscis Bagrus reticulatus Kner.
Ubiracoa Not. do Braz. c. 113. — serpens venenosus rufus, arbores scandens.
Ubiraipu Not. do Braz. c. 122. — formica fusca parva in ligno putrido habitans, unde nomen: *Ubira* = *ymira*, lignum, *ipy* origo.
Ubiraçoca Not. do Braz. c. 143. — tenthredo, vulgo *Gusano*. Compositum e *Ymira* lignum et *çoroca*, rumpere, perforare.
Ubuiara, *Uboiara* Not. do Braz. c. 112. — serpens Caecilia in formicarum nido victitans. Vox significat: gens terrae, habitator terrae.
Ubujao Not. do Braz. c. 86. alias *Ibiyau* — avis nocturna. Caprimulgus (Nyctibius) grandis.
Ubumboia (*Ubumboca* Not. do Braz. c. 111) serpens *Cobra coral* vulgo.
Uehú Not. do Braz. c. 90. — apis sp. magna, in arboribus nidificans, mellifica.
Uira- (*Guira*) *panema* — avis sylvestris.
Uira (*Guira*)-*una* — avis sylvestris nigra.
Uirape-qué (Alto Amaz.) — species minor Testudinis.
Una Not. do Braz. c. 93. — Insectum *Bezerro* vulgo, Scarabaeus, Geotrupes, Copris.
Uperu Not. do Braz. c. 128. aliis *Iperú* — pisc. mar. *Tubardo* Lus. Squalus.
Ura — animal vulgo *Berne*.
Ura in multis compositis corruptum pro *Guira*, avis.
Uracapuri (vox corrupta) — piscis —? (Rio Branco).
Urainhengatú Not. do Braz. c. 87. — perperam pro *Guira nheem catú*, avis bene cantans, *Canario* Bras. Emberiza (Sycalis) brasiliensis.
Uramasá Not. do Braz. c. 136. — piscis Lingoada Lusit.
Uranupé — species Apis.
Urandi Not. do Braz. c. 88. — avis Sporophila?
Uraoaçu Not. do Braz. c. 85. — avis rapax. Milvago nudicollis.
Urapiagára corr. pro *Guira pocaár boya* Not. do Braz. c. 113. — serpens in arboribus aviculas capiens.
Urapongá rectius *Guira-pungá* i. e. avis strumosa — Chasmarrhynchus nudicollis, *Ferrador* vulgo.
Urapuca — species Apis.
Uribaco Marcgr. l. 177. — piscis marinus. Haemulon caudimacula Cuv. Val. Quasi *Pacu* (*baco*) avis.
Urú corr. e *Guira* — guaranice et in Bras. amazonica, cum aliis vocibus componitur pariter ac *Ura*.

Uru (Amaz.) — avis Odontophorus guyanensis Gray.

Uru (Rio Grande, S. Paulo) — avis alias *Capueira*, Od. dentatus Temm.

Uruá (Alto Amaz.) — piscis. Cfr. *Uaru-uro*. — *meru*: Tecuna. *tüco*: Maxoruna. *hüsua*: Canamirim. *uhlua*: Omagua. *ualu*: Uairacu.

Urubú — Bras. *Gavião Real*, Cathartes papa L. — *Urubu* compositum est ex *Urú*, avis, et *uú*, *vú* comedere, i. e. avis vorax. — *pukuy*: Baré. *tschiky*: Maxoruna. *uühleau-uçu*; Omagua. *wüwehla*: Uairacu. *ghukiu*: Manao.

Urubú Not. do Braz. c. 85. — Cathartes foetens Ill. (C. Urubu d'Orb., C. Aura L.) *Urubú* vulgo per Brasiliam. — *chounty*: Apinagé, Purecamecran. *uauu*: Manao. *glumù*: Pimenteira. *urubu*: Omagua. *uly*: Uairacu. *maiyùly*: Canamirim. *ensá*: Tecuna. *puikun*: Maxoruna. *urubu tiny*: Omagua. *oaitaken*: Uairacu. *hetschira*: Canamirim. *uatu mahly*: Manao, Baré.

Urucurucan Not. do Braz. c. 86. — avis vulgo *Curuja*, Noctua cunicularia Molina an rectius *Urusurucan?*

Urùma — avis Anas viduata et brasiliensis; item apud Uara-guaçú et Baré. — *ulùhma*: Omagua. *ghumaloa*: Uairacu.

Uru-mutum (Amaz.) — avis Crax Urumutum Spix (Urax.) — *yschiry*: Baré. *atschiriry*: Manao. *aiqueru*: Tecuña. *ghamuku àlu*: Cariay.

Urusu, *Uruçu* — formica.

Urusurea, *Uruçurea* formica alata.

Urutágua, *Urutaú* (Bras. orient. et centralis) — avis Nyctibius aethereus Neuw.

Urutau-ay, *Urutarahi* vulgo, in Minas *Urutau Preguiça* — avis Nyctibius grandis Vieill.

Urutaurana Marcgr. I. 203. — avis *Gavião* vulgo, Falco ornatus Daud.

Urutueira Piso II. 112. — Apis species.

Usá, *Uça* Not. do Braz. c. 138. — *Caranguejo*, Cancer Uça L., Ocypode. — *tuschmu*: Tequisisteco et *tüschüm*: Guabe in Mexico.

Usa-una Marcgr. I. 184. Piso II. 76. — Ocypode.

Usaubao Not. do Braz. c. 119. — formica, voracissima, agros devastans, ideo vulgo *a Praga do Brazil* vel *Rey do Brazil*. Nomen ab *uù* comedere et *sapuá* vel *sapyá*, velociter.

Uubarauna Marcgr. I. 154. piscis Butirinus vulpes Cuv.

Uyuia Not. do Braz. — mammale fluviatile, Procyon cancrivorus?

Vacary — simia: Pithecia rubicundus Geof. St. Hil.

Vira passim pro *Guira*.

Vira juba — avis Psittacus chrysopterus.

Viruçu (Minas) — avis Lipaugus (Muscicapa) Virussu Natterer.

Xapu, *Japu* — avis Cassicus cristatus.

Xaraquy (Amaz.) v. *Jaraqui* piscis — Pacu nigricans Spix.

Xerimbabo — animal mansuefactum.

Ximburú (Rio Tieté) — piscis — ?

Xupára alias *Kinkajú*, Cercoleptes caudivolvulus. Apud Maxorunas: *xuman*, Tecunas: *to*, Araycus: *otzo*, Culinos: *xũmy* (*schũmy*), Passes: *mana* — Porro est: *huitscha*: Manao. *nené*: Cariay. *ya tschitschegute*: Canamirim. *to*: Tecuna. *xuman*: Maxoruna. *otzo*: Uairacu.

Yacumama (e lingua kechua, Alto Amaz.) — serpens aquaticus portentosae magnitudinis, quasi mater fluvii.

Yboic-yra — species Apis.

Ysa (*Yça*) an idem ac *Ysayba*? — species Formicae.

Yetapa — guaranice Bras. austr., avis Muscicapa Yiperu Lichtst. Muscicapa Yetapa Vieill.

Yüá, *Hia*, *Yá* (Alto Amaz.) — simia Nyctipithecus felinus Spix (trivirgatus Humb.) Oseryi Casteln. — *nené*: Cariay. *yamury*: Canamirim. *ané*: Tecuna. *tiné*: Maxoruna.

Ypecaá (guaranice) — avis Rallus et Gallinula (Aramides) nigricans Vieill. (Gallinula caesia Spix).

Ypecú (*Ipecú*) — avis, vulgo *Picapáo*, Picus (Dryocopus) albirostris Vieill. et alii.'

Ypecutiri (guaranice et contractum in Bras. amazon. *Paturi*) — avis Anas brasiliensis (A. Paturi Spix).

Yra — mel. *mámba* apud Caraib. insul. — *kuuny*: Masacará. *misqui dullin*: Araucan. *putang*: Coroado.

Yra-maya i. e. mellis mater, Apis. De apibus Brasiliae melliparis conf. Memor. da Acad. de Lisboa II. 99. — *dullin*: Araucan.

Yra-puy, *Ara-puy* — species Apis, verbo: mel excernens (*puyr*). — *Yrara* vulgo *Papamel* Gallictis barbara. Cfr. *Irara*.

Ysayba, *Yçayba* — species Formicae v. *Saúba*.

Ysoca, *Ysasoca*, *Yçoca*, *Yçaçoca* insecti larva in ligno, quod perforat.

Yta (Omagua), *Ytan*, *Ytanga*, *Itan*: Ostrea, Mytilus. — *haru*: Tecuna. *paua*: Maxoruna. *saluta*, Canamirim. *thalu*: Uairacu. *tapachtli*: Mexico. *hizo quati*, *estocoti*, *clochima*: Nutka.

Ytapema (S. Paulo) — avis, Nauclerus furcatus.

Yui v. *Taláca* — Rana; apud Chaymas et Cumanagotes *cheno*, *machapo*, *guareguen*. — *söcksöck*: Mundrucu. *nihögwa*: Miranha Oira açu. *nuháunu*: Miranha Carapaná.

Yui-ponga — Rana clamans.

Zabelé — avis Crypturus noctivagus. — *carara*: Pimenteira. *ancowock cudgi*: Botocudo.

Zabucai Not. do Braz. 134., *Abacatuaia* Marcgr. I. 161. — piscis marinus vulgo *Peixe gallo*, Zeus Vomer.

NOMINA ALIQUOT LOCORUM
in lingua tupi.

Einige Ortsnamen der Tupisprache.

Abacaxis (Provincia do Alto Amazonas, Rio *) — Rio de Ananazes ou dos Indios Abacaxis. Fluvius Ananassae aut Indorum e gente Abacaxis.

Abaëté (Prov. Pará, Aldea) — *Aba-eté* homem abalisado; vir spectabilis, dives.

Abaité (Minas Geraës, Rios) — Idem ac *Abaeté*.

Abiahi, *Abihahi*, *Abia-hy* (Parahiba, Lagoa) — Agoa *hy*, de agulhas *abi*, ou agoa da frutta *Abiu*. Aqua acus, aut fructus arboris Lucumae Caimito.

Abuna (Alto Amazonas, Morro, Rio) — *Aba una* homem escuro, preto; vir niger.

Abusaú (Alto Amazonas, Canal entre Ucayale e Yavary —

Acaia (Rio de Janeiro, Morro) — Montanha cornuda: *aca* corno), ou sadia *aca-aia*. Mons cornutus v. salubris.

Acangussú (Paraguay, Povoação) — *acanga* cabeza, *açú* grande.

Acará (Pará, Rio, Freguezia) — *Acará* peixe. Piscis (Lobotes, Diagramma Acara).

Acaracú (Ceará, Montanha, Rio, Freguezia). — contractum ex *Acará* et *aca-hy*. Piscis *Acara*-cornu-aqua; aut corruptum pro *Acaraçu* (*Acará goassu*) i. e. Acara magnus.

Acarahi, *Acara-hy* (Bahia, Rio) — fluvius piscis *Acará*.

Acarapé (Ceara, Aldeia) — *pe* caminho. Via piscis *Acará*.

Acari (Rio Grande do Norte, Freguezia) — contractum ex *Acara-hy*.

Acupé (Bahia, Ribeiro maritimo) — *acuty* esperar, acautellar, *pe* caminho. Lugar de esperar a mare. Locus, ubi expectatur fluxus et refluxus maris.

Acuri (Minas, Freguezia) — contractum ex *Aricuri* palma, Cocos capitata, schizophylla rel.

---

*) Wir lassen den geographischen Namen die Angabe der betreffenden Provinz folgen, und dann die Einzelbezeichnungen, als: Rio Fluss, Ribeirão, Ribeiro Bach, Cachoeira Wasserfall, Enseada Bucht, Ilha Insel, Serra Gebirg, Ponta Landspitze, Morro Berg, Cidade Stadt, Villa Flecken, Freguezia Kirchdorf, Povoação Dorf, Aldea Indianer-Niederlassung, Lugarejo Oertchen, Fazenda Gehöft u. s. w.

Acurua, *Açuruá* (Bahia, Serra) — *aca* corno, *urua* de concha. Cacumen conchae.

Aguapé-hy, *Aguape*, *Guapi* (Rio de Janeiro, Rio; Mato-Grosso, Serra, Rio) — *Aguape-hy* Nymphacae plantae aqua. Alias: contractum e *A-coaúb-pe-hy* eu reconheço o caminho da agoa, cognosco iter.

Ajuruóca (Minas, Villa) — *ajuru* papagaio, *oca* casa; psittacorum domus (*Oca* non est *pedra furada*, uti Milliet I. 17. habet).

Amambahy (Mato Grosso, Rio) — corruptum ex *Ambaiba* vel *Ambay* arbor Cecropia vel mucosa et *hy* aqua.

Amapá (Pará, Posto de Limites) vox e lingua Galibi: Batata.

Amucú (Para, Lagoa) — *a* syllaba demonstrativa anteposita, *mucú* piscis Synbranchus Mucu Lichtensteinii.

Anajatuba, *Inajatuva*, *Inajatyba* (Maranhão, Rio) — locus (*tyba*, *tuba*, *tiva*) palmae *Anaja* v. *Inajá*, Maximilianae Mart.

Anapú (Pará, Rio) — item *Uanapú*, *Guanapũ*, *Oanapu*. *A*, *ua*, *gua*, *oa* particula demonstrativa; *anána*, *nána* planta Ananassa; *po* brachium, digitus: Eis hum talo de Ananaz.

Anapurú (Maranhão, Villa de S. Bernardo do Brejo) — contractum ex *anáma-puru*, bastante empresta (para comer). Sensus: locus fertilis.

Andaiá (Minas, Rio, Freguezia) — *Andaiá*, *Indaiá* nomen Palmae Attaleae comptae Mart.

Andarahi, *Andira-hy* (Bahia, Ribeiro) — Agoa do morsego; fluvius vespertilionum.

Angico, *Angicos*, *Angical* (Bahia, Minas, Piauhy etc.: Fazenda). Vox angolensis videtur; species arboris Leguminosae *Angico*.

Angú (Minas, Povoação) — vox Angolensium: puls farinacea.

Anhagahy (Paraguay, Rio) — Rio do fantasma.

Anhanduhy-assú (Mato Grosso, Rio) — *anhanga* espectro, diabo. *hy* agoa, *goaçú* magna; fluvius magnus diaboli.

Anhanduhy-mirim (Cachoeira do Rio Pardo) — uti praecedens: *mirim* parvus.

Anhangapi, *Anhanga-py*, *Anhanga-ipy* (*ypy*) (Para, Aldea). Origem, terra do Diabo.

Anhangatini, *Anhanga-tim-hy* (Para, Rio) — fluvius spectri rostrati (*tim*).

Anhaú-mirim, nunc *Inhomerim* (Rio de Janeiro, Povoação, Rio) — campo pequeno.

Anhonhecanhuva (Minas, Rio, que se some debaixo da terra, por isso: *Sumidouro*) — *anoi* de outra banda, *canheme* desaparecer, *yby* terra: fluvius in terra disparens, evanescens.

Anhumas (Mato Grosso, Cachoeira do Rio Cochim) — corruptum ex *Inhuma* ave, Palamedea cornuta.

Aperé (Mato Grosso, Rio) — *Apereá*, animal Cavia Aperea.

Apiahy, contractum ex *Apiaba-hy* (S. Paulo, Ribeiro) — agoa de homens, aonde mora gente, fluvius incolis frequens.

Apiaputanga (Espirito Santo, Rio dos Reys Magos) — *apyca* estar assentado, *pitanga* arbusto; Locus, ubi plantata aut spontanea Myrtacea, Stenocalyx Michelii Berg., fructu eduli.

Apocaraná, *Apucuraná* (S. Paulo, Morro aurifero) — *po* mão, *caranhá* arranhar i. e. manus radens.

Aporá (Bahia, Serra, Freguezia) *a* demonstrativo, *porá* habitante: eis, aqui tem gente; ecce incolae.

Araça, *Uaraça* (Para, Rio) — arvore: Psidium.

Araçabatuba (S. Catharina) — *araça*, *iba* arbore, *tuba* lugar. Locus arboris Psidii.

Araça-iba (Rio de Janeiro, Ilha) — idem.

Aracajú (Sergipe, Aldea) — *ar* nascer, *caju* arvore; arbor Anacardii occidentalis.

Aracati (Ceará, Rio, Montanha, Villa) — *ara* tempo, *catú* bom (vento do Norte: Milliet); bona v. commoda v. certa tempestas.

Aracatiba (Espirito Santo, Povoação) — *ara* tempo, *catu* bom, *tiba* lugar. Locus aëris egregii.

Araçatiba, *Araça-tuba* (Santa Catharina) — Lugar de *Araça*; locus Psidii.

Araçoiaba, *Araçoyara*, *Guaraçoyava*, *Coaracoyava*, *Quiraçoyava*, *Biraçoyava* (S. Paulo, Morro) — *Coaracy* sol, *jaçuiaba* cobre; mons qui solem operit.

Araçuahy (Minas, Rio) — *coaracy* sol, *hy* agoa: fluvius solis (per loca aprica fluens). — Alias *Ara* ave *Arara*, *assu* grande, *hy* agoa: fluvius avis Psittaci magni.

Araguáia, *Araguaiá* (Mato Grosso et Goyaz, Rio) — *ara* tempo, *guaia* de caranguejo; tempus pro capiendis cancris.

Araguari (Para, Rio) — *ara* tempo, *guará* ave Ibis, *hy* agoa; fluvius, ubi visuntur certo tempore aves Ibis rubrae.

Aramari (Bahia, Povoação) — *ara* tempo, *mari* arvore frutifera *Umari*. Tempus pro colligendo fructu Geoffraeae.

Aramucú (Para, Rio) — *ara* tempo, *mucu* peixe. Tempus pro capiendo pisce Synbrancho Mucu.

Aranapucú, *Arauana-pucú* (Para, Rio) — *arauána* peixe, *pucú* grande.

Arapehy (Rio Grande do Sul, Rio) corruptum pro *Arebé-hy*: *arebé* insecto *Barata*, *hy* agoa. Aliis contractum ex *Arara* ave, *pe* caminho, *hy* agoa: fluvius ad viam avis Arara, Psittaci Macrocerci.

Araquara, *Arara-coara* (S. Paulo, Alto Amazonas, Montanhas) — *coara* buraco i. e. locus Psittacorum.

Araracanga (S. Paulo, Cachoeira no Rio Tieté) — *arara-acanga*, cabeza do Papagaio, caput Psittaci.

Arara-hy (Pará, Ilha) — agoa da ave *Arara*, aqua Psittaci.

Ararangua (S. Catharina, Rio) — ave *Arara* de varias côres, Psittacus colore vario.

Arara-pira (S. Paulo, Rio, Aldea) — peixe *Arara*, piscis *Pirarara*, Phractocephalus hemiliopterus Agassiz.

Arary (Para, Rio) — contractum: fluvius avis *Arara*.

Araripe (Alagoas, Serra) — habitação, *pype*, d'*Arara*. Montes ubi habitant psittaci.

Araritaguaba (S. Paulo, Morro perto de Porto Felis) — *Arara-ita*, pedra, *guaba* come. Locus ubi aves *Arara* saxum comunt (radunt.)

Araruáma, *Iriruáma* (Rio de Janeiro, Lago) — *ami* espremer, *ira* mel: exprimo mel e favo.
Arassuahy vide *Araçuahy*.
Araticú, *Araticúm* (Pará, Rio)* — arbor Anonae.
Arauari, *Aravari-hy* (Pará, Rio) — rio do peixe *Sardinha;* fluvius piscis Chalcei nematuri.
Arauató (Alto Amazonas, Rio) — Macaco, Mycetes ursinus.
Aririhy (S. Catharina, Ribeiro) — aqua da palmeira *Ariri*, Coci schizophyllae.
Arassaryguana (S. Paulo, Freguezia) — pro *arassary-guaba*, ave *Arassary* comer; edere Pteroglossum.
Aruparana (Alto Amazonas, Rio) — *aru* sapo. Fluvius bufonum.
Atinineni (Alto Amazonas, Lago) vox spuria, composita ex *atyaty* lupice avis Larus et *veni* v. *une* maypurice v. moxice aqua.
Avanhandava (S. Paulo, Cachoeira no Rio Tieté) — corruptum pro *ava-nia-ava*: homem então homem, i. e. vir et iterum sane vir, opus est multorum virorum, ad trahendam scapham. Aliis compositum videtur ex *ava* vir et *anhanga* spectrum.
Ay, *Ayy*, *Ahy*, *Auygh* (Pernambuco, Ribeiro) — nome do animal *Preguiza*, Bradypus.
Aybu (Alto Amazonas, Furo) — *aiba* mão, *hu* agoa. Aqua mala, noxia.

Bacaxá (Rio de Janeiro, Rio) —
Baccanga (Maranhão, Ribeiro) —
Baependi (Minas, Villa) — *Mbae* couza, *pe* interrogativo, *nde* tua, pertence a ti; tua quae res? quid tibi vis?
Baepina, *Biapino*, *Biapina* (Ceará, Povoação) — *Mbae* couza, *pino* peido. Res crepitus ventris, nullius pretii.
Bagauriz, *Bacahury*, *Pacuarú* (Rio Doce, Cachoeira) — *bacuarú*, *pacuarú* peixe, Pterophyllum scalare Heckel.
Bagé (Rio Grande do Sul, Freguezia) — *paje* feiticeiro, praestigiator, medicus.
Bambuhy (Minas, Rio, Freguezia; Rio de Janeiro, Canal) — *u-amby*, *amby-hy*, rio de ranho, fluvius pituitae, sordidus.
Banabuihu (Ceara, Ribeiro) — corruptum pro *panamby-hy*, *panamahy* aqua papilionum.
Bangú (Rio de Janeiro, Pavoação) —
Banguê (Mato Grosso, Cachoeira no Rio Pardo) —
Barahu (Mato Grosso, Rio) — Indios deste nome.
Baruri (Alto Amazonas, Rio) — *Barú* arvore cujus semen Tonca, Dipteryx.
Baruriú (Cachoeiras do Rio Tieté) — Etymologia praecedentis?
Barururú (Alto Amazonas, Rio) —
Bassuhy, *Baçuhy* (Rio do Janeiro, Povoação) —
Batovi, *Batuvi* (Rio Grande de Sul, Lugar) — *Pati* palmeira, *oba* folha.
Batuquê (Ilha do Rio Madeira) — corrupt. *ita ky* pedra de afiar, cos.
Baturité aliis *Botarité* (Ceara, Serra, Villa) — corruptum ex *ipo* por ventura, na verdade, *ita-reté* aço. Certo acies.

Baurú (Cachoeira no Rio Tietê) —
Betim (Minas, Lugarejo) — corruptum pro *Petum* Tabaco.
Beijú-hy (S. Paulo, Cachoeira no Rio Tietê) — *beijú*, *beixú*, *bexú* (*meapé*) pão. Aqua panis *Beijú*.
Biberibe (Pernambuco, Ribeiro) — corruptum e *Viba* canna, *pupe*, *pype*, em, aonde. Locus ubi crescit gramen *Viba*, Gynerium sagittarum.
Boassú (Rio de Janeiro, Rio) — *boya* cobra, *assu* grande. Serpens magnus.
Boiquisaba, *Boyquiçaba*, *Boigkyçaba* (Bahia, Aldea) — *boya* cobra, *kyçaba* rede. Serpentum rete, laqueus.
Boipeba, *Boypeba* (Bahia, Aldea) — *boya* cobra, *ipéba* chata. Serpens planus, depressus.
Bojurú (Rio Grande do Sul, Povoação) — *boya* cobra, *juru* bocca. Os serpentis.
Bongá (Rio de Janeiro, Ribeiro) — pro *pungá* inchazo, estruma; tumor, struma.
Borborema (Bahia, Pernambuco, Serrania) — *poro* gente, *eyma* sem. Desertum, regio inhabitata.
Boriti, *Buriti*, *Brutiz*, *Muriti*, *Miriti* (passim) — *moro* nutrire; *ti* fructus. Palmeira: Mauritiae vinifera Mart., flexuosa L.
Boritama (Ceara, Montanha) — *boriti-taba* aldea de Boriti; aliis: quot palmae Mauritiae.
Bosarahy (Rio de Janeiro, Rio) — *poçoçu* apanhar, *ara* ave, *hy* agoa; locus ubi capta avis *Arara*.
Bujarú (Pará, Aldea) — pro *Mojarú* acariciar, amimar. Locus assentator.
Buranhem (Bahia, Rio) — corruptum pro *ymyra*, *moira* arvore, *cem* doce, arbor dulcis. Chrysophyllum glycyphloeum.
Butucarahy (Rio Grande do Sul, Rio) — corruptum pro *motuú-ara* dia sancto, domingo, *hy* agoa; alias: *putú* descançar, *ara* tempo, *hy* agoa. Fluvius ubi celebratur dies Jovis, ubi requiescitur.

Cabapuana (Espirito Santo, Rio) — *caba* vespa, *puame* em pe. Locus plenus vesparum.
Cabreuva (S. Paulo, Freguezia) — contractum e *Capuré-üva* arvore da ave *Caburé*. Strix brasiliana. Arbor Myrospermum.
Cabuçu (Rio de Janeiro, Alagoas: Ribeiro) — *caba* vespa, *assu* grande, alias *caa-puçu* mato comprido. Vespa magna, sylva extensa.
Caçapaba (S. Paulo, Freguezia) contractum *caa* mato, *çapy* queimar, *pabe* tudo. Sylva tota usta.
Cacerubú (Rio de Janeiro, Ribeiro) — *caa* mato, *iribu*, *urubú* ave. Sylva avis *Urubú*, Catharthis.
Caeté, *Cahaté*, *Cahethé* (Minas, Villa) — *caa-eté* sylva primitiva.
Caeteté, *Caheteté*, *Cahitethé* (Bahia, Villa) — idem.
Cagoatati (Rio de Janeiro, Ribeiro) — *cacoaú* ancião, velho, *atyaty* ave. Locus Lari senis, vetuli.
Cahi (Rio Grande do Sul, Rio) — *caa-hy* fluvius sylvestris.

Cahohipe (Ceara, Rio) — *cauim* vinho, *pe*, *ipe* lugar. Locus ubi potus e granis Maydis paratur.

Caico (Rio Grande do Norte, Rio) — contractum e *caa* mato, *yco* arbusto. Sylva vel arbor Colicodendri (ex ordine Capparidearum, cujus folia jumentis noxia).

Caijurú, *Cajurú* (Minas, Povoação) — pro *Goajerú* arbusto. Chrysobalanus Icaco.

Caioaba (S. Paulo, Morro) — *caa* mato, *aba* senhor. Dominus sylvae.

Caiporas (Parahiba do Norte, Povoação) — *caa-pora* sylvae habitator.

Cairiri, *Cayriri*, *Cariri* (Indios; Parahiba do Norte, Aldea) — *caa* mato, *ira* mel. Alias *cai* queimada, *ira* mel, ou *riré* depois que.

Cairuçú (Rio de Janeiro, Morro, Enseada) — *cai* queimada, *goassu* grande.

Caisára, *Caiçára*, *Caissára* (Para, Ceara etc., Povoação) — *cai* queimada, *ara* tempo. Locus sylvestris, qui certo tempore (aestate sicca) exuritur. — Alias: *Caa-jissára*, sylva palmae *Jissara*, Euterpes.

Cajahiba (Bahia, Ilha) — arvore *Cajú*, Anacardium occidentale.

Cajú (Maranhão, Rio) — Anacardium occidentale.

Cajúba (Rio Grande do Sul, Lagoa) — idem, arvore de *Cajú*.

Camaciatá (Bahia, Julgado) — *caa* mato, *aci* aspero, *ita* pedra.

Camacuan (Rio Grande do Sul, Rio, Freguezia) — *caa* mato, *acauan* gavião; sylva Falconis cachinnantis.

Camamú (Bahia, Villa) — *caa* mato, *mamú* irmã, sylva sororis.

Camanahú (Pará, Freguezia) — *caa* mato, *amana* chuva, *hy* agoa.

Camanducaia pro *Comanducaia* (S. Paulo, nunc Villa de Jaguari) — *Comanda*, *Comendá* feijão, *aia* sadio. Locus leguminum salubrium.

Camapuan (Mato Grosso, Rio, Fazenda) — *cama* peito, mama, *apuan* redonda. Pectus, mama convexa.

Camará (Rio Grande do Norte, Povoação) — arbusto. Lantana L.

Camaragiba (Rio Grande do Norte, Alagoas, Freguezia) — *Camarajuba* amarella. Lantana aculeata L.

Camaratiba, *Camaratuba* (Alagoas, Povoação, nunc Villa d'Imperatriz) — *Camara* arbusto, *tiba* locus.

Cambambé (Rio de Janeiro, Ribeiro) — *caa-namby*, argola do mato, rodeio do mato. Circulus sylvae. — Aliis vox spuria: *Gamba em pé*.

Camboriú (S. Catharina, Rio) — *camby* leite, *iri* mel, *u* agoa.

Cambyriu, *Cambiriú*, *Cambriú* (S. Catharina, Freguezia) — uti praecedens: locus, ubi lac, mel et aqua.

Camboropi, *Camporupi*, *Camorupim* (Rio de Janeiro, Rio; Ceará, Lago) — *poropi*, *porupi* vem de longe. Longinque venit e sylva.

Camucin, *Caamocyn* (Ceara, Rio) — *caa* lenho, *mocyme* aplainar, polir. Lignum laevigatum.

Camundé (Alto Amazonas, Povoação no Rio Negro) — *caa* mato, *mondá* pilhar. Sylva pro agitandis v. capiendis feris.

Cangueira, *Cangoeira* (S. Paulo, Cachoeira no Rio Tieté) — *Osso*, os.

Canhangá, *Acanhanga*, *Canhacangá* (Rio de Janeiro, Povoação) — *caa* mato, *anhanga* espectro, diabo. Sylva spectri, diaboli.

Canindé (Alagoas, Ceará, Povoação) — ave *Canindé*, *Arara* azul. Psittacus Araraúna.

Canomá (Alto Amazonas, Povoação) — *caa* mato, *oba* folha. Sylva spissa.

Capana (Alto Amazonas, Rio) —

Capanema (Minas, Povoação) — *caa* mato, *panemo* esteril. Sylva sterilis.

Capibari, *Capivary* (Rio, Lagoa, Fazenda etc.) — *caa-pe-i*, herba ad viam parva; grama, *uara* senhor, *y* agoa. Aqua animalis *Capiuara*, quod dominus graminis.

Capibaribe, *Capibarype* (Pernambuco, Rios) — *pype*, *ype* lugar. Locus animalis Capivara.

Capocabana, *Copocabana* (Rio de Janeiro, Povoação) — corruptum ex Indorum *Sacopenopan*: Milliet. (?)

Capuáme (Bahia, Povoação) — *caa* mato, *puáme* em pe. Sylva stans, erecta.

Caracarés (Corrientes, Lagoa) — *Caracará* ave Polyborus vulgaris.

Caraguatahy, *Gravatahy* (Rio Grande do Sul, Ribeiro) — *Caraguatá* especie de erva. Bromeliae spinosae.

Caraguatatuba, *Cararaguata-tyba* (S. Paulo, Povoação) — lugar de *Caraguatá*. Locus Bromeliarum.

Carahá (S. Catharina, Ribeiro) — idem ac *Carauá*, Bromelia.

Carahy (Rio de Janeiro, Povoação) — *cara* batata, *hy* aqua. Fluvius Dioscorearum. Alias: *Icarahy*, *Igarahy*, agoa aonde vai canoa. Rivus scapham ferens.

Carahiba (Maranhão, Povoação) — planta de *Cará*, Dioscorea.

Carahipe (Espirito Sancto, Rio, Povoação) — Aonde nascem *Carazes*. Locus Dioscorearum.

Carandá (Mato Grosso, Ribeiro) — *Caranã*, *Carandá* palmeira, Copernicia cerifera. Cfr. supra 390.

Caranda-hy (Minas, Povoação) — *hy* agoa da *Caranã*.

Carapanã (Pará, Freguezia) — mosquito, Culex.

Carauba, *Caraiba*, *Caraoba*, *Caroba* (Parahiba do Norte, Povoação) — arvore, Bignoniaceae. Aliis corr. e *Caruaba* pasto, pascua.

Cararaçú (Alto Amazonas, Canal, alias *Cararuçu cereruçaba*) — *cararú* ave Mergulhão. Cano de Mergulhão.

Careru-yghcoarana (Alto Amaz., Rios Negro, Uaupés) — *caa rerú* herbae pro olla, *yg coaruna* vertex. Caldeirões da erva *Careru*. (Podostemaceae in scopulis nascentes, e quibus Indi sal parant.)

Carinhanha, *Carinhenha* (Minas, Rio, Villa) — *caryca* corre, *anhé* bastante. Fluvius sal rapidus.

Carioca, *Caryoca* (Rio de Janeiro, Fonte da Cidade, Aqueducto) — *caryca* corre, *oca* casa. Domus fontis. *Caryocas* nomen habitantium urbis Rio de Janeiro.

Cassiquiary (Alto Amazon., Rio) — *caá* arvore, *icica* resina, *y* agoa. Fluvius arboris, quae resinam Elemi fundit.

Catéte (Rio de Janeiro, Suburbio) — *caá-t-eté*, sylva primaeva, genuina.

Catinga (Minas, Rio) — *caa-tinga*, mato claro, lucido. Sylva perspicua, aestu aphylla.

Catolé, *Catulez* (Parahiba, Bahia, Freguezias) — palmeira *Catolé*, Attalea humilis Mart.

Catú (Bahia, Povoação) — bom, sadio. Locus bonus, salubris.

Catuáma, *Caturáma* (Bahia, Povoação) — muyto bom. Locus optimus.

Catumby, *Catumbi* (Rio de Janeiro, Suburbio) — *caa* mato, *pituna* negra, *hy* agoa. Aqua sylvae obscurae.

Catunduba (Rio de Janeiro, Ilha) — *catu* bom, *tyba* lugar. Locus bonus.

Caburi, *Caaburi*, *Cauhaburi* (Alto Amazon., Rio) — *caa* mato, *buri* palmeira Diplothemium. Alias *cauhan, oacaoan* ave Falco cachinnans.

Cayacanga (S. Paulo, Cachoeira no Rio Curitiba) — peixe *Polvos*. Piscis.

Cayamé, Cayambé (Alto Amazonas, Rio) — ? *cajú ami* fruta de *Caju* esprimida.

Cayary (Mato Grosso, Alto Amazonas), — nome do Rio Madeira dado pelos Indios. Sensus: fluvius albus.

Cayru (Bahia, Villa) — *caa* mato, *irá* mel, *hy* agoa. Alias *cai* queimada, *oroi* à nos. Sylva combusta nostra.

Ceará, Ciará (Provincia) — nome de Papagaio: Milliet.

Cernambitigba, *Sernambityba* (Rio de Janeiro, Ribeiro) — lugar, corrego de ostras *sernambi*. Locus concharum.

Cemeyba pirera vulgo *Barrancos cahidos*. Ripae fluvii altae corruentes.

Cemeyba pyterpe vulgo *Meios barrancos*. Ripae fluvii ad medium denudatae.

Chechuhi, *Chichuhy*, *Jejuhy*, *Xixuhy* (Rio Grande do Sul, Rio) — *jucane* trasbordar, *hy* agoa. Fluvius exundans.

Chipotó, Gypotó, Xipotó, Chopotó (Minas, Rio) — *gy* machado, *potu, potuú* descansar. Quies securis.

Choró, *Soró* (Ceará, Rio) — *cororong, chororom* murmurar. Fluvius fluctisonus.

Chui, *Chuhy, Xuhy* (Rio Grande do Sul, Rio) — *hy* agoa, *chii* ave, Anthus Chii Lichtenstein.

Chupicay (Montevideo, Rio) — *jybýca-hy*, rio do inforcado. Fluvius suspensi.

Cincurá, Sincurá, Cincorá (Bahia, Serra diamantina) —?

Coaané, Coanné (Alto Amazonas, Ribeiro) — vix tupice.

Coaxinguba vide *Guaxindiba*.

Cochiuara, *Cuchiuara* (Alto Amazonas, Rio) — nome de Indios Tupi. *cuchiu* macaco, Pithecia Satanas, *uara* Senhor.

Coité, Cuité (Parahiba, Serra, Freguezia) — *coité* erva, Canna, Heliconia (foliis amplis).

Coiuana (Alto Amazonas, Canal) —

Columinjuba (Ceará, Serra) — *corumim*, *curumim* mozo, *juba* amarello. Puer flavus.

Comandatuba, *Commandativa* (Bahia, Serra, Povoação) — *comanda* feixão, *tyba* lugar. Locus leguminum.

Comunati (Alagoas, Serra) — *coameeng* apresentar, *aty* ave *Alma do gado*. Ubi conspicis aves Coccyzos.

Congonha, *Congonhas* (Minas, Freguezia) — *congonha*, xà de Paraguay, *mate*. Frutex theam paraguariensem praebens, Ilex paraguariensis et aliae.

Copeiá (Alto Amazonas, Furo do Yupura) — contractum pro *Copixaba* v. *Capixaba* roça. Sylva caedua.

Corumbá (Goyaz, Rio, Povoação) —

Corumbabo (Bahia, Povoação) — corruptum pro *Xerimbabo* animal domestico.

Corumbiára, *Corumbiará* (Mato Grosso, Rio) — *corumim* mozo, *ara* eis aqui, particula adhaesiva. Puer ecce.

Cotegipe (Bahia, Povoação) — *cotuc* lavar, *pipe*, *ipe* lugar. Locus lavandi.

Cotijuba (Para, Ilha) — *Cuité* cuya, *juba* amarella. Vasculum flavum.

Cotindiba, *Cotinguiba* (Sergipe, Rio) — *cotuc* lavar, *iba* arvore. Arbor lavatoria. Arbor Sapindus, cujus fructus saponem subministrant. Alias *Cuitityba* locus arboris Crescentiae Cuiete, unde *Cuias*.

Cramimuan, *Gramimuam* (Bahia, Rio) — *coara* buraco, *memoan* insecto *luz em cù*. Locus Lampyridum (et Elateris noctiluci).

Cricaré, *Quiricaré* (Bahia, Rio, Aldea) — *cuy* cuia, *iri* mel, *eré* particula affirmativa: en, sane vas melle plenum. Alias: *curica* papagaio, *arpe* em cima: Psittacus aestivus L. in alto v. supra.

Croahiú (Ceará, Rio) — *coraya* ave, *hy* agoa; fluvius avis Myiotheres Coraya Spix. — Aliis *cruahy*: *curuá* ave, *hy* agoa: fluvius avis Ampelis Cotinga.

Croatá (Maranhão, Aldea) — contractum e *caragoatá* Bromeliae spinosae.

Crumatahy (Rio Grande do Norte, Rio, Povoação) — contractum e *Curimatà*, *Corimbatá*, *Curumatá* peixe, *hy* aqua. Fluvius piscis: Salmo Curimata Bloch, Pacu argenteus Spix.

Cuari, *Coari*, *Cuar-hy* (Alto Amazonas, Rio, Lago, Povoação) — *cuá* baga, *hy* agoa: fluvius baccarum. Alias a *Quaró*, *Ouaró* planta, Galphimia brasiliensis.

Cudajá, *Codayá* (Alto Amazonas, Furo do Yupura) —

Cuiabá (Mato Grosso, Rio, Cidade) — *cuia* vasilha, *aba* criador, quia in fluvii ripa inventae arbores Crescentiae Cuyete.

Cuiaté, *Cuiethe* (Minas, Freguezia) — *cuia* et *eté* legitima.

Cuipiranga (Alto Amazonas, Forte) — *cuia* et *piranga* vermelha: Vasculum rubrum.

Culabandé (Rio de Janeiro, Povoação) — corruptum: *maçuî* donde, *pa ndé* tu vems? Unde venis?

Cumá (Maranhão, Aldea). Plantae lactescentes Apocyneae et Fici. In lingua Galibi *Cupá*, *Cupó*.

Cunhary alias *Tauaxamini* v. Rio dos Enganos (Alto Amazonas, Braço do Yupura) — *cunha-r-y* rio de femea.

Cunhaú (Rio Grande do Norte, Pernambuco, Ribeiro) — *cunhã* mulher, *hy* agoa.

Cunhambeba (Rio de Janeiro, Ilha) — *cunhã* mulher, *ipéba* chata *Cunhanpepe* v. *Quoniambebe* princeps tyrannus antiquorum Tupi. Cfr. Revista trimensal. Ser. II. Vol. 6. p. 517.

Cupati (Alto Amazonas, Serra) — ? *cupú* arbore fructu eduli Apocynea? (an *Coupa* Galibi?), *tim* nasus, caraibice fructus.
Cupiçura (Parahiba do Norte, Povoação) — *Cupi*, *Copii*, *Cupim*, *Cupia* insecto Termes fatale e seu formigueiro, *cururu* verter: Formigueiro invertido. Formicetum dirutum.
Cupioba (Bahia, Povoação) — *cupi* formigueiro, *oba* folha, vestido. Regio obtecta formicetis.
Curaça (Bahia, Ribeiro) — *cupi-raço* formigueiro levado. Alias derivatur a *coruça* crux.
Curitiba, *Curityba*, *Curitiva* (S. Paulo, Cidade) — *curi* arvore *Pinheiro* do Brazil, *tyba* lugar. Locus Araucariae brasilianae.
Curmatahy (Minas, Rio, Freguezia) — vide *Crumatahy*.
Curú, *Coró* (Ceará, Povoação) — especie de Lagarto.
Curussu-ygarapé (Rio Grande do Sul, Rio) — Rio da cruz, *coruça*.
Curuá, *Curuhá* (Pará, Rio) — palmeira de diversa especie. Attalea spectabilis, Syagrus.
Curuaiú (Ceará, Povoação) — rio da palmeira *Curuá* ou da ave *Coreua*, Ampelis Cotinga.
Curuhatinga (Pará, Povoação) — ave *Coreua* branca.
Curupá, *Gurupá* (Pará, Villa) — *curuá* palmeira, *cury* tinta preta para pintar as cuias (de huma arvore Ilicinea); *iba* arvore. Aliis a voce *curuba* sarna, pustula.
Cururipe (Alagoas, Ribeiro) — *cururu* amphibio sapo, *ype* aonde. Locus bufonum.
Cururú (Rio Grande do Norte, Rio) — sapo, bufo.
Cutia, *Cotia* (S. Paulo, Freguezia) — Cutia animal, Dasyprocta Aguti.
Cutunduba (Rio de Janeiro, Ilha) — idem ac *Cotindiba*.
Cuzary (Pará, Barreiros) — nome de huma tribu de Indios Tupi.

Embaú, *Embuhy* (S. Catharina, Rio) — *embeu* arvore, *hy* agoa. Fluvius arboris Gualteriae, ex ordine Anonacearum.
Embituba (S. Catharina, Povoação) — locus *tyba*, arboris *Embei* s. Gualteriae.
Emboteтui (Mato Grosso, Rio alias Mondego) — *inimbo* fio, cordel, laço *tui* ave. Laqueus pro psittaco.
Eviratiba, recte *Ymyra-tyba* (Alto Amazonas) — locus arboribus consitus.

Garopaba (S. Catharina, Povoação) — *caraoba* arvore, *pabe* tudo. Locus arboribus *Caraoba*, Bignoniarum, plenus.
Genipapo, corruptum *Ginepabu* (Bahia et alibi, Povoação) — arvore, Genipa.
Gerema, *Jurema* (Bahia, Fazenda) arvore, Acacia Jurema.
Geribatyba (Rio de Janeiro, Povoação) — *gerú*, *jerú*, *ajerú* papagaio, *tyba* lugar, *iba* arvore. Locus arborum in quibus Psittaci nidulantur.
Geru (Bahia, Aldea) — papagaio, Psittacus (*ajerú*).
Giboia, *Giboya*, *Jiboya*, *Jyb-boya* (Bahia, Serra) — *boya* cobra, *jyb*, quae procumbit, descendit, Boa Cenchria.
Giparaná, *Gyparaná* (Mato Grosso, Rio) — Rio do machado (*gy*).

Girão (Alto Amazonas, Cachoeira do Rio Madeira) — terraço sobre forquilhas. Pygma ex asserculis. Casa de sobrado.

Giticaparanà, *Jitica-Jetica-parana* (Parà, Rio) — *jetyca* batata, *paranà* grande rio. Fluvius tuberum.

Goajaratuva (Alto Amazonas, Praya) — *goajeru* arbusto Chrysobalanus Icaco.

Goitacazes, *Goyatacás* (Espirito Santo, Aldea) — vix vocabulum tupicum. Derivatur a *goata* caminhar, *caa* sylva. Varnhagen Hist. do Brazil I. 101.

Gorabira (Parahiba do Norte, Povoação) — corruptum pro *Guira-Guira* vel *Bira-Bira* ave Vireo olivaceus Gray. — Aliis corruptum pro *Gurupira* espectro, diabo.

Goyanna (Pernambuco, Rio, Villa) — ?

Goyaz (Provincia, Cidade) — Indios camponezes vide supra p. 49. sub voce *Guá**).

Grajehu (Maranhão, Rio, Villa) — *cará* batata, *je ùù* eu como: ego edo tubera.

Gramació (Rio Grande do Norte, Rio, Aldea) — contractum e *guara* ave, *ceiya* rebanho. Examen avis *Guarà*, Ibis rubrae.

Grammame, *Guaramama* (Parahiba, Rio) — *guará* ave, *máme* lugar. Locus avis Ibis rubrae.

Grapiuna (Bahia, Rio) — *guara* ave, *pe* caminho, *una* preta: avis Ibis nigra ad viam. Aliis: *cara* batata, *pe* caminho, *una* preta, Dioscorea nigra ad viam.

Gratáhú (Rio de Janeiro, Povoação) — contractum e *caragoata-hy*: aqua Bromeliarum.

Gravatá (Rio de Janeiro, Forte) — contractum e *Caragoatá*.

Gravatá-hy (Rio Grande do Sul, Ribeiro) — rivus Bromeliarum.

Groahiras (Rio Grande do Norte, Lagoa, Aldea) — ?

Grugueia, *Gorguéa*, *Gurguéa* (Piauhy, Povoação) — ?

Grugungi, *Grugunghy* (Bahia, Ribeiro) — mutatum e *Gurundi* ave, *hy* agoa. Rivus avis Tachyphoni.

Grupiuna (Parahiba, Ribeiro) — contractum e *curupira* espectro, *una* preto: spectrum nigrum. Aliis e *Curumim* mozo, *una* preto, infans niger.

Guacenduba (Maranhão, Districto) — contractum e *guaxinim* animal Cachorinho do mato et *tyba* lugar. Locus Galictis vittatae.

Guahy (Bahia, Ribeiro) — *gua* variado de côres, *hy* agoa. Aliis: *cua-hy* agoa de cintura. Aliis *guaia-hy* agoa de caranguejo. Locus discolorius, cinctus, cancri.

Guahibe, *Guaibe* (S. Paulo, Mato Grosso, Rio de Janeiro, Maranhão: Ilha, Lagoa) — lugar de caranguejo, locus cancrorum.

Guaicuhy, *Goaimihy* (Minas, Rio) — *goaimi-hy* Rio das Velhas.

---

*) Vielleicht hängt der Name *Goyaz*, eben so wie *Goyanna*, mit einem gemeinsamen Ausdrucke *Coua*, *Goua*, *Goa* für Verwandte, in den Dialekten der Gês-Sprachen zusammen.

Guaicurituba (S. Paulo, Cachoeira no Rio Tieté) — Locus Indorum Guaicurùs.
Guaipacaré (S. Paulo, nunc Villa de Lorena) — ?
Guaira (Rio Grande do Sul, Villa) — ?
Guaitica, *Guaitáca* (Rio de Janeiro, Ribeiro) — ?
Guajahy (Rio Grande do Norte, Rio) — idem quod *Guahy*.
Guajará (Pará, Bahia, tribus de Indios) — *cuá* pintado, *uára* senhor; viri picti.
Guajerú, *Guajirú*, *Guajurá*, *Goajura*, *Abajeru* (Parahiba, Pará, Mato Grosso, Ribeiro, Povoação) — arbusto, Chrysobalanus Icaco.
Guamá (Para, Rio) — ?
Guammáme (Ceara, Serra) — *cuá mamáne* cingir a cinta. Indi cincti cingulo plumarum.
Guandú (Rio de Janeiro, Rio) — rectius *Coandú*, animal Ouriço cacheiro, Cercolabes prehensilis.
Guanehy (Rio Grande do Norte, Rio) — pro *nháne-hy* agoa que corre; aliis: eis agoa! Aqua fluens, en aqua.
Guanháens (Minas, Rio, Povoação) — ?
Guapaix v. *Guapehy*.
Guapehy, *Guapý* (Mato Grosso, Rio) — *hy* rio, *pe* que caminha, *gua* pelo campo. Fluvius campestris.
Guaporé (Mato Grosso, Rio) — *poré* cataracta. Sensus: *gua* campo, cachoeira no campo; aliis *ua*, *oa*: eis cachoeira.
Guarambary (Paraguay: Povoação) —
Guará (Bahia, Ribeiro) — ave, Ibis rubra.
Guarabira, *Guara-bira* (Parahiba, Povoação) — ave *bira* (corruptum e *guira*) *guará*, avis Ibis rubra.
Guaraçoyava vide *Araçoyava*.
Guaraçu-hy (Rio de Janeiro, Ribeiro) — *guara açu hy*: aqua avis *Guará* magnae aut avis *Guará* aqua magna.
Guara-hy, *Guara-hu* (Parahiba, Ribeiro) — agoa de ave *Guará*.
Guaramata-hy (Rio Grande do Norte, Rio) — vide *Corumatahy*.
Guaranhuns (Pernambuco, Serra) — ? nome de Indios. *uara-anhú* homens de campo, viri campestres.
Guarani, plural *Guaranis* — Indios (*uara*, *goára*) senhores da terra, guerreiros.
Guarapari (Espirito Santo, Rio, Morro) — *guara* ave, *apáre* volta, avis circuitus.
Guara-piranga (Minas, Povoação, Alto Amazonas, Barrancos no Rio Madeira) — avis *Guará* rubra.
Guarapuava (S. Paulo, Villa) — ave *guara puame* em pe. Aliis etymologia ab *arapuá*, abelha de terra.
Guaratiba, *Guaratuba* (S. Paulo Villa, Rio de Janeiro Freguezia) — lugar da ave *Guará*; locus avis Ibis rubrae.
Guaratinguetá (S. Paulo, Villa) contractum e *coaraçy* sol, *tim* fim, *goata* caminhar. Locus unde sol cursum vergit (vicinus tropico Capricorni).
Guariba, *Guaribas* (passim) — Simia Myceles.

Guaxindiba, *Coaxinguba*, *Cuajinguba* (Rio de Janeiro, Povoação) — arvore *Lombrigueira*. Arbores generis Pharmacosyces.

Guiriry, *Guiriri* (Pará, Rio) — *cui*, vazilha, *iri* mel, *hy* agoa. Fluvius vasis melle pleni. *Guiriri* est Palma Diplothemium maritimum et aliae. Alias *guiri* debaixo, subtus, infra.

Gupiara, *Cupiara* (Minas, Povoação) — lugar de minerar. Vox a Paulistis introducta: *guirpe* infra, *ara* significatio actus.

Gurahiras (Ceará, Riacho) — ?

Gureo (Rio Grande do Norte, Povoação) — ?

Gurguéa (Piauhy, Rio, Povoação) — ?

Guriguacurú nome original do Rio Negro, tributario do Amazonas, antes dos Portuguezes haverem penetrado neste paiz: Milliet I. 435.

Gurinhem, *Gurunhem* (Parahiba, Povoação) — corruptum pro *guira nheem*, ave que falla.

Gurupá (Pará, Villa) — Etymologia valde dubia. *Guira pupé* lugar do ave. Aliis *Gurupé*, in terris Amazonicis nomen arborum generis Licaniae.

Gurupatuba (Pará, Rio) — item *Gurupé-tyba* locus arborum Licaniae. Aliis: *Curúba* sarna, pustula, scabies.

Gurutuba (Minas, Serra, Rio, Povoação) — corruptum pro *Curityba* lugar da arvore *Pinheiro*, locus Araucariae.

Hi, *Hy*, *I*, *Ig*, *Igh*, *Y*, *Yg*, *Yh*, *Hu*, *U* — agoa: vide composita diversa.

Hibiappaba, *Ipiapába* (Ceará, Cordilheira) — *iby* terra, *pabe* tudo. Terreno descoberto. Omne terra.

Hibiraribe (Pará, Aldea) — *ymira*, *ybira* mato, *ipe*, *ype* lugar. Locus sylvestris.

Hiboaçu (Ceará, Povoação) — *hy* agoa, *moacu* quente, aqua calida.

Hicatú, *Hy-catu*, *Ygcatu*, *Icatu* (Maranhão, Villa) — agoas boas.

Higuaçu, *Hyguaçu*, *Yguaçu*, *Iguaçu* (passim) — agoa grande.

Higuaraçu, *Iguaraçu* (Pernambuco, Rio, Villa) — *Igara*, *Ygara* canoa de guerra (*ygh-uára* senhor da agoa) *açu* grande. Scapha magna.

Hinhagabahy (S. Paulo, Ribeiro) — pro *Anhingaba-hy* agoa cheia de ave *Anhinga*, Plotus Aninga. Alias da planta Aroidea *Aninga*.

Hitú, *Hytú*, *Ytú*, *Itú* (S. Paulo, Cidade) — Cachoeira no Rio Tieté, verbo: aqua fracta.

Hivituruhy, *Hivituyahy*, *Ybytúruhy* (Minas, districtus Serro Frio) — *ybytu* vento, *tuy* frio. Ventus frigidus.

Hottinga, *Ottinga*, *Utinga*, *Ytinga* (Minas, Ribeiro) — agoa clara. Aliis *Hy-ita-tinga*, agoa de pedras claras. Abundat topaziis *Pincos d'agoa* dictis nitidissimis.

Hyava — *hy ava* pae d'agoa, lama; limus. Idem *ygava*.

Hycoara — buraco d'agoa, fonte; fons.

Hycoarana — sorvedouro do rio; vortex.

Hygapo, *Hyg-apo* — alagadiço, terreno inundado.

Hyapurá, *Japurá*, *Yupurá*, *Jupurá* (Amazonas, Rio; Hispanis *Caquetá*) — *Japurú* concha.

Hypiaughuhy (Mato Grosso, Ribeiro) — Obscurum: *yby* terry, *auge* bastante, *hy* agoa. Aliis *y* eis, *piau* peixe, *hy* aqua.
Hypaua, *Ipaué* corr. e *hy pabe* tudo agoa; donde os Brazileiros usão da voz *paues* para qualquer agoa estanque ou alagadissa.

Ibaré (Mato Grosso, Rio) — ?
Ibiapaba v. *Hibiappaba.*
Ibicui, *Ybycui* (Rio Grande do Sul, Rio) — *yby-cui* terra moida, aréa. Arenae.
Ibira-puita (Rio Grande do Sul, Rio) — *ymira* arvore, *poite* palarata: fabula de ligno, arbore. — Aliis *ymira*, *po* ramo, *ita* pedra. Arbor ramis lapideis.
Ibitipoca (Minas, Freguezia) — *Ybytu* vento, *poca* rebenta: ventus erumpit. Aliis *ybytú-oca* casa de vento.
Ibituruna, *Ybytruna* (Minas, Serra, Povoação) — *ybutu una* nuvem preta. Nubes nigra, coelum obfuscatum.
Iboipitinhi (S. Catharina, Rio) — *ipui* delgado, *piter*, sorver, *hy* agoa. Tenuis potus. Aliis *iboi* cobra pequena, *piter* sorver, *hy* agoa. Serpens parvulus bibit aquam.
Icabaquá, *Icabaquam* (Rio Grande do Sul, Ribeiro) — *icaba* gordura, *cua* cintura. Adeps in paleare bovis.
Içána, *Issana* (Amazonas, Rio) — ?
Icapára (S. Paulo, canal sinuoso) — *hy* agoa, *japára* torta.
Icapó (Alto Amazonas, Rio) — Derivatio incerta: *hy* agoa, *caa-poám* de ilhas — *igara-po* dedo de canoa (remo) — *hy*, *caa-po* lenha.
Icarahy (Rio de Janeiro, Aldea) — *Igara-hy* agoa de canoa.
Icatú (Maranhão, Cidade) — *hy*, *catu* bom. Boas agoas.
Icó, *Ycó* (Ceará, Villa) — *Ico* arvore da familha das Capparideas. Colicodendron Ico Mart.
Igahiba, *Ingahiba* (Rio de Janeiro, Bahia) — arvore *Engá*.
Igarapé-mirim (Pará, Villa, Furo, Canal) — *ygara* scaphae *pe* via, *mirim* parva.
Igatimí, *Iguatimi* (Mato Grosso) — contractum ex *ygara*, canoa, *tim* rostro, bico.
Igrapiuna, *Igarapiuna* (Bahia, Aldea) — canoa preta.
Iguá (Rio de Janeiro, Povoação) — *hy* agoa, *gua* variado de côr, aqua versicolor.
Iguabe, *Iguapé* (Rio de Janeiro, Povoação; S. Paulo, Rio, Villa; Bahia Aldea) — *pé* perto de agoa etc.; prope aquam versicolorem.
Iguará, *Hyguará* (Maranhão, Ribeiro) — rio da ave *Guará*, Ibis rubra.
Iguaraçu, *Hyguaraçú*, *Iguara-açu* (Pernambuco, Rio, Povoação) — Canoa grande.
Iguara-hy-açu (Mato Grosso, Rio) — Rio da canoa grande.
Ijui, *Hy-chui* (Rio Grande do Sul, Rio) — *Chai*, *Chii* ave. Fluvius avis Anthi Chii.
Imahuri, *Maruhy* (S. Catharina, Rio, Povoação) — *Marú*, *Mari*, *Umari*, *Imari* arvore Leguminosa, legumine carnoso eduli, Geoffraea superba etc.

Imbahy (Rio de Janeiro, Ilha) — *hy* agoa, *imbé* arbusto, planta, sipó. Frutex ex ordine Aroidearum, Philodendri spec.
Imbahu (S. Catharina, Ribeiro) — idem.
Imbauhi (S. Paulo, Ribeiro) — idem.
Imbé (Rio de Janeiro, Ribeiro) — Aroidea in margine rivorum, Philodendron et aliae.
Imbiriri (Rio de Janeiro, Ribeiro) — *Imbiri* (contractum ex *Imyra* et *i*, lignum tenue) in prov. Rio de Janeiro est nomen plantae Cannae glaucae, quae in prov. septentrionalibus *Mbeeryi* audit. Item *Imbiri* vocantur frutices palustres multiramulosi Esterhazyae.
Imbiruçú (Mato Grosso, Cataracta no Rio Pardo) — *Imbira*, *Embyra* corr. pro *imyra*, *açú* grande, arbores magnae ventricosae Bombacearum, cortice tenaci deductili. (Xylopia frutescens, Funifera utilis et aliae plantae quoque *Imbira* audiunt).
Imbitúba, *Embituva* (S. Catharina, Povoação) — *tyba* lugar de Imbé.
Impuca (Bahia, Povoação) — contractum ex *ia* fruta, *pooca* apanhar, colligere fructus.
Indaiá, *Andaiá* (Minas, Povoação) — palmeira, Attalea compta Mart.
Indaiatuba (S. Paulo, Freguezia) — *tuba*, *tyba* lugar da palmeira Attalea.
Indarahy, *Indrahy*, *Andarahy* (Rio de Janeiro, Povoação) — *andira* morcego. Fluvius vespertilionum.
Ingá (Parahiba, Povoação) — arvore, Inga genus Mimosearum.
Ingahy (Minas, Povoação) — agoa da arvore Ingá.
Inhambupe (Bahia, Rio, Villa) — *Inhambú*, *Injambú*, *Anhambú* ave, *pe* lugar. Locus avis Crypturi Tatauba, Pezi Niambú Spix.
Inhamuz (Pará, Aldea) — corruptum ex *Inhambú*.
Inhangá (Rio de Janeiro, Ribeiro) — mutatum e *nianinga* mosquito, culex. Aliis: compositum e *anhu* campo et *ingá* arvore.
Inhancica, *Inhanzyca* (Minas, Povoação) — *Ingá* arvore, *ycyca* grude. Gummi arboris Ingae (Acaciae).
Inhaúma (Rio de Janeiro, Freguezia) — ave vulgo *Alicorne*.
Inhomirim, *Anhaemirim* (Rio de Janeiro, Povoação) — *anhu*, *inhu* campo, *mirim* parvo: Milliet. Aliis: *anhomime merim* escondido parvo.
Inhumuçu (Rio de Janeiro, Lugarejo) — *anhu-goaçú* campo grande.
Inhutrunahiba, *Juturnahiba* (Rio de Janeiro, Lagoa) —
Insuá (Mato Grosso, Serra, Povoação) —
Inussú (Ceará, Povoação) — *hy-açú*.
Inzu, *Inxú*, *Exu* (Pernambuco, Povoação) — vix tupice. *dzu* aqua in dialectis Gés.
Ipanema, *Ypanema* (S. Paulo, Ribeiro, Lagoa, Povoação) — *panemo* vazio, debalde, esteril. Vacuum, frustra, sterile.
Iparanná (Alto Amazonas, Freguezia) — *hy paranna* agoa, que corre ao mar ou grande rio.
Ipiranga (S. Paulo, Povoação) — *hy-piranga* agoa roxa.
Ipitanga (Rio de Janeiro, Ribeiro, Povoação; Bahia Povoação) — *hy* agoa, *piter* sorver, *anga* cheiro. Ubi nascitur *Pitanga* frutex Myrtacea, fructu eduli, Stenocalyx (olim Eugenia) Michelii.
Ipoconé, *Poconé* (Mato Grosso, Villa) — nome de Indio.

Ipoeira (Goyaz, Lago) — *hy* agoa, *puyr* retirada.
Ipojuca (Pernambuco, Rio, Freguezia) — *hy pupè joca* agoa em que lavar.
Ipopoca (Parahiba, Rio) — *hy pocoçu* alcançar scil. paranná. Rio, que passando a Lagoa *Abiahy* alcança o Oceano.
Iporanga (S. Paulo, Freguezia) — agoa bonita. *poranga.*
Ipanné, *Ippanné* (Mato Grosso. Rio) — ?
Ipuca (Rio de Janeiro, Aldea; Ceará, Villa) — agoa risonha, *puca.*
Irariá (Pará, Canal) — *yra* mel.
Irajá (Rio de Janeiro, Freguezia) — *yra* mel.
Irapirung, Yra piranga (Bahia, Rio) — mel roxo.
Irapuan, *Yra apoan* (Rio Grande do Sul, Rio) — favo de mel convexo.
Iriquiriqui (Para, Rio) — *yra* mel, *ker* dormir, *ike* aqui; alias compositum cum *guiri* pro *guira* ave, aut *guiri* infra.
Iriri (Rio de Janeiro, Ribeiro) — *yra* mel, *rece* v. *ri* por causa; aliis *yra-r-hy* agoa de mel; aliis *Iriri* scil. *iba* arvore cuios flores as abelhas frequentão, Centrolobium robustum.
Iriri-hy (S. Catharina, Ribeiro) — rio da arvore *Iriri.*
Iriri-tybá (Espirito Santo, Rio) — lugar da arvore *Iriri.*
Iriruáma, *Araruáma* (Rio de Janeiro, Lagoa) — *ami* espremer, *yra* mel.
Irituia (Pará, Freguezia) — mel còr de sangue *tuy*, *tuguy*, mel rutilum.
Iriùaná (Pará. Rio) — *yra* mel, *goene* vomitar, mel vomificum.
Iruçuy, *Iruzui* (Pernambuco, Ribeiro) — *yra* mel, *çuù* mastigar.
Issaica (Rio Grande do Sul, Ribeiro) — *ycyca*, *iceca* grude, gummi, resina.
Itabaiana, *Itabahiuna* (Bahia, Serra, Villa) — *ita*, lapis, rupes, *aba* vir, *oane* jam nunc. (Vir in saxum mutatus). Aliis: *Y-taba-uane*: sua (viri cujusdam) domus.
Itabapoana (Espirito Santo, Rio) — *ita, aba, apoan* convexo. Aliis: *hy* agoa, *taba* aldea, *apoan*. Aqua prope domum v. vicum rotundum.
Itabatingahy (Rio Grande do Sul, Ribeiro) — *itabatinga* v. *tauatinga* barro branco; fluvius ex argilla alba.
Itaberava (Minas, Serra, Freguezia) — *ita berab* pedra chamejante, brilhante. Mons fulgurans, coruscans.
Itabira, *Itaubira*, *Itabiraçu* (Minas, Montanha, Villa) — etymologia praecedens.
Itaboca (Para, Cachoeira no Rio Tocantins) — *ita poc* pedra arrebentada: saxum, mons ruptus.
Itaborahi (Rio de Janeiro, Villa) — *ita* pedra, *pora* dentro de, *hy*, agoa. Fons e rupe.
Itabuca (Rio de Janeiro, Ribeiro) — idem quod *Itaboca.*
Itaca (Rio de Janeiro, Ribeiro) — *ita, aca* corno. Lapis cornutus.
Itacaciba (Espirito Santo, Porto) — *ita, aca, iba* arvore.
Itacahiuna (Goyaz, Povoação) — *ita*, *aca*, *hy*, *una*. Fons e saxo cornuto nigro. Rectius: *ita, ky, una* pedra de fiar preta.
Itacambira, *Itucambira* (Minas, Serra, Rio, Freguezia) — Etymologiae

diversae: *ita* saxum, *caa* sylva, *guira* avis; — *ita*, *caa*, *yra* mel; — *ita*, *cama-hy-ira* saxum, lac, mel; — *tucano* ave, *embira* pro *embiára* caza: locus ubi Rhamphasti capiuntur.

Itacaratú (Pernambuco, Povoação) — pro *Ita-ky-catú* pedra de fiar boa. (Aliis *ita-r-aca-catu* pedra cornuda boa).

Itacatibu, *Itaciba* (Espirito Santo, Ribeiro) .*ita-ky-tyba* lugar de pedra de fiar.

Itacolumi (Minas, Montanha et alibi) — *ita curumim* pedra (com) moza. Rupes minor (prope cacumen).

Itacuruçú (Rio de Janeiro, Ilha) — *ita curuçá* pedra cruz.

Itaguaçaba, *Tacasava* (S. Paulo, Sitio, Cachoeira no Rio Tieté) *itagua*, *tayua* barro vermelho, *çaba* cavado. Argilla rubra excavata.

Itaguahy (Rio de Janeiro, Rio, Villa) — agoa do barro vermelho.

Itaguira, *Itiquira* (Mato Grosso, Rio) *itykera* lixo, agoa cheia de immundicias. Rivus plenus confervarum. — *hy tiquyra* agoa misturada.

Itahim (Piauhy, Ribeiro) — *ita-hy* pedra (na) agoa.

Itahy (S. Paulo, Cachoeira no Rio Tieté) — idem ac praecedens.

Itahipe (Bahia, Rio, Lagoa) — *ita* pedra, *hy* agoa, *pe* caminho. Fluvius inter lapides.

Itaipaba, *Itaipabe* (Minas, Povoação) — *ita* pedra, *pabe* tudo. Ubique rupes.

Itaipu, *Itapuig*, *Taipu* (Rio de Janeiro, Freguezia) — *ita* pedra, *tyapù* que soa; lapis (metallum) sonans, campana.

Itajahy (S. Paulo, Rio; S. Catharina, Freguezia) — *taja* erva, *hy* agoa: fluvius herbae *Taia* v. *Taioba*, Caladii. Aliis: *taixi* formiga vermelha, *hy* agoa, fluvius formicarum.

Itajuba (Minas, Freguezia) — *ita* pedra, *juba* amarella, ouro. Aurum, moneta.

Itajurú (Rio de Janeiro, Lago; Minas, Povoação) — *ita* pedra, *juru* boca. Rupes cavernosa.

Itamaraca (Pernambuco, Ilha) — *ita* pedra, *maraca* cascavel. Tintinabulum, campana.

Itamarandiba (Minas, Rio) — pequenas pedras mexidas: Milliet I. 489. Aliis *ita* pedra, *marande* desproposita, mà, *tyba* lugar. Locus rupestris incommodus.

Itamarati (Rio de Janeiro, Ribeiro) —

Itambé (Minas, Serra, Povoação) — *ita* pedra, *çaimbé* aspera.

Itambi, *Itamby*, *Tamby*, *Tampu* (Rio de Janeiro, Freguezia) — *Hy-(t)amby* agoa de muco (Conferva? *Amby* significat quoque succum mucilaginosum ex arboribus stillantem, unde *Ambaiba*, Cecropia).

Itanguá (Minas, Rio, Povoação) — *ita* pedra, *guá* variada de côres.

Itanhaem, *Itanhem* corruptum pro *Ita-nheeng* pedra que falla, echo. Aliis *ita nhaéni* prato de ferro, discus ferreus.

Itanhas (Ceará, Aldea) — *tanha* dente, dens.

Itanhenga (Rio de Janeiro, Ilha) — *ita nheeng* pedra que responde, falla, echo.

Itaobira (Minas) vide *Itabira*.

Itaoca (Rio de Janeiro, Povoação) — *oca* domus. Casa de pedra.

Itaocaia (Rio de Janeiro, Povoação) — *aia* salubris. Casa de pedra sadia.

Itaorna (Rio de Janeiro, Lugarejo) —

Itapacoroya, *Itapocoroya* (S. Catharina, Enseada) — contractum: *ita*, *opoc oroiçang*, pedra que se fende esfriando. Saxum quod disrumpitur frigescens (calx).

Itapanhuacanga, *Tapanhoacanga* (Minas, Povoação) — *tapanhuna* negro, *acanga* cabeza. Caput aethiopis. Ita appellatur minera martis, germanice Glaskopf.

Itapagipe (Pernambuco, Ribeiro) — pro *Hytapygipe* caminho pelo rio fundo, de vadear; vadum.

Itaparica (Bahia, Ilha) — *ita maricá* pedra barriguda, rupes ventricosa. Aliis corruptum e *tamacarica* tolda de canoa; tegumen, tympanum scaphae.

Itapararoca, *Itapororoca* (Bahia, Povoação) — casa de pedra quebrada. Aedes lapidea diruta (*poroc*).

Itaparoá (Bahia, Villa) — *ita paragoa* pedra de papagaio.

Itapé (Espirito Santo, Villa) — *ita* pedra, *pe* no caminho.

Itapecerica, *Itapycirica* (S. Paulo, Minas, Povoação) — *ita*, *py ceryca* aonde se cahe escorregando. Mons via lubrica. Aliis mons cum fonte.

Itapema (S. Paulo, Cachoeira no Rio Tieté) — *ita ipeba* pedra chata. Rupes planae.

Itapeteninga, *Itapetininga* (S. Paulo, Villa) — *ita pe tining* caminho de pedra secca. Via super saxa sicca.

Itapéva (S. Paulo, Villa) — idem ac *Itapema*.

Itapiché (Minas, Arrecifes do Rio Sapucahy) — *ita tapiché* pedra varrida. Rupes versae.

Itapicima (Pernambuco, Povoação) — ? *Itapicima? hy tapy cima* agoa fundo sem.

Itapicum, *Itapicú* (S. Catharina, Rio) — *apicum* ponta de terra esteril, unde derivatum nomen plantae *Apicum* Rhabdia lycioides Mart.

Itapicurú (Bahia, Rio, Villa; Maranhão, Rio, Freguezia) — *hy* agoa, *tapy* fundo, *curú* a cada passo. Fluvius ubique profundus.

Itapiranguára (Ceará, Ribeiro) — *ita*, *piranga* vermelho, *coara* buraco, furo. Locus lapidum rubrorum.

Itapira (Minas, Povoação) — corruptum pro *Itapeva*.

Itapoca (Espirito Santo, Povoação) — *ita* pedra, *poc* rebentar.

Itapocú (S. Catharina, Rio) — idem quod *Itapicú*.

Itapororóca vide supra sub *Itapararoca*.

Itapuá (Paraguay, Povoação) — *ita apoam* prego; clavus.

Itapuan (Rio Grande do Sul et Bahia: Povoação) — *ita apoam* redondo; lapis, mons rotundus, clavus.

Itapuia (S. Paulo, Cachoeira no Rio Tieté) — *ita puyr* despejar, vacuefacere. Rupes ubi evacuanda scapha, ut superet cataractam.

Itapura (S. Paulo, Cachoeira no Rio Tieté) — corruptum pro *ita póre* salto. Navigatio cataracta intercepta.

Itaquaquecetuba (S. Paulo, Povoação) — pro *tacuara* cana brava, *kyce* faca, *tuba* lugar. Locus Bambusae, e cuius culmo cultri.

Itaqui (Rio Grande do Sul, Povoação) — pro *ita ky* pedra de afiar; eos.

Itaráca (Bahia, Rochedos no litoral) — *ita* rupes, *aca* cornuta.

Itararé (S. Paulo, Povoação) — *ita* pedra, *ar* v. *areré* nascer, levantar; lapides erecti. Cfr. *Tararé.*

Itatiá-açú (Minas, Povoação) — *ita, atyr* montão. Acervus magnus lapidum.

Itatiaia rectius *Ititiaia* (Minas, Povoação) — *ita, hy, aia.* E saxo aqua salubris.

Itatindiba (Rio de Janeiro, Serra) — rectius *Itatintyba*: *ita*(*t*)*hy*(*n*)-*tyba* locus fontium e monte. Aliis *Ita tinga tyba* locus lapidum alborum.

Itaúbira, Itaobira (Minas) v. *Itabira.*

Itaúna (Espirito Santo, Serra). Serra negra.

Itayabana (Parahiba, Freguezia) — corruptum dislocatione pro *Itabayana*,

Itenez (Mato Grosso, hispanis dicitur vocabulo vix tupico) — Rio Guaporé.

Itereré (S. Paulo, Rio) — *hy*(*t*)*jereré* agoa de pescar com redinha (*jereré*). Aliis *ita eré eré* multidão de pedra.

Itibiri (Maranhão, Povoação) — *ita ibyri* pedra ao longo do Rio. Lapides secundum flumen.

Itinguá, Tinguá (Rio de Janeiro, Serra) *tim* rostro, bico, *gua* variado de côr. Cacumen versicolor.

Itinguçú, Tingasú, Tingaçu, Tim goaçu (Rio de Janeiro, Ribeiro) — Agoa da ave *Alma do Gado* vulgo, Cozzygus cajanus.

Itiqueira (Mato Grosso, Serra) — *hy* agoa, *tykyr* manar, stillar. Rupes madidae.

Itiquira (Goyaz, Serra) — idem.

Itiúba, Tiúba (Bahia, Serra, Povoação) — *ityc* derobar, *iba, uba* arvore. Arbor caesa.

Itú, Hytú, Ytú (S. Paulo, Cachoeira do Rio Tiete, Cidade) — agoa descida (*uejú*: Guarani). Cataracta.

Itucambira v. *Itacambira.*

Itunamá, Itonomá, Tunomá (Mato Grosso, Rio) — *hy tumúne* cuspir agoa. Fluvius despuens, rejectans.

Itupirá (S. Paulo, Cachoeira do Rio Tieté) — *hy* agoa, *tu* cahida, *pira* peixe. Cataracta, ubi piscis.

Ivahi, Ubahy, Vibahy (S. Paulo, Rio) — *viba, uyba, uba* (caraibice *hipe*) canna, frecha; arundo, sagitta. Fluvius sagittarum.

Ivinheima, Yvinheyma (Mato Grosso, Rio) — *vibu, eyba* sem. Fluvius arundine sagittaria carens.

Jabari, Javary, Hiabary (Alto Amazon, Rio) — *Jabáo* fugir. Fluvius profugorum?

Jabitucá, Japytáca (Parahiba, Serra com hum eco famoso) — *japii* ave vulgo *Soffré*, que imita os cantos de outras, *ita* pedra, *ca* particula que indica o uso. Rupes avis Orioli Jamacaii more (vocum imitatrix).

Jacaracanga (Bahia, Povoação) — *Jacaré* crocodilo, *acanga* cabeza. Caput crocodili.

Jacaracica (Sergipe, Ribeiro) — *Jacaré ycica* grude. Ichthyocolla crocodili.

Jacaré (Minas, Goyaz, Sergipe: Povoação, Ribeiro, Serra) — crocodilo.
Jacarehy (S. Paulo, Villa) — agoa de crocodilo.
Jacarépaguá, *Jacarépauhá* (Rio de Janeiro, Freguezia) *jacare-ypauá* lago. Lacus crocodilorum.
Jacarépipira (S. Paulo, Rio) — *jacaré, picyc pira* apanha peixe. Crocodilus piscem capiens.
Jacarépuá (Rio de Janeiro, Lagoa) — *jacare puâme* em pe, crocodilus surgens, aggrediens, adortus.
Jacayoibi, *Jacayoyby* (Rio Grande do Sul, Ribeiro) — *jacáo* arrasar, *yby* terra. Solum eversum, dirutum.
Jaciparaná, *Jacyparanná* (Alto Amazonas, Rio) — *jacy* lua, *paraná* fluvius magnus. Flumen lunae.
Jacoca (Parahiba, Villa) — *jacú* ave, *oca* casa. Domus avis *Jacú*, Penelopes Marail.
Jacoracica (Sergipe, Ribeiro) — corruptum pro *Acaju-ycica*, grude ou resina da arvore *Acaju*, Anacardium occidentale.
Jacotiba, *Jacutyba* (Rio de Janeiro, Ribeiro) — Lugar da ave *Jacú*.
Jacú (Rio de Janeiro, Ribeiro) — *jacu* ave Penelope Marail.
Jacuacanga, *Jacuicanga*, *Jacuecanga* (Rio de Janeiro, Povoação) — *acanga* cabeza de *Jacú*.
Jacuary, *Jacuari*, *Juguary* (Rio Grande do Sul, Ribeiro) — *Jaguara-hy* agoa da Onça. Aliis *Jacu ar hy* agoa aonde sobe a ave *Jacú*, fluvius ubi adscendit avis *Jacu*.
Jacuhi, *Jacuhy* (Minas, Villa, Registo; Rio Grande do Sul, Rio) — fluvius avis *Jacu*.
Jacuhipe, *Jacuype* (Bahia, Rio, Freguezia) — *pupe, pe, me* em, perto. Prope fluvium *Jacuhy*.
Jacumá (Mato Grosso, Rio) — leme; gubernaculum.
Jacundaz (Pará, Rio) — peixe; piscis generis Crenicichlae. (Item nomen tribus Indorum).
Jacuné (Rio de Janeiro, Lagoa) — *jacu nhee* ave *Jacu* deitado, subsidens.
Jacuruna (Bahia, Povoação) — ave *Jacú* preto.
Jacutinga (Rio de Janeiro, Povoação) — *Jacu branco*, Penelope Pipile.
Jagoáraba (Rio de Janeiro, districto) — *yagoara* onça, *aba* homem, venator.
Jaguanão (Rio, Ilha) —
Jaguapiri (Alto Amazonas, Rio) — idem ac *pira jagoára*, animal *boto*, Delphinus.
Jaguará (Minas, Villa) — *Jaguára* Felis Onça, canis.
Jaguari, *Jaguary*, *Jaguara-hy* (Mato Grosso, Ribeiro) — aqua Felis Onçae.
Jaguaribe, *Jaguaripe*, *Jaguarhype* (Ceará, Rio; Bahia, Villa) — juxta (*pe, ype, pupe*) fluvium Felis Onçae.
Jaguariquatú (S. Paulo, Rio) — *jaguara, ique* entrar, *catu* bom. Aliis *jaguara hy*, *catu*. Onzae fluvius bonus.
Jaguaruna (S. Catharina, Rio, Lagoa) — Onça preta.
Jahico, *Jahicos*, *Geico* (Piauhy, Villa) — Indios *Ge-ico?*

Jamari (Mato Grosso, Rio) — *ia mari* fructus arboris *Mari*, Geoffracae. Aliis *Jamuru* cuia grande (*cuya ambuca* Indis).
Jamuhi, *Jaumuhy* (Alto Amazonas, Rio) — *jamim* espremer *uy*, *uũ*, *uhy* farinha.
Jamundá (Para, Rio) — *ia* fruta, *mondá* pilhar, furtar. Fructus furari.
Jangapi (Pará, Ribeiro, Povoação) — *nhane* correr, *yg apó*, alagadiço.
Japaraná (Espirito Santo, Lagoa, que communica pelo Rio Doce com o mar) — *nhane* corre, *paraná* ao Oceano.
Japaratuba aliis *Pacatuba* (Sergipe, Serra, Rio, Povoação) — corruptum e *javara-tuba*, locus Onçae, aliis locus animalis *Paca*.
Japy, *Japũ* (Pará, Furo) — *japim* ave vulgo *Soffré*.
Japituraca (Ceará. Povoação) — *japi* pôr. *ita* pedra, *acu* corno. Saxum cornutum positum, aut idem quod *Jabitaca*.
Japo, *Japu* (S. Paulo, Ribeiro) — ave *Japu*, Cassicus.
Japó guaçú (Rio Grande do Sul, Campos) — ave *Japú* grande, Cassicus cristatus.
Japoahiba (Rio de Janeiro, Povoação) — arvore da ave *Japú*.
Japóca (Parahiba, Aldea) — *ia* fruta, *poc* estalar. Fructus dissiliens.
Juporé (Minas, Riacho, Povoação) — *hy-a-por*, agoa eu salto; aliis *japoporé* salto de galope.
Japuhiba (Rio de Janeiro, Enseada) — idem quod *Japoahiba*.
Jaraguá (Goyaz: Rio, Villa; Santa Catharina: Ribeirão; Alagoas: Porto) — *iara* senhor, *gua* de campo. Dominus camporum.
Jararaca (S. Catharina, Serra) — cobra *Jararaca*, Cophias atrox.
Jaraubahiba (Mato Grosso, Ribeiro) — *Jaraoba-iba* arvore Bignoniacea (vix Tanaecium Jaroba L.). Aliis *jara* senhor, *uba* canoa, *iba* arvore. Arbor pro scapha ducis.
Jari, *Jarhy* (Pará, Rio) — *jara* senhor, *hy* agoa.
Jariguá (Paraguay, Fazenda) — *jara* senhor, *igoa* bom (*igoaçú* nobre). Aliis *jara gua* senhor do campo.
Jarixinó (Rio de Janeiro, Serra) — corruptum — ?
Jatobá (Ceará: Serra; Parahiba, Minas: Lugarejo) — arvore *Jatobá*, Hymenaea.
Jatauarana, *Jatuarana* (Alto Amazonas, Lagoa) — *Jatoba-rana* Hymenaea spuria.
Jatubá (Mato Grosso, Rio; Piauhy, Lugarejo) — idem quod *Jatobá*.
Jaumuhi, *Jaumuhy* (Alto Amazonas, Rio) — Rio do peixe *Jaú*.
Jaury, *Jaurú* (Mato Grosso, Rio, Serra) — Etymologia praecedentis aut: *urú* vazilha, cestinho; vas, corbis.
Jecú (Espirito Santo, Rio) — pro *jequi*, *gequi*, *jiqui*, nassa, covo; sportula.
Jequetahi, *Jequetahy*, *Jiquitahy* (Minas, Rio) — *jequi* covo, *ta* para tomar, *hy* rio. Fluvius pro sportulis.
Jequi (Ceará, Povoação) — idem quod *Jecú*.
Jequia (Alagoas, Rio) — idem.
Jequibá, *Jiquibá* (Alagoas, Lagoa) — *jequi* covo, *iba* arvore. Arbor sportularum.

Jequitibá (Minas, Ribeiro, Lugar). Locus, *tyba*, sportularum *jequi*, arbor Couratari domestica, legalis Mart. et aliae.
Jequitinhonha (Minas, Rio) — *jequi-t-nhinhe*, covo frequentado; sportula semper plena.
Jericoacoára (Ceará: Enseada, Morro, Povoação) — *jerú*, *ajerú* ave papagaio, *guá* variada, *coara* buraco. Domicilium psittaci variegati.
Jerimuábo (Bahia, Lugarejo) — *jerumu*, *jurumú*, abobara v. cabassa, *moaba*, *moapung* farta. Fructus Cucurbitae maximae, carne molli farctus.
Jerubatiba, *Geribativa*, *Jurubatuva* (Rio de Janeiro, Povoação) — *jua* baga, *ju* espinho, (*r*)*iba* arvore, *tyba* lugar. Locus arborum bacciferarum v. spinosarum.
Jerumenha (Piauhy, Villa) — *jerumú* abobara, *meeng* dar.
Jeuipe (Bahia, Ribeiro) — *jeupyr*, corruptum *yupi* sumir, adscendere.
Jiquia (Alagoas, Rio) — conf. *Jecu*, *Jequi*.
Jiquibá, *Jequibá* (Alagoas, Lugarejo) — *iba* arvore, *jiqui* covo; arbor nassae.
Jiquié (Bahia, Rio) — *giqui*, *jiqui*, *jecú* naza, para apanhar peixes.
Jiquiriçá (Bahia, Rio, Povoação maritima) — *jukyra* sal, *çabáa* enseada. Sinus salis.
Jiquitahy (Mato Grosso, Cachoeira do Rio Cochim) — agoa da arvore *Jequitibá*.
Joatinga (Rio de Janeiro, Montanha) — *jua*, *joa* baga, *tinga* branca Bacca alba, pellucida.
Joazeiro (Bahia, Villa) — spuria vox. *Joazeiro* Brasiliensibus est arbor Zizyphus Joazeiro Mart., baccas proferens.
Jopymong (Pará, Sitio no Amazonas) — marezia, tempestas.
*Juassema**) (Bahia, Rio) — *jua* baga, *eyma* sem. Aliis *hy* aqua, *ux* comer, *eyma* sem; locus sterilis, terra famelicosa.
Jucaiacanga, *Jucaicanga* (Rio de Janeiro, Povoação) — *juca* morta *acanga* cabeza. Caput mortuum v. mortui. Aliis mutatione literarum pro *Jacuacanga*.
Juçára, *Jussára*, *Jissára* (Alagoas, Povoação) — comichão, coceira. Pruritus et palma Euterpe.
Jucoca (Ceará, Fazenda) — *jucey* comer, *oca* casa: casa farta; domus opulenta, commeatus plena. Aliis *ju oca*, casa d'espinhos.
Jucunem (Espirito Santo, Lagoa) — *jucey* comer, *nem* vamos! edamus! Aliis a *juçéne* derramar, desaguar (para o Rio Carahipe).
Jucurucú (Bahia, Rio) — corrupta vox? *ju* espinho, *urucú* tinta vermelha (fruticis Bixae Orellanae).
Jui (Alto Amazonas, Rio Yupura) — *jui* ram, fluvius ranarum.
Juina (Mato Grosso, Rio) — ? *jui* ram, rana.
Jumirim (S. Paulo, Cachoeira no Rio Tieté) *jyb*, *jub* abaixo, *uejú* descer, *mirim* pequeno: descida pequena. Cataracta parva.

---

*) Vielleicht sind einige der hier folgenden mit *ju* zusammengesetzten Worte theilweise aus der Gez-Sprache abzuleiten, in welcher *ku*, *dzu*, *tsu* Wasser bedeutet.

Jundiahi, *Jandiahy* (S. Paulo, Villa) — rio do peixe *Jundiá*, Platystomae spatulae Agassiz.

Juparanan (Espirito Santo, Lagoa) — *jui-paraná* mar de rans. Mare ranarum.

Jupia, *Jupya* (S. Paulo, Cachoeira no Rio Paraná) — *jyb-hy* agoa deitada, descida d'agoa. (*juru jyb* deflexio oris, reverentia).

Juquiriquerê (S. Paulo, Enseada) — *jukyra* sal, *ike* aqui, *erurê* trazer. Locus unde sal trahitur.

Jurê (Ceará, Ribeiro) — contractum e *jui reru* vasilha de rans, vas ranarum.

Jurêa (S. Paulo, Ponta de terra) —

Jurerê-mirim antigo nome da ilha de S. Catharina. Cfr. *Jurê*.

Juriari (Rio de Janeiro, Ribeiro, Lugarejo) — corruptum pro *Jurara-hy* agoa de cagado, fluvius testudinum.

Jurubauba (Mato Grosso, Ribeiro) — *ajurú* papagaio, *uba*, *iba* arvore. *ajura-uba* amplificatur immissa syllaba *ba*.

Jurubaxy, *Jurubaji* (Alto Amazonas, Rio) — *ajurú* papagaio, *uba* arvore. Ante *y* vel *hy* immittitur *x* aut *j*.

Juruêna (Mato Grosso, Pará, Rio) — Vox hybrida: significat fluvium Psittacorum *ajuru*: tupi; *ena*, *eni*, *ueni*, *tuna* aqua in lingua Moxa, Maypures, Tamanaca etc.

Juruá, *Juruha*, *Hyururá* (Alto Amazonas, Rio) —

Jurujuba (Rio de Janeiro, Freguezia) — *ajuru juba* papagaio amarello. Aliis *jurú juba* cara amarella, facies pallida.

Juru-merim (S. Paulo, Cachoeira no Rio Tieté) — *ajuru-merim* papagaio pequeno.

Juruoca (Rio de Janeiro, Serra, Povoação) — domicilium psittacorum.

Jurupari-pira (Alto Amazonas, Lagoa no Madeira) — peixe do diabo. Piscis diaboli, quia piscis hujus lacus insipidi.

Jussiape (Bahia, Rio de Contas) — Etymologia dubia. *Jui* ram, *yaça* nadar para a terra, *pe* caminho.

Jutahi, *Jutahy* (Alto Amazonas, Rio) — arvore *Jutay*, Hymenaea.

Juturnahiba (Rio de Janeiro, Lagoa) — ? Aliis *Jnhuturunahaba* derivatur nonnullis a *enoi* pôr, *turú* verme, *uba* canoa.

Juba, *Juva* (Mato Grosso, Ribeiro) — *juba*, *juba* braço, brachium. *Ajuba* est arbor Laurinea.

Lambari, *Lambary* (Minas, Rio de Janeiro, Rio) — vox spuria.

Mabba (Alto Amazonas, Ribeiro) — *mapá* v. *amapá*: Galibi, *mabi*: Caraibornm insularium est *Batata*, tuber.

Mabbé (Alto Amazonas, Villa) — etymologia praecedentis.

Mabuyauhu (Alto Amazonas, Rio) — *mobuy*: Galibi significat: tu tems vindo, venisti. Et est salutatio. Cfr. p. 358.

Macabú (Rio de Janeiro, Ribeirão) — *maem* (ç) *apoe*, olhar longe, prospectus extensus, quia fons in monte alto.

Macacú (Rio de Janeiro, Serra, Rio, Villa) — *macaca-hy* aqua simiae. Inde *Macacos* nomen diversorum locorum.

Macahé (Rio de Janeiro, Serra, Rio, Villa maritima) — etymologia dubia, *ma* interrogativo, *caa* mato, *ae* este? vel *amaca ae*, rede de dormir delle.

Macaia (Minas, Povoação) — *ma, caa, aia*: interrogat. mato sadio?

Maçambaba (Rio de Janeiro, districtus: praia arenosa, alagadiça, doentia) *mbaacy* (*mbae acy*) doentes, *pabe* todos. Omnes aegrotant.

Macambira (Ceará, Ribeiro) — especie de Bromelia: *amaca* rede de dormir, *embira* casca d'arbore ou fio tirado de folhas. Bromeliaceae, e quarum foliis fila pro lectulis extrahuntur.

Macapá (Pará, Comarca, Villa; Ceará, Povoação) — contractum e *Macaca-iba*, arvore Leguminosa (Centrolobium?). O corte desta madeira (vermelha ondeada de preto) e preciosa era no seculo passado muyto frequente no lugar, que delle tirou nome.

Maçarubi (Alto Amazonas, Porto) — *ma-ça-rupi* poronde?

Macaúba (Bahia, Villa; Minas, Lugarejo, Ribeiro) — contractum e *amaca* rede de dormir (nunc in lingua gener. *maquira*), *ïiva* arvore. Arbor lectus pensili, palma Acrocomia et aliae, in foliis fila praebens.

Macaxera, *Macaxeira* (Pernambuco, Lugarejo) — raiz da *Mandioca doce*, Manihot Aypi Pohl.

Machupo (Mato Grosso, Ribeiro) — *majoi-po*, aza de *Andorinha*, ave Hirundo Tapera.

Macuary, *Maguary*, *Magoary* (Pará, Cabo) — ave *Magoary*, Ardea çocoi L. ibi frequens.

Magé (Rio de Janeiro, Rio, Villa) —

Mahú (Alto Amazonas, Rio) — *mahu*: Galibi, planta Malvacea, Paritium tiliaceum.

Mairy — cidade; civitas, urbs.

Majuhuichi (Alto Amazonas, Rio) — corruptum pro *majoihu* agoa de *Andorinha*, ave Hirundo Tapera.

Mamanga, *Mamanguá* (Rio de Janeiro, Freguezia) — arbusto medicinal, Cassia medica Vell.

Mamanguápe (Parahiba, Villa, Rio) — *mamanguá pé* lugar da planta *Mamangua*. Aliis videtur vox hybrida: *mamão* in lingua Aruac et aliis arvore fructifera Carica Papaya, et *guabe*, *guabo* ego edo.

Mamão (Pará, Lugarejo) — *mamão* fruta de arvore, tupice *Jaracatiá*.

Mambaba (Ceará, Povoação) — *mame* donde, *aba* o homen. Unde vir?

Mambucaba, *Mombucaba* (Rio de Janeiro, Rio, Freguezia) — favo *caba*, da abelha *Mombuca*.

Mamoré (Mato Grosso, Rio) — corruptum e *mbae* couza, *oré* à nos, pertence a nos; quasi fluvius noster.

Mambituba, *Mampytuba* (Rio Grande do Sul, Rio) — *memby* v. *mamia* buzina, lugar, Rio das trompetas.

Mamia (Alto Amazonas, Rio) — ?

Mamuna (Maranhão, Rio) — *mbae monáne* couza misturada.

Manacarú (Alto Amazonas, Sitio) — *Manacá* arbusto, Brunfelsia Hopeana. He tãobem o nome, que se dá a moça mais bella de huma tribu, ou das que se achão juntas em alguma festa: Dias Diccion. da lingua Tupy p. 93. et *ru* est (*r*)*hy*: fluvius Brunfelsiae.

Manacapuru (Alto Amazonas, Feitoria) — *manaca poro*: o mais bello da gente. Significat domicilium eminens.

Mandahu, *Mandahy* (Ceará, Ribeiro, Serra) — *mandi* peixe, *hy* agoa, fluvius piscis Pimelodi maculati.

Mandaú (Alagoas, Lagoa) — idem.

Mandioca (Rio de Janeiro, Fazenda) — raiz comestivel da planta Manihot utilissima.

Mandioré (Mato Grosso. Lagoa) — peixe *mandi*, *oré* para nos.

Mandú (S. Paulo, Rio; Espirito Santo, Rio) — peixe *mandi*.

Manduba (S. Paulo, Entrada da Bahia de Santos) — contractum e *Mandu-tyba* lugar do peixe *Mandi*.

Mangaba (Mato Grosso, Cachoeiras) — arvore Apocynea de fruta comestivel, Hancornia speciosa. Unde vox *Mangabal*, ubi crescunt.

Mangabeira (Bahia, Serra) — vox hybrida: *mangaba* cum terminatione lusitanica *eira*.

Mangaratiba (Rio de Janeiro, Ribeiro, Villa maritima) — *mangará* especie de couve, alias *Batata da Bananeira*, Caladium, *tyba* lugar.

Mangariuva (Rio de Janeiro, Lugarejo) — *mangará*, *mancará* couve, *uva* pro *iba* planta.

Manguaba (Alagoas, Lagoa) — pro *Mangaba*. Aliis: quid tibi comendum?

Manguape (Alagoas, Rio) — item *Mangaba*, no caminho *pê*.

Manhâna (Alto Amazonas, Brazo do Rio Japurá) — *manhâna* vigia; custodia, vigiliae.

Mapendipe (Bahia, Povoacão) Cfr. *Baependi*. *mbae pe ndé ipé* couza qual a ti aqui? quaenam tibi hic res? quid hic tibi vis?

Maquipoó (Minas, Ribeiro) — idem quod *majoi-po* aza de Andorinha.

Maracanatuba (Alto Amazonas, Lagoa) — *maracana* papagaio, *tyba* lugar. Locus Psittaci nobilis.

Marabi (Rio de Janeiro, Ribeiro Pilar) — derivatur ab *ymirá*, *moirá*, *mara*. Vox ita deflectitur sensu ligni; *abi* agulha: igitur páo d'agulha.

Marabitanas (Alto Amazonas, Forte) — nome de Indios que assoprão frechinhas ervadas; i. e. agulhas de páo, *mar-abi*. (*jemuçara* frecheiro, *vyba merim açy* de pequena frecha venenosa).

Maracá (Pará, Ilha) — cascavel, crepitaculum magicum Indorum.

Maracabi (Alto Amazonas, Aldea) — *moira*, *mara* contractum ex *ymira* arvore, páo, madeira, praesertim pro ligno accipitur; *acapú* madeira preta dura (*aca* corno, *pu* v. *po* ramo).

Maracahipe (Pernambuco, Freguezia, Ribeiro) — *maracá* cascavel, *ipé* lugar.

Maracajú (Mato Grosso, Serra) — *mara acajú* páo de Acaju, Anacardium. Aliis: *maraca jyb* cascavel ao pé da serra.

Maracaná, *Maracanan* (Pará, Rio) — ave do genero Papagaio: Psittacus severus, Illigeri, gujanensis.

Maracú (Maranhão, Ribeiro) — contractum *ymira-urucú*.

Maragogipe (Bahia, Villa) — *ymira yupi pupe*, subir ou tropar o páo aqui; arborem adscendere hoc loco.

Marahu (Bahia, Rio, Villa) — *ymira-hy*.

Marajó (Pará, Ilha) — *ymira* v. *mara-jyb*, páo deitado (*jyb* abaixo). Arbor prostrata.

Marambaia (Rio de Janeiro, Restinga; Alagoas, Serra) — *mara ambáya* (*amby* sumo, *aia* salubre). Arbor salubris, medicinalis. Aristolochia.

Maranguape (Ceará, Povoação) — *mara* arvore, *angai* de nenhuma maneira, *guabe* comer. Arbor nullo modo edulis.

Marapatá (Pará, Brazo do Rio Tocantins) — peixe, an generis Mugil.

Marapendi (Rio de Janeiro, Lagoa) — *marapé ndé* que queres tu? donde vems? *mbae* couza, contractum *ma* que couza, *ára* agora, *pe* interrogativo. *ndé* tu. Quid tibi vis nunc?

Maratahoan (Piauhy, Ribeirão) — corruptum ex *ymira*, *moira*, *mara*, páo, *ita* pedra, *oane*. Arbor jam ligno indurato et persistente *). Aliis: *moar tatá* fazer fogo, *oane* já.

Maratuva (S. Catharina, Serra) — *ymira tyba* lugar de lenha, locus lignorum.

Marauhia (Alto Amazonas, Ribeiro) — nomen a tribu Indorum. Aliis *ymira* páo, *uh*, *hy* agoa, *ia* fruta.

Maribi, *Maripi* (Alto Amazonas, Povoação) — *mari* arvore *mari* v. *umari* Geoffraea; *ipé* lugar.

Maricá (Rio de Janeiro, Lagoa) — *maricá* barriga, ventrecha; venter.

Marim (Maranhão, Rio) — contractum pro *maruim* mosca.

Maripocú (Rio de Janeiro, Freguezia) — rectius *Maripecú*, *maripicu*; aliis *Marapicum* — *ymira*, *ipecú* páo da ave *Corta páo*, picus albirostris. Aliis *ymira apicúm*: arvore de restinga, in arenis maritimis.

Maripi (Alto Amazonas, Povoação) vide *Maribi*.

Mariuhai (Alto Amazonas, Ilha no R. Madeira) — *mari* arvore Geoffraea, *uh* agoa, *ai* pequena.

Maracutuba, *Maracatuba*, *Maracatyba* (Alto Amazonas, Lagoa) — *maracá* cascavel, *typa* lugar. Locus crepitaculorum magicorum.

Maruhi (Rio de Janeiro, Povoação; S. Catharina, Rio, Freguezia) — *maru*, *meru* mosca, *hy* agoa. Fluvius muscarum.

Maruhueni (Alto Amazonas, Rio) item. *Ueni* agoa: Tamanaco.

Maryhuá (Alto Amazonas, Aldea) — *mari* arvore Geoffraea, *hy* agoa, *a* demonstrativo: Locus Geoffraeae iste.

Massampaba (Rio de Janeiro, Restinga alagada do mar, Salina) — *mocém* estender, derramar, salgar, *pabe* tudo. Undique (mar) effusum; omne salsum.

Massaranduba (Pernambuco, Povoação) — *mocém* derramar, *ranhe* logo, *iba* arvore, que da casca, se for lesa, destilla hum liquido branco, que se torna em visco e *Guta percha*. Mimusops, Lucuma procera, arbores Sapotaceae.

Massarudúpio (Bahia, Morro) — *massaranduba* arvore, *yó* denota pluralidade.

Massaranguapé (Rio Grande do Norte, Povoação) — *guabe* comer. (Fructus Massarandubae sunt edules).

Massari, *Massary* (Pará, Rio) — *mocém* estender, alagar, *y* agoa. Fluvius inundans.

---

*) Etymologia eadem est verbo *Tapinhoan* (Sylvia navalium Allemão), Laurinea ligno in terra et aqua (in fundo, *tapy*) durabili.

Massurani, *Massurary* (Pará, Lagoa) — Etymologia praecedentis.
Mata-Matá (Minas, Serviço diamant.) — que couza hé? quid igitur?
Matari, *Matary* (Alto Amazonas, Rio, Lagoa) — *matá* interrogativo, *hy* agoa: que agoa he esta?
Mataripe (Bahia, Povoação) — *matá* interrogativo, *ipé* poronde: donde vem esta agoa?
Mataruna (Rio de Janeiro, Ribeiro, Povoação) — que bixinho?
Matoúra (Alto Amazonas, Rio) — *matá guira* corruptum *ura*, que ave?
Matuim (Bahia, Ribeiro, Freguezia) — *matuim* vel *mbatuim* ave vulgo *Masarico*, Charadrius.
Matupiri (Alto Amazonas, Ilha) — peixe, Chalcei species.
Maturá, *Matorá*, *Matury* (Alto Amazonas, Ribeiro) — contractum *mame* aonde, *tory* o facho? Ubinam taeda?
Mauá (Rio de Janeiro, Povoação) —
Mauhé (Pará, Rio) — Tribus de Indios: *Mauhé*, *Maué*.
Mbiaba (Sergipe, Serra) — *mbae-pe* interrogativo, que couza, quid est? vel *mbae-pe-aba* que homem? quis?
Mbois (S. Paulo, Aldea) — *mboi boi* jarretar. (Bobus) nervos interscindere.
Mearim, *Miarim* (Maranhão, Rio, Povoação) — ? an ex mutatione litterarum e *meruim* v. *marium* musca?
Meiaipi (Espirito Santo, Povoação) — *meapé* pão, panis.
Mequen (Mato Grosso, Rio, Indios) — *mocaen*, corruptum *moquem*, assar na labareda; assare, torrere.
Meripe (Parahiba, Ribeiro) — *merui-ipe* lugar de moscas.
Meruoca (Ceará, Serra) — *merui-oca* casa de moscas.
Messay (Alto Amazonas, Rio no Yupura) — pro *mocêm-hy*?
Miamai, *Miamahy*, *Miamaia*, *Amambahy* (Mato Grosso, Rio) — *ama-na-hy* agoa de chuva, aqua pluvialis.
Mipibú (Rio Grande do Norte, Rio, Villa) — nome de huma tribu de Indios Tupinambazes. *ypy* principio (scilicet *jande* nos) *ipo* na verdade. Somos certamente a cabeza do povo, a primeira origem. Primores gentis certo sumus.
Miriripe (Parahiba, Rio) — *mirim* pequena *hy* agoa, *pe* caminho.
Miriti, *Muriti* (Rio de Janeiro, Rio, Freguezia) — palmeira alias *Buri* Diplothemium caudescens. In mediterraneis *Buriti* v. *Miriti* est Mauritia vinifera, in septentrionalibus Mauritia flexuosa.
Miritiba (Maranhão, Povoação) — *miriti-tyba* locus Palmae Mauritiae flexuosae.
Mituapira (Rio de Janeiro, Ribeiro) — *mitú*, *mutum* ave Crax *apyri* junto de mim.; avis Crax prope, cominus.
Miúhá (Alto Amazonas, Rio) — *mi-ú* corruptum pro *mbae-ú*, res comestibilis, *a* affirmativum: tem muyto de comer.
Mocambo (Piauhy, Ribeiro) — vocabulum e lingua africana receptum: significat domicilium aethiopum fugitivorum.
Moconandiva (Maranhão, Ribeiro) — *moco-anoi-tyba*: animal *moco*, de outra banda, lugar. Locus Caviae rupestris ex adverso.
Mogi, *Mugy* (Minas, Serra) — *moxi* nas más horas; locus infaustus.

Mogi-guaçú (S. Paulo, Rio, Povoação) — locus infaustus major.
Mogi-mirim (S. Paulo, Ribeiro, Villa) — locus infaustus minor.
Mojú (Pará, Rio, Freguezia) — Etymologia praecedentis.
Molunga (Parahiba, Povoação) — *molungú*, *mulungú* arvore Erythrina.
Mompetuba idem quod *Mampituba* — lugar de buzinas.
Mondin (Pará, Rio na Ilha Marajó) — *mondé*, *mondéo* armadilha para apanhar peixes, *hy* agoa. Fluvius sportulae.
Moni, *Munim* (Maranhão, Rio) — etymologia praecedentis.
Moquen (Goyaz, Povoação) — *mocaém* assar na lavareda; assare, torrere.
Moruim (Sergipe, Villa) — *meruim* mosca.
Mossoró (Rio Grande do Norte, Salinas, Povoação) — *mocem* inundar, salgar. *O* augmentativo. Cfr. *Massampaba*.
Moxotó (Alagoas, Rio) — ? cauda de boi.
Muanda (Pará, Villa) — *mú* irmão, *ána* idem quod *uára* i. e. viri fratres.
Mucuri, *Mucury* (Minas, Rio) — *moco-r-hy* agoa do animal *moco*, Cavia rupestris.
Mugiquiçaba (Bahia, Ribeiro) — *moxi* malaventurado, *kyçaba* rede de dormir. Lectus pensilis infaustus.
Mumuaba, *Mumbaba* (Paraiba do Norte, Povoação) — *mu-mu-aba* fratres viri.
Mundibu (Alto Amazonas, Ilha no Madeira) — corruptum pro *mandubi*, *manobi* planta Arachis.
Muriahé (Rio de Janeiro, Rio) — *jemoroo* nutrir, (*muru* nutrimento) *ia* fruta, *e* por si mesmo. Locus qui fructus edules sponte largitur.
Muribeca (Pernambuco, Freguezia; Espirito Santo, Povoação; Bahia, Serra) — *mooro-pecu* mantimento comprido, lugar farto. Locus fertilis.
Murici (Alagoas, Povoação) — arvore *Murici*, Byrsonima, mantimento pobre.
Muriqui (Rio de Janeiro, Rio) — *jemoroo* nutrir, *aiké* contractum pro *aikobé*, tem, existe. Penus adest.
Muritiba (Bahia, Freguezia) — *tyba* lugar de mantimento *muru*, locus alimenti plenus.
Murucutuba (Alto Amazonas, Lagoa) — *murucú* clava militaris, *tyba* locus ubi arbores (palmae et Leguminosae) crescunt, e quarum ligno clavae fabricantur.
Múta (Bahia, Ponta de terra) — *muta-muta* v. *myta-myta* escada, scala, nisi vox lusitanica *muda* (muta cursum).
Mutuáca (Pará, Rio) — *mutum* ave Crax, *aca* corno.
Mutúca (Minas, Povoação) — insecto *tabão*, Tabanus.
Mutuns (Maranhão, Povoação) — *mutum* ave Crax.
Mutu-paraná (Mato Grosso, Rio) — *mutum* ave, *paraná* rio. Fluvius avis Crax.

Nagé (Bahia, Lugarejo) — contractum pro *Inajá*, palmeira.
Nanduy (Rio Grande do Sul, Ribeiro) — *nandu* ave vulgo *Ema*, *hy* agoa. Fluvius avis Rheae americanae.

Nápo (Peru, Rio) — vix vocabulum tupicum.
Natoba, *Natuba* (Parahiba, Povoação; Bahia, Aldea, nunc Soire) — an tupice? *toba* cara, rostro; *tuba* pae.
Neamundá, *Nhamundaz* (Pará, Rio) — nome de huma tribus de Indios.
Nhundiaquara (S. Paulo, Ribeiro) — *nhundia*, *nhamdia*, *jundia*, *jandia* peixe, *coara* buraco. Puteus piscis Pimelodi Nhamdia.
Nitherohi, *Nitherohy* (Bahia do Rio de Janeiro, Villa, olim Praia Grande.) — Explicatur vulgo: *nithero* escondido, *hy* agoa. Rectius *nitio-erombyg-hy* não acaba a agoa. (Agoa escondida he o Rio *Inhomerim*, a verbo *inhomime* v. *anhemime* escondido).

Oacari (Barrancos no Rio Japurá) — peixe *Acari*.
Oberava, *Uberava* (Mato Grosso, Lagoa) — *oba* folha, gemma de palmeira, *yroba* amargosa: cor palmae amarum.
Obú (Pernambuco, Lugarejo) — *oba*, *uba*, *ubu* folha.
Ojé pypyc oae (alias *Ygapo-oçú*) — agoas vivas; verbo: omne submersum.
Orindi-açú, *Orindi-mirim* (Rio de Janeiro, Ribeiros) — voces hybridae?
Orobó (Bahia, Serra; Espirito Santo, Aldea) — pro *Urubú* ave Cathartes.
Ororobá (Pernambuco, Aldea) — cfr. praecedens.
Ottinga cfr. *Bottinga*.
Oyapoc, *Oyapoque* (Pará, Rio) — *ojab* abrirse por si, *poc* rebentar: dissilire. Aliis *oyapuça* macaco Callithrix discolor.

Pacajáz, *Pacayá* (Pará, Rio) — nome de Indios, do animal *Paca*.
Pácas (Pará, Ilhota) — animal *Paca*, Coelogenys Paca.
Pacattá, *Pacatá* (Porto Seguro, Lugarejo) — an derivandum a voce *Paca*? an e lusitanico *paquete*?
Pacatuba (Sergipe, Aldea) — *Paca tyba* lugar do animal *Paca*.
Pacobahiba (Rio de Janeiro, Freguezia) — *Pacova-iba* avore *Pacóva*, Musa paradisiaca.
Pacoquia (Rio de Janeiro, Ribeiro, Lugarejo) — *paco* v. *pacova*, *kyia* v. *kyinha* verisimiliter planta Scitaminea, Costus.
Pacoti (Ceará, Ribeiro maritimo) — *paraná* contractum *pa* mar, *coti*, *coty* para: versus Oceanum.
Pacuhy, *Pacuí* (Minas, Rio) — *pacu* peixe, *hy* agoa.
Padauri (Alto Amazonas, Rio) — *padauá*, *patavouá-r-hy* palmeira do genero Oenocarpus, *hy* agoa.
Pajehú, *Pajaú* (Alagoas, Rio, Aldea) arvore *Pajaú*, Triplaris Pajaú et aliae.
Pajussára (Alagoas, Porto) — vox hybrida *páo* i. e. arvore, *jussára*, palmeira generice Euterpe.
Pambú (Bahia, Villa) — vox hybrida: *páo* arvore, *ambu* v. *imbu* Spondias.
Panati, *Pannati* (Rio Grande do Norte, Serra, Indios) — nome de hum Indio.
Panaühá (Pará, Ribeiro) — Etymologia incerta. *pana* erva Piperacea, Artanthe. — *panacú* cesto, corbes.
Panèma (Rio de Janeiro, Ilha; S. Catharina, Lagoa) — *panèmo* de balde, em vão. Locus sterilis.

Papára (Ceará, Serra) — *papára* especie de grama tenaz, para espartaria.

Papari, *Papary* (Rio Grande do Norte, Lagoa, Freguezia) — *papary-hy*. Cfr. praecedens.

Papoá (S. Catharina, Serra) — *apuam* globo, bola. Mons rotundus.

Papuan (Mato Grosso, Povoação) — etymologia praecedentis.

Paquequer, *Pacaquer* (Rio de Janeiro, Rio) — *paca* a animal, *ker* dormire. Coelogenys Paca dormit.

Paquetá (Rio de Janeiro, Ilha) — corruptum e lusitanico *paquete?*

Pará (Provincia) — contractum e *paraná* fluvius magnus vel mare. „Origina o nome das primeiras syllabas de *Parana-assú*, que na lingua Tupinamba significa *Rio grande*, pelo qual os Indigenas conhecião o das Amazonas." Cerqueira e Silva Corografia paraënse p. 1.

Paracatú, *Piracatú* (Minas, Rio, Cidade) — *pira* peixe, *catú* bom; piscis sapidus, salubris.

Paragaú (Mato Grosso, Rio) — *paragoá* v. *paraguá* papagaio, *hy*, *hú*, *u* agoa. Fluvius psittacorum.

Paraguaçú, *Peraguaçú*, *Peruaguaçú* (Bahia, Rio) — *paraguá-açú* psittacus magnus.

Paraguai o grande Rio *Paraguay* vide *Paragaú*.

Parahiba, *Paraiba* (Provincia, Cidade capital da provincia, Rio; Rio de Janeiro, Rio) — Etymologia diversa: *paraiba* arvore Simaruba versicolor S. Hil., aut Leguminosa. Aliis: agoa clara: Milliet.

Parahibuna, *Paraibuna* (Minas, Villa, Rio) — *para-hy-buna* rio de agoa preta.

Parahim (Piauhy, Rio) — *para-i*, *para-im*, rio delgado, fino. Fluvius tenuis.

Parahitinga (S. Paulo, Villa) — *para-hy-tinga*, rio de agoa clara. (de agoa estanque: Milliet, perperam).

Para-mirim (Bahia, Rio, Povoações) — *para* rio, *mirim* pequeno.

Paramopáma (Sergipe, Ribeirão) — *pará* rio, *mopanemo* frustrar. Spem fefellit (scil. piscatus).

Paraná (Rio Grande limitrophe dos Estados argentinos) — *paraná* mar. *balánna* Caraib. insular.

Parana caryca o mar corre, recessus maris.

Parana eviké vel *oiké açú*, o mar enche, accessus maris.

Paranacicaba corruptum pro *parana piaçaba* leixadura do rio (Serra em S. Paulo).

Paranaguá (S. Paulo, Bahia, Villa maritima; S. Catharina, Rio) — *parana* o mar, *coae!* eis aqui. Ecce Oceanum.

Paranahiba (S. Paulo, Villa; Mato Grosso, Ribeiro) — *parana hy bá* ad mare aqua it. Aliis: rio de muyta agoa (*hy-b-a*): *a* augmentativo.

Paranaiva: Milliet, alias *Parnahiba*, *Paranahiba* (Goyaz, Rio) — Etymologia praecedentis.

Parana-hy (passim) — agoa de mar.

Paraná mirim (Pernambuco, Ribeiro) — *parana* mare, *mirim* parvum.

Paranán (Minas, Goyaz, Serra, Vão, Rio) — contractum e *parana nhane*

i. e. verso o grande rio corre. Territorio alto, cujos fontes correm verso os grandes rios Tocantins ou de S. Francisco.

Paranapanema (S. Paulo, Rio) — *parana* rio, *panema* vazio, sem peixe ou que não dá navegação.

Paranapetinga (Mato Grosso, Ribeiro) — *parana* rio, *pe* caminho, *tinga* clara, limpo.

Parana pexuna (Alto Amaz.) — Rio Negro.

Paranapiaçaba Cfr. *Paranacicaba.*

Paranapitanga (S. Paulo, Povoação) — *parana* rio, *mitanga* juvenil, pequeno. Aliis *pitanga* arbusto de fruta comestivel Myrtacea, Stenocalyx Michelii.

Paranapucuhy (Rio de Janeiro, Aldea) — *parana* rio, *pucu* comprido v. depressa, fluvius celer. Aliis *parana-pococ* avançar: Rio que se ajunta ao mar.

Paranatinga (Goyaz, Rio) — *parana* rio, *tinga* claro.

Paranaúha, Pernaguá (Piauhy, Lagoa) — *parana* rio *u* v. *hy* agoa, *ha* augmentativo: fluvius multae aquae.

Parapamba (Pernambuco, Ribeiro) — corruptum pro *pira pana pana* peixe lusitanice *Cação.*

Paratari (Alto Amazonas, Rio) — contractum e *parana tarau* rio da ave *tarau*, Ibis oxycercus Spix.

Parati (Rio de Janeiro, Cidade; S. Catharina, Ribeiro) — pro *pira-ti* v. *paratim* piscis nasutus. *Tainha* lusitanice, Mugil Curema.

Paratica (Bahia, Povoação) — cfr. sequens.

Paratigi (Alagoas et Bahia, Ribeiro) — rio da ave *tico*. Fluvius Fringillae, Zonotrichae matutinae.

Parati-guaçu- — mirim (Rio de Janeiro, Ribeiro, Povoação) *pira-tim* major, minor. Cfr. *Parati.*

Paratinga pro *Parahytinga* (S. Paulo) Cfr. *Paranatinga.*

Paratini, Piratini (Rio Grande do Sul, Ribeiro) — *pira-tim-hy.*

Paraüari (Districto no Alto Amazonas) — *paragua-ar-hy.* Agoa aonde os papagaios se levantão.

Paraúhaú (Pará, Ribeiro) — *parauá* macaco Pithecia hirsuta Spix, *hy*, *ú* agoa.

Parauhiba (Alto Amazonas, Ilha do Rio Madeira) — *parauá-iba* arvore de macaco.

Paraúna (Minas, Ribeiro, Povoação) — arvore *Brahúna, Parova-una, Praúna*, Leguminosa, Melanoxylon Braúna Schott. Aliis *Paraná-una* rio negro.

Paraopeba, Paraupeba (Minas, Rio, Povoação) — *para apeba*, rio chato, fluvius vadosus.

Pareci, Paricis (Rio Grande do Sul, Ribeiro); Mato Grosso, Serra) — nome dos Indios Parecis.

Pari (Mato Grosso, Rios) — ? *parú* piscis marinus. *parú* idem quod *baru*, *cumbarú* arvore da fava de Tonca, Dipteryx.

Paricatuba (Pará, Povoção) — *parica* arvore Leguminosa, Mimosa acacioides. *tyba* lugar.

Parime (Guyana, Serra) — ?

Paripe (Bahia, Povoação) — *paru* piscis Pomacanthus Parú, *ipe* locus.
Paripueira (Alagoas, Ribeiro) — nomen hybridum: *pari* — *ipueira* vox e tupico *hy-pabe*, terminatione lusitanica.
Parnahiba (Piauhy, Rio, Villa) — vide *Paranahiba*.
Paroba, *Parobas* (Espirito Santo, Lugarejo) — *parova* arvore generis varii: Melanoxylon Parauna, Aspidosperma (*Peroba*).
Parú (Pará, Serra, Rio) — *paru* peixe do mar Pomacanthus Paru, *baru*, *cumbaru* arvore da fava de Tonca, Dipteryx.
Patatiba (Bahia, Aldea, nunc Villa Verde) — *pati* palmeira Syagrus botryophora, *tyba* lugar.
Patia (Alto Amazonas, Ribeiro) — ? *pati-oba* folha de palmeira *pati*.
Patipé (Minas, Rio) — *pati-pe*.
Patityba (Rio de Janeiro, Rio) — *pati-tyba*. Locus palmae Syagri botryophorae.
Pattu (Rio Grande do Norte, Serra) — pro *Pati*?
Paué, *Paués*, contractum ex *hy pabe* i. e. agoa tudo, terreno alagadiço, unde vox hybrida *Ipueira*.
Pauxis (Pará, Villa de Obydos) — ave Crax tuberosa. Vox non tupica.
Pavúna (Rio de Janeiro, Rio) — ? — *una* (*pixuna*) preto.
Pecinguaba (S. Paulo, Enseada) — corruptum pro: *picyronçaba* perfugium, praesidium, portus. Aliis *Petimguaba* peixe marino, Fistularia tabacaria.
Penitiva (Rio de Janeiro, Lugarejo) — Lugar da arvore *Peni*, Sapium aucuparium.
Pepiri, *Pipiri*, *guaçú* et *mirim* (S. Paulo, Rios) — *pipora* rasto, vestigia gradientium. (Aliis *Pequiri*, *Repiri*).
Pequiri (Mato Grosso, Aldea) — *picui* ave pomba, (*r*)*hy*; aqua columbae.
Pereá (Maranhão, Rio) — *pereá*, *preha*, *preá* animal Cavia Aperea.
Periperi (Parahiba, Lago) — *peri*, *pery* junco, campo humido, pantano. In linguam lusitanicam receptum plurali *perizes*.
Peripueira (Alagoas, Povoação) — vide *Paripueira* et *Periperi*.
Pernaguá, *Parnagua* (Piauhy, Lagoa, Villa) — vide *Paranaguá*.
Pernambuco, *Paranabuca* — *parana* mar, *por* arebentado, mar cavando os rochedos. Oceanus per scopulos (*Recife*) irrumpens.
Peróba, *Peróbas* (Espirito Santo, Povoação) — arvore *Peroba*, Aspidosperma et aliae.
Perpetinga (Minas, Ribeiro) — e contractum *peroba tinga* Aspidospermum.
Pertininga (Rio de Janeiro, Povoação, Lagoa) — *parana* mar, *tining* seccar, mare exsiccatum.
Peruhipe (Bahia, Rio) — ? an vox hybrida: *perú* ave introducta Meleagris Gallopavo, *ipe* locus ubi.
Pessinguaba (S. Paulo, Enseada) — corruptum e *mocem pabe*: agoa de mar extensa, salgado tudo.
Petetinga (Rio Grande do Norte, Ponta de Costa) — *petum*, *pety* tabaco, vel *poti*, *potim* camarão, *tinga* branco.
Petim (Rio Grande do Sul, Ribeiro) — *petum*, *pety* tabaco, planta Nicotiana; aliis *potim* camarão, Palaemon.

Piagui (Bahia, Povoação) — *piau* peixe, *hy* agoa.
Pianco (Parahiba, Serra, Rio, Villa) — contractum e *picui* ave pomba, *angaù* murmura; columba gemens, truculans.
Piaughuhy (Mato Grosso, Ribeiro) — *piau* peixe, *hy* agoa.
Piauhi, *Piauhy* (Provincia, Rio; Sergipe, Rio; Minas, Rio) — idem quod praecedens.
Pihiba, *Piba* (Rio de Janeiro, Serras, Povoação) — contractum ex *ipe-iba* arvore Bignoniacea.
Pindamonhangaba, *Pendamonhangaba* (S. Paulo, Villa) — *pinda* anzol, *monhangaba* fabrica. Locus ubi hami fabricantur.
Pindaré, *Pinaré* (Maranhão, Rio) — *pinda* anzol, *recé* v. *ré* por cauza, quasi fluvius, qui hamos exercet.
Pindobas, *Pindova* (Ceará, Povoação) — *pindoba*, *pindova* palmeira Attalea compta.
Pindotyba (Rio de Janeiro, Serra) — contractum e *Pindova tyba*.
Pioca (Alagoas, Lugarejo) — *pium-oca* caza de moscas; domus muscarum.
Piohim (Rio de Janeiro, Ribeiro) — *pium-hy* agoa de moscas.
Pipira (S. Paulo, Rio) — *pipora* rasto, vel *pira pora* cheio de peixe. Aliis *pe pira* caminho do peixe.
Pipirituba (Parahiba, Lugarejo) — *pipora-tyba* lugar de muytos rastos, locus hominibus frequentatus.
Pipuáca (Alto Amazonas, Ilha do Rio Madeira) — *pypo* penna, *aca* corno; ala avis cornuta (Palamedeae).
Piquiry (S. Paulo, Mato Grosso: Rios) — *picui* pomba, *hy* agoa.
Pira-bireba (vel ut in omnibus compositis *Pyra-bireba*, S. Catharina, Ribeirão) — *pira* peixe, *bera-berab* fusillante, piscis lucens.
Piracanjuba (Goyaz, Rio) — *pira* peixe, *çanha* dente, *juba* amarella, piscis dentibus flavis, Serrasalmo.
Piracatú rectius quam *Paracatú* (Minas, Rio, Cidade) — peixe bom.
Piracicába (Minas et S. Paulo, Povoação) — *pira* peixe, *ycica* grude, *caba* lugar de fazer. Fabrica ichthyocollae.
Percicaba (Minas, Rio) vox praecedens corrupta. (Perperam explicatur a Milliet II. 318: *pira* peixe, *cy* luzente, *caba* obscuro).
Piracinunga (Rio de Janeiro, Povoação) — *pira* peixe, *cigie* tripa, *mungar* parece. Speciem prae se fert intestinorum piscis.
Piracoara (Rio de Janeiro, Ribeiro) — buraco de peixe.
Piracrúca, *Piracorúca* (Piauhy, Ribeiro, Villa) — *pira* peixe, *coróca* ave?
Piracunán (Maranhão, Rio) — *pira* peixe, *acauan* ave Falco cachinnans.
Piragy (Corrientes, Ribeiro) — Cfr. sequens.
Pirahi, *Pirahy* (Rio de Janeiro, Rio, Villa; Rio Grande do Sul, Povoação) — *pira* peixe, *hy* agoa.
Pirahi-tinga contractum *Paratinga*, *Patinga*, *hy-tinga* agoa clara.
Piraia-nara (Alto Amazonas, Ilha no Madeira) — *pira* peixe, *aia* sadio (*n*)*ara* tempo, occasião. Tempus captandorum piscium salubrium.
Piraim (Mato Grosso, Povoação, Rio) — *pira-hy* et *i* pequeno.
Pirajá (Bahia, Povoação, Rio) — *pira* peixe, *auje* v. *jabé* bastante.
Pirajuçara (S. Paulo, Povoação) — *pira* peixe, *juçára* comichão, sarna. Piscis pruritum gignens.

Pirajuquia, Pira-giquia (Bahia, Freguezia) — *pira* peixe, *giqui* naza.
Piranga (Minas, Freguezia) — *piranga* vermelho, (terrenum) rubrum.
Pirangi (Ceará, Rio) — *piranga-y* rio vermelho.
Piranguára (Rio de Janeiro, Serra) — *piranga coara* buraco vermelho, cavum rubrum.
Piranha, Piranhas (Rio Grande do Norte, Povoação) — *pira sainha* piscis dens, peixe *Tizoura*.
Pirapetinga, Pirapitinga (Rio de Janeiro et Goyaz, Rios) — peixe, especie de Characinus.
Pirapitanguy (Paraguay, Rio) — Rio de peixe saboroso.
Pirapirapuan (S. Paulo, Monte aurifero) — *pirar* abrir, descobrir, *apoam* globo. Aperi aperi colliculum!
Pirapó (S. Paulo, Paraguay, Rio) — *pira-po* braço de peixe, pinna piscis.
Pirapora (Minas, Cachoeiras nos Rios de S. Francisco e Xopotó, Povoação) — *pira pore* salto de peixe, vel *pora* habitante. Locus ubi pisces saltant aut habitant.
Piraporary (Paraguay, Rio) — Cfr. antecedens.
Piraquara v. *Piracoara*. Puteus piscium.
Piraqué (Rio de Janeiro, Ribeiro) — *piraqué* Bras. *peixe viola*, Rhinobatus undulatus. Cfr. sequens.
Piraquera (S. Catharina, Lagoa) — *pira queira* Bras. *peixe Rey*.
Piràra, Pirarára (Alto Amazonas, Aldea, Rio) — peixe *pira-arára*, Silurus Pirarara.
Pirassenunga vide *Piracinunga*.
Piratinga (Rio de Janeiro, Rio) — *pira-tinga* peixe branco, Characinus.
Piratini, Piratinim (Rio Grande do Sul, Serra, Rio, Villa) — *pira tinga i* peixe branco pequeno.
Piratininga (S. Paulo, Rio, Campo) — *pira tening* peixe secco.
Piratyba passim — pesqueiro, piscina.
Piriá (Pará, Freguezia) — *pira* peixe, *a* augmentativo, muyto peixe.
Piriqui (Espirito Santo, Povoação) — *pira iqué* o peixe entra, aliis *pira iké* ahi está. Piscis intrat, adest.
Piruibe (S. Paulo, Ribeiro) — pro *pira pupé* peixe em. Piscis adest.
Pitanga (Bahia, Rio Grande do Norte, Rios) — arbusto Myrtacea, de fruta comestivel. Stenocalyx Michelii.
Pitangui (Minas, Villa) — *pitanga-hy*.
Pitas (Mato Grosso, Monte) — *pita* planta Fourcoya gigantea.
Pitimbú (Parahiba, Povoação) — *piter* chupar, *ambu* fruta da arvore Spondias. Sugere fructum Spondiae.
Pitundúba (Cachoeira no Rio Tieté) — *pituna tyba* escuro lugar, aliis *pita tyba* lugar de pita.
Piúma (Espirito Santo, Aldea) — *pim* picar, *pium* mosca, insectum Simuleum.
Piumhy (Minas, Villa) — *pium-hy* agoa de mosca.
Poconé (Mato Grosso, Villa) — nome dos Indios *Ipoconé* (*Beripocone*). Derivatur e verbo *pooca* apanhar, prender, quasi capti a duce *Beri*.
Pojuca (Bahia, Rio, Povoação) — ? *po* mão, *juca* mata.

Ponchim (Sergipe, Ribeiro) — *poncho*, *pongo* manto dos Paulistas. Vocabulum introductum. (*Pongamo* homo vestidus: Cumanensibus).
Popoca (Parahiba, Rio) — v. *Ipopoca*.
Poraqué-coara (Alto Amazonas) — buraco do peixe Gymnotus electricus.
Potengi, *Potingui* (Rio Grande do Norte, Rio) — *poty*, *potym* camarão, *hy* agoa v. *gui* oh! ecce!
Poti, *Potim*, *Poty*, *Puti* (Piauhy, Villa) — *poty* camarão, Palaemon.
Potiguares, *Potijaras*, *Potyuaras* — Indios da gente de Tupi, que comem *poti*.
Poxim (Alagoas, Rio, Villa; Bahia, Sergipe, Rios) — *poxi*, *puxy*, *puxim* feo, foedus.
Prehá (Maranhão, Aldea) — *preha* animal Cavia Aperea.
Pregibahy (S. Catharina, Morro) — *brejauba*, *prejuhuva*, *perehauva*, *prehauva* arvore da Cavia Aperea, palmeira, Astrocaryum Ayri, *hy* agoa.
Priáca (Alagoas, Serra) — *pria* v. *preha* animal, *aca* corno, mons Caviae Apereae.
Priaóca (Ceará, Serra) — *priá-oca*, domicilium Caviae.
Propiha (Sergipe, Villa) — antigo nome de hum Indio.
Pupunha (Alto Amazonas, Sitio) — *pupunha* palmeira Guilielma speciosa, que foi antigamente culta, por ração das frutas carnosas. Nomen chilense: *pupn*, *pupun*, caro fructus et *ia* fructus.
Puraqué-coára v. *Poraque-coára*.
Purina (Rio de Janeiro, Ribeiro) — *Puri* tribu dos antigos Crens ou Botocudos.
Purú, *Puruz* (Alto Amazonas, Rio) — nome dos Indios Purupuruz.
Puti v. *Poti*.
Pyrahim (Piauhi, Rio) vide *Parahim*. Derivatur quoque a *pira* et *hy*.

Quajuhá, *Guajuhá*, *Coajuhá* (Pará, Rio) — *guaia* caranguejo do genero Guaia e Carcinus.
Qualeguay (Banda Oriental, Rio) —
Quariteré, *Coariteré* (Mato Grosso, Rio) — *cua* bacca, *hy* aqua, *teré* abundat. Lugar de muytas bagas.
Quatiás, *Coatiás* (Rio de Janeiro, Ribeiro) — *Coati* animal Nasua.
Quatis, *Coatis* (Minas, Serra) — idem ac praecedens.
Quebrobó, *Cabrobó* (Pernambuco, Povoação) — *caa-urubu* arvore ou mato da ave *Urubu*, sylva Cathartis.
Quecuené (Alto Amazonas, Rio Branco) — vox non tupica, sed linguae Baré: *tikine* branco, *uni* agoa. Fluvius albus.
Quemehucury (Alto Amazonas, Ribeiro) — *coéma* amanhã, *ú* comer, *cury* futuro. Mane edam.
Quibanguça vulgo *Quinbango* (Rio de Janeiro, Lugarejo) — ?
Quiepe (Bahia, Ilhota) — *coipé* cu, podex.
Quihiuni (Alto Amazonas, Rio) — vocabulo da lingua Baré, Tamanaca etc. *uni*, *veni* agoa.
Quilombo (Minas, Povoação) — lingua Angolensium.

Quinimurá (Bahia) — nome de Indios.
Quipapa (Alagoas, Povoação) — ?
Quiracoyava v. *Araçoyava*.
Quiricaré contractum *Cricaré* (Bahia, Rio) — *qui* exclamatio oh! *ygara* canoa. O! scapham adducas rel.
Quixába (Parahiba, Lugarejo) — *qui* vocativo, *aba* vir, oh homem! aliis *qui xe àba*: oh ego (sum) vir.
Quixara (Ceará, Ribeiro) — *qui* vocativo, oh senhor! aliis *qui xe uara*: oh ego (sum) dominus.
Quixeramobim (Ceará, Villa, Rio) — *qui, xere amobinhe* oh, ego alio tempore! comminazão. Quos ego alio tempore!

Reritiba, *Reritigba* (Espirito Santo, Aldea) — *rery* ostra (*reru* vasilha) *tyba*. Locus ostrearum, vasorum.

Sabaá — enseada de rio e de mar, sinus.
Sabará (Minas, Cidade) — vox hybrida: *sabarú* sabado, *ara* tempo, dia.
Saçuhy (Minas, Rio) — *sasy* v. *sasu* ave Coracina ornata, *hy* agoa.
Saguaçu (S. Catharina, Ribeiro) — *sai* v. *sahy-açu* ave Tanagra Sayaca.
Saguim (Sergipe, Ribeiro) — *saguin*, *sahuim* simiae minores, Hapale, Chrysothrix.
Sahi (Bahia, Missão; S. Catharina, Rio, Povoação) — *sai*, *sahy*, *çahy* macaco Cebus fatuellus.
Samambaia (Rio de Janeiro, Povoação; Mato Grosso, Rio) — *samambaia* filix.
Sambé (Rio de Janeiro, Serra) — *çaimbé* aspero, quino, gume: asperum, angulus, acumen.
Sambita (Piauhy, Ribeiro) — *çaimbé ita* rupes asperae.
Sanguim (Bahia, Ribeiro) — *çanhe* apressa, *hy* agoa, rivus celer.
Sapê (Cuiabá, Sitio) — grama Anatherum bicorne (unde *Sapezal*, cachoeira no Rio Tietê). Aliis *ça pe* seu caminho, illius via.
Sapetiba, *Sepetyba* (Rio de Janeiro, Porto, Povoação) — *sapetyba* locus graminis Anatheri bicornis.
Sapucahy (Minas, Villa, Rio) — v. sequens.
Sapucaia (Rio Grande do Sul, Lugarejo) — gallina (arvore Lecythis).
Sapuyaty, *Saboyaty* (Montevideo, Rio) — *çapuá* depressa, *atyr* montão.
Saquarêma, *Sequarêma* (Rio de Janeiro, Lagoa, Villa) — ? (*sagoa* peixe em S. Paulo, *eyma* sem?)
Saracá (Guyana, Lagoa) —
Saracuruna (Rio de Janeiro, Ribeiro) — *saracura* ave, *una* preta, Gallinula (Aramides) plumbea.
Saranabitigbá v. *Cernambityba*, *Sernambitiba* (Rio de Janeiro, Ribeiro) — Lugar de ostras. Locus ostrearum.
Sarapuhy v. *Serapuhy* (Rio de Janeiro, Rio, Povoação) — *seri* cancro, *apoam* redondo, *hy* agoa.
Sararahy (Bahia, Ribeiro) — *sarara*, *sararé* insectum vulgo *Mariposa*, Sphinx.
Sararé (Mato Grosso, Rio) — Cfr. praecedens.

Senema (Pará, Sitios da costa) — breguigões, pedra de coral para fazer cal. Ostrea, corallium.

Serenhehem, *Serinhehem* (Pernambuco, Rio) — *seri* caranguejo, *nhaeni* prato. Aliis *seri-nhe* por acaso. Aliis: *seri-nhane* depressa. Discus cancris plenus, vel cancri fortuito, vel cancri celeres.

Serenhem, *Serinhem* (Pernambuco, Rio, Villa Formosa) — v. praecedens.

Sergipe (Provincia, Rio) aliis *Serigp* — *seri hy* agoa de caranguejo.

Serido (Parahiba, Rio) — *seri* caranguejo, *ndoer* nota de frequencia.

Serigi (Bahia, Rio) — v. *Sergipe*.

Sibahuna (Bahia, Ribeiro) — corruptum pro *Çapo* v. *Cepo* v. *Sipo-una*, liana preta. Funis sylvestris niger.

Sipahu (Maranhão, Povoação) — *cepo-hy*, agoa de sipo.

Sipo (Minas, Paraiba, Ribeiros) — *Çapo*, *Cepo*, *Sipo* liana, funis sylvestris.

Sipotuba (Mato Grosso, Rio) — *Sipo-tyba* locus funium sylvestrium.

Sirihu (S. Catharina, Monte) — *Siri* caranguejo, *hu* agoa.

Siriri (Sergipe, Ribeiro) — *Siri(r)hy*, aliis *Sereiba* Avicenniae arbor maritima cancros nutriens.

Solimões (Alto Rio das Amazonas) — nome de Indios *Sorimão*, *Sorimões*, *Solimões*.

Sorocaba (S. Paulo, Cidade, Rio) — *soroc* romper, *sorocaba* acto de romper, rompimento (da terra por minas). Opus fodinarum.

Sorubim, *Surubim* (Piauhy, Ribeiro) — peixe: Platystoma. *Soryb* celer.

Suaçuhy (Minas, Ribeiro, Povoação) — *suaçu* veado, aqua cervi.

Subahé (Bahia, Ribeiro) — corruptum pro *sobaya* cauda animalis.

Subáia (Rio de Janeiro, Ribeiro) — *sobaya* cauda.

Sucruiú, *Sucuriú* (Minas, Povoação; Mato Grosso, Rio) — cobra d'agoa. Boa Scytale.

Sussuhy, *Saçuhy* (Minas, Rio) — idem quod *suaçuhy*.

Sucury (S. Paulo, Ribeiro) — idem quod *sucruiú*.

Surubiú (Pará, Lagoa) — *sorubim-hy*.

Suruhi (Rio de Janeiro, Rio, Freguezia) — contractum e *sururu-hy* agoa de *sururu*, mexilhões, aqua concharum.

Tabajó (S. Paulo, Ribeiro) — pro *taba-jui* aldea de rans, vicus ranarum.

Tabanga (Sergipe, Serra) — *ita-b-anga*, pedra que cheira. Aliis compositum cum *taba*, aldea.

Tabatinga (Alto Amazonas, Povoação; Goyaz, Serra) — *tabatinga* barro branco, para branquear casas. Argilla alba.

Tabatingui (Rio Grande do Sul, Ribeirão) — *taba-tinga-hy*.

Taboca (Minas, Goyaz, Maranhão, Pará; Povoações, Rio, Lagoa) — vegetal *Cana*, Bambusaceae. *taba oca* significat: casa de aldea. Indi vicos solebant denso agmine harum Bambusacearum, tamquam vallo, circumdare.

Tabúa (Minas, Serra, Povoação) — corruptum ex *ita-mó*, pedras acolá, cheio de pedras; lapidibus plenum. Aliis *ita-bo*, pelas pedras, inter saxa. (Significat extensionem). — Aliis *taba aaa* (augmentativo) vicus magnus.

Taburuhina (Mato Grosso, Rio) — corruptum *tapyra-in* boy deitado, bos procumbens. Aliis *tapyra-una* boy (ou animal grande) preto.

Tacanhuna (Pará, Rio) — nome de Indios (*taconha* membr. vir.).

Tacaratu (Alagoas, Freguezia) — *ita cara catu* pedra de raizes *Cara* boas: mons radicum Dioscoreae edulium. Aliis *ita* pedra, *aca* corno, *atyr* montão. Rupes aculae coacervatae.

Tacoaraçú (Minas, Freguezia) — *tacoara* cana, *açú* grande.

Tacorai, *Tacoarahy*, *Taquarai* — *tacoara* cana, *hy* agoa. *Tacoaral*, desinencia portugueza.

Tacuaratinga, *Taquaritinga* (Pernambuco, Freguezia) — *tacoar-hy-tinga*.

Tacutú (Pará, Rio) — *tagoa ita hu*, aqua da pedra amarella. Aliis *ita catu* pedra boa.

Tagipuru (Pará, Braço do Amazonas) — ? *tachi*, *taixi* formiga, *poro* gente. Aliis *ita gy puru* machado de pedra emprestado.

Tagoahy, *Itaguahy* (Rio de Janeiro, Povoação) — *tagoá* amarello, *hy* agoa.

Tagoaruçú (Goyaz, Ribeiro) — *tacoára açú* cana grande.

Taguatinga (Goyaz, Serra, Freguezia) — *tagua* barro (i. e. *ita çui* pedra moida), *tinga* branco.

Taguba-coara (Pará, Barrancos no Tocantins) — buraco de barro.

Tahim (Rio Grande do Sul, Freguezia) — ? *tai* arder a bocca com a pimenta. *taixi* formiga.

Tahis (Rio de Janeiro, Lagoas) — v. praecedens.

Tahuá (Ceará, Povoação) — *tagoá* amarello.

Taiabana (Parahiba, Freguezia) — *taba* aldea, *aia* sadia, *ana* habitador.

Taibaté cfr. *Taubaté*.

Taipu (S. Paulo, Ponta de terra; Parahiba et Rio de Janeiro, Freguezias) — *taipa* parede de terra pisada. Aliis: *ta* (incitativo vel) para tomar, *ipo* na verdade: sumendum sane!

Tajaçuba (Ceará, Sitio) — *tajaçú-iba* arvore do porco, Dicotylis labiati. Aliis *taja* (v. *tayoba*) erva vulgo *couve*, *uba* folha: folia plantae Aroideae.

Tajahy (S. Catharina, Povoação) — *taia-hy* agoa de couve.

Tamandaré (Pernambuco, Bahia) — *ta* incitativo, *mondé* apanhar, *aro-aim* mariscos: agedum captandae conchae.

Tamandatahy (S. Paulo, Ribeiro) — *ta mondé aty hy*: fluvius ubi captandae aves *aty*, lari.

Tamanduá (Minas, S. Paulo, Mato Grosso: Villa, Cachoeiras, Freguezia) — *tamanduá* animal *urso formigueiro*, Myrmecophaga.

Tamarácu, *Itamaraca* (Pernambuco, Ilha) — sino, campana.

Tamatantuba (Rio Grande do Norte, Lugarejo) — *tamatia* ave, *tyba* v. *tuba* lugar. Locus avis Cancromae cochleariae.

Tambahú (Parahiba, Povoação) — *tambaqué* v. *tambaqui* peixe, *hy* agoa.

Tambahú açu et *mirim* (Cachoeiras no Rio Tieté) v. praecedens.

Tambari-tiririca (Cachoeira no Rio Tieté) — *tamaru* peixe. *tiririca* grama, Scleria culmo trigono acuto.

Tambi, *Itambi* (Rio de Janeiro, Freguezia) — *ita* pedra, *ambi* v. *ambý* muco. Rupes mucosae.

Tambú (Bahia, Lugarejo) — v. praecedens.
Tamburil (Bahia, Lugarejo) — vox tupica (nec a lusitanico *tambor*, tympanum derivanda). *Amby* muco, gummi. Arvore gummifera Leguminosa.
Tanguá, Inguá (Rio de Janeiro, Lugarejo) — ? *ita* pedra, *guá* variada de côres.
Tanguráqua (Peru, Rio das Amazonas) — vox non tupica.
Tanhenga (Rio de Janeiro, Ilha) — *ita nheenga* pedra que falla. Echo.
Tapacorá (Rio de Janeiro, Serra; Pernambuco, Ribeiro) — corruptum pro *tapecoára*, abanador, flabrum pro pruna.
Tapagipe, *Itapagipe* (Bahia, Ribeiro, Freguezia) — *tapy, hy, pé*: fundo, agoa, caminho.
Tapajos (Pará, Rio, Villa) — *tapy* fundo, *o* augmentativo.
Tapanhuacanga (Minas, Povoaçâo) — *tapanhuna* negro, *acanga* cabeza. Hoc nomine appellatur minera ferri germanice Glaskopf.
Tapeby (Banda oriental, Rio) — Cfr. *Tapes*.
Tapepitanga (Bahia, Aldea) alias *Tuperaguá* — *taba* aldea, *tape* contractum e *tabape* na aldea, *pitanga* arbusto. Arbor *Pitanga* in vico
Tapera (Minas, Bahia, Povoaçâo) — ave *andorinha*: Hirundo Tapera. Sensus communis: aldea velha, erma, sitio abandonado. Praedium solitarium, derelictum.
Taperagua, *Taporagoa* (Bahia, Aldea) — corruptum pro *tapera poraca*, aldea enchida, povoada.
Taperi (Ceara, Lagoa) — *tapera-hy*.
Taperoa (Bahia, Povoaçâo) — *tapera*, *o* augmentativo, grande.
Tapes (Rio Grande do Sul, Serra) — nome de Indios.
Tapirapé, *Tapiraqué* (Mato Grosso, Rio) — nome de Indios. *tapyra pe* caminho de boi.
Tapirapoan, *Tapyrapuam* (Mato Grosso, Serra) — *tapyra* boi, *apoan* redondo. Bos rotundus.
Tapirêma, *Tapereyma* (Pernambuco, Povoaçâo) — *taperû* bicho, *eyma* sem. Locus ubi insecta non grassantur.
Tapiruva (S. Catharina, Serra) — *tapyra uba* folha para boi.
Tapuitapera (Maranhâo, Districto de gentios) — *tapuiya* gentio (verbo: que mora verso o occidente) *tapera*. Habitatio Indorum hostilium.
Tapuyú (Ceará, Serra, Rio) — *tapuiya*, *o* augmentativo: muyto gentio.
Taquaraçú (Minas, Povoaçâo) — Cfr. *Tagoara-açú*.
Taquarapaia (Mato Grosso, Cachoeira do Rio Sanguexuga) — *tacoara* cana, *pabe* todo. Locus Bambusa plenus.
Taquaratinga (Pernambuco, Serra, Freguezia) — *Tacoara* branca, Bambusacea culmo albido.
Taquarembó (Rio Grande do Sul, Ribeiro) — *Tacoara inimbó* cana que dá fio, Bambusacea filigera. Aliis *mbae pui* cana delgada, culmo gracili.
Taquary (Mato Grosso, Rio) — *tacoara-hy*.
Taquarituba (Parahiba, Povoaçâo) — *tacoara tyba* lugar de cana.
Tararé (S. Paulo, Praia na Ilha Enjua-guaçú) — ? *terreré* espantar, perterrere.

Tarehiri, *Tareiri* (Rio Grande do Norte, Ribeirão) — *taraira-hy* agoa de peixe *taraira*, Erythrinus Taraira.
Taributa (Rio de Janeiro, Lugarejo) — ?
Tarirá (Maranhão, Lagoa) — cfr. *Tarehiri*.
Tariri (Bahia, Ribeirão) — idem.
Tarumá (Alto Amazonas, Sitio; Mato Grosso, Povoação) — nome de Indios no Rio Negro. *Taruma* nome de arvore: Gerascanthus, Vitex montevidensis.
Tatajuba (Ceará, Serra) — pro *ita-juba* pedra amarella.
Tatinga (Maranhão, Ponta da Costa) — pro *ita-tinga* pedra branca.
Tatuaimonha, *Tatuamuhi* (Alagoas, Ribeiro) — *tatu-ai* v. *aiba monhane*. animal *tatu* emburrado, correndo, Dasypus 12-cinctus currens. Aliis *tata monhang*, fogo fazer, ignem accendere.
Tatuapera (Bahia, Aldea) — pro *tatu-apara* vulgo *tatu-bola*, quasi tatu volvox, Dasypus (Tolypeutes) tricinctus.
Tatuhu, *Tatuhy* (S. Paulo. Freguezia) — *tatu-hu* agoa de tatu.
Tatui (S. Paulo, Villa) — *tatu-i* tatu pequeno, *tatui* rallo (insecto). Aliis contractum e *tatu yby* tatu na terra.
Tatu-oca (Pará, Ilha) — casa de tatu.
Tauha (Ceará, Aldea; S. Paulo, Freguezia) — *tauha* barro, argilla.
Taubaté, *Taibaté* (S. Paulo, Cidade) — *tauha-b-eté* augmentativo, muyto barro.
Taúna (Rio de Janeiro, Morro) — *ita una* pedra preta.
Tayabana v. *Itabayana*.
Taypé, *Tahypé*, *Taipé* (Pernambuco, Ribeiro) — *ita hy pé*, pedra na agoa. Aliis vox bybrida e *taipa*, lusitanice parede de barro pisado.
Tebicuari, *Tepecuary*, *Tipiquary* (Rio Grande do Sul, Povoação; Paraguay) — lugar de formiga *tepecuari* (i. e. *tapy coara* buraco fundo). Aliis *tapy* v. *tepy coara*, buraco fundo. Aliis *teapu coara hy*, zunir buraco agoa, fluvius in puteis s. vorticibus aestuans.
Teffé (Alto Amazonas, Rio, Lagoa) — ? corruptum e *tapy* fundo?
Tejuca, *Tijuca* (Rio de Janeiro, Serra, Ribeiro) — *tyjuca* lama, limus.
Tejucas (S. Catharina, Rio, Enseada, Povoação) — pluralis praecedentis.
Tejuco (Minas, Cidade nunc Diamantina) — corruptum e *tyjuca*.
Tejucopaba, *Tejucopabe* (Pernambuco, Freguezia) — pro *tyjuca pabe* omne limus.
Tejucuçú (Minas, Ribeiro) — *tyjuca açu* limus magnus.
Tenten (Alto Amazonas, Ilha no Rio Madeira) — *tentem* v. *temtem* ave Tachyphonus surinamensis.
Tepoti (Mato Grosso, Rio) — *tepoty*, *typoty*, *repoty* esterco, sarro; stercus, faex.
Tereré (S. Paulo, Ribeiro) — ? Cfr. *tarare*, *terreré* espantar.
Terery (Mato Grosso, Rio) — ? *terreré* espantar vel *terayra* lagarto, *hy* agoa.
Tessemidu no Rio Araguaia — nome de Indio.
Tessi (Povoação do Pará) — ? *teça* olhos, oculi.
Thahó (S. Paulo, Morro alto) — pro *Ita-hó* augmentativo.

Thiuba, *Tiuba* (Bahia, Serra, Povoação) — ? mutatione literarum pro *taba-tuy* aldea fria. Aliis *tui-uba mato* frio. Aliis *theuba* abelha.
Thuá (S. Paulo, Riberão) — *tui* frio, frigidus.
Thyaya (Ceará, Fazenda) — aves *aty* gaivota; aliis *tei*, *tui* masarico, Larus, Charadrius. *aia* sadio, salubris.
Tibagi (S. Paulo, Ribeiro, Povoação) — ?
Tibaiá, *Atibaia* (S. Paulo, Villa) — *ati* ave vulgo *Atinguaçu* v. *Alma do gado*, Coccyzus cayanus, *b-aia* sadia, salubris.
Tibáo, *Tibau* (Rio Grande do Norte, Serra, Povoação) — ? *ityc* derribar, *pabe* todo. Sylva tota caesa.
Tibicuari vide *Tebicuari*.
Tieté (S. Paulo, Rio) — *tié* v. *tijé-eté* ave Tanagra brasilia frequens.
Tigioca (Pará, Cabo) — *tijé-oca* casa da ave *Tijé*.
Tijicupabo v. *Tejucopabe* et *Tyjucapáo*.
Timbó (Maranhão, Aldea) — *timbó* cipó que embebeda o peixe, sarmentum toxicarium, Paullinia pinnata.
Timbóra (Bahia, Serra, Cachoeira) — *jotyme* enterrar, *poré* salto, cataracta profunda.
Timboúva (Minas, Fazenda) — arvore Enterolobium Timboúva Mart.
Timonha (Ceará, Serra) — *jotyme* cobrir com terra, chasma.
Tindigúra (S. Paulo Povoação) — *tenonde* diante, *guira* ave, passaros adiante. Passeres ante nos.
Tinguá (Rio de Janeiro, Serra, Freguezia) — ? *tinga* branco.
Tingui (Rio de Janeiro, Serra, Rio) — arvores, que embebedão o peixe. Arbores Phaecocarpus et Jacquinia, quae pisces inebriant.
Tinharé (Bahia, Ilha) —
Tipakena, *Tipaquena*, *typakuena* — correnteza (Explicatur, an recte, *tim pao acoana* extremo de todo tem sahido). Apex aquae.
Tipáo — baixa mar, recessus maris. *tim* extremo *pabe* todo. Aliis *tim* extremo, *opáo* acabou. Aliis *typy* fundo, *pabe* de todo.
Tiquié (Alto Amazonas, Rio, Serra) —
Tiquira, *Itiquira* (Mato Grosso, Ribeiro) — *tiquyra* irmão mais velho, frater natu maior. Aliis *ita tykyr* pedra manar, rupes stillans, madida.
Tiririca (Rio de Janeiro, Serra: Sergipe, Lagoa: Cachoeira no Rio Tieté. Especie de grama, Scleria.
Tiriume icua rupi — meios Barrancos. Rio cheio athé ao meio.
Titoya (Ceará, Praia arenosa) — ? *tyju oico* cheio de espuma. Locus spumosus.
Tituamonha (Alagoas, Povoação) — pro *tatu monha*, *tatu* animal Dasypus, imburrado, correndo. Dasypus currens.
Toá, *Tohá* (S. Paulo, Fazenda nacional) —
Tocantins (Pará, Rio) — ave *tocan* Rhamphastos Toco, *tim* rostro.
Tocoios, *Tocaios* (Minas, Povoação) — a *toco* ave?
Tocujus, *Tucuyus* (Pará, Ilha) — ? an pro *tujuju* ave Mycteria americana.
Toropí (Rio Grande do Sul, Rio) — animal *toro* Loncheres, aliis Dasypus Gigas, *hy* agoa.
Tracunhaem (Pernambuco, Ribeiro, Freguezia) — *taracuá* formiga, *nhaem* prato. Discus formicarum edulium.

Trahimirim (Rio de Janeiro, Ribeiro) — *taraira-mirim*, peixe Erythrinus pequeno.
Trahira, Trahiras (Minas, Goyaz, Rio de Janeiro, Rio, Villa, Lugarejo, Lagoa) — peixe *Taraira*, Erythrinus Taraira.
Trahirapungá (Rio de Janeiro, Aldea) — *taraira-pungá* inchado, gordo, piscis Erythrinus crassus.
Trahiri (Ceará, Povoação) — *taraira-hy*.
Traipú (Pernambuco, Aldea) — *taraira ipo* na verdade. Piscis *taraira* copiosus adest.
Tramandahy, alias *Tamarandabú* (Rio Grande do Sul, Rio) agoa de pilhar (*monda*) tarairas. Alias *tamarana* remo, *po* mão, manubrium remi.
Tramataia (Parahiba, Povoação) — *Trematé aia* planta Vernonia salubris.
Trapiá (Parahiba, Povoação) — *tarabé* especie de papagaio.
Traquatuhá, Taracuatiba (Alto Amazonas, Aldea nunc Fonteboa) — *taracuá-t-iba*, arvore da formiga *taracuá*. Arbores variae (Miconiae, Licaniae), de quarum tomento formicae nidos colligunt, Indis pro fomite inservientes.
Tremembé (S. Paulo, Povoação) — *memby* gaita, ecce buccina.
Tucambira, *Tocambira* (v. *Itucambira*, Minas, Rio) — *tucan embiara*, caça de tucanos. Venatus avium *tucan*.
Tucumduba (Pará, Lugarejo) — *tucum-iba* contr. *tucumá*, arvore palmeira, *tyba* lugar. Palma e cujus foliolis detrahuntur fila *tucum*.
Tumiára (S. Paulo, Territorio) — explicatur: *tupi-jara* senhores da gente Tupi.
Tumucucuraque (Pará, Serra) — } voces hybridae?
Tunáma, idem quod *Itunama* (Mato Grosso, Rio) — } voces hybridae?
Tunuhy (Alto-Amazonas, Serra) — } voces hybridae?
Tupiaçu (Bahia, Ilha). Tupi grande.
Tupinambarana (Alto Amazonas, Povoação) — *tupinamba rana* spurius. Colonia tupicae gentis.
Turi (Maranhão, Villa, Rio) — *turi*, *turiuba* arvore Licania, *turú* animal molluscum terebrans.
Turinana (Maranhão, Rio) —
Tutez (Mato Grosso, Ribeirão) —
Tutoya (Maranhão, Ribeiro, Rio, Villa) — cfr. *Titoya*.
Tyju (Pará, Sitio na costa) — espuma.
Tyjucopão — baixos do rio, lamaçal. Vadosa fluvii.

Uadauhau (Guyana braz., Lagoa) — mutatum e *padauá*, *patoruá* et *hy*.
Uaicurupá (Alto Amazonas, Lagoa) — *Uaicu* gentio no Rio Branco.
Uaihunana contractum *Ajuana* (Alto Amazonas, Ribeiro) — nome de Indio.
Uanána (Alto Amazonas, Furo do Rio Yupurá) —
Uaracá, contractum *Araca* (Guyana, Rio) — *uaracú* peixe, generis Corimbales; *arocoá* ave, Penelope araman Spix.
Uaranacuá (Guyana, Ribeiro) — *guaraná cuá* campo do arbusto *Guarana*, Paullinia sorbilis.

Uaranapú (Alto Amazonas, Braço do Yupura) — *guaraná hu* rio de guaraná.
Uarapiranga (Pará, Ilha) — *uára* homem, naçào; *piranga* vermelho.
Uarivaú (Povoaçâo no Rio Yupura) — *guariba y* agoa de macaco Myceles.
Uatanary (Alto Amazonas, Braço de Rio negro) — (*oata aru* sapo caminha?)
Uatumá (Alto Amazonas, Rio) — ?
Uavati-parana v. *Auati-parana* (Alto Amazonas, Rio) — *auatyi* arroz, paraná rio. Fluvius oryzae.
Uaupés (Alto Amazonas, Rio) — nome de Indios.
Uautas, *Uhautas* (Alto Amazonas, Rio) — ?
Uaximé, *Guajima*, *Guaxime* (Alto Amazonas, Ilha no Madeira) — erva, Urena lobata et aliae Malvaceae e quarum libro fila fabricantur.
Ubá (Minas, Povoaçào) — *uba*, *viba*, *uiba* grama, cana, canoa de hum páo; gramen, culmus, scapha e trunco arboris.
Ubahy (Mato Grosso, S. Paulo: Rios) — *ubá* canoa, *hy* agoa.
Ubajura (Ceará, Sitio) — *uba jara* senhor de canoa.
Ubatiba (Rio de Janeiro, Lugarejo) — *uba tyba*. Locus arundinis.
Ubatuva (S. Paulo, Villa maritima, Bahia) — idem.
Uberava (Minas, Villa, Rio; Mato Grosso, Lagoa) — v. *Oberava*.
Ubú (Bahia, Ribeiro) — *ubú* folha de palmeira.
Uburetama mutatione literarum pro *Uruburetama* (Ceará, Povoaçào) — *urubú reté taba* casa de muytos gaviòes vel *urubu tetama* (*tama*) terra de Urubus.
Ucaiari, *Ucayari* (Guyana brazileira, Rio) — Sensus: Rio branco. (Nomen idem: *Cayari* (Rio Madeira), *Ucayale* etc.)
Uene, *Ueni*, *Uni*, *Une*, *Beni* (Rio Madeira) — *uni*, *ueni* agoa: Maypures, Moxos, Omaguas.
Uenenexi, *Inuhuixi* (Guyana brazil. Rio) — vocabulum non tupicum.
Uereré (Alto Amazonas, Ribeirâo) — ?
Uexié, *Ixié* (Guyana brazil. Rio) — ?
Umari (Ceará, Parahiba: Povoaçoês) — *umari* arvore Leguminosa Geoffraea. Aliis *umary* donde? unde?
Umarinauhy (Alto Amazonas, Rio) — *umaru n uhy* por onde a agoa? Unde fluit rivus?
Umburana (Bahia, Povoaçào) — arvore *Imbu* v. *Ambu rana* i. e. Spondias spuria, Bursera leptophloeos.
Una (S. Catharina, Rio; Rio de Janeiro, Rio; S. Paulo, Rio, Freguezia; Bahia, Rios; Pernambuco Freg.: Pará, Aldea) — *una* preto et est quoque insectum *Bezerro*, Scarabaeus.
Unana (Alto Amazonas. Brazo do Yupurá) — etymologia praecedentis?
Unhabi (Parahiba, Ribeiro) —
Upanema (Rio Grande do Norte, Ribeiro) — v. *Ypanema*, *hy panemo* rio vazio.
Upitanga (S. Catharina, Ribeiro) — *hy pitanga* agoa gostosa.
Urahi (Rio de Janeiro, Ribeiro) — *guira-hy* agoa de passaros.
Urariá, *Urarirá* (Alto Amazonas, Rio) — Etymologia praecedentis? Aliis *uru* cestinho, *ira* mel. Aliis *guira reru* vasilha de ave.

Uruá (Rio Grande do Norte, Povoação; Alto Amazonas, Ilha do Rio Madeira) — concha, especie de peixe.
Urubú (Bahia, Villa; Maranhão, Aldea; Alto Amazonas, Rio) — ave gavião, Cathartes.
Urubucoára, *Urubucuára*, *Urubuquara* (Alto Amazonas, Lagoa) — buraco de *Urubús*. Domicilium avium Cathartes.
Urubupongá (Salto do Rio Paraná) — *urubú pungá*, inchado.
Urubureláma (Ceará, Serra) — *urubú reté taba* casa de muytos *Urubús*.
Urucaia (Minas, Rio, Povoação) — corruptum pro *guira aia* ave saborosa, sadia. Avis sapida.
Uruçanga (Rio de Janeiro, Serra; S. Catharina, Rio) — pro *guira jenong*, ave deitada, avis incubans.
Uruçuhy (Piauhy, Ribeirão) — agoa de formiga *Uruçú*.
Urucuparana (Pará, Rio) — *urucú* tinta vermelha, *rocou*, (Bixa).
Urucuricaia (Pará, Canal) — *urucuri* palmeira, Attaleae species, *aia* gostosa.
Urucuruni nome de Indios de Mato Grosso.
Uruguai (Rio) — *uru* corruptum pro *guira*, *gua hy* agoa de ave de diversas córes.
Uruhú (Goyaz, Rio) — *uru* ave, *hu* agoa.
Uruóca (Ceará, Passo da Serra Hybyapaba) — *guira* v. *uru oca* casa de passaros.
Urupés (Ilhas no Rio Madeira) — *urupé* tortulhó, cogumelo, fungus, Agaricus.
Ururahy (Rio de Janeiro, Freguezia, Rio) — compositum cum *uru* et *hy*.
Utú (Rio de Janeiro, Ilha) — *hy tû* aqua fracta. Cataracta.
Utupanema (Cachoeira do Rio Tieté) — *hy tù panémo* cataracta de balde. Locus ubi, navigatione penitus intercepta, scapham et onera per terram trahere oportet: quasi ecce cataracta, irritus omnis labor.
Utupeba (Cachoeira do Rio Tieté) — *hy tù ipéba* cataracta chata. Locus ubi scapha ad dimidium ex oneratur.
Uvania (Alto Amazonas, Ribeirão no Yupurá) — *iva ia?*

Vacahy (Rio Grande do Sul, Ribeiro) *v-aca-hy* agoa de cornos. Aliis vox hybrida: *vaca-hy*, rivus vaccae.
Vacarapi (Pará, Rio) — *v-acara-p-hy*, agoa de pescado *Acara*, Sciaena squamosissima.
Vamicanga (Cachoeiras dos Rios Tieté e Cochim) — *v-jamim* expremer *acanga* cabeza, caput elisum.
Viruá (Alto Amazonas, Ribeiro) — corruptum e *guira* ave.
Virury (Alto Amazonas, Braço do Puruz) — ?
Vupabuçú (Minas, Lagoa) — *viba* grama, cana, *uçu* grande.

Xacuruina, *Jacuruina* (Mato Grosso, Lagoa) — *jacu uru in* ave *Jacu*, Penelope Marail, está deitado.
Xanaci, *Janaçy* (Mato Grosso, Rio) — *anaje hy* agoa de gavião, fluvius Milvaginis. Aliis *xe ani acy* não estou doente, non aegroto.
Xarayes (terras baixas e alagadiças do Mato Grosso) — nome dado pelos Hespanhoes.

Xingù (Para, Rio) — ?
Xipotó, *Xopoto*, *Gypotó* (Minas, Rio) — *gy* machado, *putuú* descansar; quies securis.
Xique-Xique, *Chique-Chique* (Bahia, Villa) — nome de erva Cardiospermum e dos grandos arbustos de Cereus.
Xiririca (S. Paulo, Aldea de Indios deste nome) — *xere righe* meu ventre.

Y agoa, alias *Hy*, *I*, *Ig*, *Igh*, *Ygh* in compositis, ubi vide.
Y bybyra (Pará na costa) — caixão d'agoa.
Y ceembuca — agoa salobra, salgada (cui opponitur *y-catu* aqua dulcis).
Y cererú v. *ceryca* — agoa corrente, fonte.
Y-coarana (Pará, Caldeirões do Rio Neamundá) — derivatio: *coara* buraco.
Y-jebyra, *Hy-jebyra* (Pará, Sitios no Rio das Amazonas) — agoa volta, aqua revolvens, vortex.
Yg-apó, *Ygapó*, *Gapó* — verbo: aqua revolvens, vortex; alagadiço, terrenos baixo spelas cheias inundados.
Ygapó-açu — agoas vivas. Fluxus maris.
Yg-apó ŷ pabé — verbo: aqua revolvens terra omne, agoas mortas, Recessus maris.
Ygara — canoa, verbo: *yg uara* dominus aguae.
Ygaropaba — porto, verbo: *ygara pabe* scaphae omnes.
Ygava, *Yghaba*, *Hyava* (passim) — lama, limus, verbo: pater aquae. (item guaranice: *jacaruá*, *jacu-arya*, *mirim* fluvii pater parvus).
Yapó (S. Paulo, Ribeiro) — v. *Japo*.
Yari (Guyana braz. Rio) — *ia-r-hy* agoa de fruta. Aliis *yara* v. *uara* senhor, *hy* agoa.
Yavary (Alto Amazonas, Rio) —
Ybŷ (*Aegrvy*) — terra, vide composita sub *Ibi*, *Iby*.
Ybŷ cuî — terra moida, area v. *Ibicuy*.
Yby cui oçú — banco d'area. Arenae.
Ybŷ-hy pabe (*pupe*) — alagadisso, terra inundata.
Yby erú (Paraguay, Povoação) — terra levada.
Ybŷ-teré, *Ybyreté*, *ybŷ eté* — terra firme (contrarium: *ygapo*).
Yguamanduyu (Paraguay, Povoação) — *i guaba mandi hy* agoa para comer peixe *Mandi*.
Ynim, *Inim* (alias Rio Mamoré) — *hy japinong* v. *japixaim* agoa crespa.
Yra (Alto Amazonas, Braço do Yupuré) — *yra* mel.
Yurua (Alto Amazonas, Rio) — ? *juru* boca.

Zabelé (Minas, Registo) — ave *Zabele*, Crypturus noctivagus.
Zereré (Mato Grosso, Ribeiro) — *cererú* (scilicet *hy*) agoa corrente. Aliis *cera* nome *eré* tu dizes, sane!
Zereruçaba, *Cereruçaba* (Alto Amazonas) — canal, cano.

Nachschrift.

In ganz Brasilien und weit über das ausgedehnte Reich hinaus, vom Rio de la Plata bis jenseits der Nordgrenzen der Guyanas, finden wir zahlreiche Orte mit Namen bezeichnet, welche der Tupi-Sprache angehören.

Gewiss ist es eine merkwürdige Thatsache, dass ein Volksstamm, der gegenwärtig nur in wenigen selbstständigen Gemeinschaften übrig ist, dem Boden, über den er nomadisch hingewandert, um bald gänzlich zu verschwinden, die sprachlichen Beweise von seiner Anwesenheit in solcher Ausdehnung aufdrücken konnte. Gleichwie im alten Europa erloschene Völker, wie die Etrusker, den nachkommenden Geschlechtern in Ortsnamen ein Zeugniss ihrer ehemaligen Gegenwart hinterlassen haben, so in einem grossen Theile von Südamerika die Tupi. Es ist übrigens nicht zu zweifeln, dass ein beträchtlicher Theil von Tupi-Orts-Namen nur unter dem Einflusse der europäischen Einwanderer gegeben und durch sie festgestellt worden ist. Horden, welche nur zu schwachen Haufen vereinigt durch weite Landschaften hinziehen, andere entweder vor sich herscheuchend oder in sich aufnehmend, welche nur da längere Zeit sitzen, wo sich ihrer unruhigen Wanderlust Hindernisse entgegenstellen, welche keine Städte gründen, sondern höchstens ihre Niederlassung mit Pallisaden oder einem Walle lebendiger Baumgräser (Bambusen) umgeben, welche keinen regelmässigen Verkehr mit entfernten Bundesgenossen unterhalten, solche Nomaden sind durch kein wesentliches Bedürfniss veranlasst, bestimmten Orten bleibende Namen zu ertheilen. Am ehesten geschah dies von den Tupi bei Bergen oder grossen Strömen, was sich durch den mächtigen sinnlichen Eindruck erklärt, den sie von diesen empfiengen. Bei den Caraiben der Antillen bestand eine Nothwendigkeit, die einzelnen Inseln, welche sie bewohnten oder auf ihren Raubzügen heimsuchten, mit bestimmten Namen zu bezeichen *).

Wenn wir also sehr viele Ortsnamen aus der Tupisprache auf unsern Karten finden, so ist nicht zu zweifeln, dass sie grossentheils den europäischen Einwanderern ihren Ursprung verdanken. Die Conquistadores mussten bei ihren abentheuernden Zügen durch unbekannte Landstriche oder bei den beschwerlichen Schiffahrten auf den Binnengewässern, wo sie Indianer zu Führern und Begleitern hatten, gewissen Oertlichkeiten schon im Interesse der Unternehmung selbst Namen ertheilen, damit sich die oft getrennte Mannschaft wieder zusammenfinde. Nach Vollendnng der Expedition aber waren für die Herstellung der immerhin höchst mangelhaften Karten und Reiserouten Namen unumgänglich nothwendig, und man ertheilte sie willkührlich unter dem Eindrucke des Ortes oder gewisser Begebenheiten. Dass aber diese Namen so häufig, ja vorwiegend der Tupisprache entnommen wurden, zeugt von der weiten Verbreitung Jener, die sie sprachen, und von dem Bedürfnisse der Conquistadores, sich dieser Sprache im Umgang mit den Indianern zu bedienen. Wenn man, wie es auf diesen Zügen oft geschehen musste, auch mit Indianern, die andere Sprachen redeten, zusammentraf, so war die Tupi das geeignetste Verkehrsmittel, weil sie in ihrer einfachen Organisation den andern südamerikanischen Idiomen verwandt ist, und weil sich einzelne Worte aus diesen gegenseitig verständlich erwiesen. So also fanden es die Conquistadores und die Anführer der Entdeckungs-

*) Diese Namen sind, nach Breton Diction. caraibe p. 499, folgende: *Aichi* Marie Galande, *Aitij* Haiti (S. Dominique, Espannola), *Alliouàgana* Mon-Serrat, *Aloi* St. Eustache, *Aloubaéra* Tabago, *Borrigal* oder *Oubo̊ñemoin* Portorico, *Caaroucaera* Les Saintes, *Caloucaéra* Guadeloupe, *Camdhogne* Grenada, *Chaléibe* Trinidad, *Jâhi* Sainte Croix, *Ichirougànaim* Barbados, *Ioüanacaera* Martinic, *Ioüanalao* Sainte Alousie, *Iouloúmain* S. Vincent, *Limmáïga* S. Christophle, *Ocanamaínrou* Redonda, *Oüalichi* S. Martin, *Oüanàlido* S. Barthelemy, *Amonhána* Saba, *Malliouhana* L'Aiguille, *Oüahómoni* Barbuda, *Oüáïtoucoubouli* La Dominique, *Oüaladli* Antigua, *Oüaliri* Nieves.

reisen geeigneter, Tupi-Namen zu ertheilen, während es ihnen ausserdem näher gelegen wäre, ihre europäische Muttersprache anzuwenden, und z. B. statt *Chupica-hy* Rio do inforcado, statt *Pindamonhangaba* Fabrica d'ançöes, statt *Araracoara* Buraco d'arara zu sagen.

Die Expeditionen zur Aufschliessung des Landes bestanden sehr oft aus Abentheuerern, denen es zunächst um die Entdeckung von Gold und Edelsteinen oder andern kostbaren Landesproducten, um die Eröffnung neuer Land- und Wasserwege, oder sogar um die Erwerbung von Indianern zu Sclaven zu thun war. Die Meisten zogen auf eigene Faust aus, und der gebildetste Mann des Haufens war oft ein Geistlicher, dem zunächst ganz andere Geschäfte als die eines geographischen Berichterstatters oblagen. Auch die frühesten Untersuchungsreisen, die auf Befehl der Regierung ausgeführt wurden, standen oft unter der Leitung von Männern ohne literarische Bildung oder von Solchen, die der Tupi-Sprache in ihrer Reinheit und mit grammatikalischer Sachkenntniss keineswegs mächtig waren. Daher darf es uns nicht Wunder nehmen, dass auch unter den geographischen Namen dieselbe Verderbniss und Veränderung der Ausdrücke obwaltet, der man bei den Thier- und Pflanzennamen begegnet.

In einer Gesellschaft, deren Glieder verschiedene Muttersprachen sprechen, treten alsbald Mischungen der Ausdrücke ein, und wo man von Gefahren umgeben und auf rasches Handeln angewiesen ist, da hält weder der gebildete noch der rohe Mensch die Grenzen einer Sprache ein. So sind denn auch manche Worte aus der Tupi und dem Portugiesischen zusammengesezt worden. *Cassarubú* z. B. ist ein Vocabulum hybridum aus dem Portugiesischen *cazar* jagen und *urubú* der Geyer. Bequemlichkeit empfiehlt, indianische Ausdrücke mit portugiesischer Endung zu versehen, so z. B. *itapuanzinho* d. i. der kleine Nagel, ist aus *ita-apoan* d. i. convexes Metall, mit dem portugiesischen Diminutiv gebildet. Die Worte *Sapezal*, *Mangabal*, Orte, wo das Gras *Sapé*, der Baum *Mangaba* wächst, *Joazeiro* der Baum *Joá* zeigen portugiesische Endbildungen. Auch aus andern indianischen Idiomen sind Worte herübergenommen und mit der Tupi zusammengesetzt worden, oft so, dass der Namengeber die Bedeutung des Wortes nicht verstand. So z. B.

Maruhueni. *Eni*, *veni* ist Wasser in der Moxos, Maypures und vielen andern Sprachen. *Marahu* kann heissen: was ist das für ein Wasser? es kann aber auch als *maru* oder *mari-hy*, Fluss, wo der *Mari*-Baum wächst, zu verstehen seyn.

Dass auch die eigentlichen Tupiworte im Munde solcher, wenig gebildeten Namengeber vielfacher Verderbung und Veränderung ausgesetzt waren, liegt in der Natur der Umstände. Versetzung und Wechsel einzelner Buchstaben kommt daher oft vor, so z. B. *ginepabu* statt *genipapo*, *caburi* statt *caaporé*, *itayabana* statt *itabayana*. Eine besonders häufige Abwandlung tritt durch die demonstrativen Vocale ein, womit der Indianer das Substantivum, besonders wenn er damit eine Antwort ertheilt, zu beginnen pflegt. Sowohl dadurch als wenn er zwischen zwei Vocale einen Consonanten einschiebt, kann eine Sylbe gebildet werden, welche für sich eine Bedeutung hat und bei der Auslegung des ursprünglichen Namens auf eine falsche Spur leitet. So bedeutet *uácary* nichts als *acarà-hy*, Wasser des Flusses *acarà*; so ist aus *apicùm*, feuchte Landzunge, *itapicùm* gebildet; so giebt in *itapicurù* das i der unrichtigen Vermuthung Raum, als sey das Wort mit *ita*, Stein, zusammengesetzt, während die Wurzel *tapy*, tief, ist. Auch ganze Worte werden nicht immer in der vom Genius der Sprache geforderten Weise mit einander verbunden; so statt *pira jagoára* wohl auch *jagoapiri*. Manche in die Weglisten (*Roteiros*) der ersten Einwanderer aufgenommene Namen haben eine Veränderung erfahren, indem beim Lesen derselben die Cedille (Zeura) am C vernächlässigt worden; so ist aus *çay* (*say*) *cay*, aus *çambaüva* (*sambauva*) *cambaüva*, der Name eines Oertchens in Goyaz, entstanden; so wechseln ferner s, c und t in dem Tupi-Worte *çainha* Zahn. Durch Versetzung des Accents auf die letzte Sylbe wurden manche Worte ihrem ursprünglichen Laute entrückt; so heisst z. B. eine Fazenda in Minas statt *Jagaára*, Hund oder Onze, nun *Jagoará*. Häufig kommt in den Ortsnamen die Veränderung von dem volleren Laute *agua* in *aua* und *aba* vor, wonach *taguatinga*, wie es in der breiteren Mundart der Paulistas lautet, auch *tauatinga* und *tabatinga* gesprochen wird. Ueberhaupt aber kommen Verwechselungen von b und p, d und t, sowie der Vocale hier häufig vor. Manche Ortsnamen, welche von den Indianern vielleicht schon vor der Zwischenkunft der Europäer gegeben worden waren, haben Veränderungen erfahren, deren Grund nicht aufgeklärt ist. So hat der Rio das Velhas zuerst *Guaicuhy* geheissen, während der nun noch hie und da im Munde der Indianer gehörte Name *goaimi-hy* eine Uebersetzung des portugiesischen Rio das Velhas ist und aus derselben Zeit datirt, in welcher die Portugiesen für den Ausdruck *moye-açu* d. i. descida grande, grosses Absteigen, wie die Indianer den Regenbogen hiessen, eine Uebersetzung ihres *Arco da velha*, mit *goaimi-uirapára* einführten.

Dass die Tupis zumeist Bergen, als hervorragenden Naturerscheinungen, Namen ertheilt haben, ist bereits erwähnt worden. So *itaberava* der glänzende Stein, was in *itabira*, *itaobira*, *itaubira* abgewandelt worden. *Itacolumi* heisst der Stein mit dem Sohne, *corumim*, weil neben dem Hauptgipfel eine kleinere Felsmasse aufragt. *Araçoyava* ist nach einer Erklärung zusammengezogen aus *arara ita goaba*, der (Vogel) Arara frisst Stein. Eine hübsche Benennung ist *japitaca* (unrichtig *jabitaca*). Der Berg hat ein berühmtes Echo und da der Vogel *Japim* oder *Japi* (Soffré, Oriolus Jamacaii) alle andern Vogelstimmen bis auf Eine nachahmen soll, so erhielt er den Namen: Steingipfel des *Japi* oder *Japi* von Stein. Auch die Villa *Itanhaem* in S. Paulo hat ihren Namen von einem Echo: *ita nheeng*, der Stein spricht. Ein mit wenig Hochwald bewachsenes, weite nackte Strecken darbietendes Berggebiet nannten die Indianer *yby pabe*, alles Erde, woraus *Ipiappaba*. Benennungen, die darauf schliessen lassen, dass der Indianer Beobachtungen von der Bewegung der Gestirne gemacht habe, kommen sehr selten vor. Eigentlich kann ich nur eine anführen: *guaratingueta*, verdorben aus *coaracy tim goatá* d. i. Sonne-Weg-Ende, weil der Ort fast unter dem Wendekreis des Steinbocks liegt. Der schon angeführte Bergname *Araçoiaba* soll, nach einer andern Erklärung, *Guaracoyava* heissen, verdorben aus *coaraçy jaçuiaba*, d. i. verbirgt die Sonne. An eine Mythe erinnert der Name *Itabaiana*, wenn die Schreibung und Erklärung *ita aba oane:* Stein Mann ehemals, richtig ist. Dass Corallen- oder andere Kalksteine, nachdem sie gebrannt worden, zerfallen, war eine dem Indianer zugängliche Thatsache, und sie ist in dem Namen einer Meerbucht der Provinz S. Catharina: *Itapacoroya*, richtiger *ita pocoroya*, niedergelegt. Der Name ist aus *ita* Stein, *popoc* zerfallen, *oroiçang* kalt werden, zusammengesetzt. *Tapanhuacanga*, eine Ortschaft in Minas, heisst eigentlich *ita-tapanhuna-acanga*, Stein Negerkopf: so wird dort der braune faserige Eisenstein oder Glaskopf genannt. Dass diese Bezeichnung nicht von den Indianern, sondern von den ersten Mineiros herrühre, ist wahrscheinlich, denn sie waren es auch, welche Worte für die verschiedenen Metalle einführten und den Diamant *ita berava*, das Gold *ita cepu* (*juba*), das Silber *ita jinga* (*tinga*), das Zinn *ita jinga cepu mirim*, das Eisen *ita una*, den Stahl *ita una anga*, das Blei *ita membéca* nannten.

In die Sinne fallende Eigenschaften gewisser Oertlichkeiten lieferten nicht selten den Stoff für den Namen. So heisst der Fluss Sumidouro in Minas *Anhohe-canhuva*, weil er sich plötzlich in dem Boden verliert, um weiter unten wieder zum Vorschein zu kommen. Der Name ist mit *anoi*, von der andern Seite, und *canheme* verschwinden, gebildet. *Caçapaba* ist aus *caa* Wald, *çapy* abbrennen, *pabe* ganz, zusammengesetzt, und besagt, dass der niedergehauene Wald vollkommen abgebrannt sey. *Yby-cui* ist zerriebener Boden, Sand am Flussufer. *Anapurù* besagt *anáma purú*: es giebt genug (zu essen) d. i. ein fruchtbarer, ein an Wild reicher Ort. *Aracatú* heisst gute Luft, gesunder Ort; *Maçampaba*, zusammengezogen aus *mbae-acy pabe*: Krankheit alles, dagegen ein ungesunder Ort. Dieselbe Gegend, eine vom Meere überfluthete Sanddüne, heisst aber auch *mocem-pabe*, Alles gesalzen. Auch gewisse Thätigkeiten, welche dem Kreise des indianischen Lebens angehören, werden durch Ortsnamen angedeutet. *Araruama* oder richtiger *Iriruama* bezeichnet das Ausdrücken oder Auslassen von Honig (*iru-ami*); *Pinda-monhangaba* einen Ort, wo Fischangeln gemacht werden; *Gypoto* (*xipotó*), von *gy* Axt nnd *potuu* ausruhen, ein Ort, wo die Holzhauer ruhen. *Acupé* ein Flüsschen, das in die Bahia de todos os Santos mündet, hat seinen Namen, weil hier die Kähne znm Uebersetzen die Maré erwarten. *Tyba* (*tiba*, *tuva*, *tuba*) heisst überhaupt Ort für irgend Etwas.

In der Benennung der Flüsse erweisen sich die Indianer sehr sorglos und unzuverlässig. Wer immer mit Indianern Flussfahrten macht, kann bemerken, mit welcher Gleichgültigkeit sie einen Namen ertheilen, annehmen oder mit einem andern vertauschen. Daher auch die grosse Unbestimmtheit und die Widersprüche in manchen unserer Karten. Nur die mächtigsten Ströme, wie der Amazonas (*Paraná oçú*), der Paraguay und Madeira (*Cayary*) sind ihnen unter ständigem Namen bekannt. Kleinere Flüsse und Bäche pflegen sie besonders gerne nach den Indianern zu benennen, welche an ihnen wohnen, und da diese ihre Wohnsitze oft verändern, die Horden und Familien aber nicht selten nach einem Individuum oder mit einem Spottnamen bezeichnet werden, so wird die indianische Nomenclatur sehr unzuverlässig. Das grösste Verdienst um Feststellung der Flussnamen in Brasilien haben daher die Führer der portugiesischen Expeditionen zur Erforschung der Wasserstrassen im Innern des Landes. Als Beispiel mögen hier die Wasserfälle erwähnt werden, welche die Paulistas auf dem Tieté zu bestehen hatten, um in den Paraná und von diesem in den Paraguay zu gelangen. Die Mehrzahl dieser 56 Wasserfälle sind mit Tupi-Namen versehen worden, welche sich auf den Karten jener muthigen Abentheurer finden. Grösstentheils beziehen sie sich auf die Oertlichkeit, z. B. *itanhaem* Echo, *jurui-mirim* (*juru jai mirim*) kleines offenes Maul, *tiririca* das Gras Scleria, *itaguacaba* buntes, ausgefressenes Gestein, *itapema* Plattfels, *araçatuba* Ort der Psidium-Bäume, *pitunduba* dunkler Ort, *utupeba* flacher Wasserfall, *itahy* Stein im Wasser, *itaporé* gestürzter Stein, Katarakte. Andere dieser Namen deuten auf Maassregeln, welche wegen der Fahrt zu ergreifen sind; dahin gehört; *ita puia* Stein zum Ausladen (*puyr*) des Kahnes, *utu panema* d. i. Fall vergeblich, wo also das Fahrzeug zu Lande weitergeschafft werden muss, *avanhandava* Mannschaft und wieder Mannschaft d. h. es sind viele Leute nöthig. Wieder andere Namen erinnern an eine Begebenheit, die sich an dem Orte zugetragen; so also: *vamicanga* Schädel eingeschlagen, *guaicurituba* Zusammenkunft mit Guaicurús, *pirapó* Fische gesprungen, *beijuhy* Mandioccabrod (*beijú*) bereitet oder erhalten. So wie die Indianer im Walde die Zweige niederbrechen, um Spuren ihrer Anwesenheit zurückzulassen, pflegen sie auch an den Gewässern Erkennungszeichen (*coaupaba*) aufzustellen. Diese Gewohnheit nahmen auch die portugiesischen Entdecker an: Körbe, Holzscheite, Büschel von Kräutern, Thiere oder Theile von diesen wurden an in die Augen fallenden Orten als Signale befestigt. Dergleichen finden sich denn auch als Ortsnamen wieder, wie *Cangoeira*, Knochen, Schädel, *jacaré-acanga* Krokodilkopf. *pipuaca* d. i. *py-po-aca* gehörnter Flügel, von Palamedea und Parra Jacana, *machupó* d. i. *majoi-po* Schwalbenflügel, von Hirundo Tapera.

Die Mehrzahl der indianischen Ortsnamen ist von den Naturproducten hergenommen, welche sich eben dort der sinnlichen Wahrnehmung darboten. Es dürfte nicht ungeeignet seyn, diese Dinge hier zusammenzustellen, denn sie vergegenwärtigen gleichsam die vorwaltenden Eindrücke unter denen der Indianer die ihn umgebende Oertlichkeit anschaut. Auch dürfte sich daraus auf Verwandtes in andern Gegenden schliessen lassen.

Am allerhäufigsten kommen Pflanzennamen vor. Als die auffälligsten Gewächse, gleichsam Natursymbole mancher Gegenden, sind Palmen anzuführen; so: *Anajá* oder *Inajá* (Maximiliana), *Aricury* (Cocos), *Andaiá*, *Catolé*, *Pindova*, *Uricury* (Attalea), *Carandá* (Copernicia), *Jussára* (Euterpe), *Patauá* (Oenocarpus), *Pati* und *Curuá* (Syagrus), *Buri* (Diplothemium), *Buriti*, *Muriti*, *Miriti* (Mauritia), *Tucumá* (Astrocaryum, Bactris). Im südlichen Brasilien macht sich die stattliche Araucaria-Fichte *Curi* in ähnlicher Weise bemerklich: davon *Curityba*. — Von Fruchtbäumen, die Ortsbezeichnungen geliefert, nennen wir: *Araçá* (Psidium), *Acajú* (Anacardium), *Araticum* (Anona), *Abiu* (Lucuma), *Genipapo* (Genipa), *Engá* (Inga), *Goajerú* (Chrysobalanus), *Juá* (Zizyphus), *Mangaba* (Hancornia), *Massaranduba* (Lucuma, Mimusops), *Mari* (Geoffraea), *Pitanga* (Stenocalyx). — Von Pflanzen mit Heilkräften sind folgende repräsentirt: *Buranhem* (Chrysophyllum), *Camará* (Lantana), *Capureuva* (Myrocarpus), *Carauba* (Bignonia), *Congonha* (Ilex), *Jurema* (Acacia), *Jutai*, *Jatobá* (Hymenaea), *Mamanga* (Cassia), *Petum* (Tabaco, Nicotiana), *Turumá* (Vitex). — Von Gewächsen, die Nahrung liefern, sind die Ortsbezeichnungen aufgenommen:

Abaxaxis (Ananassa), *Avaty-i* (Oryza), *Cará* (Dioscorea), *Caa-reru, Cararú* (Portulaca, Amarantus v. Euxolus, Podostemeae), *Comenda* (Lathyrus etc.), *Jurumú* (Cucurbita), *Macaxeira* und *Mandiocca* (Manihot), *Mangará* (Caladium), *Mandubi* (Arachis), *Pacoba* (Musa). — Endlich sind von Nutzpflanzen und andern Gewächsen noch aufzuführen: *Aguapé* (Nymphaea), *Caraguatá* (Bromeliaceae), *Coité* (Heliconia), *Cuité* (Crescentia), *Embeu* (Gualteria), *Guaxima* (Urena et aliae Malvaceae), *Gurupé* (Licania), *Imbé* (Philodendron), *Imbiri* (Canna, Esterhazya), *Paroba* (Aspidosperma), *Samambaia* (Filix), *Sapé* (Anatherum), *Taboca* und *Tacoara* (Bambuseae), *Tiririca, Titirica* (Scleria), *Urupé* (Agaricus, fungus).

Dass auch Thiere Ortsnamen lieferten, entspricht dem Leben dieser auf Jagd und Fischerei angewiesenen Nomaden. Demnach finden wir unter den Säugthieren vertreten: *Andira* (Vespertilio), *Arauató* und *Guariba* (Mycetes), *Ay* (Bradypus), *Capivara* (Hydrochoerus), *Guaxinim* (Galictis), *Jaguára* (Felis, Canis), *Mocó* und *Prehá* (Cavia), *Paca* (Coelogenys), *Parauá* (Pythecia), *Coati* (Nasua), *Sahy* (Cebus), *Sahoim* (Chrysothrix), *Tajassú* (Dicotyles), *Tamanduá* (Myrmecophaga), *Tatú* (Dasypus), *Toro* (Loncheres). — Besonders häufig kommen Vogelnamen vor, als: *Ajúru, Arára, Maracanán, Paragaú, Tui* (Psittacus), *Anhuma. Inhuma* (Palamedea), *Anajé* (Falco), *Aracuã, Jacú* und *Inambú* (Penelope), *Chii* (Anthus), *Coraya* (Myiothere), *Guará* (Ibis), *Japim* (Oriolus), *Maguary* (Ardea), *Majoi* (Hirundo), *Matuim* (Charadrius), *Mutum* (Crax), *Nandu* (Rhea), *Picui* (Columba), *Saracura* (Gallinula), *Sasu* (Coracina), *Tentem* (Tachyphonus), *Tujujú* (Mycteria), *Zabelé* (Crypturus). — Von Fischnamen sind in die Ortsbezeichnungen übergegangen: *Acará* (Sciaenoideae), *Aravari* (Chalceus), *Cayacanga* (lusit. Polvo), *Corumata* (Schizodon Agass.), *Jundiá* (Platystoma), *Mandú* (Pimelodus), *Marapatá* (Mugil), *Matuperi* (Chalceus), *Pacú* (Prochilodus Agass.), *Parati* (Mugil), *Parú* (Pomacanthus), *Petimbuaba* (Fistularia), *Piau, Piranha* (Serrasalmo), *Pirapetininga* (Characinus), *Piraqueira, Sorubim* (Platystoma), *Tambaqué, Taraira* und *Tucunaré* (Erythrinus). — Von Amphibien sind in die geographische Nomenclatur aufgenommen: *Aru* und *Cururú* (Bufo),

Coro (Lacerta), *Gyboia* und *Sucuriú* (Boa), *Jacaré* (Crocodilus), *Jui* (Rana). — Die Worte *Açurua*, *Guaia*, *Poti* und *Seri* (*Siri*) bezeichnen verschiedene Crustaceen. — *Sernamby* und *Rery* sind Schalthiere. — Von Insecten kommen vor: *Arapuá*, *Tachi*, *Taracuá*, *Urucú*, (Formicae), *Cupi* (Termes), *Caba* (Vespa), *Carapaná* (Culex), *Maruim*, *Pium* (Simuleum), *Memoan* (Lampyris), *Una* (Scarabaeus), *Sararé* (Sphinx), *Panamá* (Papilio). Dieses Wort erscheint noch weit im Norden (8° 57′ n. B.) als Name der Hauptstadt des Isthmus.

Die Bedeutung in solcher Weise mit den Bezeichnungen für Thiere und Pflanzen zusammengesetzter Ortsnamen tritt leicht verständlich hervor, weil jene Bezeichnungen, wenn auch provinciell abgewandelt, doch durch das ganze Reich bekannt sind; aber es giebt andere Ortsnamen, die bei der herrschenden Unkenntniss der Tupisprache gänzlich verdorben und ihrer Abstammung nach verkannt worden sind. So z. B. *Baependi*, eine Villa in Minas, eigentlich *mbae pe ndé*, heisst wörtlich: was ist deine Sache? was willst du? *Culabandé*, eine Ortschaft in Rio de Janeiro, trägt einen noch mehr verstümmelten Namen, der eigentlich lautet: *maçui* (verdorben *macui*) *pa nde* woher kommst du? Eben so ist *Marapendi* zurückzuführen auf *mbae* (contrahirt *ma*) Sache, *ara* nun, *pe* Interrogativum welche, *nde* deine? Der Indianer beantwortet an ihn gerichtete Fragen sehr oft, indem er sie blos wiederholt und halblaut *ipo* d. i. „wohl möglich, wirklich" hinzusetzt. So mögen die Fragen: *mata(r)hy* was ist das für ein Wasser? — *mata ura* (*guira*) was ist das für ein Vogel? — *mata(r)ipé* wohin? von Solchen, die ihre Bedeutung nicht verstanden, aufgefasst und als Ortnamen fixirt worden seyn. Die Serra *Mbiaba* in Sergipe hat wohl in ähnlicher Weise ihren Namen von der Frage: *mbae pe* was ists? was giebts? oder *mbaé pe aba* was ist das für ein Mann? erhalten.

In der vorstehenden Liste habe ich mich auf Brasilien beschränkt und behufs gleichmässiger Schreibung an jene von Milliet*) angeschlos-

*) Diccionario geographico historico e descriptivo do Imperio do Brazil, por J. C. R. Milliet de St. Adolphe, trasladado em portuguez pelo Dr. Caet. Lop. de Moura, publicado por J. P. Aillaud. Paris. 1845. 2 Vs. 8°.

sen. Aus Paraguay und den Laplata-Staaten sind einige Namen aufgenommen worden und es hätte sich deren noch eine Menge auffinden lassen. Weil sie jedoch theilweise Synonyme oder provinzielle Abwandlungen der verzeichneten sind und sich aus dem dort herrschenden Dialekte unschwer erklären lassen, so hielt ich das Gegebene für genügend. Auch in den Ländern jenseits der Nordgrenzen Brasiliens finden wir Ortsnamen, die auf einen Ursprung aus der Tupi hindeuten, wie *Aracua*, *Paramagua*, *Paramaribo*, *Maracaybo*, *Siquisique* (*Chiquechique*). Da übrigens in verschiedenen indianischen Sprachen dieselben Worte unter ganz verschiedenen Bedeutungen auftreten, so muss der Versuch die Ortsnamen etymologisch zu erklären Hand in Hand gehen mit dem Nachweise der Art und Weise, wie sie dorthin gekommen sind. Noch viele andere Ortsnamen *), welche uns im nördlichen Süd-, in Mittel-America und auf den antillischen Inseln begegnen, sind vielleicht als Spuren von der ehemaligen Anwesenheit des Tupi-Volkes zu deuten, vielleicht aber sind sie aus ganz andern Quellen abzuleiten. Diese müssen uns erst durch eine genauere Kenntniss von den Indianern zur Zeit, als jene Namen festgestellt worden sind, aufgeschlossen werden.

Zum Schlusse fügen wir die Bezeichnungen der Indianer für Entfernungen bei. Ein Schritt ist *pipora*, Fusstapfen, eine halbe Tagereise *coaracy ibaté*, die Sonne oben (Mittag), oder wohl auch *putuù* Ruhe, eine Tagereise *coaracy ocanhemo*, die Sonne verschwunden. Die dazu gesetzten Zahlen sind folgende: *oyepé* oder *yepé* Eins, *mocoin* Zwei, *mocapyr* Drei, *monherùdic* Vier, *ambó* Fünf (eine Hand von fünf Fingern), *opacambó* oder *opacombo* Zehn (beide Hände), *xepoxepy* Zwanzig (meine Hände und Füsse), *cetá cetá* oder *cetá eté* Viele, *papasaua* Alle.

---

*) z. B. *Cuagua*, *Cumaná*, *Cariaco*, *Carony*, *Marony*, *Curaçao*, *Caribana*, *Curriacow*, *Coro*, *Simiti*, *Tuyra*, *Oruba*, *Uraba* u. v. a.

Monsieur!

Permettez-moi des Vous offrir le livre ci joint, contenant les Glossaires des langues et dialectes des Indiens du Brésil.

Dans la composition et dans la publication de cet ouvrage j'ai eu deux buts, l'un littéraire, l'autre philanthropique.

En recueillant les Vocabulaires épars des Indiens j'ai desiré rendre un service aux Linguistes dont les études seront facilitées par la comparaison de plusieurs langues et dialectes parlés dans le vaste empire du Brésil.

Pour les Naturalistes européens il sera utile d'y trouver la concordance des noms indiens d'objets naturels avec les noms systématiques. Il sera également de quelque intérêt pour la Géographie de connaître la signification de beaucoup de noms géographiques donnés dans la langue des Tupi ou la „Lingua geral do Brazil."

D'un autre côté il me parait, que les Matériaux élémentaires des langues tels que je puis les offrir serviront, bien que faiblement, à rapprocher les Indiens de la population Brésilienne et rendront ainsi les Indiens plus accessibles à la civilisation. Par ce moyen un demi-million d'hommes, restés encore étranger à la société, pourront être rendus au travail civilisateur.

Sous ce double point de vue j'ose recommander ce livre à Votre coopération bienveillante pour le propager avec fruit.

Je destine mille exemplaires de mon ouvrage au Brésil; la plus grande partie (850 exemplaires) je l'offre au Gouvernement si éclairé de ce beau pays comme hommage de ma reconnaissance, et le surplus, soit aux amis de cet Empire, soit à ceux pour lesquels il aura quelque intérêt.

L'ouvrage ne sera répandu dans le commerce qu'après la publication d'un autre volume, qui traitera de l'Ethnographie des Indiens du Brésil.

Je serai heureux si mes intentions rencontraient l'approbation des bons Brésiliens et des amis de cet Empire, auquel appartiennent mes souvenirs les plus riches et mes sympathies les plus profondes.

Munich, le 30. Mars 1863.

Le Chev. Charles Fr. Ph. de Martius,
Cons. intime de S. M. le Roi de Bavière et Membre de l'Académie Roy. de Munich.

Nachtrag.

	aer	albus, a, um	altus, a, um	amita	anima	aqua	arbor	arcus	arcus coelestis.
Omagua	ũeyũtú (ventus)	tihny (tinimai)	ũuahty	mama ghũela	saungah	unyh (uni)	ũuũehla	uira para	yũcuá
Mura	mebeaai	gabäaräh-äng			nockasahãng	paé	acacurã (moirá)		
Geico						aceó	röjando		
Masacará		ingcuirá				tzũé, tzyin	pyn (ping)	cumniäkang	thangoabgodé
Acroa-mirim	\	schicutschahoirang	thuumty	inja tecú		ku			
Tecuna	wouanokũ	ghonyy	maneũ	sauyoé	naaoé	tesü			
Coretu	namuloghóre	poóũrõ		siingo	schi aanckõ	cóotabu	naitany (nahi)		
Cayriri	wraintzé	clareai (cu)		tia tengnieh	cochetú	tzoh	tóockõ (tainá)		
Sabujá	schemuih	bugguh		tia tengnieh	cochetú	tzoh, tzuh	cloẽtan		
Pimenteira		petatschengque	jaũngcobã	natsiú	nohuú (nõhuiú)	tiang cub	soi (zui)	tomomũng gaimaseh	
Jumana	gaua (samuntacca)	salõiú				uy, uhũ	aonu (auonu)	orapara (urapara)	nacang bicangbeng
Coeruna	acopímá	acoamõ (Spix)		coö	qui sithãmé	nũhó	tainá		
Jupuá	oanõgh	muréllia			tschi tschaniahã	thãco	masambõcõũ.		

Druckfehler, Verbesserungen und Zusätze.

Seite.	Spalte.	Linea.	
16	2	35	yaçukũsa lies yaçukũra.
17	2	2	thulu-tulu l. thulu-talu.
17	2	28	mukaghay l. mukughay.
32	1	4	sem, prestimo l. sem prestimo.
32	1	3 infra	— — etá l. — etá.
44	1	2 infra	wagen l. wägen.
46	1	25	*reno* l. *veneno*.
74	2	8	schämen l. scheinen.
87	2	11 infra	taipára l. taipaba.
117	1	18 infra	prophentisar l. prophetisar.
144	1	13	capillus, a, um l. capillus.
144	2	14	ihngabich l. ihngabiúh.,
151	2	10	— culmus l. culmus.
163	1	19	gallictis vittata l. cercoleptes caudivolvulus.
163	1	23	pũma l. pùny.
163	2	17 infra	phractocepaalus l. phractocephalus.
183	2	6	era-him l. era-him.
189	2	22	astrocarisum l. astrocaryum.
193	2	8	corvus, capreulos l. cervus, capreolus.
198	1	18	alatis l. elatis.
198	2	5	cucuraitao l. cucurbitae.
226	2	6 infra	jacari l. jacaré.
227	1	6	domúnané taman l. domúnané: Tamanaco.
227	1	7	eben so (auch an andern Orten).
232	2	10	rion l. Orion.
232	2	18	planta l. planta pedis.
234	2	ultima 38	uaisacu deleatur.
236	2	6	gallictis vittata lies cercoleptes caudivolvulus.
256	2	10	surucum l. surucucu.
268	2	21	aparacapy l. apama capy.
271	2	23	torquato l. torquatus.
322	1	14 infra	puor l. puer.
324	1	22	pouliniére l. poussiniére.
407	2	20 infra	Titirica l. Tiririca.
408	2	7 infra	Tiepuer l. Tiepuer.
433	—	17	Mario l. Maria.
442	—	15 infra	*Caparary* l. *Caparary*.
459	—	17	*cambo* l. *campo*.
470	—	27	*Pira-heyba* l. *Pira-keyba*.

145 bei den Masacara numeri 1 gareh, 2 hingri.

236 bei den Canamirim:
numeri 1 satibika, 2 hepũ, 3 mapá.
4 piaka makùchy, 10 ũtu.

	aer	albus, a, um	altus, a, um	amita	anima	aqua	arbor	arcus	arcus coelestis.
Omagua	üeyülú (ventus)	lihny (tinimai)	ūuahty	mama ghū-ela	saungah	unyh (uni)	üuüehla	uira para	yücuá
Mura	mebeaai	gabäaräh-äng			nockasa-häng	paé	acacurä (moirä)		
Geico						aecó	röjando		
Masacará		ingcuirá				tzüé, tzyin	pyn (ping)	cumniäk-ang	thangoab-godé
Acroa-mirim-	\	schieutscha-hoirang	thuumty	inja tecú		ku			
Tecuna	wouanokü	ghonyy	mancü	sauyoé	naaoé	tesü			
Coretu	namulog-hóre	poóürö		siingo	schi aackö	cóotabu	nailany (nahi)		
Cayriri	wraintzé	clareai (cu)		tia tengnieh	cochetú	tzoh	tóockö (tainá)		
Sabujá	schemuih	bugguh		tia tengnieh	cochelú	tzoh, tzuh	cloëtan		
Pimenteira		petatscheng-que	jaüngcobä	natsiú	nohuú (nöhuiú)	tiang cuh	soi (zui)	tomomüng gaimaseh	
Jumana	gaua (samuntac-ca)	salöiú				uy, uhü	aonu (auonu)	orapara (urapara)	nacang bi-cangbeng
Coeruna	acopímá	acoamō (Spix)		coö	qui sithämé	nühó	tainá		
Jupuá	oanögh	murëllia			tschi tscha-niahä	thäco	masambö-cöü.		

Druckfehler, Verbesserungen und Zusätze.

Seite.	Spalte.	Linea.	
16	2	35	yaçukūsa lies yaçukūra.
17	2	2	thulu-tulu l. thulu-talu.
17	2	28	mukaghay l. mukughay.
32	1	4	sein, prestimo l. sem prestimo.
32	1	3 infra	— — etá l. — etá.
44	1	2 infra	wagen l. wägen.
46	1	25	*reno* l. *veneno*.
74	2	8	schämen l. scheinen.
87	2	11 infra	taipára l. taipába.
117	1	18 infra	prophentisar l. prophetisar.
144	1	13	capillus, a, um l. capillus.
144	2	14	ihngabich l. ihngabiúh.;
151	2	10	— culmus l. culmus.
163	1	19	gallictis vittata l. cercoleptes caudivolvulus.
163	1	23	pūma l. pùny.
163	2	17 infra	phractocepaalus l. phractocephalus.
183	2	6	era-hini l. era-him.
189	2	22	astrocarisum l. astrocaryum.
193	2	8	corvus, capreulos l. cervus, capreolus.
198	1	18	alatis l. elatis.
198	2	5	cucuraitao l. cucurbitae.
226	2	6 infra	jacari l. jacaré.
227	1	6	domúnané taman l. domúnané: Tamanaco.
227	1	7	eben so (auch an andern Orten).
232	2	10	rion l. Orion.
232	2	18	planta l. planta pedis.
234	2	ultima 38	uaisacu deleatur.
236	2	6	gallictis vittata lies cercoleptes caudivolvulus.
256	2	10	surucum l. surucucu.
268	2	21	aparacapy l. apama capy.
271	2	23	torquato l. torquatus.
322	1	14 infra	puor l. puer.
324	1	22	pouliniére l. poussinière.
407	2	20 infra	Titirica l. Tiririca.
408	2	7 infra	Ticpuer l. Tiepuer.
433	—	17	Mario l. Maria.
442	—	15 infra	*Caparacy* l. *Caparary*.
459	—	17	*cambo* l. *campo*.
470	—	27	*Pira-heyba* l. *Pira-keyba*.

145 bei den Masacara numeri 1 gareh, 2 hingri.
236 bei den Canamirim:
numeri 1 satibika, 2 hepū, 3 mapá.
4 piaka makúehy, 10 ūtu.